HANS-GÜNTER RICHARDI
Bomber über München

HANS-GÜNTER RICHARDI

Bomber über München

Der Luftkrieg von 1939 bis 1945,
dargestellt am Beispiel der
»Hauptstadt der Bewegung«

W. Ludwig Verlag

Gewidmet in Freundschaft Frau Margarete Breit-Grabrucker – im Buch unter ihrem Mädchennamen Margarete Konetzky zitiert –, stellvertretend für alle Münchner Frauen, welche die »Bomber über München« erlebt und erlitten haben.

Margarete Konetzky
im Jahre 1940

Umschlaggestaltung: Wolfgang Lauter, München,
unter Verwendung eines Fotos von Klemens Bergmann/
Archiv Rauchwetter, aufgenommen während eines Nachtangriffs britischer
Bomber auf die Münchner Innenstadt (in der Mitte der Rathausturm)
im Januar 1945.

ISBN 3 – 7787 – 2127 – 5

© 1992 W. Ludwig Buchverlag in der Südwest Verlag GmbH & Co. KG,
München
Alle Rechte vorbehalten. Printed in Germany
Satz: Compusatz, München
Druck und Bindearbeiten: Offizin Andersen Nexö GmbH, Leipzig

INHALT

Zur Einführung

Die Erinnerung an den ersten schweren Luftangriff auf München am 29. August 1942, der sich im Herbst 1992 zum fünfzigsten Mal jährt, hat den Verfasser veranlaßt, dieses Buch der Öffentlichkeit vorzulegen. Das Werk ist das Ergebnis jahrelanger Recherchen, die den Leser zurückführen in eine Zeit des Schreckens, als München im Zweiten Weltkrieg immer wieder das Ziel alliierter Bomber war.

Wer heute durch die Straßen der Stadt geht, ahnt nichts mehr von dem Elend, das damals mit dem Bombenkrieg über die Bevölkerung gekommen war. Verschwunden sind die Spuren der Vernichtung, die weite Teile Münchens in eine Trümmerlandschaft verwandelt hatten, und wo sich einst Ruinen erstreckten, stehen heute wieder Häuser, die den Blick in die Vergangenheit versperren. Was erinnert denn noch an die Zeit, als der Krieg Zerstörung und Verderben über die Stadt brachte und der Tod reichlich seine schreckliche Ernte hielt?

Der Autor will mit diesem Buch den Opfern ein Denkmal setzen. Es beschreibt nicht nur die einzelnen Luftangriffe auf München, sondern schildert auch das Leben in der Stadt unter den erschwerten Bedingungen der ständigen Bedrohung aus der Luft. Der Leser gewinnt außerdem Einblick in die Hintergründe der militärischen Operationen, wodurch ihm klar wird, weshalb die Stadt an bestimmten Tagen angegriffen wurde und warum an anderen Tagen Bombardements auf München unterblieben.

Das Buch beleuchtet das gesamte Umfeld des Luftkrieges und steht somit auch exemplarisch für andere Städte, die ebenfalls ein Opfer der Bomben im Zweiten Weltkrieg wurden. So erfährt der Leser erschütternde Einzelheiten über das Sterben der alliierten Bomberbesatzungen, über Tod und Leid der Zivilbevölkerung, über den Einsatz der jugendlichen Luftwaffenhelfer an der Flak, über den verzweifelten Kampf der Feuerwehr gegen die zahllosen Brände nach den Angriffen, über die sogenannten Himmelfahrtskommandos der KL-Häftlinge und der Strafgefangenen, die unter Lebensgefahr Blindgänger und Langzeitzünder zu entschärfen hatten, über die Schrecken der Bombennächte und der Tagesangriffe – bis hin zur völligen Zerstörung der Stadt.

Das Werk basiert zum größten Teil auf zeitgenössischen Originaldokumenten: Akten der Luftschutzbehörden, Erfahrungsberichten der Feuerschutzpolizei, Unterlagen der NSDAP, Berichten der Wehrmacht und Zeitungsartikeln sowie Briefen, Tagebüchern und Kalendereintragungen von Münchner Frauen. Außerdem befragte der Autor Zeitzeugen, die den Luftkrieg in München erlebten.

Von besonderem Wert ist, daß der Autor als erster Forscher die Erlaubnis erhielt, das gesamte Archiv der Branddirektion München aus dem Zweiten Weltkrieg auswerten zu dürfen. Das Ergebnis war eine Fülle von bislang unbekannten Archivalien, die hier erstmals veröffentlicht werden.

Der Verfasser, der als Kind die Bombenangriffe auf Berlin erlebt hat, versteht sein Buch als ein Werk, das bewußt die Schrecken des Luftkrieges ungeschminkt in ihrer ganzen Härte wieder in Erinnerung bringen will, um so an den Frieden zu mahnen. Im Gegensatz zu vielen militärhistorischen Untersuchungen, die allein die Lufteinsätze der Bomberverbände aus strategischer Sicht bewerten, steht in diesem Buch das Leid im Vordergrund, das der Krieg sowohl über die Opfer als auch über die Angreifer gebracht hat. Denn das sollte nie vergessen werden: »Opas Krieg«, wie heute leichtfertig gesagt wird, war grausamer, als es sich die Nachgeborenen vorstellen können.

Dachau, 15. März 1992   Hans-Günter Richardi

I
AUF DEM WEG ZUM KRIEG

Die Strategie der Vernichtung

Die Katastrophe kam nicht über Nacht. Der Feuersturm, dem München im Zweiten Weltkrieg zum Opfer fiel, ballte sich langsam zusammen. Und zudem waren die ersten Schläge, die alliierte Bomber im Jahre 1940 der Stadt versetzten, noch nicht einmal folgenschwer.

So beeindruckten die Angriffe der britischen »Royal Air Force« (RAF) und der französischen »Armee de l'Air« die Münchner anfangs nicht sonderlich. Von den Schrecken, die ihrer Stadt im Bombenkrieg 1940-45 noch bevorstanden, hatten sie damals keine Vorstellung. Sie unterschätzten die Gefahren vielmehr so sehr, daß das Verhalten der Bevölkerung bei den Luftschutzbehörden sogar Anlaß zur Kritik gab. Nach den ersten beiden Angriffen auf die Stadt stellten die *Münchner Neuesten Nachrichten (MNN)* am Samstag, dem 8. Juni 1940, fest: »Bei den Fliegerangriffen in der Nacht vom 3. zum 4. und vom 4. zum 5. Juni haben zahlreiche Volksgenossen den Alarm überhört und sind erst verspätet durch den Luftschutzwart oder durch andere Hausbewohner geweckt worden. Der Forderung, die Alarmdauer zu verlängern, kann aus besonderen Gründen nicht entsprochen werden. Es ist daher zweckmäßig, daß Volksgenossen, die einen tiefen Schlaf haben, vorher mit dem Luftschutzwart oder einem anderen Hausbewohner vereinbaren, daß sie im Alarmfalle auf irgendeine Weise geweckt werden. Wegen der Vielzahl der Möglichkeiten, die sich hier bieten, können keine allgemeinen Richtlinien gegeben werden.«

Diese Empfehlung verriet, wie sorglos die Münchner im ersten Kriegsjahr noch lebten. Ihre Haltung war bei der geringen Zahl der Bomben, die 1940 auf München niedergingen, auch nicht verwunderlich. So fielen beim ersten Angriff nur zehn Spreng- und zwei Brandbomben und beim zweiten lediglich dreizehn Spreng- und zwanzig Brandbomben, deren Schäden das öffentliche Leben in der Stadt kaum beeinträchtigten. Zwei Jahre später aber waren es Tausende von Bomben, die München trafen, – und dann Abertausende, Hunderttausende.

»Die Hauptschläge wird in Zukunft die Zivilbevölkerung zu tragen haben«

Damit war eingetreten, was die Luftkriegsstrategen schon befürchtet hatten, als Europa vom Zweiten Weltkrieg noch weit entfernt war. »Im Zukunftskriege«, prophezeite der englische General Ironside, Direktor der Kriegsakademie[1], »werden starke Luftstreitkräfte die Städte, Menschen und Fabriken des Gegners mit Bomben angreifen, um Panik und Lähmung hervorzurufen, den Willen und die Kraftreserven des Gegners an der Quelle zu brechen. Die Hauptschläge wird in Zukunft die Zivilbevölkerung zu tragen haben.«

Und der italienische General Giulio Douhet bewies ebenso großen Weitblick, als er voraussagte: »Es ist klar, daß eine Nation, die eine Luftmacht mit großer Offensivkraft besitzt, diese gegen die empfindlichsten und verwundbarsten Stellen des Gegners einsetzen wird. Da sie in der Auswahl der Ziele volle Freiheit hat, wird sie die Verkehrs-, Produktions-, Ernährungszentren, die politischen und Bevölkerungszentren angreifen.«[2]

Das waren deutliche Worte, die überall in Europa Besorgnis erregten. Als Kernsätze einer neuen Kriegslehre, »Douhetismus« genannt, beschworen sie die kriegsentscheidende Überlegenheit einer Luftmacht gegenüber anderen Nationen ohne ausreichenden Luftschirm, was jedoch, wie sich noch zeigen sollte, ein Irrtum war. Die Bombardierung gegnerischer Städte mußte keineswegs zwangsläufig zur schnellen Kapitulation führen. Sie erhöhte im Gegenteil den Widerstandswillen der Bevölkerung und verlängerte somit den Krieg.

Tatsache war aber auch, daß die Menschen erkannten, wie verwundbar sie in ihren Städten geworden waren. Und vielerorts in Europa erhob sich nun die Forderung nach einem wirksamen Luftschutz. Auch in Deutschland unterschätzte niemand die Gefahren eines künftigen Luftkrieges. Bereits in ihrer Sitzung vom 26. Februar 1932 gab die *Landesabteilung Bayern* der »Deutschen Luftschutzliga« ein realistisches Bild von der militärischen Bedrohung, der sich die Zivilbevölkerung damals gegenübersah.[3] So unterstrich Polizeioberstleutnant Pohl, der Vorsitzende des Ausschusses für Luftdienst, in seinem Referat: »Die Abblendung der Ziele, beispielsweise der Städte, erschwert heute einen Flugangriff kaum. Von Wert ist das Abblenden höchstens für einzeln liegende Ziele, wie z. B. für das Reichsbahnumspannwerk in Pasing. Sonst aber ist es dem Flieger auch bei

Nacht nicht schwer(,) an Hand von Flußläufen u. dgl. und unter Verwendung von Fallschirmleuchtbomben seinen Weg nach einer Stadt zu finden. Ein völliges Abblenden der Städte ist nicht möglich, bestimmte Anlagen, wie Bahnhofsanlagen usw., müssen immer eine gewisse Mindestbeleuchtung haben, die den Flieger das Ziel dann sehr gut erkennen läßt.«

Wie diesen Ausführungen zu entnehmen war, rechneten die Wehrexperten schon im Jahre 1932 mit Nachtangriffen. Wegen der »Zusammenstoßgefahr der Flugzeuge«, wie der Polizeioberstleutnant hervorhob, hielt Pohl jedoch nachts lediglich Einzelangriffe, ausgeführt »durch je nur 1 Flugzeug«, für wahrscheinlich. Aber er sollte sich täuschen. Elf Jahre nach seiner Prognose griffen regelmäßig Hunderte von britischen Bombern München in einer einzigen Nacht an – ungeachtet der Zusammenstöße, die sich in der Tat immer wieder beim Start und beim Formieren der Maschinen zu Verbänden ereigneten.

1931: Richtlinien für die Organisation des Zivilen Luftschutzes

Angesichts der Bedrohung aus der Luft begannen Besorgte schon früh, sich Gedanken über die Sicherheit der Zivilbevölkerung in einem bevorstehenden Luftkrieg zu machen. So entstanden bereits im Jahre 1927 mehrere private Vereine mit Luftschutzaufgaben, von denen der bedeutendste der »Deutsche Luftschutz e. V.« war. Aus ihm ging später die »Deutsche Luftschutzliga e. V.« hervor. Doch zu einer zentral geleiteten staatlichen Luftschutzorganisation kam es – abgesehen von den »Richtlinien für die Organisation des Zivilen Luftschutzes«, die der Reichsinnenminister im Oktober 1931 erließ, – in Deutschland lange nicht, so sehr Hans Rumpf, der spätere »Generalinspekteur des Feuerlöschwesens« im gesamten Reich, das auch bemängelte. Aber er drang mit seiner Kritik bei den verantwortlichen Stellen nicht durch. »Ich«, berichtet Rumpf in seinem Buch »Der hochrote Hahn«[4], »habe mir bei diesen Aussprachen im Preußischen Ministerium des Innern, beim Deutschen Städtetag und bei Provinziallandtagen oft fast das Herz aus dem Leibe geredet, um die Verantwortung (für den Luftschutz, Anm. d. Verf.) an die Städte zu bringen, weil ich damals wie heute überzeugt bin, daß diese Regelung die natürlichere, wirksamere und darum bessere ist. Aber alle Bemühungen blieben umsonst. Die

Gründe für dieses Sichversagen der Regierungen und der Städte waren vorwiegend ideologischer und finanzieller Art.«

Die Verantwortung für den Luftschutz lag somit auf den Schultern der verschiedensten Institutionen. Für die Sicherheit der Bevölkerung hatten neben der Polizei, dem Werkluftschutz und den kommunalen Behörden auch das Deutsche Rote Kreuz, der Arbeiter-Samariter-Bund und die Technische Nothilfe Sorge zu tragen. Nicht zuletzt beteiligte sich außerdem die Deutsche Luftschutzliga an dieser Aufgabe. Ihre Verbandszeitschrift *Gasschutz und Luftschutz* galt lange Zeit als die bedeutendste Publikation auf dem Gebiet des Luftschutzes.

»So standen die Dinge«, erinnert sich Rumpf[5], »als 1933 der Nationalsozialismus an die Macht kam. Es ist also nicht so, als ob die Weimarer Republik der Luftschutzfrage gegenüber völlig untätig geblieben wäre. Wenigstens zuletzt unter dem Einfluß der vermehrt autoritären Präsidialkabinette begann der Preußische Innenminister, wenn auch verspätet und zögernd, dem allmählich immer größer werdenden Schutzbedürfnis der Bevölkerung Rechnung zu tragen und griff die Aufgabe wenigstens theoretisch auf. Die Nationalsozialisten haben sich vor 1933 um Luftschutzfragen nie gekümmert. Ihnen fiel mit allem anderen auch dieser Auftrag als überreife Frucht in den Schoß. Hätte die Weimarer Republik sich rechtzeitig entschließen können, dem Volke dieses geringe Opfer ziviler Luftschutzbetätigung abzuverlangen, der aufkommenden extrem nationalen Richtung hätte damit wenigstens ein Teil des Windes aus den Segeln genommen werden können. Statt dessen waren die verantwortlichen Stellen in ihrer Sorge, dem Lande zu mißfallen oder es zu belasten, zu keinem Entschluß gekommen.«

Die Nationalsozialisten kannten diese Rücksichtnahme nicht. Bereits am 29. April 1933, nur ein Vierteljahr nach Hitlers »Machtergreifung«, gründete der preußische Ministerpräsident und Reichsminister für die Luftfahrt, Hermann Göring, den »Reichsluftschutzbund e. V.« (RLB), wobei er in seinem Aufruf an die deutsche Bevölkerung zu dem Schluß kam: »Der Luftschutz ist (...) zu einer Lebensfrage für unser Volk geworden.«[5]

»Gewalt- oder Terrorangriffe« schon 1933
in militärischen Planspielen

Die NS-Propaganda begnügte sich mit dieser Feststellung, die bereits die aggressiven Absichten der Braunhemden erkennen ließ, noch nicht. In gehässiger Weise fiel sie in der »Luftschutz-Fibel«, die der Reichsluftschutzbund herausgab, über die Weimarer Republik her: »Die nationale Revolution hat auch für den deutschen Luftschutz endlich den bisher versperrten Weg freigemacht. Man sollte glauben, daß die früheren Machthaber, nachdem uns im Pariser Luftfahrtabkommen vom Mai 1926 passive Luftschutzmaßnahmen gnädigst zugestanden wurden, nunmehr mit aller Tatkraft diese einzige Möglichkeit wenigstens passiver Luftverteidigung aufgegriffen und verwirklicht hätten. Der Luftschutz paßte ihnen nicht in ihr marxistisch-pazifistisches Programm. Sie hätten ja damit zugeben müssen, daß trotz ihres ständigen Phrasenschwalls von Völkerversöhnung und Bruderkuß die Dinge letzten Endes schlimmer stehen als je. (...) Unter dem Druck des erwachenden Deutschlands begannen, nachdem wertvolle Jahre ungenutzt verstrichen waren, endlich im Jahre 1932 die ersten praktischen Vorarbeiten für einen amtlichen Luftschutz. (...) Vor allem aber fehlte eine einheitliche, straff geleitete Selbstschutzorganisation zur Unterstützung und Ergänzung der amtlichen Maßnahmen.«[7]

Die Nationalsozialisten änderten dies nun alles. Denn sie hatten statt »Völkerversöhnung« und »Bruderkuß«, wie sie höhnten, nur das eine Ziel: den Krieg.

Nach Aufrüstung klangen bereits die Ausführungen, die der Vorsitzende des Ausschusses für militärische Beratung, Generalleutnant a. D. Freiherr von Botzheim, am 26. Februar 1932 in derselben Sitzung der *Landesabteilung Bayern* der Deutschen Luftschutzliga machte, in der auch Polizeioberstleutnant Pohl sprach. »Der Vortragende«, vermerkte das Protokoll[8], »wies sodann, wie auch der nächste Vortragende, Polizeioberstleutnant Pohl, darauf hin, daß ein passiver Schutz ohne aktiven Schutz (eigene Kampfflugzeuge, Flugabwehrkanonen usw.) nur eine halbe Sache sei, der kein Erfolg beschieden sein könne, daß namentlich eigene Bombenflugzeuge notwendig seien, da nur die Furcht vor Repressalien den Feind davon abhalten könne, die brutalsten Mittel, die ihm zur Verfügung stehen, anzuwenden.«

Das war eine deutliche Sprache, die ahnen ließ, was in den Köpfen der Militärs schon ein Jahr vor Hitlers »Machtergreifung« vorging. Im übrigen sprachen die Wehrexperten schon damals von »Gewalt- oder Terrorangriffen« in ihren militärischen Planspielen. Somit war das Wort vom Terrorangriff, wie heute immer wieder fälschlich behauptet wird, keine Erfindung der NS-Propaganda erst im Zweiten Weltkrieg, als die deutschen Städte im ersten großen Luftkrieg der Menschheitsgeschichte in Schutt und Asche sanken. Dieser Krieg, so urteilt Hans Rumpf später[9], war »in der Hauptsache ein Luftbrandkrieg«. Er erreichte ein Ausmaß an Verheerungen, wie sie im Jahre 1933 niemand für möglich gehalten hätte.

Mobilmachung an der
»dritten Front« des Hinterlandes

Die Gründung des Reichsluftschutzbundes, der aus dem er-
zwungenen Zusammenschluß aller Luftschutzvereine hervorging, war kurz nach der »Machtergreifung« einer der ersten
Schritte der Nationalsozialisten auf dem Wege zur Gleichschaltung des Volkes. Mit seiner Hilfe wurde es den Braunen möglich, die Überwachung der »Volksgenossen« zu intensivieren
und das ganze Land mit einem Netz von »staatlich bestellten
Gesinnungskontrolleuren«, wie sich die Berliner Journalistin
Ruth Andreas-Friedrich in ihrem Tagebuch ausdrückt, zu über-
ziehen, das bis in die kleinste Hausgemeinschaft reichte. Auf
den Posten der Blockwarte und der Luftschutzhauswarte hatten
ihre Gefolgsleute nun das Ohr an jeder Wand, und die Augen
der Parteigenossen wachten über jede Tür, damit ihnen nichts
entging, was im Haus geschah, für das sie verantwortlich waren.
  So verbanden die Nationalsozialisten den Luftschutz mit dem
»Staatsschutz«. Freilich sprach dies niemand so offen aus. Offiziell wählte die Partei für die Aufgaben der RLB-Gefolgschaft
eine andere Darstellung, die aber, wie dem *Völkischen Beobachter*
am 8. August 1937 zu entnehmen war, dem aufmerksamen Leser dennoch das alles umspannende Netz der Bespitzelung verriet: »Wie die DAF. (= Deutsche Arbeitsfront, Anm. d. Verf.) auf
dem Betrieb, auf der Arbeitsstätte ihre Organisation aufbaute, so
ist im Luftschutz-Selbstschutz das Haus und damit die Hausgemeinschaft die Grundzelle. Der Luftschutzhauswart, der Ver-
trauensmann der Hausgemeinschaft, ist der ›Infanterist‹ des
RLB. Mehrere benachbarte Häuser unterstehen der untersten
Dienststelle im RLB., dem Blockwart. Die nächste Dienststelle ist
die Untergruppe, die wieder mehrere Blocks umfaßt und deren
Aufgabe darin besteht, für die Einheitlichkeit der gesamten luftschutztechnischen Arbeit Sorge zu tragen. Die nächste organisatorische Einheit ist die Ortsgruppe, auf dem Lande Orts-(Kreis-)
Gruppe. Die Ortsgruppe ist die Dienststelle, die als erste ein
starkes Eigenleben hat und der breiten Öffentlichkeit gegenüber
den RLB. repräsentiert. Sie unterhält die Luftschutzschulen, die
der Ausbildung der Selbstschutzkräfte dienen.
  Den Ortsgruppen vorgesetzt ist die Landesgruppe. Da aber

die Zahl der Ortsgruppen bzw. der Orts-(Kreis-)Gruppen einer Landesgruppe zu groß ist, um in dem notwendigen Maß überwacht werden zu können, sind zwischen Landesgruppe und den Ortsgruppen die Bezirksgruppen eingeschaltet, die gewissermaßen Außenstellen der Landesgruppe sind, z. B. in München die Bezirksgruppe Groß-München. Bei jeder Landesgruppe ist auch eine Landesgruppenluftschutzschule.

An der Spitze des Reichsluftschutzbundes steht das Präsidium, dem auch die Reichsluftschutzschule in Berlin untersteht. Das Präsidium untersteht unmittelbar dem Reichsminister der Luftfahrt und Oberbefehlshaber der Luftwaffe, dem es verantwortlich ist. Alle grundsätzlichen Anweisungen erhält das Präsidium vom Reichsluftfahrtministerium.«

Hermann Göring: Der Reichsluftschutzbund »soll die moralischen Voraussetzungen schaffen, ohne die ein Volk nicht fähig ist, einen modernen Luftkrieg zu ertragen«

Mit dem Luftschutz begannen die Nationalsozialisten das ganze Volk in die Pflicht zu nehmen und auf ihre politischen Ziele einzuschwören. So erklärte denn auch Hermann Göring bei der Gründung des Reichsluftschutzbundes am 29. April 1933 in Berlin: »Die verständnisvolle Mithilfe der gesamten Bevölkerung ist Voraussetzung für den Erfolg. Diese Mithilfe soll nunmehr, um jede Zersplitterung der Arbeit zu vermeiden, der neugegründete ›Reichsluftschutzbund e. V.‹ als allein (da)für in Frage kommender Verband auf nationaler Grundlage herbeiführen. Er soll das deutsche Volk von der lebenswichtigen Bedeutung des Luftschutzes überzeugen und zu tätiger Mitarbeit gewinnen. Er soll der Bevölkerung die Mittel und Wege für einen wirksamen Selbstschutz zeigen, ohne sich jedoch in farblosen Theorien zu erschöpfen. Er soll in den breiten Massen die sittlichen Kräfte wecken, sie zu selbstloser Arbeit und zu Opfern begeistern. Er soll in allererster Linie die moralischen Voraussetzungen schaffen, ohne die ein Volk nicht fähig ist, einen modernen Luftangriff zu ertragen.«[10]

Aus diesen Worten klang schon unumwunden die Kriegsbereitschaft der Nationalsozialisten, die den »Volksgenossen« einreden wollten, daß »Tausende von Kriegsflugzeugen«, wie Göring weiter ausführte, »rings um Deutschland jederzeit einsatzbereit« ständen, »während wir selbst in der Luft völlig

Vorbereitung auf Luftschutz und Luftkrieg: Anfang August 1933 marschiert eine SA-Gasschutzstaffel durch die Neuhauser Straße.

wehrlos« seien. »Sogar die Abwehr von der Erde aus hat man uns fast völlig genommen. Dabei ist Deutschland durch die Luftwaffe stärker bedroht als irgend ein anderes Land. Jede deutsche Stadt ist für Bombenflieger erreichbar. Unsere wichtigsten Industrien liegen im nahen Wirkungsbereich fremder Fliegerkampfkräfte.«

Angesichts dieses Schreckensbildes, das die Nationalsozialisten von der Bedrohung Deutschlands durch die umliegenden Mächte malten, um die Bevölkerung auf Hitlers Kriegspolitik einzustimmen, forderten sie bereits im Jahre 1933 vom Volk »selbstlose Arbeit«, »Opfer« und die Bereitschaft, »einen modernen Luftangriff zu ertragen«. Zu keiner Zeit machten sie ein Hehl aus ihren Zielen, und wer es verstand, aufmerksam zu lesen, der konnte schon früh erahnen, auf welche Katastrophe Deutschland zusteuerte.

So hieß es ganz offen in der »Luftschutz-Fibel« des Reichsluftschutzbundes: »Es handelt sich also beim Selbstschutz in erster Linie um einen völligen Umbruch der Anschauungen über die Beteiligung des Volkes in seiner Gesamtheit, also auch mit Frauen, Kindern und Greisen, an der Verteidigung Deutschlands im

18

Falle eines neuen Verteidigungskrieges. Der Selbstschutzgedanke ist eng verknüpft mit der Willensbildung, nach der jeder einzelne sich wieder dem Staate gegenüber verantwortlich fühlt im Sinne eines Scharnhorst und Fichte, wonach jeder Deutsche zur Verteidigung seiner Heimat geboren ist, und im Geiste unseres Führers und Volkskanzlers Adolf Hitler, daß es auch im Luftschutz nicht auf den einzelnen Menschen ankommt, sondern einzig und allein auf Deutschland.«[11]

Noch deutlicher wurde der kriegerische Charakter der »Erziehungsaufgabe allergrößten Stils, die sich auf alle Volksschichten erstrecken« muß[12], in folgenden Worten der NS-Propagandisten: »Der Reichsluftschutzbund ist also nicht etwa eine Rettungsgesellschaft oder ein charitativer Verband, der den einzelnen vor Schaden bewahren will. Es geht hier um weit mehr. Es handelt sich um die Aufrichtung der ›dritten Front‹ des Hinterlandes, die im Falle eines Angriffs auf Deutschland ebenso unerschütterlich feststehen muß wie die Fronten der Armee und Marine. Dieser Front sich einzugliedern(,) ist nach den Worten des Ministers (Göring, Anm. d. Verf.) nationale Pflicht jedes einzelnen Volksgenossen ohne Unterschied von Stand, Alter und Geschlecht. Der Mitgliedsbeitrag von nur 1,- RM. im Jahre ermöglicht jedem den Eintritt. Jeder Groschen, der für den Selbstschutz geopfert wird, trägt tausendfältige Früchte. Improvisieren läßt sich im Luftschutz nichts. Maßnahmen, die erst getroffen werden, wenn die erste Bombe fällt, kommen mit Sicherheit zu spät. Darum hinein in die dritte Front des Hinterlandes.«[13]

»Luftschutz-Fibel« und »Verdunkelung«

Von allen Schutzmaßnahmen, die der RLB propagierte, kam der Verdunkelung der Städte die größte Bedeutung zu. Sie stellte zudem den schwerwiegendsten Eingriff in die persönliche Freiheit des einzelnen dar. Deshalb bemühte sich der Reichsluftschutzbund hier mit besonderem Nachdruck um das Verständnis der Bevölkerung. In der »Luftschutz-Fibel« warb er mit Erkenntnissen aus dem Ersten Weltkrieg für diese Sicherheitsvorkehrung: »Wir wissen aus dem Weltkriege, wie notwendig es war, gegen Fliegergefahr bei Nacht in geschlossenen Ortschaften kein Licht zu zeigen... und welche Folgen Unterlassungen und Verstöße gegen das Gebot der Tarnung nach oben fast immer zu haben pflegten.«[14]

Zur Verdunkelung der Häuser empfahl der RLB der Bevölkerung das Verhängen der Fenster mit Decken, das Bemalen der Oberlichtfenster mit lichtundurchlässiger Farbe oder die Sicherung mit gutschließenden Fensterläden. Zugleich warnte er: »Ein einziger verräterischer Lichtschein kann verhängnisvoll werden.«

Aber der Reichsluftschutzbund ließ es nicht nur bei Ratschlägen und Belehrungen bewenden. Er drohte auch den Säumigen und den Nachlässigen, die seine Schutzmaßnahmen gefährden könnten. Hier zeigte sich in aller Deutlichkeit das Gesicht des nationalsozialistischen Überwachungsstaates mit seinem totalen Machtanspruch und mit seinem autoritären Befehlsapparat. Der einzelne hatte sich der uneingeschränkten Bindung an den Gesamtwillen, der in der Partei verkörpert war, zu unterwerfen. So galt auch im Luftschutz der Grundsatz: »Du bist nichts, Dein Volk ist alles!«

Diese Maxime wurde dem Leser der »Luftschutz-Fibel« in den folgenden Sätzen unmißverständlich klargemacht: »Am Beispiel der Abblendung und Verdunkelung wird die Verantwortung des einzelnen gegenüber der Allgemeinheit besonders deutlich. Das Wort ›Selbstschutz‹ im Luftschutz soll nicht bedeuten, daß jeder nur sich selbst zu schützen weiß, sondern es soll bedeuten, daß jeder sich seinen Mitmenschen gegenüber vollverantwortlich fühlen lernt im Geiste gegenseitiger Hilfsbereitschaft. Jeder ist für das Schicksal seiner Volksgenossen ebenso verantwortlich wie für sein eigenes. Das kommt äußerlich zum Ausdruck durch die Organisation von Luftschutzgemeinschaften, d. h. personelle und materielle Zusammenfassung aller Selbstschutzkräfte von Häuserblocks und Nachbarhäusern.«[15]

Mit versteckten Drohungen, die hinter diesen Zeilen standen, nahmen die Nationalsozialisten das ganze Volk in die Pflicht. Das Wollen und das Denken des einzelnen hatten kein Gewicht mehr. Bis hinein in den kleinsten Lebensbereich verordneten die Braunen von oben die »Gleichschaltung«. Noch nicht einmal hinter der eigenen Wohnungstür sollte der Druck des allgegenwärtigen Staates aufhören.

Am Vorabend des Krieges

Die Nationalsozialisten waren sich bereits im Jahre 1933 darüber im klaren, daß dem Volk in einem künftigen Krieg Schweres bevorstand. Daß dieser mit einer Niederlage für sie enden könnte, kam für sie nicht in Frage. In ihrer Überheblichkeit vertrauten sie auf das vielbeschworene Organisationstalent, mit dem sie sämtliche Schwierigkeiten zu meistern meinten. Im Grunde bürdeten sie alle Mühen und Opfer von Anfang an dem Volk auf.

Daraus machte auch der *Völkische Beobachter* kein Hehl, als er am 8. August 1937 feststellte: »Der Selbstschutz der Bevölkerung bei Luftangriffen ist ein wesentlicher Teil des gesamten zivilen Luftschutzes. Seine Aufgabe besteht darin, durch geeignete und schon im Frieden auf Grund von Übungen und Belehrungen vorbereitete Maßnahmen im Entstehen begriffene Schäden, insbesondere Brandschäden, zu beseitigen, bevor sie größere Ausdehnung annehmen können.

Der Selbstschutz besteht innerhalb eines ›Selbstschutzhauses‹ im allgemeinen aus dem Luftschutzhauswart, seinem Stellvertreter, der Hausfeuerwehr, den Laienhelferinnen und den Meldern. Die Hausfeuerwehren mehrerer benachbarter Häuser bilden die Luftschutzgemeinschaft, die in Tätigkeit tritt, wenn die Hausfeuerwehr einen ausgebrochenen Brand allein nicht mehr niederringen kann.

In größeren Behördengebäuden, Warenhäusern, Banken, Theatern, Lichtspielhäusern, Hotels, größeren Gaststätten und ähnlichen Gebäuden reichen die gewöhnlichen Selbstschutzmaßnahmen nicht aus, sie müssen erweitert werden. Diese Gebäude oder Betriebe unterstehen dem ›Erweiterten Selbstschutz‹.«

Die Organisation des Sicherheits- und Hilfsdienstes

Schließlich gehörte zum zivilen Luftschutz noch der *Sicherheits- und Hilfsdienst*, der nach einem Luftangriff dort in Aktion zu treten hatte, wo die öffentliche Sicherheit am meisten gefährdet war. Der Reichsluftschutzbund wies ihm die Aufgabe zu, »die eingetretenen Personen- und Sachschäden schnellstens zu beheben«. Die Leitung des Sicherheits- und Hilfsdienstes, dem die Polizei, der Feuerlöschdienst, der Luftschutz-Sanitätsdienst, der Instandsetzungsdienst, der Entgiftungsdienst, der Luftschutz-Veterinärdienst sowie Fachtrupps zur Behebung der Schäden an Gas-, Wasser- und Elektrizitätsleitungen angehörten, lag in den Händen des örtlichen Polizeiverwalters – in München beim Polizeipräsidenten. Das Personal dieses Notdienstes war eingeteilt in Einsatz-, Bereitschafts- und Auffüllungskräfte, und in größeren Städten gliederte sich die Organisation des Sicherheits- und Hilfsdienstes von oben nach unten in »Luftschutzorte«, »Luftschutzabschnitte« und »Luftschutzreviere«.

In München waren die Weichen für die neue Entwicklung im Luftschutz bereits im Dezember 1933 gestellt worden. Unter dem Aktenzeichen »Ref. 7/2, Nr. 9401/III a« teilte der Stadtrat sämtlichen Referaten und Dienststellen der Stadtverwaltung sowie allen Volks-, Berufs-, städtischen Mittel- und höheren Schulen mit: »Mit Beschluß des Hauptausschusses vom 7. Dezember 1933 und der Vollversammlung vom 21. Dezember 1933 ist der Stadtrat München dem ›Reichsluftschutzbund‹ als Mitglied beigetreten. Der Beitritt einzelner städtischer Stellen erübrigt sich hierdurch.

Bei dieser Gelegenheit hat der Stadtrat ausgesprochen und anerkannt, daß sämtliche städtischen Dienststellen in Luftschutzangelegenheiten zur Verwaltungs- und Betriebshilfe ohne Kostenersatz verpflichtet sind.«[16]

Wie in anderen Städten betrachtete es der RLB auch in München als vorrangige Aufgabe, zunächst einmal den Brandschutz auf den Dachböden der Häuser zu verbessern. Die Sachverständigen sahen nämlich den Dachstuhl als den Teil des Hauses an, der im Luftkrieg am meisten gefährdet war. Ihn würden sich die leichten Brandbomben, wie der RLB in der »Luftschutz-Fibel« warnte, in erster Linie »zum Ziel nehmen«. Um die Brandgefahr herabzusetzen, forderte der Reichsluftschutzbund die Bevölkerung auf, »alles irgendwie entbehrliche brennbare Bodengerümpel« zu beseitigen, den Dachboden übersichtlicher zu machen und die hölzernen Lattenverschläge durch Drahtgitter zu ersetzen, womit »dem Feuer viel Nahrung entzogen« werde. »Zum Schutz des Holzfußbodens«, riet der RLB, »können die Dielen mit Sand oder nicht brennbarem Material bedeckt werden.«

Die Nationalsozialisten trieben die planmäßigen Bodenräumungsaktionen energisch voran. So teilte das Bayerische Staatsministerium des Innern am 1. September 1934 den Regierungen in Bayern, den Kammern des Innern und der Polizeidirektion München unter dem Aktenzeichen »Nr. 2666 e 489« mit: »Auf dem Gebiete des Selbstschutzes der Bevölkerung gegen Luftgefahr sind neben einer umfassenden Schulung der Amtsträger die Entrümpelung der Hausböden (Beseitigung von Speicherkram) und die Bestellung der Luftschutzhauswarte zur Zeit die wichtigsten Aufgaben der Luftschutzarbeit.«[17]

Die »Entrümpelung der Hausböden« und die »Bestellung der Luftschutzhauswarte«

Das Ministerium, das sich auf eine Mitteilung des Reichsministers des Innern vom 1. August 1934 bezog, mußte allerdings einräumen, daß die Maßnahmen nicht überall auf die Gegenliebe der »Volksgenossen« stießen. »Wenn auch im allgemeinen die erforderlichen Maßnahmen unter freiwilliger Mitarbeit der Bevölkerung durchgeführt werden können, so hat sich in einzelnen Fällen Widerstand gezeigt, der die Anwendung von Zwang unbedingt erforderlich erscheinen läßt. Solange kein entsprechendes Reichsgesetz erlassen ist, kann gegen Widerstrebende nur mit polizeilichen Mitteln vorgegangen werden.«
Dies war auch dem Reichsinnenminister bewußt. Deshalb setzte Wilhelm Frick das bayerische Innenministerium davon in Kenntnis, daß preußische Polizeibehörden bereits Anordnungen zur Bestellung von Luftschutzhauswarten und zur Entrümpelung der Hausböden getroffen hätten, die sich auf das Polizeiverwaltungsgesetz stützten. Personen, die das Amt des Luftschutzhauswartes abgelehnt hätten, seien Ungehorsamsstrafen angedroht worden. »Ich wäre dankbar«, fuhr Frick fort, »wenn auch die übrigen Landesregierungen diesem Beispiel folgen und die Tätigkeit des Luftschutzes, soweit nötig, durch polizeiliche Zwangsmaßnahmen unterstützen würden. Soweit die landespolizeilichen Bestimmungen über Aufgaben und Zwangsbefugnisse der Polizei nicht ausreichen, um in ähnlicher Weise wie in Preußen vorzugehen, darf ich auf § 368 Ziffer 8 Reichsstrafgesetzbuch verweisen, wonach feuerpolizeiliche Anordnungen unter Strafandrohung zulässig sind. Die Entrümpelung der Hausböden ist eine Maßnahme, die unmittelbar dem Zweck der Feuersicherheit dient. Aber auch die Bestellung der Luftschutzhauswarte ist eine Maßnahme, die überwiegend feuerpolizeilichen Charakter trägt; denn die Tätigkeit der Luftschutzhaus-

Am Vorabend des Krieges: Noch ist Zeit und Muße für ein stimmungsvolles Gruppenbild nach einer inzwischen regelmäßig abzuhaltenden Luftschutzübung, wie hier in München-Schwabing.

warte besteht zum großen Teile in Maßnahmen, die der Unterdrückung der aus Luftangriffen drohenden Brandgefahren dienen.«

Das bayerische Innenministerium schloß sich jedoch nicht der Meinung des Reichsinnenministers an. Es vertrat den Standpunkt, daß »die für den Luftschutz erforderlichen Maßnahmen im allgemeinen ohne besondere Schwierigkeiten durchgeführt werden können, wenn dabei taktvoll und unter Berücksichtigung der Verhältnisse des Einzelfalles vorgegangen wird«. Den gewünschten Erlaß einer Verordnung lehnte das Ministerium ab. Vielmehr betonte es: »Beschwerden der Bevölkerung sollen tunlichst vermieden werden. Dies ist um so wichtiger, als im Ernstfall außerordentlich viel davon abhängt, daß die Bevölkerung den Anordnungen der Polizeibehörden bedingungslos und vertrauensvoll Folge leistet.«

Die bayerische Administration überließ es Berlin, sich über eine reichsgesetzliche Regelung Gedanken zu machen, zumal der Reichsinnenminister in seiner Mitteilung vom 1. August 1934 (Aktenzeichen: »V A 5999/27.7.«) angekündigt hatte, »daß ein Reichsgesetz über das Feuerlöschwesen in Vorbereitung ist, in dem auch die erforderlichen Bestimmungen für den Luftschutz Aufnahme finden«.

Die gesetzliche Regelung ließ in der Tat nicht lange auf sich warten. Am 26. Juni 1935 beschloß die Reichsregierung ein Gesetz, das den Luftschutz für jeden Bürger zur Pflicht machte. »Alle Deutschen«, hieß es im Paragraphen 2 des sogenannten *Luftschutzgesetzes*, »sind zu Dienst- und Sachleistungen sowie zu sonstigen Handlungen, Duldungen und Unterlassungen verpflichtet, die zur Durchführung des Luftschutzes erforderlich sind (Luftschutzpflicht).« Damit hatte der Staat ein Instrument in der Hand, mit dem er jeden Widerstand gegen seine Maßnahmen brechen konnte. Mit ihm entstand zugleich für den »Volksgenossen« eine neue Bezeichnung: der »Luftschutzdienstpflichtige«. Wer seiner Pflicht nicht nachkam oder wer gegen Rechtsverordnungen und Verfügungen, die auf den Vorschriften des Gesetzes beruhten, verstieß, der hatte »mit Haft und mit Geldstrafe bis zu einhundertfünfzig Reichsmark oder einer dieser Strafen« (Paragraph 9 des Luftschutzgesetzes) zu rechnen.

»Luftschutzgesetz« und »Luftschutzkeller

Weitere reglementierende Schritte folgten. Am 4. Mai 1937 erließ der Reichsminister der Luftfahrt und Oberbefehlshaber der Luftwaffe, Hermann Göring, »auf Grund des § 12 des Luftschutzgesetzes« drei Durchführungsverordnungen, die den Luftschutz im einzelnen regelten. Die »Erste Durchführungsverordnung zum Luftschutzgesetz« umriß die Hauptaufgaben des zivilen Luftschutzes und faßte die Einzelbestimmungen über die Dienstleistungen der Luftschutzpflichtigen (»Luftschutzdienstpflicht«) zusammen. Im »Teil III« behandelte sie den »Luftschutz in besonderen Verwaltungen«. Darunter fielen die Wehrmacht, die Deutsche Reichspost, die Reichswasserstraßenverwaltung, die Deutsche Reichsbahn und die Gesellschaft »Reichsautobahnen«.

Die »Zweite Durchführungsverordnung zum Luftschutzgesetz« regelte die Durchführung aller baulichen Maßnahmen, die für die Zwecke des Luftschutzes in Frage kamen. Darin hieß es unter anderem: »Wer Neubauten sowie sonstige bauliche Anlagen errichtet oder Um- und Erweiterungsbauten, die eine erhebliche Wertsteigerung eines bestehenden Gebäudes oder Gebäudeteils darstellen, ausführt, hat bauliche Maßnahmen durchzu-

führen, die den Anforderungen des Luftschutzes entsprechen.«
Mit dieser Durchführungsverordnung waren »Erste Ausführungsbestimmungen« verbunden, die festlegten, daß Schutzräume für die Bevölkerung »im gesamten deutschen Reichsgebiet zu schaffen« seien. Über die Funktion der Unterstände verlautete: »Der Schutzraum soll den Insassen bei Luftangriffen
Schutz gegen die Wirkungen von Sprengbomben, insbesondere
gegen Luftstoß, Luftsog, Bombensplitter und Bautrümmer, sowie gegen chemische Kampfstoffe gewähren.« Die Ausführungsbestimmungen schrieben weiter vor, den Raum »in allen Fällen, in denen Kellerräume vorgesehen oder vorhanden
sind, im Kellergeschoß anzuordnen«.
Damit begann der »Luftschutzkeller« im Leben der Deutschen eine wichtige Rolle zu spielen. Er sollte im kommenden
Krieg Millionen von Menschen Zuflucht vor dem alliierten Bombenregen bieten, der jahrelang über die deutschen Städte kam.
Nicht zuletzt prägte der Kampf ums Überleben im Keller, in
dem das Leben trotz Fliegeralarm und Luftangriff weitergehen
mußte, eine ganze Generation. Die »Kellerkinder« waren es
schließlich, die sich nach dem Krieg aus dem Schutt der zer-
bombten Städte wieder erhoben und die auf den Trümmern des
NS-Regimes einen neuen, demokratischen Staat errichteten.
Die »Dritte Durchführungsverordnung zum Luftschutzgesetz« endlich, die am 1. September 1937 in Kraft trat, machte die
Entrümpelung der Speicher zur Pflicht, der sich nun niemand
mehr entziehen konnte. Paragraph 1 verfügte: »In Gebäudeteilen, die bei Luftangriffen im besonderen Maße der Brandgefahr
ausgesetzt sind, ist verboten: 1. das Aufbewahren von Gerüm-
pel, 2. das übermäßige und feuersicherheitswidrige Ansammeln
von verbrauchbaren Gegenständen, 3. das Abstellen anderwei-
tig unterbringbarer oder schwerbeweglicher Gebrauchsgegen-
stände.«
In all diesen Bestimmungen spiegelten sich die Kriegsvorbe-
reitungen der Nationalsozialisten wider, die auch auf lokaler
Ebene fortgesetzt wurden. So legte die Städtische Branddirektion München bereits am 11. Januar 1937 dem Referat VII der
Stadtverwaltung, Abteilung Luftschutz, wunschgemäß eine Untersuchung vor, die sich nicht zuletzt im Hinblick auf einen bevorstehenden Krieg, im Dokument »A-Fall« genannt, damit be-
faßte, »wie die Brandgefahren im allgemeinen in München zu
beurteilen sind«.[18] Die Brandexperten kamen darin zu folgendem Ergebnis:»Die in anderen Städten so vielfach festzustellen-

de unübersichtliche Bauweise industrieller Anlagen, das ständige Aneinanderschachteln immer neuer Zubauten, Hallen, Schuppen u.s.w. unter Verwendung von viel Holzwerk und ohne besondere feuerhemmende Abtrennungen (Brandabschnitte u.s.w.) ist hier sehr wenig anzutreffen. Die neueren industriellen Bauten in München sind in dieser Hinsicht in Bezug auf größere Brandgefahren äußerst günstig zu beurteilen.«

Ferner, so unterstrichen die Sachverständigen, wirke sich in München die Tätigkeit der zu den Dienstaufgaben der Branddirektion gehörenden Feuerpolizei und der Feuerbeschau außerordentlich positiv aus. »Schon seit 1. Januar 1897, also schon seit 40 Jahren, ist hier die sog. Feuerbeschau eingeführt, durch welche in z. Zt. periodisch alle 3 Jahre stattfindenden feuerpolizeilichen Besichtigungen fast sämtliche Gebäulichkeiten in der Stadt erfaßt werden.« Dies alles erkläre, weshalb in München Brände in viel geringerer Zahl aufträten als in anderen Großstädten.

Bei der Brandbekämpfung »bedarf es der Mithilfe der Bevölkerung!«

»Anders«, gaben die Fachleute allerdings zu bedenken, »ist die Brandgefahr natürlich im A-Falle zu beurteilen, wenn die Stadt z. B. von feindlichen Bombengeschwadern heimgesucht würde. Dann ist das Gefahrenmoment durchaus nicht anders zu beurteilen als in anderen deutschen Großstädten.« Im folgenden machte die Branddirektion ungeschminkt deutlich, mit welcher Katastrophe die Münchner im Bombenkrieg zu rechnen hätten. »Namentlich der Kern der Stadt (Zone 1)«, warnten die Experten, »weist noch recht alte, dichtbebaute Stadtviertel auf, die zum Teil von engen und winkeligen Straßen durchzogen sind. Die dortigen Gebäulichkeiten (Wohngebäude, öffentliche Gebäude, Kirchen u.s.w.) zeichnen sich besonders durch große hohe Dachstühle mit Verwendung von reichlich Holzwerk aus, welche einzelnen, wenn auch entrümpelt, im Brandfalle z. T. schwere Gefahren für die Nachbargebäude, wie überhaupt für die ganze Umgebung bilden.«

Die Branddirektion sah auf München eine verzweifelte Situation zukommen, »wenn«, wie sie schrieb, »sozusagen von außen die Brandfackel z. B. durch Bombenabwürfe in die Stadt geworfen wird«. Sie befürchtete, daß »besonders die dichtbebauten Bauquartiere der Altstadt ein außerordentlich günstiges Ziel und die Quelle für Totalbrände größten Umfangs« darstellten, »welche die Leistungsfähigkeit selbst der für den A-Fall bedeutend verstärkten und ausgerüsteten Feuerwehrkräfte weit übersteigen können«.

Die Verantwortlichen in der Münchner Branddirektion sollten damit recht behalten. Im Krieg zeigte sich in der Tat, daß unter dem unvorstellbaren Regen von Brandmitteln und Sprengstoffen, der aus den alliierten Bombern auf die Stadt niederging, die Kräfte der Feuerwehr erlahmen mußten.

Die Nationalsozialisten, die sich den Erkenntnissen der Experten nicht verschließen konnten, lösten das Problem der Brandbekämpfung auf ihre Weise, indem sie auch im Feuerschutz die Verantwortung dem Volk aufbürdeten. »Hierzu«, tönte der Reichsluftschutzbund in seiner »Luftschutz-Fibel«, »bedarf es der Mithilfe der Bevölkerung! Es ist völlig unausführbar, daß Hunderte von Entstehungsbränden in den Dachstühlen der Häuser ›amtlich‹ gelöscht werden können, wohl aber erscheint dies ›privat‹ möglich. Das heißt, daß bei einem Luftangriff die Einwohnerschaft eines jeden Hauses und der Besitzer jedes sonstigen Grundstückes für dessen Feuerschutz selber verantwortlich ist. Jeder noch so große Brand ist anfangs so klein gewesen, daß er von einem oder zwei Menschen hätte gelöscht werden können. Dieser Tatsache gilt es im Luftschutz Rechnung zu tragen.«[19]

Der RLB erläuterte auch zugleich, wie er sich die private Brandbekämpfung vorstellte: »Während bei einem Luftangriff die Masse der Einwohner eines Hauses in dem behelfsmäßig abgesteiften und zugdicht gemachten Keller gegen Brisanz und Gas Schutz sucht und findet, müssen einige beherzte Personen – es brauchen nicht immer Männer zu sein – die Bewachung des Dachgeschosses übernehmen und als Stoßtrupp einschlagende Brandbomben sofort unschädlich machen. Es darf kein Grundstück unbewacht bleiben. Der Kampf um die Dachstühle muß aufgenommen werden, und zwar im Wege des Selbstschutzes durch die Bevölkerung selbst! Eine andere Lösung gibt es nicht.«[20]

Die wohl schärfste Verordnung, in der sich die ganze Brutalität des NS-Regimes offenbarte, erließ der Ministerrat für die Reichsverteidigung am 5. September 1939. Sie richtete sich gegen sogenannte *Volksschädlinge* und drohte: »Wer im frei gemachten Gebiet oder in freiwillig geräumten Gebäuden oder Räumen plündert, wird mit dem Tode bestraft.« Zur besonderen

Abschreckung hieß es weiter: »Die Todesstrafe kann durch Erhängen vollzogen werden.« Und die Aburteilung müsse »sofort ohne Einhaltung von Fristen erfolgen, wenn der Täter auf frischer Tat betroffen ist oder sonst seine Schuld offen zutage liegt«. Mit dem Tode bestraft wurde in »besonders schweren Fällen« auch, »wer unter Ausnutzung der zur Abwehr von Fliegergefahr getroffenen Maßnahmen ein Verbrechen oder Vergehen gegen Leib, Leben oder Eigentum begeht«.

Als die »Verordnung gegen Volksschädlinge« im Reichsgesetzblatt veröffentlicht wurde, wußte die Bevölkerung längst, was die Glocke geschlagen hatte; denn seit dem 1. September 1939 herrschte Krieg.

II
DIE ENTFESSELUNG DER GEWALT

Nacht über München

Am Freitag, dem 1. September 1939, hielt die Welt den Atem an. In den Morgenstunden hatte das deutsche Schulschiff »Schleswig-Holstein« in Danzig-Neufahrwasser das Feuer auf die Westerplatte eröffnet, die von den Polen besetzt worden war. Mit der Kriegsmarine traten auch die Heeresgruppen Süd und Nord der Wehrmacht an den Grenzen zum Angriff auf Polen an. Das bedeutete Krieg. »Seit 5.45 Uhr«, erklärte Adolf Hitler vor dem Deutschen Reichstag, »wird jetzt zurückgeschossen. Und von jetzt ab wird Bombe mit Bombe vergolten!« Doch der »Führer« sprach die Unwahrheit. In Wirklichkeit rollte der Angriff gegen das überfallene Polen ohne jede Kriegserklärung bereits seit 4.45 Uhr, wie es Hitler in der *Weisung Nr. 1* zum »Fall Weiß« selbst befohlen hatte.

Die Nachricht von der Entfesselung des Krieges löste weithin in der deutschen Bevölkerung Betroffenheit aus. Von Begeisterung, wie sie das Volk am 1. August 1914 erfaßt hatte, konnte jetzt keine Rede sein. Selbst »Volksgenossen«, die dem Nationalsozialismus nahestanden, waren bestürzt und blickten beklommen in die Zukunft. Melita Maschmann, damals eine überzeugte BDM-Führerin, erinnert sich in ihrem Buch »Fazit« an die gedrückte Stimmung, der sie auf einer Reise in den ersten Kriegstagen begegnete: »Die Menschen im Zug waren eine einzige große Familie, erfüllt von der gleichen Sorge und voller Hoffnung auf ein baldiges Ende des Krieges. Jeder war schneller als gewöhnlich bereit, seinen Platz einem Müden abzutreten und seinen Proviant zu teilen. Die Augen der Frauen und Mädchen ruhten voll heimlicher Angst auf den Gesichtern der Soldaten, auf denen der jungen zumal: Werdet ihr gesund zurückkommen? Wird der gesund zurückkommen, auf den ich warte?«[21]

»An Weihnachten sehen wir uns wieder!«

Auch in Bayern herrschte bei vielen Niedergeschlagenheit. Die 17 Jahre alte Münchnerin Margarete Konetzky erlebte den Beginn des Zweiten Weltkrieges im Urlaub in Lenggries. »Während der ganzen Nacht vor der Kriegserklärung aufgewesen«, berichtet sie, »zusammen mit einer Dame aus Bremerhaven und einem Ehepaar aus Dresden mit Schwiegervater und Sohn gemeinsam am Radio in der Küche unserer Hausleute gesessen. Ständig aufputschende Musik und Märsche, und immer wieder und wieder das sentimentale Lied ›Rosemarie, Rosemarie‹, ständig unterbrochen durch politische Meldungen. Große Angst und Sorge! Am Morgen sagte weinend die Dresdener Dame zu uns: ›Nun werde ich meine drei Männer hergeben müssen. Mein Schwiegervater und mein Mann sind aktive Offiziere, und mein 18jähriger Sohn wird sicher sofort eingezogen werden.‹

Am nächsten Tag überall Gestellungsbefehle. Hans W., Jahrgang 1913, kommt in unser Haus zur Bäuerin, seiner Tante, um Abschied zu nehmen, mit Tränen in den Augen. Er kniet vor ihr nieder und bekommt von ihr den Segen. Sein Bruder Michael (beide sind Bauernsöhne), Jahrgang 1915, kommt ebenfalls kurz vorbei, völlig aufgelöst und schweißdurchnäßt: Er muß sämtliche Pferde in der Umgebung requirieren; die Bauern, die er persönlich kennt, klagen, fluchen und schimpfen. Er weint. (Beide Brüder sind später in Rußland gefallen.)

Mit Taxi nach München gefahren – die Eisenbahnzüge waren mit Truppentransporten belegt – bei herrlichem Sommerwetter, mit Trauer und Sorge vor der ungewissen Zukunft im Herzen. Abschied vom Frieden! Wir fuhren am Ostbahnhof vorbei und sahen dort ein aufgestelltes Geschütz. So begrüßte uns der Krieg in München.

In München völlig andere Stimmung: eine Mischung von Betroffenheit, Verstörtheit und Niedergeschlagenheit, zumeist bei den Älteren und ehemaligen Kriegsteilnehmern, und von euphorischer Hektik bei Jüngeren und vor allem bei Nazis. Doch Angst und Sorge überwiegen, vor allem bei Frauen und Müttern. Auch ist jeder bemüht, sich vorsichtig auszudrücken. Angst vor Denunziation!

Viele Eingezogene verabschieden sich mit den Worten: ›An Weihnachten sehen wir uns wieder!‹ Oder ganz Überschwengliche: ›Bis Weihnachten haben wir gesiegt!‹«

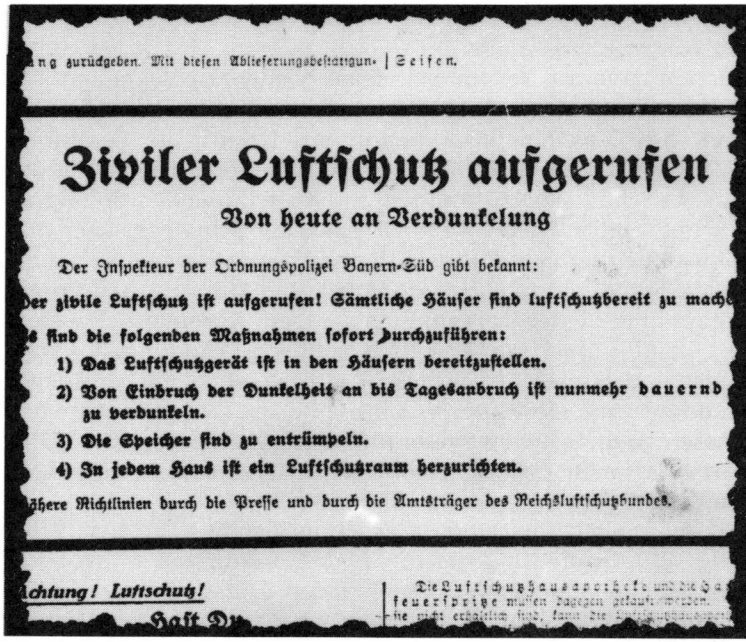

Ziviler Luftschutz aufgerufen
Von heute an Verdunkelung

Der Inspekteur der Ordnungspolizei Bayern-Süd gibt bekannt:

Der zivile Luftschutz ist aufgerufen! Sämtliche Häuser sind luftschutzbereit zu mach(
(e sind die folgenden Maßnahmen sofort durchzuführen:

1) Das Luftschutzgerät ist in den Häusern bereitzustellen.
2) Von Einbruch der Dunkelheit an bis Tagesanbruch ist nunmehr **dauernd zu verdunkeln.**
3) Die Speicher sind zu entrümpeln.
4) In jedem Haus ist ein Luftschutzraum herzurichten.

(ähere Richtlinien durch die Presse und durch die Amtsträger des Reichsluftschutzbundes.

(chtung! Luftschutz!

Mit dem Kriegsbeginn am 1. September 1939 tritt die Verdunkelungsverordnung auch in München in Kraft (Ausriß aus den »Münchner Neuesten Nachrichten«). Sie sollte für mehr als 2 170 Nächte gültig bleiben.

Mit dem Kriegsbeginn trat am 1. September unverzüglich die Verdunkelungsverordnung in Kraft, die für mehr als 2170 Nächte gelten sollte. Erst die US-Militärregierung hob sie am 12. Mai 1945 wieder auf. Doch so weit voraus dachte gewiß niemand in München, als das für die »Hauptstadt der Bewegung« zuständige *Luftgaukommando VII* die Bevölkerung am 2. September in Alarmbereitschaft versetzte: »Der zivile Luftschutz ist aufgerufen! Mit sofortiger Wirkung sind sämtliche Häuser luftschutzbereit zu machen. Das Luftschutzgerät ist in den Häusern bereitzulegen. Von Eintritt der Dunkelheit bis Tagesanbruch ist nunmehr dauernd zu verdunkeln. Die Speicher sind zu entrümpeln. In jedem Haus ist ein Schutzraum befehlsmäßig herzurichten.«

Bereits am Nachmittag zuvor waren die Straßenbahnen mit großen Plakaten versehen worden, die ankündigten, daß nun ständig Verdunkelung gelte. »Kein Licht«, berichteten die *Münchner Neuesten Nachrichten*, »flammte in die beginnende Nacht.

32

Als kleine huschende Irrlichter zeichneten sich Radfahrer und Autos in die schwarzen Schächte der Straßen. Mit tiefblauen Lichtern fuhr die Straßenbahn. Der Fußgängerverkehr flaute bald ab.« Doch auch einen kleinen Gewinn brachte die Verdunkelung den Münchnern. Noch nie zuvor hatten die meisten von ihnen den Nachthimmel mit den Sternen so klar und deutlich gesehen wie in diesen Tagen.

Aber die Nachteile überwogen. Dieser Erkenntnis konnte sich selbst die NS-Propaganda nicht verschließen. So klagte der Berichterstatter der MNN nach der ersten Nacht in der verdunkelten Stadt:»Wer aus hell erleuchteten Räumen auf die verdunkelte Straße trat, blieb zunächst wie angewurzelt und etwas erschrocken stehen. Er war in die schwärzeste Finsternis hinausgetreten und meinte, man könne ja nicht einmal mehr die Hand vor den Augen erkennen. Aber nach einigen zögernden und vorsichtigen Schritten gewöhnte sich das Auge rasch, man erkannte die Konturen des Gehsteiges, sah auf der regenfeuchten Straße ein ganz schwaches Blinken, das waren die Straßenbahnschienen, und man hatte auch seinen Anhalt an den weißen Feldern an den Straßenecken und den Positionslampen, die an wichtigen Straßenkrümmungen aufgestellt waren.«

»Wenn die Sirenen ertönen ...«

Mit dem Aufruf des zivilen Luftschutzes am 1. September wurde auch eine neue Regelung für die Warnung der Bevölkerung vor Luftangriffen durch Alarmsirenen getroffen. Demzufolge entfielen künftig die Vorsignale zum Fliegeralarm. »Wenn die Sirenen ertönen«, hieß es in einer Meldung des *Deutschen Nachrichten-Büros (dnb)* aus Berlin, »dann bedeutet das Fliegeralarm; die Bevölkerung hat sich dann sofort in die Luftschutzräume zu begeben und sich bis zur Entwarnung darin zu verhalten. Es gibt jetzt zwei Signale: der langgezogene auf- und abschwellende Heulton bedeutet Fliegeralarm; der langgezogene, in der Tonhöhe gleichbleibende Heulton bedeutet Entwarnung.«

In einem Artikel, der am 5. September in den MNN veröffentlicht wurde, setzte sich der RLB eingehend mit dem Verhalten der Bevölkerung bei einem drohenden Luftangriff auseinander: »Alle Personen, die sich in Gebäuden, besonders Wohnungen, Büros, Warenhäusern, Theatern, Lichtspieltheatern, Gastwirtschaften, Wartehallen, Vergnügungsstätten usw. befinden, haben sich sofort, soweit vorhanden, mit Gasmaske, in die vorhandenen Luftschutzräume zu begeben. Die Verpflichtung zum Aufenthalt im Luftschutzraum erstreckt sich nicht auf Personen, deren körperlicher Zustand dies nicht zuläßt, einschließlich des Pflegepersonals. (...)

Im Luftschutzraum darf nicht geraucht und kein offenes Licht angezündet werden. Überflüssiges Gerät darf nicht mit in den Luftschutzraum genommen werden. Das gleiche gilt für Tiere, mit Ausnahme von Blindenhunden und Diensthunden, die mit Maulkorb versehen sind und an der Leine geführt werden. Das weitere Verhalten bestimmt der Ordner, Luftschutzwart oder der sonst mit der Aufsicht im Luftschutzraum Betraute.

Wer vom Fliegeralarm auf Straßen, Plätzen usw. betroffen wird, hat den nächsten öffentlichen Luftschutzraum aufzusuchen oder andere Deckungsmöglichkeiten in Gebäuden auszunutzen. In unbebautem Gelände ist jede mögliche Deckung (Gräben, Höhlen usw.) auszunutzen. Sind Deckungsmöglichkeiten nicht vorhanden, so bietet das Hinlegen auf den Boden den besten Schutz.«

So gerüstet, glaubten sich die Nationalsozialisten allen Gefahren eines Bombenkrieges gewachsen. Unter der Überschrift »Wir sind luftschutzbereit!« tönte die NS-Presse am 2. September: »Das deutsche Volk kann mit Zuversicht den kommenden Ereignissen entgegensehen. Das Gefühl der Sicherheit ist um so größer, als auch in der Heimat selbst alles getan ist, um sie gegen mögliche Gefahren zu schützen.

Sollte es jemals einem feindlichen Flugzeug gelingen, die starke deutsche Luftwehr zu durchbrechen, so werden die in der Heimat getroffenen Schutzmaßnahmen jeden Erfolg solcher Angriffsversuche zum Scheitern bringen.«

Das waren große Worte, die jedoch mit der Wirklichkeit nicht im Einklang standen. Margarete Konetzky erinnert sich, wie nahezu primitiv die Vorkehrungen waren, die zum Schutz der Münchner getroffen wurden. Nach der Rückkehr des Mädchens aus Lenggries nach München ernannte der Besitzer eines Papier- und Schreibwarenladens in der damaligen Wiener Straße (heute: Einsteinstraße) die Tante ohne jede vorangegangene Ausbildung oder Schulung zum Luftschutzhauswart. Zugleich erhielt sie eine Menge von Luftschutzgeräten, vor allem Gasmasken und Feuerpatschen. Alle Hausbewohner mußten sich dann in den Luftschutzkeller begeben, wo sie über den Gebrauch der Ausrüstung unterrichtet wurden. Das Informationsmaterial, das die Tante über den Selbstschutz in großer Menge bekommen hatte, verteilte die Nichte an sämtliche Mieter. Zur Verdunkelung der Fenster kauften sie Leisten sowie schwarzes Papier oder schwarzen Stoff und bastelten sich die Luftschutzrollos selbst.

»Bezugsscheine« und das Verbot, ausländische Sender abzuhören

Der Krieg brachte den Münchnern neben der Verdunkelung noch weitere zwei Einschränkungen, die das Leben in der Stadt erheblich veränderten: Bereits am Sonntag, dem 27. August 1939, waren im ganzen Reich die ersten Lebensmittelkarten, damals »Bezugsscheine« genannt, eingeführt worden. Sie galten für Nahrungsmittel, die, wie es hieß, »im Interesse der wirtschaftlichen und damit auch der politischen Unabhängigkeit und Freiheit des Reiches bewirtschaftet werden müssen«. Darunter fielen Fleisch und Fleischwaren, Milch, Milcherzeugnisse, Öle und Fette, Zucker und Marmelade, Graupen und ähnliche Nährmittel sowie Kaffee und Tee. Das gleiche galt auch für Seife und Hausbrandkohle. Weiter ohne Bezugsschein wurden Kartoffeln, Brot, Weizenmehl und Roggenmehl sowie Obst und Gemüse abgegeben.

Die nächste Einschränkung im Leben der »Volksgenossen« erfolgte am 1. September mit dem Verbot, ausländische Sender abzuhören. Der Ministerrat für die Reichsverteidigung, der diese »Verordnung über außerordentliche Rundfunkmaßnahmen« erließ, erklärte dazu: »Im modernen Krieg kämpft der Gegner nicht nur mit militärischen Waffen, sondern auch mit Mitteln, die das Volk seelisch beeinflussen und zermürben sollen. Eines dieser Mittel ist der Rundfunk. Jedes Wort, das der Gegner sendet, ist selbstverständlich verlogen und dazu bestimmt, dem deutschen Volk Schaden zuzufügen. Die Reichsregierung weiß, daß das deutsche Volk diese Gefahr kennt und erwartet daher, daß jeder Deutsche aus Verantwortungsbewußtsein heraus es zur Anstandspflicht erhebt, grundsätzlich das Abhören ausländischer Sender zu unterlassen.«

Wer sich dieser Verordnung widersetzte und als sogenannter *Rundfunkverbrecher* auffiel, der »Feindsender« abhörte, hatte mit einer Zuchthausstrafe, in »leichteren Fällen« mit einer Gefängnisstrafe zu rechnen (Paragraph 1). »Volksgenossen«, die das

Wagnis auf sich nahmen und die Nachrichten ausländischer Sender weitergaben, drohte sogar das Todesurteil (Paragraph 2).

So mancher bezahlte sein Bedürfnis nach einem ehrlichen Wort, das er durch den Äther aus dem Ausland empfing, auch mit der Einweisung ins Konzentrationslager. Der Weg dorthin war für die Münchner nicht weit. Das KL Dachau lag nur wenige Kilometer vom Marienplatz entfernt. Dieser Ort des Terrors stellte für jeden eine Bedrohung dar, der sich nicht damit zufrieden gab, was die NS-Presse am Tag nach Beginn des Krieges erklärt hatte: »Der Führer allein ist berufen, in den kommenden Tagen zum Volke zu sprechen. Ihn wollen wir hören.«

Flugblätter aus Bombenschächten

Mit dem Überfall auf Polen handelte sich Hitler am 3. September 1939 die Kriegserklärungen Frankreichs und Großbritanniens ein. Briten und Franzosen waren nicht länger gewillt, den Raubzügen der Nationalsozialisten weiter tatenlos zuzusehen, nachdem sie erkannt hatten, daß ihre Bemühungen auf dem diplomatischen Parkett, einen erneuten Waffengang in Europa zu vermeiden, gescheitert waren. Damit begann ein Krieg, der ein Ausmaß an Schrecken erreichen sollte, wie es niemand im Herbst 1939 für möglich gehalten hätte. Zum erstenmal in der Geschichte der Menschheit war der Zweite Weltkrieg auch ein Feldzug gegen Frauen und Kinder, gegen Wehrlose und Gebrechliche, gegen Greise und Säuglinge.

Dabei hatte der amerikanische Präsident Franklin D. Roosevelt noch am 1. September an die Mächte in Europa appelliert, in einem künftigen Krieg die Zivilbevölkerung zu schonen und vor allem vor Luftangriffen zu bewahren. Die Nationalsozialisten reagierten auf diesen Aufruf zur Humanität mit Überheblichkeit. Unter der Überschrift »Ein überflüssiger Appell« berichteten die *Münchner Neuesten Nachrichten* in der Wochenendausgabe vom 2./3. September über den humanitären Vorstoß des US-Präsidenten: »Der Präsident der Vereinigten Staaten von Nordamerika, dessen Bemühen um das Gelingen der Einkreisungsfront uns zur Genüge bekannt ist, glaubte wenigstens jetzt eine Gelegenheit ergreifen zu können, dem Kontinent seine wahre Bedeutung als Verfechter der Menschlichkeit zu offenbaren. Aber welches auch seine Gründe gewesen sein mögen, er rannte offene Türen ein. Um 10.30 Uhr mitteleuropäischer Zeit richtete er an die europäischen Mächte einen Appell, auf Bombenangriffe gegen die zivilisierte Bevölkerung und gegen unbefestigte Städte zu verzichten. Dieser Appell, der an England, Frankreich, Polen, Italien und Deutschland gerichtet war, mag vielleicht bei der oder jener Macht am Platze gewesen sein, obwohl wir niemandem eine derartige Handlungsweise von vornherein zutrauen möchten. Für Deutschland und Italien aber erübrigt es sich. Um 10 Uhr begann die Reichstagssitzung, in welcher der Führer aussprach, was für jeden Deutschen keine Überraschung bedeutet hat: daß er nämlich seiner Luftwaffe jegliches Bombardement offener Städte und unbeteiligter Zivilpersonen strikt untersagt hat. Dem schwulstigen Appell von der einen Seite steht hier ein schlichter Befehl gegenüber. Und niemand in der Welt wird bezweifeln, daß ein Befehl des Führers für die Ausführung bürge.«

Hitler läßt Warschau bombardieren

Hitler beeilte sich aber auch, Roosevelt persönlich zu antworten. In seiner Erwiderung, die er in Berlin dem Geschäftsträger der Vereinigten Staaten von Amerika überbringen ließ, erklärte er: »Die in der Botschaft des Herrn Präsidenten Roosevelt vertretene Auffassung, daß es ein Gebot der Menschlichkeit ist, bei militärischen Aktionen unter allen Umständen den Abwurf von Bomben auf nichtmilitärische Objekte zu unterlassen, entspricht durchaus meinem eigenen Standpunkt und ist von mir von jeher vertreten worden. Ich stimme daher dem Vorschlag, daß die an schon jetzt im Gange befindlichen Feindseligkeiten beteiligten Regierungen öffentlich eine entsprechende Erklärung abgeben, bedingungslos zu.

Meinerseits habe ich bereits in meiner gestrigen Reichstagsrede öffentlich bekanntgegeben, daß die deutschen Luftstreitkräfte den Befehl erhalten haben, sich bei ihren Kampfhandlungen auf militärische Objekte zu beschränken. Es ist eine selbstverständliche Voraussetzung für die Aufrechterhaltung dieses Befehls, daß sich die gegnerischen Luftstreitkräfte an die gleiche Regel halten.«

Der erste, der sich nicht an die Regel hielt, war Hitler selbst. Bedenkenlos ließ er als erste Stadt im Zweiten Weltkrieg Warschau bombardieren. Mit Schrecken erinnert sich der polnische Historiker und Publizist Wladyslaw Bartoszewski, der im Jahre 1986 mit dem *Friedenspreis des Deutschen Buchhandels* ausgezeichnet wurde, an die Angriffe der Luftwaffe: »Als Warschau am frühen Morgen des 1. September 1939 von deutschen Flugzeugen angegriffen wurde, starben die ersten Menschen im Schlaf. Ich war damals noch keine 18 Jahre alt und meldete mich in den nächsten Tagen freiwillig, um Verwundete dieser Bombenangriffe zu bergen. Es gab ein paarmal täglich Bombenalarm. Die aus den Trümmern ausgegrabenen Verwundeten haben wir auf Bahren gelegt und in die Krankenhäuser getragen. Auf offenem Gelände, ohne Deckung, trug ich mit einem älteren Mann eine

Entgegen einer persönlichen Botschaft an US-Präsident Roosevelt, wonach sich Deutschland bei den Kampfhandlungen »auf militärische Objekte beschränken« werde, läßt Hitler mit Beginn des Feldzuges gegen Polen dessen Hauptstadt bombardieren. Im Bild zerstörte Häuserzeilen in Warschau im Jahre 1939.

Frau, die einen Bauchschuß hatte. Die deutschen Flugzeuge schossen mit Bordwaffen auf alles, was sich bewegte – und plötzlich war ich mit der Bahre ganz allein. Die Mauer vor mir fing vor meinen Augen zu rasen an. Wir legten uns mit der Bahre nieder. Die Geschosse der Bordwaffen kamen aus 80 Zentimeter Entfernung. Es dauerte nur ein paar Sekunden, aber das kann ein ganzes Leben sein. (...) Die Frau auf der Bahre war tot. Ein paar hundert Meter vor dem vielleicht rettenden Krankenhaus. Wir waren ein paar Kilometer mit letzter Kraft gelaufen. Der Krieg war schon verloren an diesem 25. September.«[22] An dem Tag, der Bartoszewski unvergeßlich blieb, hatten 400 deutsche Flugzeuge 486 Tonnen Sprengbomben und 72 Tonnen Brandbomben auf die polnische Hauptstadt abgeworfen, die sich dann auch erbittert gegen die Angreifer am Boden verteidigte, am Ende jedoch der Übermacht unterlag und am 27. September kapitulieren mußte.

Für die Münchner war zu dieser Zeit der Krieg noch weit entfernt. Mit ungebrochener Lebensfreude genossen sie, offenbar wenig berührt von den Ereignissen im fernen Polen, den sommerlichen Herbst. So berichteten die MNN am Montag, dem 11. September, über den vergangenen Sonntag: »Ein Spätsommersonntag in strahlender Schönheit veranlaßte die Münchner, zum Teil schon in den frühen Morgenstunden, in hellen Scharen hinauszuwandern. Viele waren mit den Rädern unterwegs, und auch die Straßenbahnen, vor allem nach Grünwald, waren dicht besetzt. Der Tierpark meldet 6500 Besucher; auch die Bäder hatten noch einmal starken Zustrom.«

Wenige Tage danach aber bekamen die Münchner die ersten Auswirkungen des Krieges zu spüren. In der Nacht zum 14. September riß auf einmal Sirenengeheul die Stadt aus dem Schlaf. Wie es schien, drohte München ein nächtlicher Luftangriff. Doch am dunklen Himmel blieb alles ruhig. Als die Leser der *Münchner Neuesten Nachrichten* dann am Freitag, dem 15. September, die Zeitung aufschlugen, konnten sie dem Lokalteil folgende Notiz entnehmen: »Das Polizeipräsidium München teilt mit, daß der Fliegeralarm in der Nacht vom 13. auf 14. September 1939 auf einem Irrtum beruhte.«

Die britische »Royal Air Force« (RAF): im Jahre 1939 der Rolle des Angreifers noch nicht gewachsen

Im Gegensatz zu Hitler waren die Briten entschlossen, den Appell des amerikanischen Präsidenten zu befolgen und Bombenangriffe auf zivile Ziele zu vermeiden. Daneben gab es aber noch einen zweiten Grund, der Großbritannien zur abwartenden Haltung zwang. Seine Luftstreitkräfte, *Royal Air Force* genannt (abgekürzt RAF), waren der Rolle des Angreifers, die ihnen der Krieg mit Deutschland aufgenötigt hatte, noch nicht gewachsen. Das erst im Jahre 1936 bei der Neuorganisation der RAF aufgestellte Bomberkommando (»Bomber Command«) verfügte 1939 lediglich über 17 Bomberstaffeln mit insgesamt 209 Flugzeugen, die für einen Einsatz über Deutschland geeignet waren. So stand es jedenfalls auf dem Papier. In Wirklichkeit sah die Lage noch düsterer aus. Denn viele Bomber, die bei Kriegsausbruch die Luftflotte des Bomberkommandos bildeten, waren nicht einsatzbereit. Und überall mangelte es am fliegenden Personal, so daß die Maschinen nur zu 80 Prozent bemannt werden konnten. Nicht zuletzt lagen auch die Ausbildung des Fliegernachwuchses und die waffentechnische Ausrüstung der Bomber im argen.

Schließlich stellte die Entfernung, die zwischen der Heimatbasis in England und dem Einsatzgebiet in Deutschland lag, die RAF vor ein Problem, zumal es ihr sogar an einem funktionstüchtigen Navigationssystem fehlte. Das Bomberkommando, das auf einen deutschen Gegner jenseits der Nordsee nicht eingestellt war, benötigte schwere, viermotorige Langstreckenbomber. Diese aber befanden sich im Jahre 1939 noch im Planungsstadium.

Die Maschinen, über die das Bomberkommando bei Kriegsbeginn verfügte, waren der deutschen Luftwaffe unterlegen. So besaß die RAF an schweren Bombern die Maschinen vom Typ *Vickers Wellington* und *Whitley*, an mittleren Bombern Flugzeuge vom Typ *Bristol Blenheim* und *Hampden* und an leichten Bombern die einmotorige *Fairey Battle*. Die Blenheim-Bomber waren als Langstreckenbomber ebenso wenig geeignet wie die Hampden-Bomber und die Fairey Battles, die zudem noch weniger Feuerkraft aufwiesen als die Hampdens. Als einzige erfolgversprechende Maschine blieb dem Bomberkommando zunächst die zweimotorige Wellington, die in der Tat auch in den ersten Kriegsjahren, bevor neue Großflugzeuge zur Verfügung standen, das Rückgrat der RAF bei den Luftangriffen auf Deutschland bildete.

Auf ihren ersten Flügen nach Mitteleuropa führten die britischen Bomber jedoch noch keine Bomben mit sich. Die RAF eröffnete ihre Luftoffensive gegen die Nationalsozialisten vielmehr mit Flugblättern, die von den Maschinen des Bomberkommandos über Feindesland abgeworfen wurden. Die *Abteilung für politischen Nachrichtendienst* im britischen Außenministerium, die den Flugblatteinsatz geplant hatte, hoffte mit dieser Aktion, einen Keil zwischen das deutsche Volk und dessen nationalsozialistischen Führer treiben zu können.

Ein Flugblatt, das in der Nacht zum 4. September auf deutschem Boden niederging, hatte folgenden Wortlaut: »Deutsche. Mit kühl erwogenem Vorsatz hat die Reichsregierung Großbritannien Krieg auferzwungen. Wohl wußte sie, daß die Folgen ihrer Handlung die Menschheit in ein größeres Unheil stürzen, als 1914 es tat. Im April gab der Reichskanzler euch und der Welt die Versicherung seiner friedlichen Absichten; sie erwies sich als ebenso wertlos wie seine im September des Vorjahres im Sportpalast verkündeten Worte: ›Wir haben keine weiteren territorialen Forderungen in Europa zu stellen.‹

Niemals hat eine Regierung ihre Untertanen unter geringerem Vorwand in den Tod geschickt. Dieser Krieg ist gänzlich unnötig. Von keiner Seite waren deutsches Land und deutsches Recht bedroht. Niemand verhinderte die Wiederbesetzung des Rheinlandes, den Vollzug des Anschlusses (Österreich) und die unblutig durchgeführte Einkörperung der Sudeten in das Reich. Weder wir, noch irgendein anderes Land, versuchte je dem Ausbau des deutschen Reiches Schranken zu setzen – solange dieses nicht die Unabhängigkeit nicht-deutscher Völker verletzte.

Allen Bestrebungen Deutschlands – solange sie Andern gerecht blieben – hätte man in friedlicher Beratung Rechnung getragen.«

Die Briten ließen sich den Propagandafeldzug etwas kosten. Mehr als 65 Millionen Flugblätter flatterten aus den britischen Flugzeugen auf die Deutschen herab. Doch die Offensive mit dem gedruckten Wort verfehlte bei den Adressaten die gewünschte Wirkung: Kein Aufstand brach in Deutschland los.

München, September 1939: »Deckungsgräben« ausgehoben

Dennoch fürchteten die Nationalsozialisten die feindliche Propaganda. Lange vor Ausbruch des Krieges hatte der Reichsluftschutzbund schon in seiner »Luftschutz-Fibel« vor der »organisierten Vergiftung der Volksseele« durch die »vierte Waffe des Bombenflugzeuges« – nach Brisanz-, Brand- und Gasbomben – gewarnt: »Wir wissen heute, daß im Weltkriege die gegen Deutschland gerichtete Luftpropaganda der Feindmächte einen erheblichen Anteil an dem grauenvollen seelischen Niederbruch des Volkes und an der Selbstzerfleischung in der Nachkriegszeit gehabt hat, und daß die von unserer Seite unternommenen Versuche der Ab- und Gegenwehr gescheitert sind, daß wir also diese Geistesschlacht größten Stils verloren haben.«[23]

Der RLB forderte die »Volksgenossen« auf, aus dieser Erkenntnis in einem neuen kriegerischen Konflikt die Konsequenzen zu ziehen: »Wir dürfen uns von dieser ›Offensive gegen den Geist‹ nicht überraschen lassen und (müssen) ihr seelisch gerüstet begegnen. Jeder, dem ein solcher ausgeworfener Giftbrocken vor die Augen kommt, muß wissen, daß vom Feinde nichts kommt, was Deutschland frommt.«[24]

Wer dies nicht einsehen wollte, hatte mit schweren Strafen zu rechnen. So mußte sich das Oberlandesgericht München in den Jahren 1944 und 1945 wiederholte Male mit Angeklagten beschäftigen, die wegen der Weitergabe von sogenannten *Feind-*

flugblättern angezeigt worden waren. Denn die Briten führten ihren Propagandafeldzug auch noch in den späteren Kriegsjahren fort. Insgesamt warfen sie im Zweiten Weltkrieg 1,4 Milliarden Flugblätter ab. Sogar gefälschter Lebensmittelkarten bedienten sie sich, um auf diese Weise die Versorgung der Bevölkerung mit Nahrungsmitteln zu stören.

Im September 1939 beschäftigten die Münchner jedoch noch andere Probleme. Ihr Augenmerk galt vor allem dem Luftschutz, der in großer Eile weiter ausgebaut wurde. So meldeten die MNN am 24. September, daß »in den letzten Tagen« sogenannte *Deckungsgräben* »an verschiedenen freien Plätzen der Stadt« ausgehoben worden waren. »Diese Deckungsgräben«, hieß es, »dienen dazu, solchen Straßenpassanten, die allenfalls bei einem Fliegeralarm nicht mehr rechtzeitig einen öffentlichen Schutzraum erreichen können, Schutz zu bieten.«

Offensichtlich trauten die Nationalsozialisten trotz des Appells Roosevelts an die kriegführenden Mächte, keine Bomben auf Städte zu werfen, ihren Feinden nicht. Alles, was sie unternahmen, zeigte ihre Skepsis. Sie ermahnten die Bevölkerung nicht nur immer wieder, die Verdunkelungsvorschriften peinlich genau einzuhalten, um durch keinen Lichtschein einen Bomber anzulocken, sondern strichen den Münchnern auch noch das liebste Fest. In einer zweizeiligen Notiz meldeten die *Münchner Neuesten Nachrichten* am 27. September 1939 ihren Lesern: »Wie der städtische Informationsdienst mitteilt, findet das Oktoberfest nicht statt.«

Spätestens jetzt begriff auch der letzte Münchner, der zwischen den Zeilen lesen konnte, wie ernst es um ihn und um seine Stadt bestellt war. Wenige Monate nach dem abgesagten Oktoberfest fielen auf München die ersten Bomben.

Erste Bomben auf München

Für das Bomberkommando der *Royal Air Force* endete das Jahr 1939 mit einer Niederlage. Es hatte sich gezeigt, daß der deutsche Gegner auf der Hut war und jeden Angriff mit Überlegenheit abwehrte. Die britischen Bomber, die in den ersten Kriegsmonaten keine deutsche Stadt angreifen durften und statt dessen über der Nordsee Jagd auf deutsche Schiffe zu machen versuchten, erlitten auf ihren Feindflügen schwere Verluste. Allein am 18. Dezember 1939, der als ein schwarzer Tag in die Geschichte der RAF einging, verlor das Bomberkommando bei einem Tageseinsatz zwölf von insgesamt 24 *Wellington*-Bombern. Sie wurden alle durch deutsche Jäger und Zerstörer vom Typ *Messerschmitt Me 109* und *Me 110* abgeschossen.

Die Taktik, die Bomber am Tage ohne Jagdbegleitschutz in den Kampf zu führen, hatte sich als verhängnisvoll erwiesen. »Als das Jahr 1939 zu Ende ging«, berichtet der englische Schriftsteller Len Deighton, war das Ergebnis der Einsätze, die hinter dem Bomberkommando lagen, »verheerend«. Die Rate der verlorenen Maschinen betrug 9,5 Prozent. »Nie wieder«, stellt Deighton fest,[25] »erreichten die Verlustzahlen in irgendeinem folgenden Kriegsjahr auch nur die Hälfte dieser Höhe. Anstatt die Angriffe mit Jagdschutz zu fliegen, wurde einfach das Bomben bei Tageslicht, das Grundlage aller Vorkriegsplanungen gewesen war, verboten.«

Die RAF beschließt, sich allein auf Nachtangriffe einzustellen

In der Folgezeit beschränkte sich das »Bomber Command« darauf, seine Maschinen nur im Schutz der Nacht zu den Flugblattabwürfen über Deutschland einzusetzen. Der Erfolg rechtfertigte diese Maßnahme, denn die Verlustrate der Bomber sank auf nur 2,8 Prozent. Doch damit war die deutsche Abwehr noch nicht bezwungen. Sie setzte im Gegenteil den Briten so sehr zu, daß am 13. April 1940 vom Stab der RAF an den Chef des Bomberkommandos, Air Marshal Sir Charles Portal, die Weisung erging, sich künftig einzig und allein auf Nachtangriffe einzustellen. Daran änderte sich auch in den folgenden Jahren nichts. Die

Briten hielten an den Nachteinsätzen, die 1939 zunächst nur probeweise geflogen worden waren, bis zum Kriegsende fest. Erst im Oktober 1944 wagten sie daneben auch wieder Tagesangriffe.

Im Jahre 1939 ergab sich für die RAF aber außer der deutschen Verteidigung noch eine andere Schwierigkeit: Nur wenige Flieger fanden in Deutschland ihr Ziel, dem der Flugblatteinsatz galt. Darauf wurde, wie Len Deighton berichtet, der Vorschlag unterbreitet, die deutschen Wälder zur Orientierung der Piloten mit Brandbomben in Feuerfackeln zu verwandeln. Aber Sir Kingsley Wood, der britische Luftfahrtminister, wies dieses Ansinnen entrüstet zurück. »Sind Sie sich bewußt«, fragte er,[26] »daß es sich um privates Eigentum handelt? Natürlich werden Sie mich demnächst darum bitten, Bomben über Essen abwerfen zu dürfen.«

Großbritannien war also fest entschlossen, die deutsche Zivilbevölkerung nicht mit in den Krieg zu ziehen, solange Hitler diese Haltung respektierte. Doch als nach acht Monaten der sogenannte *Sitzkrieg* endete und Deutschland am 10. Mai 1940 zur Offensive gegen Frankreich antrat und in Luxemburg, Belgien und die Niederlande einfiel, sah sich England zu einer härteren Gangart gezwungen. Enttäuscht trat Premierminister Neville Chamberlain zurück, der immer wieder Bombenangriffe abgelehnt hatte, und das Amt des Regierungschefs übernahm Winston Churchill, der keine Zurückhaltung mehr kannte und der den Deutschen unverzüglich mit Luftangriffen drohte.

Seinem Volk erklärte der neue Premierminister am 13. Mai in der Antrittsrede vor dem Unterhaus: »Ich habe nichts anzubieten als Blut, schwere Arbeit, Tränen und Drohungen. Vor uns stehen Leiden furchtbarster Art. Zu denen, die mich fragen, was ist eure Politik, sage ich: Krieg zu führen, zu Lande, im Wasser und in der Luft mit aller unserer Macht, mit unserer ganzen Stärke, die uns Gott gegeben hat, Krieg zu führen, gegen eine ungeheuerliche Tyrannei, wie sie die dunkelste Geschichte menschlicher Kriminalität noch nicht gekannt hat. Das ist unsere Politik. Auf die Frage, was ist euer Ziel, ist die Antwort das einzige Wort: Sieg, Sieg um jeden Preis, Sieg trotz allen Gefahren, Sieg, wie lang auch immer, wie schwierig auch immer der Weg dazu sein möge. Denn ohne Sieg gibt es kein Weiterleben und – versteht das recht – kein Weiterleben des Empires und all dessen, wofür es einsteht.«

14. Mai 1940: deutscher Luftüberfall auf Rotterdam

Am Tag darauf kam es zur Katastrophe von Rotterdam, die endgültig den Wendepunkt in der Geschichte des Luftkrieges darstellen sollte. Deutsche Bomber griffen am Nachmittag des 14. Mai die niederländische Hafenstadt an, nachdem die eingekesselte 22. Infanteriedivision Luftunterstützung angefordert hatte. Das Bombardement hätte vermieden werden können, wenn neben dem barbarischen Entschluß, Bomben auf die herrliche alte Stadt zu werfen, nicht auch noch unglückliche Umstände Rotterdam zum Verhängnis geworden wären. Und so nahm das Verderben, wie der Militärhistoriker Janusz Piekalkiewicz berichtet,[27] seinen Lauf:»Das Kampfgeschwader 54 (Oberst Lackner) soll ›nach Plan‹ angreifen, falls nicht in letzter Minute rote Leuchtkugeln die Kapitulation Rotterdams anzeigen. Um 13.25 Uhr starten Bomber in zwei Kampfformationen. Doch während ihres Anflugs beginnen die Verhandlungen, und das Geschwader bekommt den Befehl zur Rückkehr. Die Schleppantennen der Bomber sind aber bereits eingezogen und die roten Leuchtkugeln – das Zeichen zum Abdrehen – durch die Qualmwolken von dem brennenden Dampfer ›Stratendam‹ nur für eine der beiden Formationen erkennbar. 43 Flugzeuge kehren noch um, 57 Maschinen jedoch werfen ihre Ladung, 97 Tonnen Sprengbomben, über der Stadt ab. Gleich die ersten Bomben zerstörten das Hauptwasserrohr. Aus dem am schwersten getroffenen Gebäude, einer Margarinefabrik, ergießen sich Ströme brennenden Öls. Über 900 Menschen fallen dem Angriff zum Opfer.«

Ein Schrei der Entrüstung ging um die Welt, und Churchill zog aus der Zerstörung Rotterdams die Konsequenzen: Er hob nun das Verbot für die RAF auf, deutsche Städte zu bombardieren. Bereits in der Nacht des 15. Mai griffen 99 Maschinen des Bomberkommandos Eisenbahnanlagen und Ölraffinerien im Ruhrgebiet an. Damit begann die strategische Luftoffensive gegen Deutschland.

Doch Joseph Goebbels, der Reichsminister für Volksaufklärung und Propaganda, wollte den »Volksgenossen« weismachen, daß die Briten schon am 10. Mai einen »Terrorangriff« auf eine deutsche Stadt geflogen hätten. Diese Lüge sollte sich über Jahrzehnte hinweg hartnäckig halten. In Wirklichkeit waren es deutsche Bomber, die Freiburg im Breisgau durch ein unglückliches Versehen angriffen. Wie es dazu kam, schildert Piekalkiewicz: »Am Nachmittag des 10. Mai 1940 starten vom Flieger-

Die von deutschen Fliegerbomben am 14. Mai 1940 zerstörte holländische Hafenstadt Rotterdam; über 900 Menschen fielen dem Angriff zum Opfer.

horst Landsberg bei Augsburg 45 *Heinkel 111* der Kampfgruppe 51 (Oberst Kammhuber), um den Flugplatz Dijon-Longvic in Frankreich zu bombardieren. Ein Teil von ihnen ist durch schlechte Sicht vom Kurs abgekommen und greift angeblich den Jägerplatz Dôle-Tavaux an, das vereinbarte Ausweichziel bei Dijon. Um 15.59 Uhr stoßen 3 dieser Maschinen (Kettenführer Lt. Seidel) aus einer Höhe von etwa 1 500 Metern durch die Gewitterwolken auf Freiburg im Breisgau. Jeder Bomber wirft seine Last ab und verschwindet schnell wieder. Das Ergebnis: 57 Tote, darunter 22 Kinder. Da die 3 ominösen Bomber, die sich infolge Fehlnavigation über Freiburg verirrt haben, von der Bodenabwehr nicht als deutsche Maschinen erkannt werden, bezichtigt die NS-Propaganda sofort die Alliierten der Schuld für diesen Angriff. Seitdem bezeichnet Goebbels den Freiburger Zwischenfall als Beginn der Terrorluftangriffe.«[28]

In Wahrheit hatte erst der deutsche Luftüberfall auf Rotterdam bei Churchill den Entschluß ausgelöst, den Deutschen die Schuld am Untergang der niederländischen Stadt mit gleicher Münze heimzuzahlen. Der Premierminister entschied sich, wie er im Juli 1940 Lord Beaverbrook, dem Minister für die Flugzeugherstellung, mitteilte, zu »einem absolut verheerenden,

47

vernichtenden Angriff auf das Heimatland der Nazis, der von diesem Lande aus mit sehr schweren Bombern geflogen« werden müsse. »Es muß«, so fuhr er fort, »uns gelingen, Hitler auf diese Weise zu überwältigen. Sonst weiß ich nicht, wie es weitergehen soll.«

Damit rückte nun auch Bayerns Metropole ins Visier des Bomberkommandos, die bisher wie alle anderen deutschen Städte von Bomben verschont geblieben war. Als München in der Nacht zum 10. März 1940 zum erstenmal im Zweiten Weltkrieg von britischen Kampfflugzeugen angeflogen worden war, hatten sich die Engländer noch mit dem Abwurf von Leuchtbomben begnügt, die allein der Aufklärung dienten. Danach verschwanden sie wieder, ohne die Stadt anzugreifen. Der Generalstab der deutschen Luftwaffe vermerkte über ihren Vorstoß, daß »vier Feindflugzeuge« am 9. März gegen 20.30 Uhr bei Karlsruhe nach Deutschland eingeflogen und in zwei Abteilungen bis Prag und St. Pölten vorgedrungen waren, bevor sie den Rückflug über München wählten.[29]

4. Juni 1940: erster Luftangriff auf München

Nach der Tragödie von Rotterdam änderte sich die Haltung der Briten. Nun hatte auch München keine Schonung mehr zu erwarten. Die Verantwortlichen im Luftschutz der Stadt trugen der neuen Lage Rechnung und ermahnten die Münchner zur erhöhten Vorsicht. Vorsorglich lösten sie in der Nacht zum 3. Juni um 1.30 Uhr Fliegeralarm aus, der jedoch nach einer Stunde wieder abgeblasen werden konnte. Keine feindliche Maschine befand sich im Anflug auf die Stadt.

Die Bomber kamen erst in der Nacht zum 4. Juni. Der Alarm, der die Bevölkerung aus dem Schlaf riß, erfolgte nach der Vorwarnung um 0.45 Uhr. Nach dem Lagebericht des Generalstabs der deutschen Luftwaffe näherten sich »etwa 50 feindliche Flugzeuge«, deren Nationalität nicht festgestellt werden konnte – höchstwahrscheinlich handelte es sich um britische Maschinen –, einzeln und in Gruppen mehreren west- und süddeutschen Städten. Eines ihrer Ziele war München, das nun seinen *ersten Luftangriff*[30] in diesem Krieg erlebte. Zum Glück verlief der Überfall glimpflich. Niemand kam zu Tode, und auch der Sachschaden, den die Bomben verursachten, war gering.

Über den Angriff, der mit der Entwarnung um 2.15 Uhr am 4.

Juni endete, ist im Stadtarchiv München ein Bericht erhalten, der die Auswirkung der Bombenwürfe genau auflistet: »Riem nahe Flughafen 7 Bombeneinschläge im Freigelände beim Gutshof bewirken leichtere Sachschäden. BMW-Allach: 1 Bombe erzeugte Trichter von etwa 10 m Durchmesser, Sachschaden gering, 8 leichtverletzte Arbeiter infolge zu späten Luftschutzraumwechsels; außerdem 6 Blindgänger. Im Moosgrund bei Denning mehrere Blindgänger. Vermutliche Anzahl der Flieger: 2. Bombenabwurf galt offenbar dem Flughafen Riem, wurde aber zu spät ausgelöst. Bombenabwurf über Allach vermutlich Zielwurf, weil vor mehreren Monaten (nämlich an dem besagten 10. März, Anm. d. Verf.) Feindflieger etwa 1/2 Stunde lang in 400 m Höhe mit Hilfe von Leuchtbomben Werkaufnahmen über diesem Gelände (von BMW) machen konnte.« Ein Gebäudeschaden entstand durch die abgeworfenen Sprengbomben nur am Haus Moosgrund Nr. 6 beim Gutshof Riem.

Die NS-Presse verschwieg den ersten Angriff auf München nicht. Am Tag darauf meldeten die MNN:[32] »In der Nacht zum 4. Juni flogen einzelne feindliche Flugzeuge in sehr großer Höhe in Bayern ein und warfen eine geringe Anzahl Bomben anscheinend ohne Plan ab. In einem Dorf in der Nähe Münchens, in dem eine Reihe Wohnungen schlecht abgeblendet war, verwundete eine Bombe auf einem Fabrikhof acht Arbeiter leicht.«

Erneut wurde in dieser Meldung auf die erforderlichen Schutzmaßnahmen hingewiesen: »An die Bevölkerung ergeht nochmals die Mahnung, die Verdunkelungsvorschriften genau zu beachten. Vor allen Dingen muß daran gedacht werden, daß bei Fliegeralarm in den Wohnungen kein Licht gemacht wird, bevor die geöffneten Fenster völlig abgedunkelt sind. Ferner sind von allen Bewohnern die Luftschutzräume aufzusuchen(,) und es ist zu unterlassen, die Straße zu betreten, um nach Fliegern Ausschau zu halten.«

Vierundzwanzig Stunden später war die Stadt schon wieder das Ziel eines Angriffs. Doch diesmal handelte es sich lediglich um eine Maschine der französischen *Armée de l'Air*, die München attackierte. In der Nacht zum 5. Juni waren fünf zweimotorige Bomber vom Typ *LÉO 451* in den deutschen Luftraum eingedrungen. Aber nur das eine Flugzeug erreichte München, um dort auftragsgemäß die Fabrikanlagen von BMW und militärische Einrichtungen im Norden der Stadt anzugreifen, während die anderen vier Maschinen ihre Mission nicht erfüllten. Somit endete das Unternehmen für die Franzosen mit einem Fehl-

Neugierige Münchner bestaunen Anfang Juni 1940 einen der ersten Bombentrichter im Englischen Garten.

schlag. Zudem ging der Bomber, der bis München vorgedrungen war, bei dem Einsatz verloren. Er zerschellte nach dem Angriff am Boden.

Die Tatsache, daß Franzosen den Angriff am 5. Juni auf die bayerische Landeshauptstadt geflogen hatten, war lange Zeit in Deutschland nicht bekannt. Erst die Münchner Historikerin Irmtraud Permoser stieß auf diesen Sachverhalt und korrigierte mit ihrer Erkenntnis die Münchner Stadtgeschichte, die den Luftüberfall bisher den Briten zugeschrieben hatte.[33]

Zum Glück kostete auch der zweite Luftüberfall, dem um 1.19 Uhr die Vorwarnung vorausgegangen war, in München keinem Menschen das Leben. Ebenso hielt sich der Sachschaden in Grenzen, wie einer Aufstellung zu entnehmen ist, die im Stadtarchiv München aufbewahrt wird:

»1. Englischer Garten: 2 Sprengbomben in Grünflächen mit Trichteraushub; 1 Bombe auf Autobusfahrbahn mit kleinerem Trichter.

2. Reichsbahnausbesserungswerk Freimann: 1 Sprengbombe, größerer Sachschaden.

3. Destouchesstraße 8, Schwabing: Einfamilienhaus von Kombinationsbombe getroffen und durchschlagen bis zum I. Stock.

4. Moltkestraße 8: Dachtraufe durchschlagen. Explosion auf oberem Balkon, geringe Beschädigungen.

5. Kaiserstraße 19: Sprengbombentrichter im Garten von etwa 8 m Durchmesser und 3 1/2 m Tiefe. Gartenfront des Hauses abgerissen. 1 Person verschüttet, leicht verletzt.

6. Barer Straße 48: Sprengbombeneinschlag schräg bei Dachtraufe, Stockwerke bis Erdgeschoßfußboden durchschlagen, hier Explosion, Kellerdecke eingedrückt.

Nachtrag: Außerdem 1 Brandbombe im Garten des städtischen Krankenhauses Schwabing (ohne Schäden), 3 Blindgänger im Schwesterngarten.«

Trotz der geringen Zerstörungen, die mit insgesamt 13 Spreng- und 20 Brandbomben erzielt worden waren, hielt die junge Versicherungsangestellte Margarete Konetzky den Luftüberfall in ihrem Tagebuch fest. Über den Angriff, der mit der Entwarnung um 2.40 Uhr endete, vermerkte sie: »Fliegeralarm und Angriff von 3/4 2 bis 3/4 3 Uhr nachts. Flakfeuer; Bombenabwürfe auf Barer Straße/Ecke Kaiser-Wilhelm-Straße; Bombentrichter im Englischen Garten und im Garten des Schwabinger Krankenhauses.«

Die ersten Luftangriffe ängstigten die Münchner nicht sonderlich. Zahlreiche »Volksgenossen« überhörten in den beiden Nächten nicht nur den Alarm und mußten geweckt werden, sondern viele blieben auch dem Luftschutzraum fern und hielten nach den Flugzeugen Ausschau. Deshalb warnte die *Landesgruppe VII (Südbayern-Tirol)* des Reichsluftschutzbundes die Bevölkerung am 6. Juni noch einmal eindringlich vor den Gefahren eines Luftangriffes. »Bei Fliegeralarm«, hieß es unter anderem, »gibt es nur eins: Weg von der Straße! Das gilt für die Volksgenossen, die sich bei dem Angriff gerade auf der Straße befinden, im besonderen Maße aber auch für die, die ihr Haus verlassen, um ihre Neugier in Türeingängen, auf Balkonen und auf der Straße selbst zu befriedigen. Durch Sprengstücke der Flakgranaten und Bomber sind trotz immer wiederholter Warnung Volksgenossen auf der Straße getroffen worden. Diese Opfer einer unverantwortlichen Leichtsinnigkeit müssen durch die Disziplin jedes einzelnen in Zukunft vermieden werden.«

NS-Propaganda: »Ich wünsche Ihnen eine splitterfreie Nacht«

In München war es nicht anders als in Berlin, wo die Bevölkerung mit erstaunlicher Gelassenheit die nächtlichen Fliegeralarme über sich ergehen ließ. »Das Unangenehmste an diesen abendlichen Ruhestörungen«, schrieb die Journalistin Ruth Andreas-Friedrich in ihr Tagebuch,[34] »ist der vielstündige Zeitverlust, der mit jedem solcher Angriffe verbunden ist. Unter drei oder vier Stunden läßt man uns kaum aus dem Keller. Dabei schießt es gar nicht oft. Wenn der angerichtete Schaden auch in Zukunft nicht größer wird, brauchen wir uns um dieses Schreckgespenst des Krieges keine ernsthaften Sorgen zu machen. Nach jedem Angriff pilgert die Bevölkerung neugierig und sensationslüstern zu den sogenannten *Schadenstellen*. Bestaunt hier einen verbrannten Dachgiebel, da ein paar aufgerissene Steine im Straßenpflaster, dort ein halb eingestürztes Haus. Im allgemeinen nimmt man die Sache nicht tragisch. Setzt seinen Stolz darein, sich als Stoiker zu erweisen, und stellt sich allmählich auf Nachtschlaf im Keller um.«

Diese Aussage deckt sich auch mit dem geheimen Bericht, den der *Sicherheitsdienst (SD)* der SS am 4. Juli 1940 zur innenpolitischen Lage in Deutschland verfaßte: »Die Bombenangriffe der Engländer auf das Reichsgebiet sind, nachdem die militärischen Aktionen in Frankreich abgeschlossen und alle Blicke ausschließlich auf England gerichtet sind, zum täglichen Gesprächsstoff geworden. (...) Die allgemeine Stimmung der Bevölkerung sei durch die feindlichen Fliegerangriffe auch jetzt in ihrem Kern nicht beeinträchtigt. Z(um) T(eil) nehme man sie mit Humor hin, was beispielsweise in dem Abendgruß ›Ich wünsche Ihnen eine splitterfreie Nacht‹ zum Ausdruck komme.«

Auch in München folgten nun die Fliegeralarme schnell aufeinander. Margarete Konetzky registrierte in ihrem Tagebuch einen Alarm jeweils am 17., am 28. und am 30. August. Doch jedes Mal blieb der befürchtete Angriff aus, und die Menschen konnten übernächtigt aus dem Keller in ihre Wohnungen zurückkehren.

Ernst wurde es erst in der Nacht zum 2. September wieder, als sich britische Bomber erneut der Stadt näherten. Margarete Konetzky, die über den Bombenkrieg mehr und mehr Buch zu führen begann, notierte in ihrem Taschenkalender: »Fliegeralarm von $3/4$ 1 bis $3/4$ 3 Uhr nachts. Furchtbar geschossen und gekracht; in der Frühe viele Spreng- und GranatstüÉke gefunden.«

Die NS-Presse ließ die Münchner auch über diesen Angriff nicht im unklaren. Wie den *Münchner Neuesten Nachrichten* zu entnehmen war, hatten die Briten diesmal das Zentrum der Stadt gemieden. Statt dessen richteten sie ihre Operation gegen die Randbezirke und gegen das Münchner Umland. »In der Nacht zum 2. September«, meldete die Zeitung, »wurden von feindlichen Flugzeugen einige Bomben auf zwei Stadel in der Gegend von Sauerlach abgeworfen, die dabei abbrannten, der Sachschaden ist gering, Personen kamen keine zu Schaden.

Zur gleichen Zeit fielen auf den Scharfreiterplatz vor dem Perlacher Forstfriedhof in München mehrere Bomben, wobei ein Pole leicht verletzt wurde. Auch hier ist der Sachschaden gering.

Außerdem fielen mehrere Bomben auf das Gemeindegebiet von Grünwald. Weder Sach- noch Personenschaden entstand.

In Gräfelfing wurde ein Wohnhaus durch Bombeneinschlag beschädigt. Personen kamen nicht zu Schaden.«

Aber die Bevölkerung erfuhr auch nicht alles. So machte der Münchner Stadtverwaltung eine neue Waffe der Briten Sorgen, von der jedoch nichts an die Öffentlichkeit dringen sollte. Nach dem letzten Angriff des Bomberkommandos richtete das städtische Dezernat VII (Abteilung Luftschutz) am 2. September folgendes Schreiben an das Kommando der Feuerschutzpolizei in der Blumenstraße 34: »Englische Flieger werfen neuerdings zwecks Brandstiftung Zelluloidplättchen mit phosphorgetränktem Leinenstreifen ab. Entzündung dieser erfolgt bei Trockenwerden an der Luft. Die Brandwirkung ist nicht wesentlich. Die Beseitigung ist folgendermaßen vorzunehmen:

Nicht mit den Händen berühren, nicht einstecken! Die Leinenstreifen sind in einem Eimer mit Wasser zu sammeln und an gefahrlosen Stellen unter Aufsicht durch Selbstabbrennen zu vernichten. Dabei ist Vorsicht vor Dämpfen und Spritzern geboten. Da die Abwürfe in der Nacht erfolgen, ist in den Morgenstunden erhöhte Aufmerksamkeit erforderlich. Bekanntgabe durch Presse und Rundfunk ist verboten.«[35]

In der Nacht zum 6. September erschienen wieder britische Maschinen über München. Aber der Stadt drohte diesmal keine unmittelbare Gefahr. Der Einsatz galt nur Erkundungszwecken, wie der Bericht des Dezernats VII (Abteilung Luftschutz) der Stadtverwaltung an das Stadtarchiv vom 9. September 1940 belegt: »Um 0.41 (Uhr) erfolgte Fliegeralarm durch die Luftschutzsirenen. Der Angriff wurde nur von wenigen Maschinen durchgeführt und diente augenscheinlich nur Aufklärungszwecken. Die Flugzeuge kreisten nahezu 2 1/2 Stunden über München und warfen zahlreiche Leuchtbomben vermutlich zum Zwecke des Fotografierens über Allach, Neuaubing, BMW und Flughafen Oberwiesenfeld, Flughafen Riem und dem Stadtzentrum ab. Es wurden weder Spreng- noch Brandbomben abgeworfen.«[36]

Nach dem Fliegeralarm, der am 6. September um 3.05 Uhr in der Frühe endete, schrieb Margarete Konetzky in ihr Notizbuch: »Fliegeralarm von 3/4 1-3 1/4 Uhr nachts. Arg geschossen.« Diese Feststellung galt aber nur den Verteidigern, die mit der Flak die Briten von der Stadt abzudrängen versuchten. Doch sie erzielten keinen Abschuß. Ohne Verluste drehten die britischen Maschinen schließlich ab und wandten sich wieder ihrer Heimatbasis zu. Aber die RAF kehrte im Jahre 1940 noch einmal an die Isar zurück, und diesmal erlebten die Münchner den schwersten Luftangriff seit Kriegsbeginn.

III
ANGREIFER IN NÖTEN

Der Fehlschlag vom 8. November 1940

Bevor das Jahr 1940 zu Ende ging, war das Bomberkommando der RAF unter seinem neuen Oberbefehlshaber, Air Marshal Sir Richard Peirse, entschlossen, Hitler eine Demütigung zuzufügen. Ausgerechnet am Jahrestag des Putsches von 1923 sollten britische Bomber München einen Besuch abstatten, der das Ziel hatte, vor aller Welt die Verwundbarkeit der deutschen Luftstreitkräfte zu demonstrieren.

Während sich die Maschinen am 8. November der »Hauptstadt der Bewegung« näherten, versammelten sich dort zur Feierstunde die sogenannten *Alten Kämpfer* um Adolf Hitler. Was er an diesem Abend der Nation zu sagen hatte, berichteten die *Münchner Neuesten Nachrichten* am folgenden Tag: »In einer mehr als einstündigen Rede gab der Führer am Vorabend des 9. November, in den Abendstunden des Freitags(,) im Münchner Löwenbräukeller vor der alten Garde einen Rückblick auf den Kampf der Bewegung. Vor allem aber proklamierte Adolf Hitler in einem mitreißenden Bekenntnis den Willen der deutschen Nation zum Sieg.«

Die Worte des »Führers« waren noch nicht verklungen, als die britischen Bomber über der Stadt auftauchten. »Um 21.13 Uhr«, lautet der amtliche Bericht über den *vierten Nachtangriff* auf München,[37] »wurde der Fliegeralarm durch die Warnsirenen ausgelöst. Die feindlichen Flieger mit rund 20 Maschinen kamen aus südwestlicher Richtung und flogen in ca. 2 000 m Höhe. Sie erreichten das Stadtgebiet München in der Gegend Allach und Obermenzing und flogen zum Teil über Sendling und Harlaching, zum Teil über Moosach und Oberwiesenfeld und flogen in nordwestlicher Richtung über Oberföhring ab. Es kamen insgesamt 49 Sprengbomben und über 100 Brandbomben zum Abwurf.

Elf von den abgeworfenen Sprengbomben waren Blindgänger, dem Abwurf der Bomben ging die Verwendung einer Anzahl von Leuchtbomben voraus. Der Angriff dauerte bis gegen 24.00 Uhr, um 0.21 Uhr erfolgte die Meldung ›Luftgefahr vorbei‹, um 0.30 Uhr die Meldung ›Luftgefahr vorbei – Verdunk(e)lung aufgehoben‹.«

Der Angriff erwies sich für die RAF als ein Fehlschlag. Er erreichte längst nicht die angestrebte Wirkung. »Der angerichtete Personenschaden«, heißt es im amtlichen Bericht weiter, »ist gering: 1 Todesopfer und ca. 10 Leichtverletzte sind zu beklagen. 29 Personen wurden obdachlos, davon 3 nur für wenige Tage, der Rest für ca. 2-3 Wochen. Insgesamt wurden 20 Wohnungen zerstört.«

Durch Sprengbomben entstanden Beschädigungen an der Außenfront mehrerer Häuser in der Residenzstraße, wo bei der Gaststätte »Bauerngirgl« eine Bombe eingeschlagen hatte. Ein weiterer Einschlag erfolgte im Hof an der Südwestecke der Residenz, deren Innenfassade Schaden nahm, und eine dritte Sprengbombe traf das Arcopalais an der Ecke Theatiner-/Maffeistraße und verursachte dort einen Gebäudeschaden. Aber auch mit ihren Brandbomben erzielten die Angreifer keine beeindruckende Wirkung. Von zwei Großfeuern abgesehen, die in einem Sägewerk in Obermenzing und in der Maschinenhalle des Werkes von Krauss-Maffei in Allach ausbrachen, entwickelten sich fast nur Dachstuhlbrände, die schnell unter Kontrolle zu bringen waren. Unter den Gebäuden, deren Dächer in Flammen standen, befand sich zudem das Alte Rathaus.

Flüsterwitze über »Meier« Göring

Wenn sich auch die Zerstörungen in Grenzen hielten, so waren die Münchner doch über die Tatsache beunruhigt, daß es den Briten wieder gelungen war, an die Isar vorzudringen. Wo war, so fragten sich nun manche, das Versprechen von Hermann Göring geblieben, der den absoluten Schutz der Zivilbevölkerung vor Bombenangriffen garantiert hatte und der sogar »Meier« heißen wollte, sobald ein feindliches Flugzeug deutsches Territorium überfliegen würde. Die Münchner hatten die Worte des Oberbefehlshabers der Luftwaffe nicht vergessen und begannen nun ihrer Enttäuschung in Witzen Luft zu machen. Einer der Flüsterwitze, die der Student Friedrich Goetz aus München sammelte und für die Nachwelt aufschrieb, lautete: »Nach den schweren Luftangriffen der Alliierten war Göring im Volksmund bald der ›Meier‹. Ein weiterer Namen wurde ihm zugestanden: Tengelmann – hatte er ja schließlich in jeder größeren

Ein alliiertes Flugblatt, über Deutschland abgeworfen, das Göring und Goebbels wegen deren Versprechungen, kein feindliches Flugzeug komme nach Deutschland durch, mit einem geplatzten Wechsel verhöhnt.

Stadt Deutschlands eine Niederlage.«[38] Noch schärfer war der folgende Witz: »Göring und Ley (Leiter der *Deutschen Arbeitsfront*, Anm. d. Verf.) sprechen über München. Sie sind besorgt, weil in München eine so schlechte Stimmung herrscht. ›Wir müßten einmal wieder zu den Münchnern sprechen‹, schlägt Ley vor. Aber Göring wendet ein, er könne das nicht, weil er gesagt habe, kein feindliches Flugzeug werde den Westwall überfliegen, und das habe er nicht halten können: ›Du dagegen tust dich leichter‹, meint er, ›du hast ihnen sonnige und luftige Wohnungen versprochen, und die haben sie jetzt.‹«[39] Treffend gab auch der nächste Witz die Meinung im Volk über Görings Versagen wieder: »Nach der Entwarnung (die das Ende des Fliegeralarms ankündigt) ruft der Kare in den Keller hinunter: ›Lucke, kimm aufa, mir ham d'Luftherrschaft wieder.‹«[40]

Um den Haß der Deutschen gegen die Briten zu schüren und auf diese Weise alle Kräfte in der Bevölkerung weiter für den Kriegseinsatz zu mobilisieren, stellte die nationalsozialistische Presse die Engländer als skrupellose Verbrecher dar, die es bei ihren heimtückischen Bombenangriffen vor allem auf wehrlose Bürger abgesehen hätten. Daß die deutsche Luftwaffe aber zuerst das Gebot der Menschlichkeit mißachtet und bedenkenlos

Bomben über Warschau und über Rotterdam auf die Zivilbevölkerung abgeworfen hatte, verschwiegen die Zeitungen. Nur so konnte es geschehen, daß Margarete Konetzky unwissend und arglos am Samstag, dem 7. September 1940, in ihr Tagebuch schrieb: »Ab heute werfen auch die Deutschen Bomben.« Und am 10. September ergänzte sie:»London muß furchtbare Angriffe aushalten! 400 Tote, 1400 Verletzte!« Als Fräulein Konetzky diese Zeilen ihrem kleinen Taschenkalender anvertraute, lag der verheerende Angriff auf die Stadt Rotterdam schon vier Monate zurück.

Über den »Anschlag« auf München, wie sich die NS-Propaganda ausdrückte, erschien am 11. November 1940 in den MNN ein abschließender Bericht, der die Operation der Briten als absoluten Mißerfolg darstellte: »Die britische Luftwaffe unternahm in der Nacht vom 8. zum 9. November (...) Einflüge in das Stadtgebiet von München. Obwohl der Einsatz an Feindflugzeugen wesentlich stärker war als bei den früheren Einflügen in das Gebiet der Reichshauptstadt, hatten diese Angriffe auch keine größere Wirkung. Es trat lediglich unbedeutender Sachschaden ein. Militärische Wirkungen waren dagegen überhaupt nicht zu verzeichnen. Diese konnten nach Anlage der Angriffe auch gar nicht beabsichtigt sein, denn es kam der britischen Luftwaffe offenbar nur darauf an, die Feierstunde des deutschen Volkes in der Hauptstadt der Bewegung zu stören. Dieses Vorhaben ist jedoch restlos mißlungen.«

15. November 1940: deutscher Luftangriff auf Coventry
»als Vergeltung für britische Angriffe auf München«

Dennoch sann die deutsche Luftwaffe auf Rache. Eine Woche nach dem Luftüberfall auf die bayerische Landeshauptstadt gab das *Oberkommando der Wehrmacht (OKW)* bekannt:»Nach Besserung der Wetterlage konnte die Luftwaffe in der Nacht zum 15. November als Vergeltung für die britischen Angriffe auf München dem Gegner durch einen Großangriff auf bedeutende Rüstungsziele in Mittelengland einen außerordentlich schweren Schlag versetzen. Besonders heftig und erfolgreich war dabei der rollende Angriff starker Kampfverbände der Generalfeldmarschälle Kesselring und Sperrle auf Coventry, wo zahlreiche Motorenfabriken und große Anlagen der Flugzeugzubehörindustrie sowie andere kriegswichtige Einrichtungen mit Bomben schweren und schwersten Kalibers belegt wurden, die gewaltige Verwüstungen anrichteten.«

Die Angriffe auf München, die Großbritannien mit der Verwüstung der alten Stadt Coventry in der Grafschaft Warwick mit ihrer berühmten Kathedrale bezahlen mußte (seitdem bezeichnete die NS-Propaganda die vernichtende Heimsuchung einer britischen Stadt mit Bomben als »Coventrisieren«), hatten gezeigt, daß die deutsche Luftabwehr nicht unbezwingbar war. Trotz der Flakartillerie, die mit ihren Fliegerabwehrkanonen (daher die Abkürzung »Flak«) die herannahenden feindlichen Flugzeuge von der Erde aus bekämpfen sollte, gelang es britischen Bombern immer wieder, den weiten, gefahrvollen Flug nach München unbeschadet hinter sich zu bringen und ins Stadtgebiet einzudringen.

Dennoch glaubten die Deutschen weiter an die Wirksamkeit ihrer Flak als »Hüter der Heimat«. Dabei waren sich die Militärs durchaus bewußt, daß die Batterien rings um München bei ihrem Abwehrfeuer, wie die MNN am 6. Juli 1941 in einem Artikel über »Aufgaben und Leistung der Flakartillerie« feststellten, »nicht so sehr mit Volltreffern auf die einzelnen Flieger rechnen« konnten, »als vielmehr damit, durch ihr Sperrfeuer den Feind am gezielten Bombenabwerfen zu hindern«.

Nach den damaligen Erkenntnissen bot der Luftschutzraum gegen jede erdenkliche Gefahr Schutz – so auch gegen die Splitter detonierender Bomben und Geschosse sowie gegen den Einsturz eines Hauses. Aus allen Belehrungen, die im Jahre 1940 in München die Runde machten, war zu entnehmen, daß die Verantwortlichen im Luftschutz die Sprengbomben (ursprünglich »Brisanzbomben« genannt) mehr fürchteten als die Brandbomben, die anfangs in ihrer Wirkung weit unterschätzt wurden. Große Sorge bereiteten in erster Linie die *Blindgänger,* wie die Bomben bezeichnet wurden, die beim Abwurf nicht detonierten. Deshalb lautete die Warnung der Sachverständigen: »Nach der Entwarnung ist achtzugeben auf Blindgänger, die überall liegen können und durch Spätzündung noch auf Stunden hinaus eine große Gefahr bilden. Darum ist größte Vorsicht geboten. Mitteilungen über Blindgänger sind sofort an das Luftschutzrevier (Polizeirevier) zu richten, das die Sicherungsmaßnahmen einleitet.«

Die Angst, im Keller »lebendig begraben zu werden«

Der Keller eines Hauses galt bei einem Luftangriff als sicherster Ort, dem angeblich auch Sprengbomben nichts anhaben konnten. »Aus Bildern und aus Filmen«, meinten die Experten, »konnte man ersehen, daß die Fronten von Häusern, in deren Nähe Bomben explodiert sind, bis zu den oberen Geschossen hinauf mit Splittereinschlägen übersät sind. Ein im Keller gelegener Luftschutzraum ist, wenn die Fenster richtig verbarrikadiert sind, fast völlig splittersicher.«

Außerdem wurde durch entsprechende Aufklärung versucht, den Menschen die Angst vor dem Tode in einem verschütteten Keller zu nehmen – eine Befürchtung, die offensichtlich viele teilten, weshalb sie den Keller zum Ärger des Reichsluftschutzbundes nach Möglichkeit mieden. Um diese Sorge zu zerstreuen, ließ der RLB verlauten: »Neben der Aufgabe, vor Kampfstoffen Schutz zu bieten, hat der Schutzraum noch die weitere Aufgabe, im schlimmsten Falle die Trümmer des eingestürzten Hauses zu tragen, ohne selbst unter der Last einzubrechen. Auch hier haben die Erfahrungen gezeigt, daß ein solid gebauter Keller gewaltige Belastungen zu tragen vermag. Außerdem ist es eine Erfahrungstatsache, daß die Trümmer eines einstürzenden Hauses niemals ganz auf die Kellerdecke fallen, sondern daß sie zum überwiegenden Teile außerhalb des Grundrisses niederstürzen. Ein Haus stürzt bei Bombenwirkung nur in den seltensten Fällen zusammen, sondern es stürzt meistens auseinander. Es besteht kein Zweifel, daß beim Einsturz eines Hauses der Schutzraum im Keller den besten Schutz gewährt.

Die Besorgnis, daß man nach dem Einsturz, auch wenn die Kellerdecke standgehalten hat, ›lebendig unter den Trümmern begraben‹ sei, ist unbegründet. Wenn die Hausgemeinschaft entsprechend gerüstet ist, wird sie Werkzeuge zur Hand haben, mit denen sie es unternehmen wird, sich selbst auszugraben. Gleichzeitig werden Rettungsmannschaften von außen her die Aufräumungsarbeiten in Angriff nehmen und die Kellereingänge freizulegen versuchen. Die beste Lösung der Frage ist die Verbindung zwischen den Kellern benachbarter Häuser, wie sie in den letzten Monaten angeordnet worden ist. In München sind bereits rund dreitausend solcher Verbindungen hergestellt worden(,) und Tausende werden noch zur Ausführung kommen.«

Die »Hauptstadt der Bewegung« rüstete sich also weiter für den Luftkrieg. Doch drohte der Bevölkerung, was aber damals in Deutschland niemand wußte, im bevorstehenden Jahr von der RAF wenig Gefahr. Denn das »Bomber Command« geriet 1941 in seine schwerste Krise, die es so lähmte, daß sich die Briten mit ihren Bombern für lange Zeit am Himmel über München nicht mehr blicken ließen.

Die Krise des britischen Bomberkommandos

Im Frühjahr 1941 war die Stimmung im Bomberkommando der RAF gedrückt. Die strategische Luftoffensive, mit der die Briten den Krieg nach Deutschland hineintragen und, wie es in der offiziellen britischen Geschichtsschreibung heißt, »einen direkten Angriff auf das deutsche Volk« einleiten wollten, drohte, mit einem Desaster zu enden. Es zeigte sich, daß das »Bomber Command« der Aufgabe nicht gewachsen war.

Allein im Dezember 1940 verlor die *Royal Air Force*, wie der Militärhistoriker Janusz Piekalkiewicz berichtet,[41] »bei den verhältnismäßig schweren Angriffen auf Deutschland« fast ebenso viele Bomber »durch mangelnde Erfahrung der Besatzung, verbunden mit Navigationsschwierigkeiten, Wetterproblemen, Treibstoff-Fehlberechnungen und Bruchlandungen«, wie durch die deutsche Flak und durch die zu dieser Zeit noch seltenen Nachtjäger der deutschen Luftwaffe. Und die Zahl der Maschinen, die vom Einsatz über dem Reichsgebiet nicht mehr zurückkehrten, nahm im Laufe des Jahres 1941 weiter zu. Sie stieg von 1,6 Prozent im Sommer 1940 auf 4,8 Prozent im November 1941.

Deutsche Nachtjäger hinter der »Kammhuber-Linie«

Der Chef des Bomberkommandos, Sir Richard Peirse, war angesichts der Hiobsbotschaften, die ihn in immer schnellerer Folge erreichten, schockiert. Mehr und mehr setzten die deutschen Nachtjäger vom Typ *Me 110* und *Ju 88*, die Oberst Josef Kammhuber, bisher Kommodore des Kampfgeschwaders 51 »Edelweiß«, zu einer gefährlichen Waffe gegen die Bomber entwickelte, den Briten zu. Das seit Juli 1940 im Aufbau befindliche Nachtabwehrsystem, von den Briten bald nach seinem Schöpfer »Kammhuber-Linie« genannt, erwies sich zunehmend als eine tödliche Barriere für die britischen Kampfflugzeuge, sobald sie die Niederlande erreichten. Dort erfaßten ferngesteuerte Suchscheinwerfer die Bomber, und Abfangjäger der sogenannten *Hellen Nachtjagd*, die vom Boden aus herangeführt worden waren, holten die vom Licht geblendeten Opfer vom Himmel. Auf diese Weise verlor die RAF in den ersten 18 Nächten des

August 1941 nicht weniger als 107 Bomber. Die verlustreichste Nacht stand dem Bomberkommando aber noch bevor: Am 7./8. November 1941 büßte die *Royal Air Force* 37 von 400 Maschinen über der Kammhuber-Linie ein. Das entsprach einer Verlustrate von 9,3 Prozent. Churchill zog daraus die Konsequenzen. Wenige Tage nach dieser schweren Niederlage befahl er am 11. November, vorerst keine neuen Angriffe auf weitentfernte Ziele zu fliegen und überhaupt alle Operationen gegen Deutschland drastisch einzuschränken. Der Premierminister erlegte dem »Bomber Command« die Pflicht auf, »für den Frühling neue Kräfte zu sammeln«.

Doch die Verluste allein waren es nicht, die beim Bomberkommando zur schweren Krise führten. Es kränkte Sir Peirse auch, daß die Fähigkeiten seiner Besatzungen angezweifelt wurden. Aber es war eine Tatsache: »Das Bomberkommando«, stellte später der britische Autor Ralph Barker fest, »fand seine Ziele nur selten – und traf sie noch seltener.« Das war auch Churchill klargeworden, als David Bensusan-Butt am 18. August 1941 einen entsprechenden Untersuchungsbericht vorlegte. Nicht ohne spöttischen Unterton schrieb der Premierminister dem Oberbefehlshaber der RAF, Sir Charles Portal: »Es ist ein schrecklicher Gedanke, daß vielleicht drei Viertel unserer Bomben fehlgehen. Wenn wir auf die Hälfte kommen könnten, hätten wir unsere Bombenwirkung faktisch verdoppelt.«

Die Ironie des Regierungschefs war nicht unbegründet. Bei der Auswertung von rund 650 Luftbildern, die im Juni und im Juli 1941 auf insgesamt 4065 Feindflügen aufgenommen worden waren, hatte Bensusan-Butt herausgefunden, daß auf die Meldungen der Bomberbesatzungen über ihre angeblichen Erfolge kein Verlaß war. In Wirklichkeit hatte nur jede fünfte Maschine das Angriffsziel erreicht und dort ihre Bomben in einem Umkreis von acht Kilometern abgeworfen. Auch das war keine überzeugende Leistung. Am dürftigsten sah das Ergebnis im Ruhrgebiet aus. Hier hatte nur einer von zehn Bombern, die Treffer gemeldet hatten, tatsächlich das Ziel gefunden und sich seiner Bomben im Umkreis von acht Kilometern entledigt. So sehr erlagen die Flieger, die selbst von der Richtigkeit ihrer Meldungen überzeugt waren, eigenen Täuschungen. Für Churchill, der auf den Erfolg der Luftoffensive gesetzt hatte, war es eine bittere Erkenntnis, daß bisher, wie der US-Journalist Ronald H. Bailey schreibt, »35000 Tonnen Bomben ohne nennenswerte Wirkung über Deutschland verteilt worden waren«.

RAF: *Übergang vom »Präzisionsbombardement« zum »Flächenbombardement«*

Bei der geringen Treffgenauigkeit und bei der mangelhaften Zielfindung mußte die RAF zwangsläufig vom *Präzisionsbombardement*, das Einzelzielen galt, zum *Flächenbombardement*, »area bombing« genannt, übergehen. Damit richtete sich das Visier des Bomberkommandos zunehmend auf die deutschen Großstädte, die, im Grunde genommen, mehr aus Unvermögen als aus Berechnung das Hauptziel der britischen Bombenwürfe werden sollten. Denn es zeigte sich, wie Noble Frankland, seit 1951 offizieller britischer Militärhistoriker, hervorhebt, »daß die Ziele, die das Bomber Command mit einiger Genauigkeit bei Nacht treffen konnte, flächige Stadtgebiete waren«. »Bei Angriffen auf Punktziele außerhalb von Städten«, fährt Frankland, der im Zweiten Weltkrieg selbst Navigator beim Bomberkommando war, fort, »erreichte man dagegen nur, daß die Bombenladungen weit über die freie Landschaft verstreut wurden. Wenn die Offensive also weitergeführt werden sollte, mußte sie sich gegen die Städte richten.

Den Ergebnissen schien man aus guten Gründen zuversichtlich entgegenblicken zu dürfen. Alles sprach dafür, daß mit zunehmender Stärke der Angriffe die Zentren der deutschen Industriestädte verwüstet, die deutsche Industrie gelähmt und Deutschlands Fähigkeit, den Krieg fortzusetzen, untergraben werden würde. Das war der Anfang der Flächenbombardements.«

Die ungenügende Treffsicherheit, die dem Bomberkommando in den Jahren 1940 und 1941 zu schaffen machte, hatte zwei Gründe: Erstens zwang die immer stärkere Flak der Deutschen die Bomber, größere Höhen aufzusuchen, wodurch Punktzielangriffe unmöglich wurden. Und zweitens war das Finden des Ziels ein Problem der Navigation. Wie sehr diese im argen lag, beschreibt Ralph Barker, der auch wie Noble Frankland im Zweiten Weltkrieg in der RAF als Funker und Bordschütze gedient hat: »Die Bomberbesatzungen waren bei ihren Nachteinsätzen, die über lange Strecken führten, auf Navigationsverfahren angewiesen, die sich eher für kurze Überlandflüge bei Tag eigneten. Zwar standen Sender auf englischem Boden, die zur Standortbestimmung angepeilt werden konnten, aber ihre Reichweite betrug nur etwa 300 Kilometer. Jenseits dieses Bereiches war der Navigator mehr oder minder auf Koppelnavigation angewiesen, das heißt, er errechnete den Kurs aus Kompaßablesungen und Fluggeschwindigkeiten sowie der geschätzten Windrichtung und -stärke und trug ihn laufend auf der Karte ein. Wenn das Wetter es zuließ, konnte er mit Hilfe eines Sextanten astronomische Beobachtungen vornehmen – kein einfaches Unterfangen aus einem fliegenden Flugzeug – und den Kurs gegebenenfalls korrigieren. Sonst aber blieb ihm nichts anderes übrig, als den Kurs anhand markanter Punkte am Boden zu überprüfen, die in aller Regel nur bei hellstem Mondschein zu erkennen waren. Angesichts all dieser Widrigkeiten galt schon als guter Navigator, wer sein Ziel um nicht mehr als 30 Kilometer verfehlte.«

Das alles erklärte, weshalb die RAF im Jahre 1941 München nicht angriff. Dennoch blieben Fliegeralarme, die vorsorglich ausgelöst wurden, um beim Einflug feindlicher Kampfflugzeuge ins Reichsgebiet vor überraschenden BombenattaÉken in jedem Fall sicher zu sein, der Bevölkerung nicht erspart. Laut einer Übersicht, die heute im Archiv der Branddirektion München aufbewahrt wird, registrierten die Feuerwehrleute in der »Hauptstadt der Bewegung« im Jahre 1941 fünf Fliegeralarme: am 6. Mai (in der Nacht von 1.50 bis 2.37 Uhr), am 12./13. Oktober (23.50-1.39 Uhr), am 15. Oktober (3.22-4.26 Uhr), am 7./8. November (21.50-0.40 Uhr) und am 29./30. November (22.50-1.01 Uhr).

»Unser Schicksal von Morgen kennen wir nicht«

Die Nationalsozialisten gaben sich siegessicher. Bereits im Februar 1941 sahen sie, wie sich ein Berichterstatter der MNN ausdrückte, den »Krieg der Entscheidung entgegenreifen«. Mit diesem Optimismus sank die Furcht vor Bombenangriffen mehr und mehr. Längst konzentrierten sich nicht mehr alle Kräfte zur Verteidigung des Luftraums um München. Bayerische Flakartilleristen kämpften nun auch an anderen Fronten. So konnten die Leser der MNN am 7. August 1941 aus ihrer Zeitung erfahren, daß selbst an der Kanalküste eine Flakbatterie aus München in Stellung gegangen war.

In der Tat schien im Jahre 1941 die Flak in München entbehrlich. Die RAF hielt sich von der Isar fern. Dennoch lockerte der Luftschutz die strengen Verdunkelungsvorschriften nicht. Tagtäglich wiesen die *Münchner Neuesten Nachrichten* in einem eigens umrandeten Kasten auf die Verdunkelungszeiten hin, die mit Einbruch der Dunkelheit begannen und die mit dem ersten Lichtschein des neuen Tages endeten. So meldete die Zeitung zum Beispiel am 6. November 1941: »Sonnenuntergang heute 17 Uhr 50 Minuten _ Sonnenaufgang morgen 8 Uhr 07 Minuten.«

Zweifellos war die Verdunkelung für die Menschen in der Stadt lästig, und die Verantwortlichen wußten das auch. Aber sie wollten daran festhalten, solange Krieg herrschte. Und dieser dauerte nun schon zwei Jahre lang. Wie weit lag da die Zeit zurück, als ein gewisser Karl Nils Nicolaus noch seine Reime auf das abgeblendete Land machte und begeisterte Worte dafür fand. »Silberne Sichel am Himmel« _ so nannte er das Gedicht, das am 30. September 1939 in den MNN erschien. »Nachts«, dichtete Nicolaus, »stülpten die Städte sich ihre schimmernde Glocke auf, / Und ihr Licht wuchs wie ein nebliger Berg ins Firmament. / Nur einzelne Träumer lasen mal irgendwann in der Sterne Lauf, / Und selten war jemand, der Gottes nächtliche Wege kennt. / Jählings erhob der unermeßliche Krieg seine Hand / Und löschte die Lichter in allen Provinzen aus.«

Aber den Dichter beunruhigte das nicht. Vielmehr blickte er ergriffen zum Nachthimmel empor und fuhr fort: »Und die Sterne lächeln im Atem der Ewigkeit. / Die Bilder des Himmels sind immerdar unversehrt, / Und ein Sternwind flüstert herein durch die Dunkelheit. / Spitz und in schmaler Sichel leuchtet der Mond; / Unser Schicksal von Morgen kennen wir nicht.« Wie recht er doch hatte.

Ruhe vor dem Sturm

Das Ausbleiben der britischen Bomber am Nachthimmel über der »Hauptstadt der Bewegung« im Jahre 1941 verführte die Münchner zunehmend zur Sorglosigkeit. Das zeigte sich am deutlichsten an der ungenügenden Beachtung der Verdunkelungsvorschriften, die immer wieder Anlaß zur Kritik gab. Schließlich mußte die Polizei sogar mit Strafen gegen die sogenannten *Verdunkelungssünder* vorgehen.

Wie groß die Zahl der Bürger war, die durch ihre Nachlässigkeit den Unwillen der Obrigkeit erregten, verrät ein Bericht, der am 11. Januar 1941 in den *Münchner Neuesten Nachrichten* erschien: »In welchem Umfang auf diesem Gebiet noch gesündigt wird, zeigen die Strafbefehle, die Tag für Tag vom Strafbüro des Polizeipräsidiums hinausgehen. Die meisten von den oft 100 und mehr Strafbefehlen eines Tages fallen auf die Verdunkelungssünder. (...) Selbstverständlich ist man nicht bei jeder Verfehlung gegen die Verdunkelungsvorschriften sofort mit der Strafe bei der Hand. Wo es möglich und erfolgversprechend ist, erhält der Verdunkelungssünder eine gebührenpflichtige Verwarnung. Bei groben Verstößen und vor allem im Wiederholungsfalle erfolgt die Ahndung durch eine Geldstrafe, ersatzweise Haftstrafe. Die Geldstrafe beträgt je nach der wirtschaftlichen Leistungsfähigkeit des Nachlässigen 3, 5, 10 oder 20 RM. Gegen Unverbesserliche werden (...) Strafen von 50, 100, ja sogar 150 RM verhängt.«

Mit Sorge beobachteten die Verantwortlichen im Luftschutz, daß die Briten bei ihren Angriffen auf andere Städte im Reich in zunehmendem Maße Brandbomben abwarfen. Bisher hatte die Aufmerksamkeit der Experten im Reichsluftschutzbund mehr der Sprengbombe gegolten. Als nun aber die RAF damit begann, Feuer über Deutschland regnen zu lassen, wandten sie sich der viel größeren Bedrohung zu.

Massenabwurf von Brandbomben

Die NS-Presse verheimlichte den Münchnern die neue Angriffstaktik der Briten nicht. »Die feindlichen Luftangriffe«, be-

Ein Luftschutz-Propaganda-Plakat, das eindringlich vor Nichtbefolgung der Verdunkelungsvorschriften warnt.

richteten die MNN am 11. März 1941, »richten sich bewußt gegen die Wohnstätten der deutschen Bevölkerung. Durch Massenabwurf von Brandbomben sollen gleichzeitig so viele Brände verursacht werden, daß ihre rechtzeitige Bekämpfung erschwert wird und dadurch Großschäden entstehen. Es muß daher mit allen Mitteln erreicht werden, daß die Brandbomben in Wohnhäusern durch die Luftschutzgemeinschaften unschädlich gemacht werden. Mit der Hilfe des Feuerlöschdienstes wird häufig nicht zu rechnen sein, da dieser oft an anderen Stellen eingesetzt ist.

Der Feind verwendet hauptsächlich Stabbrandbomben, durch die Gebäude, Lager und Vorräte in Brand gesetzt werden sollen. Die Stabbrandbombe ist sechseckig, hat eine Länge von 54 cm und ein Gewicht von 1,7 kg. Die Stabbrandbombe zündet sofort beim Aufschlagen und brennt etwa 20 Minuten mit grellweißer Glut ab. Unter den abgeworfenen Brandbomben befindet sich ein geringer Prozentsatz, der nicht wie die übrigen mit ruhiger Flamme abbrennt, sondern während des Abbrennens etwa drei bis fünf Minuten nach Einschlag mit lautem Knall zerplatzt. Dabei werden kleine Teile der Brandbombe umhergeschleudert. Die Durchschlagskraft der fortgeschleuderten Teile ist jedoch gering. Offenbar soll durch diese Art von Brandbomben nur die Bevölkerung bei der Brandbekämpfung eingeschüchtert werden.«

Aus Erfahrung wußten die Fachleute, daß die Stabbrandbombe nicht einzeln, sondern in Bündeln abgeworfen wurde. Sie durchschlug im allgemeinen das Dachgeschoß des getroffenen Hauses und entzündete sich im obersten oder im zweitobersten Stockwerk. Es konnte aber auch geschehen, daß die Bombe schräg durch die Fensteröffnungen in eine Wohnung einschlug. »Da der Abwurf von Brandbomben«, warnten die Experten, »vom Luftschutzraum nicht immer gehört werden kann, muß der Luftschutzwart wiederholt den Luftschutzraum verlassen, um sein Haus und die Nachbarschaft zu beobachten. Stellt er den Abwurf von Brandbomben fest, so veranlaßt er, daß sofort das ganze Haus – besonders das Dachgeschoß und die oberen Stockwerke – nach Brandbomben sorgfältig abgesucht werden.«

Für die Brandbekämpfung hatte die Luftschutzgemeinschaft im Haus allein zu sorgen. Erst wenn der Luftschutzwart erkannte, daß die Bewohner des Feuers nicht Herr wurden, hatte er das zuständige Luftschutzrevier zu alarmieren, das dann Hilfe von außen herbeirief. Zum Löschen eines Brandes aus eigener Kraft mußte die Luftschutzgemeinschaft folgende Geräte bereithalten:

Luftschutzhandspritze mit mindestens zwei Wassereimern, Feuerpatsche, Schaufel oder Spaten, Axt oder Beil, Einreißhacken, Leiter, Sandkiste oder mindestens zehn feste, mit Sand gefüllte Tüten, Wasserbehälter.

Stabbrandbomben – »ein besonders gefährlicher Feind«

Die Verantwortlichen im Luftschutz begnügten sich jedoch nicht nur mit Belehrungen in der Presse. Sie ließen die Bekämpfung der Brandbombe auch öffentlich demonstrieren, um der Bevölkerung die Scheu zu nehmen, sich dem Abwurfgeschoß zu nähern. Am 25. Juni 1941, nachdem am Tag zuvor der Reichsführer-SS und Chef der Deutschen Polizei, Heinrich Himmler, in München alle Tanzveranstaltungen »wegen der Kampfhandlungen an der Ostfront« untersagt hatte (seit dem 22. Juni stand Deutschland auch mit der Sowjetunion im Krieg), meldeten die MNN: »Der Feind geht mehr und mehr dazu über, in verstärktem Maße außer Sprengbomben auch Brandbomben auf die Wohnstätten der Zivilbevölkerung abzuwerfen. Gegen diese Angriffe müssen alle Volksgenossen gewappnet sein. Die Wirkungsweise der Brandbomben und die Art ihrer Bekämpfung sollen nun alle Volksgenossen kennenlernen. Jeder soll sehen, daß man mit Sand, Wassersprühstrahlen und Feuerpatsche der Brandbombe Herr werden kann.

Der Reichsluftschutzbund führt vom 26. Juni an bis Mitte Juli auf mehreren Plätzen des Stadtgebietes die Bekämpfung englischer Brandbomben vor. Dabei wird auch gezeigt, wie man sich im Ernstfall verhalten muß.«

Doch so ungefährlich, wie es zunächst schien, war die Bekämpfung der Brandbomben nicht. Ein Jahr nach den ersten öffentlichen Demonstrationen mußten die Sachverständigen im Luftschutz ihren Optimismus abschwächen. Die britische 1,7-kg-Stabbrandbombe erwies sich nun, wie die MNN am 25. August 1942 feststellten, als »ein besonders gefährlicher Feind«. Bereits am 11. Juli hatte der Kommandeur der Schutzpolizei, Oberst Ludwig Mühe, die Luftschutz-Abschnittskommandos Nord, Ost, Süd und West in einem dreiseitigen Schreiben eindringlich vor dem Geschoß gewarnt: »Ein Teil der von der englischen Luftwaffe abgeworfenen Stabbrandbomben 1,7 kg enthält neuerdings eine Sprengladung im Stahlkopf. Zu diesem Zweck ist der Stahlkopf mit einer Bohrung von 14 mm Durchmesser und 110 mm Länge versehen, in welcher sich der Sprengstoff und die Sprengkapsel befinden. Äußerlich ist die Brandbombe dadurch kenntlich, daß der Stahlkopf vollständig rot angestrichen und an der Stirnfläche die mit einem Schlitz versehene Verschlußschraube der Bohrung sichtbar ist.

Nach bisherigen Feststellungen tritt der Zerknall des Stahlkopfes etwa 3 Minuten nach Zündung der Brandbombe ein. Hierbei werden Stahlsplitter in weitem Umkreis mit erheblicher Wucht weggeschleudert. Die bisher zum Schutz gegen Brandbomben mit Zerlegerladung benutzten behelfsmäßigen Schutzschilde aus Holz bieten gegen die Splitterwirkung der neuen Bombenart keinen ausreichenden Schutz. Zur Vermeidung von Verlusten bei der Bekämpfung von Stabbrandbomben durch die Luftschutzkräfte wird daher angeordnet:

Die Bekämpfung von Stabbrandbomben 1,7 kg jeder Ausführung ist grundsätzlich aus der Deckung heraus vorzunehmen. Als Deckung können Mauervorsprünge, Pfeiler, Schornsteine, Maschinen und dergleichen benutzt werden. Sind ausreichende Deckungsmöglichkeiten nicht vorhanden, darf die Bekämpfung der Brandbombe erst nach Ablauf von fünf Minuten nach beobachtetem Einschlag oder nach Auffinden der Brandbombe vorgenommen werden. Ist in dieser Zeit ein Zerknall nicht erfolgt, kann die Deckung verlassen werden. Es ist stets mit aufgesetzter Gasmaske und möglichst mit Luftschutzhelm, Handschuhen und Schutzanzug gegen die Brandbomben vorzugehen. An der Art der Bekämpfung der Brandbomben mit Wasser (Luftschutzhandspritze) oder Sand (Löschsandtüten) ändert sich nichts. Das Schwergewicht ist in erhöhtem Maße auf die Bekämpfung von Entstehungsbränden zu legen.«[42]

Die Sprengkopf-Brandbombe war jedoch nicht die einzige Neuerung, die den Luftkrieg verschärfte. Schlimmer noch war für die Deutschen, daß die RAF im Februar 1942 wieder aus ihrer Krise herausgefunden hatte. Mit frischen Kräften startete sie eine neue Offensive gegen das Reich. Am 14. Februar hatten Churchill und das Luftfahrtministerium dem »Bomber Command« eine Weisung erteilt, die nach Ansicht des Militärhistorikers Janusz Piekalkiewicz »ausschlaggebend für den Luftkrieg gegen Deutschland« werden sollte. Darin hieß es: »Das Hauptziel unserer Operationen soll die Schwächung der Moral der feindlichen Zivilbevölkerung und besonders der Industriearbeiter sein.«

Der Mann, der das durchsetzen sollte, war auch schon gefunden. Der neue Chef des Bomberkommandos, der an die Stelle des abgelösten und nach Indien versetzten Sir Richard Peirse trat, hieß Arthur Harris. Er ging nicht umsonst mit dem Beinamen in die Geschichte ein: der »Bomber-Harris«. Mit ihm begann der Untergang der deutschen Großstädte.

IV

FLUCHT IN DIE OFFENSIVE

Die Stunde des »Bomber-Harris«

Der Februar 1942 brachte die Wende im Luftkrieg der Briten gegen Deutschland. Gleich mehrere Ereignisse sorgten in diesem Monat dafür, daß die strategische Luftoffensive in ein neues Stadium trat.

Am 14. Februar gab Churchill das »Bomber Command« wieder frei für Operationen über Deutschland. Am 22. Februar übernahm Air Marshal Arthur Harris im Hauptquartier in High Wycombe von seinem Vorgänger, Sir Richard Peirse, den Oberbefehl über das Bomberkommando. Und am selben Tag, einem Sonntag, erschien ein neuer Verbündeter der Briten auf dem Plan, nachdem Deutschland und Italien am 11. Dezember 1941 den USA den Krieg erklärt hatten: Der amerikanische Brigadegeneral Ira C. Eaker gab in England die Bildung des ersten *U.S. Army Bomber Command* in Europa bekannt. Damit hatte die RAF eine Unterstützung gefunden, die sie aus einer Zwangslage befreite. Die britischen Bomber waren nun nicht mehr allein auf sich gestellt.

Eaker, der am 20. Februar 1942 mit sechs seiner Stabsoffiziere in London eingetroffen war, begann unverzüglich mit den Vorbereitungen für den Einsatz der amerikanischen Bomberverbände, die von Großbritannien aus gegen Deutschland operieren sollten. Seinen Befehlsstand errichtete er ebenfalls in High Wycombe, und zwar in einem Mädcheninternat, das nur sieben Kilometer vom Hauptquartier des britischen Bomberkommandos entfernt war und das den Decknamen »Pinetree« (=Tannenbaum) erhielt.

Neue britische Langstreckenbomber, neue Navigationshilfe für die RAF durch GEE

»Bomber-Harris« ging mit neuen Waffen in die Offensive. Moderne schwere Langstreckenbomber standen ihm jetzt zur Verfügung, die vor allem höhere Geschwindigkeiten als ihre Vor-

Ab 1942: Der britische Luftmarschall Harris bespricht mit dem US-General Spaatz in seinem unterirdischen Hauptquartier in Südengland die Einsätze der britischen und amerikanischen Luftflotten über Deutschland.

gänger erreichen und die zudem das Doppelte an Bomben tragen konnten: die *Short Stirling*, die *Handley Page Halifax* und die *Avro Lancaster*, die zum Beispiel 6000 Kilogramm Bomben an Bord zu nehmen vermochte. Mit den viermotorigen Maschinen waren auch weite Strecken zurückzulegen. So konnte die »Lancaster III« mit vollen Tanks bis zu einer Entfernung von 2030 Kilometern operieren. Die »Halifax III« brachte es auf 1830 Kilometer, und die »Stirling III« schaffte 1410 Kilometer. Weiter konnte das »Bomber Command« auf die »Wellington III« mit einer Eindringtiefe von 1300 Kilometern, auf die »Whitley V« mit 1240 Kilometern und auf die »Blenheim IV« mit 930 Kilometern zurückgreifen. Damit lag München, das rund 1175 Kilometer von London entfernt ist, mit Ausnahme der Blenheim im Operationsbereich aller Bomber.

Wenn auch die neuen Flugzeuge erfolgversprechend waren, so bekümmerte Harris doch die mangelnde Gefechtsstärke seines Kommandos, die, wie der amerikanische Journalist Ronald H. Bailey feststellt, »in den zweieinhalb Jahren seit Ausbruch des Krieges kaum zugenommen hatte«. In der Tat war die Schlagkraft der Bomberwaffe zahlenmäßig nicht gerade ermutigend. »Im Durchschnitt«, berichtet Bailey, »standen dem neuen Befehlshaber pro Tag wenig mehr als 300 Langstreckenbomber – und darunter nur 69 schwere Bomber – zur Verfügung.« Im Jahre 1940 waren die Kräfte allerdings noch geringer gewesen. Damals brachte es die RAF selten auf mehr als 100 Maschinen, die in einer Nacht über Deutschland eingesetzt werden konnten.

Einen enormen Gewinn stellte für die *Royal Air Force* im Jahre 1942 eine neue Navigationshilfe dar, die es den Bombern ermöglichte, ihr Ziel auch ohne Bodensicht zu finden. Ihre Bezeichnung lautete »GEE« und war vom englischen Wort »grid« abgeleitet, das »Gitter« bedeutet. »Die GEE-Navigation«, erinnert sich der ehemalige RAF-Angehörige Ralph Barker, »beruhte im wesentlichen auf Sendern in England, die ein 700 Kilometer weit reichendes Gitternetz von Peilstrahlen über das Festland legten. Die Navigatoren hatten spezielle GEE-Karten und Bordempfänger; die aufgenommenen Signale wurden mit einer Braunschen Röhre ausgewertet. So konnten überall innerhalb der Reichweite der Sender Standortbestimmungen vorgenommen werden. Bei maximaler Entfernung vom Sender lag der Fehlerwert unter zehn Kilometern.«

Ein weiterer Vorteil der GEE-Empfänger bestand darin, daß die Bomberbesatzungen bei der Bestimmung der eigenen Position nicht mehr gezwungen waren, sich durch Funken selbst zu verraten. Das GEE-System führte die Bomber so dicht an ihr Ziel heran, daß es die Flieger im Mondschein leicht erkennen konnten. Allerdings eignete sich das Hilfsmittel vorerst nur für Einsätze bis an die Ruhr. München lag noch nicht in der Reichweite der tod- und verderbenbringenden Funkmeßtechnik.

Die »Wende des Luftkrieges zum Luftbrandkrieg«:
der RAF-Angriff auf Lübeck

Air Marshal Harris wandte sich auch einer neuen Angriffstaktik zu. »Statt wie bisher Einsätze in mehreren Wellen zu fliegen«, stellt Janusz Piekalkiewicz fest,[43] »geht er jetzt zu Flächenbombardements mit starken Verbänden über, wobei eine große Anzahl von Bombern in einem möglichst kurzen Zeitraum über dem Ziel konzentriert werden soll. Die Voraussetzung gleichzeitiger Starts und Landungen von mehreren hundert Maschinen wirft zahlreiche logistische Probleme auf. Für die erste Operation dieser Art (...) ist Lübeck vorgesehen. Die Stadt ist von der Nordsee her leicht zu finden und anzufliegen, und das alte Stadtzentrum mit Dachstühlen in überwiegend leichter Holzbauweise entspricht allen Voraussetzungen. Als Vorbild für die erfolgreiche Anwendung von Spreng- und Brandbomben dient Harris bei seiner Planung der deutsche Großangriff auf Coventry (14./15. November 1940). In der sternklaren Nacht vom 28./29. März 1942 bombardiert die RAF Lübeck. Bei diesem ersten geschlossenen Angriff werfen 234 Maschinen, Wellingtons, Stirlings und erstmals auch Lancasters, 304 Tonnen Brand- und Sprengbomben ab, darunter auch die bis dahin noch nicht erprobten Flüssigkeitsbrandbomben. Die schöne Altstadt brennt 32 Stunden lang und wird fast restlos zerstört. 12 britische Maschinen gehen verloren. Die wichtigste Erkenntnis aus diesem Angriff: Die Brandbomben verursachen im Vergleich zu den Sprengbomben das Sechsfache an Zerstörungen. Der Angriff auf Lübeck ist die Wende des Luftkrieges zum Luftbrandkrieg.«

Nach dem verheerenden Bombardement, das auf die ehemalige Reichsstadt an der Trave niedergegangen war, sprachen die Männer der RAF künftig von »Lübecken«, wenn sie auf einen Einsatz anspielten, bei dem sie ganze Arbeit gemacht und ein Ziel mit ihren Bomben schwerste Schäden zugefügt hatten. Die Wahl des Wortes war die Antwort der Briten auf das deutsche »Coventrieren« (oder auch »Coventrisieren«), das die NS-Propaganda unter Goebbels hervorgebracht hatte.

Die britischen Politiker waren über die Wahl der Mittel, die sie gegen das deutsche Volk einsetzten, selbst nicht glücklich. Vor allem fürchteten sie den Protest der eigenen Landsleute. Luftfahrtminister Sinclair ordnete deshalb an, über den Terror in Deutschland, der mit den Bombenangriffen bezweckt wurde, Stillschweigen zu bewahren, da, wie er sich sorgte, »die moralische Verurteilung der Offensive die Moral der Bomberbesatzungen schwächen würde«.

Demgegenüber kannte Professor Frederick A. Lindemann, der engste Berater Churchills, den König Georg VI. im Jahre 1942 zum Lord Cherwell erhob, weniger Bedenken. In einem Memorandum ermunterte der Sohn des deutschen Bauunternehmers Samuel Lindemann aus Baden-Baden den Premierminister sogar dazu, den totalen Bombenkrieg gegen Deutschland zu eröffnen. Allein mit Bombern, so meinte der Wissenschaftler, sei der Widerstandsgeist der deutschen Bevölkerung zu brechen. Der Lord ging bei seinen Überlegungen davon aus, daß »die Zerstörung seines Heimes den Menschen moralisch« mehr treffe »als der Tod von Freunden und Verwandten«. Nach seinen Schätzungen mache jede Tonne Bomben, die über das Reichsgebiet abgeworfen werde, etwa 100 bis 200 Menschen obdachlos. Seiner Auffassung nach sei es dem Bomberkommando bei Anspannung aller Kräfte möglich, bis Mitte 1943 die Hälfte sämtlicher Häuser in den größeren deutschen Städten zu zerstören. Lord Cherwell empfahl, die Angriffe vor allem gegen Arbeiterwohnviertel zu fliegen, weil, wie er mit kalter Berechnung argumentierte, »die Häuser der bessergestellten Klassen zu aufgelockert stehen und zwangsläufig einen Mehraufwand an Bomben erfordern«.[44]

München: Stärkung der »Abwehrfront gegen Luftangriffe«

Die Entwicklung in Großbritannien beobachteten die Nationalsozialisten mit zunehmender Nervosität. Der Angriff auf Lübeck hatte ihnen gezeigt, wie hilflos sie der Flut der britischen Bomber gegenüberstanden. Nun war künftig auch mit dem Schlimmsten zu rechnen. Görings Luftwaffe konnte die deutschen Städte nicht beschützen – das war eine bittere Tatsache. So mußten sich die Verantwortlichen im Luftschutz darauf einstellen, wenigstens für die Notstände nach der Bombardierung einer Stadt gerüstet zu sein, wenn die Operationen der Briten schon nicht mehr zu verhindern waren.

Auch in der »Hauptstadt der Bewegung« richtete sich die Partei jetzt auf schwere Zeiten ein. Zunächst wurde am 6. Mai 1942 im Gau München-Oberbayern ein »Einsatzstab zur Bekämpfung von Luftangriffs-Katastrophen« unter der Führung des Gauleiters und Innenministers Adolf Wagner gebildet. »In dem Einsatzstab«, hieß es dazu, »sind alle Organisationen und Dienststellen erfaßt, die bei der Vorbereitung und Durchführung von Hilfsmaßnahmen größere Aufgaben zu bewältigen haben.«

Die Zivilbevölkerung wurde nun noch mehr als bisher in die Pflicht genommen. Der Polizeipräsident Franz Mayr verfügte als örtlicher Luftschutzleiter in einer Anordnung: »Zur Erhöhung der Schlagkraft des Selbstschutzes gelten alle im Luftschutzort I. Ordnung München ansässigen oder sich aufhaltenden Deutschen hiermit für den Selbstschutz im Bereich dieses Luftschutzortes als herangezogen. Die Einteilung und den Einsatz der Kräfte im Selbstschutz bestimmen die von mir ernannten Luftschutzwarte nach meinen Weisungen.«

Auch der Reichsluftschutzbund rüstete sich verstärkt für die bevorstehenden Bombenangriffe. Mit sogenannten *Appellen*, die er für seine Luftschutzwarte und Amtsträger abhielt, war er bemüht, die »Abwehrfront gegen Luftangriffe« zu stärken. Um den Münchnern die Gefahren des Bombenkrieges eindringlich vor Augen zu führen, organisierte er zudem gemeinsam mit dem Reichspropagandaamt München-Oberbayern eine Luftschutz-Aufklärungsschau, die am 22. August im Erdgeschoß der Mädchen-Oberschule an der Luisenstraße eröffnet wurde und die unter dem Motto »Luftschutz – Wehrdienst der Heimat« stand. Die Ausstellung fand reges Interesse. Bis zum 27. August besuchten mehr als 10 000 Personen die Dokumentation über die drohende Gefahr.

Zwei Tage darauf benötigten die Münchner die Ausstellung nicht mehr, um sich ein Bild von den Folgen der Bombenabwürfe zu machen und um die richtigen Lehren für den Selbstschutz aus den Angriffen auf andere Städte zu ziehen. In der Nacht zum 29. August 1942 sorgte das britische Bomberkommando selbst für den Anschauungsunterricht, und die Menschen in der »Hauptstadt der Bewegung« erlebten die Schrecken der massiven Bombardierung nun am eigenen Leibe. Gegen das, was sich in dieser Nacht ereignete, waren die Angriffe im Jahre 1940 nur Nadelstiche gewesen.

Der erste schwere Angriff auf München am 29. August 1942

In der Nacht zum 29. August 1942 brach über München das Unheil herein, das die Zerstörung der Stadt einleitete. Das britische Bomberkommando versetzte der »Hauptstadt der Bewegung« an diesem schwarzen Samstag den bisher schwersten Schlag seit Beginn des Zweiten Weltkrieges. Damit traf auch für die bayerische Metropole ein, was Winston Churchill bereits am 2. Juni 1942 den Deutschen vor dem Unterhaus angekündigt hatte: »Ich darf sagen, daß mit dem Fortschreiten des Jahres die deutschen Städte, Häfen und Zentren der Kriegsindustrie einer Prüfung unterliegen werden, wie sie kein Land jemals erfahren hat.«

Die Bomber der RAF näherten sich München am Samstag nach Mitternacht. Um 1.03 Uhr trieben die Luftschutzsirenen die Bevölkerung in die Keller. Kurz darauf fielen die ersten Bomben auf die Stadt. Wo sie einschlugen, standen die Dächer der Häuser schnell in Flammen. In seinem Bericht, den der Führer des *Feuerlösch- und Entgiftungsdienstes*, abgekürzt »FE-Dienst« genannt, später an den Polizeipräsidenten als örtlichen Luftschutzleiter schrieb,[45] registrierte der Chef des Kommandos der Feuerschutzpolizei, Oberst und Diplom-Ingenieur Walther Thürauf, folgende Schadenstellen: *Haus der Deutschen Kunst* in der Prinzregentenstraße 1 (Dachstuhlbrand), Brienner Straße 2 (Kellerbrand), Brienner Straße 8 a (Dachstuhlbrand), Brienner Straße 54 (Dachstuhlbrand), Brienner Straße 56 (Dachstuhlbrand), Wittelsbacherplatz 1 (Dachstuhl- und Stockwerksbrand), Max-Joseph-Straße 6 (Dachstuhlbrand), Ottostraße 8 (Dachstuhlbrand) und Augustenstraße 3 (Dachstuhlbrand). Insgesamt wurden 23 Flüssigkeitsbrandbomben gezählt, die über der Innenstadt abgeworfen worden waren. Bei dem *fünften Luftüberfall* auf München fand eine Person den Tod, vier Menschen erlitten Verletzungen.

Die Feuerschutzpolizei, wie die Bezeichnung für die Berufsfeuerwehr seit dem Herbst 1939 lautete, hatte nach dem Angriff, der mit der Entwarnung um 2.15 Uhr endete, alle Hände voll zu tun, um der Flammen Herr zu werden. Stundenlang waren 59 Feuerlöschgruppen mit zehn Kraftfahrleitern, sechs B-Rohren und 70 C-Rohren im Einsatz. Außerdem wurde eine Entgiftungsgruppe mit zwei Gasspürern angefordert, die auf der

Straße und auf dem Hof der Häuser Max-Joseph-Straße 3/Arcis-straße 11 Brandbombenreste zu bergen und die Brennflüssigkeit festzustellen hatte.[46]

Kritik der Münchner Feuerschutzpolizei an der neuen »Luftschutzpolizei«

Doch bei aller Einsatzbereitschaft gab es auch Anlaß zur Kritik. Diese richtete sich vor allem gegen die Angehörigen der neuen *Luftschutzpolizei (LS-Polizei)*, die erst am 1. Juni 1942 aufgestellt worden war und die sich aus den Männern des *Sicherheits- und Hilfsdienstes (SHD)* rekrutierte. Die SHD-Kräfte, die somit in die Polizei-Reserve eingegliedert worden waren, unterstanden nun dem Reichsführer-SS und Chef der Deutschen Polizei im Reichsministerium des Innern, Heinrich Himmler. Mit pathetischen Worten hatte Himmler am 1. Juni in Berlin folgenden Tagesbefehl an die Angehörigen der LS-Polizei gerichtet:»Männer der Luftschutzpolizei! Der Reichsmarschall des Großdeutschen Reiches und Oberbefehlshaber der Luftwaffe Hermann Göring hat Euch, die Männer des bisherigen Sicherheits- und Hilfsdienstes, mit dem heutigen Tage als Zeichen seiner Anerkennung den Namen ›Luftschutzpolizei‹ gegeben und damit in die Deutsche Polizei überführt.

Das deutsche Volk kennt Eure, in diesem Kriege bis zum heutigen Tage geleistete unermüdliche Arbeit und tapfere Haltung. Ich freue mich, daß Ihr damit mir als Teil der Ordnungspolizei im großen Einsatz des Luftschutzes unterstellt seid. Mit dem heutige Tage werdet Ihr das Hoheitsabzeichen der Polizei tragen.

Ich erwarte von Euch, daß Ihr das vom Reichsmarschall in Euch gesetzte Vertrauen auch im Rahmen der Deutschen Polizei niemals enttäuschen und unter Anspannung Eurer ganzen Kraft Eure Pflicht auch in der Zukunft erfüllen werdet. Jeder an seiner Stelle hat alles zum Siege unseres Führers und damit Gesamtdeutschlands beizutragen.«[47]

Das waren jedoch nur Worte. Die Wirklichkeit sah anders aus. In der Praxis stellte sich nämlich heraus, daß die Luftschutzpolizei in München noch keineswegs ihrer Aufgabe gewachsen war. Über ihren Einsatz äußerte sich der Führer des FE-Dienstes, Oberst Thürauf, sogar enttäuscht in seinem »Erfahrungsbericht über (den) Luftangriff am 29. August 1942«, den er am 7. September an den Polizeipräsidenten richtete: »Bei den LS-Pol.-Männern hat sich, wie das auch in anderen Städten bei den ersten Angriffen festgestellt wurde, gezeigt, daß Erfahrungen in der Brandbekämpfung fehlen. Die geringe Zahl von friedensmäßigen größeren Bränden ermöglicht nicht, den Mannschaften die entsprechenden Erfahrungen zu vermitteln. Eine nur theoretische Ausbildung, als die selbst Löschmanöver angesehen werden müssen, gibt diese Möglichkeit ebenfalls nicht.«

Der Chef der Münchner Feuerschutzpolizei bemerkte auch Mängel an der Ausrüstung. »Teilweise«, kritisierte er, »fehlen den Mannschaften noch die Hakengurte. Das war auch der Grund dazu, daß beim Brand Wittelsbacherplatz 1 die Mannschaften einer Einheit der FE-Abt(eilung) des LS-Abschn(itts) Nord mit ihrem Rohr nicht über eine Schiebeleiter aufstiegen, sondern von der Straße aus den Wasserstrahl gegen das Dach richteten.«

Ebenso ließ die Organisation der Einsätze zu wünschen übrig. »Als störend hat sich bemerkbar gemacht«, klagte Thürauf, »daß nicht dem FE-Dienst, selbst nicht einmal der LS-Polizei angehörende Personen mit Weisungen an die Mannschaften des FE-Dienstes eingegriffen haben und teilweise auch den Feuerlöschfahrzeugen eigenmächtig Geräte entnommen haben, um von sich aus irgendwelche Arbeiten durchzuführen.«

All diese Mißstände, die der Oberst der Feuerschutzpolizei in seinem Erfahrungsbericht anprangerte, zeigten, daß der Luftschutz in München seine Bewährungsprobe nicht bestanden hatte. Auch in der Bevölkerung regte sich darüber der Unmut. An den Brandstellen in der Prinzregenten- und in der Brienner Straße versammelten sich aufgebrachte Münchner, die lautstark ihrer Verärgerung Luft machten. Nur mit Mühe gelang es den Feuerwehrleuten, sich einen Weg durch die Menschenmenge zum Einsatzort zu bahnen. Soldaten der Wehrmacht mußten ihnen dabei zu Hilfe kommen und die Passanten zurückdrängen, die noch hinter den Absperrungen des Militärs nicht aufhörten, zu spotten und zu lästern, was die Spitzel unter ihnen aufmerksam registrierten. So wurde dem Staatsministerium des Innern mitgeteilt: »Bei den Zuschauern, die keineswegs den wertvolleren Teil der Münchner Bevölkerung darstellten, wurden versteckte böswillige Urteile über die getroffenen Luftschutzmaßnahmen laut. Man kritisierte auch die Reden führender Persönlichkeiten zu Beginn des Krieges, aus denen entnommen wurde, daß es niemals in den deutschen Städten zu großen Luftschäden kommen und auch München infolge seiner Lage nie ernstlich bedroht werden könnte.«

»Was nehmen wir in den Keller mit?«

Die Enttäuschung über die Niederlage nach dem ersten schweren Angriff auf München saß bei den Nationalsozialisten tief. Auch die Parteispitze zeigte sich merklich verunsichert. So zog es der Chef des *Gaupropagandaamts und des Reichspropagandaamts (RPA)* München-Oberbayern, Gauamtsleiter Dr. Müller, der in der Gauleitung für Propaganda und Presse verantwortlich war, angesichts der gereizten Stimmung in der Bevölkerung vor, den Angriff in den Münchner Zeitungen zu verschweigen. Doch wer es verstand, die Blätter aufmerksam zu lesen, dem entging so mancher Hinweis nicht, der auf die Bombardierung der »Hauptstadt der Bewegung« und auf die dabei entstandenen Schäden schließen ließ.

Selbst der Bericht des Oberkommandos der Wehrmacht vom 29. August widmete dem Angriff nur wenige Zeilen:»In der vergangenen Nacht führten Verbände der britischen Luftwaffe Störangriffe auf süd- und südwestdeutsches Gebiet durch. Die Zivilbevölkerung hatte Verluste. In Wohnvierteln einiger Städte entstanden Sach- und Gebäudeschäden. Nachtjäger und Flakartillerie schossen nach den bisherigen Meldungen 32 der angreifenden Bomber ab.«

Nach dem Schock, den der offensichtlich unerwartete Angriff bei den Verantwortlichen im Luftschutz ausgelöst hatte, war nun die Sorge vor einem neuen Luftüberfall in München groß. Die Partei hielt es deshalb für angebracht, die Bevölkerung rechtzeitig auf die richtigen Verhaltensweisen im Falle einer erneuten Bombardierung hinzuweisen. Unter der Überschrift »Wenn die Sirenen heulen ...« ließ der Gaupropandaleiter am 31. August in den *Münchner Neuesten Nachrichten* einen Beitrag veröffentlichen, der sich mit der Frage beschäftigte:»Was nehmen wir in den Keller mit?«

Der Artikel galt dem »Luftschutzraumgepäck«, das die NS-Propaganda als »Tornister der Heimatfront« bezeichnete, und hatte folgenden Wortlaut:»Die bei den Luftangriffen auf deutsche Städte gesammelten Erfahrungen haben gezeigt, daß sowohl die Schäden an Leben und Gesundheit wie an Hab und Gut auf ein Mindestmaß herabgedrückt werden können, wenn alle erforderlichen Vorkehrungen rechtzeitig getroffen und planvoll durchgeführt werden. Wenn die Alarmsirenen heulen, gehen wir auf dem schnellsten Weg in den Luftschutzraum, sagt klar und deutlich ein Merkblatt des RLB. Aber nicht in Hausschuhen oder gar im Nachthemd unterm Mantel, sondern gut und vollständig angezogen. Unser Schutzraumgepäck, ein Koffer mittlerer Größe, ist schon seit langem vorsorglich bereitgestellt und wird mitgenommen. Dieser Koffer, der nicht zu groß sein darf, damit er notfalls bequem durch den Mauerdurchbruch befördert werden kann, enthält das, was wir im Katastrophenfall brauchen: Anzug oder Kleid, Schuhe, Wäsche, Unterwäsche, Strümpfe, Personalpapiere, Wertpapiere, Geld, Schmuck, Lebensmittelkarten und Kleiderkarten, Kerzen und Streichhölzer, Thermosflasche mit warmem Getränk, Eßbesteck, Dreiecktuch, Verbandpäckchen und Hautentgiftungsmittel. Für den Säugling und die Kleinkinder nehmen wir noch eine Trinkflasche mit Milch, möglichst einen Spirituskocher und etwas Kochgeschirr sowie Kinderwäsche und Windeln mit. Einiger bescheidener Mundvorrat versteht sich von selbst. Außerdem eine warme Decke, eine Taschenlampe, möglichst mit Reservebatterie, und als sehr wichtiges Ausrüstungsstück die Volksgasmaske.«

Um die Gemüter der Münchner zu beruhigen, sorgte die Partei auch für ein Trostpflaster. Jedermann erhielt als einmalige *Sonderzuteilung* ein Viertelpfund Käse.

»Aufgabe der Partei«: in erster Linie die »Menschenbetreuung«

Zudem zog die Parteispitze aus dem Desaster, mit dem der Angriff vom 29. August für den Luftschutz in München geendet hatte, die Konsequenzen. Der neue Gauleiter Paul Giesler, der am 27. Juni 1942 von Ministerpräsident Ludwig Siebert als Vertreter des erkrankten Gauleiters und Staatsministers Adolf Wagner in seine Ämter eingeführt worden war (er übernahm sowohl die Geschäfte des Innenministeriums als auch die des Staatsministeriums für Unterricht und Kultus), hatte vor allem die Schwächen im Zusammenwirken der einzelnen Rettungs- und Hilfsorganisation in Notfällen erkannt. Um die erforderlichen Maßnahmen nach einer Bombardierung künftig besser koordinieren zu können, bildete er einen *Gauführungsstab*, den er über den am 6. Mai 1942 ins Leben gerufenen *Einsatzstab zur Bekämpfung von Luftangriffs-Katastrophen* stellte.[48] Damit verfolgte er das Ziel, die Zahl der Hauptverantwortlichen auf ein Mindestmaß zu beschränken. Er erhoffte sich davon, die große Organisation der Hilfskräfte besser in den Griff zu bekommen und die Machtposition der Partei, was zweifellos für ihn auch eine Triebfeder war, auf dem Gebiet des Luftschutzes mehr noch als bisher zu festigen.

Die Mitarbeit der Partei im Luftschutz hatte Giesler bereits in der Besprechung des Einsatzstabes München-Oberbayern am 4. August 1942 angekündigt,[49] die von etwa 120 Vertretern von Partei und Staat besucht worden war. Thürauf, der als Vertreter der Feuerschutzpolizei an der Sitzung im Reichsrätesaal in München teilnahm, berichtete am Tag darauf über das Treffen: »Der Gauleiter betonte in seiner Eigenschaft als Reichsverteidigungskommissar besonders die in Zukunft beabsichtigte Einspannung der Partei in den Luftschutz und grenzte die Zuständigkeit von Partei und Staat ab. Zur Aufgabe der Partei gehört in erster Linie die Menschenbetreuung.«[50]

Im neuen Gauführungsstab fand jetzt die Bereitschaft des Gauleiters zum verstärkten Einsatz der Partei im Luftschutz ihren Niederschlag. Giesler erklärte dazu, wie dem »Einsatzplan der Partei für die Bekämpfung schwerer Notstände bei Fliegerangriffen im Gau München-Oberbayern« vom 7. September 1942 zu entnehmen ist: »Die Erfahrung lehrt, daß im Ernstfall nur dann ein erfolgreicher Einsatz erfolgen kann, wenn diese an sich große Organisation von nur verhältnismäßig wenigen Hauptverantwortlichen geführt wird. Ich habe deshalb die Bildung eines Gauführungsstabes befohlen, dessen Führung ich ebenfalls selbst übernommen habe. Der Gauführungsstab steht über dem Einsatzstab. Die Verantwortlichkeit der Mitglieder des Einsatzstabes bleibt in ihrem eigenen Arbeitsbereich bestehen; sie haben ihre Aufgaben jedoch im Rahmen des zuständigen Referats des Führungsstabes zu erfüllen, d. h. unter Führung des von mir für das jeweilige Aufgabengebiet berufenen Parteigenossen. (...)

Aufgabe des Führungsstabes ist es, durch vorsorgliche Planung eine für den Ernstfall gerüstete Organisation zu schaffen und diese bei einer Katastrophe selbst _ in kameradschaftlichem Zusammenarbeiten aller Kräfte der Partei, des Staates und der Wehrmacht _ zum Wohle unserer Volksgenossen und unserer Heimat erfolgreich einzusetzen. (...)

Sitz des Führungsstabes ist die Gauleitung München-Oberbayern in der Prannerstraße 20. Der Führungsstab tritt dort nach einem schweren Luftangriff um 9.00 Uhr zusammen. Bei Bedarf erfolgt Zusammenrufung auf telefonischem Wege oder durch Melder.«

Mit der Bildung des Gauführungsstabes erhob Giesler auch die Forderung, in allen Ortsgruppen der NSDAP im Gau München-Oberbayern sogenannte *Ortsgruppeneinsatzbereitschaften* aufzustellen, die den Hilfskräften nach einem Luftangriff zur Hand gehen sollten. »Die Einsatzbereitschaft«, ordnete er an, »setzt sich grundsätzlich aus Angehörigen der Partei, ihren Gliederungen und angeschlossenen Verbänden zusammen.« Dazu gehörten die *Politischen Leiter,* die Mitglieder der *SA* und des *Nationalsozialistischen Kraftfahrkorps (NSKK),* die Angehörigen der *Hitler-Jugend (HJ)* im Alter von 15 bis 18 Jahren sowie sämtliche Parteigenossen. »In großen Stadtortsgruppen«, verfügte der Gauleiter zusätzlich, »sind im Bedarfsfall *Zelleneinsatzstoßtrupps* aufzustellen, damit das ganze Stadtgebiet überwacht und im Ernstfall sofort Hilfe zur Stelle ist.« Das galt vor allem für München.

Gauleiter Giesler: »Der Einsatz erfordert ein energisches Zupacken«

Die Verantwortung für die Einsatzbereitschaften übertrug Giesler den Hoheitsträgern der Partei. »Der Kreisleiter«, legte er fest, »bestimmt den Kreiseinsatzbereitschaftsleiter; der Ortsgruppenleiter den Ortsgruppeneinsatzbereitschaftsleiter.« Erwünscht waren in diesen Funktionen nur überaus tatkräftige Personen. »Als Einsatzbereitschaftsleiter«, unterstrich Giesler deshalb, »werden die fähigsten Männer eingesetzt, ganz gleich, ob sie der Politischen Leitung oder einer Gliederung angehören.« Der Gauleiter wollte von Anfang an jeder Rivalität unter den Parteigenossen vorbeugen. So erklärte er: »Es gibt nur eine Einsatzbereitschaft der Partei und nicht eigene Einsatzbereitschaften der Gliederungen usw.«

Auch über die Uniform der Einsatzbereitschaften machte sich Giesler Gedanken. »Die Erfahrung«, meinte er, »hat gelehrt, daß der Einsatz ein energisches Zupacken fordert. Demgemäß wird es nicht immer angebracht sein, daß die Männer der Partei in ihrem Dienstanzug erscheinen. Wo für die Aufräumungsarbeiten ein Arbeitsanzug getragen werden muß, ist auf jeden Fall eine Armbinde (möglichst Hakenkreuz-Armbinde oder grüne bzw. ›Luftschutz-NSDAP.-Armbinde‹) zu tragen. Bei einem länger dauernden Einsatz bei Absperrungsmaßnahmen bzw. zur Betreuung von Obdachlosen ist Uniform zu tragen.«

Schließlich regelte der Gauleiter auch die Ausstattung der nationalsozialistischen Hilfskräfte mit Werkzeugen. »Jeder Ortsgruppenleiter«, befahl er, »sorgt dafür, daß seine Einsatzbereitschaften mit Schaufeln, Spaten, Spitzhacken, Holzbeilen usw. ausgerüstet sind. Wo das Handwerkszeug nicht durch den Luftschutzleiter zur Verfügung gestellt werden kann, sorgt der Ortsgruppenleiter für die Beschaffung.«

All diese Maßnahmen zeigten, daß die Partei nach den Erfahrungen des ersten schweren Angriffs auf München nun mit noch Schlimmerem rechnete. Mit dem 12. September, 7 Uhr morgens, wurde zudem für den »Luftschutzort München« ein neues Luftwarnsignal eingeführt. »Es heißt ›Öffentliche Luftwarnung‹ (ÖLW.)«, berichteten die *Münchner Neuesten Nachrichten* am 10. September, »und besteht aus einer dreimaligen Wiederholung eines hohen Dauertones von etwa 15 Sekunden Länge. Jedes Intervall beginnt mit einem ansteigenden und endet mit einem abklingenden Ton. Dauer des gesamten Signals etwa eine Minute.

Das neue Signal bedeutet, daß feindliche Flugzeuge einfliegen, daß aber mit größeren Luftangriffen nicht gerechnet wird. Der Abwurf einzelner Bomben ist jedoch nicht ausgeschlossen. Durch dieses Signal soll die Öffentlichkeit zur erhöhten Aufmerksamkeit veranlaßt werden. Allgemeines luftschutzmäßiges Verhalten ist hierbei nicht vorgeschrieben. Verkehr und Wirtschaftsleben gehen weiter.

Beim Signal ›Fliegeralarm‹ wie bisher (eine Minute Heulton) ist in jedem Fall, auch wenn dieses Signal nicht im Anschluß an das Signal ›Öffentliche Luftwarnung‹ gegeben werden sollte, luftschutzmäßiges Verhalten allgemeine Pflicht. Aus diesem Grunde findet am Freitag, 11. September, um 10.30 Uhr, in München und Umgebung ein Sirenenprobebetrieb statt. Es wird das Signal ›Öffentliche Luftwarnung‹ und anschließend mit einer Minute Zwischenraum das Signal ›Entwarnung‹ (gleichbleibender hoher Dauerton) je eine Minute lang gegeben.«

Jedem in München war nun klar, daß sich die Lage an der Heimatfront verschärft hatte. Und damit wuchs auch die Sorge der »Volksgenossen« um den Besitz. Um hier beruhigend auf die Bevölkerung einzuwirken, ließ der Gaupropagandaleiter Dr.

Müller die Öffentlichkeit nicht darüber im unklaren, daß der NS-Staat entschlossen war, mit aller Härte gegen Plünderer und Diebe vorzugehen, die es wagen sollten, sich einen Luftangriff zunutze zu machen.

Zur Abschreckung veröffentlichten die MNN in ihrer Ausgabe vom 12./13. September 1942 folgenden Artikel: »Vor kurzem griffen feindliche Flieger eine süddeutsche Stadt an. Dabei wurde eine Gastwirtschaft fast völlig zerstört. An den sofort einsetzenden Aufräumungsarbeiten beteiligte sich auch ein 65 Jahre alter Mann. Er stahl dabei 30 Pfund Mehl und ein Paar Sandalen, wurde auf frischer Tat ertappt, kaum eine Woche später vom Sondergericht zum Tode verurteilt und tags darauf hingerichtet.

Der Fall zeigt, wie unerbittlich der nationalsozialistische Staat zugreift, wenn es sich darum handelt, Hab und Gut der von Luftangriffen betroffenen Volksgenossen vor solchen verbrecherischen Elementen zu schützen. Weder die geringe Beute noch sein Alter konnten den Mann, der es fertig brachte, auf Trümmern zu plündern, vor dem Fallbeil retten. Das gleiche Schicksal hat der zu gewärtigen, der sich etwa bei der Räumung brennender oder einsturzgefährdeter Häuser an dem Eigentum der Bewohner vergreift oder der einen Fliegeralarm, der die Bevölkerung in den Luftschutzkellern festhält, zu Diebstahl, Raub oder Plünderung mißbraucht. Für solche Volksschädlinge gibt es keine Gnade, und jeder Deutsche darf sich darauf verlassen, daß seine Habe bei Luftangriffen mit eiserner Entschlossenheit und unnachsichtlicher Härte vor dem Zugriff von Verbrechern geschützt wird.«

Das Alarmsystem der Turmbeobachter

Der Luftkrieg stellte die Münchner Feuerwehr vor eine Aufgabe, die alles überstieg, womit sie bisher in ihrer Geschichte konfrontiert worden war. Bis dahin wurde sie in der Regel nur an einen Brandort gerufen. Nun aber galt es, gleich mehrere Feuer an verschiedenen Plätzen der Stadt zur selben Zeit zu bekämpfen. Erschwerend kam hinzu, daß ihr auch die Verpflichtung zufiel, die Brandstätten noch während eines Luftangriffes selbst auszumachen. Denn oftmals bemerkten nicht einmal Hausbewohner, die vor den Bomben im Luftschutzkeller Zuflucht gesucht hatten, daß der Dachboden ihres Wohnhauses in Flammen stand. Andere wiederum wagten sich während der Bombardierung aus Angst nicht ins Freie und harrten im Luftschutzraum aus, während über ihren Köpfen das Feuer loderte.

So konnte die Feuerwehr also nicht erst auf die Meldung eines Brandes warten, sondern mußte von Anfang an selbst aktiv werden. Dabei spielte auch die Erfahrung eine Rolle, daß, wie heute einer Tonbildschau über den Bombenkrieg im Feuerwehrmuseum der Branddirektion München zu entnehmen ist,[51] »nach den Angriffen Feuermelder und Telephon fast immer ausgefallen waren und vielfach ein Durchkommen von Meldern und Hilfesuchenden durch die brennenden und zertrümmerten Straßen nicht möglich war«. Deshalb kamen die Brandbekämpfer auf den Gedanken, Türme der Stadt mit Posten zu besetzen, die unverzüglich ein Feuer meldeten, sobald es am Himmel aufflammte. Mit den Meldungen der *Turmbeobachter*, wie die Wächter genannt wurden, konnte sich die Feuerwehr bereits während der Bombardierung einen Überblick über die Brände in München verschaffen und ein Bild von den notwendigen Einsatzschwerpunkten gewinnen. Der genaue Standort der Schadenstellen wurde von den Turmbeobachtern mit Peilgeräten ermittelt.

Turmbeobachter in München: »Maria«, »Paul« und »Siegfried«

Zunächst richtete der Führer des FE-Dienstes in München drei Peilstellen, abgekürzt »P-Stellen«, ein: auf dem Turm des Neuen Rathauses am Marienplatz, kurz »Maria« genannt, auf der Paulskirche (»Paul«) und auf dem Gebäude der Siegfriedschule (»Siegfried«). Über die Aufgaben der Turmbeobachter unterrichtete er die FE-Abteilungsführer der Abschnitte Nord, Ost, Süd und West am 3. September 1941 mit folgendem Schreiben: »Der auf Wache befindliche Beamte der P-Stellen Maria (=Rathaus), Paul (= Paulskirche) und Siegfried (=Siegfriedschule) nimmt bei Bekanntwerden der Luftgefahr Helm, Gasmaske und Taschenlampe sowie den Schlüssel seiner P-Stelle, begibt sich nach dieser und meldet telefonisch der Peilzentrale, daß die P-Stelle besetzt ist.«[52] Das gleiche gelte auch für den dienstfreien Beamten. Dieser »begibt sich sofort bei Auslösung des Fliegeralarms, nachdem er sich seinen Stahlhelm, seine Gasmaske und Taschenlampe auf seiner Wache geholt hat, nach seiner P-Stelle und nimmt seinen Dienst auf.«

Genauestens beschreibt der Führer des FE-Dienstes im weiteren die Arbeit der Wächter: »Wird von der P-Stelle ein Feuerschein bemerkt, so wird dieser anvisiert und das Ergebnis der Peilung telefonisch der Peilzentrale gemeldet.« Dies hatte in folgender Weise zu geschehen, wie das Beispiel, das der FE-Dienst-Führer gab, zeigte: »P-Stelle Maria. Meldung Nr. 1: 2.00 Uhr. Feuerschein in Richtung 67,7. Ohne Bezug.« Der Vermerk »ohne Bezug« bedeutete, daß es sich hier um die Meldung einer Brandstelle handelte, die zum erstenmal durchgegeben wurde. Nachrichten, die sich auf bereits gemeldete Beobachtungen bezogen, enthielten dagegen den Zusatz: »Zur Meldung Nr. 1 usw.« Konnten die Zahlen schlecht verstanden werden, so war erlaubt, »an Stelle der Zahlen die Buchstaben des Alphabets« zu verwenden, und zwar 1=a, 2=b, 3=c.

Die Peilzentrale der Feuerschutzpolizei, abgekürzt »FSchP«, gab die Meldung jedoch erst an den zuständigen FE-Abteilungsführer oder an den Führer des FE-Dienstes weiter, wenn alle drei Peilstellen die Lokalisierung einer Schadenstelle bestätigt hatten. Zuvor war nach folgendem Verfahren weiter vorzugehen: »Sobald die Auswertungsstelle mit Hilfe zweier Meldungen eine Schadenstelle ermittelt hat, fragt sie die 3. P-Stelle, ob in der Richtung, die sich aus den 2 vorhergehenden Peilungen ergibt, ein Feuerschein erkannt wird. Bestätigt die 3. Peil-Stelle dies, so ist dies von der 3. P-Stelle als Meldung einzutragen. Die Peilzentrale vermerkt nun in ihrer Liste in der Spalte ›Schadenstelle‹ die ermittelte Brandstelle.«[53] Jetzt erst ging zum Beispiel folgende Meldung hinaus: »Peilzentrale FSchP 7.05 Uhr. An den FE-Abteilungsführer Nord Feuerschein Ettstr. 5 erkannt.«

Neben der Feuerwehr verfügte auch die Polizei über eigene Turmbeobachter, anfangs noch »Peiler« genannt. Eine ihrer Peilstellen befand sich auf dem Nordturm der Frauenkirche _ in unmittelbarer Nähe des Polizeipräsidiums an der Ettstraße, wo der örtliche Luftschutzleiter seinen Sitz hatte.

»Ein Bild von Zerstörung und Chaos«

Die Turmbeobachter erlebten unvorstellbares Leid. »Zunächst«, heißt es in der Tonbildschau im Münchner Feuerwehrmuseum,[54] »konnten sie noch einzelne Bombeneinschläge im Stadtgebiet ausmachen. Aufsteigender Rauch und Staubwolken erschwerten aber zusehends Sicht und Orientierung. Dazu kam eine außerordentlich schwere seelische Belastung der Männer auf den Beobachtungsposten, da rings um sie herum Bomben einschlugen und sie aus unmittelbarer Nähe miterleben mußten, wie ihre Vaterstadt, ihre Wohnungen, ihre Arbeitsstätten zerstört wurden. Der Himmel verfinsterte sich, und in der Dunkelheit sah man über dem Stadtgebiet Brände aufflackern, die größer wurden, zusammenwuchsen und schließlich den Eindruck einer insgesamt brennenden Stadt vermittelten. Wenn die Brände gelöscht waren und der Rauch sich verzogen hatte, bot sich dem Beobachter ein Bild von Zerstörung und Chaos.«

Mit der Zeit bereitete dem Chef der Münchner Feuerschutzpolizei und Führer des FE-Dienstes, Oberst Thürauf, die Sicherheit seiner Männer zunehmend Sorgen. So vermerkte er am 9. März 1942 in einer Aktennotiz: »Die Bereitstellung geeigneter Rettungseinrichtungen für die Turmbeobachter muß auch in München für zweckmäßig gehalten werden. Die Frage, ob die dafür erforderlichen Geräte (30 m lange Fangleine mit Schlauchhaltern nach DIN 14140 und Hakengurt DIN 14150) aus den Beständen des FE-Dienstes vorerst leihweise zur Verfügung gestellt und welchen Einheiten sie gegebenenfalls entnommen werden können, kann erst dann beantwortet werden, wenn die Zahl der in Betracht kommenden Geräte feststeht.

Es müßte deshalb geprüft werden, bei welchen bzw. bei wieviel Turmbeobachtern die Möglichkeit besteht, sich von der Beobachtungsstelle aus nach Ausfallen des normalen Zugangsweges mit Hilfe der genannten Geräte in Sicherheit zu bringen.

Die Ausbildung der Turmbeobachter in der Benutzung dieser Geräte durch den FE-Dienst wäre möglich.«[55]

Die Untersuchung, die Thürauf am 5. Mai vorlegte,[56] ergab, daß für insgesamt 34 Turmbeobachter, davon elf im Abschnitt Nord, neun im Abschnitt Ost, zwölf im Abschnitt Süd und zwei im Abschnitt West, Hakengurte und Fangleinen zur Selbstrettung benötigt wurden. Doch die Beschaffung der erforderlichen 34 Hakengurte und 56 Fangleinen mit Schlauchhaltern stellte den Führer des FE-Dienstes vor ein Problem. »Überzählige Fangleinen bezw. Hakengurte«, bedauerte er, »sind bei den FE-Einheiten nicht vorhanden.«

Zunächst stattete das Kommando der Feuerschutzpolizei seine eigenen Turmbeobachter mit dem Rettungsgerät aus. Gemäß einer Anordnung vom 8. Mai 1942 erhielt die Beobachtungsstelle auf der Schule in der Siegfriedstraße 22 zwei Fangleinen und einen Hakengurt sowie der Beobachtungsposten auf der Kirche am Paulsplatz drei Fangleinen und einen Hakengurt.[57] Für die Peilstelle auf dem Rathausturm war kein eigenes Rettungsgerät vorgesehen. Im Auftrag des Chefs der Feuerschutzpolizei befahl ein gewisser Mehltreter, der auch das bereits erwähnte Schreiben über die Aufgaben der Turmbeobachter vom 3. September 1941 unterzeichnet hatte, dem Wachführer der Hauptfeuerwache, die Fangleinen und die Hakengurte »bei den übrigen Geräten in den Beobachtungsstellen« unterzubringen. »An Stelle des schmalen Koppels«, ordnete er weiter an, »ist von den im Dienst befindlichen Beobachtern stets der Hakengurt umzuschnallen und der Stahlhelm mitzunehmen.«

Aber für die anderen Turmbeobachter waren neue Geräte nicht zu beschaffen. Das machte deutlich, wie angespannt die Versorgung mit Ausrüstungsgegenständen bereits war. So blieb Thürauf nichts anderes übrig, als am 26. Mai 1942 festzustellen: »Da vorerst keine weiteren Ausrüstungsstücke für die Rettungsmöglichkeit der Turmbeobachter zur Verfügung stehen, müssen die FE-Abteilungen angewiesen werden, die noch fehlenden 32 Hakengurte, 25 Fangleinen (und) 28 Schlauchhalter vorläufig den einzelnen FE-Einheiten zu entnehmen.«[58] Der Oberst der Feuerschutzpolizei fügte dem hinzu: »Es wird dabei besonders darauf hingewiesen, daß die Abgabe der Geräte nur leihweise erfolgen kann und die Ersatzbeschaffung umgehend vorgenommen werden müßte, da bei längerem Ausfall dieser wichtigen Ausrüstungsstücke der Einsatzwert und die Schlagfertigkeit verschiedener FE-Einheiten stark beeinträchtigt wäre, zumal ein Fehlbestand, besonders an Hakengurten, an und für sich schon vorhanden ist.« Um diesem Mangel entgegenzuwirken, wurde empfohlen, »daß die Melder jeder Gruppe im Falle eines Einsatzes anstelle des Hakengurtes das schmale Koppel tragen«.[59]

Selbstrettung des Turmbeobachters

Über den Umgang mit dem Rettungsgerät unterrichtete der Führer des FE-Dienstes die Männer auf den Beobachtungsposten genau. In der »Anweisung für die Turmbeobachter im Selbstretten mit dem Hakengurt«, die er am 17. Juni 1942 herausgab,[60] erklärte er: »Durch die Ausrüstung mit dem Hakengurt und der Fangleine ist es auch dem Turmbeobachter jederzeit möglich, sich durch ein Fenster oder dergl. in kürzester Zeit in Sicherheit zu bringen. Der Karabiner wird auch als Seilbremse benützt. Der Vorgang beim Selbstretten ist folgender:
Der betreffende Mann löst seine Leine und wirft diese, indem er das eine Ende in der Hand behält, aus dem Fenster. Hierbei hat er darauf zu achten, daß die Leine sich nirgends verfängt, also frei herunterhängt. Das in der Hand befindliche Ende wird irgendwo an geeigneter Stelle befestigt. Findet sich kein geeigneter Befestigungspunkt, so muß dieser durch Einschlagen des Notnagels in die Wand oder den Fußboden o. ä. geschaffen werden. Hierauf setzt sich der Mann so auf die Fensterbank, daß die Füße aus dem Fenster hängen(,) und schiebt den Karabinerhaken vor die Mitte des Leibes.« Nachdem er die Leine zweimal um den Haken geschlungen hat, läßt er sich »durch eine Wendung zum Gebäude« mit gespreizten Beinen abgleiten. »Das lange Leinenende wird durch die rechte Hand zwischen Daumen und Zeigefinger geführt. Durch Abstoßen mit der linken Hand geht der Körper in senkrechter Richtung nach abwärts.
Bei besonders hohen Gebäuden, Kirchtürmen usw.(,) bei denen zur Rettung mehrere Fangleinen benötigt werden, ist so zu verfahren, daß die erste Leine, wie vorher geschildert, befestigt und abgeworfen wird, während die übrigen Leinen im gewickelten Zustand umgehängt werden. Nach Abgleiten bis zu einer geeigneten Stelle, wie Dachfläche (notfalls Einschlagen der Dachhaut!), Auskragung, Fenster und dergl. wird die zweite Fangleine ebenfalls an einer geeignet erscheinenden Vorrichtung befestigt und wie vor(her) abgefahren.
Das Abfahren ist nicht immer bis zum Erdboden nötig, häufig wird der sich Rettende in ein unteres Geschoß einsteigen und sich von da in Sicherheit bringen können.«

Der Feuerwehrmann Josef Krempl, damals im Range eines Hauptwachtmeisters der Feuerschutzpolizei, der jahrelang den Dienst eines Turmbeobachters versah, hatte das Glück, nie im Ernstfall Gebrauch von seinem Rettungsgerät machen zu müssen.[61] Nur zur Übung mußte er sich einmal abseilen. Aber das fiel dem begeisterten Bergsteiger, der am 1. April 1936 zur Münchner Berufsfeuerwehr gekommen war, nicht schwer. Krempl wurde sowohl auf dem Rathausturm als auch auf der Paulskirche eingesetzt. »Die Türme waren nicht ständig besetzt«, erinnert er sich. »Erst wenn wir die Vorwarnung bekommen hatten, stiegen wir auf den Turm. Mitunter waren es bei der Feuerwehr nur wir, die wußten, daß ein Fliegerangriff drohte.«

Laut eines Sonderbefehls, den der Polizeipräsident als örtlicher Luftschutzleiter am 13. Mai 1942 herausgab,[62] wurde das »Bestehen einer Luftgefahr«, also der Anflug feindlicher Bomber auf die »Hauptstadt der Bewegung«, durch einen Fernspruch des *Warnkommandos München* bekanntgegeben. Der Offizier vom Dienst hatte unverzüglich den Polizeipräsidenten (Fernsprechnummer 73928), den Major der Schutzpolizei Deuringer (650), den SS-Obergruppenführer und General der Polizei, Freiherrn von Eberstein (512), den Adjutanten des Obergruppenführers, Major der Schutzpolizei Lehner (73664), und den SS-Oberabschnitt Süd (44404) telefonisch zu verständigen. Dies mußte in aller Kürze geschehen. Der Fernspruch hatte zu lauten: »Hier Offizier vom Dienst! Luftgefahr 28!« Die Zahl gab die Minuten an, die bis zum Eintreffen der Kampfflugzeuge voraussichtlich noch vergehen würden – in diesem Fall also 28 Minuten.

Mehr zu sagen, war dem Offizier vom Dienst im Warnkommando München nicht gestattet. »Alle weiteren Zusätze (zum) Fernspruch«, verfügte der Kommandeur der Schutzpolizei, Oberst Mühe, in Vertretung des Polizeipräsidenten, »sind zu unterlassen; nach Durchgabe des einzelnen Fernspruches ist das Gespräch sofort abzubrechen.« Erfolgte nach der Warnmeldung »Luftgefahr« kein Fliegeralarm, so erging die Meldung: »Luftgefahr vorbei.« Diese Nachricht bedeutete, daß auch die Turmbeobachter wieder ihre Posten räumen durften.

»Die Türme«, berichtet Krempl,[63] »waren durchwegs mit zwei Mann besetzt. Aber mein Kollege wohnte in der Feuerwache an der Schulstraße, und so verging immer eine Zeit, bis er zur Stelle war. Deshalb blieb ich meistens allein.« Krempl hatte keinen so weiten Weg zur Beobachtungsstelle in der Innenstadt wie sein Verstärkungsmann Harles. Er besaß eine Dienstwohnung in der Hauptfeuerwache an der Blumenstraße. »So war ich immer schnell auf dem Turm droben.«

Dort oben mußten die Turmbeobachter oft stundenlang ausharren – im Sommer ebenso wie im Winter. »Manchmal war es so kalt«, erinnert sich Krempl, »daß wir keine Freud' mehr hatten.« Gegen den Frost schützten sich die Männer mit einer Kleidung, die einen gespenstischen Anblick bot. »Jeder wäre erschrocken, der uns so auf der Straße gesehen hätte«, meint Krempl. »Wir haben uns deswegen auch nicht blicken lassen.« Die Turmbeobachter trugen unter dem Stahlhelm eine Strickmaske, die das ganze Gesicht bedeckte und die nur für die Augen Schlitze enthielt. Ein Pelzmantel und Strohschuhe, die über die Schaftstiefel gezogen wurden, vervollständigten die Bekleidung im Winter.

Turmbeobachter Krempl:
»Dort oben war es sehr gefährlich«

Die Orientierung in der Nacht bereitete den Turmbeobachtern – von nebeligen Tagen abgesehen – keine Schwierigkeiten; denn bei einem Angriff war die Stadt durch Brand- und Leuchtbomben in Licht getaucht. »Da war es taghell«, erinnert sich Krempl. »Mehr als taghell, kann man sagen.« Von den Bombern selbst sah Krempl jedoch wenig. »Die Maschinen flogen sehr hoch. Ich habe nie ein Flugzeug weit unten beobachtet.« Zudem waren die Besatzungen der Maschinen bemüht, ihre Bomben über München schnell abzuladen und unverzüglich wieder auf Heimatkurs zu gehen.

Der Sommer 1944 brachte für die Turmbeobachter der Feuerschutzpolizei, abgekürzt »TB«, eine einschneidende Änderung. Am 22. Juni vermerkte eine Aktennotiz des Kommandos der Feuerschutzpolizei (FSchP): »Die Turmbeobachterstellen Rathaus, Paulskirche und Siegfriedschule sind aus Personalersparnis-Gründen aufgehoben worden. Dafür ist auf dem Hochhaus (an der Blumenstraße, Anm. d. Verf.) eine TB-Stelle der FSchP. eingerichtet worden.«[64]

Mit dem Ortswechsel verschärften sich für den Turmbeobachter Krempl auch die Gefahren seines Dienstes.[65] Auf dem Hochhaus mit der großen Fläche des Daches hatte er zum erstenmal Sorge, von einem Geschoß getroffen zu werden. Dagegen hatte er sich auf einem Turm immer sicher gefühlt, da dort

Turmbeobachter Josef Krempl im Dienst auf dem Dach des Hochhauses an der Blumenstraße.

in seinen Augen die Wahrscheinlichkeit eines Volltreffers zu gering war. »Aber das Hochhaus ist ein paarmal getroffen worden.« Bei einem Angriff, so erinnert sich Krempl, waren im Umkreis von hundert Metern 27 Bomben gefallen. Manche Bomben stürzten auch seitlich auf ihr Ziel zu. »Da schlug zum Beispiel einmal eine im zweiten Stock des Hochhauses ein. Was will man da machen, wenn die Splitter in der Gegend herumfliegen? Ja, dort oben war es sehr, sehr gefährlich.«

Noch eine andere Gefahr ergab sich für die Turmbeobachter auf dem Hochhaus. »Sehr bedrohlich war für uns auch die Forstenrieder Flak«, berichtet Krempl. »Die war irgendwie im Wald drin. Das sollen sechs oder acht Geschütze gewesen sein. Wenn die losgelegt haben, da haben wir weggehen müssen, da haben wir in Schutz gehen müssen. Nicht wegen der Bomben, sondern wegen der Flaksplitter. Das waren Splitter gewesen – acht bis zehn Zentimeter lang. Das hat nur so heruntergehagelt. Da mußte man weg. Wir sind dann einen oder zwei Stock tiefer gegangen. Wir hatten ja überall Telefon.« Eine zweite Flak-Batterie stand auf der Theresienwiese. »Auch wenn die geschossen hat, mußten wir weg. Dann hat's Splitter direkt geregnet.«

Doch Krempl riskierte auch sein Leben – mit der Kamera. Er photographierte heimlich nach den Angriffen die immer schwerer verwüstete Stadt, was streng verboten war. Um mit seinem Apparat zum Schuß zu kommen, verbarg er ihn sogar einmal im Behälter seiner Gasmaske, nachdem er die Gasmaske selbst zuvor herausgenommen hatte. Auch von seiner Beobachtungsstelle aus machte er Aufnahmen von der Stadt, während die Bomben auf München niedergingen und die ersten Rauchpilze zum Himmel aufstiegen.

Aber Josef Krempl, der seinen Dienst als Turmbeobachter bis zur Versetzung auf den Obersalzberg bei Berchtesgaden im Februar 1945 versah, war nicht der einzige in München, der das Elend ablichtete, das mit dem Bombenkrieg über die Stadt hereingebrochen war. Auf dem Nordturm der Frauenkirche stand der Turmbeobachter Klemens Bergmann, der ebenfalls mit seiner Kamera in aller Heimlichkeit den Untergang der Stadt in Bilddokumenten festhielt.[66] Der Glasermeister entging um Haaresbreite dem Tode, als eine Minenbombe am 9. März 1943 das Fernsprechkabel zum Polizeipräsidium unterbrochen und dadurch die Beobachtungsstelle der örtlichen Luftschutzleitung außer Betrieb gesetzt hatte. Bergmann verließ darauf den Turm. Kaum war er unten angekommen, da schlug eine 30-Zentner-Bombe ins Kirchenschiff ein.

Der Mann überlebte den Krieg und übergab im Jahre 1953 seine aufsehenerregenden Bilder der Illustrierten *Quick* zur Veröffentlichung. Krempl überließ seine Aufnahmen dem Stadtarchiv München. So blieben eindrucksvolle Zeugnisse für die Dokumentation des Schreckens, was die Nationalsozialisten verhindern wollten, doch noch der Nachwelt erhalten.

V
TÖDLICHE BOMBEN IM KRIEGSJAHR 1942

Der Angriff vom 20. September 1942

Wenige Wochen nach dem ersten schweren Angriff des britischen Bomberkommandos auf München am 29. August attackierte die RAF die »Hauptstadt der Bewegung« erneut. Der zweite Schlag des Jahres 1942 traf die Stadt noch härter als der erste. Jetzt erlitt auch die Bevölkerung große Verluste – es gab zahlreiche Tote und Verletzte.

Die Angreifer näherten sich mit 68 Bombern vom Typ *Lancaster* und mit 21 Maschinen vom Typ *Stirling* der Isar am Samstag, dem 19. September.[67] Wieder flogen sie im Schutz der Nacht. Der Sonntag war bereits angebrochen, als die Kampfflugzeuge am 20. September um 0.30 Uhr ihr Ziel erreichten und das Bombardement eröffneten. Aber nur rund vierzig Prozent der Maschinen gelang es, den Sperrgürtel der Flak zu durchbrechen und ihre Bomben auf Ziele abzuwerfen, die drei Meilen vom Stadtzentrum entfernt waren. Die meisten Bomben gingen jedoch auf die Vorstädte im Westen, im Süden und im Osten Münchens nieder. Die Briten bezahlten den *sechsten Luftangriff* auf München, der mit der Entwarnung um 1.50 Uhr endete, mit dem Verlust von drei *Lancasters* und drei *Stirlings*.

Der sechste Angriff: 140 Tote, 404 Verletzte, 6069 Obdachlose

Als die Münchner die Luftschutzkeller wieder verlassen konnten, bot sich ihnen ein schreckliches Bild. Flammen loderten in den Himmel, der blutrot gefärbt war, und zerborstene Mauern kündeten von der Wucht der schweren Sprengbomben, die der Stadt die bisher größten Zerstörungen zugefügt hatten. 49 Gebäude wurden durch Sprengschäden und 34 Häuser durch Brandschäden völlig vernichtet. Die zahlreichen Dachstuhlbrände konnten noch in der Nacht gelöscht werden.

Bei dem Angriff fanden 140 Menschen den Tod, und zwar 127 Zivilpersonen, davon 59 Männer, 58 Frauen und zehn Kinder, und ein Angehöriger der Luftschutzpolizei sowie zwölf Solda-

Straßenszene nach dem Nachtangriff des britischen »Bomber Command«
am 20. September 1942 mit Zerstörungen in der Kidlerstraße.

ten der Wehrmacht. »Von den 140 Personen«, teilte der Polizeipräsident als örtlicher Luftschutzleiter am 30. September 1942 in
seinem geheimen Abschlußbericht über den Luftangriff dem Inspekteur der Ordnungspolizei im Wehrkreis VII mit,[68] »wurden
90 in Selbstschutzräumen, 30 in Wohnungen, 5 auf dem Wege

98

von der Wohnung zum Schutzraum und 15 im Freien getötet.« Verletzt wurden außerdem 404 Personen, davon 170 Frauen und 18 Kinder. Ihr Obdach verloren 6069 Menschen.

Noch nie waren so viele Bomben auf München gefallen wie in dieser Nacht. Wie der Polizeipräsident in seinem Geheimbericht (»nur für den Dienstgebrauch«) weiter meldete, hatten die Briten 41 Minenbomben (später wurde ihre Zahl auf 55 heraufgesetzt), 23 Sprengbomben, 58 Flüssigkeitsbrandbomben (je 113 Kilogramm), 256 Phosphorbrandbomben (13,5 Kilogramm), etwa 5000 Stabbrandbomben und 314 Leuchtbomben abgeworfen. Die Minenbomben hatten ein Gewicht von 835 Kilogramm, und die Sprengbomben waren fünf bis zehn Zentner schwer.

Über den Ablauf und über die Wirkung des Angriffes verfaßte das für den Luftschutz zuständige Dezernat VII der Münchner Stadtverwaltung am 11. Januar 1943 einen ebenfalls geheimen Schlußbericht,[69] der verrät, wie sehr vor allem der Abwurf von Minenbomben mit seinen verheerenden Folgen die Geheimnisträger beunruhigte:»Der Verlauf des Luftangriffes hat gezeigt, daß infolge der aktiven Abwehr der mit etwa 30 4-motorigen Bombern gestartete, aber nur mit ca. 12 Bombern durchgeführte Angriff (die Zahlen stehen im Widerspruch zu den Angaben der Briten nach dem Krieg, Anm. d. Verf.) trotz seiner verhältnismäßig langen Dauer von etwa 1 1/2 Stunden keine im Sinne der Kriegsführung wichtigen Ziele erreicht hat.

Im Verhältnis zu bisherigen Angriffen in anderen Städten ist die Zahl abgeworfener Minenbomben (55) unverhältnismäßig groß. Die Auswirkung der Minenbomben von je 835 kg Gewicht ist im Hinblick auf den großen Gewichtsanteil der Explosivstoffe darin sehr beträchtlich. Sie erzeugen beim Aufprallen nur einen sehr flachen Trichter von ca. 50-80 cm Tiefe und 3-6 m Durchmesser. Auf diese Weise kann sich nahezu die ganze Explosivkraft auf die nähere und weitere Umgebung im Wechsel von Druck und Sog auswirken. Diese Auswirkung ist besonders stark in Gebieten mit hoher dichter Bebauung, vor allem, wenn die Bomben nicht in ein Gebäude, sondern in den freien Straßen oder Hofraum treffen. Die Minenbombe mit etwa 3 m Höhe und 60 cm Durchmesser drückt die Erdgeschosse der nahegelegenen mehrstöckigen Häuser nach außen, so daß die Trümmer der oberen Geschosse mit großer Wucht auf die Kellerdecken prallen und infolgedessen an zahlreichen Stellen durchschlagen. Wenn Minen oder Sprengbomben in nächster Nähe der Häuser einschlagen(,) erfolgt außerdem eine starke unmittelbare Druckwirkung auf die benachbarten Keller, so daß neben der Gefahr des Verschüttetwerdens auch die Möglichkeit des Erdrückens in seitlicher Richtung besteht. (...)

Die unmittelbar hervorgerufenen 140 Todesopfer und die nachträglich in den Krankenhäusern verstorbenen 7 Personen sind ausschließlich der Wirkung von Minen und Sprengbomben zuzuschreiben. (...)

Der eigentliche Stadtkern innerhalb des ehemaligen Befestigungsgürtels ist kaum getroffen worden, nur der große Ring(,) und zwar Sonnenstraße vom Sendlinger-Tor-Platz bis zum Karlsplatz(,) und anschließend der Gebäudekomplex westlich des Lenbachbrunnens (Ottostraße) wurden schwer mitgenommen. (...)

Insgesamt wurden 4179 Anwesen beschädigt, davon 63 (sic!) Häuser total und 267 sehr schwer. Im Stiftungsforste Kasten wurden durch 6 Waldbrände ca. 2 Tagwerk 15-jähriger Fichtenbestand zerstört.«

»Anerkennung für gute Haltung« der Münchner vom »Führer«

Dieses Elend war vor der Öffentlichkeit nun nicht mehr zu verschweigen. Auch Gaupropagandaleiter Dr. Müller, der noch über den letzten Angriff stillschweigend hinweggegangen war und der jede Berichterstattung über die Folgen des Luftüberfalles in der Presse unterbunden hatte, mußte jetzt Farbe bekennen. Unter der Überschrift »Terrorangriff auf München« meldeten die *Münchner Neuesten Nachrichten* am 21. September ausführlich die Bombardierung der Stadt.»Das Reichspropagandaamt München-Oberbayern«, hieß es, »teilt mit: In der Nacht zum 20. September griffen britische Flugzeuge mit Spreng- und Brandbomben Wohnviertel Münchens und Umgebung an. Durch die wirksame Flaksperre konnte das Eindringen starker Kräfte in das Stadtinnere verhindert werden. Es entstanden verschiedene Brand- und Sprengschäden. Militärische Anlagen wurden nicht getroffen. Die Zivilbevölkerung hatte Verluste an Toten und Verletzten. Die Zahl der Toten beträgt nach den bisherigen Feststellungen 65.

Der britische Terrorangriff legt erneut Beweis dafür ab, daß es dem Feind einzig und allein auf den Versuch ankommt, die Zivilbevölkerung zu zermürben. Bezeichnend für die hinterhältige Art britischer Angriffe ist die Tatsache, daß auch drei Krankenhäuser, die sich weitab von irgendwelchen militärischen oder wehrwirtschaftlichen Anlagen befanden, angegriffen und beschädigt wurden.

In vorbildlicher Weise wurden schon während des Angriffs durch die Partei und die im Dienste des Luftschutzes stehenden Einrichtungen umfassende Hilfsmaßnahmen aufgenommen. In besonderem Maße zeichneten sich die Selbstschutzkräfte der Bevölkerung einschließlich unserer tapferen Jugend durch rasche Hilfsbereitschaft und mustergültiges Verhalten aus. Die Haltung der betroffenen Volksgenossen war beispielhaft.

Der Gauleiter hat dem Führer sofort nach dem Angriff über die entstandenen Schäden Bericht erstattet. Der Führer läßt auf Grund des Berichtes des Gauleiters der Münchner Bevölkerung seine Anerkennung für ihre gute Haltung zum Ausdruck bringen.«

Welche Tragödien sich nach dem Bombenangriff in der Stadt abgespielt hatten, schilderte später die Mutter von Margarete Konetzky, die Erste Vorzimmerdame beim Präsidenten der Bayerischen Versicherungskammer war, in ihren privaten Aufzeichnungen. Eindringlich beschreibt sie den Untergang des Gasthauses »Zum Klösterl«, das nur rund 200 Meter in der Luftlinie von der Privatwohnung Hitlers am Prinzregentenplatz entfernt war: »Am 20. September 1942 hatten wir noch einen sehr schweren Luftangriff auf München. Eigentlich den ersten großen, der unser Stadtviertel im Osten besonders heimsuchte. Ein Volltreffer fiel in die Gaststätte ›Zum Klösterl‹ in der Grillparzerstraße, ganz in unserer Nähe. Als wir nach dem Angriff aus dem Luftschutzraum auftauchten, hatten wir schon gemerkt, daß eine Bombe ganz in der Nähe eingeschlagen haben mußte. Es klang so nahe, daß wir meinten, unser eigenes Haus sei getroffen worden. Es wurden durch einen Boten unsere Männer geholt, um mit Schaufeln zum Ausgraben zu kommen, es seien mehrere Personen verschüttet.

Im Klösterl war jedes Mal bei Bombenangriffen eine Rot-Kreuz-Station in Tätigkeit, in der die Beamten (der Versicherungskammer, Anm. d. Verf.) Pregler und Harrer, die gegenüber in der Grillparzerstraße wohnten, während des Angriffes eintrafen, um im Notfall einzuspringen. Als die schwere Bombe in das Haus einschlug, war Pregler zu seinem Glück gerade im Nebenzimmer der Gaststätte in der Schneckenburgerstraße, während Harrer sich im großen Gastraum aufhielt. Und gerade in diesem Teil des Hauses war die Verwüstung hundertprozentig. Harrer und verschiedene Personen vom Personal waren unter den Schuttmassen begraben. Pregler bekam eine Ladung Trümmer und Splitter auf den Kopf und wurde vom Staub fast erstickt, konnte aber durch die zerstörten Fenster in der Schneckenburgerstraße aussteigen.

Man wollte versuchen, die Verunglückten auszuschaufeln, konnte aber mit der Hand dem Riesenberg nicht ankommen. Auf der Suche nach den Verschütteten sah man in einem zum Teil unversehrten Gang im Keller einen Schuh aus dem Schutt ragen, der Harrer gehörte. Ein Bagger wurde eingesetzt, und nach Tagen fand man die Leichen.

In einem anderen Haus in der Grillparzerstraße wurde der Angestellte Rütt, der auch beim Roten Kreuz eingesetzt war und (der) sich in einen Hauseingang flüchtete, als die Bomben fielen, von herabstürzenden Trümmern erschlagen.«

»Es ist ein schreckliches Elend ...«

Mit Entsetzen betrachtete Margarete Konetzky die Verwüstungen in der Stadt, als sie am Dienstag, dem 22. September, aus dem Oberland, wohin sie am Wochenende mit ihrem Mann zum Bergwandern gefahren war, nach München zurückkehrte. »Um halb sechs Uhr früh von Lenggries weggefahren«, schrieb sie in ihr Tagebuch. »Schon von der Bahn aus sah ich in München viele zerstörte Häuser und Fabriken. Mein Herz war sehr schwer. Meine Tante holte mich ab und erzählte mir schreckliche Sachen. Unser Viertel sah verheerend aus. Die ganze Grillparzerstraße muß abgerissen werden, drei Häuser (sind) vollständig eingestürzt, alles (ist) eingedrückt, keine Fenster, die Straße (ist) übersät mit Trümmern und Glas. Bis zum Prinzregentenplatz und zur Prinzregentenstraße ein Ort der Verwüstung.«

Auch die Stimmung, die nach dem Angriff in der Stadt herrschte, hielt die junge Tagebuchschreiberin in ihren Aufzeichnungen fest. »Es ist ein schreckliches Elend«, notierte sie sich am Mittwoch, dem 23. September. »Man spricht von nichts anderem. Vor der Nacht hat man schrecklich Angst. Wir haben uns mit den Kleidern ins Bett gelegt.«

Die Furcht vor einem neuen Angriff saß bei den Münchnern so tief, daß Margarete Konetzky am folgenden Tag in ihrem Tagebuch festhielt: »Man geht so ungern am Abend ins Bett, da man ständig in Sorge ist, es könnten Flieger kommen.«

Inzwischen hatte der Führer des FE-Dienstes, Oberst Thürauf, seinen Erfahrungsbericht über den Einsatz der Löschkräfte nach dem Luftangriff abgeschlossen. Wieder mußte der Chef der Feuerschutzpolizei auf erhebliche organisatorische Mängel bei der Einsatzleitung hinweisen. Verärgert stellte er in seinem Schreiben an den Polizeipräsidenten vom 23. September fest, daß es ihm »mit den jetzigen Nachrichtenverbindungen« nicht möglich war, bei der örtlichen Luftschutzleitung »laufend ein einwandfreies Bild über den Umfang der von den Abschnitten eingesetzten FE-Kräfte« zu gewinnen.[70] Er beklagte die Tatsache, daß »die Nachrichtenübermittlung vom Führer des FE-Dienstes bei der örtl. LS-Leitung zu den FE-Abteilungsführern der LS-Abschnitte« Schwierigkeiten bereitet habe.

Lob dagegen spendete Thürauf den Männern, die gegen das Feuer in der Stadt angegangen waren. »Die sämtlichen eingesetzten FE-Kräfte«, teilte er dem Polizeipräsidenten mit, »waren bemüht, ihr Bestes zu leisten, so daß die Brände auch verhältnismäßig rasch bekämpft werden konnten. Teilweise hat sich aber hier noch ein Mangel an Erfahrungen in der praktischen Brandbekämpfung gezeigt, die aber nicht durch theoretische Unterweisungen, sondern nur an Brandstellen selbst erworben werden können.« Der Oberst meldete dem örtlichen Luftschutzleiter den Einsatz an insgesamt 71 Brandstellen mit 39 B-Rohren und 227 C-Rohren.

Thürauf hatte aber auch Ungeheuerliches zu berichten. Wieder seien Kräfte des FE-Dienstes von Außenstehenden behindert worden. »So hat der Hauptlehrer Martin Erl von der Volksschule in München-Forstenried mit Drohungen von einer F-Gruppe die Herausgabe eines B-Strahlrohres erzwungen.«

Doch damit erschöpfte sich noch nicht der Ärger, der Thürauf in diesen Tagen bereitet wurde. Bereits am 20. September, wenige Stunden nach dem Luftangriff, hatte sich der kommissarische Ortsgruppenleiter der *NSDAP-Ortsgruppe München-Trappentreustraße*, Liebenstein, mit folgender Beschwerde an den Gauleiter gewandt: »Die Bekämpfung der Großbrandherde«, stellte er in schnoddriger Kürze fest,[71] »hätte bei größerem und zielbewußterem Aufgebot der Feuerwehr wirksamer sein können. Heil Hitler!«

Thürauf wehrte sich gegen diesen Vorwurf.[72] In scharfer Form antwortete er am 14. Oktober dem Polizeipräsidenten: »Die Bearbeitung der Kritik des komm. Ortsgruppenleiters Liebenstein der Ortsgruppe München-Trappentreustraße der NSDAP war infolge der zahlreichen vorliegenden kriegswichtigen Aufgaben deshalb schwierig, weil es in der Zuschrift unterlassen worden ist(,) zu sagen, um welche Brände es sich handelt, weil die Grenzen des Ortsgruppenbereichs nicht bekannt sind, um gegebenenfalls sämtliche in diesem Gebiet eingetretenen Brände herauszuziehen(,) und weil die allgemeine Äußerung, daß die Bekämpfung der ›Großbrandherde‹ bei ›zielbewußterem Aufgebot der Feuerwehr‹ hätte wirksamer sein können, so ungenau ist, daß es schwer ist(,) angeblichen Mängeln oder Fehlern nachzugehen, umsomehr als auch eine ganze Reihe von auswärtigen Löschkräften eingesetzt war.«

Ironisch fuhr der Oberst in seiner Erwiderung fort: »Daß bei ›größerem‹, gemeint ist wohl ›stärkerem‹ Aufgebot an Feuerlöschkräften u. U. ein rascherer Erfolg eingetreten wäre, steht wohl außer Zweifel. Es muß aber hier doch berücksichtigt werden, daß es sich nicht um 1 friedensmäßiges Großfeuer gehandelt hat, sondern um eine sehr große Anzahl von gleichzeitig durch einen Luftangriff im ganzen Stadtgebiet hervorgerufenen Brandstellen, bei denen sämtliche Feuerlöschkräfte des LS.-Ortes München und, worauf schon hingewiesen worden ist, auch zahlreiche auswärtige Kräfte eingesetzt worden sind.«

Sorgen und Zwänge der Feuerschutzpolizei

Den Anschuldigungen hielt Thürauf folgende Argumente entgegen, die auch dem Laien einen guten Einblick in die Überlegungen, Sorgen und Zwänge des FE-Dienst-Führers während des zurückliegenden Einsatzes geben: »Die zurückgehaltenen Reserven, die nach den Erlassen und Verfügungen aller vorgesetzten Stellen notwendig sind, um gegebenenfalls sofort bei einer schnellen und unvorhergesehenen Änderung der Lage noch wirksam eingreifen zu können, sind das mindeste dessen gewesen, was für diesen Zweck notwendig ist. Außerdem ist zu berücksichtigen, daß die Art der Brände, soweit sie durch phosphorhaltige Abwurfmunition entstanden sind, bewirkt hat, daß trotz sorgfältigsten Ablöschens immer wieder eine Selbstentzündung des zunächst oft durch die Kautschukschicht geschützten Phosphors eingetreten ist und damit wiederholte Einsätze notwendig geworden sind. Schließlich haben sich aber auch manche Meldungen der Bevölkerung als Fehlmeldungen erwiesen(,) und die zu einer vermeintlichen größeren Brandstelle eingesetzten Löscheinheiten kehrten unverrichteter Dinge wieder zurück, nachdem sie eine Zeitlang der Verfügungsmöglichkeit entzogen waren.«

Weiter gab Thürauf zu bedenken: »Es ist möglich, wenn auch auf Grund der ungenau und allgemein gehaltenen Kritik noch nicht feststellbar, daß einzelne Feuerlöscheinheiten der Luftschutzpolizei oder auch Feuerwehren der 15(-)km-Zone zweckmäßiger hätten handeln können, jedoch müßte in diesem Falle berücksichtigt werden, daß ein großer Teil der Männer bis jetzt überhaupt noch nicht zu Großbränden eingesetzt war, weil bisher glücklicherweise München von Luftangriffen ziemlich verschont war und auch friedensmäßige Großbrände sehr selten sind. Im übrigen wurde auch in den von Luftangriffen häufig betroffenen Städten die Wahrnehmung gemacht, daß die zum Feuerlöschdienst herangezogenen Ergänzungskräfte ihre volle Leistungsfähigkeit erst auf Grund der allmählich erworbenen Erfahrungen erreicht haben. Trotzdem kann gesagt werden, daß bei den Luftangriffen am 28. August 1942 und am 20. September 1942 von den Feuerlöschkräften gut gearbeitet worden ist, denn es sind in München Brandstellen, die vom Speicher bis zum Keller durchgebrannte Gebäude zeigen, nicht zu finden.«

Auch der Polizeipräsident als örtlicher Luftschutzleiter setzte sich den Vorwürfen zur Wehr, die mittlerweile weite Kreise gezogen hatten und die bis zum Reichsmarschall Göring und zum Reichsinnenminister nach Berlin gedrungen waren. Am 12. November schrieb Oberst Mühe in dessen Vertretung an den Regierungspräsidenten von Oberbayern: »Bei jedem Einsatz ist für den örtlichen Luftschutzleiter eine bestimmte Reserve notwendig und sogar vorgeschrieben. Deshalb wurden Löschgruppen von auswärts nicht eingesetzt und als Reserve auf den Bereitstellungsplätzen zurückbehalten. Daß diese Reserven bis zu den Mittagsstunden des 20. 9. 42 bereitgestellt waren(,) brachte wiederum die allgemeine Lage der Brandbekämpfung mit sich; denn um die Mittagsstunden konnte erst entschieden werden, ob die an den einzelnen Brandstellen eingesetzten Kräfte des FE.-Dienstes zurückgezogen werden konnten oder abgelöst werden mußten. Sobald feststand, daß die Kräfte zurückgezogen und neue Kräfte oder Ablösungen nicht mehr eingesetzt werden mußten, wurden die als Reserve bereitgestellten auswärtigen Löschgruppen von den Bereitschaftsplätzen in ihren Heimatstandort entlassen. Eine unnötige Zurückhaltung von auswärtigen Löschkräften hat nicht stattgefunden.«[73]

Entschieden verwahrte sich Mühe in diesem Zusammenhang gegen die folgende unsinnige Behauptung: »Von einer Entblößung der Gemeinden zur Zeit des Rückfluges der Feindflieger kann keine Rede sein, da um 1.08 Uhr das Flakfeuer beendet war und demnach um diese Zeit in dem gefährdeten Luftraum um München keine Feindflieger mehr waren.«

Schließlich stellte der Kommandeur der Schutzpolizei fest: »Die weit verbreitete und auch vom Landrat Fürstenfeldbruck vertretene Ansicht, daß beim Luftangriff am 20. 9. 42 auf den Luftschutzort München der Luftschutz in München erheblich versagt hat, ist durch den Bericht des Gauleiters und Reichsverteidigungskommissars vom 16. 10. 42 an den Reichsmarschall und an den Reichsminister des Innern völlig widerlegt. In diesem Bericht ist ausdrücklich festgestellt, daß der Einsatz in Ordnung ging.

Auch der kommandierende General und Befehlshaber im Luftgau VII(,) General der Flakartillerie Zenetti(,) hat in einem Schreiben vom 23. 9. 42 dem örtlichen Luftschutzleiter für den bewährten Einsatz der Luftschutzpolizei Dank und Anerkennung ausgesprochen.«

Die Berichterstattung in der NS-Propaganda

Nach dem Luftangriff vom 20. September 1942 legte sich die NS-Propaganda kräftig ins Zeug, um den Münchnern einzureden, daß Luftabwehr und Luftschutz die Feuerprobe bestanden hätten. Daß die Wirklichkeit anders aussah, verschwieg sie. Gaupropagandaleiter Dr. Müller ging es darum, bei den »Volksgenossen« keinen Zweifel an der Unüberwindlichkeit der eigenen Verteidigungskräfte aufkommen zu lassen. Das Eindringen der Briten in den Münchner Luftraum wurde als Kriegsverbrechen dargestellt, die englischen Flieger galten als »Piraten«. Daß die Deutschen auch britische Städte bombardierten, zählte nicht. Einseitige Berichterstattung, Manipulation und Unwahrheit hatten ihre hohe Zeit.

Die *Münchner Neueste Nachrichten* bescheinigten in ihrer Ausgabe vom 21. September der Bevölkerung während des Angriffes der britischen Flugzeuge »beispielhaftes Verhalten«, und die *München-Augsburger Abendzeitung* sprach am selben Tag von einer »stolzen Volksgemeinschaft der Tat«. Der Münchner Selbstschutz habe seine »erste harte Bewährung, sozusagen die Feuertaufe«, bestanden. »Unterstützt von Wehrmacht«, fuhr das Blatt fort, »arbeiteten Partei, Polizei und Reichsluftschutzbund Hand in Hand. Überall verspürte man die ordnende Hand der Amtsträger der Partei und des Reichsluftschutzbundes. Ein besonderes Lob gebührt unseren Frauen, die in hervorragendem Maße beteiligt waren. Sie legten den Verletzten die ersten Verbände an, reihten sich in die Ketten der Männer ein, gaben den Wassereimer von Hand zu Hand. Jeder und alle waren zum Helfer und Kamerad geworden! Münchens Bevölkerung bewies so in dieser Nacht echt kämpferische Haltung und bewährte sich voll in der Stunde der Gefahr.«

»So schmiedete diese Nacht eine Volksgemeinschaft der Tat«

Seinen Respekt zollte der Schreiber dieses Artikels auch den Ausgebombten. »Die Geschädigten selbst«, unterstrich er, »bewiesen eine beispielhaft gefaßte Haltung, obwohl so mancher alles in dieser Stunde verloren hatte. Ein alter Mann von 70 Jahren, der am Tage zuvor seine Silberhochzeit noch gefeiert hatte und selbst gerade erst aus den Trümmern gerettet worden war, reihte sich gleich in die Mannschaft ein und hatte schließlich die erhebende Freude, an der glücklichen Rettung von Frau und Tochter noch mitgeholfen zu haben.«

Der hier geschilderte Fall sollte ebenso wie die folgenden Zeilen dem Leser die sichere Gewißheit geben, daß im Notfall von der Partei alles für seine Rettung und Hilfe getan werde: »Die Frauenschaft und die Amtsträgerinnen des RLB. leisteten Hervorragendes und wirkten, besonders als Frau zur Frau, segensreich. In Sammelstellen setzte schlagartig die erste Betreuung ein, die NSV. hatte für Verpflegung aus Feldküchen für die obdachlos Gewordenen und auch für die Einsatzkräfte gesorgt, die stundenlang, von Rauch geschwärzt und über und über mit feinem Staub bedeckt, an den Schadenstellen wirkten und schafften, die Nacht hindurch ohne Ablösung bis in die späten Vormittagstunden. Von überall her kamen Männer der Partei, der SA., des NSKK. und in besonderem Maße die Hitlerjugend, die schon während des Alarms Dienst als Melder tat und jetzt in hellen Scharen mit Schaufeln und Spaten anrückte. Man merkte es den Jungen an, daß sie stolz darauf waren, in den Reihen der älteren Kameraden, deren Brust vielfach die Ehrenzeichen des ersten Weltkrieges trug, zu stehen. Junge Mädel aus dem BDM. halfen mit, als aus gefährdeten Häusern die Habe der Betroffenen zu retten und in Körben, Koffern oder auf Handwagen wegzubringen war.

So schmiedete diese Nacht eine Volksgemeinschaft der Tat, die ihre härteste Probe beispielhaft bestand und in dieser Tatgemeinschaft die beste Antwort auf die verbrecherischen Anschläge der britischen Flieger fand.«

Das Lob der NS-Presse galt auch den Soldaten, die den Münchnern zu Hilfe gekommen waren. »Stets einsatzbereit wie an der Front«, berichteten die MNN am 22. September, »so standen auch unsere wackeren Soldaten sofort nach dem Angriff helfend und bergend in den vordersten Reihen der unzähligen Hilfsbereiten. Sofort wurden starke Wehrmacht-Hilfskommandos des Heeres, der Luftwaffe und der Waffen-SS sowie Pionierzüge abgestellt, die auch heute noch teilweise tätig sind. Unermüdlich halfen Offiziere, Unteroffiziere und Mannschaften beim Ausgraben von Verschütteten und bei der Bergung von Möbeln; sie sprengten einsturzgefährdete Gebäude und führten die notwendigen Absperrungen durch. Bei der Bergung der Möbel standen weiterhin zahlreiche Lastkraftwagen der Wehrmacht zur Verfügung.« Schließlich wurde vermerkt, daß die Angehörigen der Allgemeinen SS durch ihre Hilfe »auch hier dem schwarzen Rock der SS alle Ehre« gemacht hatten.

Die Berichterstattung der Presse in München entsprach genau den Vorstellungen des Reichspressechefs Otto Dietrich, der den Einsatz und die Opfer der Zivilbevölkerung künftig mehr mit lobenden Worten honorieren wollte. Bereits in seiner »Tagesparole« vom 11. August 1942 hatte er kritisiert, daß seine Mitarbeiter die »Frage der Luftangriffe nicht in der richtigen Form behandeln« würden. »Er habe festgestellt«, verlautete aus seinem Amt, »daß wir einige erhebliche psychologische Fehler gemacht hätten. Wir könnten recht gut von den Engländern lernen, die während der schweren Angriffe auf London die Haltung der englischen Bevölkerung heroisiert und aus London einen Mythos gemacht hätten. Dieser Mythos hätte sicherlich in London in erheblichem Maße zur Stärkung der Bevölkerung beigetragen und die Stimmung in der Bevölkerung hochgehalten. Der Minister sagt, er sei der Meinung, man müsse einmal in den OKW-Berichten viel eindrucksvoller die Angriffe darstellen und zum anderen der Bevölkerung eine größere Anerkennung zukommen lassen. So schlägt er u. a. vor, man solle den Männern und Frauen, die sich bei den Luftangriffen besonders auszeichneten, Eiserne Kreuze verleihen, unter Umständen auch an ganz besonders verdiente Leute das Ritterkreuz, und in der deutschen Presse heroische Einzelleistungen viel mehr zur Darstellung bringen.«

»An der Bekämpfung waren in der Hauptsache Frauen beteiligt«

Die Münchner Presse trug dieser Anregung Rechnung. Wie in einem Heeresbericht schilderten die MNN am 21. September gleich eine Reihe von »heroischen Einzelleistungen«, die nach dem letzten Luftangriff bekanntgeworden waren: »Auf dem Dach eines von mehreren Brandbomben getroffenen Hauses arbeiteten Männer des Selbstschutzes. Da traf noch eine kleinere Sprengbombe das gleiche Anwesen. Zum Teil verwundet(,) bekämpften sie das drohende Feuer weiter. Das Haus konnte so vor größerem Schaden bewahrt werden. Durch Phosphorkanister ausgelöste Zimmerbrände wurden auf schneidigste Weise gelöscht. Drei Phosphorkanister konnten unschädlich gemacht werden.

Ein Blockwart des Reichsluftschutzbundes hat allein mit Erfolg elf Stabbrandbomben bekämpft: sieben davon warf er einfach durchs Fenster. Aus der Vielzahl ähnlicher Vorkommnisse können nur einige genannt werden. In einem anderen Stadtteil flammten sieben Dachstuhlbrände nebeneinander auf. Alle sieben Brände sind gelöscht worden. An der Bekämpfung waren in der Hauptsache nur Frauen beteiligt.«

Die NS-Presse konnte aber auch nicht verhehlen, daß sich nicht alle »Volksgenossen« der »Anerkennung des Führers« für das »vorbildliche Verhalten der Bevölkerung Münchens und Umgebung während des britischen Terror-Angriffes« würdig erwiesen und schon gar nicht »Beispiele edelsten Kameradschaftsgeistes« (*München-Augsburger Abendzeitung* vom 22. September) gegeben hatten. Sie drückten sich schlicht vor jeder Hilfe. So kam es am 22. September in den MNN zur folgenden amtlichen Bekanntmachung, die einen Schatten auf das von der Propaganda beschworene Bild der volksumspannenden Solidarität warf: »Die tatkräftige Mitwirkung der meisten Volksgenossen bei dem Terrorangriff in der Nacht zum 20. September hat überall Anerkennung gefunden. Trotzdem muß darauf hingewiesen werden, daß es noch immer Volksgenossen gibt, die ihre Freizeit dazu benützen, an den Schadenstellen neugierig herumzustehen. Alle diese Personen werden nunmehr darauf aufmerksam gemacht, daß sie von den verantwortlichen Führern an den Schadenstellen zu Aufräumungsarbeiten herangezogen werden. Es kann angesichts der Opfer der betroffenen Volksgenossen nicht geduldet werden, daß einzelne sich von einer tatkräftigen Mithilfe bei Notständen ausschließen und nur ihrer Neugierde frönen.«

Diese Mitteilung stand ausgerechnet unter dem großaufgemachten Artikel über den »Einsatz von Partei, Wehrmacht, Polizei, Gliederungen, Organisationen und Wirtschaft« in der Bombennacht, der die Überschrift trug: »Jeder hat mitgeholfen!« Die Blattmacher der *Münchner Neuesten Nachrichten* hatten den Widerspruch in ihrer Berichterstattung nicht erkannt _ oder nicht erkennen wollen.

»Laß dich nicht in Dinge ein, von denen du nichts verstehst«

Nach dem Willen der Propaganda sollten die Menschen aus der Zeitung auch wieder neuen Mut schöpfen, der bei den meisten nach dem Angriff in der Nacht zum 20. September mit seinen verheerenden Folgen angeschlagen war. Der Angst, die sich im Volk breitmachte, war die Gewißheit gegenüberzustellen, daß Soldaten mit modernsten Waffen über die Sicherheit der Stadt wachten. Diese hätten, so wurde erklärt, auch beim letzten Angriff ihren Mann gestanden. In einem ausführlichen Artikel bemühten sich die MNN am 28. September darum, ihre Leser zu überzeugen, daß die »Hauptstadt der Bewegung« gegen Bombardierungen gut gerüstet sei und der vergangene Luftüberfall im Grunde genommen bereits mit einer Niederlage für die Briten geendet habe. In diesem Zusammenhang führte das Blatt aus: »So wie die Bombenflugzeuge an Reichweite, an Wirksamkeit ihrer Abwurfmittel, an Schnelligkeit und an Erhöhung ihrer Tragfähigkeit zugenommen haben und wohl noch weiteren Steigerungen entgegengehen, ebenso steht auch die Technik der Abwehrwaffen nicht still. Die Tag- und Nachtjagd ist auf einen hohen Stand gebracht(,) und Flak und Scheinwerfer sind heute imstande, den Feind daran zu hindern, sich als absoluter Herr der Lüfte zu fühlen.

Dies mußte wohl auch dem Laien beim letzten Terrorangriff auf München klar geworden sein. Hätten die Briten, so wie sie es vermeinten, sich über der Stadt austoben können, so hätte diese wohl schwersten Schaden erlitten. Unsere Flak hat aber ihren Mann gestanden, und als die Feindflieger nach den ersten Tastversuchen zum Angriff übergingen, da entfaltete sich die Abwehrtätigkeit unserer Flak- und Scheinwerferbatterien zu einem planmäßigen, vorbildlichen Zusammenwirken und zu einer gewaltigen Feuerkraft, die noch lebhaft in aller Erinnerung steht und zu erkennbaren Erfolgen führte. Denn nur einem Teil der angesetzten Flugzeuge ist es gelungen, über dem Stadtinnern ihre (sic!) Last abzuwerfen.«

Aber offenbar waren nicht alle Münchner von der Schlagkraft der Luftabwehr überzeugt. Es gab auch Kritik, die allerdings die Propaganda herunterzuspielen versuchte und »menschlichem Unverstand« zuschrieb, »der nörgelnd und kritisierend herumschleicht im Volk«. Den Kritikern hielt der Schreiber des Artikels in den MNN entgegen: »Hier steht die Flak! Sie ist nicht von ungefähr da, gerade auf diesem Platz. Die Berufenen, die sie dorthin gestellt haben, wissen auch, warum. Nicht jede Gegend ist für eine schwere Batterie, nicht jedes Dach für ein leichtes Geschütz geeignet. An jede Stellung reichen Häuser heran, deren Bewohner die feindlichen Bomben fürchten, auch wenn man die

Batterien und Züge und Scheinwerfer noch so oft verändern wollte. Nicht du, lieber, alles besser wissender Volksgenosse, und auch nicht du, der du dich eingeweiht dünkst in die Gegebenheiten der Luftverteidigung, kennst die Beweggründe, warum die Flak oder der Scheinwerfer hier steht. Derjenige, der dich schützen soll, weiß, wie er dies am besten kann.«

Etwas versöhnlicher fügte der Verfasser hinzu: »Die Männer an den Geschützen und an den Scheinwerfern sind gerüstet, den Feind zu empfangen, wann immer er auch kommen mag. Bereite auch du dich auf ihn vor durch freiwillige, pflichtbewußte Unterwerfung unter die Vorschriften, die die Luftverteidigung für alle und nicht für einzelne gutgesinnte Volksgenossen herausgegeben hat. Halte deine Verdunkelung in Ordnung, dein Luftschutzgerät bereit, suche bei Alarm rasch den Luftschutzraum auf und laß dich nicht in Dinge ein, von denen du nichts verstehst. So dankst du am besten denen, die größeres Unheil von dir abwehren.« Kritik war also nicht erwünscht, der »Volksgenosse« hatte sich zu fügen _ und schweigend zu sterben.

Selbst aus dem Tod der Bombenopfer oder *Fliegergeschädigten*, wie die Ausgebombten zunächst hießen, schlug die Propaganda noch Kapital. So gestaltete die Partei die Trauerfeier für die Opfer des letzten Luftangriffes am Mittwoch, dem 23. September, auf dem Nordfriedhof zu einer großen propagandistischen Veranstaltung, die in der Öffentlichkeit Anklage gegen das britische Bomberkommando erheben sollte. Demonstrativ ließ Adolf Hitler einen mächtigen Kranz durch den Gauleiter Paul Giesler an der »Front der Särge« (*Münchner Neueste Nachrichten*) niederlegen, wobei die »Klänge der Weise vom Guten Kameraden« ertönten.

»Wer für Deutschland stirbt, lebt im Gedächtnis unseres Volkes«: NS-Trauerfeier auf dem Nordfriedhof

»In der Trauerparade«, berichteten die MNN am Tag darauf, »wurden außer dem Kranz des Führers noch folgende Kranzspenden mitgetragen und an den Särgen niedergelegt: von Reichsstatthalter General Ritter v. Epp, Reichsschatzmeister Schwarz, Reichsorganisationsleiter Dr. Ley, Reichsführer SS Himmler, Leiter der Parteikanzlei Reichsleiter Bormann, Ministerpräsident Siebert, Gauleiter Giesler, von der Hauptstadt der Bewegung.«

112

Die Zeitung widmete der Beisetzung der Opfer eine ganze Sonderseite, die über ihre volle Breite die Überschrift trug:»Wer für Deutschland stirbt, lebt im Gedächtnis unseres Volkes.« In allen Einzelheiten schilderte der Berichterstatter den Trauerakt, der um die Mittagsstunde auf dem Forum vor der Aussegnungshalle des Nordfriedhofes stattfand:»Vom Kuppelbau der Aussegnungshalle wallten rotbraune, grün umkränzte Tuchbahnen nieder, die in der Mitte ein großes Eisernes Kreuz mit der Jahreszahl 1939 trugen. Die Jahreszahl kündete den Beginn des großen Freiheitskampfes unseres Volkes, in den auch die Opfer Münchens vom 20. September für immer mit ehrenden Lettern eingetragen sind. Ihrem Gedenken war der Lorbeer geweiht, der sich vor der Aussegnungshalle aufbaute. Aus hohen Feuerschalen lohten Flammengrüße. Und zwischen ihnen reihten sich, ein ergreifender Anblick, 108 Särge auf, die Opfer britischen Verbrechens bargen. Alle Särge deckte die Flagge des Reiches, über einem Sarg breitete sich die Reichskriegsflagge. Wehrmacht und Politische Leiter hielten die Ehrenwache. Ehrenkompanien des Heeres, der Luftwaffe, der Waffen-SS und der Schutzpolizei formierten sich mit Musik- und Spielmannszug im offenen Viereck als zweite große Ehrenwache um die Toten. Und vor den Kolonnen der Waffenträger nahmen die Standarten und Fahnen der Bewegung Aufstellung, um den Toten den letzten Gruß der Ehrung zu erweisen. Um die für die Hinterbliebenen und Angehörigen der Todesopfer bereitgehaltenen Ehrenplätze sammelte sich ein großer Kreis von Trauergästen aus allen Kreisen des öffentlichen Lebens und der Münchner Bevölkerung.«

Der Gauleiter hielt die Gedenkrede, die zu einer politischen Agitation entartete. In ihr warf er Großbritannien die Schuld am Krieg vor und erging sich auch in Attacken gegen die britischen Flieger.»Liebe Hinterbliebene, liebe Parteigenossen und Volksgenossen!« begann Giesler.»Nun hat die brutale Faust dieses Krieges auch unsere Stadt München getroffen. Wir stehen an den Särgen vieler Männer, Frauen und Kinder. Sie sind aus einem schaffensfrohen Leben gerissen worden, mitten aus der Sorge um ihre Familie hat sie das Geschick abgerufen, und viele junge Menschen, die in den frohen Tagen der Jugend lebten, sind dahingegangen.

Unsägliches Leid ist in viele unserer Familien gekommen. Wir alle fühlen den großen Schmerz, der die Angehörigen angesichts dieses Sterbens so vieler erfüllt, fühlen, daß durch die Er-

Vor über hundert Särgen mit Opfern der britischen Nachtangriffs vom 20. September 1942 hält Gauleiter Giesler im Nordfriedhof die Gedenkrede: »Wir sind alle ein Stück Deutschlands, und so sind es auch alle unsere Opfer, die wir hier beklagen«.

lebnisse dieses ruchlosen Luftangriffes wir alle noch enger als bisher miteinander verbunden sind. Es ist so, daß der Begriff der Gemeinschaft durch das Geschehnis der Nacht vom Sonnabend auf den Sonntag eine starke Belebung erfahren hat. Diese Nacht hat uns zutiefst erleben lassen, daß wir in diesem Daseinskampf alle miteinander verbunden sind, daß wir zusammengehören und daß es in diesem Kriege ums Ganze geht. Die Bomben des Feindes haben uns allen gegolten. Er kämpft gegen uns alle. Er will die Vernichtung des deutschen Lebens und die Zerstörung Deutschlands. Deutschland, das sind wir aber alle, das bist Du, das bin ich. Wir sind alle ein Stück Deutschlands, und so sind es auch alle unsere Opfer, die wir hier beklagen. Diese Toten hier, sie sind eine Anklage gegen die Kriegsverbrecher, die die Welt in den Feuerbrand dieses Krieges gejagt haben.«

Der Gauleiter zeichnete des weiteren ein Bild Hitlers, der angeblich verzweifelt um die Bewahrung des Friedens gekämpft habe. »Wir«, sagte er, »sind alle des Führers Zeugen, daß er aufrichtigen Herzens mit der uns heute gegenüberstehenden feindlichen Welt gerungen hat. Nie hat ein Mensch stärker auf dieser Erde um Verständnis geworben als der Führer. Mit der Klarheit seiner Sprache, der Präzision seiner Gedanken und so, wie es sein großes und edles Herz ihm gebot, hat der Führer einen Appell nach dem andern an unsere Gegner gerichtet. Wir sind alle seine Zeugen, daß er bis an die Grenze des Möglichen ging, um die uns feindlich Gesinnten von der Ehrlichkeit seines Wollens zu überzeugen, um eine friedliche Lösung der Probleme des deutschen Lebensraumes zu erreichen. Alles Sinnen und Trachten des Führers war darauf gerichtet, dem Glück und der Wohlfahrt der deutschen Gemeinschaft zu dienen und uns Deutschen den Segen der durch ihn gewonnenen Gemeinschaft zu bringen. Er haßte den Krieg, weil er ihn selbst als einfacher Soldat im Weltkrieg getragen hatte. Er wußte um die Schrecken des Krieges, um das Leid, den Kummer, die Mühsal und die Not. Jedoch der blinde Haß und der Vernichtungswille der Gegner wollte das junge, aufblühende deutsche Leben auslöschen.«

Auch mit den folgenden Ausführungen hielt sich Giesler nicht an die Wahrheit. »So ist der Krieg gekommen«, erklärte er, »und damit die große Auseinandersetzung auf Leben und Tod. Aber auch dann hat der Führer alles getan, um zu verhindern, daß der Schrecken des Krieges die wehrlosen Frauen und Kinder trifft. Während Nacht für Nacht Churchill seinen Fliegern befahl, Bomben gegen Wohnviertel, Bauernhöfe und Dörfer, gegen die deutschen Frauen und Kinder zu werfen, hat der Führer erst am 4. September 1940 erklärt, daß er nun nicht mehr länger untätig zusehen könne und genötigt sei, diese Verbrechen zu sühnen. Im offenen Kampf haben unsere Soldaten England von einer Niederlage in die andere gejagt. Gegen die Kraft unserer Armeen, gegen dieses Kernigste der Welt – das ist Churchill klargeworden – vermag er nichts auszurichten. Getreu seinen verbrecherischen Traditionen aber trachtet England danach, sich gegen die Wehrlosen, die Frauen und Kinder, zu wenden und die deutsche Heimat in ihrem Widerstandsgeist zu treffen. Es glaubt, die deutsche Heimat, das sei unsere Achillesferse. Den verbrecherischen Taten im Kampfe gegen die deutsche Zivilbevölkerung hat der Verbrecher Churchill nun eine neue Blutspur hinzugefügt.«

Mit den anschließenden Worten appellierte der Gauleiter an die Münchner, sich durch ihre Haltung an der Heimatfront den Soldaten im Felde würdig zu erweisen. »Den feigen Überfällen auf die westdeutschen und norddeutschen Städte«, sagte er, »ist nun auch ein gemeiner Anschlag gegen unsere Wohnstätten hier in München gefolgt. Aber so wie überall in den deutschen Städten jeder Schlag, der die Heimat traf, diese noch entschlossener gemacht hat, so können auch wir hier in München sagen: Wir sind nicht anders wie (sic!) unsere Soldaten. Wir sind wie sie hart und tapfer und treu. Hier stehen die Väter, die Mütter, die Geschwister, hier stehen die Frauen der tapfersten Soldaten der Welt. Das ist unser Stolz. München ist somit in die Front des Krieges eingerückt, und es wird im gleichen Geiste handeln und denken wie seine Söhne da draußen.«

Mit dieser Haltung glaubten die Nationalsozialisten, den Endsieg erringen zu können und allen Gefahren des Luftkrieges zu widerstehen. Voller Zuversicht planten sie weit in die Zukunft. So sollten auch die Opfer, die im Bombenkrieg von der Zivilbevölkerung gebracht wurden, unvergessen bleiben und spätere Generationen noch beeindrucken. Zu diesem Zweck wurde angeregt, Kriegstagebücher zu führen und Luftkriegsarchive anzulegen. Am 4. September 1944 befahl der Münchner Polizeipräsident allen LS-Abschnitten in der »Hauptstadt der Bewegung« sowie der Bezirksgruppe Groß-München des Reichsluftschutzbundes und dem FE-Dienst, Berichte über außerordentliche Verdienste im Luftschutz zu sammeln.[74] (Diesbezügliche private Aktivitäten, vor allem auf dem Gebiet der Photographie, waren jedoch unerwünscht und somit gefährlich.)

In dem Schreiben, das der damalige Kommandeur der Schutzpolizei, Oberst Adolf Friedrichs, in Vertretung des Polizeichefs unterzeichnet hatte, hieß es:»Im Luftkrieg werden fast täglich von der Bevölkerung in der Heimat besondere Heldentaten vollbracht. Es sind Leistungen zu verzeichnen, die einmal einer staunenden Nachwelt Zeugnis ablegen werden von der Haltung und der Leistung unserer Generation.

Nach Feststellung des Interministeriellen Luftkriegsschädenausschusses im Reichsministerium für Volksaufklärung und Propaganda erfolgt bisher die Sammlung von Schilderungen und Material über die oben skizzierten Punkte sehr uneinheitlich und lückenhaft.

Aus diesen Gründen sollen neben dem Luftkriegsarchiv für Propaganda alle Stellen, die Archive usw. führen, Wort- und Bildmaterial über den Luftkrieg sammeln.

Unsere Aufgabe ist es vor allem, besondere Taten und Leistungen der Ordnungspolizei und LS-Polizei, der TN (= Technische Nothilfe, Anm. d. Verf.) und freiw. Feuerwehren festzuhalten und zu sammeln. Zu diesem Zwecke haben die örtl. LS-Leiter der LS-Orte mit LS-Polizei, die an und für sich Kriegstagebücher führen, die Sammlung von Wort- und Bildmaterial für ihre Orte durchzuführen.

Alle Dienststellen der LS-Polizei, Schutzpolizei und des RLB. haben über besondere Leistungen oder Heldentaten kurz zu berichten. Soweit die Berichte durch Lichtbilder ergänzt werden können(,) sind Lichtbilder erwünscht.«

Doch das Material wurde umsonst gesammelt, und niemand sichtete es. Den Münchnern stand der Sinn nach anderen Dingen, als der Krieg schließlich endete. Für die Ehrung von Helden im nationalsozialistischen Geist waren Ruinen und Trümmerberge auch keine Kulisse mehr. Denn viel mehr war von München nicht übriggeblieben, nachdem die Briten im Jahre 1942 mit der systematischen Zerstörung der Stadt begonnen und mit jedem neuen Jahr des Krieges ihre Angriffe verschärft hatten.

So war der Luftüberfall vom 20. September noch nicht der letzte im Jahre 1942 gewesen. Am 21. Dezember, drei Tage vor Heiligabend, erschienen die Briten wieder über der Stadt, und ihre »Christbäume«, wie der deutsche Volksmund die Zielmarkierungsbomben nannte, mit denen die britischen Flieger ihre Angriffsziele absteckten, waren für München tödliche Weihnachtsgrüße.

Der dritte Angriff des Jahres 1942

Das »Bomber Command« der RAF setzte bei seinen Angriffen auf die deutschen Städte immer wieder neue Waffen und Mittel ein, um die Verteidiger zu zermürben und die Wirkung der Bombardements zu erhöhen. Dabei verschonten die Briten auch die Löschkräfte nicht, die im Einsatz standen. Sie nahmen sie in ihren Kampfflugzeugen, die sich im Tiefflug den Brandstellen näherten, mit Bordwaffen unter Beschuß und versuchten so, die Löschmannschaften an der Bekämpfung des Feuers zu hindern.

Als sich solche Fälle häuften, hielt es der Kommandeur der Schutzpolizei, Oberst Mühe, am 28. September 1942 für angebracht, auch in München die Männer im Luftschutz vor der zunehmenden Gefahr zu warnen.[75] Den vier LS-Abschnittskommandos Nord, Ost, Süd und West sowie der Bezirksgruppe Groß-München des Reichsluftschutzbundes ging folgende Mitteilung zu, die auf die neue Bedrohung hinwies: »Die Erfahrungen der letzten Wochen zeigen, daß der Gegner bei seinen Angriffen neben Bordwaffenangriffen aus niedrigen u. mittleren Höhen auch aus niedrigsten Höhen Gebrauch von seinen Bordwaffen macht. Er wendet sich hierbei nicht allein gegen die flakart(illeristischen) Schutzobjekte und Verkehrsziele, sondern er feuert auch ungezielt in die Brände und Städte, vielleicht um hierdurch eine Störung der Feuerlöscharbeiten zu erreichen.«

Es wurde jedoch an höherer Stelle erwartet, daß sich die Feuerlöschkräfte dadurch nicht in die Flucht schlagen ließen. Ausdrücklich hieß es: »Dieses Verfahren darf keinesfalls zu einer Einschüchterung oder Verwirrung der Luftschutzgruppen und Löschmannschaften führen. Die unverminderte Schadensbekämpfung muß durch entsprechende Erziehung und Ausbildung der Luftschutzkräfte auf jeden Fall sichergestellt sein.«

Seit Herbst 1942: die neue britische Phosphorbrandbombe

Oberst Mühe forderte die LS-Abschnittskommandos auf, »sofort eine eingehende Unterweisung der Angehörigen der Schutzpolizei und der Luftschutzpolizei durchzuführen«. Auch bei Übungen sollte künftig dem Verhalten der britischen Flieger

Rechnung getragen werden. Weiter drängte Mühe auf eine entsprechende Aufklärung der Zivilbevölkerung: »Die Bezirksgruppe Groß-München des RLB wird gebeten im unmittelbaren Benehmen mit den LS.-Abschnitten, für eine eingehende Belehrung aller Selbstschutzkräfte zu sorgen und bei den Hausunterweisungen und auch beim Unterricht in den Luftschutzschulen diesen Punkt besonders herauszuheben.«

Eine weitere Sorge bereitete den Verantwortlichen im Luftschutz in München im Herbst 1942 die neue *britische* Phosphorbrandbombe 1200 kg, über die sie ein Fernschreiben des Reichsmarschalls und Oberbefehlshabers der Luftwaffe am 28. Oktober informierte. »Englische Luftwaffe«, lautete der Text im Telegrammstil,[76] »wirft neuerdings Phosphorbrandbombe 1200 kg ab. Als Bombenhülle wird Blechkörper der Minenbombe HC 4000 LB = 1800 kg verwendet. (...) Inhalt der Bombe 800 Liter Benzol mit Kunstharz als Quellkörper und 25 kg Phosphor als Zündmittel, nach Aufschlag große Flammenerscheinung. Spritzer der Brandmasse bis 150 Meter. Brandbekämpfung durch Schlauchleitungen mit Wasser oder Schaum. Sodann mit feuchtem Sand Brandmasse abdecken und entfernen.«

Vor allem wurde davor gewarnt, daß die Flammen der Bombe den britischen Fliegern zur Orientierung dienen und Angriffsziele markieren könnten. Deshalb war bei der Bergung des Abwurfgeschosses Eile geboten. »Schnellste Feststellung des Einschlages«, hieß es im Fernschreiben nachdrücklich, »und Ablöschen notwendig(,) um Zielmarkierung zu beseitigen.«

Außerdem wurde auf eine weitere Gefahr hingewiesen: »Bei Blindgängern Selbstentzündungsgefahr durch Leckwerden. Nachträgliche Detonation möglich. Vorläufige Sicherung durch Naßhalten oder Abdecken mit nassem Sand, Entschärfung wie bei Minenbomben und Entfernen des Sprengstoffes, sodann Vernichtung durch Ausbrennen an ungefährdeter Stelle.« Die letzte Empfehlung ergänzte Oberst Saalfrank vom Luftgaukommando VII, der den genauen Inhalt des Fernschreibens »Az.41g48Nr. 17622/42 (L.In.13/3 I A)« am 29. Oktober an den örtlichen Luftschutzleiter weitergab, durch folgenden Zusatz: »Zur Beseitigung von Blindgängern sind unverzüglich die zuständigen Sprengkommandos zu benachrichtigen.«

Doch es blieb nicht bei den theoretischen Unterweisungen. Bald erfuhren die Münchner die tödliche Praxis der britischen Bomber wieder am eigenen Leib. Am 21. Dezember 1942 griff die RAF München zum drittenmal in diesem Jahr an.

Die Stimmung im Volk war inzwischen auf den Nullpunkt gesunken. Verzweiflung und Angst vor dem Tode gingen in München um. Längst war das Vertrauen in die Führung erschüttert. Auch der Laie hatte mittlerweile erkannt, daß ihm der Luftschutz keine ausreichende Sicherheit bot, wenn die Bomben fielen. Fast wehrlos waren die Menschen den britischen Bombern ausgeliefert.

Hilferuf an General Ritter von Epp: »Nie ist eine Regierung so gehaßt worden«

In ihrer Not wandten sich Münchner in anonymen Schreiben an den Reichsstatthalter in Bayern, Franz Ritter von Epp, und beknieten den General, ihnen in der schwersten Stunde der Stadt beizustehen und München aus dem Elend zu befreien. Noch unter dem Eindruck des letzten Angriffs schrieben zwei Unbekannte, die sich »Ihre stets getreuen Hansl und Namensbruder Franzl« nannten, am 22. September wütend an den »Herr(n) General von Epp«.[77] Der Brief, der von enormem Mut, aber auch von größter Verbitterung zeugt, ist es wert, in seiner vollen Länge wiedergegeben zu werden, weil er in einzigartiger Weise dokumentiert, was die Münchner damals heimlich hinter vorgehaltener Hand sprachen und wie sie die Funktionäre der Partei einschätzten.

»Wir«, so begannen die fremden Schreiber, »sagen absichtlich nicht ›Herr Reichsstatthalter‹, denn wir denken bei Ihrem Namen mehr an den General, den wir einst kannten und liebten, und an diesen wollen wir jetzt appellieren, ihm wollen wir einmal alles sagen. Denn wir glauben(,) daß Herr General nicht einverstanden sind mit alledem(,) was jetzt vorgeht. Und wenn wir auch nichts erreichen, und wenn auch Herr General unter diesem entsetzensvollen Zwang stehen, wir wissen es doch(,) wie es im Herzen von unserem Franz Epp aussehen muß, wir wissen(,) daß er unter falschen mißverständlichen Voraussetzungen Nationalsozialist geworden ist und nichts mit den Verbrechern gemein hat, die heute mit unserem Vaterlande nur noch experimentieren und das Volk ihren Machtgelüsten aufopfern. Herr General kann doch nicht ruhig zusehen, wir wir einem Gesindel von Henkersknechten ausgeliefert werden, einem schleimigen Pack von Schnüfflern und Horchern, wozu sogar die Hitlerbengels auf die Menschheit losgelassen werden. Sollten Sie es noch nicht wissen, so mögen Sie es jetzt hören und an die richtigen Stellen bringen: nie ist eine Regierung so gehaßt und verachtet worden wie die unsrige, und einmal wird das Volk seine Fesseln sprengen, dann gnade Gott den Schuldigen – die Engländer sind es nicht so sehr wie unsere eigene, von Fanatismus besessene, ebenso verantwortungslose wie dumme und schlechte Führerschicht! Empörend und himmelschreiend ist es, wie man uns wehrlos, ohne die mindesten wirklichen Schutzmaßnahmen den Fliegern preisgibt! Da sind Parteibauten und Hitlerjugendheime gebaut worden, die Herren Bonzen haben die schönsten Häuser für sich gebaut, aber wo sind die feuerfesten und bombensicheren Bunker??? Da macht man Kriegspolitik und faselt von Luftschutz seit 1933 und wußte ja auch schon damals ganz genau(,) daß man den Krieg wollte, obgleich die verlogenen Reden gewisser Leute das Gegenteil behaupten, aber wo ist die genügende Flakabwehr? Das Maul vollnehmen, aber nicht das richtige tun, es ist ja auch egal(,) was aus dem Volk wird, was ist das für ein Saustall, wie die Bergungsarbeiten bei den eingestürzten Häuser(n) gehandhabt werden! Warum wird da nicht mit fieberhafter Eile gearbeitet, um noch Menschenleben zu retten? Die Menschen haben Stunden lang noch geklopft, aber keiner hat sich ihrer erbarmt, ein paar Kerle buddeln mit größter Gemütsruhe, aber zum Absperren und das Publikum anbrüllen ›Weitergehen!‹(,) dazu ist Mannschaft da! Daß nur ja nicht das Volk Lunte merken soll, aber es merkt sie trotzdem, wiewohl man uns als unmündige Kinder zu behandeln beliebt, die nur ja nichts wissen und erfahren dürfen, wir wissen aber trotzdem alles(,) und es wachst uns nächstens zum Hals raus(,) und wir wollen nicht mehr! Wir sollen gegen Rußland kämpfen und haben im Land selbst die schönste Tscheka mitsamt allem Zubehör, wir waten draußen in Blut(,) aber in der Heimat in einem Feld von lauter Lügen und Schande. Möge man uns lieber einen anständigen Luftschutz besorgen für unsere Lieben daheim, aber man weiß nichts besseres, als uns den Herrn Goebbels aufs Wochenend zu servieren – wir danken für ein solches Schwein ! Unsern Franz von Epp möchten wir lieber an der Feldherrnhalle sehen, wo er schon einmal uns aus dem Saustall errettet hat, und wir erwarten auch jetzt von ihm, daß er augenblicklich Schritte unternimmt wegen dem unerhörten Skandal von ›Luftschutz‹, und wir wollen auch nicht mehr diese Drangsaliererei mit (dem) Luftschutzkeller, wir können oben genau so gut krepieren, wir wollen diese Idioten von Luftschutz'offizieren‹ mitsamt ihren blödsinnigen Vorträgen nicht mehr sehen und uns (nicht) zu allem noch von hysterischen Weibern von Luftschutzwarten kommandieren lassen! Amen!«

Erschütternd ist auch ein zweiter Brief, der Ritter von Epp am 23. September 1942 ebenfalls anonym zugesandt wurde.[78] »Hochverehrter Herr Statthalter Ritter von Epp!« schrieb die unbekannte Person, bei der es sich allem Anschein nach um eine Frau handelte. »Im Namen der ganzen Münchner bitte ich Sie hiermit herzlichst, durch das schreckliche Geschehen, anläßlich der gefallenen Fliegerbomben am vergangenen Samstag, doch für die Münchner zu sprechen, d. h. irgendwelche Ausstellungen oder sogenannte Feste, wie Kreistagung, 9. November u(.) dergl.(,) abzusagen, da an solchen Tagen bezw. Nächten immer mit feindlichen Fliegerangriffen zu rechnen ist.

Wir Münchner wollen nicht auf diese schreckliche Weise unser Leben geben, denn es ist ja schon genug, daß unsere Väter, Brüder und Söhne draußen im Felde bluten(,) und für diese wollen wir doch in der Heimat den Herd erhalten und ihnen wieder bei Rückkehr eine Heimstätte geben.

Das können wir aber nicht, wenn uns die feindlichen Flieger anläßlich solcher vorhergesehenen Feiern (soweit man jetzt in dieser schweren Zeit überhaupt noch von Feiern sprechen kann) immer wieder besuchen.

Darum wage ich(,) die Bitte an Sie zu richten, solche Feste im Voraus doch abzublasen, denn es hat sich leider die Prophezeiung nicht bewahrheitet, daß über die Grenze nie feindliche Flieger kommen werden! Das war wohl 1914-18 der Fall, aber heute nicht!!!!!

Bitte helfen Sie uns in dieser Sache und sprechen Sie für die Münchner.«

»Es gilt, die Leistungsfähigkeit des Selbstschutzes zu erhöhen«

Aber diese anonymen Proteste konnten am Lauf des Krieges nichts ändern. Die Nationalsozialisten dachten an keine Kapitulation, und die Briten behielten München, wie die anderen deutschen Großstädte auch, weiter fest im Visier. So kehrten sie am 21. Dezember mit 137 Kampfflugzeugen, und zwar 119 *Lancasters*, neun *Stirlings* und neun *Wellingtons*, an die Isar zurück, um dort ihr Vernichtungswerk fortzuführen.[79] Um 20.43 Uhr verkündeten die Sirenen den Münchnern, daß ihnen an diesem Montag der *siebente Luftangriff* seit Kriegsbeginn bevorstand.

Als die britischen Bomber die Stadt erreichten und das Bombardement um 21.10 Uhr eröffneten, lag dichter Nebel über München. Die Sicht war so schlecht, daß für die Turmbeobachter selbst Häuser in nächster Nähe nicht mehr zu erkennen waren. Sie konnten nur nach dem Gehör die Richtung der Bombeneinschläge melden. »Im Inneren der Stadt«, hieß es im Bericht des Polizeipräsidenten,[80] »war der Nebel so dicht, daß der Turmbeobachter Frauenturm kaum den 2. Turm der Kirche sehen konnte.«

Die schlechte Sicht führte dazu, daß sich die Besatzungen der Bomber nicht genau orientieren konnten und die Innenstadt verfehlten. Außerdem wurden die Flugzeuge von dem starken Flakfeuer, das ihnen entgegenschlug, an den Stadtrand abgedrängt. »Die aktive Luftabwehr«, meldete der Polizeipräsident am 24. Dezember 1942 in seinem geheimen Abschlußbericht über den Luftangriff dem Inspekteur der Ordnungspolizei im Wehrkreis VII, »war sehr stark und hat jedenfalls in Verbindung mit dem über dem Stadtzentrum liegenden starken Nebel das Einfliegen und den Bombenabwurf auf die Innenstadt verhindert.« So gingen die Bomben fast ausschließlich in Vororten nieder: Forstenried, Großhadern, Neuried, Obersendling, Laim, Nymphenburg und Schleißheim.

In der Innenstadt schlug lediglich eine Brandbombe in einen Holzstadel ein, der auf dem Grundstück Kohlstraße 1 stand. Das Feuer konnte jedoch von Polizisten gelöscht werden. Ein weiterer Brand wurde aus der Hansastraße gemeldet. Dort brannte eine Lagerhalle der »Vereinigten Farben- und Lackfabrik« nieder, die Trockenfarbe in großen Mengen enthalten hatte. Ein Großfeuer wütete außerdem in der Boschetsrieder Straße 137. In Großhadern wurde zudem eine Werkzeugfabrik getroffen.

Die Angreifer hatten eine gewaltige Bombenlast über ihr Ziel abgeworfen. Sie bestand aus 13 Minenbomben (je 1800 Kilogramm), drei Flüssigkeitsbrandbomben (1800 Kilogramm), 47 Sprengbomben (500 LB – die beiden Buchstaben sind die englische Abkürzung für Pfund), 170 Phosphorbrandbomben (14 Kilogramm), 5800 Stabbrandbomben und vier Leuchtbomben. Außerdem regnete aus den Maschinen eine große Anzahl von Flugblättern herab. »Besonders zahlreich«, berichtete der Polizeipräsident, »wurden die Brandbomben abgeworfen in der Gegend von Forstenried, Obersendling, Waldfriedhof und Fürsten-

ried.« Durch Sprengbomben entstanden an 13 Häusern Totalschaden und an 60 Gebäuden sogenannte *Teilschäden*. Brandbomben zerstörten 35 Gebäude völlig und 116 zum Teil.

Bei dem Angriff, der mit der Entwarnung um 22.45 Uhr endete, hatten 15 Menschen durch Sprengbomben den Tod gefunden. Fünf der Opfer waren Frauen und vier Kinder. »Von diesen
15 Personen«, meldete der Polizeipräsident, »befanden sich 14
im Selbstschutzraum und 1 Person im Freien.« Verletzungen erlitten 40 Menschen, darunter fünf Frauen und ein Kind. Die Zahl
der Obdachlosen, die bis zum 24. Dezember 1942 ermittelt wurde, betrug 376 Personen. Aber auch die Briten bezahlten den Angriff mit schweren Verlusten. Sie verloren zwölf Flugzeuge, und
zwar acht *Lancasters*, drei *Stirlings* und eine *Wellington*.[81]

Unmittelbar nach dem Bombenangriff beschwor die Partei wieder
den Widerstandswillen und die Verteidigungsbereitschaft der Bevölkerung. Am geeignetsten erschien ihr für die
moralische Aufrüstung die »Luftschutz-Hausunterweisung«,
die im allgemeinen in Anwesenheit aller Bewohner eines Miets-
hauses im Luftschutzkeller stattfand. Wie eilig sie es mit ihrem
Appell hatte, ging aus der Tatsache hervor, daß sie bereits zwei
Tage nach der Bombardierung mit einer entsprechenden Mitteilung an die Öffentlichkeit trat. Die MNN druckten sie am 23. Dezember direkt unter der Meldung über den letzten Angriff ab
und stellten in der Überschrift fest: »Es gilt(,) die Leistungsfähigkeit des Selbstschutzes zu erhöhen.«

»In den kommenden Wintermonaten«, hieß es in der Bekanntmachung, »führt der Reichsluftschutzbund im Auftrag
des Polizeipräsidenten als örtlicher Luftschutzleiter Hausunterweisungen durch. Zur Teilnahme an einer Hausunterweisung,
die für jedermann Pflicht ist, ergeht ein Verpflichtungsbescheid
des Polizeipräsidenten (...) an jeden Haushaltungsvorstand. Diese Hausunterweisungen haben den Zweck, die in den Luftschutzschulen erworbenen Kenntnisse praktisch zu vertiefen.
Zum anderen sollen sie jenen Volksgenossen, die bisher eine
richtige Luftschutzausbildung noch nicht erfahren haben, die
notwendigen luftschutztechnischen Kenntnisse und Handgriffe
vermitteln. In beiden Fällen muß durch diese Hausunterweisungen erreicht werden, daß ein solches Vertrauen zu der eigenen
Kraft und Leistungsfähigkeit im Selbstschutz gewonnen wird,
daß jeder Volksgenosse den Wirkungen der britischen Terrorangriffe erfolgreich entgegentreten kann.«

Zur Behebung der Schäden an Wohnhäusern: Aufruf an
Bauarbeiter, Dachdecker, Zimmerleute, Glaser und Schreiner

Wie nach allen Bombardements übersandte der Führer des FE-
Dienstes, Oberst Walther Thürauf, auch diesmal wieder dem Polizeipräsidenten seinen »Erfahrungsbericht über den Luftangriff
am 21. Dezember 1942«. Der Oberst der Feuerschutzpolizei registrierte in seiner Übersicht, die er am 23. Dezember dem örtlichen Luftschutzleiter vorlegte,[82] insgesamt 37 Brandstellen im
»Bereiche des Luftschutzortes München«, die den Einsatz von
30 B-Rohren und 115 C-Rohren erforderten.

Besondere Schwierigkeiten hatte den Feuerlöschkräften die
Großbrandstelle in der Boschetsrieder Straße 137 bereitet, nach-
dem es dort zu einem Engpaß in der Wasserversorgung gekom-
men war. Erstmals mußte hier das Löschwasser über eine anderthalb Kilometer lange Schlauchleitung herangeführt werden.
Über das geglückte Unternehmen berichtete Thürauf nicht ohne
Stolz: »Bei dem Großfeuer Boschetsrieder Straße 137 wurde eine
Wasserförderung über eine Wegstrecke von etwa 1 500 m vom
Kreuzhof an der Forstenrieder Straße ab notwendig, weil die
Hydranten in der Boschetsrieder Straße wegen der starken Was-
serentnahme an den östlicher liegenden Großbrandstellen nur
ungenügend Wasser lieferten. Wenn auch zu berücksichtigen
ist, daß die Wasserförderung über diese lange Wegstrecke einfacher war als bei vorhergehenden Übungen, weil keine Höhen-
differenzen zu überwinden waren, so kann doch anerkannt werden, daß die Leitung in sehr kurzer Zeit hergestellt war und die
Wasserförderung sehr rasch in Gang gekommen ist.«

Der Chef der Münchner Feuerschutzpolizei hatte jedoch auch
wieder Tadel zu vergeben. Noch immer war er mit dem Können
der unerfahrenen Hilfskräfte nicht zufrieden. »Die sämtlichen
eingesetzten FE-Kräfte«, teilte er dem Polizeipräsidenten mit,
»waren bemüht, soweit festgestellt werden konnte, das Beste zu
leisten. Es hat sich aber immer noch ein gewisser Mangel an Erfahrungen in der praktischen Brandbekämpfung gezeigt. So ist
mir aufgefallen, daß die einzelnen Einheiten auch beim Brand
großer Holzlager (z. B. Gau-Ausschmückungslager im Straßen-
bahnhof an der Hofmannstraße, ferner Boschetsrieder Straße
137) zunächst vorwiegend C-Rohre eingesetzt hatten statt B-
Rohre. Das Abschneiden des um sich greifenden Feuers ist teilweise nicht richtig durchgeführt worden, weil die Rohre nicht
dort eingesetzt wurden, wo Lagergut usw. noch nicht in Brand

gesetzt, aber unmittelbar vom Feuer bedroht war, sondern die Rohre mitten gegen brennende Stapel eingesetzt worden sind. Verschiedentlich habe ich beobachtet, daß bei brennenden Stapeln nicht mit kräftigem Wasserstrahl von unten beginnend nach oben abgelöscht wurde, sondern ein schwacher Wasserstrahl oben auf die brennenden Stapel gerichtet oder sogar darüber hinweg gegeben wurde, sodaß das Wasser praktisch verdunstete(,) bevor es wirksam werden konnte. Eine Auswirkung auf den verursachten Schaden ist indessen nicht eingetreten, weil diese Fehler rasch beobachtet und abgestellt worden sind.«

Angesichts des winterlichen Wetters galt es, die reparablen Schäden, die der Luftangriff an den Wohnhäusern, vor allem an den Fenstern und auf den Dächern, hinterlassen hatte, schnell zu beheben. Doch die Handwerker, die zur Verfügung standen, reichten für die vielen Instandsetzungen nicht aus. So mußte sich die Partei an die Öffentlichkeit wenden und in einer Bekanntmachung beschwörend an die Solidarität der Fachkräfte appellieren, die sich bisher der Aufgabe entzogen hatten: »Durch den letzten Fliegerangriff auf München sind in größerer Anzahl Bauschäden, wenn auch leichterer Art entstanden, deren schnelle Beseitigung im Hinblick auf die Einflüsse der Witterung in dieser Jahreszeit unerläßlich ist. Es ergeht deshalb an die in Frage kommenden Bauarbeiter, Dachdecker, Zimmerleute, Glaser und Schreiner, der dringende Aufruf, sich für diese Arbeiten in bewährtem kameradschaftlichem Geiste zur Verfügung zu stellen, dies um so mehr, als auch die Selbsthilfe unter Führung der Partei sich einsetzt.«

In derselben Ausgabe, in der am 28. Dezember der Appell an die Handwerker erschien, berichteten die MNN über die Trauerfeiern für die Opfer des letzten britischen Luftüberfalls. Doch verglichen mit den Feierlichkeiten auf dem Nordfriedhof vor einem Vierteljahr, die Hitler sogar mit einem eigenen Kranz bedacht hatte, fielen sie diesmal eher bescheiden aus. Die Partei hatte angesichts ihrer Ohnmacht gegenüber den verheerenden Schlägen der RAF das Interesse daran verloren, die Trauerfeiern zu Propagandaveranstaltungen umzumünzen. Und auch der »Führer« ehrte die Opfer mit keinem Kranz mehr. Das Sterben an der Heimatfront war ebenso wie der Tod der Soldaten im Felde zum Kriegsalltag geworden.

Die »50 bevorzugt der Vernichtung preisgegebenen deutschen Städte« ·

So endete das Kriegsjahr 1942. Aber auch das kommende Jahr sollte München keine Ruhe bringen. Die »Hauptstadt der Bewegung« war eine der deutschen Städte auf der Liste von Air Marshal Arthur Harris, die immer wieder neuen Angriffen ausgesetzt waren. »Es war uns,« berichtete später der für das gesamte Reichsgebiet verantwortliche Generalinspekteur des Feuerlöschwesens (Feuerschutzpolizei und Feuerwehr), Generalmajor der Feuerschutzpolizei Hans Rumpf,[83] »ein Geheimplan bekannt geworden, nach welchem 140 deutsche Städte, darunter 50 bevorzugt, systematischer Vernichtung preisgegeben wurden. Der Plan entsprach fast haargenau nach Zahl und Namen der Liste unserer Luftschutzorte erster Ordnung.«

Das Verzeichnis der 50 Städte, die am meisten bedroht waren, enthielt folgende Namen: Aachen, Augsburg, Berlin, Bochum, Braunschweig, Bremerhaven, Breslau, Chemnitz, Dessau, Dortmund, Düsseldorf, Duisburg, Emden, Essen, Frankfurt am Main, Friedrichshafen, Gelsenkirchen, Gotha, Halle, Hamburg, Hamm, Hannover, Karlsruhe, Kassel, Kiel, Köln, Leipzig, Leuna, Liegnitz, Linz, Lodz, Lübeck, Magdeburg, Mainz, Mannheim, Merseburg, München, Münster, Nürnberg, Oberhausen, Osnabrück, Pilsen, Posen, Regensburg, Rostock, Saarbrücken, Stettin, Stuttgart, Wilhelmshaven und Wismar.

Im unterirdischen Hauptquartier des »Bomber Command«, fünfzig Kilometer von London entfernt, befand sich die Zielkartei mit den Unterlagen über die einzelnen Städte in alphabetischer Ordnung in dem Schubfach eines Aktenschranks, das die Aufschrift trug: »Secret Target Maps Germany.« Jeder Griff in die Kartei mit den geheimen Zielkarten brachte neues Elend über die Bewohner der ausgewählten Stadt in Deutschland. Aber auch für viele Flieger des Bomberkommandos bedeutete er jedesmal das Ende: Sie fielen den deutschen Nachtjägern zum Opfer, die sie noch vor dem Ziel abfingen und abschossen. Oder sie stürzten im Flakfeuer mit ihrem getroffenen Bomber ins brennende Häusermeer der angegriffenen Stadt. Oder sie zerschellten mit ihrer beschädigten Maschine auf dem Rückflug nach England in der Nordsee.

Der Tod hatte für die Männer des »Bomber Command« ebenso viele Gesichter wie für die Opfer ihrer Angriffe, die von Bomben erschlagen oder zerrissen wurden, die in den Trümmern ih-

Befehlsausgabe an die Piloten eines deutschen Nachtjagdgeschwaders zum Einsatz gegen einfliegende britische Flugzeuge.

rer Häuser verbrannten, im Keller am ausströmenden Gas beschädigter Leitungen erstickten oder im auslaufenden Wasser zerstörter Rohre ertranken, die unter zusammengestürzten Gebäuden verschüttet oder vom Luftdruck schwerer Minen zerfetzt wurden. Und die jungen Briten fürchteten das Sterben nicht weniger als die Menschen in den deutschen Städten, über die sie mit ihren Bombern Tod und Verderben brachten.

VI

OPFERGANG EINER JUGEND

Das kurze Leben der Bomberbesatzungen

Die Flieger der RAF sangen ein makabres Lied, das deutlich machte, wie wenig Chancen sie sich einräumten, den Krieg zu überleben. »Zieh die Kolbenringe von meinen Nieren ab«, so lautete der Text, »und die Verbindungstreibstange aus meinem Gehirn. Zieh die Nockenwelle aus meinem Rückgrat und montiere die Maschine noch einmal.«

Diese Worte dokumentieren nicht allein die Schrecken des Krieges. Sie geben auch die Entschlossenheit der britischen Flieger wieder, ungeachtet der eigenen Opfer den Kampf gegen den Gegner mit erbarmungsloser Härte fortzuführen. Nicht umsonst hatte die *Royal Air Force* den Wahlspruch gewählt: »Per ardua ad astra.« Übersetzt bedeutet der lateinische Satz: »Durch Schwierigkeiten zu den Sternen.«

Die Verluste des britischen »Bomber Command«

Die RAF war gewillt, sich diesem Motto würdig zu erweisen, so sehr auch die hohen Opfer, die das Ringen forderte, das Gewissen der Verantwortlichen belasteten. Allein das »Bomber Command« sollte im Zweiten Weltkrieg mit 55 500 Gefallenen fast 60 Prozent seines fliegenden Personals verlieren.[84] Davon kamen 8195 Mann bei Unfällen während des Fluges oder am Boden um, 47 268 fanden im Einsatz den Tod oder starben in der Kriegsgefangenschaft, und 37 fielen bei Gefechten am Boden. (Die Verluste der deutschen Luftwaffe betrugen dagegen 99 875 Mann.[85]) Von den 55 500 Gefallenen des »Bomber Command« gehörten 38 462 der *Royal Air Force*, 9919 der *Royal Canadian Air Force*, 4050 der *Royal Australian Air Force*, 1679 der *Royal New Zealand Air Force*, 929 der *Polish Air Force* und 34 der *South African Air Force* an.[86]

Aber auch wer mit dem Leben davonkam, war vielfach, wie der französische Jagdflieger im Dienst der RAF, Pierre Clostermann, berichtet, für immer gezeichnet: »erschöpft, gelähmt, nervenkrank, die Lungen vom Sauerstoff zerfressen«.

Auf allen Flügen nach Deutschland blieb die Angst ein ständiger Begleiter der Bomberbesatzungen. Flight Lieutenant Denis Hornsey, Pilot einer *Halifax* in der 76. Staffel, machte daraus kein Hehl, als er im Jahre 1943 den folgenden Satz in seinen privaten Aufzeichnungen niederschrieb: »Wenn man Auge in Auge mit dem Tod lebt, ist es, als ob diejenigen, die vor einem gegangen sind, lediglich einen früheren Zug zum selben Reiseziel erwischt haben und man selbst dieses allerdings ungewisse Ziel auch bald erreichen wird, da im nächsten Zug mit ziemlicher Sicherheit bereits ein Platz für einen reserviert ist.«

Selbst der unerschrockene Wing Commander Guy Penrose Gibson, der am 16. Mai 1943 den Angriff der 617. Squadron (=Staffel) auf die Staumauern der Möhne-, Sorpe- und Eder-Talsperre leitete, gab sich wenig Überlebenschancen. So verschob er einmal den Gang zum Zahnarzt, weil er, wie er sagte, »nicht wußte, wozu ich meine Zähne in Ordnung bringen lassen sollte, wenn ich alle Aussicht hatte, in den nächsten paar Tagen zu sterben«. Seinen Besatzungen gegenüber zeigte er sich jedoch von einer anderen Seite. Er zog mit den Männern lärmend durch Kneipen und nahm ihnen die Angst vor dem Tode, indem er ihnen, wie er sich ausdrückte, das Gefühl gab, »daß sie die besten seien – daß sie nicht sterben könnten«.

Die Wahrheit aber war, daß der Tod unter den Bomberfliegern immer wieder reiche Ernte hielt. Viele von ihnen betrachteten deshalb die Kommandierung zu den Einsätzen des »Bomber Command« als die letzte Station ihres Lebens. Dabei waren die Verluste auf den einzelnen Flügen nach Deutschland unterschiedlich. »Mal schwankten sie«, berichtet Ralph Barker, der im Zweiten Weltkrieg selbst als Funker und Bordschütze in der RAF diente, »zwischen Null in einer Nacht und einem halben Dutzend in der nächsten, mal blieben sie relativ konstant, wie beispielsweise in der 76. Staffel, die bei jedem Einsatz ein bis zwei Maschinen verlor. Manchmal vergingen Wochen, ohne daß eine einzige Bomberbesatzung ihren 30. Einsatz vollendete und damit einen der seltenen Freifahrscheine erwarb, der sechs Monate Sicherheit auf einem Posten im rückwärtigen Stab bedeutete.

Die ständige Gefahr, der sie im Dienst ausgesetzt waren, strapazierte die Kampfmoral der Flugzeugbesatzungen. Einige von ihnen warfen ihre Bomben weit vor dem Ziel ab und kehrten zu ihren Einheiten zurück. Andere hatten Bombenschützen, die bei jedem Krachen der Flak nervös zusammenzuckten und die

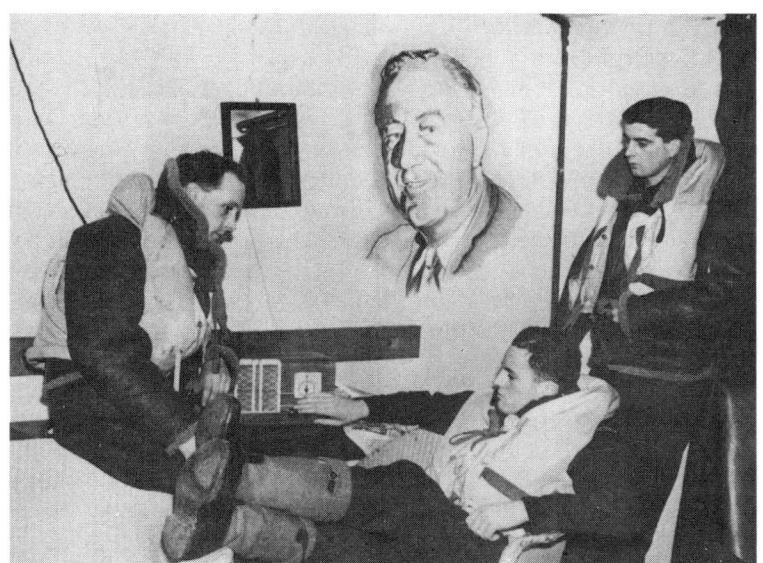

*Britische Piloten der RAF im Jahr 1943 beim Abhören der letzten Radio-
meldungen vor ihrem nächsten Einsatz. An der Wand das Porträt des US-
Präsidenten Roosevelt.*

Bomben grundsätzlich Sekunden zu früh ausklinkten – die
Engländer nannten sie ›fringe merchants‹ (Randspezialisten).
(...)

Die Bomberbesatzungen, die die Konfrontation mit dem Gegner mieden, mußten allerdings nach ihrer Rückkehr mit einer
Disziplinarstrafe rechnen. Am meisten gefürchtet war die Entfernung aus den fliegenden Verbänden wegen ›mangelnder moralischer Charakterstärke‹. Dieses Urteil bedeutete für die Betroffenen fast zwangsläufig einen Makel und konnte, je nach den
Umständen, zu einem Kriegsgerichtsverfahren führen. Manche
kamen dabei mit einem Arrest davon. Andere wurden vor die
Wahl gestellt, zum Heer versetzt oder unehrenhaft aus dem Militärdienst entlassen zu werden.«

»Gute Arbeit, Jungs, nun aber ab nach Hause«

Die Mehrzahl der meist jungen Bombenflieger, die bei Kriegsausbruch 19 oder 20 Jahre alt waren und die gerade ihre Flug-
ausbildung beendet hatten, widerstand jedoch der Angst und
stellte sich dem Schicksal in der Hoffnung, eine »Tour«, wie sie
die 30 vorgeschriebenen Einsätze nannten, vielleicht doch zu
überstehen. Dabei machten sie sich nichts vor. Es war ihnen bekannt, daß seit dem Sommer 1943 jeder zehnte Feindflug mit
dem Tod oder bestenfalls mit der Gefangenschaft einer Bomberbesatzung endete. Selbst die erfahrensten Piloten fielen schließlich der deutschen Luftabwehr zum Opfer. Auch Guy P. Gibson
kehrte im September 1944 von einem Nachtangriff nicht mehr
zurück. Die letzten Worte des Wing Commander, die über Funk
zu hören waren, galten seinen Männern, die gerade ihre Bomben abgeworfen hatten: »Gute Arbeit, Jungs, nun aber ab nach
Hause.« Auf dem Rückflug ereilte Gibson das Schicksal. Seine
Maschine wurde unterwegs abgeschossen.

Noble Frankland berichtete später, wie belastend es für die
Bomberbesatzungen war, den Tod der Kameraden am Himmel
mit ansehen zu müssen. »Als einer, der die Angriffe des RAF
Bomber Command mitgeflogen ist«, schrieb der ehemalige Navigator, »erinnere ich mich gut daran, daß jeder Einsatz bereits
eine eigene Schlacht war, daß man pausenlos unter Hochspan-
nung stand. Bei Nacht verkündeten heftige Explosionen am
Himmel das Ende der Freunde und Flammenmeere am Boden
den Untergang der Feinde. Am Tage bot sich die Szenerie dem
Auge unverhüllt dar, und man konnte das Hakenkreuz der Nazis im Kampf mit der Kokarde der RAF sehen.«

Die britischen Flieger bezeichneten den Feindflug als »raid«,
also als »Beutezug« oder »feindlichen Streifzug«. Sie sprachen
auch von »air raid« (»Luftangriff«) oder »bombing raid« (»Bombenangriff«). Häufig nannten sie die angegriffenen Städte noch
nicht einmal beim Namen. Für sie waren sie nur »targets« –
»Ziele«.

Wie lief nun so ein Raid über Deutschland ab, der, einmal angenommen, München galt? Wer plante den Einsatz, mit welchen
Vorbereitungen begann er, und wann erfuhren die Bomberbesatzungen vom Ziel des Angriffs?

Die Weichen für jeden Angriff stellte allein Luftmarschall
Harris. »Butch«, wie ihn das fliegende Personal mit Bewunde-
rung, aber auch nicht ohne Groll über die hohen Verluste, die er

den Männern zumutete, nannte – der Name war eine Abkürzung von »Butcher« (»Metzger«) –, erschien gewöhnlich gegen 9 Uhr morgens in High Wycombe im Einsatzzentrum, dem »operation room«. Dort erwarteten ihn bereits sein Stellvertreter, Air Vice Marshal Robert Saundby, und der Stab und erläuterten ihm am Planungstisch den für die nächste Nacht geplanten Raid. Ein gewichtiges Wort hatte dabei der Meteorologe vom Dienst mitzureden. Er informierte Harris darüber, wo das Wetter über Deutschland einen Angriff zulassen werde und wo er besser zu unterbleiben habe. Danach entschied Harris, welche Stadt angegriffen werde. Zugleich bestimmte er auch das Ausweichziel. Um 11 Uhr wurde das Operationsziel vom Hauptquartier des »Bomber Command« an die einzelnen Bombergruppen (»bomber groups«) und an die ihnen unterstehenden »bomber squadrons« durchgegeben.

Auf den Luftstützpunkten war es nun Aufgabe des Operationsoffiziers, die Flugstrecke von der englischen Ostküste bis zum Angriffsziel, in diesem Fall München, auf einer Landkarte im Einsatzraum mit einem roten Band oder Faden abzustecken. Dann verbarg er die Karte wieder hinter Vorhängen, bis am Nachmittag die Einsatzbesprechung stattfand, an der alle Bomberbesatzungen teilzunehmen hatten, die in der folgenden Nacht zum Angriff auf die »Hauptstadt der Bewegung« starteten.

»Sehr behutsam schoben sich 1000 Maschinen
zum Verband zusammen ...«

Über den weiteren Verlauf einer solchen Einsatzbesprechung berichtet Ronald H. Bailey: »Wenn alle Flieger anwesend oder die Gründe für ihre Abwesenheit geklärt waren, verschlossen die Offiziere der Einsatzleitung die Türen und zogen die Vorhänge zurück, hinter denen sich die Karte verbarg, auf der durch einen Faden der Weg von England bis zum Angriffsziel markiert war. Mit Genauigkeit und Sorgfalt wurden die Wetteraussichten, das Ziel, der richtige Anflug sowie die Art der zu erwartenden Flak- und Jagdabwehr geschildert. Hinweise auf heftigen deutschen Widerstand wurden oft mit Pfiffen, Ächzen, nervösem Gelächter und Witzeleien aufgenommen. Das Ritual des Uhrenvergleichs schloß die Sitzung ab. Navigatoren nahmen anschließend gewöhnlich noch an einer ausführlichen Sonderbesprechung teil.

Nachdem die Männer in ihrer vollständigen Ausrüstung die Maschinen bestiegen hatten, gingen die Piloten und Kopiloten die lange Prüfliste durch. Schließlich rollten die Bomber an den Start, um dann im Abstand von 30 Sekunden die Pisten entlangzudonnern und schwerfällig abzuheben.«

Der Start eines Bombers brachte der Besatzung bereits die ersten gefährlichen Minuten. Mit Treibstoff- und Bombenmengen, die häufig mehr wogen, als die Konstrukteure der Maschine geplant hatten, brauste das überlastete Flugzeug über die Startbahn und hob oft erst in letzter Sekunde vom Boden ab, wenn sich das Ende der Piste schon bedrohlich genähert hatte. Die Motoren erreichten dabei die Grenzen ihrer Leistungsfähigkeit.

Die nächste schwere Aufgabe, die dem Piloten, von der Besatzung allgemein »Skipper« genannt, bevorstand, war das Einfädeln der Maschine in den Bomberverband. Seit dem ersten Angriff von 1046 Bombenflugzeugen auf Köln am 31. Mai 1942, der als Unternehmen »Millennium« in die Luftkriegsgeschichte einging und der Air Chief Marshal Harris die Erhebung in den Ritterstand einbrachte, hatten die Briten im Jahre 1943 mittlerweile Routine in der Formierung Hunderter von Flugzeugen zum Bomberstrom erlangt.

Wie die Piloten dabei vorgingen, beschreibt Bailey: »Jede Maschine flog eine festgesetzte Zeitspanne mit einem festgesetzten Kurs auf See hinaus, um dann kehrtzumachen und in bestimmter Höhe ein bestimmtes Funkfeuer anzusteuern, an dem sie nach ihrer Gruppe Ausschau hielt. Damit die Suche in dem mit einfliegenden Bombern erfüllten Luftraum nicht allzu schwierig wurde, besaß jede Gruppe ein sogenanntes *Rendezvous-Flugzeug*, einen kampfmüden Veteranen, der mit Tupfen, Zebrastreifen oder anderen auffälligen Mustern versehen war; bei einigen Maschinen war außerdem die Nummer der Gruppe drei Meter hoch auf die Seite gemalt und durch Blinklichter hervorgehoben.

Wenn der Bomber seine Gruppe ausfindig gemacht hatte und daranging, seinen Platz innerhalb des Verbands einzunehmen – ein Manöver, das viel Ähnlichkeit mit dem Sprung auf ein fahrendes Karussell aufwies –, trat an die Stelle der Wissenschaft menschliche Geschicklichkeit. Ein erfahrener Pilot lernte, seine Wendung so zu berechnen – sein Wendekreis betrug etwa acht Kilometer –, daß er auf den Verband stieß, wenn dieser gerade auf seiner nächsten Runde vorbeikam. Zusammenstöße mit anderen Flugzeugen, die sich in den Verband einzuordnen suchten, waren bei diesem schwierigen Manöver an der Tagesordnung, vor allem, wenn die Sicht durch Kondensstreifen behindert wurde.

Zu einem auf die Minute genau festgelegten Zeitpunkt verließ der Führungspilot der Gruppe das Funkfeuer mit einem vorgegebenen Kurs und begann sich in den Hauptbomberstrom einzufädeln. Sehr behutsam schoben sich 1000 Maschinen zum Verband zusammen und flogen – steigend, sinkend, kippend und wackelnd darum bemüht, ihre Position zu wahren – auf den europäischen Kontinent zu.«

Die Bomber bewegten sich in sehr großer Höhe, die für die Männer den Gebrauch von Sauerstoffmasken erforderlich machte. Belastend war auch die außergewöhnliche Kälte, die dort oben herrschte. Sie betrug zum Beispiel in 7600 Meter Höhe minus 40 Grad Celsius. So waren schwere Fliegeranzüge für das Personal zum Schutz gegen die Kälte lebenswichtig. Die Ausrüstung bestand zunächst aus schaffellgefütterter Lederkleidung. Später wurde diese gegen einen elektrisch beheizten Fliegeranzug ausgetauscht, der an ein Stromnetz innerhalb des Bombers angeschlossen werden konnte. Die gute Ausrüstung enthob die Männer jedoch nicht der Pflicht, während des Fluges im eigenen Interesse stets Vorsicht walten zu lassen. Wer beispielsweise einen Handschuh nur für eine Minute ablegte, zog sich Erfrierungen zu. Auch die Sauerstoffmaske bedurfte sorgfältiger Pflege. Bartstoppeln, die ein oder zwei Tage alt waren, konnten bewirken, daß die Masken an den Rändern undicht wurden. Deshalb rasierten sich die Flieger vor jedem Einsatz gründlich. Das Tragen der Sauerstoffmasken war zudem äußerst unangenehm. Nach den Worten eines Kopiloten fühlten sie sich an, »als ob eine feuchtkalte Hand den unteren Teil des Gesichts umklammere«. »Die Sauerstoffmasken«, berichtet Bailey, »scheuerten an Wangen, Nase und Kinn, konnten jedoch ohne Todesgefahr nicht länger als 15 oder 20 Sekunden vom Gesicht abgezogen werden.«

Die Piloten »inmitten krepierender Flakgranaten«

Überhaupt bedeutete jeder Einsatz, wie Bailey bemerkt, »eine unaufhörliche Tortur«. »Viele Männer«, schreibt er, »hockten fünf bis zehn trostlose Stunden, von einer fast 30 Kilogramm schweren Ausrüstung erdrückt, auf einem engen Platz.« Neben der Sauerstoffmaske und dem unförmigen Fliegeranzug trugen die Bomberbesatzungen einen Fallschirm und eine stahlverstärkte Weste zum Schutz gegen Flaksplitter. »In dieser Kluft«, meint Bailey, »bedeuteten selbst die einfachsten Arbeiten eine Anstrengung.«

Zu den Belastungen, denen die Flieger auf den stundenlangen Flügen ausgesetzt waren, kam noch ein menschliches Problem. »Der Drang, Wasser zu lassen«, berichtet Bailey, »bedeutete eine weitere Qual und eine der großen unerwähnten Gefahren des Luftkriegs. Zwar waren die Flugzeuge mit sogenannten Bedürfnisröhren ausgestattet, doch funktionierten diese nur selten, so daß die Männer gezwungen waren, viele schmerzerfüllte Stunden zu warten, bis sie die Latrinen ihres Flugplatzes wieder erreicht hatten.«

Schwer legte sich den Männern auch die Furcht vor dem Tode auf die Seele. Was sie dabei empfanden, beschrieb ein Pilot folgendermaßen: »Man weiß nicht, was es heißt, wirklich Angst zu haben, bis man oben in der Luft ist, der Jagdschutz einen verlassen hat und plötzlich eine aus allen Rohren schießende *Me 109* aus dem Nichts auf einen zukommt. Alles, was man tun kann, ist, dem Abwehrfeuer der eigenen Schützen zu lauschen – und zu beten.«

Schließlich gab es für die Bomberbesatzungen noch eine weitere Belastung, über die Bailey berichtet, nämlich »die zermürbende Eintönigkeit«. »Alle paar Minuten berechnete der Navigator die Position des Flugzeugs und trug sie ins Bordbuch ein. Stunde über Stunde lauschte der Funker atmosphärischen Störungen in seinem Kopfhörer, während Pilot und Kopilot sich mühten, die Maschine in der – allerdings nicht allzu unmittelbaren – Nähe der anderen Bomber zu halten. Unentwegt suchten die Schützen den Himmel nach Luftwaffenjägern ab und kämpften darum, wach und auch aufmerksam zu bleiben.«

Sobald sich die Bomber dem Reichsgebiet näherten, stiegen deutsche Nachtjäger auf, um den Angriff abzuwehren. Wie todbringende Hornissen umschwärmten sie den Verband und bemühten sich, einen Bomber nach dem anderen noch vor dem Angriffsziel zum Absturz zu bringen. Sie drehten erst ab, wenn der Verband das Zielgebiet erreicht hatte, damit dort die Flakbatterien der Bodenabwehr ungestört in Aktion treten konnten. Aber damit war das Bombardement nicht mehr aufzuhalten, und die Bomber gingen nun ihrerseits zum Angriff über.

Wie der Abwurf der Bomben erfolgte, schildert Bailey genau:

»Inmitten krepierender Flakgranaten kurvte der Verband auf den Zielanflugpunkt ein. Der Pilot der Führungsmaschine schaltete den Autopiloten ein, der die Höhe und Richtung des Flugzeugs steuerte.

Nachdem er die Bombenschächte geöffnet hatte, nahm der Bombenschütze kleinere Flugkorrekturen vor, indem er zwei Knöpfe an seinem Norden-Zielgerät betätigte, die einerseits die Seitenrichtung und andererseits die Fluglage regulierten. Das Zielgerät war mit dem Autopiloten verbunden, so daß während des Zielanflugs der Bombenschütze das Flugzeug führte. Die Bomben wurden automatisch in einem vorher eingestellten Zeitabstand ausgeklinkt. Nach der ersten Bombe lösten auch die Bombenschützen der anderen Maschinen ihre Bomben aus. Anschließend flogen die Piloten einen vorher vereinbarten Sammelpunkt an und kehrten gemeinsam nach Hause zurück.«

Auf jeden Fall mußten die Bomberbesatzungen zusehen, die Heimat noch im Schutze der Dunkelheit zu erreichen. Deshalb wurde der letzte Bombenwurf vorher zeitlich genau festgelegt. Beim Raid über Köln am 31. Mai 1942 war dieser Zeitpunkt zum Beispiel auf 2.25 Uhr festgesetzt worden. Jeder Bomber versuchte also, das Angriffsziel so schnell wie möglich hinter sich zu lassen und eilends nach England zurückzufliegen. Selbst die Besatzungen von Maschinen, die im Abwehrfeuer der Deutschen schwere Schäden davongetragen hatten, mühten sich ab, ihre Flugzeuge zum Heimatstützpunkt zurückzubringen und so der Gefangenschaft zu entgehen, die ihnen bei einer Notlandung unweigerlich drohte. Oft spielten sich in der Luft erschütternde Szenen ab, wenn die Flieger verzweifelt um ihr Leben kämpften und alles unternahmen, um den deutschen Jägern zu entkommen, die sich ihre Beute unter den beschädigten und angeschlagenen Nachzüglern des Bomberverbandes suchten.

Welches Bild die heimkehrenden Bomber boten, beschreibt der Jagdflieger Pierre Clostermann eindrucksvoll, der mit seiner Maschine wiederholt zurückkommenden Verbänden entgegenflog. »Da und dort«, berichtet er, »klaffen Lüéken im Verband der Fliegenden Festungen, und wenn man näher geht, kann man Bomber sehen, bei denen einer oder zwei der Motore(n) stillstehen, Propeller in Segelstellung. Bei anderen bemerkt man Risse im Stabilo, gähnende Löcher im Rumpf, Flügel, die vom Feuer geschwärzt sind oder von schwarzem Öl glänzen, das die aufgerissenen Motoren geifern. Hinter dem Verband schleppen sich Nachzügler, die nur unter höchster Willensanstrengung noch zu fliegen vermögen, alle Gedanken und Energie auf die Küste, auf den rettenden Hafen irgendeines vorgeschobenen Stützpunktes jenseits des Kanals gerichtet.«

»Ich habe draußen einen toten Funker, und sie schossen mir meinen Bombenschützen und Bordmechaniker zusammen ...«

Wie sich die Heimkehr aus der Sicht eines Bomberfliegers darbot, schilderte ein Augenzeuge im August 1943 in der amerikanischen Soldatenzeitung *Stars and Stripes:* »Ich lehnte mich an den Sitz des Kopiloten und beobachtete unsere Formation. Es waren jetzt viel weniger Maschinen als beim Start, und die meisten trugen Beschußspuren von deutschen Jägern oder von der Flak. Einige Maschinen hinkten auf drei Motoren. Manche Bomber hatten Tote an Bord und Verwundete, die ihre Schmerzen mit Morphium-Spritzen und Tabletten zu lindern suchten. Alle Besatzungen waren durch den neunstündigen Flug in großer Höhe zermürbt. Wir bemühten uns, die zersprengten Formationen wieder zu schließen.

Das Überfliegen der holländischen Küste war ein psychologischer Wendepunkt, und die Besatzungen, deren Maschinen heil geblieben sind, konnten sich ein wenig entspannen. Einige holten ihre Thermosflaschen mit Kaffee hervor und packten ihre Sandwiches aus oder rauchten die verbotene Zigarette. Nur von den Bordschützen wurde erwartet, daß sie weiterhin wachsam blieben.

Die Navigationshilfsgeräte waren jetzt nicht mehr gestört, und zum erstenmal nach Hunderten von Kilometern konnte man wieder die Position zuverlässig feststellen. Das Identifikationssignal wurde angeschaltet, damit die RAF-Jäger und Radarstationen den herannahenden Verband als eigenen erkennen konnten.

Einige Maschinen hatten durch Schüsse in die Tanks Treibstoff verloren. (...) Wir sahen einen Bomber auf das Meer niedergehen. Wenige Minuten später ging ein zweiter Bomber runter und kurz danach ein dritter. Die restlichen Maschinen unserer erschöpften und zerschlagenen Gruppe flogen weiter, alles Übergewicht über Bord werfend.

Sobald wir die britische Küste überquerten, bot sich uns das übliche Bild: Diejenigen Bomber, die sich kaum noch in der Luft halten konnten, brachen wie auf Kommando aus der Formation

und steuerten einer nach dem anderen auf den eine Meile land-
einwärts liegenden Flugplatz zu. Der Kontrolloffizier im Tower
war bestimmt am Rande der Verzweiflung. Er feuerte wie wild
Leuchtkugeln in allen möglichen Farben ab. Er hätte sich jedoch
dieses Feuerwerk sparen können, da die heimkehrenden Besatzungen nur einen Gedanken hatten, so schnell wie möglich die
Erde zu erreichen. Der so gelichtete Verband fliegt weiter zum
eigenen Stützpunkt. Unter den Staffeln gab es immer einen
Wettstreit, welche Besatzung nach der Rückkehr von einem Angriff zuerst landen würde. Die Gewinner waren gewöhnlich die
erfahrenen ›alten Füchse‹. Einige gerissene Piloten meldeten
sich beim Kontrollturm zurück, noch weit von dem Flugplatz
entfernt, um auf diese Weise einen besseren Platz in der Warte-
schlange zu ergattern.

Die Busse warteten schon, um uns in die Unterkünfte zu bringen. Nachdem wir Fallschirme, Fliegerkombinationen und Ausrüstungen abgegeben hatten, schleppten wir uns todmüde zum
›Verhör‹. Die Begrüßungszigarette in der Hand und heißen Tee
mit Rum, so gab jede Besatzung einem Nachrichtenoffizier ihren
Einsatzbericht.

Ich schaute auf den verstört wirkenden Piloten neben mir. Es
war der sonst stets übermütige C., jetzt fast restlos erledigt. ›Je-
manden verloren?‹ fragte ich. – ›Ich habe draußen einen toten
Funker‹, antwortete er, ›und sie schossen mir meinen Bombenschützen und meinen Bordmechaniker zusammen. Mein Kopilot machte schlapp, er ist wirklich urlaubsreif.‹«

*»Der große Viermotorer fällt in zwei Stücke auseinander und ver-
schwindet in einem Feuerschleier. Nur drei Fallschirme
öffnen sich ...«*

Erschütternd war auch das Schicksal der Männer, die den Rückflug nach England nicht mehr schafften und die kurz vor dem
rettenden Ziel mit ihrer Maschine ins Meer stürzten. Clostermann wurde Zeuge einer solchen Katastrophe, als er sich
bemühte, einen *angeschlagenen* Liberator-Bomber heimzubrin-
gen. »Heute«, berichtet er, »schickt Ken Carpenter und mich
weg, um einen *Liberator* zu eskortieren, der sich nur noch durch
ein Wunder in der Luft zu halten scheint. Sein Motor Nr. 3 ist
vollständig aus dem Flügel herausgerissen und hängt als wirre,
träge Eisenmasse an der Eintrittskante. Motor Nr. 1 brennt, lang-

sam lecken die Flammen dem Holm entlang, der Rauch entweicht zwischen den Aluminiumblechen der Landeklappen, die von der Hitze gebläht sind. Zu den Rissen im Rumpf hinaus werfen die Überlebenden die ganze überflüssige Ausrüstung über Bord, Maschinengewehre, Munitionsgurte, Funkapparatur, Panzerplatten, um das Flugzeug leichter zu machen, das langsam (an) Höhe verliert. Zu allem Unglück platzt noch eine Öldruckleitung, ein Rad fällt heraus, hängt am Fahrgestell und erhöht den Luftwiderstand.

Mit 1800 Touren und 320 km/h müssen wir im Zickzack hin und her kreuzen, um auf der Höhe unseres Schützlings zu bleiben. Schon über zwei Stunden hocken wir nun zusammengeduckt in unseren unbequemen Kabinen. (...) Ein Dutzend *Focke-Wulf* beginnt um uns zu schwärmen, doch halten sie sich in respektvoller Distanz, als ob sie eine Falle witterten. (...)

Über Dieppe machen die Jäger der Flak Platz. Wir fliegen nur noch auf etwa 3000 Meter. Die deutschen Geschütze eröffnen ein Feuer von unglaublicher Dichte. Nach einer Sekunde steht eine regelrechte Pyramide von blitzgeschwängerten schwarzen Wölkchen am Himmel. Ein paar gut gezielte Lagen schütteln uns heftig, und Carp und ich trennen uns von unserem Bomber und steigen, so rasch es unsere schwindende Benzinreserve erlaubt.

Der arme *Liberator*, der nicht die geringste wirksame Ausweichbewegung mehr riskieren kann, liegt gleich mitten drin. Nach ein paar angstvollen Sekunden, als wir ihn schon außer Schußweite glauben, eine Explosion – der große Viermotorer fällt plötzlich in zwei Stücke auseinander und verschwindet in einem Feuerschleier. Nur drei Fallschirme öffnen sich. Der brennende Sarg aus Aluminium zerschellt ein paar hundert Meter von den Klippen entfernt und begräbt die übrigen acht Mitglieder der Besatzung in den schäumenden Wellen.«

Aber auch für die Flieger, die bei einer Notlandung in Deutschland mit dem Leben davonkamen, war der Krieg noch nicht zu Ende. Die RAF, die keinen vom fliegenden Personal bei den vielen Verlusten entbehren konnte, erwartete von ihren Männern, daß sie in jedem Fall die Flucht wagten und auf schnellstem Wege nach England zurückkehrten. Umsonst lautete nicht einer der »Lehrsätze«, die den Fliegern immer wieder vor Augen geführt und eingeschärft wurden: »Wenn Du über Feindgebiet abgeschossen wirst, schlag Dich durch. Wirst Du gefangen, dann schweig.«

Auch wer in die Gefangenschaft geraten war, hatte danach zu

trachten, Wege und Mittel zu finden, um dem Stacheldraht wieder zu entkommen. Deshalb führte jeder, der zum fliegenden Personal der RAF gehörte, ein »escape kit«, also ein »Fluchtwerkzeug«, mit sich, das alles enthielt, was ihm das Fliehen erleichtern könnte: Lebensmittel, Geld, Landkarten und einen Kompaß. Zudem mußten sich sämtliche Flieger einer Fluchtausbildung unterziehen.

Selbst in die Gefangenschaft schickte die RAF ihren Männern noch Hilfsmittel nach, die ihnen die Flucht ermöglichen sollten. Besondere Phantasie entwickelte auf dem Gebiet der Fluchthilfe der Major C. C. Hutton, der sich immer wieder neue Gerätschaften mit verblüffenden Funktionen ausdachte. »Zu diesen Erfindungen«, berichtet Janusz Piekalkiewicz,[87] »gehören winzige in Knöpfen, Siegelringen, Bleistiften und Tabakspfeifen versteckte Kompasse, auf Seide gedruckte Landkarten mit den Fluchtwegen, die im Jackenfutter oder in den Stiefeln eingenäht sind, in Schnürsenkeln verborgene ›Fluchtsägen‹ aus dünnstem Stahl für Gefängnisgitter, auseinandernehmbare Fliegerstiefel, deren untere Teile (einschließlich Kompaß und einer kleinen Säge) als Wanderschuhe dienen, während man aus dem oberen pelzbesetzten Stück eine Jacke zusammenknöpfen kann, ein Miniatur-Funkgerät von der Größe einer Zigarettenschachtel, ein Uniformrock, der sich mit wenigen Handgriffen in eine Ziviljacke verwandeln läßt, oder ganz normal aussehende Füllfederhalter, die Kompaß, Aspirin, Feuerzeug, eine Europakarte und Mittel zum Färben der Uniform enthalten.«

Die »Pfadfinder« und ihre »Christbäume«

Trotz der erheblichen Verluste an Bombern, die sich allein im Jahre 1942 auf 1404 Maschinen beliefen, brachte es die RAF fertig, die Schlagkraft ihrer Luftoffensive gegen die deutschen Städte weiter zu erhöhen. Ihr gelang dies vor allem durch zwei Neuerungen: durch die Aufstellung *einer* Pfadfinder-Einheit unter der Führung von Air Commodore Donald C. T. Bennett am 15. August 1942 und durch die Einführung des neuen Zielortungssystems »H2S« im Januar 1943.

Die *Pfadfinder* sollten die »schweren Kisten«, wie die Langstreckenbomber genannt wurden, zu höherer Treffsicherheit verhelfen. Zu diesem Zweck eilten sie im Tiefflug dem Gros des Bomberstroms voraus, tauchten das Angriffsgebiet mit gelb, rot oder grün brennenden Leuchtbomben in taghelles Licht und markierten einen Zielpunkt mit Brandbomben. Wie die Pfadfindertaktik im einzelnen gehandhabt wurde, stellt Piekalkiewicz eingehend dar: »Die tüchtigsten Piloten, die besten Navigatoren und Bombenschützen fliegen in Pfadfinderflugzeugen voraus, damit diese das Flächenziel schnell finden und durch Abwurf von Leuchtzeichen ›abstecken‹ können. Die Pfadfinder sind in ›Finder‹ und ›Beleuchter‹ aufgeteilt. 15 Kilometer vor dem Ziel beginnt der ›Finder‹ (›Zeremonienmeister‹) auf der Einflugschneise der Bomber alle 30 Sekunden eine Leuchtbombe fallen zu lassen. Inzwischen kreisen die ›Beleuchter‹ über dem Zielgebiet und werfen erst Leuchtbomben (›Christbäume‹) und dann Brandbomben ab. Die ›Finder‹ fliegen nun quer zur bereits markierten Linie und werfen weitere Leuchtbomben ab. Der Schnittpunkt der beiden erkennbaren Linien ist die Stelle, über der die anfliegenden Bomber ihre Last abwerfen sollen. Eine zweite Pfadfinderstaffel fliegt dem Bomberstrom voraus, um nach Bedarf weitere Leuchtbomben abzusetzen. So brauchen sich die noch unerfahrenen Bomberbesatzungen lediglich nach der Markierung der Pfadfinder zu richten. Im Gegensatz zu früher, als viele Bomber verlorengingen, weil es oft 2 Stunden dauerte, bis alle Flugzeuge durch die von der Luftabwehr schwer verteidigten Zielgebiete geschleust waren, ist es jetzt möglich, diese Zeit auf weniger als eine Stunde zu beschränken.«[88]

Da das Tempo entscheidend war für den Erfolg der Taktik, stattete das Bomberkommando die Pfadfinderverbände im Laufe der Zeit mit Schnellbombern vom Typ *De Havilland Mosquito* aus. Die zweimotorige Maschine, die von zwei Mann geflogen wurde, erreichte in 9740 Meter Höhe eine Höchstgeschwindigkeit von 635 Kilometern in der Stunde. Die Reichweite des fast ausschließlich aus Holz gebauten Flugzeugs betrug 2195 Kilometer.

Ein Pilot, der die *Mosquito* im Tiefflug wie kaum ein zweiter beherrschte, war der Engländer Geoffrey Leonard Cheshire. Mit seinem fliegerischen Talent brachte er es in der Zielmarkierung zur Perfektion, indem er neue Wege ging. Über die taktische Neuerung, die Cheshire vorexerzierte, berichtet Bailey: »In der Vergangenheit pflegte während des Bombenabwurfs ein als ›Masterbomber‹ oder ›Zeremonienmeister‹ bezeichneter Angriffsleiter über dem Ziel zu kreisen, um die Genauigkeit der Markierung festzustellen und den anderen Bomberbesatzungen über Funkspruch Anweisungen zu erteilen. Bei dem neuen Verfahren stieß der Angriffsleiter in einer *Mosquito* tief hinab, visierte das Ziel optisch an und warf die Markierungsbomben selbst.« Cheshire zeigte bei seinen Pfadfindermissionen eine Einsatzbereitschaft, die an Tollkühnheit grenzte. So ging er, wenn es sein mußte, mit seiner *Mosquito* im Tiefflug auf 200 oder gar auf nur 60 Meter hinab, um sicher zu sein, daß seine Markierungsbomben auch genau im Ziel einschlugen. Der Wing Commander übernahm als ebenbürtiger Nachfolger des abgeschossenen Guy P. Gibson das Kommando über die 617. Staffel, die sich mit ihren Angriffen auf die deutschen Talsperren einen Namen gemacht hatte. Cheshire überlebte den Krieg und erhielt als höchste Auszeichnung seines Landes das *Viktoriakreuz*.

Flug in absoluter Finsternis – dank der neuen H2S-Radargeräte

Der Pfadfinderverband, der aus den fünf Staffeln des »Bomber Command« mit den bisher besten Ergebnissen bei der Zielfindung gebildet worden war, konnte anfangs jedoch nur mit mäßigen Erfolgen aufwarten. Über die Misere, die den Pfadfindern zunächst zu schaffen machte, berichtet Ralph Barker:»Die Brände, die sie als Markierung legten, griffen oft um sich und machten das eigentliche Ziel unkenntlich. Darüber hinaus entzündeten die Deutschen manchmal Scheinwerfer, um die Angreifer zu täuschen. Aus diesem Grunde gingen die Engländer dazu über, Zielbomben von unverkennbaren – und unnachahmlichen – Leuchtfarben zu verwenden.

Bei Jahresende konnten die Pfadfinder eine ansehnliche Erfolgsstatistik vorweisen. Bei klarem Himmel oder nur leichter Bewölkung hatten sie ihre Ziele in 75 Prozent der Fälle korrekt markiert. Bei bedecktem Himmel und ohne Bodensicht aber war auf sie kaum mehr Verlaß als auf die unerfahrenste Besatzung.«

Für diese Fälle stand der RAF nun seit Anfang 1943 ein neues Hilfsgerät zur Verfügung, das den Bomberbesatzungen die Fähigkeit verlieh, das Angriffsziel auch in absoluter Finsternis genau auszumachen. Das Ortungssystem hieß »H2S« und trat in Konkurrenz mit dem ebenfalls neuen Radar-Fernführungssystem »Oboe«, das zum erstenmal am 20. Dezember 1942 mit Erfolg erprobt worden war. Oboe, wie die Abkürzung für »observer bombing over enemy« lautete, hatte jedoch den Nachteil, daß es, bedingt durch die Krümmung der Erdkugel, nur eine Reichweite von 450 Kilometern besaß. Das System, das die

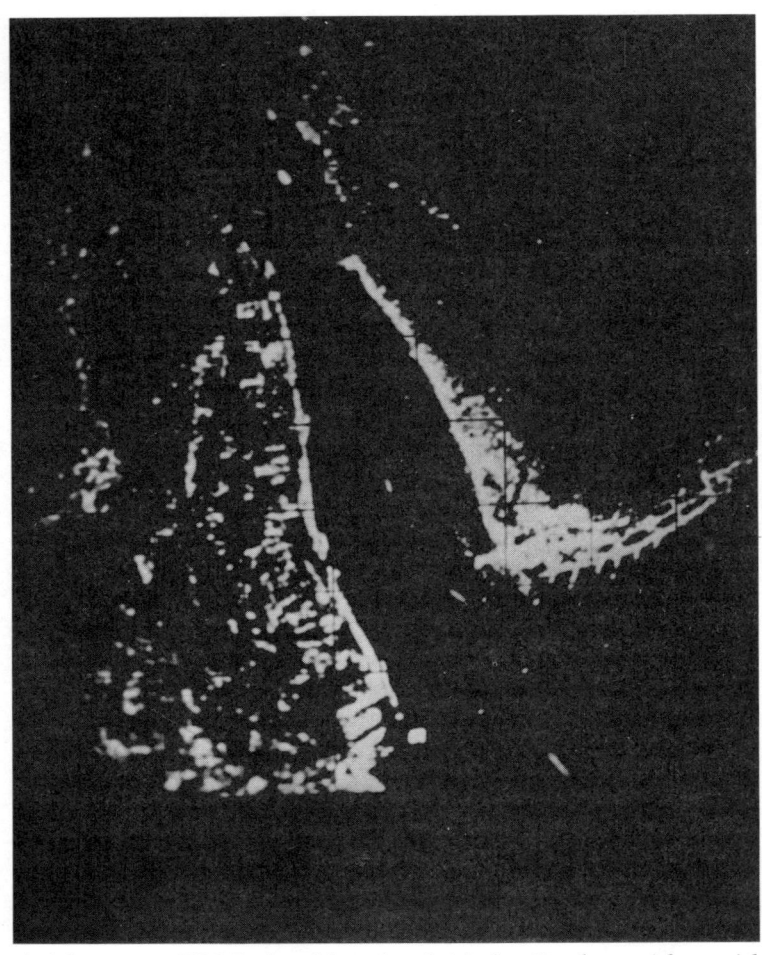

Auf dem neuen H2S-Radarschirm eines britischen Bombers zeichnen sich klar die Umrisse der anzugreifenden deutschen Stadt ab.

störanfällige Navigationshilfe »Gee« ablöste, bestand aus zwei Sendern am Boden, die den Bomber ins Angriffsgebiet leiteten. Wo sich ihre Radarstrahlen überschnitten, war das Ziel erreicht, und der Pfadfinder löste automatisch seine Zielmarkierungsbomben aus.

Gegenüber Oboe hatte das Radargerät H2S, dessen Abkürzung »home sweet home« bedeutete, den Vorteil, daß es über eine unbegrenzte Reichweite verfügte, weil es an Bord der Bomber mitgeführt wurde. Seine verheerende Wirkung bestand darin, daß es jede Stadt, auch wenn diese verdunkelt war oder unter einer geschlossenen Wolkendecke lag, in der Nacht orten konnte. Überflog zum Beispiel eine Pfadfindermaschine München, so zeichneten sich die Umrisse der Stadt auf dem H2S-Radarschirm klar und deutlich gegen den dunklen Hintergrund ab.

Das System arbeitete mit elektromagnetischen Wellen. Diese wurden vom Gerät im Bomber zum Boden ausgestrahlt und, je nach Beschaffenheit der überflogenen Landschaft unterschiedlich reflektiert, wieder empfangen. Flachland sowie Seen und Flüsse zeichneten sich auf dem Bildschirm als dunkle Flächen ab, weil sie nur einen geringen Teil der auftreffenden Wellen als Echosignale zurückwarfen. Städte dagegen ergaben einen hellleuchtenden Fleck, da ihr Häusermeer sehr viele Signale reflektierte. Aber auch hügelige Landschaften, die ebenfalls mehr Signale als das flache Land zurückwarfen, hinterließen auf dem Leuchtschirm ihre Spuren.

Mit den H2S-Geräten waren den Bombern nun Augen gegeben, die jede Nacht durchdrangen. Auch die beste Tarnung half den Deutschen jetzt nichts mehr. Die Bomber fanden immer ihr Ziel: ob in größter Dunkelheit oder bei schlechtestem Wetter. Und bald war den Navigatoren des »Bomber Command« der Anblick Berlins auf ihren Leuchtschirmen ebenso vertraut wie die hellen Umrisse Münchens. Verräterisch leuchtete der Starnberger See in der Nähe der Stadt auf den Geräten dunkel auf. Sein gespenstisches Bild, das sich gegen den Hintergrund des Radarschirms abzeichnete, verriet den Bomberbesatzungen, daß sie mit ihrer tödlichen Last wieder am Ziel waren.

Der Angriff vom 9./10. März 1943

Am 9. März 1943 flogen die britischen Bomber erneut München an – und wieder gelang es Nachtjägern und Flak nicht, die Angreifer abzuwehren. Diesmal kamen die Briten mit 264 Flugzeugen, von denen 142 *Lancasters*, 81 *Halifaxes* und 41 *Stirlings* waren.[89]

Über den Verlauf des *achten Luftangriffes* auf München berichtete der Polizeipräsident am 27. März 1943 dem Regierungspräsidenten von Oberbayern: »Am 9. 3. 43 um 22.14 Uhr wurden durch die Flakbrigade VII zahlreiche Feindflüge bei Reims und um 22.25 Uhr weitere anhaltende Feindeinflüge über den Kanal bis Reims mit östlicher und südöstlicher Flugrichtung gemeldet. Um 23.01 (Uhr) war für München Luftgefahr 30, um 23.17 Uhr Luftgefahr 17 und um 23.34 Uhr Fliegeralarm. Die Feindflieger kamen über Stuttgart, stießen nördlich und südlich Augsburg vorbei und näherten sich in breiter Front von Westen und Südwesten dem Stadtgebiet. Die ersten 3 Maschinen, die als Pfadfinder durch die Flakbrigade angesprochen wurden, hatten für die folgenden Einheiten von weit westlich des Ammersees bis München eine Leuchtbombenreihe gesetzt. Ein tannenbaumförmiges Leuchtsignal war das Zeichen zum konzentrischen Angriff in mehreren Wellen aus Nordwesten, Westen, Südwesten und Südosten. Am Angriff waren 80-100 Feindmaschinen (hier irrt der Berichterstatter, Anm. d. Verf.) beteiligt, wovon etwa 30-40 zum Stadtinneren vorgedrungen sind. (...)

Der Angriff war ein reiner Terrorangriff. Ein Schwerpunkt konnte nicht festgestellt werden, da das Stadtgebiet der betroffenen drei Pol(izei-)Abschnitte fast gleichmäßig mit Bomben belegt wurde. Der rechts der Isar gelegene Pol.Abschnitt Ost wurde nur mit Leuchtbomben und mit einer Markierungsbombe (Blindgänger) beim Ostbahnhof betroffen. Der Angriff dauerte von 23.52 bis 1.20 Uhr.

Wetterlage: Wolkenlos, sternenklar und windstill. Monduntergang war gegen 21.00 Uhr. Über dem Stadtgebiet lag vor dem Angriff eine leichte Dunstschicht.«

»Großangriff«: 205 Tote, 435 Verletzte, 8975 Obdachlose

Der erste Angriff des Jahres 1943 traf die Stadt mit verheerender Wirkung. Die Bomber, die München in drei Wellen anflogen, fügten dem vertrauten Bild der Stadt mit seinen berühmten Kirchen und Kulturbauten in dieser Nacht zum erstenmal schweren Schaden zu. Als die Bevölkerung am 10. März, einem Mittwoch, nach der Entwarnung um 2.44 Uhr aus den Kellern kam und bald darauf im ersten Morgenlicht die Verwüstungen sah, erkannten die Münchner weite Teile ihrer Stadt nicht wieder. Zerstörungen in einem solchen Ausmaß waren für viele bis dahin unvorstellbar gewesen. In ihrer Verzweiflung sprachen die Menschen erstmals von einem »Großangriff«.

Diese Bezeichnung war angesichts der gewaltigen Bombenlast, die auf München niederging, nicht übertrieben. Der Polizeipräsident registrierte 76 Minenbomben (je 1800 Kilogramm), 99 Sprengbomben (250 und 500 Kilogramm) und 25 Sprengbomben-Blindgänger derselben Größe, 75 Flüssigkeitsbrandbomben (113 Kilogramm), 786 Phosphorbrandbomben (14 Kilogramm), 117 Phosphorkanister (22,5 Kilogramm), 70 000 Stabbrandbomben, 123 Leuchtbomben und Blitzlichtbomben, 23 Wegweiserbomben und Flugblätter in großen Mengen, ferner Urlauber-Lebensmittelkarten mit dem Stempel des Ernährungsamtes München.

»Das Gewicht der abgeworfenen Sprengbomben«, hebt der Polizeipräsident in seinem Bericht hervor, »ist durch die Auffindung der verschiedenen Blindgänger bzw. Langzeitzünder einwandfrei festgestellt. (...)

Erstmalig wurden im LS.Ort München Markierungsbomben (wahrscheinlich zur Abgrenzung des Angriffsraumes) geworfen. Eine dieser Bomben wurde im Bereich des Abschnittes Ost in Nähe des Ostbahnhofes als Blindgänger aufgefunden.«

Das Inferno, das der Bombenregen in dieser Nacht auslöste, war unbeschreiblich. An 408 Häusern entstanden Totalschäden, und 1684 Gebäude trugen durch Brand- und Sprengbomben Teilschäden davon. Insgesamt wurden etwa 20 000 Häuser beschädigt. Um der Flammen, die in der Stadt wüteten, Herr zu werden, waren Feuerlöschkräfte bis zum Mittag des 10. März an 320 Brandstellen mit 154 B-Rohren und mit 829 C-Rohren im Einsatz. »Dabei«, betonte Oberst Thürauf am 18. März in seinem Bericht an den Polizeipräsidenten,[91] »ist die Zahl der von den Wehrmachtskommandos eingesetzten Rohre nicht enthalten.«

Zu den öffentlichen Gebäuden und Kulturbauten, die bei dem Angriff schweren Schaden genommen hatten, zählten die Staatsbibliothek (Nordteil durch Großfeuer nach Brandbomben-Einschlägen ausgebrannt), die Alte Pinakothek (Dachstuhlbrand), die Neue Pinakothek (Brand im Innern), die Glyptothek (Brand), der Ostflügel der Residenz (Dachstuhlbrand), in dem die Decken bis zum ersten Stock durchbrannten, die Universität (Brand), das Jagdmuseum im Schloß Nymphenburg (Sprengschaden), die Akademie der Bildenden Künste (Brand), die Städtische Galerie (Sprengbombe im Ausstellungssaal), das Deutsche Theater (Großfeuer), das Schauspielhaus (Brand), das Nationaltheater (Brandschaden auf der Bühne und im Ballettsaal), das Braune Haus (Großfeuer), das Zentralministerium (Großbrand und Sprengschaden durch Minenbombeneinschlag im Hof), der Alte Hof (Großfeuer) und das Gebäude der Regierung von Oberbayern (Brand). Einem totalen Brandschaden fielen der Nordflügel des Marstallgebäudes und das Leuchtenbergpalais zum Opfer. Ferner tobte ein Großfeuer in der Benediktinerabtei St. Bonifaz.[92]

Im geheimen Abschlußbericht, den der Polizeipräsident über den Luftangriff am 14. März 1943 dem Inspekteur der Ordnungspolizei im Wehrkreis VII übermittelte,[93] spiegelt sich das Grauen wider, das sich mit dem Bombenregen über die Stadt gesenkt hat. »Die Bergung der Verschütteten«, meldete er, »konnte bis jetzt infolge der ungeheueren Verwüstungen und Schuttmassen noch nicht restlos durchgeführt werden. Eine Anzahl der Geborgenen war bis zur Unkenntlichkeit verstümmelt und verkohlt.« In seinem Bericht verwies der Polizeipräsident auch auf die Tragödie, zu der es in der Schellingstraße gekommen war, als Redaktion und Verlag des *Völkischen Beobachter* durch Spreng- und Brandbomben einen Totalschaden erlitten hatten: »Gegenüberliegendes Wohngebäude zerstört, 41 Personen im Schutzraum verschüttet, wovon bis jetzt 35 Personen tot geborgen wurden.«

Insgesamt fielen dem Angriff 205 Menschen zum Opfer. Von den Toten waren 195 Zivilpersonen, und zwar 77 Männer, 109 Frauen und neun Kinder, sowie fünf Soldaten der Wehrmacht, zwei Angehörige der Luftschutzpolizei und drei ausländische Arbeiter. Verwundet wurden 435 Personen, davon 136 Frauen und 20 Kinder. Hoch war auch die Zahl der Verschütteten. »Durch die großen und zahlreichen Hauseinstürze«, berichtete der Polizeipräsident,[94] »wurden 217 Personen verschüttet, wovon 61 lebend geborgen werden konnten. (...) Die letzten Verschütteten wurden am 23. 3. 43 tot geborgen. Die Bergungsarbeiten waren äußerst schwierig und gingen langsam vorwärts, obwohl dort, wo es möglich war, Baumaschinen und Bagger eingesetzt wurden. Besonders erschwert wurden die Bergungsarbeiten an einigen Stellen durch das ständige Aufflackern von Bränden unter den Schuttmassen und die sehr starke Hitzeentwicklung selbst in den Kellerräumen, was wohl durch die unter dem Schutt befindlichen Phosphor- bzw. Flüssigkeitsbrandbomben verursacht wurde.

Bei der Bergung der Verschütteten haben sich die Mauerdurchbrüche besonders bewährt.

Für die Bergungsarbeiten waren eingesetzt: Luftschutzpolizei, Wehrmachtshilfskommandos, ein Kommando von Bergleuten aus Peißenberg, technische Nothilfe, eine Pionier-Kompanie, LS.Abteilung (mot) 43 sowie SA-Hilfskommandos.«

Tausende verloren durch den Angriff ihr Heim. Die Gesamtzahl der Obdachlosen betrug 8975 Personen. Sie mußten 3134 Wohnungen verlassen, die sie nach einem Totalschaden nicht mehr betreten konnten oder die wegen schwerer Beschädigungen geräumt werden mußten.

»Bis zur Unkenntlichkeit verstümmelt und verkohlt«

Bei all dem Elend verloren die Münchner doch nicht den Kopf. »Das Verhalten der Bevölkerung«, lobte der Polizeipräsident, »war gut.« Einschränkend aber fuhr er fort:»Trotzdem fehlte es nicht an Gerüchten, die geeignet waren, die Bevölkerung in Aufregung zu versetzen, wie ›eine große Anzahl von Menschen ist wegen Beschädigungen der Wasserleitungen in den Kellern ertrunken‹ oder ›wegen beschädigten Gasrohren durch Gas umgekommen‹. Auch über die Zahl der getöteten Personen waren Übertreibungen in Umlauf. Den Gerüchten und Übertreibungen wurde durch Partei und Polizei energisch entgegengetreten.«

Margarete Konetzky ließ auch diesen Angriff in ihren persönlichen Aufzeichnungen nicht unerwähnt. Nach der entsetzlichen Nacht schrieb sie in ihr Tagebuch:»Dienstag, 9. 3. 43. Wir gingen ziemlich spät ins Bett. Aber dann war von halb zwölf bis halb drei Uhr Fliegeralarm, und zwar der schlimmste bisher. Wir selbst wurden nicht betroffen, hörten auch das Schießen nicht so laut, sahen aber vom Stiegenhaus den roten Feuerschein über der Stadt. Nach dem Fliegeralarm ging Hans (der Ehemann, Anm. d. Verf.) schnell nach Ramersdorf und sah nach der Großmutter. Es brannte ja überall lichterloh. Zwei Stunden lang hörten wir das Schießen. Es war eine aufregende Nacht.«

Mit wenigen Worten hielt auch Friederike Kurz, die Tante von Margarete Konetzky, das schreckliche Geschehen in ihrem Kalender fest: »Nacht auf Mittwoch furchtbarer Angriff auf München: 3 Stunden, kein Gas.«

In der Tat war das Gaswerk in der Dachauer Straße durch Spreng- und Brandbomben getroffen und erheblich beschädigt worden. Dabei wurde der kleine Gaskessel zerstört. Die Meldung über die Schäden verband der Polizeipräsident in seinem Bericht mit dem Hinweis: »Die Gaszufuhr für das ganze Stadtgebiet ist für einige Wochen unterbrochen.«[95]

Nach dem ersten Großangriff, der die »Hauptstadt der Bewegung« heimgesucht hatte, war das Elend in München so groß, daß sogar die Kommandantur des Konzentrationslagers Dachau den Menschen in der benachbarten Stadt zu Hilfe kommen mußte. Wie der politische Schutzhaftgefangene Edgar Kupfer-Koberwitz heimlich seinem Tagebuch anvertraute, hatte die Häftlingslagerküche für die Münchner Bombenopfer zu kochen.[96] Ausführlich schildert der Schriftsteller in seinen verbotenen Aufzeichnungen, die er im Lager unter Lebensgefahr verfaßte, auch die Beobachtungen, die er mit seinen Mitgefangenen während des Angriffs auf München gemacht hatte:

»10. März 1943. Heute nacht erwachte ich durch Stimmen und Erschütterungen. Die Baracke bebte, die Fenster klirrten. An einem der Fenster stand eine Gruppe von Kameraden. Der Himmel war voller Leuchtkugeln, man hörte das Gesurre von Äroplanen, die Abwehrkanonen machten einen Höllenspektakel. Im Scheinwerferlicht sah man ein Flugzeug; einer silbernen Taube gleich flog es ruhig dahin. Wie ein rotes Feuerwerk platzten um es her die Geschosse. Dazwischen fiel eine große Leuchtrakete. Es sah sehr schön aus, soll aber Phosphor gewesen sein. Dabei zitterte die Erde unter dem Aufprall der Bomben und den Salven der Abwehrkanonen. Es war so stark, daß selbst unsere Spanienkämpfer, die viel gewohnt sind, es interessant genug fanden, daß sie sich die Mühe machten, aufzustehen.

Der Kommandoführer unserer Bewachung war sehr erregt. Augenscheinlich hatte er Angst. Er schickte uns in die Baracken, denn wir waren hinausgetreten, das Schauspiel im Freien zu betrachten.

Es ist jetzt nachts ganz frühlingshaft. Viele Sterne stehen am Himmel, der Mond ist im Zunehmen. Alles scheint so friedlich. Einige Vögel nisten in den Bäumen um unser kleines Lager her, in dem wir nun leben. Im Morgengrauen, wenn wir aufstehen, erwachen auch sie und beginnen zu singen. Es ist der Mensch, der den Unfrieden bringt.

Heute hörte ich, daß ein Auto jetzt drei Stunden benötigt, um durch München zu fahren. Große Werke der Kriegsindustrie müssen getroffen worden sein und andere große Gebäude, man sagt, auch das ›Braune Haus‹, das Theater und der Bahnhof.

Das Lager hat zur Zeit für fünftausend Mann extra zu kochen, für Menschen in München. An anderen Stellen der Stadt wird auch für die Obdachlosen gekocht, ihre Zahl muß groß sein. Ein Münchner sagte: ›In einer Stunde wurde soviel zerstört, wie man vielleicht in zehn Jahren aufbauen kann.‹«

Die Aufzeichnungen beweisen, wie gut die Dachauer Häftlinge über die Ereignisse in München unterrichtet waren. Unter dem Datum des 16. März 1943 machte Kupfer-Koberwitz, der zu dieser Zeit nicht im Hauptlager untergebracht war, sondern in einem kleinen Außenlager der Dachauer Schraubenfabrik »Präzifix« lebte, eine weitere interessante Eintragung: »In München sind beim letzten Fliegerangriff Zettel abgeworfen worden mit der Aufforderung an die Bevölkerung, die Stadt zu räumen; bis zum zwanzigsten April, dem Geburtstag des ›Führers‹, würde nur noch wenig stehen, diese Reste würden sie dann Hitler zum Geburtstagsgeschenk machen.«[97]

Das Versagen der Organisation der ortsunkundigen Freiwilligen Feuerwehren

Zur Bekämpfung der vielen Brände, die nach dem letzten Angriff in München wüteten, wurden alle verfügbaren Feuerlöschkräfte aufgeboten. Auch die Freiwilligen Feuerwehren aus der näheren und weiteren Umgebung der bayerischen Metropole kamen der schwerangeschlagenen Stadt zu Hilfe. Im Rahmen der *Nachbarschaftshilfe* eilten Löschgruppen aus 15 Landkreisen des Regierungsbezirks Oberbayern nach München.

Doch der Einsatz der Freiwilligen Feuerwehren, die in dieser großen Zahl noch nie gemeinsam in Aktion getreten waren, endete mit einem Fiasko. Die Organisation versagte auf allen Gebieten. Daraus machte der *Bezirksführer der Freiwilligen Feuerweh-*

ren des Regierungsbezirks Oberbayern, Anton Andeßner, auch kein Hehl, als er am 12. März 1943 in Bad Reichenhall seinen »Erfahrungsbericht über den Einsatz der Freiw. Feuerwehren beim Luftangriff auf München vom 9./10. III. 1943« verfaßte.[98] »Nach den Beobachtungen, welche ich in verschiedenen Abschnitten, in welchen Freiw. Feuerwehren aus Oberbayern eingesetzt waren, gemacht habe«, schrieb er, »fehlte es in erster Linie an einer einheitlichen Führung. Es kam vor, daß Löschgruppen stundenlang dastanden, ohne daß ihnen jemand den Befehl für einen neuen Einsatz gab, obwohl sie in anderen Abschnitten dringend benötigt worden wären. Jeder Führer einer kleinen Einheit hat seine Löschgruppe nach Gutdünken an irgend einer Brandstelle eingesetzt – der Löschzug wurde dadurch auseinandergezogen(,) und der Führer verlor die Übersicht. Als ich dann persönlich eingegriffen hatte, gelang es mir(,) die Löschgruppen wieder zu sammeln und der Befehlsstelle zuzuführen.

Ich halte es für unbedingt erforderlich, daß bei einem wiederholten Angriff auf München der Bezirksführer u. sein Stellvertreter anwesend sind, um die Aufsicht über die eingesetzten Löschgruppen zu übernehmen. (Beim letzten Angriff waren vom Reg.-Bezirk Oberbayern aus 15 Landkreisen mindestens 50 Löschgruppen ohne eine einheitliche Führung eingesetzt!)«

Andeßner kritisierte auch, daß die ortsfremden Meldefahrer in München die Orientierung verloren hatten. »Als nicht geeignet«, stellte er fest, »haben sich die den Löschkompanien zugeteilten auswärtigen Meldefahrer erwiesen. Nachdem diese keine Ortskenntnisse besaßen, kam es vor, daß ein Meldefahrer stundenlang brauchte(,) um zu seiner Komp. zurückzukommen. Fahrzeuge, welche durch die Polizei an ihre Einsatzstellen gelotst worden sind, waren in Kürze an ihrem Einsatzort.

Es ist notwendig, daß jedem Meldefahrer ein ortskundiger Lotse (evtl. Hitler-Junge) als Beifahrer mitgegeben wird.«

Schwierigkeiten gab es auch bei der Suche nach den Hydranten. Daraus zog Andeßner folgende Lehre: »Die Kennzeichnung der Ober- u. Unterflurhydranten bei Nacht, am besten durch Hausbewohner, vor deren Haus sich ein Hydrant befindet, ist erforderlich. Auswärtige Löschgruppen können unmöglich die Lage der Hydranten der Stadt München wissen. Beispielsweise beobachtete ich Löschgruppen, die um 4.00 Uhr morgens immer noch einen Hydranten suchten. Viel kostbare Zeit wäre erspart geblieben(,) und das in allernächster Nähe entstandene schwere Dachfeuer hätte längst bekämpft werden können, wenn diese

In den ersten Kriegsjahren werden noch die Oberleitungen der Münchner
Straßenbahn, wie hier in der Theatinerstraße, geflickt. Mit zunehmender
Wucht der Angriffe werden solche Reparaturen sinnlos.

Sache besser organisiert gewesen wäre. Einweisung der Lotsen über die Handhabung der Hydranten (ob bei Rechts- od. Linksdrehung zu öffnen) ist notwendig.«

Andeßner bemerkte zudem Mängel an der mitgeführten Ausrüstung. »Weitere Schwierigkeiten«, tadelte er, »entstanden dadurch, daß die ankommenden Löschgruppen nicht die nötigen Standrohre und Hydrantenschlüssel für Ober- und Unterflurhydranten mit sich führten. In der Türkenstraße z. B. passierte es, daß eine Löschgruppe sämtliche Schlauchanlagen gelegt hatte und zum Einsatz fertig war, aber nicht einsetzen konnte, weil das Standrohr fehlte. Der betreffende Führer der Werkfeuerwehr antwortete auf meine Anfrage, warum sie kein Standrohr mitnahmen, er habe eine Motorspritze(,) und glaubte dazu kein Standrohr zu brauchen.

Grundsatz: Auswärtige Löschgruppen müssen bei solchen Einsätzen mit Hydrantenschlüsseln und Standrohren ausgerüstet sein.«

Mangelnde Ausrüstung der Löschgruppen

Weiter bemängelte Andeßner das Fehlen von Leitern. »Es hat sich erwiesen, daß jede Wehr zum Einsatz wenn irgendwie möglich Leitergeräte (Stützstangen – Anstelleitern usw.) mitbringen muß. Größere Wehren, welche motorisierte Drehleitern besitzen, sind zu verpflichten, mit diesen zum Einsatz abzurücken. Manches Haus hätte beim letzten Einsatz gerettet werden können, wenn diese Geräte zur Verfügung gestanden wären. Beim Einsatz in der Schwindschule beobachtete ich, wie ein Mann der Freiw. Feuerwehr München ununterbrochen mit einem B-Rohr vom Boden aus auf das Dach und die oberen brennenden Stockwerke spritzte. Wäre eine große Leiter zur Verfügung gestanden, hätte vermieden werden können, daß das nach innen ablaufende Wasser den ganzen Keller überschwemmte. Überall(,) wo ich hinkam(,) war dieselbe Klage zu hören: ›Ja, wenn wir nur Leitern hätten.‹«

Probleme gab es auch mit den Schläuchen. »Was das Schlauchmaterial anbetrifft«, rügte der Bezirksführer, »mußte festgestellt werden, daß manche Löschgruppen zu wenig Schläuche mit sich führte(n). So habe ich eine H.J.-Feuerwehrschar angetroffen, welche vom Boden aus (weil eben die Leitern wieder fehlten) in ein Gebäude hineinspritzte, obgleich nebanan ein wichtigeres Brandobjekt zu bekämpfen gewesen wäre. Auf meinen Vorhalt hin antwortete man mir: ›Wir haben nicht mehr Schläuche und können den Angriff nicht weiter vortragen.‹ Ich ließ dann von einer anderen Gruppe Schlauchmaterial holen und die Schlauchlage verlängern. Auch hier fehlte wieder die Führung! Ein weiterer Punkt ist die Behandlung des Schlauchmaterials. Es muß unbedingt erreicht werden, daß die Führer der Löschgruppen dafür sorgen, daß benützte Schläuche beim Abbau der Leitungen zu rollen sind und nicht einfach abgekippt auf die Wagen geworfen werden. Ich habe jedes in diesem Zustand angetroffene Schlauchmaterial sofort vom Wagen abnehmen lassen(,) um es richtig zu rollen.«

Bitter beklagte sich Andeßner noch über die unzureichende Ausstattung der auswärtigen Feuerlöschkräfte mit Taschenlampen. »Als ein großer Mangel«, schrieb er, »hat sich die Ausrüstung der Löschgruppen mit Taschenlampen erwiesen. 1-2 Mann jeder Löschgruppe war(en) mit einer Taschenlampe versehen, was sich als zu wenig erwies. Die Taschenlampen waren in kurzer Zeit ausgebrannt – Reservebatterien waren nicht vorhanden! Hier zeigte sich, daß den freiwilligen Feuerwehren unbedingt mehr Batterien zugewiesen und zur Verfügung gestellt werden müssen. In der Schwindstraße wurde z. B. ein Innenangriff angesetzt, dabei hatte keiner der Mannschaften ein Licht. Die Folge war, daß ein Mann in dem völlig unbekannten dunklen Haus über einige Stufen stürzte und dadurch am Einsatz behindert wurde. Wie ich erfahren habe, werden die Luftschutzeinheiten ständig mit genügend Reservebatterien für Taschenlampen versorgt, während die Feuerwehren solche nur in ganz geringem Maß erhalten.«

Ferner kritisierte der Bezirksführer den Mangel an Gasmasken. »Was Rauch- u. Gasschutzapparate anbelangt«, berichtete er, »konnte man die Beobachtung machen, daß wohl die größeren Wehren mit Gasmasken und Rauchbrillen ausgerüstet waren, während der größte Teil der Landfeuerwehren über nichts derartiges verfügte. Solche Löschgruppen konnten infolgedessen unmöglich zu einem Innenangriff in den verqualmten Räumen verwendet werden. Ich vertrete die Ansicht, daß Feuerwehren, die nicht entsprechend ausgerüstet sind – wie in diesem Fall –(,) für derartige Aufgaben nicht herangezogen werden können.«

Selbst an geeigneter Kleidung fehlte es. »Sehr zu wünschen übrig ließ bei manchen Löschgruppen die Bekleidung«, klagte

Andeßner. »Ich sah Löschgruppen anfahren, welche nur notdürftig mit einer Uniform ausgerüstet waren und eine leichte Wolldecke als Umhang benützten. Andere Löschgruppen dagegen (z. B. Freiw. Feuerwehr Rosenheim) waren mit Pelzmäntel ausgerüstet. Im ersteren Fall waren Erkältungen auf Grund der unzureichenden Bekleidung nicht zu vermeiden und (die Männer, Einfügung durch d. Verf.) nach einiger Zeit nicht mehr voll einsatzfähig (...). Es ist anzustreben, daß die Gemeinden dafür sorgen, daß die Mannschaften für den Einsatz mit warmer Kleidung und Mänteln ausgerüstet werden.«

Schließlich kam es auch bei der Versorgung der Feuerwehrleute mit warmer Kost zu Versäumnissen. »Obwohl«, berichtete der Bezirksführer, »die Stadt München sehr dafür besorgt war, daß die Einsatzmannschaften warmes Essen bekamen, ist es trotzdem vorgekommen, daß einzelne Löschgruppen, die seit den frühesten Morgenstunden schwer gearbeitet hatten, bis Mittag noch keine Verpflegung erhalten hatten. Auch an Eßgeschirr u. Besteck mangelte es. In der Schellingstr. z. B. konnte die von der Stadt München gereichte tadellose Reissuppe nicht genommen werden, weil die betr. Mannschaften weder Löffel noch sonst etwas dergl. bei sich hatten. In Zukunft muß gesorgt werden, daß jede Löschgruppe mit Proviant für 2 Tage und mit Eßgeschirr versorgt wird.«

Gauleiter Giesler: »Reife bezeugen für die kommende Gestaltung der Welt«

Nachdem die Opfer des Angriffs im Dezember 1942 in aller Bescheidenheit zu Grabe getragen worden waren, gestaltete die Partei nun wieder die Totenfeier für die Gefallenen des Luftüberfalls vom 9./10. März zu einer gewaltigen Propagandaveranstaltung, bei der auch der »Lorbeerkranz des Führers«, besteckt »mit Palmen, weißem Flieder und blaßroten Nelken«, nicht fehlen durfte. Die *Münchner Neuesten Nachrichten* berichteten am Montag, dem 15. März, auf den Seiten 1 und 2 in großer Aufmachung über die Trauerfeierlichkeiten im Nordfriedhof, die dort am Samstag nachmittag in Anwesenheit des Gauleiters Paul Giesler und des Oberbürgermeisters Karl Fiehler auf dem Forum vor der Aussegnungshalle stattgefunden hatten.

Der Gauleiter forderte die Münchner auf, die Zähne zusammenzubeißen. »Der Schmerz muß überwunden werden«, rief er den Hinterbliebenen zu. »Da die Trauer keinen Lebenswert hat, da sie keine Stärkung bedeutet, sondern die von ihr Betroffenen schwach macht, müssen wir alles tun, um mit ihr fertig zu werden. Die Zeit fordert von uns, daß wir stark sind, und gerade in diesen entscheidenden Zeitläufen unseres Daseinskampfes darf niemand sich schwach zeigen. Wer sich heute gehen läßt, wirkt ansteckend und schädigt uns alle. Wenn die Macht des Schicksals sich drohend vor uns aufrichtet und wir in eine so harte Prüfung genommen werden, dann müssen wir eben stärker sein als das Schicksal und durch unsere Bewährung die Reife bezeugen für die kommende Gestaltung der Welt.«

Ohne jedes Mitgefühl für die Trauernden fuhr Giesler fort: »Stärker als alle Trauer ist doch das Leben mit seinem Anspruch. Mit zwingender Gewalt ruft es uns auf. Auch in dem tiefsten Leid, unter den schwersten Schlägen dürfen wir uns nicht aus dem Gleichgewicht bringen lassen, müssen wahrhafte deutsche Größe zeigen und unsere deutsche Würde bewahren in jeder Lage, was auch kommen mag, heute, morgen und in allen Zeiten.«

Am selben Tag, an dem die Münchner Abschied von ihren Toten nahmen, richtete Marschall Stalin mit sichtlicher Genugtuung eine geheime und persönliche Mitteilung an Premierminister Churchill, in der er seine Freude über die Bombenangriffe auf die deutschen Städte, auch über den Luftüberfall auf München, zum Ausdruck brachte: »Ihre Botschaften vom 6. und 13. März, die mich über die erfolgreiche Bombardierung von Essen, Stuttgart, München und Nürnberg informieren, haben mich erreicht. Von ganzem Herzen grüße ich die britischen Luftstreitkräfte, die ihre Bombenangriffe auf deutsche Industriezentren weiter verstärken.«[99]

Schüler als »Flakhelfer« im Bombenhagel

Mit der Zuspitzung der Lage, die Anfang des Jahres 1943 für die Wehrmacht an den Fronten in Nordafrika und in Rußland eintrat, mobilisierten die Nationalsozialisten immer mehr Kräfte in der Heimat, um der drohenden Niederlage zu entgehen. Vor allem erforderten die hohen Verluste der kämpfenden Truppe dringend neue Reserven. Nach dem Willen der braunen Machthaber hatte die Heimatfront gegenüber den Forderungen an den Kriegsschauplätzen in Tunis und im Osten zurückzustehen. Sie verfügten, daß alle jungen und wehrfähigen Männer, die bisher in den Stellungen der Flakartillerie rings um die Großstädte eingesetzt waren, aus den Batterien herausgezogen und zum Erdkampf ins Feld geschickt wurden. An ihre Stelle traten erstmals in der Geschichte »Kinderkanoniere«, die nun künftig im Bombenkrieg den Schutz der Zivilbevölkerung zu übernehmen hatten _ unterstützt von den Kampffliegern der Nachtjagd, die selbst gerade erst den Kinderschuhen entwachsen waren. Angesichts des jungen Alters, das auch auf der gegnerischen Seite bei den Bomberbesatzungen anzutreffen war, entwickelte sich der Luftkampf mehr und mehr zum Krieg der Kinder, der in beiden Lagern hohe Opfer forderte.

»Führerbefehl« vom 12. März 1943: »höhere Schüler zum Einsatz als Luftwaffenhelfer«

Vom Befehl des »Führers«, der die Schüler an die Fliegerabwehrkanonen ihrer Heimatstädte rief, erfuhren die Münchner zum erstenmal am 12. Februar 1943. An diesem Freitag meldeten die MNN: »Der Führer hat in seiner Proklamation, die er zur zehnjährigen Wiederkehr der Machtübernahme an das deutsche Volk richtete, der Entschlossenheit Ausdruck gegeben, alle Kräfte zusammenzufassen, um den uns aufgezwungenen Kampf fanatisch bis zum siegreichen Ende durchzuführen. Nachdem der Einsatz aller deutschen Männer und Frauen an kriegswichtiger Stelle vor wenigen Tagen durch Gesetz festgelegt wurde, wird nunmehr auch die Jugend nicht zurückstehen. Durch eine gemeinsame Anordnung des Reichsluftfahrtministers und Ober-

158

befehlshabers der Luftwaffe, des Leiters der Parteikanzlei, des Reichsinnenministers, des Reichserziehungsministers und des Jugendführers des Deutschen Reiches wurde festgelegt, daß die höheren Schüler Gelegenheit zum Einsatz als Luftwaffenhelfer erhalten sollen. Der Einsatz wird vor allem in den luftbedrohten Gebieten erfolgen, wobei die Luftwaffenhelfer im Heimatort und dessen unmittelbarer Nähe verbleiben und somit in laufender Verbindung mit ihrem Elternhaus stehen. Lediglich Schüler, die in Internaten wohnen, können auch geschlossen im Reichsgebiet außerhalb des Schulortes eingesetzt werden. Der Einsatz erfolgt auf Grund eines besonderen Heranziehungsbescheids.

Mit Rücksicht darauf, daß die höheren Schulen ein besonderes Kontingent an Nachwuchs für die gerade im Kriege wichtigen Berufe, wie z. B. Ärzte, Wissenschaftler, Ingenieure, Techniker, stellen, wird besonderer Wert darauf gelegt, daß der Unterricht in möglichst großem Umfange weitererteilt werden kann. Die Schüler werden daher klassenweise zusammen eingesetzt(,) und der Unterricht wird durch die bisherigen Lehrer weitergeführt. Die Betreuung erfolgt, solange sich die Luftwaffenhelfer nicht unmittelbar im militärischen Dienst befinden, durch einen Betreuungslehrer, dem ein HJ.-Führer als Mannschaftsführer zur Seite steht. Mit dem Kriegseinsatz der deutschen Jugend ist ein weiterer Schritt zur totalen Mobilisierung aller Kräfte des deutschen Volkes getan.«

Die Ober- und Mittelschüler, die am 15. Februar überall im Reich dem Ruf an die Kanonen folgen mußten, waren die damals 16- und 17jährigen Jungen der Geburtsjahrgänge 1926 und 1927. Die Pennäler aus den sechsten und siebenten Klassen der höheren Schulen bildeten das Heer der ersten 90 000 Luftwaffenhelfer (abgekürzt: »Lw.-H.«), die der Heimatflak zugeteilt wurden. Im Jahre 1944 folgten dann die Schüler des Jahrgangs 1928.

Doch nicht alle Jungen, die zum Militärdienst eingezogen wurden, trugen die Uniform der Luftwaffe. Auch die Kriegsmarine beanspruchte für ihre Verteidigungsaufgaben jugendliche Kanoniere, die im Gegensatz zu den Luftwaffenhelfern die Bezeichnung »Marinehelfer« erhielten. Die Einberufung zur Flak blieb aber nicht allein auf die Schüler beschränkt. Im Sommer 1944 traf das Los auch die Jungarbeiter.

Über die »Neuregelung im Kriegsdienst der HJ.« unterrichteten die MNN ihre Leser am 2. August 1944: »Nachdem die beiden ältesten Jahrgänge der Mittel- und der Oberschulen für Jungen seit nun fast eineinhalb Jahren als Luftwaffenhelfer und Marinehelfer im Rahmen des HJ.-Kriegseinsatzes unmittelbar Soldaten für die Front oder für andere nicht durch Hilfskräfte zu besetzende Stellen freigemacht und sich dabei bewährt haben, erfolgt jetzt, anläßlich der Ablösung zum 1. August, eine grundsätzliche Umstellung. Statt bisher zwei wird künftig jeweils nur ein Jahrgang der Mittel- und Oberschulen herangezogen, so daß die Jungen ein Jahr länger unmittelbar auf den Schulen bleiben. Gleichzeitig wird, bei unveränderter Gesamtzahl der Luftwaffen- und Marinehelfer, einem Teil der Jungarbeiter die Teilnahme an diesem Einsatz erschlossen. Reichsjugendführer Axmann hat die Berufstätigen des Geburtsjahrganges 1928 aufgerufen, sich freiwillig hierfür zu melden. Es kommen aber nur diejenigen Jungarbeiter in Betracht, die nicht aus kriegsmäßigen Arbeitseinsatzgründen oder im Interesse des Abschlusses ihrer Berufsausbildung in den Betrieben bleiben müssen.«

»Milchgesichter unter dem Stahlhelm«

Obwohl die »Flakhelfer«, wie die jüngsten Soldaten der Wehrmacht bald nur noch hießen, die graue Uniform der Luftwaffe oder das blaue »Päckchen« der Kriegsmarine trugen, unterstanden sie weiter der Hitler-Jugend. Der Reichsjugendführer Arthur Axmann dachte nicht daran, die jungen Kameraden freizugeben. Energisch setzte er die Kennzeichnung »Hitlerjungen im Kriegseinsatz« durch und erreichte auch, daß hinter der dienstlichen Bezeichnung »Luftwaffenhelfer« die Buchstaben »HJ« in Klammern hinzugefügt werden mußten. Um die Zugehörigkeit zur Hitler-Jugend darüber hinaus optisch zu unterstreichen, hatten die Flakhelfer weiter im Dienst und in der Freizeit die rotweiß-rote Hakenkreuzarmbinde der HJ über der Uniform zu tragen. So gekleidet und gekennzeichnet, zogen die »Luftwaffenhelfer (HJ)« in den Bombenkrieg, ohne zu ahnen, was sie dort erwartete. Und für viele erfüllte sich auf grausame Weise das Lied der HJ, das sie unzählige Male gesungen hatten: »Deutschland, sieh uns, wir weihen dir den Tod als kleinste Tat, grüßt er einst unsre Reihen, werden wir die große Saat.«

Doch im Februar 1943 stand der schwere Weg, der vor den meisten Flakhelfern lag, weder den Ausbildern noch den »Milchgesichtern unter dem Stahlhelm« vor Augen, wie Melita Maschmann, Referentin der *Pressestelle des BDM (Bund Deutscher*

Mädel) in der Reichsjugendführung, später die jungen Leute voller Mitleid nannte. Noch schien der Sieg, wenn es auch eine Täuschung war, greifbar. Und die Begeisterung, die der Dienst an der Waffe bei der Mehrzahl der Jugend weckte, war nicht zu leugnen. »Im Grunde«, erklärte einer der rund 200 000 Flakhelfer, die an der Heimatfront gestanden hatten, nach dem Krieg, »war auch eine gewisse Abenteuerlust dabei. Die Beherrschung dieser technischen Monster, dieser Kanonen, dieser Geräte, ich gebe ehrlich zu, das hat einigen von uns, mir zum Beispiel, Spaß gemacht. Die Überlegung, was man damit anrichtete, fand nicht statt.«

In München hatte der Kommandierende General und Befehlshaber im Luftgau VII, General der Flakartillerie Emil Zenetti, die Luftwaffenhelfer unter seine Obhut zu nehmen. Der Offizier war sich durchaus der Verantwortung bewußt, die mit dieser Aufgabe auf ihn zukam. Deshalb befahl er seinen Untergebenen, den jungen Leuten von Anfang an ein Vorbild zu sein, um sie vor Enttäuschungen zu bewahren. Insgeheim hegte Zenetti dabei die Hoffnung, aus den Reihen der höheren Schüler neuen Offiziersnachwuchs zu gewinnen.

Am 8. Februar 1943 richtete der General das folgende vertrauliche Schreiben an seine Batteriechefs: »Wenn ich mich heute persönlich an meine Kommandeure wende, so geschieht dies in der Erwägung, daß der gesamten Flakartillerie des Heimatkriegsgebietes durch diesen aus der Not der Zeit geborenen Einsatz eine einmalige, nie wiederkehrende Gelegenheit geboten wird, bestes, einheitliches Menschenmaterial für ihre Waffe zu begeistern und heranzuziehen.

Bei der derzeitigen, infolge der Vielzahl der Neuaufstellungen eingetretenen starken Verwässerung der Einheiten bildet die Zuführung dieser einsatzfreudigen, geweckten und zweifellos stark interessierten Jugend die Quelle eines neuen Auftriebs seelischer und geistiger Art für die Truppe.

Dies setzt nun allerdings voraus, daß alle führenden Kräfte der Truppe sich mitreißen lassen und mit Umsicht, Geschick und Takt wie auch eigener Begeisterung sich an die Lösung dieser gänzlich neuen Probleme heranmachen.

Die Jungen müssen vom ersten Augenblick an fühlen, daß man ihr Erscheinen nicht als kriegsbedingte Notwendigkeit, sondern als günstige Fügung soldatischen Schicksals deutet und es nur an ihnen liegt, das ihnen entgegengebrachte Vertrauen zu halten und zu festigen.

Die Kommandanten sollen Mittler sein zwischen der Autorität unserer Batterieführer und dem Heißsporn der jugendlichen übereifrigen Flakhelfer. Es muß alles vermieden werden, daß diese vor den Kopf gestoßen werden, sollten sie nicht samt und sonders verloren gehen.

Durch unermüdliche väterliche Fürsorge für das leibliche und geistige Wohl der Jungen, durch die besondere Gestaltung einer anpassungsfähigen Ausbildung, durch restloses Vertrauen und volle Einschätzung der altersbedingten Leistungen muß sich alsbald ein kameradschaftliches Band um Truppe und Helfer schlingen.

Auf die tadellose Unterbringung und Einkleidung der Jugend, die von Ihnen persönlich zu überwachen ist, muß besondere Sorgfalt verwendet werden. Die Verpflegung muß von Anfang an klappen. Die Schüler werden klassenweise eingesetzt. Sie bringen damit einen einheitlichen Zug und Geist mit. Sie wissen, daß sie bereits eine gewisse Auslese innerhalb ihrer Jahrgänge darstellen. Durch den Schulbetrieb sind sie gewohnt, den vor der Front stehenden Erzieher und Führer mit kritischen Augen zu betrachten. Jede Nachlässigkeit wirkt sich bei den Jungen doppelt ungünstig aus. Das gleiche gilt vom Unterricht. Nur souveränes Wissen imponiert. Daher besondere Sorgfalt in der Auswahl der ausbildenden Unteroffiziere. Besser, der Batteriechef erteilt selbst Unterricht, als daß er sich durch das eintönige Geleier eines sturen Ausbilders die mühselige Aufbauarbeit verderben läßt.

Wenn die Jungen erst fühlen, daß man sie soldatisch voll nimmt und ihnen alles gegeben wird, dann hege ich keine Zweifel, daß dieser Einsatz der deutschen Jugend ein segensreiches Ereignis für die Flakartillerie des Heimatkriegsgebietes bedeutet. So ausgerichtet wird auch die vom Luftwaffenbefehlshaber Mitte gestellte Aufgabe, eine möglichst große Zahl von Luftwaffenhelfern an die aktive Offizierslaufbahn heranzubringen, gelöst werden können.«

»Gruppenfeuer« mit der »schweren Flak«

Unter den Luftwaffenhelfern, die am 15. Juli 1943 zur Flak einberufen wurden, befand sich auch der 16 Jahre alte Oberschüler Helmut Geys aus Schwabing.[100] Mit ihm ging seine Klasse aus dem Alten Realgymnasium in der Siegfriedstraße, wie es üblich war, geschlossen an die Heimatfront. »Die Batterie, zu der wir kamen«, erinnert sich Geys, »lag am Hasenbergl. Hier erstreckte sich nördlich von Milbertshofen eine Wiese, die von der letzten Straßenbahnhaltestelle zu Fuß in zehn bis zwanzig Minuten zu erreichen war. Als wir dort eintrafen, befanden sich da schon Schüler des Jahrgangs 1926 aus unserer Schule. Wir gehörten dem Jahrgang 1927 an.«

Geys wurde mit seinen Kameraden zur Ausbildung für die ersten vier Wochen in Baracken untergebracht, die in der Nähe der Batterie lagen – »vielleicht einen Kilometer weiter weg«. In jeder Stube lebten »so zwölf Mann« und in jeder Baracke »etwa hundert Mann« oder auch nur »fünfzig Mann«. Das hing von der Größe der Unterkünfte ab. »In diesem Barackenlager – das war das *spätere* Lager Frauenholz – hatten wir einen Unteroffizier als Ausbilder.«

Im Ausbildungslager erhielten die Schüler bereits die Uniform der Luftwaffe, die sie im allgemeinen mit Stolz trugen. Weniger dagegen gefiel den Jungen, daß sie am Arm weiter die Binde der Hitler-Jugend führen mußten. »Gegen die Armbinde hatten wir eine Aversion«, berichtet Geys. »Nicht weil wir uns als Antinazis fühlten, so war das damals nicht, jedenfalls nicht bei uns Jugendlichen, sondern weil wir als Soldaten gelten wollten – und nicht als Hitlerjungen. Deshalb haben wir die Binde heruntergenommen, wenn wir Ausgang in die Stadt hatten. Wir erhielten ja jede Woche mindestens einmal Ausgang, um die Eltern besuchen zu können.«

Die Ablehnung, mit der die Flakhelfer die Armbinde der HJ bedachten, blieb den Vorgesetzten nicht verborgen. »Das haben die allmählich spitz bekommen«, erinnert sich Geys. »Beim Ausgang kontrollierten uns die Vorgesetzten dann immer, ob die Binde auch an der Uniform festgenäht war.« Und das geschah sehr gründlich. »Die sind da am Rand mit dem Finger herumgefahren.«

Weiter war vorgeschrieben, daß die Flakhelfer auch an ihrer Schirmmütze das HJ-Abzeichen zu tragen hatten. »Aber wir«, berichtet Geys, »haben uns schon bei der Einkleidung auf Anraten der älteren Luftwaffenhelfer, die vor uns eingerückt waren, den Adler der Luftwaffe angesteckt, den auch die Soldaten an ihrer Mütze hatten. Das Abzeichen erhielten wir in der Bekleidungskammer. Das hat auch niemand beanstandet. Die Unteroffiziere haben gemeint, das sei selbstverständlich.«

Die Batterie am Hasenbergl bestand aus vier, »vielleicht aber

Verwundete, mit dem Kriegsverdienstkreuz dekorierte »Flakhelfer« und Hitler-Jungen sind Ehrengäste bei der Parteiveranstaltung am 9. November 1943 in München.

auch schon aus sechs« Geschützen und aus einem Kommando-gerät, das als sogenannte *B-Stelle (=Beobachtungsstelle)* die Ziel-werte für die Kanonen lieferte. Bei diesen handelte es sich um Geschütze der *8,8 cm Flak 36.* »Das«, erklärt Geys, »war also die schwere Flak.« Die Bedienungsmannschaft einer Kanone setzte sich anfangs aus zehn, später aus sieben Mann zusammen. Dazu gehörten neben dem Geschützführer, der gewöhnlich ein Unteroffizier war, und neben den Ladekanonieren der *K 1 (Höhenricht-Kanonier)*, der *K 2 (Seitenricht-Kanonier)* und der *K 3*, der das *Zünderstellgerät* bediente. Er hatte die Entfernung einzustellen, in der die Granate explodieren sollte. Auf die Feuerkommandos »Achtung! – Gruppe! – Achtung! – Gruppe!« trat die Batterie in Aktion. Dabei schossen die Kanonen nicht einzeln, sondern alle Geschütze einer Flakstellung feuerten gleichzeitig – »Gruppenfeuer« genannt im Gegensatz zum Einzelfeuer.

Im Oktober 1943 zog Geys dann mit seinen Klassenkameraden vom Hasenbergl nach Allach-West um. »Dort war mitten im freien Feld, etwa zwei Kilometer westlich des Bahnhofes Karlsfeld, eine neue Batterie aufgebaut worden. Verglichen mit dem Standort am Hasenbergl, der sehr dicht an bewohntem Gebiet lag, war das hier fast wie in Sibirien. Es ist dann auch Winter geworden. Wir hatten zunächst in der Batterie kein fließendes Wasser. Das wurde mit einem Pferdefuhrwerk in Tankwagen herangefahren. Das war alles recht primitiv. Das sogenannte *Schutzobjekt* der Batterie war das Allacher Werk der Firma ›Krauss-Maffei‹, das vielleicht einen Kilometer von uns entfernt war. Das hatte den Nachteil, daß bei jedem Fliegeralarm das Werk und die ganze Umgebung und damit auch unsere Batterie eingenebelt wurden. Wenn wir also Fliegeralarm hatten, steckten wir binnen kurzer Zeit in einer dichten, weißen, milchigen Masse drin. Das hat in den Augen gebissen und im Hals gekratzt. Also das war nicht angenehm. Und sehen konnte man nur zehn Meter weit. Die Funktion der Batterie hat der künstliche Nebel aber nicht beeinträchtigt.«

»Körperteile, an denen noch Kleiderfetzen hingen«

Zu dieser Zeit war die deutsche Flakartillerie bereits mit Funkmeßgeräten ausgerüstet, die es ermöglichten, Flugzeuge auch bei schlechter Sicht, in der Nacht und über Wolkendecken zu bekämpfen. Die Zielradaranlagen waren unter der Tarnbezeichnung »Würzburg« erstmals im Sommer 1941 zur Führung der Nachtjäger in der Kammhuber-Linie eingesetzt worden. Die neue Radartechnik gestattete nun *auch die* kombinierte Nachtjagd, bei der Flak und Jäger gemeinsam in Aktion traten. »Dies«, berichtet der Militärhistoriker Janusz Piekalkiewicz, »wird im Raum der Großstädte mit starkem Flakschutz wie Berlin, Hamburg, Kiel, Bremen, Köln, Düsseldorf, Frankfurt am Main und München praktiziert. Erkennt der Jägerleitoffizier im Gefechtsstand, daß der Einsatz eines Jägers Erfolg verspricht, dann erbittet er vom Flak-Kommandeur die Einstellung des Feuers in dem betreffenden Abschnitt.«

In der Batterie Allach-West hatte Geys sein erstes grausiges Erlebnis. »Wir hörten«, erinnert er sich an diesen Nachtangriff, »dauernd die Abschüsse, auch das Brummen der Flugzeuge – und plötzlich ein so orgelndes, starkes Motorengeräusch, ganz tief über uns, also offenbar von einem sehr tieffliegenden Flugzeug. Und kurz danach vernahmen wir ein paar dumpfe Detonationen. Da muß ein Bomber – wir haben es dann auch am nächsten Tag erfahren – ganz in der Nähe abgestürzt sein. Der hatte wohl noch eine Notlandung versucht. Er ist dann beim Aufschlagen oder kurz vor dem Aufprall explodiert – etwa einen halben Kilometer von der Batterie entfernt.

Am nächsten Tag mußten wir da hin, um Munition einzusammeln. Das war eigentlich recht interessant, denn so kamen wir direkt an die Absturzstelle. Aber wir fanden dort keine großen Teile des Wracks. Das Flugzeug muß es förmlich zerrissen haben. Vielleicht hatte die Maschine auch noch die Bombenladung an Bord. Ich kann es mir nicht erklären. Jedenfalls waren keine großen Teile mehr da, aber in einem größeren Umkreis lagen unheimlich viele mittlere und kleinere Trümmer herum. Und dort mußten wir die ganze Maschinengewehrmunition einsammeln, die da von der Bordbewaffnung verstreut war. Leichen fanden wir nicht. Wir entdeckten jedoch kleinere Teile von Toten. Ich kann mich an ein Maschinengewehr erinnern, wo noch eine Hand dran war, genauer die Finger, die offenbar bei der Detonation entweder abgerissen oder eingeklemmt worden waren. Auch Körperteile bemerkte ich, an denen noch Kleiderfetzen hingen.«

Das zweite Erlebnis, das dem Schüler die Schrecken des Krieges in schauerlicher Weise vor Augen führte, hatte Geys in der Batterie Obergrashof unweit von Dachau, wohin er schließlich mit seinen Klassenkameraden von Allach gekommen war. Mit dem Fortgang des Krieges wurden die Flakstellungen immer weiter hinaus an die Peripherie der Stadt verlegt. »Als wir nach einem Angriff einmal die Batterie verließen«, berichtet Geys, »fanden wir zwischen den Geschützwällen zwei amerikanische

Fliegersoldaten. Sie lagen in Uniform ohne Fallschirm da – tot natürlich, aber scheinbar unverletzt. Wir standen herum und schauten sie an. Sie sahen aus, als fehle ihnen nichts.«

Kurz darauf fanden die Flakhelfer das Wrack eines amerikanischen Bombers, der, nur »300 oder 500 Meter von der Batterie entfernt«, auf einer Wiese abgestürzt war. Aus diesem Flugzeug stammten die beiden Toten. »Die Maschine«, fährt Geys fort, »war vielleicht in der Luft auseinandergebrochen. Ich weiß es nicht. Jedenfalls sind die zwei ohne Fallschirm herausgestürzt und bei uns direkt zwischen die Wälle gefallen. ›Gelt‹, sagte einer der Luftwaffenhelfer zu uns, »ihr habt kein Mitleid mit denen? Die bombardieren ja auch unsere Zivilbevölkerung.‹

Wir waren auch nicht erschüttert. Nur wunderten wir uns, daß die Toten keine Verletzungen aufwiesen. Wenn man aber einen Fuß der beiden bewegte oder drehte, blieb er so liegen, wie man ihn gedreht hatte. Innerlich waren die Körper wahrscheinlich völlig zerschmettert.

Dann schauten wir uns das Flugzeug an, das ziemlich zertrümmert, aber in großen Teilen noch erhalten war. Von den Maschinengewehren – die Amerikaner hatten immer schwere MG – waren einige intakt. Die wurden ausgebaut, und auch die Munition nahmen wir heraus. Ein überschweres Maschinengewehr montierten wir dann gegen Tiefflieger auf einem Pfahl in der Mitte der Batterie.«

Feuerbereitschaft und Schulbetrieb: »Deutschland muß siegen«

Auch in den Flakstellungen ging der Schulbetrieb weiter. Die Lehrer hatten ihren Schülern an die Heimatfront zu folgen. Nach den Vorschriften waren in der Woche mindestens 18 Unterrichtsstunden zu halten. »Uns«, erinnert sich Geys, »unterrichteten zum Teil noch Lehrer unserer Schule. Einer von ihnen mußte jeden Tag mit dem Fahrrad zur Batterie hinausfahren. Das war für den auch eine Strapaze. Wir hatten ihn recht dick, weil wir meinten, daß er für unsere dienstlichen Belange wenig Verständnis habe. In Wirklichkeit wollte er halt für uns das Beste. Dem Lehrer zerschnitten sie auch mal den Schlauch an seinem Fahrrad. Wir mußten nach dem Unterricht exerzieren und steckten voll im militärischen Betrieb drin. Für die Schule hatten wir deshalb keinen Sinn.

Mathematik gab uns ein Unteroffizier, der bei uns in der Batterie war. Der arbeitete im Zivilberuf als Schullehrer. Er brachte für uns Verständnis auf. Auch verstand er, daß wir für die schulischen Dinge nicht mehr sehr viel Interesse hatten.

Der Unterricht fand in einer Baracke oder in Allach-West statt. Hatten wir in der Baracke keinen Platz, so gingen wir in ein Gasthaus, das von der Batterie zu Fuß in fünf Minuten zu erreichen war. Da befanden sich Räume, und dort hatten wir unseren Unterricht. Wenn der Befehl zur Feuerbereitschaft kam, wurde von der Batterie aus in der Gaststätte angerufen, und dann war der Unterricht sofort aus. Wir liefen auch unverzüglich zur Batterie hinüber, sobald wir die Feuerglocke, die Alarmglocke, schrillen hörten.«

Bei Feuerbereitschaft hatten die Flakhelfer in ihrer Batterie an Ort und Stelle zu sein. Oft mußten sie dann auf ihrem Posten stundenlang ausharren. Vor allem im Winter war das Stehen im Freien für die Geschützmannschaften während der langen Alarme überaus unangenehm. »Bei der Flak«, berichtet Geys, »begann der Alarm sehr früh.« In der Stadt heulten die Luftschutzsirenen noch nicht, da stürzten die Jungen bereits an die Kanonen. »Oft hatten wir auch Feuerbereitschaft, wenn es danach in München selbst nicht zum Fliegeralarm kam. Sobald irgendwas in absehbarer Umgebung in der Luft war, wurde bei uns Feuerbereitschaft angeordnet.«

Nicht selten griff bald darauf der Tod nach den jungen Kanonieren und riß unbarmherzig Kameraden aus ihrer Mitte. Melita Maschmann sah einmal eine Reihe toter Luftwaffenhelfer nebeneinanderliegen. »Eben erst«, berichtet sie,[101] »war ein Luftangriff zu Ende gegangen. Die Flakstellung, in der diese Schuljungen Dienst taten, hatte mehrere Volltreffer bekommen. Ich kam in einen Barackenraum, in dem die Überlebenden sich gesammelt hatten. An den Wänden entlang saßen sie auf dem Fußboden und wandten mir ihre weißen, vom Grauen verzerrten Gesichter zu. Viele weinten.

In einem anderen Raum lagen Verwundete. Einer von ihnen, ein Junge mit einem runden, weichen Kindergesicht, straffte sich, als der Offizier, in dessen Begleitung ich mich befand, ihn fragte, ob er Schmerzen habe. ›Ja, aber das ist nicht wichtig. Deutschland muß siegen.‹«

VII
FLUCHT AUS DER BEDROHTEN STADT

Der Angriff vom 7. September 1943

Die RAF ließ München nicht zur Ruhe kommen. Im Jahre 1943 griffen die Briten die Stadt auch mit den schnellen Kampfflugzeugen vom Typ *Mosquito* an, die sich zumeist in kleinen Verbänden ihrem Ziel näherten. Ihr plötzliches Auftauchen sollte Unruhe in die Bevölkerung tragen und das öffentliche Leben stören. Diese Überfälle wurden deshalb auch als »Störangriffe« bezeichnet.

Der erste Angriff dieser Art erfolgte am 17. April 1943 in der Nacht. »Um 23.04 Uhr (des Vortages)«, berichtete der Polizeipräsident am 24. April dem Inspekteur der Ordnungspolizei im Wehrkreis VII,[102] »meldet(e) die Flakbrigade dem örtl. Luftschutzleiter größere Feindeinflüge im Raume von Amiens. Bis um 0.16 Uhr kamen zahlreiche Meldungen über das Vordringen der Feindflugzeuge über Reims, Metz, Pirmasens und Baden-Baden mit Kurs nach Osten. Nach dem Fliegeralarm um 0.44 Uhr gingen von der Flakbrigade Meldungen darüber ein, daß etwa 50 Feindflugzeuge im Anflug auf den Luftschutzort München sind. Auf Grund dieser Meldungen mußte mit einem Großangriff auf München gerechnet werden.«

Von den rund 50 gemeldeten Maschinen, die in den Bereich des Luftgaus VII einflogen, drangen jedoch nur elf Flugzeuge ins Stadtgebiet vor. Allen anderen gelang es nicht, die Abwehr der Flak zu durchbrechen. »Durch das Flakfeuer«, betonte der Polizeipräsident, »wurde der Einflug von stärkeren Kräften des Feindes in den Luftschutzort München verhindert bzw. wurden die im Bereich des Luftschutzortes München befindlichen Feindflieger am gezielten Bombenabwurf gehindert.«

»Störangriffe« durch »Mosquitos«

Bei dem Angriff, der mit der Entwarnung um 2.50 Uhr sein Ende fand, fielen nur zwei Minenbomben (1 800 Kilogramm) sowie elf Leuchtbomben und fünf Zielmarkierungsbomben. Der Abwurf der Bomben selbst forderte kein Menschenleben. Doch starb eine Person während des Luftüberfalles »ohne Feindeinwirkung«, wie der Polizeipräsident hervorhob, im Luftschutzraum an einem Gehirnschlag. Zehn Menschen erlitten Verletzungen. Obdachlos wurde niemand.

Weitere Störangriffe folgten. In der Nacht zum 18. Mai flogen drei *Mosquitos* München an, ohne als Angreifer eine nennenswerte Wirkung zu erzielen. Auch der nächste Überfall, an dem in der Nacht zum 16. Juli sechs *Mosquitos* beteiligt waren, endete mit einer Schlappe für die RAF. Nur zwei Maschinen erreichten ihr Ziel.

In der darauffolgenden Nacht näherten sich erneut sechs *Mosquitos* der Landeshauptstadt, die um 2.12 Uhr zum Angriff auf München ansetzten.[103] Über den Anflug der Briten berichtete der Polizeipräsident noch am 17. Juli dem Inspekteur der Ordnungspolizei: »Um 1.29 Uhr meldete die Flakbrigade dem örtl. LS-Leiter Feindeinflüge im Raume Straßburg mit Kurs Südost(,) und um 1.44 Uhr wurden feindliche Flugzeuge im Raume von Donaueschingen mit Kurs Südost gemeldet. Von dort aus drehten die Flugzeuge nach dem Raume Ulm und Bodensee ab und setzten den Einflug in ostwärtiger Richtung nach dem Raume Augsburg und München fort. Die Gesamtstärke der eingeflogenen Feindmaschinen in den Raum München wurde vom Warnkommando München auf 20-30 Flugzeuge geschätzt. Von diesen haben nur einzelne Flugzeuge den Luftraum über München durchflogen, wobei vermutlich nur 1 feindliches Flugzeug Bomben abwarf. Die Flak trat während des Angriffes nicht in Tätigkeit. In den an München angrenzenden Lufträumen waren Nachtjäger eingesetzt.«

Bei dem Störangriff, der nur eine Minute lang dauerte, fielen drei Sprengbomben (je 250 Kilogramm), von denen sich eine als Blindgänger erwies. Der Schaden, den die Bomben anrichteten, war jedoch nicht erheblich. Niemand fand den Tod, und die Zahl der Verletzten belief sich auf 16 Personen, davon zehn Frauen und ein Bub. »Die Verwundeten«, vermerkte der Polizeipräsident in seinem Bericht, »befanden sich alle auf dem Weg zum Schutzraum.«

Die Angriffe beunruhigten die Münchner. Sie fühlten sich in ihrer Stadt nicht mehr sicher, und die Angst vor neuen Überfällen griff in der Bevölkerung um sich. Zugleich beobachteten die Menschen mit zunehmender Besorgnis die politische Lage in Italien und die Entwicklung an der Front. Über die verzweifelte

Stimmung in München schrieb Friederike Kurz am 26. Juli 1943 in ihren Kalender: »Panik über die Lage.« Am selben Montag vermerkte die Nichte in ihrem Notizbuch: »In der Frühe wurde im Radio gesagt, daß Mussolini, der Duce von Italien, als Regierungschef zurückgetreten und an seine Stelle Marschall Badoglio eingesetzt worden ist. Der König hat das Heer übernommen. Es waren alle sehr überrascht.«

»Panikstimmung« in München wegen des Umsturzes in Italien

Am Mittwoch, dem 28. Juli, fuhr Margarete Konetzky in ihren Aufzeichnungen fort: »Alles ist sehr aufgeregt, weil man nicht weiß, was mit Italien wird. Wir sind alle wegen Italien in großer Unruhe und Angst. Was wird kommen? Schließt Italien Frieden und läßt den Feind ins Land? Dann bekommen wir im Süden die Front. Hamburg wurde durch sechs schwere Bombenangriffe vollständig zerstört. Wir überlegen uns, ob wir nicht die Großmutter nach Tettenweis bringen sollen. Berlin soll schon von den Frauen und Kindern evakuiert werden. Überall ist eine Panikstimmung. Es kommen entsetzlich viele Truppen nach dem Süden. Rommel soll in München sein, Mussolini in Salzburg.«

Über der »Hauptstadt der Bewegung« lag eine spannungsgeladene Atmosphäre, die auch in den nächsten Tagen anhielt. Am Montag, dem 2. August, machte Friederike Kurz ebenfalls in ihren Notiz den Vermerk: »Panikstimmung.«

Zwei Tage darauf notierte sich die Nichte: »Hans (der Ehemann, Anm. d. Verf.) hat heute Wache in Pullach im Hauptquartier von Rommel. Wir haben Rucksäcke gepackt. Im Falle, daß wir München verlassen müssen und wir evakuiert werden. Man muß jetzt mit allem rechnen. Jeder ist entsetzlich verstimmt. In der reinsten Panikstimmung.«

Auch über die Ereignisse in den folgenden Tagen führte Margarete Konetzky weiter Buch. Am Donnerstag, dem 5. August, schrieb sie: »Als ich am Abend vom Büro heimkam, war Hans schon da. Wir gingen beide gleich zur Mutter in die Kölblstraße. Mama und Tante kamen nach. Wir sagten der Großmutter, daß Mutter in Tettenweis ein Quartier suchen wird, um sie dort hinbringen zu können, bevor die Bombenangriffe wieder auf München beginnen.«

Am Sonntag, dem 8. August, vertraute die junge Frau ihrem

Tagebuch an: »Um 10 Uhr habe ich Hans in die Türkenkaserne begleitet, weil er wieder bei Rommel in Pullach Wache hat. Wir sind alle schrecklich unglücklich wegen des Krieges. Nachdem ich heimkam, haben wir alle nichts anderes getan als Koffer gepackt, die wir nach Tettenweis schicken wollen mit Wäsche und Kleidungsstücken.«

Am Montag, dem 9. August, machte Margarete Konetzky folgende Eintragung: »Heute (ist) Mutter nach Tettenweis gefahren, um ein Zimmer für sich und Großmutter zu mieten, damit sie wegen der zu erwartenden schweren Bombenangriffe dorthin ziehen kann und wir unsere Sachen dahin schaffen können. Wir sind alle _ auch die anderen Menschen um uns _ in einer schrecklichen Verfassung. Es ist eine wahre Panikstimmung seit dem Abgang von Mussolini und der Zerstörung Hamburgs. Mutter und Großmutter werden nach Tettenweis ziehen. Man weiß nicht, was wir alle für ein schreckliches Ende nehmen werden. Gott behüte uns!«

Mehr und mehr führte nun bei der Chronistin die Verzweiflung über die beängstigende Lage die Feder. Am Mittwoch, dem 11. August, berichtete sie: »Heute nacht hatten wir von halb zwölf bis zwei ein Viertel Uhr Fliegeralarm. Gott sei Dank war aber nichts los. Wir sind nur mehr ganz wenige Leute im Luftschutzkeller, weil jeder fortzieht wegen der Bombenangriffe. Am Abend ist Hans gleich nach mir heimgekommen. Er hatte gemeint, daß heute seine letzte Wache bei Rommel sei. War sehr enttäuscht, daß er sie weiter halten muß. Das ist aber trotzdem ein Glück für ihn, da er sonst ständig Wache in der Kaserne halten müßte für etwaige Fälle von Landungen feindlicher Truppen.«

Unruhe über »Evakuierung«

Am folgenden Tag, dem 12. August, vermerkte die Tante in ihren Aufzeichnungen: »Ungeheure Menschenmassen zum Schlafen außerhalb der Stadt.« Immer mehr Münchner verließen am Abend die Stadt, um nachts nicht das Opfer britischer Bomben zu werden. Auch die Partei in der »Hauptstadt der Bewegung« begann sich jetzt darüber Gedanken zu machen, wie der bedrohten Stadtbevölkerung zu helfen sei. Am 19. August notierte sich Friederike Kurz: »Giesler spricht über die Evakuierung.« Und am 22. August vertraute die Chronistin nach einem sehr heißen Tag, der am Abend ein Gewitter brachte, ihrem Kalender die bange Frage an: »Was wird heute in einem Jahr sein?« Die Sorge vor der Zukunft lag drückend auf den Herzen der Menschen, die den Siegesparolen der Nationalsozialisten schon längst nicht mehr Glauben schenkten. Zudem nahm die Angst vor neuen Bombenangriffen nach den Worten von Margarete Konetzky weiter zu.

Wie berechtigt die Furcht der Münchner war, zeigte sich am 7. September, als das britische Bomberkommando wieder die »Hauptstadt der Bewegung« mit einem Großangriff heimsuchte. Am Abend des vorangegangenen Tages überflogen 404 Bomber, und zwar 257 *Lancasters* und 147 *Halifaxes*, die Reichsgrenze und nahmen Kurs auf München,[104] das nun bereits seinen *neunten Luftangriff* – die Störangriffe nicht gerechnet – erlebte. Von 0.02 bis 2.12 Uhr mußte die Bevölkerung in dieser Nacht ohne Schlaf in den Luftschutzkellern ausharren, während aus den Schächten der Kampfflugzeuge eine Bombenlast von 1020 Tonnen auf die Stadt niederging.

Helmut Geys erlebte den Angriff zum erstenmal in der Uniform eines Luftwaffenhelfers. »Damals«, erinnert er sich,[105] »wurde ich in der Batterie am Hasenbergl mit Kameraden als Flugmeldeposten eingesetzt. Wir standen rings um die Flakstellung im Freien, nur geschützt mit einem Stahlhelm, und hatten die Aufgabe, den Himmel zu beobachten. Das war, vom Schauspiel her betrachtet, ein phantastischer Feuerzauber. Im Süden lag die Stadt. Wir sahen die gewaltigen Mündungsfeuer der Geschütze und die Blitze, die hell die Explosionen der Geschosse anzeigten. Später wurde übrigens nur noch Munition verwendet, die beim Abschuß kein Mündungsfeuer mehr hervorrief. Und die Scheinwerfer erkannten wir, die den Himmel ableuchteten. Ich kann mich aber nicht erinnern, daß diese jemals ein Flugzeug erfaßt hätten.

Dann haben die Briten ihre Leuchtmarkierungen gesetzt. Das war ein prächtiges Schauspiel. Da sind ganze Trauben – man kann es fast mit einem Feuerwerk vergleichen – langsam an Fallschirmen herabgeschwebt. Schließlich haben wir den Brandschein gesehen, der von München ausging. Wir konnten jedoch nicht lokalisieren, wie nah oder wie fern das Feuer war. Das war alles einfach rot erleuchtet.«

Dem Freisinger Oberschüler Ludwig Thalhammer bot sich dieses Schauspiel nicht mehr. Er fiel, wie sein Schulleiter auf dem Domberg, Karl Enzinger, in seiner erst am 6. Juli 1943 begonnenen »Schulchronik« verzeichnete, in dieser Nacht als Luftwaffenhelfer in München. Er blieb nicht das einzige Opfer seiner Klasse. Am 13. Juni 1944 hatte Enzinger die traurige Pflicht, den Tod weiterer Schüler in der Chronik zu vermerken: »Beim Terrorangriff auf München fallen wieder zwei Schüler der 6. Klasse als Luftwaffenhelfer.«

Bei dem bisher schwersten Großangriff am 7. September 1943 warfen die Briten, die vom Ammersee die Stadt anflogen, 73 Minenbomben (je 1800 Kilogramm), 269 Sprengbomben (250 und 500 Kilogramm), 24 Zielmarkierungsbomben (113 Kilogramm), etwa 6 000 Phosphorbrandbomben (14 Kilogramm), etwa 180 000 Stabbrandbomben, davon etwa drei Prozent mit Zerleger- und Sprengkopfladung, 127 Leucht- und Blitzlichtbomben sowie etwa 16 000 Flugblätter und Lebensmittelkarten[106] Wegen des bewölkten Himmels über München waren die kaum auszumachenden Luft- und Bodenmarkierungen, die zuvor von den Pfadfinder-Maschinen gesetzt worden waren, diesmal den nachfolgenden Bombern keine besondere Hilfe.[107]

Über den Anflug der Kampfflugzeuge berichtete der Oberbürgermeister acht Tage nach dem Bombardement: »Der Luftangriff vom 6./7. 9. 1943 wurde in 2 Wellen konzentrisch vorgetragen und hatte das gesamte Stadtgebiet zum Ziele. Betroffen wurden sämtliche LS.(-)Abschnitte (die volle Wucht des Angriffes richtete sich in erster Linie gegen die LS.(-)Abschnitte Süd und Ost, umfassend die Stadtgebiete Sendling, Thalkirchen, Harlaching, Giesing und die Au).

Daß der Angriff nicht auf weitere Teile des Stadtgebietes geschlossen durchgeführt werden konnte, ist wohl auf den Einsatz starker Abwehrkräfte zurückzuführen. Teile der beiden Angriffswellen wurden durch Nachtjäger abgedrängt oder versprengt, soweit ihnen nicht schon der starke Flak-Einsatz den Anflug erheblich erschwerte. Eine Bestätigung finden diese Annahmen in den Abschüssen, die hauptsächlich in den südlichen Stadtrandgebieten zu verzeichnen waren. Nach Mitteilung der Flak-Brigade waren am Angriff etwa 300 Flugzeuge beteiligt, wovon schätzungsweise 50 bis 70 bis zum Stadtkern vorgedrungen sind.«[108]

174

»Entsetzliche Verwüstungen in der Stadt«

Der Angriff kostete 204 Menschen das Leben.[109]Unter den Opfern waren 15 Wehrmachtsangehörige, zwölf Ausländer (zehn Männer und zwei Frauen) und 177 einheimische Zivilisten, davon 66 Männer, 93 Frauen und 18 Kinder. Verletzungen erlitten 778 Personen, unter ihnen neun Kinder. An 26 Schadenstellen wurden 246 Menschen verschüttet, von denen 108 lebend und 137 tot geborgen wurden. »An einigen Schadenstellen«, meldet der Polizeipräsident in seinem Bericht vom 25. September 1943 an den Inspekteur der Ordnungspolizei, »konnten nur noch an aufgefundenen, verkohlten Knochenresten, welche durch das Gerichtlich-Medizinische Institut als Menschenknochen identifiziert wurden, die vermißten Personen festgestellt werden. In einem Falle wurde nichts mehr aufgefunden, da das Absuchen aller Gebäudereste vergeblich war und das Arbeiten des Baggers wegen der glühenden Trümmermassen im Kellerraum eingestellt werden mußte, da der Greifer selbst glühend wurde. Es muß daher angenommen werden, daß die eine dort vermißte Person restlos verbrannt ist.«

Noch unter dem Eindruck des gerade erst überstandenen Angriffs schrieb Friederike Kurz am 7. September in ihren Kalender: »Entsetzliche Verwüstungen in der Stadt. Melusinenplatz furchtbar zugerichtet.« Zwei Tage später fügte sie hinzu: »Furchtbare Stimmung. Was wird noch kommen?« Und Margarete Konetzky, die mit ihrem Mann ein paar Urlaubstage am Achensee verbracht hatte, vermerkte nach der eiligen Rückkehr am 9. September in ihrem Tagebuch: »Die Schäden vom Fliegerangriff sind sehr schlimm. Thalkirchen, Sendling, Giesing, Pullach usw. sind fast ganz zerstört.«

Durch den Abwurf der gewaltigen Mengen von Brandmunition, die große Flächenbrände verursachten, entstanden die meisten Schäden im Klinikviertel, in der Maxvorstadt sowie in den Stadtteilen Thalkirchen, Obersendling, Mittersendling, Obergiesing, Untergiesing und Harlaching. Die Sprengbomben, die in geringerer Zahl als Brandbomben abgeworfen wurden, gingen auf Harlaching, Obergiesing, Schwabing sowie auf die Isarauen und nördlich des Nordfriedhofes nieder. Die größte Zahl aller Minenbomben traf das Gebiet von Harlaching.

Durch Einwirkung der Sprengbomben wurden 344 Gebäude total zerstört und 301 schwer beschädigt. Auf den Einsatz der Brandbomben gingen 536 Totalschäden zurück, und 179 Häuser wurden schwer in Mitleidenschaft gezogen. Somit verloren 17597 Menschen ihr Heim. Von den öffentlichen Gebäuden nahmen das Staatsministerium für Wirtschaft in der Maxburg (Großbrand), das Nationalmuseum (erhebliche Zerstörungen im Mittelbau und im Westflügel durch eine Sprengbombe) und die Technische Hochschule (Großbrand) schweren Schaden.[110]

Über das Leid, das über München hereingebrochen war, konnte auch die NS-Propaganda nicht hinwegsehen. So sprach Kreisleiter Carl Lederer, wie die MNN am 13. September berichteten, von einer »Nacht des Grauens«, als er im Auftrag des Gauleiters Paul Giesler 89 »Soldaten der Heimatfront«, unter ihnen »eine Frau und zahlreiche Hitlerjungen«, für ihren »tapferen Einsatz« während des Angriffes auf München das »ihnen vom Führer verliehene« Kriegsverdienstkreuz überreichte. Dennoch waren die *Münchner Neuesten Nachrichten* in ihrer Ausgabe vom 8. September, die unmittelbar nach dem Bombardement erschien, noch bemüht gewesen, ein wenig Optimismus zu verbreiten. Über das Wiedererwachen des Lebens am Morgen nach dem Angriff hieß es im Blatt: »Die blasse Sonne, die zuweilen nur noch als weiße Scheibe durch die Rauchschwaden drang, hat unsere Stadt an der Arbeit gesehen wie nie zuvor. Wen nicht Betrieb oder Werkstatt rief, der half klirrende Scherben beiseitezufegen, zu flicken, was brüchig war, und zu bergen, was gerettet werden konnte. So löste sich Schreck und Erstarrung im tätigen Zupacken, das die Züge des entfesselten Chaos milderte und den Dingen wieder das Zeichen des ordnenden Menschengeistes verlieh.«

Eugen Roth: »Die eigentliche Bewährungsprobe« für München
»ist noch zu erwarten«

Aber auch Worte, die voller Wehmut an den erloschenen Glanz der Stadt erinnerten, druckte die Zeitung – offenbar unangefochten von Partei und Propaganda. Kein geringerer als Eugen Roth drückte aus, was viele dachten. Der Münchner Schriftsteller, der bis zum Jahre 1933 als Redaktionsmitglied den MNN angehörte, aber dann auf Geheiß der Nationalsozialisten seinen Schreibtisch räumen mußte und erst 1943 wieder als dienstverpflichteter Redakteur zu seinem alten Blatt zurückkehrte, stellte in der Wochenendausgabe vom 11./12. September fest: »Der Krieg hat unsere Städte stiller gemacht, ja, er läßt selbst die Weltstadt Berlin oft recht kleinstädtisch wirken. Geringer Verkehr, frühe Polizeistunde, Fehlen der Lichtreklame, ja der Beleuchtung überhaupt, Einschränkung der Vergnügungsstätten: da ist von dem Brausen und Fluten nicht mehr viel zu spüren. München hat keine Festsommer mehr, der eigentliche Geist der fröhlichen, stilvollen und gemütreichen Stadt kommt selten zur Entfaltung. Mehr noch als in den ersten Kriegsjahren ziehen sich die Menschen in Haus und Familie zurück. Ein Handwagerl im Schupfen ist wertvoller als ein Auto in der Garage _ gehabt haben, gute Beziehungen zu den kleinen Geschäftsleuten und Handwerkern sind wichtiger als einst das großspurige Bestellen von Wein und Hummern frei ins Haus. Jede Kleinigkeit ist mühselig geworden, aber auch jede Hilfe willkommener.

Eines Tages werden, so Gott will, wieder andere Zeiten sein. Manche Not ist dann vergessen(,) und gewiß, das ist der Lauf der Welt, manche Bindungen werden sich wieder lösen. Aber wie man einem alten Kriegskameraden doch auch nach dreißig Jahren noch mit einem Aufleuchten der Augen und einem frohen Gruß begegnet, so wird man auch die treuen Nachbarn nicht vergessen, wenn einst alles wieder seinen friedlich-freizügigen Weg geht. Vorerst ist aber die eigentliche Bewährungsprobe wohl noch zu erwarten, die schwerste Prüfung, die das siebenhundertjährige München zu bestehen hat.«

Aus diesen Zeilen sprach wenig Optimismus, und in der Tat sollte Roth recht behalten. Die schwerste Prüfung stand München noch bevor. Am 2. Oktober 1943 war die Stadt gegen 23 Uhr schon wieder das Ziel britischer Bomber, die wie immer die Nacht vor dem Großangriff mit ihren Leucht- und Zielmarkierungsbomben zum Tag machten. Der Anblick des hellerleuchteten Himmels war den Münchnern längst vertraut, und die Verantwortlichen im Luftschutz wußten, daß es darauf ankam, die Leuchtstäbe der Zielmarkierungsbomben auf schnellstem Wege aufzuspüren und zu bekämpfen, um die Gefahren der gezielten Bombardierung zu vermindern.

Erst am 28. Juli 1943 hatte das für den Luftschutz zuständige Dezernat VII der Stadtverwaltung (München 2, Kaufingerstraße 23/I) dem Kommando der Feuerschutzpolizei den Wortlaut eines Schnellbriefs zur Kenntnis gebracht, in dem vom Reichsminister der Luftfahrt und Oberbefehlshaber der Luftwaffe ausdrücklich auf die Gefährlichkeit der britischen Zielmarkierungsbomben hingewiesen worden war: »Bei den Angriffen der englischen Luftwaffe werden zur Kennzeichnung von Flugweg und

Ziel von den Pfadfindermaschinen Fallschirmleuchtbomben und Zielmarkierungsbomben (250 LB) abgeworfen. Während die Fallschirmleuchtbombe in der Luft schwebend abbrennt, stößt die Zielmarkierungsbombe 60 Leuchtstäbe (farbige Kaskaden) aus, die brennend zu Boden fallen und dort ausbrennen. (Brenndauer rd. 3 Minuten.) Um die Zielmarkierung zu verhindern, ist es notwendig, die Flammen und die Lichterscheinungen der am Boden brennenden Leuchtstäbe schnellstens zu beseitigen. Da das Ablöschen der Leuchtstäbe mit Wasser nur bedingt möglich ist, sind die Leuchtstäbe sofort mit möglichst viel Erde oder Sand zu überdecken.«[111]

2./3. Oktober 1943: pro Minute fast vier Tonnen Bomben auf München

Wie wichtig die Zielmarkierungen für die Angreifer waren, zeigte sich am Samstag, dem 2. Oktober 1943, als sich 294 Maschinen vom Typ *Lancaster* und zwei Flugzeuge vom Typ *B-17 S* der »Hauptstadt der Bewegung« näherten.[112] Obwohl die Sicht über München klar war, hatten die Bomberbesatzungen Schwierigkeiten, sich am Nachthimmel zu orientieren, da die Leuchtzeichen über weite Flächen verstreut waren. So kam es, daß nach den ersten planmäßig ausgeführten Bombenwürfen die nachfolgenden Maschinen im weiteren Verlauf des Angriffs fünfzehn Meilen von ihrem Annäherungskurs abwichen und das eigentliche Ziel verfehlten. Zahlreichen Besatzungen gelang es auch nicht, den Starnberger See zu lokalisieren, der als Ausgangspunkt des Angriffs vorgegeben war.

Über den Verlauf des *zehnten Bombenangriffs* der RAF auf München seit Kriegsbeginn schrieb der Oberbürgermeister am 20. Oktober in seinem Bericht: »Bei dem Luftangriff vom 2./3. 10. 1943 auf die Hauptstadt der Bewegung handelte es sich um einen schweren Terrornachtangriff, der sich so ziemlich auf das gesamte Stadtgebiet erstreckte. Er dauerte von 22.49-0.46 Uhr und richtete sich hauptsächlich auf die südöstlichen und östlichen Stadtgebiete und hier wiederum im besonderen auf die Verbindungslinie vom Hauptbahnhof zum Ostbahnhof. So wurden denn auch die Industrieanlagen und die Großhandelsfirmen, die sich um das Rangiergelände des Ostbahnhofes gruppieren, besonders schwer in Mitleidenschaft gezogen.«[113] Durch die Orientierungsschwierigkeiten, die sich bei den Angreifern ergeben hatten, geriet auch das Münchner Umland in den Bombenhagel. Betroffen waren die Landkreise Dachau, Ebersberg, Erding, Miesbach, Schongau, Bad Tölz, Wolfratshausen und Weilheim. Dort fielen allein insgesamt 13 Minenbomben, 49 Sprengbomben, 437 Phosphorflüssigkeitsbrandbomben, 3010 Stabbrandbomben sowie 324 Zielmarkierungsbomben, Leuchtfallschirme und Leuchtbomben.

Auf München selbst warfen die Briten noch mehr Bomben als beim letzten Angriff. Diesmal erreichte das »Bomber Command«, wie der Militärhistoriker Janusz Piekalkiewicz später feststellte, sogar einen Rekord, der alles übertraf, was bisher an Abwurfmunition in dieser Geschwindigkeit auf eine Stadt niederging: Pro Minute entleerten die Kampfflugzeuge fast vier Tonnen Bomben auf München. Insgesamt luden sie über den Häusern 78 Minenbomben (je 1800 Kilogramm), 309 Sprengbomben (250, 500 und 900 Kilogramm), 47 Zielmarkierungsbomben (113 Kilogramm), rund 7000 Phosphorbrandbomben (14 Kilogramm), etwa 190 000 Stabbrandbomben (1,7 Kilogramm), 108 Leuchtbomben, 43 Blitzlichtbomben sowie zirka 14 000 Flugblätter ab.[114]

Das Chaos, das der Angriff auslöste, nutzte der 51 Jahre alte Michael Wohlfart zur Ausführung eines Mordplanes.[115] Während die Stadt im Bombenhagel erbebte, drang der Mann in der Riedgaustraße mit einer Pistole in den Luftschutzkeller seines Hauses ein und richtete die Waffe wortlos auf seine Ehefrau, die dort mit ihrer 28jährigen verheirateten Tochter und mit dem 13 Monate alten Enkelkind Schutz vor den Bomben gesucht hatte. Er gab zunächst zwei tödliche Schüsse auf die Frau ab und schoß dann zweimal auf die flüchtende Tochter, die mit Lungenschüssen zusammenbrach. Die Schwergetroffene erlag ihren Verletzungen am Tag darauf im Bogenhauser Krankenhaus. Der Todesschütze, der nach der Tat die Flucht ergriffen hatte, richtete sich selbst mit einem Schuß in den Kopf, als er festgenommen werden sollte. Nach den Ermittlungen der Polizei hatten zerrüttete Eheverhältnisse zu dieser Familientragödie geführt.

Bei dem Angriff wurde der Münchner Osten durch den »massierten Abwurf von Spreng- und Brandmunition«, wie der Polizeipräsident am 27. Oktober 1943 in seinem Bericht an den Inspekteur der Ordnungspolizei hervorhob, »am schwersten betroffen«. In einer zuvor abgegebenen »kurzen Darstellung des Angriffes« hatte die Luftschutzbehörde festgestellt: »Durch Abwurf schwerer Sprengbomben, insbesondere von solchen mit

900 kg, entstanden schwerste Gebäudeschäden und große Verschüttungen.«[116] An 29 Schadenstellen wurden 250 Personen verschüttet.[117] Von diesen konnten 105 Menschen lebend und 142 tot geborgen werden. Das Schicksal der übrigen drei Verschütteten blieb im Bericht des Polizeipräsidenten vom 27. Oktober unerwähnt.

Insgesamt fanden bei dem Angriff 229 Menschen den Tod, und zwar 28 Soldaten der Wehrmacht, ein Angehöriger der Schutzpolizei, sieben Ausländer (sechs Männer und eine Frau) sowie 193 einheimische Zivilisten, davon 85 Männer, 92 Frauen und 16 Kinder. Verletzungen erlitten 906 Personen, unter ihnen 27 Kinder. Die Zahl der Obdachlosen belief sich auf 21 872 Menschen.

»Äußerst umfangreiche Schäden an Kulturbauten« wie Nationalmuseum, Staatsbibliothek, Residenz, Nationaltheater

Wie verheerend die Wirkung der Bomben war, geht ebenfalls aus dem Bericht hervor, den der Oberbürgermeister am 20. Oktober vorlegte: »Äußerst umfangreich waren wieder die durch den neuerlichen Fliegerangriff entstandenen Schäden an Kulturbauten. So wurde das Nationalmuseum, das bereits am 7. 9. 1943 durch Bomben beschädigt wurde, am östl. Seitenflügel durch eine Sprengbombe getroffen, die schwere Schäden im Innern des Gebäudes zur Folge hatte. Von der Bayer. Staatsbibliothek an der Ludwigstraße ist der Mittelteil des Südflügels durch einen Sprengbombentreffer eingestürzt. (...)

Der südwestliche Dachboden des Königsbaues der Residenz brannte aus. Ein Übergreifen auf die Stockwerke konnte durch rechtzeitige Bekämpfung vermieden werden. Der Festsaal im Kaiserbau sowie die Kaisertreppe und einige Wohnungen wiesen durch eine Sprengbombe erhebliche Verwüstungen auf. (...)

Von den staatl. Theatern fiel das Nationaltheater einem schweren Brand zum Opfer, der es bis auf die Umfassungs- und Grundmauern vernichtete. Lediglich die Foyerräume konnten erhalten werden. (...) Der Ausfall trifft die Pflege von Oper und Schauspiel um so empfindlicher, als gleichzeitig das Prinzregententheater schweren Sprengbombenschaden erlitten hat, der dort den Betrieb etwa auf ein viertel Jahr lahmlegt.«[118]

Die katholische Kirchenverwaltung meldete dem Oberbürgermeister die Beschädigung von 35 Kirchen. Davon waren drei

Das brennende Nationaltheater nach dem britischen Luftangriff in der Nacht vom 2./3. Oktober 1943. Die endgültige Zerstörung des Nationaltheaters erfolgte dann beim Nachtangriff vom 17. Dezember 1944.

völlig zerstört: die Kirchen St. Wolfgang, St. Maximilian und Heilig Blut in Bogenhausen.

Der gewaltige Umfang der Verwüstungen wurde auch an der Zahl der vernichteten Häuser deutlich. Durch Sprengbomben entstanden 301 Totalschäden. Schwere Zerstörungen trugen 871 Gebäude, mittlere Schäden 2353 und leichte 4057 Häuser davon.[119] Gegenüber den Sprengschäden (insgesamt 7582) waren die Beschädigungen durch Brandmunition (insgesamt 780) deutlich geringer. Brandbomben verursachten 159 Totalschäden, 230 schwere, 156 mittlere und 235 leichte Schäden.

Über die Tragödie, die sich in dieser Nacht im Inneren eines Bunkers abspielte, berichtete der Oberbürgermeister: »Der Bunker Nr. 32 an der Hotterstraße bewies bei unmittelbar daneben niedergehenden schweren Sprengbomben zwar seine bauliche Stabilität, jedoch wurden die Gasblenden an der Hofseite abgesprengt und die Gastüren der Schleusen durchbrochen. Diese ungeheuerliche Druckwirkung hatte unter der im Bunkerinnern Schutz suchenden Bevölkerung einige Todesopfer zur Folge.«[120]

Aber auch die Angreifer bekamen die entschlossene Abwehrbereitschaft der Verteidiger schmerzlich zu spüren. Mit welcher Erbitterung die Kämpfe am Nachthimmel geführt wurden, zeigt die Tatsache, daß ein deutscher Nachtjäger sogar einen Bomber absichtlich rammte, der darauf über der »Kugleralm« bei Deisenhofen abstürzte.[121] Der deutsche Pilot konnte sich mit dem Fallschirm retten.

Über die Verluste des »Bomber Command« gab SS-Obersturmbannführer Greiner von der Kriminalpolizeileitstelle München am 6. Oktober 1943 folgende Übersicht: »Abgeschossen wurden 6 viermotorige Bomber(,) und zwar:

1. Im Stadtgebiet von München, 6 Mann tot geborgen, ein weiteres Besatzungsmitglied wahrscheinlich verkohlt.

2. Bei Otterfing, LK. Wolfratshausen, 7 Tote.

3. Bei Großhelfendorf, LK. München, 5 Tote(,) 2 Gefangene.

4. Kugleralm bei Deisenhofen, 6 festgestellte Tote, wahrscheinlich ein weiteres Besatzungsmitglied wieder verkohlt.

5. Bei Oberdarching, LK. Miesbach, 1 Toter, 5 Gefangene, 1 Feindflieger vermutlich flüchtig.

6. Bei Walchensee, LK. Tölz, 1 Bomber brennend in den See gestürzt, 1 Toter geborgen, restliche Besatzung wahrscheinlich ertrunken, keine Fallschirme gefunden.«[122] Die hier aufgelisteten Schicksale machen deutlich, daß oftmals auch die Angreifer und nicht nur ihre Opfer einen schrecklichen Tod starben.

Den neuerlichen Einsatz des Bomberkommandos über der Landeshauptstadt vermerkte Friederike Kurz in ihrem Kalender nur mit drei Worten: »Großangriff auf München.« Über die Wetterverhältnisse, die am 2. Oktober die Briten über Bayern angetroffen hatten, notierte sie sich: »Wunderbares Wetter, warm, wolkenlos. Nacht sehr hell.« Am Sonntag, dem 3. Oktober, fügte sie hinzu: »Furchtbarer Tag, gar nicht ins Bett gegangen.«

Die Nichte berichtete ausführlicher in ihrem Tagebuch über

den Angriff: »Um drei Viertel elf Uhr hörten wir die Sirenen. Zuerst wurde geschossen, dann war es ruhig. Und schließlich war
von elf ein Viertel bis zwölf Uhr das schwerste Bombardement.
Wir zitterten an allen Gliedern und glaubten, das letzte Ende sei
gekommen. Ich saß bei Hans. Wir fürchteten schon, daß unsere
Wohnung kaputt sei. Dann kam die Entwarnung, Gott sei Dank
war unser Haus unbeschädigt. Hans und Moser Alfred (ein
16jähriger Nachbarssohn) stiegen aufs Dach, weil es an einer
Stelle brannte. Die beiden löschten im Schweiße ihres Angesichts, und wir alle trugen Wassereimer. Wir hatten kein fließendes Wasser und kein Licht mehr. Gegenüber bei Sauter brannte
ringsherum alles lichterloh. Es war grausig. Um zwei Uhr nachts
gingen wir beide dann (zur Mutter) in die Kölblstraße, alles am
Weg brannte, Ostbahnhof, sämtliche Lager und sämtliche Häuser. Bei der Mutter in der Wohnung war alles in Unordnung, die
Fenster und Türstöcke eingedrückt. Als wir um halb sechs Uhr
heimkamen, legten wir uns noch für zwei Stunden hin.«

»Der Gluthauch wilder Verwüstung über unserer Stadt«

Mit Betroffenheit beschrieb auch der Münchner Journalist Reinhart Hoffmann das Bild, das weite Teile Münchens nach der
»Bombennacht« boten, in seiner Reportage »Weg in die Stadt«,
die er, wie er in den MNN hervorhob,[123] »nur wenige Stunden
nach dem Angriff« verfaßte: »Ruß schwebt in der Luft, und das
fahle Rot des Ziegelstaubes, der Wände, Fenstersimse und Bür-
gersteige überzieht, taucht dies Stück Stadt in ein eigenartig
dumpfes Licht. Die Schritte der ab und zu gehenden Menschen
knistern auf Glasscherben. Ein paar Häuser weiter sind die
Wege schon wieder sauber gekehrt. Frauen in Schürze und
Kopftuch, den Besen noch in der Hand, stehen bei den Möbeln,
die aus ihren ganz oder teilweise ausgebrannten Wohnungen
geräumt sind, und warten auf den Abtransport.«
    Wie den letzten Angriff meldeten die *Münchner Neuesten
Nachrichten* auch das erneute Bombardement in ihrer Ausgabe
vom 4. Oktober auf der ersten Seite. »Das Reichspropagandaamt
München-Oberbayern«, hieß es in der bereits bekannten stereo-
typen Form, »teilt mit: In der Nacht vom 2. auf 3. Oktober griffen
britische Flieger in größerer Anzahl die Stadt München an. Es
entstanden schwere Spreng- und Brandschäden, vor allem in
Wohnvierteln, an Kirchen, Krankenhäusern, Schulen, Friedhö-

fen sowie an hervorragenden Kulturstätten. So wurde die weltbekannte Bayerische Staatsoper völlig zerstört. Die Bevölkerung hatte Verluste.«

An die Meldung schloß sich ein Kommentar an, der zum erstenmal ganz ungeschminkt die Betroffenheit seines Verfassers über die überstandenen Schrecken zum Ausdruck brachte: »Ein neues Mal ist der Gluthauch wilder Verwüstung über unsere Stadt hinweggezogen. Rauchende Brandruinen, den Schutt zerstörter Wohnhäuser und die Trümmer weltberühmter Kunststätten hat er zurückgelassen, Schmerz und Leid und Not vieler unserer Mitbürger stehen an seinem Vernichtungsweg. München, die schöne Stadt, hat zu den noch nicht vernarbten Wunden des Terrorangriffs vom 7. September neue schwere Wunden erhalten, die ihm die unauslöschlichen Zeichen des Krieges gegeben haben und einen Platz in der Reihe jener deutschen Städte, die in der ersten Front des Luftkrieges stehen.

Im höllischen Heulen und Pfeifen der Bomben, im knatternden Zerbersten der Sprengminen, im Regen der heimtückischen Brandbomben hat die Münchner Bevölkerung in den Nachtstunden zum Sonntag Soldatentum bewiesen und Frontdienst getan unter Bedingungen, die seelisch belastender sind als der Kampf von Mann zu Mann an der Schlachtfront. Jeder Soldat, den der Zufall in einen großen Luftangriff in der Heimat hineinführt, wird bestätigen, daß es schwerer ist, untätig und machtlos im Keller dem Terror der feindlichen Bomber ausgesetzt zu sein, als mit der Waffe in der Hand und der Möglichkeit, dem Feind die Kugel anzutragen, im Sturm eines Angriffes zu stehen. Die schweigende Sorge der Männer, die bangenden Gesichter der Frauen und die hilfesuchenden Augen der Kinder, die in der engen Gemeinschaft des Luftschutzraumes warten in der Ungewißheit des nächsten Augenblicks, brennen sich jedem, der eine Nacht des blindwütigen, grausamen Terrors erlebt hat, zutiefst und unvergeßbar in die Seele. Die Bilder, die aus dem Flammenschein brennender Wohnhäuser nach einem Angriff heraustreten, sind unverwischbar. Die Scharen der Leidgeprüften, die in einer kurzen Stunde verloren haben, was sie in vielen Jahren mit ihrer Hände Fleiß erarbeitet und in gemeinsamer Liebe für ein bergendes Heim sich abgespart haben, die Mutter, die als Teuerstes in ihren Armen ein in Decken gehülltes Kind birgt, die Gattin eines Frontsoldaten, die mit zwei Händen trägt, was sie von ihrer und ihres Mannes Habe retten konnte, die alten Eltern, die am Ende eines reichen und arbeitsamen Lebens ihre Wohnung

als Schutt und Asche zurücklassen müssen – diese erschütternde Tragik als Ergebnis eines berechnenden Terrorüberfalls mußte München in der Nacht zum 3. Oktober wieder in ihrer ganzen
unmenschlichen Bitterkeit erleben.«

Demgegenüber nahmen sich die Worte, die das Oberkommando der Wehrmacht in seinem Bericht vom 3. Oktober für
den letzten Angriff auf die »Hauptstadt der Bewegung« fand,
äußerst nüchtern und teilnahmslos aus. »In der vergangenen
Nacht«, hieß es, »flogen starke britische Bomberverbände unter
erneuter Verletzung des Schweizer Hoheitsgebietes nach Süddeutschland ein. Ein Terrorangriff auf München verursachte
Verluste unter der Bevölkerung und größere Schäden in der
Stadt. Luftverteidigungskräfte schossen nach den bisher vorliegenden Meldungen zehn feindliche Flugzeuge ab.«

Wie immer ging der OKW-Bericht über das Schicksal der
Bomberbesatzungen, die an der deutschen Luftabwehr gescheitert waren, kommentarlos hinweg. Ihr Ende blieb anonym. Anteil am Los der Flieger nahmen höchstens noch ein paar Buben,
die das Wrack des abgeschossenen Flugzeugs, bevor es die zuständigen Behörden beschlagnahmten, emsig inspizierten – auf
der Suche nach einem Andenken.

Kindheit im Bombenkrieg

Die Kinder sahen den Luftkrieg mit anderen Augen als die Erwachsenen. Vielen erschien er wie ein Abenteuer, das immer wieder neue Überraschungen bot. Selbst im Luftschutzkeller behielten die meisten ihre Gelassenheit. »Ich glaube«, berichtet Helmut Geys, der den Bombenkrieg in München von Anfang an als Kind erlebte,[124] »daß die Erwachsenen mehr Angst hatten als wir.« Das zeigte sich ihm deutlich, als einmal in Schwabing eine schwere Bombe in der Herzogstraße, etwa 300 Meter von seinem Elternhaus entfernt, einschlug. »Es gab einen starken Schlag, und der ganze Keller vibrierte. Ich kann mich heute noch daran erinnern, wie die Erwachsenen, die rings um uns Kinder standen, zusammenzuckten. Der Keller war ja beleuchtet. Ich war damals 14 Jahre alt. Da hat man dies, wahrscheinlich weil man die Gefahr nicht so erfaßt hat, nicht so tragisch genommen. Also, ich kann mich, was die damalige Zeit im Luftschutzkeller betrifft, an ein Angstgefühl nicht erinnern. Wahrscheinlich war man der Meinung: Selber wird es einen nicht treffen.«

Um so aufregender empfand es Geys, nach den Luftangriffen »Gänge« zu brennenden und eingestürzten Häusern »in der Umgebung zu machen«. Als die Fliegerschäden in München im Jahre 1943 ins unermeßliche stiegen, wurde er von seiner Schule mit den Klassenkameraden zu Aufräumungsarbeiten eingesetzt. »Für uns war das ganz interessant«, berichtet er. »Wir sind in alle möglichen Häuser gekommen und haben Dinge erblickt, die man vorher noch nie gesehen hatte. Wir sahen das immer als etwas abenteuerlich an, zumal wenn einem selber nichts passiert war.«

»Die Splitter waren so ganz bizarre Metallstücke ...«

Der Bombenkrieg weckte bei den Kindern auch sonderbare Steckenpferde. So sammelten die Buben mit Begeisterung die Splitter der Flakgranaten, die, wie sich Geys erinnert, »überall in den Straßen herumlagen«. »Man mußte nur ein bißchen ein Auge dafür haben. Die Splitter waren so ganz bizarre Metallstücke, etwa von der Größe eines Daumens. Es gab aber auch viel kleinere. Anfangen konnte man mit ihnen nichts. Man wollte halt einfach ein paar haben.«

Auch gefährlichere Funde reizte die Jugend. »Während der Aufräumungsarbeiten«, erzählt Geys, »entdeckten wir im Englischen Garten ganze Bündel von britischer Leuchtmunition, die nicht abgebrannt war. Davon habe ich mir eine Menge mitgenommen. Nachts setzten wir dann das Pulver der Munition in kleinen Mengen in Brand, und das ergab eine solche Leuchtkraft, daß wir selber erschraken.« Einmal nahm Geys das Pulver auch abends mit zum Dienst bei der Hitler-Jugend in seiner Schule. »Man muß sich vorstellen«, berichtet Geys weiter, »daß es damals am Abend draußen stockfinster war. Es gab keine Straßenbeleuchtung, und auch die Fenster waren alle abgedunkelt. Da zündeten wir vor der Schule eine kleine Menge von diesem Leuchtpulver, ein Streichholzschächtelchen voll, an. Und das gab, was wir vorher nicht wußten, ein rotes Licht, das den ganzen Platz vor der Schule bis hinauf zur Spitze des Turms über dem Gebäude erhellte. Wir sind fürchterlich erschroÉken und auch gleich weggelaufen.«

Noch mehr als Fundmunition und Flakplitter zogen die Kinder die Wracks abgeschossener Bomber an, die sie nach einem Beutestück, zum Beispiel nach einer Waffe, einem Fallschirm oder einem Instrument, durchsuchten. Die Jagd nach Andenken aus den sogenannten *Brüchen* abgestürzter Flugzeuge, der sich auch Erwachsene anschlossen, nahm schließlich solche Formen an, daß Reichsmarschall Göring das Ausschlachten feindlicher Maschinen am 7. September 1943 in einem Aufruf verbot und unter Strafe stellte. »Die Abwehrerfolge bei den letzten stärkeren Tages- und Nacht-Luftangriffen des Feindes«, hieß es darin, »brachten jedesmal den Abschuß einer großen Zahl feindlicher Bomber, die weit verstreut im Lande liegen und meist der Bevölkerung zugänglich sind. Wer Flugzeugteile(,) Apparate usw. findet, hat dies unverzüglich der nächsten Polizei- oder LS.-Dienststelle mitzuteilen. Eigenmächtige Vereinnahmung oder Einbehaltung der Gegenstände wird strengstens bestraft. Um Unglücksfälle zu vermeiden(,) sind aufgefundene Brüche überhaupt nicht zu berühren. Sie müssen uneingeschränkt den zuständigen Behörden überlassen bleiben. Die Brüche von abgeschossenen Feindflugzeugen, Reste feindlicher Abwurf-Munition(,) überhaupt alles nach Luftangriffen aufgefundene feindliches Material sind keine Objekte für Andenkensammlungen.«

Die Bevölkerung blieb von dem Verbot, die Absturzstellen

feindlicher Bomber zu betreten, wenig beeindruckt. Das Jagdfieber nach Andenken war größer. So warnten die MNN ihre Leser in der Wochenendausgabe vom 8./9. Januar 1944: »Alles Beutematerial, das gefunden wird, auch unwichtig erscheinende oder beschädigte Teile, Papiere, Notizen usw. sind sofort der nächsten Luftwaffen- oder Polizeidienststelle abzuliefern. Dazu gehören selbstverständlich auch die Bekleidungsstücke der Besatzung(s)mitglieder. Wer sich Beutestücke aneignet, dient dem Feind und schädigt unsere Wehrmacht. Er wird schwer bestraft!«

Bei »Feindflieger«-Abstürzen: Die Bevölkerung zeigt »falsch verstandenes Mitleid«

Aber auch diese Strafandrohung machte offenbar wenig Eindruck. Am 11. Juli 1944 sahen sich die *Münchner Neuesten Nachrichten* deshalb erneut veranlaßt, auf das »Verhalten der Bevölkerung bei Flugzeugabstürzen« einzugehen. Der Artikel richtete sich, wie die Überschrift hervorhob, vor allem »gegen Plünderer und Andenkensammler«. Erstmals war damit auch der Appell an die Zivilisten verbunden, künftig durch größere Aufmerksamkeit die Flucht unverletzter Besatzungsmitglieder zu verhindern, die lebend aus ihrem abgeschossenen Bomber entkommen waren.

Allem Anschein nach bestand hier für die NSDAP erheblicher Grund zur Klage. Tatsächlich kritisierte die SS-Führung, daß die deutsche Bevölkerung gegenüber »abgeschossenen Feindfliegern« nicht den »entsprechenden Abstand« wahre und »falsch verstandenes Mitleid« zeige. An der Haltung der Deutschen konnte aber auch Martin Bormann, der Leiter der Parteikanzlei, nichts ändern. Bereits am 30. Mai 1944 hatte er sich in einem Rundschreiben an alle Reichs-, Gau- und Kreisleiter für eine Lynchjustiz ausgesprochen, der jeder feindliche Flieger ausgeliefert werden solle. Die Mehrzahl der Deutschen ließ sich jedoch, von einigen wenigen Ausnahmen abgesehen, nicht zu Gewalttätigkeiten hinreißen. Die Menschen hatten im Gegenteil weiter Erbarmen mit den abgeschossenen Bomberbesatzungen. Das führte schließlich so weit, daß der Reichsführer-SS und Chef der Deutschen Polizei, Heinrich Himmler, befahl, jeden sofort ins Konzentrationslager einzuweisen, der durch menschliches Verhalten gegenüber »Feindfliegern« aufgefallen sei.

Probleme bereiteten der Partei an der Heimatfront lange Zeit auch Jugendliche, die im Schutz der verdunkelten Städte kriminelle Handlungen begingen. Hinter dem Rücken der HJ hatten sich nämlich mit Beginn des Krieges in erschreckend großer Zahl illegale Jugendgruppen gebildet, die nun als Banden nachts die Sicherheit auf den Straßen bedrohten. Über diese Entwicklung setzte die Staatsanwaltschaft in München bereits am 7. Dezember 1939 den Reichsjustizminister Franz Gürtner in Kenntnis: »Seit Kriegsausbruch und dem Einsetzen der nächtlichen Verdunkelung haben Jugendgerichte, Stadtjugendamt und Jugendstaatsanwaltschaft in München übereinstimmend die Beobachtung gemacht, daß die Kriminalität der Jugendlichen bedenklich im Steigen begriffen ist. Es zeigt sich mehr und mehr, daß die verdunkelte nächtliche Großstadt für die halbwüchsige Jugend der Schauplatz romantischer nächtlicher Streifzüge wird, die sehr leicht einen kriminellen Charakter annehmen. In mehreren Fällen sind ganze Banden Jugendlicher festgestellt worden, die voll organisiert reihenweise Einbrüche und sonstige Diebstähle im Schutz der Verdunkelung begangen haben. Dabei sind es gerade die 14- bis 15-jährigen, die bei diesen Unternehmungen mit eine führende Rolle spielen.«[125]

Die bedenkliche Entwicklung veranlaßte Göring, den Reichsführer-SS zu informieren, der wiederum Reinhard Heydrich damit beauftragte, sich dieser Angelegenheit anzunehmen.[126] In der Sitzung des Reichsverteidigungsrates vom 22. Dezember 1939 nannte der Chef der Sicherheitspolizei als Gründe der anwachsenden Jugendkriminalität den Mangel an Führern in der HJ, die Abwesenheit der eingezogenen Väter, den unregelmäßigen Schulbesuch und nicht zuletzt die Verdunkelung in den Städten.

Evakuierung der Kinder: die Kinderlandverschickungs-Lager (KLV)

Doch die nächtliche Stadt als Abenteuerschauplatz verlor rasch an Bedeutung, als mit dem Fortgang des Krieges die Elternhäuser mehr und mehr verwaisten und die Kinder ihrer vertrauten Umgebung den Rücken kehren mußten. Die einen waren als Luftwaffenhelfer an die Flak der Heimatfront berufen worden, und die anderen hatten das Elternhaus mit einem Lager der *Kinderlandverschickung (KLV)* vertauschen müssen, sofern sie zehn

*Väter verabschieden ihre Kinder, die aus den bedrohten Städten in KLV-
Lager auf das Land verschickt werden.*

bis 14 Jahre alt (also Schüler der Klassen 5 bis 8 in den Volks-
schulen oder der Klassen 1 bis 4 in den höheren Schulen) und
die Erziehungsberechtigten damit einverstanden waren. Angesichts der zunehmenden Luftangriffe sah die Partei in der Evakuierung der Kinder aus der bedrohten Stadt die einzige Möglichkeit, das Leben der Jugendlichen zu schützen und den Schul-
unterricht zu gewährleisten. Die Schüler wurden vor allem in
Pensionen, Hotels und Jugendheime geschickt, die außerhalb
der »Hauptstadt der Bewegung«, zum Beispiel in Bad Tölz, Bad

Reichenhall, Dießen am Ammersee und Bad Wiessee, lagen. Wer sich dieser Aktion anschloß, kam freiwillig. Gezwungen wurde keine Mutter, sich von ihren Kindern zu trennen. Die Schüler selbst sahen die Zeit im Kinderlandverschickungslager zumeist als ein Abenteuer an.

Eines der Mädchen, die mit Beginn des neuen Schuljahres im September 1943 München verließen, war Elisabeth Billner.[127] Zusammen mit den Kameradinnen der Klassen 2, 3 und 4 kam die damals 13 Jahre alte Schülerin der Mädchenoberschule Pasing in ein KLV-Lager nach Bad Reichenhall, das dort im Hotel »Tivoli« untergebracht war. Begleitet wurden die Mädchen von einem Großteil ihrer Lehrer. Ein Sonderzug brachte die Evakuierten an ihr Ziel.

Die Trennung von den Eltern in Pasing fiel dem kleinen Mädchen sehr schwer. »Der Abschiedsschmerz«, erinnert sich Elisabeth Billner, »das weiß ich noch gut, der war riesig. Aber schon nach wenigen Wochen habe ich meine Eltern etwas enttäuscht, weil es mir im KLV-Lager so gut gefallen hat. Ich habe die Zeit eigentlich in angenehmer Erinnerung.«

Vor allem fand Elisabeth, die als Einzelkind aufwuchs, Gefallen am Internatsleben – und nicht zuletzt auch an den Streichen ihrer Mitschülerinnen. »Die Lehrkräfte«, berichtet sie mit noch sichtlichem Vergnügen, »waren den Schülerinnen im Alltagsleben kaum gewachsen.« Als Lagerleiterin fungierte eine Handarbeitslehrerin, die über das Hotel die Aufsicht hatte. »Verpflegung und Unterkunft waren gut.« Die Mädchen übernachteten in Schlafsälen oder in kleineren Räumen, die zwei, drei, vier oder fünf Betten aufwiesen. In diesen Quartieren waren auch die Schulaufgaben zu erledigen. Der Unterricht selbst fand im großen Speiseraum und in anderen geräumigeren Zimmern statt. »Man mußte sich eben behelfen.«

Die Lehrer lebten mit ihren Schülerinnen zusammen in dem Haus und sorgten für einen verhältnismäßig geordneten Schulbetrieb. Auf dem Stundenplan standen jedoch nur die Hauptfächer. Nebenfächer, wie Turnen, Singen und Religion, entfielen. Die Mädchen blieben auch von Kriegseinsätzen verschont. Nur ein einziges Mal wurde Elisabeth mit ihren Kameradinnen für 14 Tage zum Hopfenzupfen in die Holledau geschickt. »Da sind wir auf einem Hof untergebracht worden – in Rohr, so hieß der Ort«, berichtet sie. »Dort gab es keinen Bauern, sondern nur eine Bäuerin, die den Betrieb sehr energisch und tatkräftig führte und die uns über der Scheune schlafen ließ. Das war ein tolles Erlebnis.

Wir waren lauter Mädchen natürlich und lagen wie die Heringe nebeneinander. Wenn sich eine umdrehte, bekam das die ganze Reihe mit. Aber wir hatten auch enormes Pech in der Zeit, weil es soviel regnete. Und wenn jemand etwas von Hopfen versteht, weiß er, daß der nasse Hopfen einem beim Abstreifen die ganzen Finger aufreißt. Und Handschuhe hatten wir nicht.«

Bei der Rückkehr nach Bad Reichenhall gab es dann für die Mädchen, die schon auf der Hinfahrt in München nicht haltmachen durften, eine Enttäuschung. »Auch auf der Rückfahrt«, erinnert sich Elisabeth Billner, »durften wir nicht in München aussteigen. Ich weiß noch gut, die Eltern standen am Bahnhof – weinend. Wir wollten halt zu gerne haben, daß wir wenigstens ein, zwei Tage in München bleiben durften. Aber das ist nicht erlaubt worden.«

»Die Erwachsenen hatten immer mehr Angst als die Kinder«

Mit der Zeit nahm die Sehnsucht nach den Eltern immer mehr zu. Sie verdrängte allmählich die Freude am Internatsleben. Als sich die Luftangriffe auf München weiter häuften, kam die Sorge um die Familie und um das Elternhaus noch hinzu. Im August 1944 gelang es schließlich dem Vater, die Tochter nach München zurückzuholen. Und Elisabeth kehrte gern heim. Sie schreckten die Gefahren nicht, die in der Großstadt lauerten. Wie so viele hatte sie nur das Bedürfnis, bei den Eltern zu sein; denn nichts fürchteten die Familien damals mehr, als für immer auseinandergerissen zu werden. Lieber gingen die Eltern ein Risiko ein und nahmen die Kinder zu sich. Die Menschen sagten sich: Wenn was passiert, dann sind wir eben alle tot. »Man wollte«, berichtet Elisabeth Billner, »einfach die letzte schwere Zeit gemeinsam verbringen. Und so habe ich es auch empfunden und bin dann sehr gerne zurück nach München. Vor den Angriffen habe ich mich nicht gefürchtet.«

Im elterlichen Einfamilienhaus in Pasing erwartete Elisabeth allerdings nur ein ganz kleiner Keller, der keinen Schutz vor Bomben bot. »Ich kann mich noch erinnern, daß wir dort Betten aufgestellt hatten. Der Keller war jedoch so unzureichend gesichert, daß wir im Keller nicht gewohnt haben, weil wir der Meinung waren: Wenn unser Haus von einer Bombe getroffen wird, dann sind wir im Keller genauso tot wie im Parterre oder im ersten Stock.«

Aber dann lief Elisabeth doch einmal zum Nachbarn in den Keller hinüber, als sie bei einem Luftangriff allein daheim war und in ihrer Not die Nähe von anderen Menschen suchte. Der Besuch in der Nachbarschaft erschreckte sie jedoch noch mehr. Im Keller saß die Familie, die Elisabeth kannte, und betete zu dritt. »Da habe ich eine furchtbare Angst bekommen. Ich sehe diese Leute heute noch vor mir, zusammengeduckt, die Hände gefaltet, betend, die ganze Zeit hindurch. Man durfte sich gar nicht unterhalten, nicht sprechen, man mußte beten. Und da habe ich Angst bekommen. Die Todesnähe habe ich nie so empfunden. Allein im Haus spürte ich die drückende, drohende Gefahr nicht so wie an diesem Tag, an dem die Erwachsenen dasaßen und um ihr Leben beteten.«

Dagegen waren die Eltern des Kindes bemüht, dem Mädchen ihre Angst nicht zu zeigen. Das bedeutete jedoch nicht, daß nicht auch sie um ihr Leben bangten. »Natürlich hatten meine Eltern Angst«, erinnert sich die Tochter. »Die Erwachsenen hatten immer mehr Angst als die Kinder. Genauso hätte ich heute viel mehr Angst als damals.« Als Mädchen aber spürte sie ebenso wie der fast gleichaltrige Helmut Geys statt der Furcht »mehr einen Nervenkitzel«, wenn nachts die Luftschutzsirenen ertönten, Lichter am Himmel aufblitzten und das Schießen der Flak begann. Doch mit der zunehmenden Gewalt der Angriffe sank dann auch ihr das Herz immer ein wenig tiefer in die Tasche.

Die Kriegszeit selbst empfand Elisabeth Billner nicht so dramatisch. »Ich bin in die Zeit hineingeboren worden und habe das, was man heute als unnormal bezeichnet, als normal und vorübergehend hingenommen. Man hat ja gehofft, daß alles wieder besser wird. Außerdem hat alles zuerst langsam begonnen und sich dann gesteigert. Die Kriegserlebnisse sind für uns normal geworden. Das hat man hingenommen, und man hat gesagt, ach Gott, entsetzlich und schrecklich, aber das hat zu unserem Leben dazugehört.«

In Erwartung des Schlimmsten:
»Wir müssen uns selbst helfen«

Trotz aller Not und Bedrängnis hatten die Münchner ihren Humor noch nicht ganz verloren. Er schlug sich vor allem in den schon erwähnten Flüsterwitzen nieder, die in der »Hauptstadt der Bewegung« kursierten und die manchem Verzweifelten in all seiner Misere doch noch ein Lachen oder Schmunzeln abnötigten. Zielscheiben des Spotts waren hauptsächlich die Funktionäre der Partei. Sie hatten im Volk längst weitgehend jede Autorität und damit auch jeden Respekt verloren. Ihnen gab der einfache Mann auf der Straße zu Recht die Schuld an dem Elend, das über München hereingebrochen war.

Einer der Witze, der auch der Sammlung des Münchner Studenten Friedrich Goetz entstammt, lautete: »Ein Berliner und ein Münchner streiten sich, in welcher der beiden Städte bisher die schwereren Bombenangriffe stattgefunden hätten. Der Berliner schildert beredt: ›Bei uns, in Balin, haben noch drei Taje nach dem Anjriff die Trümmer jeraucht und Fenster und Türen jewackelt. In da Luft sin immer noch die Trümmer herumjeflojen.‹ Worauf der Münchner entgegnet: ›Des is no gar nix, bei uns in München san acht Tag nach dem letztn Angriff no de Hitlerbuidl zu de Fenster außig'flogn.‹«[128]

Gegen Hitler wandte sich auch der folgende Witz: »Die Hausgemeinschaft sitzt im Luftschutzkeller. Die zweite Angriffswelle der Bombenflugzeuge ist vorbei, die dritte noch nicht da. Die Leute schimpfen über ihren ›größten Feldherrn aller Zeiten‹. Der Luftschutzwart sieht sich bemüßigt, eine kurze Ansprache zu halten, in der er sich mit dem Sinn dieses ›Schicksalskampfes unseres Volkes‹ auseinanderzusetzen versucht. ›Wo wären wir jetzt ohne Hitler?‹ ruft er dramatisch aus. ›Im Bett‹, antwortet eine verschlafene Stimme aus der finsteren Ecke hinten links.«[129]

»Müde bin ich, geh zur Ruh; Bomben fallen immerzu! ...«

Mit Spott sprachen die Leute auch das »Münchner Nachtgebet«: »Müde bin ich, geh zur Ruh; Bomben fallen immerzu./Vater, laß die Augen Dein über unserm Städtchen sein!/Was der Tommy hat getan, sieh es, lieber Gott, Dir an!/Deine Gnad und unser Mut machen allen Schaden gut. –/Allen, die uns sind bekannt, ist die Wohnung ausgebrannt;/darum haben Groß und Klein nur noch Trümmer und kein Heim. –/Hilf dem Meier, lieber Gott, jetzt in seiner großen Not!/Gib ihm Deinen rechten Geist, daß er wieder Göring heißt!«[130]

Von bitterer Ironie zeugte schließlich auch der Witz, der wohl dem Sammler Goetz entgangen war und der deshalb hier frei aus dem Gedächtnis wiedergegeben wird: Hausbewohner in München sitzen in ihrem Luftschutzkeller und warten auf die Ankunft der gemeldeten Bomber. Aber sie kommen nicht. Da meint einer: »Es wird ihnen doch nichts passiert sein?!«

Bei allen Widerwärtigkeiten, die der Bombenkrieg den Münchnern brachte, hatten die Leute doch eine Genugtuung: Auch die Funktionäre der Partei litten unter den Luftangriffen. Selbst Hitler bekam sie zu spüren. Am Mittwoch, dem 23. Februar 1944, war er mit seinem Sonderzug nach München gefahren, wo er anläßlich des Parteigründungstages der NSDAP vor den Alten Kämpfern sprechen wollte. Im Gefolge des »Führers« befand sich auch dessen Leibarzt Dr. Theodor Morell, dem die Reise in schlechter Erinnerung blieb, obwohl er in der »Hauptstadt der Bewegung« eine hohe Ehrung erfuhr. »Der Führer«, trug er am 24. Februar in sein geheim geführtes Tagebuch ein,[131] »überreicht mir im Beisein der näheren Umgebung das Ritterkreuz des Kriegsverdienstkreuzes. Anschließend im Bürgerbräukeller Führeransprache. Parteigründungstag. Führer fährt ab. Ich im Hotel Regina. (Im Bunker, kalt und naß mit vielen Generälen und Dr. Goebbels etc.)«

Hitler, der bekanntlich die Folgen der Bombenangriffe nicht wahrnehmen wollte und der deshalb auch bei Fahrten durch verwüstete deutsche Städte in seinem Sonderzug die Vorhänge zuziehen ließ, war vor dem Fliegeralarm von München zum »Berghof« nach Berchtesgaden weitergereist, wo der Luftkrieg mittlerweile auch das Leben verändert hatte. Das Bergpanorama, das der »Führer« vom Obersalzberg so sehr genossen hatte, verbarg sich nun hinter Tarnnetzen, die aus Sicherheitsgründen über das Gebäude gelegt worden waren. Nur noch Dämmerlicht drang ins Haus, so daß Hitler gezwungen war, selbst mittags bei Licht zu arbeiten.

Morell, der in München zurückgeblieben war, verbrachte am nächsten Tag während eines erneuten Fliegeralarms weitere unangenehme Stunden im Bunker. »Mittags«, notierte er sich am

25. Februar[132] »nochmals drei Stunden Bunker, alles hustete, stark erkältet. Frühstück im Hotel. Abfahrt mit Gretl Braun. (...) Gegen 23 Uhr nachts Ankunft auf dem Berg.« Der Arzt meinte damit den Obersalzberg, wo sich bei ihm die Folgen des unfreiwilligen Aufenthalts im Bunker einstellten. Er erkrankte schwer. Am 26. Februar vermerkte er in seinen Aufzeichnungen: »Nachts ich Schüttelfröste. Schmerz im linken Lungenseiten-Unterlappen, Fieberanstieg bis gegen 39. Quälender stundenlanger Hustenreiz.«[133]

Auch Joseph Goebbels, der mit Morell in München im Bunker gefroren hatte, beklagte das jammervolle Dasein zwischen Luftangriffen und Fliegeralarmen. »Man lernt jetzt allmählich wieder«, schrieb er am 25. November 1943 in sein Tagebuch,[134] »sich an einen primitiven Lebenszuschnitt zu gewöhnen. Morgens in der Göringstraße gibt es keine Heizung, kein Licht, kein Wasser. Man kann sich weder rasieren noch waschen. Mit der brennenden Kerze muß man den Bunker verlassen. Schon in aller Herrgottsfrühe stehe ich auf mit einem Brummschädel wie nie. Man wird ununterbrochen von Kopfschmerzen verfolgt. Aber was heißt das alles; man muß an die Arbeit. Ich fahre gleich ins Büro, um mich dort erst einmal zu waschen und zu rasieren.«

Präzise Informationen vom »Soldatensender Calais«

Sorgen bereitete Goebbels seit langem die vermeintlich rege Aktivität britischer Agenten im Reich. Bereits am 10. April 1943 hatte der Reichsminister seinem Tagebuch anvertraut: »Bezüglich des Luftkrieges geben die Engländer große Kommuniqus über die von ihnen angerichteten Schäden heraus. Diese Darlegungen stimmen im großen und ganzen. Der englische Spionagedienst im Reich arbeitet erschreckend gut.«[135]

Doch diese Annahme entsprach nicht den Tatsachen. In Wirklichkeit war es das Verdienst der britischen Luftbildaufklärung, die durch ihre ausgezeichnete Arbeit den Eindruck von der Allgegenwart englischer Spione erweckte. Mit Hilfe von Luftbildern gelang es der Spezialabteilung der RAF, die Auswirkungen der Bombenabwürfe genau abzuschätzen. Die Bildauswerter brachten es dabei zur höchsten Meisterschaft.

Wie gut die Spezialisten arbeiteten, erfuhren die Deutschen, als der britische »Soldatensender Calais« unter der Leitung von Sefton Delmer am 24. Oktober 1943 aus dem Studio in Milton

Bryan seine erste Sendung ausstrahlte. Der »Feindsender«, der den schon bestehenden »Deutschen Kurzwellensender Atlantik« unterstützte, stellte mit 600 Kilowatt den stärksten Geheimsender Europas dar. Zu den Aufgaben der Radiostation gehörte es, laufend die neuesten Nachrichten über die letzten Bombenangriffe auf Deutschland zu senden, um damit den Widerstandswillen der deutschen Bevölkerung zu brechen.

Dabei gingen die Briten äußerst raffiniert vor: Sie nannten nicht nur die zerstörten Straßen der angegriffenen Städte, sondern beschrieben sogar einzelne Gebäude, die getroffen worden waren. Selbst Hausnummern gaben sie an. Diese präzisen Informationen mußten bei den Deutschen, die heimlich den »Soldatensender Calais« abhörten, den Eindruck erwecken, daß unter ihnen englische Agenten waren, die unmittelbar nach einem Bombardement die Ergebnisse des Angriffs vom Ort des Geschehens aus nach England meldeten.

Aber so war es nicht. Das Geheimnis lag vielmehr in der Luftbildaufklärung verborgen. »Die Hauptquelle für diese Berichte«, erklärte Delmer später,[136] »waren Fotos. Sie stammten von den *Mosquitos*, die unmittelbar nach jedem Angriff die betroffenen Gebiete überflogen, um den angerichteten Schaden fotografisch festzuhalten. (...) Meine Freunde bei der Nachrichtenabteilung der RAF schickten mir die Bilder, sobald sie entwickelt und abgezogen waren, unverzüglich durch einen Kradfahrer nach Milton Bryan, und dann machte sich eine Sondersektion darüber her, um sie mit Hilfe von Stereoskopen auszuwerten. Wir hatten uns zu diesem Zweck eine ganze Bibliothek von deutschen Stadtplänen und Baedekern zugelegt.«

Die NS-Propaganda aber sah das Reich von Spionen durchsetzt, die dem Feind alles meldeten, was dem deutschen Volk schaden könnte. Anzeigen in den Zeitungen riefen deshalb die Bevölkerung zur erhöhten Wachsamkeit auf. So warnte eine Annonce in der Wochenendausgabe der MNN vom 5./6. Februar 1944 die Leser: »Mitten unter uns steht der Feind! Neben dir vielleicht! Wie dein Schatten folgt er dir. Und das schlimmste ist: du merkst es nicht. Sonst würdest du nicht so offenherzig und vertrauensselig über dieses oder jenes sprechen. Sieh dich vor! Schweig! Und glaub nicht alles, was dir zugeflüstert wird. Denk immer daran, daß der tückische Feind falsche Nachrichten bei uns ausstreut, um uns irrezuführen! Wer solche Nachrichten weiterträgt, verrät sein Volk in höchster Gefahr und verdient die schwerste Strafe.«

Zur Lage an der »Heimatfront«: »Pflegt eure Volksgasmasken! Kleidet euch zweckmäßig! ...«

Die Last, die der Luftschutz der Bevölkerung aufbürdete, wurde immer drückender und das Volk in seiner Verlassenheit immer einsamer. Jeder mußte sich damit abfinden, daß er im Notfall zunächst auf sich gestellt war. Die Hausgemeinschaft hatte allein den Kampf gegen das Feuer aufzunehmen. Mit einer Unterstützung von außen war nur im Ausnahmefall zu rechnen. Mehr denn je galt nun der Grundsatz: Selbstschutz bedeutete auch Selbsthilfe.

In diesem Sinn ermahnte ein Hinweis die Münchner, der am 8. März 1944 unter der Überschrift »Der Selbstschutz bekämpft die Brände!« in den MNN erschien: »Die Erfahrungen aus den Luftangriffen zeigen immer wieder, daß der Selbstschutz imstande ist, Brandschäden auf ein Mindestmaß zu drosseln, wenn Männer und Frauen die Abwehr mutig und sinnvoll aufnehmen. Die Feuerschutzpolizei hat andere Aufgaben, wir können uns nicht auf sie verlassen, wir müssen uns selbst helfen.«

Die NS-Presse machte auch kein Hehl daraus, daß nun jeder in München bei einem Luftangriff mit dem Schlimmsten zu rechnen hatte. Immer mehr häuften sich in den MNN die Artikel mit Ratschlägen für den Ernstfall. Selbst die Gefahr, lebend unter den Trümmern eines zusammengestürzten Hauses begraben zu werden, leugnete die Zeitung jetzt nicht mehr. Aber sie war auch bemüht, Mut zu machen und zu beruhigen. Vor allem riet sie am 22. November 1943 zur Besonnenheit und zur gegenseitigen Hilfsbereitschaft bei einem bevorstehenden Luftangriff: »Sucht unverzüglich den Luftschutzraum auf! Helft dabei alten und gebrechlichen Volksgenossen und den Müttern kleiner Kinder! Löscht das Licht in den Wohnungen, auf Fluren und Treppen, damit bei Zerstörung von Fenstern kein Lichtschein nach außen dringt! Überwacht Euer Haus während des Fliegerangriffs sorgfältig auf den Einschlag von Brandbomben und nehmt sofort ihre Bekämpfung auf! Bewahrt Ruhe und Besonnenheit bei der Brandbekämpfung!«

Längst hatten sich die Münchner daran gewöhnen müssen, bei Fliegeralarmen oft viele lange Stunden im Keller zu verbringen. Und in manchen Nächten fanden sie überhaupt keine Ruhe. So schrieb Margarete Konetzky am 6. Februar 1944 in ihr Tagebuch: »In der Nacht war wieder rege Fliegertätigkeit, so daß wir kaum mehr schlafen konnten.« Nicht anders erging es den Münchnern rund drei Wochen später. »Nachts«, vermerkte die Chronistin am 25. Februar in ihren Aufzeichnungen, »»zweimal im Keller: von 10 bis 12 1/4 Uhr und von 3/4 1 bis 2 Uhr. Augsburg zerstört.«

Um den langen Aufenthalt im kalten Keller etwas erträglicher zu gestalten, empfahlen die MNN am 7. März 1944 ihren Lesern, eine »Flasche (möglichst Thermosflasche) mit warmem Kaffee oder Tee« und eine Wolldecke mitzunehmen. »Wir können die Decke, tüchtig mit Wasser getränkt, auch als Schutzumhang benützen, wenn wir durch Rauch und Feuer ins Freie müßten.«

Weitere Empfehlungen, die den Ernst der Lage an der »Heimatfront« schon am 17. Dezember 1943 in den MNN dokumentierten, lauteten: »Pflegt eure Volksgasmaske! Gewöhnt euch durch ständige Übung an das längere Tragen der Gasmaske und nehmt sie bei Fliegeralarm mit in den Luftschutzraum! Die Volksgasmaske schützt gegen Rauch, Phosphordämpfe und Trümmerstaub. Schutz gegen Rauch und Staub bieten im Notfalle auch angefeuchtete Tücher, über Mund und Nase gelegt.

Kleidet euch zweckmäßig! Derber Stoff und derbe Schuhe schützen am besten gegen Hitze und Funkenflug. Leichte seidene oder kunstseidene Kleidung (auch Strümpfe) ist stark brennbar und deshalb gefährlich.«

Mit der Zunahme der Luftangriffe verfeinerte der Luftschutz auch sein Alarmierungssystem immer mehr. Die Bevölkerung hatte ja bereits zwei Warnsignale zu unterscheiden: »Fliegeralarm« und »Öffentliche Luftwarnung«. Während bei Fliegeralarm mit einem *unmittelbar bevorstehenden Luftangriff* zu rechnen war, bedeutete das Signal »Öffentliche Luftwarnung«, daß das Eintreffen feindlicher Flugzeuge *in Kürze* zu erwarten war. Im Gegensatz zum Signal »Fliegeralarm« besagte es also, daß die Bevölkerung einen Luftangriff noch nicht zu befürchten hatte. »Bei ›Öffentlicher Luftwarnung‹«, ließ die Luftschutzbehörde am 25. November 1943 verlauten, »sollen daher Verkehrs- und Wirtschaftsleben weitergehen. Es soll durch dieses Signal die Öffentlichkeit aber zu erhöhter Aufmerksamkeit veranlaßt werden.«

Im Januar 1944 erfolgte mit der Einführung der »Vorentwarnung« eine weitere Neuerung im Alarmierungssystem. Dieses akustische Zeichen bestand wie das Signal »Öffentliche Luftwarnung« aus drei hohen Dauertönen in einer Minute. »Das Signal«, so erfuhren die Münchner, »bedeutet nach ›Fliegeralarm‹, daß sich die Masse der Feindflugzeuge im Abflug befindet, daß

Eine unter Lebensgefahr des Photographen vom Turm des Alten Peter aus gemachte Aufnahme während des Nachtangriffs vom 2./3. Oktober 1943: im Vordergrund die brennende Maxburg.

sich aber noch einzelne Feindflugzeuge über dem Ort befinden. (...) Es können zwar noch vereinzelt Bomben fallen (...), mit einer großen Gefahr, besonders mit massierten Angriffen, ist aber nicht mehr zu rechnen.« Die Münchner hatten nun vier Signale zu unterscheiden: »Öffentliche Luftwarnung«, »Fliegeralarm«, »Vorentwarnung« und »Entwarnung«.

»Wenn der Kuckuck schreit, dann wird's höchste Zeit«

Neben dem weiteren Ausfeilen der Sirenenzeichen wurde erstmals im Jahre 1944 auch der Rundfunk für die Alarmierung der Bevölkerung herangezogen. Mit Hilfe der »Volksempfänger« sollten die Menschen künftig genau über das Herannahen feindlicher Bomberverbände informiert werden. Zu diesem Zweck wurde eigens ein neuer Sender eingerichtet, der auf der Welle der Station Laibach arbeitete und der mit einem charakteristischen »Kuckucksruf« die Münchner auf den Anflug gegnerischer Kampfflugzeuge aufmerksam machte. Wegen des ungewöhnlichen Erkennungszeichens, das stets die Meldungen über die *sogenannte* Luftlage einleitete, hieß der Laibacher Sender im Volksmund bald nur noch »der Kuckuck«. Wenn »der Kuckuck schrie«, wie die Münchner sagten, wußte jeder, daß sich feindliche Maschinen der »Hauptstadt der Bewegung« näherten. Nach dem Kuckucksruf meldete sich jedesmal in immer wiederkehrender stereotyper Form ein Sprecher mit den monotonen Worten: »Hier spricht die Befehlsstelle des Gauleiters. Feindliche Verbände haben im Anflug von Süden die Reichsgrenze überflogen.« Oder: »Feindliche Flugzeuge befinden sich im Anflug auf München.«

So wurde der »Kuckuck, der aus dem Rundfunk kam«, wie sich Walter Hohenester erinnert, für die Münchner »stets der Vorbote drohenden Unheils«. Deshalb sagte der Volksmund auch: »Wenn der Kuckuck schreit, dann wird's höchste Zeit.« Menschen mit Humor witzelten hinter vorgehaltener Hand: »Schalt ma Laibach ein, hör ma'n Gauleiter schrein.«

Mit der Einführung des sogenannten *Notfunks* wurde es für die Münchner zur Gewohnheit, mit dem ständig eingeschalteten Radio zu leben. Jeder achtete ängstlich auf den Kuckuck, um rechtzeitig zu erfahren, wann »Dora-Dora-acht«, wie die Tarnbezeichnung der deutschen Luftabwehr für das Planquadrat München lautete, ein neuer Luftangriff drohte. (Im übrigen gaben die Leitstellen der Luftwaffe die voraussichtlichen Angriffsziele der alliierten Bomber zeitweise auch in musikalischer Verschlüsselung durch. Ein Walzer bedeutete dann München.) Allerdings löste der Kuckucksruf noch keinen Fliegeralarm aus. Er diente nur zur Vorwarnung der Bevölkerung. Solange keine Luftschutzsirene ertönte, nahm das Leben auch nach dem Kuckuck weiter seinen normalen Gang. Die Menschen wußten jedoch, daß in absehbarer Zeit mit einem Angriff zu rechnen war. Es konnte aber auch geschehen, daß der Bomberverband wieder seinen Kurs änderte und auf ein anderes Angriffsziel einschwenkte. Dann folgte auf den Kuckuck kein Alarm.

Wann der Kuckuck erstmals in München zu hören war, hielt Friederike Kurz in ihren Aufzeichnungen fest. Am Montag, dem 21. Februar 1944, vermerkte sie in ihrem Kalender: »Zum erstenmal Kuckuck. Schießen in westlicher Richtung. Schießen dauert bis 1/2 7 Uhr. (...) Ein eingeflogenes Flugzeug, 30 Kilometer bei München. Starke Lufttätigkeit den ganzen Nachmittag.«

Für Menschen, die in fremder Umgebung von einem Luftangriff überrascht wurden oder die bei Fliegeralarm ihren Luftschutzkeller nicht mehr rechtzeitig erreichen konnten, standen wie in anderen Städten auch in München öffentliche Luftschutzbunker zur Verfügung. Sie hatten außerdem Reisende und Soldaten aufzunehmen, die sich zum Beispiel auf der Durchfahrt an die Front befanden. Darüber hinaus boten die Bunker Münchnern Schutz, die selbst über keinen ausreichend gesicherten Luftschutzraum verfügten. Nach einem Erlaß, in dem der Reichsminister der Luftfahrt die richtigen Bezeichnungen für die verschiedenen Luftschutzräume, wie beispielsweise *LS-Stollen*, *LS-Deckungsgräben* und *LS-Rundbauten*, festgelegt hatte, galt als *Bunker* eine »bombensichere Luftschutz-Raumanlage, deren Schutzwirkung durch Beton mit Schutzbewehrung erzielt« wurde.

Über die Anzahl der Bunker in der Stadt berichtete der bekannte Journalist Siegfried Sommer nach dem Krieg in der *Süddeutschen Zeitung*: »München besaß (...) 26 Hochbunker und vier Tiefbunker. Dazu kamen noch der Gauleiterbunker am Nockherberg, der sogenannte *Kuckucksbunker* im Zentralministerium und zahlreiche bombensichere Schutzräume in den großen Partei- und Behördenbauten oder Fabriken. Die öffentlichen Bunker konnten ›amtlich‹ 16 000 Personen aufnehmen, doch suchten zu Zeiten der schweren Luftangriffe bis zu 40 000 Münchner Unterschlupf darin. Das waren etwa fünf Prozent der Bevölkerung. Über 700 000 mußten den Bombenhagel in behelfsmäßig ausgebauten Wohnhauskellern über sich ergehen lassen. (...) Vom Landbauamt erfahren wir, daß die Münchner Luftschutzbunker mehrere Tausendkilogramm-Bomben ausgehalten haben. So fiel dem Hochbunker in der Au eine tonnenschwere Sprengbombe genau aufs Dach, ohne daß der Koloß nennenswert beschädigt worden wäre. Der Luisenbunker wird als ›beinahe atombombensicher‹ bezeichnet.«[137] Die architektonische Gestaltung der Hochbunker lag in den Händen von Stadtbaurat Karl Meitinger.

Angesichts der sich immer mehr häufenden Luftangriffe, die zudem auch noch an Gewalt und Zerstörungskraft zunahmen, zog es Gauleiter Paul Giesler im März 1944 vor, seine »Befehlsstelle« in einen besser geschützten Bunker zu verlegen. Über den Standortwechsel informierte der Gauorganisationsleiter Förtsch vom *Führungsstab der Gauleitung München-Oberbayern* das Kommando der Feuerschutzpolizei am 1. März mit folgendem Schreiben: »Mit Wirkung vom 4. 3. 44, Vormittag 8 Uhr, wird die

Gaubefehl(s)stelle von München, Prannerstr. 20, nach dem Salvatorkeller, Nockherberg, verlegt. Ab diesem Zeitpunkt sind Fliegermeldungen usw. an diese Dienststelle zu geben. Die Dienststelle wird bei Luftgefahr besetzt. Nach einem Angriff bleibt sie bis 8 Uhr Früh (sic!) des nächsten Tages in Betrieb; dann wird der Dienst wiederum in die Räume der Gauleitung, Prannerstrasse 20, verlegt.«[138]

Vor dem Umzug der Befehlstelle der Gauleitung war bereits im Oktober 1943 die *Luftschutzleit- und Warnstelle des Dezernates VII*, das bekanntlich in der Münchner Stadtverwaltung die Aufgaben des Luftschutzes wahrnahm, auf den Nockherberg übergesiedelt. Eine entsprechende Mitteilung, die den Vermerk »Vertraulich!« trug, richtete das Dezernat am 30. September auch an das Kommando der Feuerschutzpolizei: »Die Luftschutzleit- und Warnstelle des Dezernates VII wird ab 4. Oktober 1943(,) 17 Uhr, in die Befehlsstelle Salvatorkeller verlegt. Sie ist dort Tag und Nacht mit Telefonistinnen besetzt.«[139]

Vier Tage nach der Übersiedlung der Luftschutzleit- und Warnstelle auf den Nockherberg und sechs Tage nach dem letzten Großangriff mußten die Münchner am Freitag, dem 8. Oktober, schon wieder in ihren Kellern Zuflucht suchen. Erneut drohte der Stadt kurz nach Mitternacht ein Luftangriff. Als die Sirenen um 0.09 Uhr Fliegeralarm gaben, eilten die Menschen, gehetzt und zumeist noch schlaftrunken, wie immer auf dem schnellsten Weg in die Luftschutzräume.Zum Glück aber blieb das gefürchtete Bombardement aber diesmal aus. Es näherten sich nur zehn *Mosquitos* der RAF der Stadt, die einen Störangriff auf München durchzuführen hatten, während der Hauptangriff des britischen Bomberkommandos in dieser Nacht Stuttgart galt.[140] Die Angreifer warfen drei Sprengbomben ab, die den Ausstellungspark und dessen Umgebung trafen, ohne jedoch dort einen nennenswerten Schaden anzurichten. Um 1.10 Uhr erfolgte die Meldung: »Luftgefahr vorbei«, und die geplagten Münchner konnten in ihre Wohnungen zurückkehren.

Erst am Morgen des 8. Oktober sprach sich in der Stadt herum, daß auch dieser Störangriff seine Todesopfer gefordert hatte. Nach dem Fliegeralarm war es in der Nacht am Nockherberg vor dem Eingangstor zum Lagerkeller der Salvatorbrauerei, der als Schutzraum diente, unter rund 800 wartenden Menschen aus der Umgebung zu einer Panik gekommen. Der plötzlich einsetzende Beschuß der Flakartillerie brachte die Schutzsuchenden, die sich vor dem Eingang stauten, derartig in Erregung, daß sie die Beherrschung verloren und ohne Rücksicht auf den Vordermann vorwärtsdrängten, um den rettenden Raum zu erreichen. Dabei wurden acht Personen zu Boden gerissen und von der nachfolgenden Menschenmenge niedergetrampelt, so daß sie im Gedränge erstickten. Mit ihnen kamen noch weitere zwei Menschen ums Leben, die so schwere Verletzungen erlitten, daß sie den Transport zur Rettungsstelle nicht überlebten.[142]

VIII
MÜNCHEN IM »FEUERSTURM«

Der erste Tagesangriff der Amerikaner

Nachdem die Münchner bisher nur nachts von britischen Bombern heimgesucht worden waren, erlebten sie nun am 18. März 1944 den ersten Angriff am Tage. Jetzt waren es die Amerikaner, die sich in den Bombenkrieg gegen die »Hauptstadt der Bewegung« einschalteten. Mit der Landung der Alliierten in Italien waren die Flugbasen der US-Bomber an die bayerische Metropole in bedrohliche Nähe herangerückt. Für die Münchner begann damit die schwerste Zeit des ganzen Krieges. In einer Serie von Tagesangriffen, die in ihrer Schwere alles bisher Dagewesene überboten, verwandelten die amerikanischen Luftstreitkräfte die Stadt in ein Trümmerfeld. Was den britischen Bomben standgehalten hatte, sank nun unter den »Bombenteppichen« und »Wohnblockknackern« der Amerikaner in Schutt und Asche.

Als die US-Bomber zum erstenmal über München erschienen, lag seit ihrem Eintreffen auf dem europäischen Kriegsschauplatz ein weiter Weg hinter ihnen, der auch ihnen große Opfer und Rückschläge abverlangt hatte. Er begann mit der Ankunft des Brigadegenerals Ira C. Eaker am Freitag, dem 20. Februar 1942, auf dem Londoner Flugplatz Hendon. Bereits am Sonntag darauf gab der 46 Jahre alte Berufsflieger aus Texas, der in Begleitung von sechs seiner Stabsoffiziere nach England gekommen war, die Bildung des ersten *U.S. Army Bomber Command* in Europa bekannt. Schnell verstärkten die Amerikaner das Vorauskommando, das dem Brigadegeneral unterstand und das zunächst 1800 Mann zählte.

Die Amerikaner kommen bei Tag mit »Fliegenden Festungen«

Im Juni folgte dann Generalmajor Carl Spaatz im Rahmen der Operation »Bolero« mit neuen Einheiten, die in Carolina aufgestellt worden waren. Sie bildeten den Grundstock für das *VIII. Bomber Command*, aus dem später die *8. US-Luftflotte* (»U.S.

Eighth Air Force«, abgekürzt »8. USAAF«) hervorging. Am 18. Juni errichtete ihr Befehlshaber, Generalmajor Spaatz, sein Hauptquartier im Bushy Park, unweit des Schlosses Hampton Court, und am 23. Juni starteten die ersten viermotorigen US-Bomber in Nordamerika zum Flug auf der 6000 Kilometer langen Route über Labrador, Grönland, Island und Schottland nach England. Das Bodenpersonal überquerte den Atlantik an Bord des Passagierschiffes »Queen Elizabeth«.

Mit dem Erscheinen der Amerikaner in Europa griffen nun ihre Bomber der Typen *Consolidated B-24 Liberator* und *Boeing B-17 Flying Fortress* (»Fliegende Festung«) in den Luftkrieg ein. Sie bedeuteten für die britischen Bomber der Typen *Handley Page Halifax* und *Avro Lancaster*, denen sie in ihrer Leistungsfähigkeit ebenbürtig waren, eine erhebliche Verstärkung. Die *B-17 G Flying Fortress* zum Beispiel flog eine Höchstgeschwindigkeit von 480 Kilometern pro Stunde in einer Höhe von 9150 Metern, erreichte je nach Bombenzuladung eine Reichweite von 2960 bis 5080 Kilometern (normale Bombenlast: 2724 – maximale Bombenzuladung: 7850 Kilogramm) und verfügte über eine Besatzung von zehn Mann. Diese bestand aus dem *1.* und aus dem *2. Piloten*, aus dem *Bombenschützen*, aus dem *Flugbeobachter*, aus dem *Bordmechaniker*, aus dem *Funker* sowie aus dem *MG-Schützen Rumpfunterseite*, aus den beiden *MG-Schützen seitliche Rumpfmitte* und aus dem *Heckschützen*.

Die britische *Avro Lancaster B. Mark I* erzielte im Vergleich mit der amerikanischen *Fliegenden Festung* eine Höchstgeschwindigkeit von 426 Stundenkilometern in 5350 Metern Höhe, verfügte mit einer Bombenzuladung von 6350 Kilogramm über eine Reichweite von 2660 Kilometern und bot einer Crew von sieben Mann Platz. Die Mannschaft setzte sich aus dem *Piloten*, dem *Bombenschützen*, dem *Bordmechaniker*, dem *Funker*, dem *Flugbeobachter*, dem *MG-Schützen Rumpfmitte oben* und dem *Heckschützen* zusammen.

Die *Consolidated B-24 J Liberator* schließlich brachte es in einer Höhe von 10 500 Metern auf eine Höchstgeschwindigkeit von 483 Kilometern pro Stunde, operierte mit einer Bombenlast von 2268 Kilogramm bis zu einer Reichweite von 3360 Kilometern (normale Bombenzuladung: 2260 – Bombenlast auf kurzen Einsatzstrecken: 5450 Kilogramm) und hatte eine Besatzung von zehn bis zwölf Mann.

Von den britischen schweren Langstreckenbombern war die *Lancaster*, die als das »Arbeitspferd« des Bomberkommandos

Eine Gruppe amerikanischer B-17 Flying Fortress (»Fliegende Festungen«) bei einem ihrer ersten Tagesangriffe. Im Bild unten »schmiert« eine von der deutschen Flak getroffene Maschine mit einer Rauchfahne in die Tiefe ab.

galt, der *Halifax* an Zahl und Leistung überlegen. »Bei Kriegsende«, zieht der amerikanische Journalist Ronald H. Bailey Bilanz, »hatten 7378 *Lancaster(s)* mit 156 000 Feindflügen rund 550 000 Tonnen Bomben abgeworfen, mehr als doppelt so viel wie die *Halifax.* Von den beiden amerikanischen schweren Bombern, die in Europa eingesetzt wurden, war die *B-17 Flying Fortress* insgesamt erfolgreicher als die *Consolidated B-24 Liberator.* Dennoch wurde die *Liberator* in höheren Stückzahlen gefertigt als die *Flying Fortress*, weil sie leichter in Großreihen zu produzieren war. Von 1941 bis Kriegsende wurden bei fünf amerikanischen Herstellern rund 18 400 *B-24* gebaut; in den Ford-Werken von Willow Run, Michigan, konnte alle halbe Stunde eine *B-24* das 800 Meter lange Montageband verlassen.«

Die *U.S. Army Air Force (USAAF)*, die von der RAF 127 Luftstützpunkte in England erhielt, lehnte es von Anfang an ab, sich an den Nachtangriffen des britischen »Bomber Command« zu beteiligen. Sie zog Tagesangriffe den nächtlichen Einsätzen über Deutschland vor. Als die Briten vor den hohen Verlusten am Tage warnten, verwiesen die Amerikaner selbstbewußt auf die starke Bewaffnung ihrer Bomber, die es, wie sie meinten, erlaubte, auch am hellichten Tag ohne Jagdschutz über dem Reich zu operieren. In der Tat war die *B-17 G Flying Fortress* mit dreizehn 12,7-mm-Maschinengewehren besser armiert als die *Avro Lancaster B. Mark I*, die nur über acht bis zehn 7,7-mm-MG verfügte.

Weiter sprach sich die USAAF zunächst auch gegen Flächenbombardements aus. Sie plante allein Tages-Präzisionsangriffe auf Munitionsfabriken, Flugzeugwerke, U-Boot-Werften, Docks, Häfen und Verkehrsknotenpunkte. Für ihre *Punktangriffe* wählte sie in Deutschland insgesamt 154 Ziele aus.

Die Amerikaner ließen mit ihren Operationen auch nicht lange auf sich warten. Kaum war am Mittwoch, dem 1. Juli 1942, der erste schwere Bomber, eine *B-17 E Flying Fortress* mit dem Namen »Jarring Jenny«, nach seinem Flug über den Nordatlantik auf dem schottischen Flugplatz Prestwick gelandet, da startete Brigadegeneral Eaker bereits am 17. August mit zwölf *Fliegenden Festungen*, begleitet von vier *Spitfire*-Staffeln der RAF, zum ersten Einsatz der USAAF über Europa. Der Erfolg des Unternehmens, das sich gegen den Verschiebebahnhof von Sotteville-les-Rouen gerichtet hatte, schien die Richtigkeit des amerikanischen Konzepts zu bestätigen. Alle Bomber kehrten von diesem Tagesangriff zurück.

Stanniolstreifen »Window« verwirren die deutsche Abwehr

Doch die Amerikaner täuschten sich. Schon bald mußten sie einsehen, daß sie auf den Schutz von Jagdmaschinen am Tage nicht verzichten konnten. Die starke Eigenbewaffnung der viermotorigen Bomber erwies sich schließlich doch als unzureichend. Deshalb begann die *8. US-Luftflotte* im Januar 1943 in England zum Schutz der eigenen Bomberverbände mit dem Aufbau von drei Begleitjagdgruppen, die Ende März zum Einsatz bereitstanden.

Trotz ihrer unterschiedlichen Vorstellungen, die USAAF und RAF in der Angriffstaktik trennten, fanden sich die Verbündeten in einer strategischen Allianz zusammen. Am 10. Juni 1943 begann die *Combined Bomber Offensive*, die bereits im Januar von den Alliierten in Casablanca beschlossen worden war. Nun sollten die Deutschen rund um die Uhr nicht mehr zur Ruhe kommen. Denn die neue Offensive sah vor, daß die RAF die Flächenbombardements in der Nacht fortführte und die USAAF am Tage mit ihren Präzisionsangriffen folgte.

Die RAF setzte nun auch zum erstenmal die Stanniolstreifen »Window« ein, die sie bisher als ihr größtes Geheimnis gehütet hatte. Diese Streifen, die der Radar-Experte Professor V. Jones entwickelt hatte, waren in der Lage, die deutschen Funkmeßgeräte der Luftabwehr durch die Reflektierung der elektromagnetischen Impulse lahmzulegen. Was die Briten jedoch nicht wußten, war die Tatsache, daß auch die Deutschen längst die verheerende Wirkung der Störstreifen erkannt hatten. Bei ihnen trugen sie nur einen anderen Namen – »Düppel«. Sie hatten sie ebenso wie die Briten aus der Sorge geheimgehalten, daß der Gegner die Streifen auch gegen sie verwenden könnte. Am 15. Juli 1943 gab Churchill denn doch den Einsatz der Stanniolstreifen frei.

Die Bomber der RAF führten sie zum erstenmal mit sich, als sie in der Nacht zum 25. Juli mit dem Angriff auf Hamburg unter dem Codenamen »Gomorrha« die *Combined Bomber Offensive* eröffneten. Über den Einsatz der Störstreifen, die dem »Bomber Command« nun seit dem 23. Juli für seine Operationen zur Verfügung standen, berichtet Janusz Piekalkiewicz: »Die Bomberbesatzungen werfen bei ihrem Anflug auf die Stadt pro Minute 2000 lose gebündelte Stanniolstreifen (0,65 kg) ab, die je einen schweren Bomber vorspiegeln sollen. Da jedes Bündel als Stanniolwolke für etwa 15 Minuten auf dem Radarschirm wie das Schattenbild eines Flugzeuges wirkt, täuscht man damit eine Bomberflotte von etwa 11 000 Maschinen vor. Die radargesteuerten Scheinwerfer und Flugabwehrgeschütze werden durch die Stanniolstreifen so gestört, daß ein gezieltes Feuern unmöglich ist, und die ebenfalls lahmgelegten *Würzburg*-Geräte der Bodenleitstellen sind nicht mehr in der Lage, einen einzigen Nachtjäger richtig an die Bomber heranzuführen. Auch die Bord-Radargeräte (*Lichtenstein BC*) der Nachtjäger versagen völlig. So gehen nur insgesamt 12 britische Bomber verloren (1,5 Prozent). Als der Angriff, bei dem 2300 Tonnen Bomben fallen, nach 2 1/2 Stunden endet, stehen 87 Kilometer Häuserfronten in Flammen.

Der Führer wird an diesem Morgen mit der Nachricht über den schweren Bombenangriff auf Hamburg geweckt. Während der Mittagsbesprechung erfährt er dazu von dem Einsatz der britischen Stanniol-Störstreifen. Hitlers Reaktion: Noch am gleichen Tag befiehlt er die Serienfertigung der *Fernrakete A 4*, später als *V 2* bekannt.«[143]

Wie Hitlers Entsetzen zeigte, bedeutete der Einsatz von »Window« für die deutsche Luftverteidigung einen vernichtenden

Eine deutsche Me-110-Zerstörer-Maschine mit einem Radargerät an der »Nase« zum Auffinden und Ablenken des alliierten »Window«-Systems. Diese Maschinen setzte die deutsche Luftwaffe als Nachtjäger ein.

Schlag, von dem sie sich nicht mehr erholen sollte. Am meisten traf er die Flak, die nun unter den Wolken von Stanniolstreifen, die auf sie niedergingen, förmlich erblindete und die ihre Geschosse künftig auf Verdacht ins Leere feuern mußte. Dennoch war die Luftschlacht über Deutschland noch nicht entschieden, und die deutsche Luftwaffe blieb weiter ein ernstzunehmender Gegner. Diese Erfahrung machten die Amerikaner auf schreckliche Weise, als die *8. USAAF* am 17. August 1943, an dem sich der erste Einsatz der amerikanischen Luftstreitkräfte über Europa jährte, zum sogenannten *Jubiläumsangriff* ins Reich einflog. Die Operation »Double Strike«, die den Städten Regensburg und Schweinfurt galt, endete mit einer Katastrophe: Jeder fünfte Mann fand den Tod.

Der Jubiläumsangriff, der als größter Tagesangriff der US-Bomber seit dem Eintritt der USA in den Luftkrieg geplant war, brachte den Amerikanern die bisher schwerste Niederlage. Sie zeigte, daß es tödlich war, die Bomber außerhalb der Reichweite der Begleitjäger operieren zu lassen. Die *8. US-Luftflotte* zog aus den schweren Verlusten, die sie am 17. August erlitten hatte, die Konsequenzen und stoppte für die nächsten fünf Wochen alle Angriffe auf Deutschland.

Neben den deutschen Jägern machte den Amerikanern auch das Wetter seit Beginn ihrer Einsätze in Europa zu schaffen. Vor allem die Wolkendecken über dem Zielgebiet stellten die Planungsabteilung der *8. USAAF* vor ein Problem. »Hieraus«, berichtet Alfred Price, »resultierten die größten Rückschläge bei Bombenangriffen am Tage. Die Angriffe auf Regensburg und Schweinfurt hatten bewiesen, daß die Bomberbesatzungen die Fähigkeit und den Willen hatten, alles zu überwinden, was die deutsche Luftwaffe an Abwehr aufzubringen vermochte, wobei gegebenenfalls auch schwere Verluste in Kauf genommen wurden. Aber trotz größter Tapferkeit und Geschicklichkeit konnten sie zu keinem gezielten Bombenabwurf kommen, wenn das Ziel nicht zu sehen war. Genau dem gleichen Problem hatten sich ein Jahr zuvor auch die Nachtbomber der RAF gegenübergesehen(,) und hier wie da war die Lösung dieselbe: Die Tagbomber benötigten ebenfalls eine mit Radar ausgestattete Pfadfinder-Gruppe.

Im Sommer 1943 machte sich die erste Tagbomber-Pfadfinder-Einheit, die *482. Gruppe,* zum Einsatz bereit. Sie bestand aus drei Staffeln, von denen eine mit dem britischen ›H2S‹-Radar und die übrigen beiden mit den technisch ähnlichen amerikanischen ›H2X‹-Geräten ausgestattet waren. Während des Einsatzes sollten die Pfadfinder-Flugzeuge nicht als geschlossener eigener Verband fliegen, vielmehr hatten sie die Führungsposition in den Geschwaderformationen einzunehmen, denen sie zugeteilt waren. Diese Pfadfinder waren das erste Mal am 27. September mit dabei; vier von ihnen begleiteten einen Angriff auf den nahegelegenen Hafen von Emden. Der aus 305 *B-17* bestehende Verband war in zwei Abteilungen zu je drei Geschwadern aufgeteilt. Bei jeder Abteilung flogen an der Spitze des vordersten Geschwaders zwei ›H2S‹-Pfadfinder. Die Bombenschützen sollten ihre Last wenn möglich auf Sicht abladen. Sollte das Ziel jedoch von Wolken verdeckt sein, so hatte der Abwurf des Führungsgeschwaders auf ein Funkzeichen des Pfadfinders hin zu erfolgen.« Das Besondere aber war, daß der Bombenauslösepunkt zugleich für den nachfolgenden Verband mit Rauchsignalen gekennzeichnet werden sollte.

Tatsächlich lag Emden unter einer Wolkendecke, als die Angreifer über der Stadt erschienen. So konnten die Amerikaner zum erstenmal ihre neue Markierungsmethode anwenden, die sich auch im großen und ganzen bewährte. Von da an wurden die Rauchsignale der USAAF am Tage von den Deutschen nicht weniger gefürchtet als die Zielmarkierungsbomben der RAF in der Nacht. Welches Bild sie am Himmel boten, beschreibt Ruth Andreas-Friedrich anschaulich in ihrem Tagebuch: »Im wolkenlosen Blau hängen, wie helle Wollknäuelchen, die feindlichen Markierungszeichen. Jetzt wickeln sie sich ab. Weiße Wolkenfäden, die länger, immer länger werden, bis sie fast auf die Erde herunterhängen. Der Wind fährt hinein, bauscht sie zu Bogen, verschlingt sie zu anmutigen Ornamenten. Dann dröhnen die Bomber heran. Große silberne Vögel. Gefährliche Vögel! Wir ziehen die Köpfe ein. Dort, wo die weißen Zeichen stehen, kracht ein Einschlag nach dem anderen. Rauchwolken steigen empor, ziehen sich wie eine schwarze Decke vor die Stadt, hängen wie Sargtücher über Tod, Grauen und Zerstörung. Immer neue Geschwader folgen. Endlich, nach zwei Stunden, kommt Vorentwarnung.«[144]

Was die Journalistin hier am 16. März 1945 in Berlin beobachtete, sollte auch den Münchnern ein gefürchteter Anblick werden. Bereits im Herbst 1943 spitzte sich die Lage für sie weiter zu. In Italien fiel die Entscheidung, die der »Hauptstadt der Bewegung« die zweite Front im Bombenkrieg brachte. Am selben Tag, an dem die USAAF ihre neue Markierungsmethode mit Pfadfindern über Emden mit Erfolg erprobte, drangen Panzer der britischen 8. Armee unter dem General und späteren Feldmarschall Montgomery in Foggia (Apulien) ein. Damit fielen den Alliierten rund 13 Flugplätze im Umland in die Hände, was, wie Janusz Piekalkiewicz feststellt, »mit einem Schlag die strategische Luftlage des Deutschen Reiches« änderte. Süddeutschland lag nun in der Reichweite der amerikanischen Bomber.

Neue Brandbomben der Amerikaner und der Briten: »starke Stichflamme und Rauchentwicklung«

Nachdem sich die militärische Lage zu ihrem Vorteil gewandelt hatte, entwickelten die Amerikaner ein neues Konzept in ihrer Luftstrategie. Sie waren jetzt entschlossen, Deutschland von zwei Seiten in die Zange zu nehmen: Die 8. USAAF operierte weiter von England aus, und die »U.S. Fifteenth Air Force« (15. USAAF) startete in Italien gegen den Feind. Beide Luftflotten wurden den »United States Strategic Air Forces« (USSTAF) unterstellt, die ihr Hauptquartier am 1. Januar 1944 in England errichteten. Den Oberbefehl über die USSTAF erhielt Generalleutnant Carl Spaatz, während Generalleutnant Ira C. Eaker, der bisher die 8. USAAF geführt hatte, das Kommando über die alliierten Mittelmeer-Luftstreitkräfte in Italien übernahm. Neuer Befehlshaber der 8. Luftflotte wurde Generalleutnant James H. Doolittle.

Vor dem Wechsel an der Spitze der *8. USAAF* hatte es für die amerikanischen Luftstreitkräfte noch einen empfindlichen Rückschlag gegeben. Wieder war es ein Angriff auf Schweinfurt, der den US-Bombern am 14. Oktober 1943 eine schwere Niederlage brachte. Die *8. Luftflotte* büßte über Deutschland 60 Maschinen ein. Weitere 17 Bomber verlor sie an diesem schwarzen Donnerstag über dem Ärmelkanal und über England, wo die schwerbeschädigten Flugzeuge in der Luft nicht mehr zu halten waren und abstürzten.

Die Katastrophe von Schweinfurt verunsicherte die USAAF enorm. Sie erkannte nun endgültig, daß Tagbomber ohne Jagdschutz über Deutschland verloren waren. Aus diesem Grunde befahl der Chef der US-Luftstreitkräfte, General Henry H. Arnold, zunächst alle Tages-Raids einzustellen und sie erst wieder aufzunehmen, wenn ein neuer Typ von Langstreckenjägern zur Verfügung stand, der in der Lage war, die Bomber auch auf weiten Flügen zu begleiten und zu schützen.

Die *8. Luftflotte* brauchte auf ein solches Flugzeug nicht lange zu warten. Sie fand den geeigneten Langstreckenjäger, der ihren Bombern ausreichend Schutz bieten konnte, in der einmotorigen Maschine vom Typ *P-51 Mustang*. Als das Flugzeug, das anfangs nicht genügend Antriebskraft in großer Höhe besaß und das deshalb zunächst nur für Tiefflugeinsätze herangezogen wurde, nach seiner Umrüstung mit einem größeren Rolls-Royce-Merlin-Triebwerk als *P-51 B* die ersten Testflüge absolvierte, erlebten die Konstrukteure ihre Sternstunde. Die *Mustang* überstieg in ihren Leistungen alle Erwartungen: Sie verband die Fähigkeiten eines Jägers mit der Reichweite eines Bombers. Ihre Stärke waren die beachtliche Treibstoffkapazität, die noch durch Zusatztanks gesteigert werden konnte, und der sparsame Motor, der nur etwa halb so viel verbrauchte wie der Motor anderer US-Jäger. Zudem brachte es die *Mustang* auf ein enormes Tempo. Die *P-51 D* erreichte zum Beispiel in 7600 Metern Höhe eine Höchstgeschwindigkeit von 704 Kilometern in der Stunde. Ihre normale Reichweite betrug 2100 Kilometer.

Mit diesen Leistungen stellte die *Mustang* die *P-38 Lightning* und die *P-47 Thunderbolt* in den Schatten, die bisher den Bombern der »U.S. Eighth Air Force« Jagdschutz von England bis zur deutschen Grenze geboten hatten. Deshalb übernahm sie nun als neuer »Kleiner Freund«, wie die Bomberbesatzungen die Jäger liebevoll über Funk nannten, die Sicherung der Bomber bis zum Angriffsziel, wo sie während des Bombenabwurfs kreiste und die »Großen Freunde«, wie die Bomber bei den Jägern hießen, vor den deutschen Jagdmaschinen abschirmte.

Die ersten *Mustangs* waren Ende November 1943 kaum in England eingetroffen, da nahm die *8. Luftflotte* schon wieder ihre Tagesangriffe auf. Sie eröffnete ihre Operationen mit einem Tages-Raid, der am 13. Dezember Kiel galt. Zum erstenmal begleiteten den Bomberverband 45 *Mustang-Jäger* mit abwerfbaren Treibstofftanks, die den Bombern vorausflogen, um die gegnerischen Jagdmaschinen rechtzeitig abzufangen. Der Erfolg des Unternehmens bewies der USAAF, daß sie den richtigen Weg eingeschlagen hatte. Von da an erfolgten die Tagesoperationen der Amerikaner nur noch unter dem Begleitschutz von Langstreckenjägern.

Das Eingreifen der amerikanischen Luftstreitkräfte in den Bombenkrieg bedeutete für die Bevölkerung in den deutschen Städten eine weitere Verschärfung ihrer ohnehin schon unglücklichen Lage. Nun kamen zu den häufigen Fliegeralarmen in der Nacht auch noch die Alarme am Tage. Seinen ersten Tagesalarm erlebte München am Donnerstag, dem 20. Mai 1943. Er dauerte von 14.05 bis 15.07 Uhr. Friederike Kurz hielt auch diesen Alarm in ihren Aufzeichnungen fest und vermerkte zusätzlich: »Flakbeschuß.« Aber Bomben fielen zum Glück nicht. Einen weiteren Tagesalarm registrierte die Chronistin am Donnerstag, dem 15. Juli 1943, um »3/4 12 Uhr«. Dazu bemerkte sie: »Ein fremder Bomber fliegt direkt übers Haus.«

Da den Tagesalarmen zunächst kein Angriff folgte, beeindruckten sie die Münchner wenig. Aus diesem Grunde sah sich die NS-Presse veranlaßt, vor leichtsinnigem Verhalten zu warnen. »Immer wieder«, klagten die MNN am 3. Dezember 1943, »muß die Beobachtung gemacht werden, daß die Volksgenossen einen Alarm bei Tage nicht so ernst nehmen wie einen Nachtalarm. Zum Teil setzen sie auch nach dem Ertönen der Sirene ihren Weg fort, zum Teil stehen sie in den Haustüren oder vor den Eingängen der öffentlichen Luftschutzräume und Bunker. Wenn dann einmal aus größter Höhe Bomben fallen, sind die Opfer größer, als sie zu sein brauchten. Die feindliche Fliegerbombe ist immer schneller als der Volksgenosse, der während eines scheinbar zunächst ruhig verlaufenden Flieger-alarms ›Privatfeststellungen über die Luftlage‹ macht. Darum auch bei Tagesalarm sofort in den Luftschutzraum! Wer anders handelt, spielt mit dem Leben!«

Während die Münchner die Gefahren eines Tagesalarms noch unterschätzten, liefen bei der USAAF die Vorbereitungen zur Bombardierung ihrer Stadt bereits auf Hochtouren. Seit dem Frühjahr setzten die Amerikaner zudem eine neue Brandbombe ein, die nun auch München drohte. Auf dieses Abwurfgeschoß war das Luftgaukommando VII schon am 20. Mai 1943 vom Reichsminister der Luftfahrt und Oberbefehlshaber der Luftwaffe in einem Fernschreiben hingewiesen worden. Der Chef des Generalstabes im Luftgaukommando, Oberst Saalfrank, übermittelte den Wortlaut der Mitteilung wenige Tage darauf auch dem Kommando der Feuerschutzpolizei. »Bei feindlichen Luftangriffen auf Heimatkriegsgebiet Mitte Mai«, hieß es im Telegrammstil,[145] »erstmaliger Abwurf amerikanischer Brandbombe festgestellt: Stabbrandbombe 1,5 kg, Zylinder, Blechkörper Thermitfüllung, sechseck(iger)Stahlkopf ohne Detonator, Leitwerk sechseck(ige) Blechstreifen. Zünder ähnlich wie englische Stabbrandbombe 1,7 kg, Sicherung durch seitlichen Federstift ohne Sicherungsring, Länge des Stahlzylinders 34 cm, Durchmesser 4 cm, Länge mit Leitwerk 54 cm. Anstrich grün oder blaugrau mit 4 schmalen Ringen am unteren Drittel. Brandbekämpfung mit Wasser oder Sand.«

Auch die Briten entwickelten eine neue Brandbombe, die keinen Phosphor enthielt. Über dieses Abwurfgeschoß informierte das Luftgaukommando VII am 11. Mai 1944 das Kommando der Feuerschutzpolizei in einem detaillierten Schreiben. »Die brit. Luftwaffe«, lautete die Mitteilung,[146] »wirft eine neue Brandbombe ab. Bezeichnung: Flammstrahlbombe 13 kg.« Über das Aussehen der Bombe hieß es weiter: »Bombenhülle ähnlich dem Stahlmantel der brit. Phosphorbrandbombe 14 kg, nahtloses zylindrisches Rohr mit aufgeschweißtem Bodenstück, roter Anstrich mit 2 schwarzen Farbringen. Aufschrift: INCDY - I30LBMKI in schwarzer Farbe. Gesamtlänge 53 cm, Durchmesser 13,5 cm, Gewicht 13 kg. Zünder wie brit. Stabbrandbombe 1,7 kg im Heckteil eingeschraubt. Als Leitwerk dient ein Fallschirm. In besonderen Abwurfbehältern sind jeweils 14 Bomben zusammengefaßt, die in einer bestimmten Höhe über dem Ziel freigegeben werden.«

Genau beschrieb das Luftgaukommando die Wirkungsweise der Bombe, die einen benzinähnlichen Brennstoff und eine Thermitfüllung in einer Mittelsäule enthielt: »Nach dem Aufschlag wird die Thermitsäule durch den empfindlichen Aufschlagzünder in Brand gesetzt. Nach etwa 45 sec Branddauer des Thermits wird die benzinähnliche Flüssigkeit durch den entstehenden Druck durch eine im Heckteil angebrachte Düse ausgeblasen und entzündet sich an dem brennenden Thermit. Die entstehende scharfe Stichflamme von 3-5 m Länge besitzt hellgelb-rote Farbe.«

Schließlich ging das Luftgaukommando auch auf die Brandwirkung des neuen Abwurfgeschosses ein: »Die Durchschlag(s)kraft der Flammstrahlbombe 13 kg ist etwas geringer als die der Phosphorbrandbombe 14 kg. Bei Einschlag in geschlossene Räume sehr starke Hitzeentwicklung. Die starke Stichflamme setzt brennbare Einrichtungsgegenstände sofort in helle Flammen. Starke(,) schwarze Rauchentwicklung. Das Eindringen der Löschkräfte in die betroffenen Räume ist während des eigentlichen Abbrandes der Flammstrahlbombe – Dauer etwa 4 Minuten – infolge der hohen Rauchentwicklung und starken Hitze sehr erschwert. Die Löschkräfte haben daher zunächst das Ausbreiten des Feuers auf Nachbarräume zu verhüten.

Nach dem Abbrand der Flammstrahlbombe ist mit dem Rückgang des Brandes im betroffenen Raum zu rechnen und kann die Bekämpfung auch mit der LS-Handspritze erfolgreich durchgeführt werden. Mit zunehmender Raumgröße vermindern sich die Schwierigkeiten der Brandbekämpfung. In größeren Hallen sowie im Freien ist die Bekämpfung der brennenden Brandbombe durch starken Wasserstrahl (C- oder B-Strahl) oder Abdecken mit genügend Sand möglich.«

Seit Februar 1944: »Big Week«-Angriffe der Amerikaner

Die Alliierten waren also entschlossen, weiter Feuer auf die deutschen Städte regnen zu lassen. Nach den Briten scheuten nun auch die Amerikaner nicht mehr vor Flächenbombardements zurück. Mit ihren neuen *Mustang-Langstreckenjägern* als Begleitschutz beherrschten die US-Bomber den Himmel über Deutschland, und es gab kaum noch etwas, das sie daran hinderte, die Städte im Reich in Grund und Boden zu bomben.

216

Im Februar 1944 trieben die Amerikaner deshalb die geplante Koordinierung der Angriffe energisch voran, die einerseits die *8. USAAF* in England und andererseits die neuaufgestellte *15. USAAF* in Italien gegen deutsche Ziele zu führen hatte. Unter dem Namen »Big Week« (»Große Woche«) starteten die amerikanischen Luftstreitkräfte dann am Sonntag, dem 20. Februar, ihre bisher längste Serie von schweren Tagesangriffen, die der Zerstörung der gegnerischen Flugzeugwerke und der Vernichtung der bedeutendsten Zuliefererfabriken der Luftfahrtindustrie galt. Nach starken Schneefällen, die vom 4. bis zum 18. Februar in Bayern angehalten hatten, herrschte an diesem Tag, wie Friederike Kurz in ihrem Kalender festhielt, herrliches, aber sehr kaltes Wetter. Am Tag darauf meldete sich der Sender Laibach zum erstenmal in München mit dem Kuckuck.

Für die Luftoffensive waren zehn Tage angesetzt. Doch auch danach erlahmten die Angriffe nicht, wie München bald erleben sollte. Am Samstag, dem 18. März 1944, war die Stadt dann erstmals selbst das Ziel amerikanischer Bomber. Für die Münchner kam der Angriff überraschend. Sie hatten sich bisher tagsüber sicher gefühlt. Nach ihren Beobachtungen waren die britischen Kampfflugzeuge nie vor 21 Uhr über der »Hauptstadt der Bewegung« erschienen. Ebenso hatte die Vergangenheit gezeigt, daß nach 2 Uhr in der Nacht mit ihnen nicht mehr zu rechnen war. Die Münchner vertrauten darauf, daß die Briten das Tageslicht fürchteten. Der Journalist Kurt Preis erinnerte sich an die Worte der Leute: »Wenn's hell wird, müssens ja wieder dahoam sei, sonst kommt koana mehr hoam.«

Aber die Menschen, die auf die Tagesangriffe der Amerikaner noch nicht eingestellt waren, täuschten sich. Als die Sirenen am 18. März um 13.43 Uhr Fliegeralarm gaben, näherten sich diesmal tatsächlich Bomber am hellichten Tag der Stadt. Die Kampfflugzeuge der *8. US-Luftflotte* wählten jedoch aus taktischen Gründen nicht den direkten Weg nach München. Wie der Polizeipräsident am 3. Mai 1944 in seinem Bericht hervorhob,[147] setzten die »zwei über den Raum Stuttgart-Augsburg einfliegenden Verbände« erst »nach groß angelegten und weitausholenden Umgehungs- und Täuschungsmanövern« zum Angriff an. Das Ziel des ersten Verbandes war das Stadtgebiet von München und das des zweiten Verbandes das »Dornier-Werk mit Werkhallen und Flugplatz in Oberpfaffenhofen«.

Bei dem Unternehmen, das München galt, handelte es sich, wie der Polizeipräsident weiter berichtete, um einen Sektorenangriff, der in der Zeit von 14.40 bis 14.56 Uhr von dem einen »amerikanischen Bomberverband mit Jagdschutz aus Süd und Südwest gegen das Stadtgebiet geführt wurde«. Das Bombardement wurde als »mittelschwer« eingestuft. »Der Angriff«, vermerkte der Berichterstatter, »wurde in Höhen von 4000 bis 7000 m geflogen, einzelne Maschinen (befanden sich, Ergänzung durch d. Verf.) in Höhen von 1500 m bis 3500 m. Erkannte Flugzeugtypen: Boeing-Fortress II, Sunderholt (richtig: *Thunderbolt*, Anm. d. Verf.) und Lightning. Außer Abwurf von Spreng- und Brandmunition wurde Bordwaffenbeschuß beobachtet.« Ferner teilte der örtliche Luftschutzleiter dem Befehlshaber der Ordnungspolizei im Wehrkreis VII mit: »Der Angriff auf den LS.-Ort München galt in der Hauptsache dem Stadtinneren und zog sich bis in das Gelände ostwärts des Ostbahnhofes hin.« Über die »geschätzte Stärke des Feindes« hatte der Polizeipräsident in seinem ersten Bericht vom 21. März 1944 angegeben: »Nach Mitteilung der Flakbrigade waren am Angriff etwa 150-200 Flugzeuge beteiligt.«[148] Er vermutete, daß es die Angreifer im besonderen auch auf das Gebäude des Polizeipräsidiums abgesehen hatten.

»Größere Schadensgebiete im Stadtinneren und im Osten Münchens«

Die Bombenlast, die auf die Stadt niederging, bestand aus 339 Sprengbomben (je 250 Kilogramm) und aus 805 Flüssigkeitsbrandbomben (45 Kilogramm).[149] Als der Angriff mit der Entwarnung um 15.46 Uhr endete, hatten 172 Menschen den Tod gefunden: 16 Soldaten der Wehrmacht, sieben Angehörige der SS, ein Funktionär der Partei, zwei Kriegsgefangene, drei Ausländer und 143 einheimische Zivilisten, davon 47 Männer, 85 Frauen und elf Kinder. »Von insgesamt 400 verschütteten Personen«, berichtete der Oberbürgermeister am 25. März 1944,[150] »konnten 264 lebend geborgen werden. 135 wurden tot geborgen, 1 Person ist z. Zt. noch vermißt und gilt als verschüttet.«

Im Städtischen Krankenhaus München-Schwabing hielt der Chefarzt des *Pathologischen Institutes*, Universitätsprofessor Dr. Ludwig Singer, in seinen Aufzeichnungen fest, auf welch schreckliche Weise die Menschen bei diesem Bombardement umgekommen waren.[151] Er untersuchte 108 Opfer des Angriffs und registrierte »in 43 Fällen Tod durch Erstickung (Verschüt-

Bombentrichter nach dem amerikanischen Tagesangriff vom 18. März 1944 am Odeonsplatz.

tungen), in 20 Fällen Schädelbrüche mit Schädelverletzungen, in 14 Fällen Schädelzertrümmerungen, in 15 Fällen totale Zertrümmerung, Zerquetschung und Zerstückelung des Körpers, in 6 Fällen Verletzungen der Wirbelsäule, in 5 Fällen innere Verletzungen, in 3 Fällen schwere Körperverletzungen (Bauch- und Unterleibszerreißungen), in 1 Fall Erstickungstod durch Aspiration eines ausgebrochenen Stückes der Zahnprothese, in 1 Fall Kohlenoxydvergiftung«. Außerdem forderte der *elfte Luftangriff* auf München seit Kriegsbeginn 296 Verletzte, unter denen zehn Kinder waren.

Wiederum hatte die Stadt in ihrer Bausubstanz schweren Schaden genommen. Über die Zerstörungen meldete der Polizeipräsident am 21. März dem Befehlshaber der Ordnungspolizei: »Bei diesem Angriff traten größere Schadensgebiete durch massierten Abwurf von Sprengmunition ein, welche besonders im Stadtinneren und im Osten (Gegend außerhalb des Ostbahnhofes) Gebiete mit Großschadenstellen hervorriefen.«[152] Durch Sprengbomben entstanden allein an 90 Gebäuden Totalschäden; 81 Häuser trugen schwere Zerstörungen davon. Brandbomben vernichteten 13 Gebäude völlig; neun Häuser wurden stark in

Mitleidenschaft gezogen. Durch die erneute Vernichtung von Wohnraum wurden 4085 Personen obdachlos.[153]

Auch der Verlust an historischen Bauten war beträchtlich. »Viele öffentliche Gebäude, darunter solche von kulturellem Werte«, stellte der Oberbürgermeister am 25. März in seinem »ersten Bericht über den Fliegerangriff auf die Hauptstadt der Bewegung« fest, »wurden getroffen. Ebenso sind die an Versorgungs- und Fernsprechleitungen hervorgerufenen Schäden bedeutend.« Zu den Kulturbauten und öffentlichen Gebäuden, die schwere Schäden erlitten, zählten die Residenz, das Residenztheater, das Prinzregententheater, das Polizeipräsidium, das Armeemuseum, das Völkerkundemuseum, das Zentralministerium und das Finanzamt im Alten Burghof. Von den Gotteshäusern wurden die Allerheiligen-Hofkirche, die Michaelskirche, die Piuskirche und die Karmeliterkirche beschädigt.[154]

Gemeinsam mit den Löschkräften gingen die Münchner energisch gegen die Brände in ihrer Stadt vor. Der Polizeipräsident registrierte insgesamt zehn Großfeuer, 31 Mittelfeuer und 21 Kleinfeuer, die alle durch den »freiwilligen Einsatzdienst der ganzen Bevölkerung« bekämpft worden waren. Erheblichen Anteil an den Löscharbeiten hatte auch die Hitler-Jugend. Nach den Unterlagen des Polizeipräsidenten mobilisierte die Standortführung der HJ 2500 Jungen und 500 Mädchen, die den Erwachsenen zur Hand gingen. Zwei HJ-Feuerwehren sowie zwölf Löschtrupps und 900 Melder der Hitler-Jugend waren aktiv an der Brandbekämpfung beteiligt. Der Einsatz der jungen Leute forderte aber auch sein Opfer: Beim Einsturz eines Hauses kam ein Hitlerjunge ums Leben, drei Kameraden erlitten Verletzungen. Glück dagegen hatten 22 Personen, die in der Wurzerstraße verschüttet worden waren. Sie rettete ein *Selbstschutzbereichsführer* durch das schnelle Öffnen einer Wand.

Ein zerstörtes Haus – »wie ein möbliertes Puppenhaus, das nach vorn geöffnet war«

Wie die meisten Münchner hatte auch Margarete Konetzky während des Angriffs große Ängste ausgestanden. Merkwürdigerweise trat an diesem Tag genau das ein, was sie in der Nacht zuvor geträumt hatte. Über den Traum berichtet sie: »Es war früh am Morgen, die Sirenen heulten, und wir eilten in den Keller. Kaum unten angekommen, verspürten wir eine schwere Erschütterung und hörten das Krachen von Mauern, und dicker, roter Ziegelstaub drang durch die Ritzen der Luftschutztüren. Wir dachten, unser Haus sei getroffen, und öffneten den Mauerdurchbruch zum nächsten Keller, von dem aus wir ins Freie liefen.

Da sah ich im Traum, daß nicht unser Haus, sondern das gegenüberliegende Gebäude in der Braystraße getroffen war. Aber es war nicht eingestürzt. Vielmehr fehlte nur die gesamte Vorderfront des vierstöckigen Hauses, und jeder konnte von der Straße aus in alle Zimmer sehen, in denen noch die Möbel unbeschädigt standen. Das Gebäude glich einem großen, möblierten Puppenhaus. Beim Frühstück erzählte ich den Traum meinem Mann.

Als ich mittags vom Büro heimgekommen war, heulten die Sirenen, und wir eilten mit unseren Habseligkeiten in den Keller. An meinen Traum dachte ich gar nicht mehr. Ich sagte mir nur: Wie schrecklich, jetzt greifen sie auch schon untertags an. Nach wenigen Minuten hörten wir Bomben fallen. Dann folgte ein furchtbarer Schlag. Roter Ziegelstaub drang durch die Ritzen der verschlossenen Luftschutztür, und alle riefen wild durcheinander: ›Unser Haus ist getroffen, unser Haus ist getroffen!‹

Wir durchschlugen den Mauerdurchbruch zum anderen Keller, der mit Ziegelsteinen ausgefüllt war. Verhältnismäßig schnell kam die Entwarnung, und wir stiegen mit Tüchern um den Kopf voller Bangen hoch. Erleichtert sahen wir, daß unser Haus gar nicht getroffen war. Wohl waren sämtliche Fensterscheiben zersplittert, Fenster- und Türrahmen herausgerissen, alle Zimmer mit rotem Ziegelstaub bedeckt und die Möbel zum Teil umgestürzt und durcheinandergeworfen. Getroffen jedoch war das gegenüberliegende Haus, und zwar in derselben Weise, wie ich es im Traum vorausgesehen hatte.

Noch an diesem Tag kam ein Sprengkommando, das die Straße absperrte. Die Bewohner mußten die Häuser verlassen; denn die Bombe, die das Gebäude getroffen hatte, erwies sich, wie mir später der Sprengmeister erklärte, als ein Blindgänger. Das Geschoß war nach dem Auftreffen an der Vorderfront entlanggerutscht und hatte dabei die Außenmauer mitgerissen, bevor es sich auf dem Gehsteig, direkt an der Kellerwand, ins Erdreich eingrub. Wir alle hatten großes Glück im Unglück. Kein Mensch war getötet oder verletzt worden.

In den nächsten Tagen kamen viele Leute zu uns in die Straße, um das Gebäude zu betrachten. Es sah in der Tat wie ein Puppenhaus aus, das nach vorn geöffnet war. Ich erinnere mich nicht, jemals ein ähnlich zerstörtes Gebäude in München erblickt zu haben.«

Im »Angesicht der Verwüstung« verschwieg die NS-Presse auch den Luftangriff der Amerikaner nicht. Unter der Überschrift »Standhaftes München« meldeten die MNN das Bombardement am Montag, dem 20. März, auf der ersten Seite. »Das Reichspropagandaamt München«, hieß es, »teilt mit: Die Stadt München war in den Mittag(s)stunden des 18. März das Ziel eines Terrorangriffes amerikanischer Bomber. Der Feind warf eine größere Zahl von Spreng- und Brandbomben ab und zerstörte vor allem Wohnviertel, Kulturstätten, Krankenhäuser, Kirchen und soziale Einrichtungen. Die Bevölkerung hatte Verluste an Gefallenen und Verwundeten. Auch in der Umgebung der Stadt warf der Gegner wahllos Bomben.«

Im Anschluß an die Meldung, die wie immer in ihrer Aussage sehr allgemein und stereotyp abgefaßt war, ging ein Kommentar auf den erneuten Luftüberfall ein. In diesem brachte der Verfasser seine Bestürzung über die Entschlossenheit der Alliierten zum Ausdruck, München dem Erdboden gleichzumachen. »In Anlage und Wirkung«, so schrieb er, »läßt der Angriff, den München in den Mittagsstunden des 18. März durchgestanden hat, die Terrorabsicht noch klarer erkennen als mancher andere. Bei guter Sicht hat der Feind Stätten als Bombenziele bevorzugt, deren Zusammenhang mit der deutschen Kriegführung ausschließlich darin besteht, daß sie arbeitenden Menschen zur Wohnung, zur Gesundung oder rein durch ihr Vorhandensein zu jener bescheidenen Erhöhung des Daseins dienten, die uns bis in den Krieg hinein immer selbstverständlich war. Dieser Angriff war ein neues warnendes Zeichen dafür, daß das vom Dämon des Krieges entfesselte Chaos auch in jene Stätten einbricht, die unseren Herzen am nächsten stehen. Die Grenze zwischen dem geheiligten Bereich der Familie, des gehegten Hauses und dem Gut der ganzen Nation ist längst überschritten. Der Schmerz jedes einzelnen ist unser aller Schmerz. Die furchtbare Wirklichkeit eines blinden Ansturms übermächtiger Kräfte gegen eine Stadt, an der Generationen geplant, gebaut und mit ihrer ganzen Liebe geformt haben, ist uns nicht erspart geblieben. (...)

Wir haben aufs neue erkannt, daß es auf die Existenz unserer Stadt selbst, nicht auf diese oder jene ihrer stärker an den Krieg gebundenen Funktionen abgesehen ist. Der Kampf gilt den Wohnungen des Arbeiters ebenso wie den Stätten der Kunst, den Kirchen wie den Bauten des Staates und den Denkmälern einer Vergangenheit, die bei wenigen Städten wie hier zum Wesen gehört.«

»Von heute ab jede Stunde Luftlagemeldung«

Auch in der *München-Augsburger Abendzeitung* setzte sich ein Kommentar am 20. März mit dem letzten Bombenangriff auseinander. Der Schreiber ging vor allem mit den amerikanischen Fliegern unerbittlich ins Gericht, die er als Verbrecher bezeichnete. »Das grausige Werk des Terrors«, meinte er, »wirkt hart und fordert von manchen das letzte. Aber so schmerzlich und oft unersetzlich die Verluste sind _ die Methode dieser verabscheuungswürdigen, jüdischen Gehirnen entsprungenen Luftbarbarei beweist nur aufs deutlichste die verbrecherischen Pläne der anderen. Wir wissen aus der Tatsache, daß sich eine jener Gangsterbanden der amerikanischen Luftwaffe, die besonders zum ›Beruf des Wohnblock-KnaÉkers‹ erzogen worden sind, selbst den Namen ›Murder incorporated‹ gegeben hat und bewußt mit allen Grundsätzen der soldatischen Kampfmoral gebrochen hat. Diese gemeinen Terrorflieger haben damit, daß sie sich selbst so genannt haben, zu Verbrechern gestempelt und vor aller Welt zum Ausdruck gebracht, daß sie sich für die größten und übelsten Gangster halten. Wir wissen also, welche Verbrecher gegen uns und unsere Städte losgelassen werden und setzen dagegen die härteste Widerstandskraft und den stärkstmöglichen Einsatz in der Überwindung der Schäden.«
Der Verfasser spielte mit diesen Zeilen auf einen Zwischenfall an, der sich bereits 1943 ereignet hatte. Ihn bestätigte später Hans Rumpf in seinen Erinnerungen an den Bombenkrieg. »Bei einem der letzten Tagangriffe des Jahres auf Berlin«, berichtet er,[155] »trugen Terrorpiloten abgeschossener viermotoriger Fliegender Festungen auf ihrer Uniform die Aufschrift ›Murder Incorporated‹. Auf unsere Kritik dieses ›Mörder-Vereins‹ behauptete der Gegner in forscher Unbekümmertheit, das sei ein Scherz fröhlicher College-Jungens. Wir empfanden es als geschmacklos und zynisch.«
Nachdem nun ständig, ob bei Tage oder in der Nacht, mit Feindeinflügen zu rechnen war, blieb für die Alarmierung der Bevölkerung immer weniger Zeit. Jeder hatte jetzt im eigenen Interesse selbst wachsam zu sein, um nicht in einer hilflosen Si-

tuation von einem Angriff überrascht zu werden. Dazu sollten die *Luftlagemeldungen* hilfreich sein, die der Rundfunk im März 1944 stündlich auszustrahlen begann. Über die Neuerung berichtete das *Deutsche Nachrichten-Büro* in Berlin am 21. März: »Der deutsche Rundfunk hat ab heute, 18 Uhr, einen Meldedienst über die Luftlage eingerichtet. Während des Tages und der Nacht werden alle Sender des Reichsprogramms und der Deutschlandsender im Laufe ihrer ganzen Sendezeit zu jeder vollen Stunde eine Meldung über die jeweilige Luftlage geben, bei Änderung erfolgen auch zusätzliche Durchsagen.«

Friederike Kurz in München registrierte den neuen Dienst des Rundfunks ebenfalls in ihren Aufzeichnungen. So vermerkte sie am 21. März nicht nur: »Sehr starke Schneestürme.« Sie notierte sich auch: »Von heute ab jede Stunde Luftlagemeldung.« Am Ende des Tages verzeichnete sie schließlich: »Ausbruch des Vesuv.« Zweifellos spiegelte sich in dieser Eintragung neben dem allgemeinen Interesse auch die Angst vor der ungewissen Zukunft wider. Naturkatastrophen legten die Menschen in Kriegszeiten immer ein besonderes Gewicht bei. Viele erblickten darin die Ankündigung eines noch größeren Unheils, das, wie sie fürchteten, der Menschheit drohe. Auch Friederike Kurz muß an diesem Dienstag in erheblicher Unruhe gewesen sein; denn sie entschloß sich, vorsorglich die »schöne Küchenlampe« in den Keller zu bringen.

Diese Vorsichtsmaßnahme war aber nicht übertrieben. Nur wenige Tage danach, am 30. März, rieten die MNN der Bevölkerung, sich auf das Schlimmste einzustellen und Vorsorge für die Erhaltung des nackten Lebens zu treffen. Deshalb sollten nur noch lebenswichtige Dinge im Luftschutzgepäck mit in den Keller genommen werden: Mundvorräte, Geld, Ausweispapiere, Lebensmittel- und Kleiderkarten, Wäsche, Zahnbürsten, Rasierzeug, Gegenstände für Kleinkinder und »auf jeden Fall« Eßgeschirre, Trinkbecher und Eßbestecke.

»Volksgenossen«, die sich diesem Rat verschlossen, riskierten nicht nur, jegliche Existenzgrundlage zu verlieren, sondern hatten auch noch mit ihrer Bestrafung zu rechnen, sofern sie überhaupt dem Tode im Keller entkamen. Darum hieß es zur Abschreckung: »Wer bei der Zusammenstellung des Luftschutzgepäcks leichtsinnig handelt, schädigt sich im Ernstfalle nicht nur selbst, sondern setzt sich auch einer Strafe aus.«

Der aussichtslose Kampf
der Feuerschutzpolizei

Je höher die Alliierten die Todesspirale ihrer Vernichtungswaf-
fen schraubten, desto ohnmächtiger wurden die Deutschen in
der Abwehr der Folgen. Schon längst galt die Zerstörung nicht
mehr dem einzelnen Haus. Ganze Wohnviertel und Straßenzei-
len sanken nun unter der Wucht der Sprengbomben nieder oder
gingen im Regen der Brandbomben in Flammen auf. Im Inferno
der Flächenbrände blieb der Bevölkerung nur noch der Kampf
ums nackte Leben.

Um so mehr gewann jetzt die vorbeugende Sicherung des
Fluchtweges aus dem Keller an Bedeutung. Mit Pinsel und Farbe gingen die Münchner deshalb zu Werke, um Rettungslinien
und Notausstiege aus den Luftschutzräumen zu markieren.
Dazu bedienten sie sich einer Leuchtfarbe, die, wie schon der
Name verriet, im Dunkeln längere Zeit leuchtete, wenn sie vorher mit Licht bestrahlt worden war. Sie erleichterte den Menschen in der Finsternis die Orientierung in den Treppenhäusern
und in den Kellergängen. Weiter malten die Münchner lange
Pfeile an die Häuserwände, die den Rettungsmannschaften im
Notfall den Weg zu den Verschütteten in den Kellern weisen
sollten. »Die Lage des Luftschutzraums«, klärten die MNN am
29. März 1944 ihre Leser auf, »muß an der Außenfront des Hauses genügend gekennzeichnet sein. Die auf den Luftschutzraum
hinweisenden Pfeile sind nachzustreichen und unbedingt auf
drei Meter zu verlängern, so daß sie gut sichtbar sind.«

Hilflose Notmaßnahmen der Partei in 14 »generellen Weisungen«
des »Führers«

In Berlin machte sich die NS-Führung unterdessen Gedanken
darüber, wie den zunehmenden Verwüstungen in den deutschen Städten noch zu begegnen sei. Am 31. März 1944 richtete
der Reichsminister für Volksaufklärung und Propaganda, Joseph Goebbels, einen Schnellbrief an die Gauleiter, an die ge-
schäftsführenden Behörden der Reichsverteidigungskommissa-
re und an die Mitglieder des Interministeriellen Luftkriegsschä-

denausschusses, der die ganze Ohnmacht der deutschen Führung gegenüber der Luftüberlegenheit der Alliierten zeigte. Selbst Goebbels verschwieg nun nicht mehr, wie verzweifelt die Lage im Reich war.

»Der Führer«, begann der Reichsminister seine Ausführungen,[156] »hat auf Grund der Berichte der Reichsinspektion zur Durchführung ziviler Luftkriegsmaßnahmen eine Reihe von generellen Weisungen getroffen, die ich Ihnen nachstehend im einzelnen zur Kenntnis bringe:

1. Nachdem der Führer bereits den Neubau von Holzbaracken und Holzhäusern in den luftgefährdeten Städten verboten hat, wurde nunmehr von ihm angeordnet, daß in allen Baracken-Lagern eine Auflockerung durchgeführt werden solle, die ein Übergreifen der Brände von einer Baracke auf die andere erschwert. Hierfür ist ein Abstand von Baracke zu BaraÉke von mindestens 15 m notwendig.

2. Die Lotsenstellen der Schutzpolizei im Umkreis angegriffener Städte sollen für alle Organisationen von Partei, Staat und Wehrmacht gleichzeitig die verbindenden Leitstellen werden. Der Leiter der Parteikanzlei hat dementsprechend unter dem 14. 2. 1944 bereits eine entsprechende Weisung herausgegeben.

3. In Zukunft soll die Erziehung der Bevölkerung zur Brandbekämpfung in erster Linie durch praktische Vorführungen vorgenommen werden. Die Erfahrung hat gezeigt, daß Volksgenossen, die das Ablöschen von Brandbomben in der Praxis gesehen und geübt haben, sehr viel eher bereit sind, sich während der Luftangriffe bei der Brandbekämpfung einzusetzen, als solche, denen die Brandbekämpfung fremd ist.

4. Der Führer hat angeordnet, daß die Lage der Luftschutzräume durch mehrere Meter hohe(,) weiße Pfeile an den Häusermauern, die unmittelbar über den Luftschutzräumen angebracht sind, im gesamten Reichsgebiet einheitlich gekennzeichnet werden soll.

5. Die Gitter an den Kellerfenstern sollen entfernt bezw. gelockert werden, um das Verlassen eingestürzter und brennender Häuser durch Kellerfenster außerhalb des Trümmerschattens möglich zu machen.

6. Die örtlichen Luftschutzleiter sollen sich bei der Überprüfung der Luftschutzbereitschaft in allen öffentlichen und privaten Gebäuden, insbesondere bei ungenügender Ausstattung mit Wasser und Sand, mehr als bisher der Unterstützung der Partei bedienen.

226

7. Das NSKK ist angewiesen worden, die Fahrer aller Lastkraftwagen durch Kurse und Einsatzübungen ständig zu schulen und mit kleineren Reparaturen vertraut zu machen.

8. Die Verfolgung von Verstößen gegen die Luftschutzpflichten soll durch die Vollzugs- und Rechtssprechungsdienststellen schärfer als bisher gehandhabt werden. Zu diesem Zweck ist der Reichsminister des Innern gebeten worden, im Einvernehmen mit dem Oberbefehlshaber der Luftwaffe und dem Reichsjustizminister die entsprechenden Weisungen zu geben.

9. Die berufsmäßigen Fahrer von Lastkraftwagen sollen grundsätzlich nicht mehr zum Dienst in der Heimatflak, in der Stadt- und Landwacht und ähnlichen Verbänden einberufen werden, sondern ausschließlich für ihren Fahrdienst zur Verfügung stehen, damit die wenigen zur Verfügung stehenden Fahrzeuge ständig einsatzbereit sind.

10. Der Führer legt auf die Auslagerung großer Warenbestände besonderen Wert und hat mich erneut beauftragt, alle in Frage kommenden Stellen eindringlich auf die Notwendigkeit der Sicherung unserer Produktionsgüter aufmerksam zu machen. Ich bitte Sie, der Frage der Auslagerung ihr (sic!) besonderes Augenmerk zuzuwenden und auf jeden Verstoß gegen den Willen des Führers aufmerksam zu machen.

11. Zur Verstärkung der Luftschutzpolizei in den Grenzgebieten werden in nächster Zeit Slowenen und Polen angeworben und gegen Einheiten der Luftschutzpolizei aus dem Innern des Reichsgebietes ausgetauscht. Bei der Verlegung von Handwerkern ist auf die Belange der luftkriegsbetroffenen Gaue Rücksicht zu nehmen.

12. Jeder Reichsverteidigungskommissar soll für seinen Bereich einen Gaunachrichtenführer bestellen, der die Aufgabe erhält, in Zusammenarbeit mit Wehrmacht, Polizei, Reichspost, Reichsbahn, den Reichsautobahnen, der Reichswasserstraßen-Verwaltung u. ä. mehr alle im Gau vorhandenen Nachrichtenmittel zusammenzufassen und ihren Einsatz nach Luftangriffen dem Reichsverteidigungskommissar zur Verfügung zu stellen. Der Reichsführer SS stellt den Gauleitern für diesen Zweck auf Wunsch die Nachrichtenoffiziere der Schutzpolizei zur Verfügung. Eine Durchführungsanweisung folgt in Kürze.

13. Als Fahrer von Feuerlöschfahrzeugen können künftighin auch Frauen eingesetzt werden.

14. Der Führer mißt der luftschutzmäßigen Sicherung wertvoller Produktionsanlagen besondere Bedeutung zu. Ich emp-

fehle Ihnen daher, sich dieser Frage initiativ in Zusammenarbeit mit den Rüstungsdienststellen besonders anzunehmen.«

Die Überlegungen und Anordnungen der Partei, die den Bomben in ihrer ganzen Hilflosigkeit nur noch verzweifelte Notmaßnahmen, wie das Zurückgreifen auf Leuchtfarbe, das Aufmalen von Pfeilen an den Häusermauern und Luftschutzbelehrungen über Flächenbrände, entgegenzusetzen hatte, fanden auch in den Aufzeichnungen von Friederike Kurz ihren Niederschlag. Am Freitag, dem 31. März 1944, vermerkte die Chronistin in ihrem Kalender: »Maler mit Leuchtfarbe kommen um 1/2 8 Uhr.« Am Abend desselben Tages notierte sie sich: »6.30 Uhr Luftschutzbelehrung über Flächenbrände, Keller Braystraße 13.« Und am Dienstag, dem 4. April, trug sie ein: »Ein Maler malt Pfeile über den Ausstieg (des Kellers, Anm. d. Verf.).«

»Wassergassen« zum Herausführen der Menschen aus dem »Feuersturm«

So niederschmetternd die Lage auch war, Luftschutz- und Feuerschutzpolizei versuchten unter der Führung von Oberst Walther Thürauf dennoch zu retten, was noch zu retten war. Doch mit der Zeit erlahmten ihre Kräfte mehr und mehr. Der Mangel an Löschwasser, der schwindende Vorrat an Treibstoff für die Fahrzeuge und der Verschleiß am Schlauchmaterial erschwerten zunehmend die Brandbekämpfung. Am Ende ging es nicht mehr darum, Sachwerte zu bewahren, sondern Menschen, die von Flächenbränden eingeschlossen waren, die Flucht aus dem Inferno zu ermöglichen, indem die Feuerlöschkräfte für sogenannte *Wassergassen* sorgten.

In einem Schnellbrief, der am 10. Februar 1944 an »alle Luftgaukommandos des Heimatkriegsgebietes« gerichtet war,[157] beschrieb der Reichsminister der Luftfahrt und Oberbefehlshaber der Luftwaffe auf mehreren Seiten eingehend das »Herstellen einer Wassergasse durch Feuerlöschkräfte«. In der Vorbemerkung hieß es dazu: »Bei Großangriffen auf engbebaute Stadtviertel können Flächenbrände entstehen, die wegen des dabei auftretenden Feuersturms ein schnelles Herausführen der Bevölkerung aus diesen Gebieten notwendig machen. Um die aus den Brandgebieten herauszuführenden Menschen gegen strahlende Hitze und Flammen zu schützen, hat sich die Herstellung von ›Wassergassen‹ bewährt. Es werden dazu aus vorgenommenen

Schlauchleitungen Wasserschleier gebildet, unter deren Schutz der Abzug der gefährdeten Menschen vor sich geht.«

Diese Weisung machte deutlich, daß der Schutz der Luftschutzkeller nicht mehr ausreichend war. Die Luftschutzräume boten den Menschen keineswegs mehr die Geborgenheit, die ihnen am Anfang des Krieges zugesprochen worden war. Jetzt zeigte sich im Gegenteil, daß Personen, die im Keller unter ihren brennenden oder eingestürzten Häusern weiter ausharrten, in größter Lebensgefahr schwebten. Ihnen drohte der Tod durch Sauerstoffmangel oder Rauchvergiftung. Außerdem war bei einem Großflächenbrand zu befürchten, daß die Leute, die »luftschutzmäßig«, wie es hieß, in ihren Kellern blieben, von den Flammen eingeschlossen wurden. In einem solchen Fall konnte sich eine so starke Strahlhitze entwickeln, die allein schon ausreichte, um die Insassen in den Luftschutzräumen zu töten.

Aus diesem Grunde mußten die Feuerlöschkräfte bemüht sein, bei Flächenbränden die betroffenen Wohngebiete zu räumen und die dort gefährdeten Menschen rechtzeitig aus den Kellern zu holen, bevor die Strahlhitze die Fluchtwege unpassierbar machte. Um dem Flammenmeer unbeschadet entkommen zu können, hatten sich die Bedrängten beim Verlassen der Luftschutzräume feuchte Decken umzuhängen oder nasse Mäntel anzuziehen. Von lebensrettender Bedeutung konnte auch das Tragen von festen Schuhen sein; denn oft genug geschah es, daß der Asphalt auf den Straßen durch die enorme Strahlhitze aufweichte oder sogar flüssig wurde.

Eine weitere Gefahr stellte bei Großflächenbränden der *Feuersturm* dar, der durch die brennenden Straßen fegte und der die Stärke eines Orkans erreichen konnte. Gegen dieses Naturphänomen gab es keine Hilfe. Das hatte sich gezeigt, als 722 Bomber der RAF in der Nacht des 27. Juli 1943 in Hamburg den ersten Feuersturm des Krieges entfachten. Der Polizeipräsident der Freien und Hansestadt bezeichnete ihn später als einen »Feuertaifun«, »gegen den jeder menschliche Widerstand völlig aussichtslos war«.

Seit der Hamburger Katastrophe hatten sich nun auch in den anderen Städten die Verantwortlichen im Luftschutz vorsorglich mit den Gefahren und Auswirkungen des Feuersturms vertraut zu machen. Eine entsprechende Information enthielt der *Luftschutzbefehl Nr. 92* vom 8. Oktober 1943: »Bei Großangriffen auf engbebaute Stadtviertel kann sich durch das Auswachsen von Großbränden zu Flächenbränden ein Feuersturm entwickeln. Die hierbei auftretenden Erscheinungen lassen sich nach den vorliegenden Berichten etwa wie folgt darstellen:

Von den brennenden Gebäuden strömt die Luft senkrecht nach oben. Da jeder Brand zu seiner Erhaltung Sauerstoff der Luft benötigt, wird die in den Straßenzügen und auf den Freiflächen befindliche Luft mit starkem Sog angezogen, um den Brandherd mit weiterem Sauerstoff zu versorgen. Bei Ausdehnung des Brandherdes wird die restliche Frischluft in den Straßen außerordentlich heiß (nicht atembar) und zuletzt werden die Flammen in die Straßen hineingezogen. Dieses Hineinziehen der Flammen geschieht mit einer orkanartigen Gewalt, so daß alles, was nicht genügend starken Widerstand bietet(,) in diesen Feuersturm hineingerissen wird. Die Menschen, die dann noch in den Kellern und LS-Räumen oder überhaupt in dem betreffenden Gebiet sich befinden, können aus Sauerstoffmangel ersticken oder durch Strahlhitze umkommen.«

»Immer neue Stöße von Feuerwogen brausen und heulen auf uns zu ...«

Noch erschütternder schildert Hans Rumpf das Wüten des Feuersturms aus eigenem Erleben in Leipzig: »Die Erscheinungsformen eines solchen Naturereignisses können die normalen Eigenschaften der Atmosphäre bis zu einem Grade verändern, daß in ihr organisches Leben nicht mehr möglich ist und erlischt. Wir haben uns (daran) gewöhnt, diese Erscheinung unter dem Begriff ›Feuersturm‹ zusammenzufassen. Die einzelnen Feuerherde schließen sich zusammen, die erhitzte Atmosphäre schießt wie in einem Riesenkamin nach oben, die längs des Erdbodens angesaugte und nachstürzende Frischluft erzeugt einen Orkan, der wiederum auf weithin die kleineren Brände anfacht und in seinen Bann zieht. Die Wirkung der heißen Luftsäule einer solchen Riesenfackel über einer brennenden Stadt wurde von den Fliegern bis in 4 000 m Höhe als stürmisch und unangenehm empfunden. Man muß schon die Stürme der Tropen an der Spitze der Windskala zum Vergleich heranziehen, unsere Breitengrade kennen nicht die Stärke und verwüstende Wirkung solcher Orkane, es sei denn, daß man in eine Windhose gerät. Wer nicht selbst einen Feuersturm erlebt hat, vermag sich durch Schilderung nur schwer ein Bild davon zu machen. An der Peripherie seines Wirkungsbereichs herrschen die Verhältnisse eines schweren Sturmes: Die Planen von Lastkraftwagen fliegen davon, den Menschen werden die Mäntel über den Kopf gerissen, wer nicht standfest auf den Beinen ist, wird umgeworfen. 3 km vom Rande eines solchen Brandzentrums hat eine Wetterstation eine Windstärke von 56 st/km gemessen, die nach dem Brandgebiet zu rapide zunimmt. Nach unregelmäßigen Pausen verstärken einsetzende Böen die Wucht des Sturmes. Es kracht und splittert und prasselt überall auch von den vom Feuer noch verschonten Gebäuden und Straßenfronten herab, weil die auf 150 kg je qm berechnete Standfestigkeit der Gebäudeteile nicht mehr standhält, ein Zeichen, daß eine Sturmstärke von 120 st/km überschritten ist. Weiter drinnen ist der Aufenthalt außerhalb schützender Gebäude nur mit Lebensgefahr möglich. Starke Bäume brechen mit splitterndem Stamm zur Erde, jüngere werden wie Gerten an den Boden gepreßt. Hamburg verlor auf diese Weise von seinen 100 000 Straßenbäumen 70 000. Man kann sich nur noch kriechend fortbewegen, und selbst das ist schwierig und gefahrvoll. Ich erlebe es, wie Feuerwehrmänner bei dem Versuch, sich aufzurichten, zu Boden geworfen und davongewirbelt werden, bis sie mit gebrochenen Gliedern irgendwo im Windschatten liegen bleiben. Wir haben empfindliche Verluste, auch Tote. Immer wieder wurden Menschen förmlich in die Luft gerissen. Der Maschinist eines Löschfahrzeuges wird vor meinen Augen ausgehoben und über das hohe Fahrzeug hinweg auf das Pflaster geschleudert; er stirbt mit Schädelbruch noch in derselben Nacht. Wir versuchen(,) eine Limousine aus dem Schutz einer Fahrzeughalle über einen freien Platz zu starten. Sie wird vom Sturm erfaßt und, wie eine Schachtel sich überschlagend, mit ihren Insassen davongetragen. Unser Keller gleicht bald einem Truppenverbandplatz.

Die Luft draußen scheint zu glühen, so peitscht der Sturmwind Funkenkaskaden und glühende Aschenwolken durch die Straßen. Der gelbrote Schein verzerrt alle Konturen und entstellt unsere Gesichter zu Fratzen. Immer neue Stöße von Feuerwogen brausen und heulen auf uns zu. Die Sturmböen reißen allerlei Gegenstände durch diese rote Glut mit sich fort, als sei alle Schwerkraft aufgehoben. Brennende Balken, Dachsparren, Fensterkreuze und sonstige Bauelemente segeln durch den leuchtenden Funkenstrom(,) und einmal ist mir sogar, als käme ein feuriges Motorrad in der Luft dicht über mir vorüber, aber das wird wohl eine Sinnestäuschung gewesen sein. Alles ist riesenhaft, alles gewaltig, einmalig und ohne Vergleich. Man wird von

Brandbekämpfung mit viel zu unzulänglichen Mitteln in der Schelling-
straße nach einem Luftangriff im Sommer 1944.

der Größe und Gewalt dieser feurig-mächtigen Naturgewalten, denen man sich zuerst mit recht nüchtern-fachlichen Überlegungen und Absichten nahte, in einer ganz anderen Weise beeindruckt und ergriffen, als man es vorher für möglich gehalten.«[158]

Angesichts eines solchen Infernos, das nun jeder Stadt drohen konnte, war es verständlich, daß die Verantwortlichen im Luftschutz für den Einsatz der Feuerlöschkräfte neue Schwerpunkte setzten. Gegenüber der Bergung von Menschen aus den Flammen mußte die Brandbekämpfung an Häusern zurückstehen. Alle Bemühungen hatten der »Kalthaltung der Fluchtwege« zu gelten. In diesem Sinne ordnete der *LS-Befehl Nr. 92* an: »Führer der Abwehrkräfte haben bei einem Feuersturm keine Angriffe auf einzelne Objekte durchzuführen. Sie haben von außen her derartige Räume einzukreisen und im Zuge der Angriffskeile mit massierter Wucht alles daran zu setzen, in den Feuersturm einzudringen und durch Schaffung von Wassergassen die Fluchtwege für die heranzuführende Bevölkerung frei zu machen. Hierbei muß eine Gefährdung durch Sprengstücke und Flaksplitter im Hinblick auf die bei Feuerstürmen auftretenden starken Verluste in Kauf genommen werden.«

Wie in allen Städten stellte der überaus hohe Bedarf an Löschwasser die Feuerlöschkräfte auch in München bald vor ein Problem. Mehr und mehr zeigte sich, daß bei Großangriffen die herkömmliche Wasserversorgung für die Brandbekämpfung nicht ausreichend war. Oft fiel die Sammelwasserleitung mit den Hydranten völlig aus, und die Männer des FE-Dienstes mußten auf unabhängige Löschwasserentnahmestellen, wie Brunnen, Teiche und Saugschächte, zurückgreifen.

Das Problem »Wassermangel«: getroffene Hydranten, zerstörte Löschwasserteiche

Über die Probleme, die sich aus dem Wassermangel ergaben und die bis zum Kriegsende drückend blieben, berichtet die Münchner Branddirektion in ihrem historischen Rückblick »75 Jahre Berufsfeuerwehr der Landeshauptstadt München 1879-1954«: »Große Schwierigkeiten bereitete der Feuerwehr immer wieder die Löschwasserversorgung. Infolge von Beschädigungen am Rohrleitungsnetz fielen nach heftigen Luftangriffen oft zahlreiche Hydranten aus(,) und auch durch die übermäßige Beanspruchung trat eine beträchtliche Verminderung des Wasserdruckes ein, so daß die unabhängige Löschwasserversorgung oft in Anspruch genommen werden mußte. Schon nach den ersten schweren Luftangriffen des Jahres 1942 zeigte sich, daß die zu Beginn des Krieges vorhandenen wenigen unabhängigen Löschwasserentnahmestellen nur einen Tropfen auf einen heißen Stein bedeuteten. Wenn auch bereits mit Runderlaß vom 30. November 1939 darauf hingewiesen worden war, die Löschwasserversorgung durch Anlage von Feuerlöschteichen und sonstigen Löschwasseranlagen sicherzustellen, so wurden erst im Jahre 1942 die erforderlichen Mittel für die Durchführung solcher Maßnahmen auch in München zur Verfügung gestellt. Mit zunehmender Heftigkeit der Luftangriffe wurde die Schaffung der unabhängigen Löschwasseranlagen vorangetrieben und, so gut es die örtlichen Verhältnisse zuließen, die Verteilung nach taktischen Gesichtspunkten vorgenommen; trotzdem zeigte es sich, daß diese Anlagen im Verhältnis zur Zahl der Brände viel zu wenig waren und der weitere Neubau von Löschwasserentnahmeeinrichtungen mit der steten Steigerung der Luftangriffe nicht Schritt halten konnte.
Es darf auch nicht außer acht gelassen werden, daß mit jedem

schweren Angriff ein gewisser Teil der unabhängigen Löschwasserentnahmestellen, insbesondere der Löschwasserteiche,
beschädigt oder gänzlich zerstört wurde.

Während der schweren Luftangriffe mußte das Löschwasser
vielfach über eine Strecke von mehreren Kilometern gefördert
werden.

Wertvolle Dienste für die Förderung von Wasser leisteten
hierbei auch die gegen Ende des Jahres 1943 den einzelnen Abteilungen zur Verfügung gestellten Schnellkupplungsrohre. Sie
dienten gleichzeitig der Förderung von Trinkwasser für die Bevölkerung.

Gegen Ende des Krieges standen im Stadtgebiet an unabhängigen Entnahmestellen außer den Seen und Wasserläufen rund
300 Feuerlöschbrunnen, 90 Löschwasserbehälter, 260 Löschwasserteiche (Zierteiche, Badebecken usw.), 390 Saugstellen (Saugschächte usw.) zur Verfügung.«[159]

Angesichts der unbeschreiblichen Not, die über die Stadt gekommen war, scheint es fast unglaublich, daß es noch vor wenigen Jahren Männer der Feuerschutzpolizei in München gab, die
es danach drängte, mit einem eigenen Lied auf den Lippen zum
Einsatz auszurücken. Und doch ist es eine Tatsache, daß ein solches Machwerk existierte. Das »Lied der Abteilung Hirsch« lautete in unvorstellbarem Kitsch und in nationalsozialistischem
Pathos:

Wacht auf Kameraden! Es gellt der Alarm!
Werft an die Motoren zur Fahrt!
Wir stürmen mit unserem donnernden Schwarm
Durch Splitter und Bomben nach Art!

Leb wohl meine Liebe, Du kerndeutsche Frau!
An Dich denk ich immer zurück!
Du bist meiner Seele der lindernde Tau,
Mein größtes, mein einziges Glück!

Es schreckt uns nicht Flamme und prasselnde Glut,
Wir kämpfen mit Wasser und Schaum!
Je größer der Angriff, je stärker der Mut!
Du Volk, auf uns kannst Du bau(')n.

So fern meine Liebe, Du kerndeutsche Frau!
An Dich denk ich immer zurück!

Du bist meiner Seele der lindernde Tau,
Mein größtes, mein einziges Glück.

Und fall ich im Dienste fürs Volk und fürs Reich,
Kam'raden, kämpft weiter, ›s ist Krieg!
Uns deutschen Soldaten kommt keiner je gleich,
Am Ende, da winkt uns der Sieg!

Leb wohl meine Liebe, Du kerndeutsche Frau!
Mein letzter Gedanke gilt Dir!
Du w(a)rst meines Lebens erfrischender Tau!
Gott schenke Dir alles dafür!«[160]

Der »Dichter« des Liedes, das im September 1941 entstand, war
ein gewisser Seidl, und gesungen wurde es nach der Melodie
»Wohlauf Kameraden, aufs Pferd, aufs Pferd«.

Die Löscharbeiten dauern mehrere Tage, auch mehr als eine Woche

Den Kriegsschauplatz an der Heimatfront, über den die Löschmannschaften nach den Worten des Poeten mit ihrem »donnernden Schwarm durch Splitter und Bomben« stürmten, teilten sich
in München die vier FE-Abteilungen Nord, Ost, Süd und West,
die alle dem Kommandeur der Feuerschutzpolizei, Oberst Thürauf, in seiner Eigenschaft als Führer des Feuerlösch- und Entgiftungsdienstes unterstanden.[161] Mit Ausnahme der Abteilung
West, die nur aus einem Abteilungsstab und aus zwei FE-Bereitschaften bestand, setzten sich die anderen Abteilungen aus je einem Abteilungsstab und aus je drei FE-Bereitschaften zusammen. An technischem Gerät verfügte jede Bereitschaft über zwei
schwere Löschzüge, einen leichten Löschzug, eine Kraftfahr-
drehleiter, einen Schlauchwagen und einen Entgiftungszug. Die
elf FE-Bereitschaften waren wiederum in 66 Lösch- und in 22
Entgiftungsgruppen unterteilt. Die Männer des Entgiftungsdienstes hatten die Aufgabe, nach größeren Luftangriffen die
Toten zu bergen, die Kellerräume, in denen sie Leichenwasser
vorfanden, zu desinfizieren und auch alle Kraftfahrzeuge und
Tragen zu »entseuchen«, die mit Leichen in Berührung kamen.
Insgesamt gehörten dem Feuerlösch- und Entgiftungsdienst
1225 Mann an, die sich sowohl aus der Luftschutzpolizei als
auch aus der Feuerschutzpolizei zusammensetzten. Sie verteil-

ten sich auf den Führungsstab und auf die ihm unterstellten einzelnen Abteilungen folgendermaßen: Die Abteilung Nord und die Abteilung Ost besaßen je 325 Mann, von denen wiederum jeweils 45 der Feuerschutzpolizei angehörten. Die Abteilung Süd verfügte ebenfalls über 325 Mann; doch betrug hier der Anteil der Feuerschutzpolizei 90 Mann. Die Abteilung West setzte sich nur aus 220 Mann zusammen; unter diesen befanden sich 45 Angehörige der Feuerschutzpolizei. Der Führungsstab schließlich umfaßte 30 Mann, von denen 20 aus den Reihen der Feuerschutzpolizei kamen.

»Die Kräfte des Feuerlösch- und Entgiftungsdienstes«, berichtet die Branddirektion München in ihrem historischen Rückblick,[162] »waren teils auf den vorhandenen 5 Feuerwachen der Feuerschutzpolizei, teils in den verschiedenen im Stadtgebiet verteilten Unterkünften kaserniert untergebracht. Mehrere Löschgruppen der FE-Abteilung Nord waren für den Objektschutz in historisch wichtigen Gebäuden u. ä. vorgesehen. Dies hatte aber den Nachteil, daß diese Löschkräfte erst verspätet an Brand- oder Unfallstellen eingesetzt werden konnten, und zwar nur dann, wenn einwandfrei feststand, daß keine Gefahr für die von ihnen in erster Linie zu schützenden Gebäude bestand.«

Neben den kriegsbedingten Einsätzen hatten die Feuerlöschkräfte jedoch auch zu Bränden auszurücken, die nicht auf die Einwirkung von Bomben zurückzuführen waren. So wurde die Feuerschutzpolizei während des Zweiten Weltkrieges 1913mal zu Bränden (einschließlich der falschen Alarme und der mutwilligen Fehlalarme) und 1994mal zu Unfällen oder zu sonstigen Hilfeleistungen gerufen.[163] In diesen Fällen war die Feuerschutzpolizei in eigener Zuständigkeit tätig und nur dem Oberbürgermeister als nächstem Vorgesetzten verantwortlich. »Sobald aber Fliegeralarm ausgelöst wurde«, hebt die Branddirektion in ihrer Rückschau hervor,[164] »wechselte die Befehlsgewalt. Während der Dauer des Fliegeralarms unterstanden die im Feuerlösch- und Entgiftungsdienst eingeteilten Angehörigen der Feuerschutzpolizei dem Polizeipräsidenten als örtlichem Luftschutzleiter. Schon auf die Meldung ›Luftgefahr‹ mußten alle eingeteilten Männer in Aktion treten, um die erforderlichen Vorbereitungen zu treffen.«

Wenn sie dann, während draußen noch die Bomben niedergingen, die schützenden Unterkünfte verließen und zu den Einsatzorten eilten, erwartete sie in der Stadt das Chaos: »Ganze Straßenzüge mit ihren beidseitigen 4- und 5geschossigen Häuserreihen«, beschreibt die Branddirektion die damalige Situation,[165] »standen bei diesen Angriffen in Flammen oder waren durch Sprengbomben in Schutt und Asche gelegt. Starke Rauchentwicklung und ungeheure Hitze erschwerten vielfach die Rettungs- und Löschmaßnahmen. Die Straßen waren durch Trümmer blockiert und teilweise erst nach deren Beiseiteschaffen zu befahren. Durch die Zerstörung der Straßenschilder war es oft recht schwer, sich in einer Gegend noch zurechtzufinden. Die Löscharbeiten dauerten bis zur restlosen Beseitigung der Gefahr in der Regel mehrere Tage, in besonderen Fällen, wie beim Kühlhaus Linde, mehr als eine Woche. Durch Zeit- und Langzeitzünder, die verschiedentlich erst viele Stunden nach dem Abwurf detonierten, wurden die Löscharbeiten ganz erheblich erschwert und gestört.«

Aber das waren nicht die einzigen Mühen. Wenn die Männer nach dem Einsatz, ermüdet, überreizt und ausgepumpt von den Strapazen, in ihre Unterkünfte zurückkehrten, fanden sie dort häufig einen Ort der Verwüstung vor, der es ihnen unmöglich machte, sich zur Ruhe zu begeben. Um ihre Einsatzbereitschaft sicherzustellen, mußten sie im Gegenteil erst einmal die eigenen beschädigten Wachgebäude und Quartiere wieder notdürftig herrichten. Zehn Unterkünfte wurden während des Krieges sogar total zerstört.[166]

Belastend für die seelische Verfassung der Männer waren auch die Verluste, die in den Reihen der Löschkräfte immer mehr um sich griffen. Bis zur Kapitulation Münchens am 30. April 1945 wurden im Feuerlöschdienst der Stadt insgesamt 274 Feuerwehrleute verwundet, 15 fanden den Tod.[167] Doch diese Zahlen wurden nur wenigen bekannt, und nach dem Krieg waren die Opfer der Münchner Feuerwehr schnell vergessen.

Der Nachtangriff vom 25. April 1944

Nach dem verheerenden Tagesangriff der Amerikaner am 18. März folgte der nächste schwere Schlag, der München traf, in der Nacht zum 25. April 1944. Diesmal waren es, wie schon die Tageszeit verrät, wieder die Briten, die der »Hauptstadt der Bewegung« ihren tödlichen Besuch abstatteten, nachdem sie bereits am späten Abend des 20. März einen Störangriff mit zwölf *Mosquitos* gegen die Stadt geflogen hatten.üâê Damit griff die RAF konsequent die Taktik auf, die mit der USAAF vereinbart war: Durch zwei Angriffe, die kurz hintereinander ein und derselben Stadt galten, wollten die Alliierten die deutsche Bevölkerung nicht mehr zur Ruhe kommen lassen. Vor allem sollten die Menschen keine Zeit finden, die Schäden des letzten Bombardements wieder zu beheben. Bezeichnenderweise wählten die Militärs für diese Zermürbungstaktik die Bezeichnung »Double Blow«, was »Doppelschlag« bedeutet.

»Ausgebombt« oder »fliegergeschädigt«

Schon seit langem erstaunte es die Gegner, daß die Deutschen ihren Willen zum Wiederaufbau noch nicht verloren hatten. Immer wieder besserten sie aus, was die Bomben zerstört hatten. Sie behalfen sich auch mit Notlösungen, wenn es keine andere Wahl gab, und fanden sich selbst mit dem Existenzminimum ab, nachdem ihnen das Heim über dem Kopf vernichtet worden war, sie also »ausgebombt«, wie das Volk sagte, oder »fliegergeschädigt« waren, wie es im Amtsdeutsch hieß.

Über die Haltung der aufbauwilligen Landsleute bemerkte die Journalistin Ruth Andreas-Friedrich am 3. Januar 1944 in ihrem Tagebuch, wobei sie sich selbst den Spiegel vorhielt und nach einer Erklärung für das verzweifelte Widerstehen suchte: »Wir kehren Schutt. Wir nageln Pappen. Wir sitzen ohne Wasser, ohne Verkehrsmittel, ohne Strom. Auch das Telephon ist tot, und nur auf Umwegen erfährt man, ob die fernerwohnenden Freunde am Leben sind. Ein verheißungsvoller Jahresbeginn. Bis man das Notwendigste repariert hat, vergehen mindestens zehn Tage. Und warum repariert man? Weshalb machen sich

Millionen Menschen immer von neuem daran, aufzubauen, was in der nächsten Stunde schon wieder in Scherben liegen kann?

Ich betrachte die Gesichter im Spiegel. Schmutzverkrustet, das Kopftuch schief in die Stirn gerutscht. Und ich glaube, die Antwort gefunden zu haben. Wir reparieren, weil wir reparieren müssen. Weil wir nicht einen Tag länger leben könnten, wenn man uns das Reparieren verböte. Zerstört man uns den Wohnraum, so ziehen wir in die Küche. Schlägt man uns die Küche entzwei, siedeln wir auf den Korridor über. Sinkt der Korridor in Trümmer, richten wir uns im Keller ein. Wenn wir nur zu Hause bleiben dürfen. Das dürftigste Eckchen Zuhause ist besser als jeder Palast in der Fremde. Darum kehren sie alle, die von den Bomben aus der Stadt vertrieben worden sind, eines Tages zurück. Sie wühlen zwischen den Steinbrocken ihrer zerstörten Häuser. Sie wirtschaften mit Schippe und Besen, mit Hammer, Zange und Spitzhacke. Bis eines Tages über den ausgebrannten Grundmauern ein neues Zuhause entstanden ist. Ein Robinson-Crusoe-Logis vielleicht. Aber immerhin ein Zuhause. Man kann nicht leben, wenn man nirgendwo hingehört. Deswegen retten die meisten Menschen aus ihren brennenden Häusern als erstes ihr Kopfkissen. Weil es ein letztes Stückchen ›Zuhause‹ ist.

Im englischen Sender wundern sie sich darüber, daß wir uns so aufbauwillig zeigen. Deuten die fieberhafte Geschäftigkeit nach jedem Bombenangriff als Ausdruck nationalsozialistischer Gesinnung. Weder Schuttkehren noch Kopfkissenretten haben mit Nazigesinnung und Willen zum Durchhalten etwas zu tun. Keiner denkt an Hitler, wenn er sein Küchenfenster vernagelt. Wohl aber denkt jeder daran, daß man im Kalten nicht leben kann. Daß man, noch ehe der Abend sinkt und die Fliegersirenen heulen, einen Schlupfwinkel haben muß, in dem man sein Haupt hinlegen und seine Glieder ausstrecken kann. So, wie man es selber mag und will, und nicht so, wie andere möchten, daß man es wollen sollte.«[169]

In München dachten viele Menschen, die sich in ihren zerstörten Wohnungen wieder notdürftig eingerichtet hatten, ebenso wie Ruth Andreas-Friedrich. Sie waren froh, wenigstens noch ein Dach über dem Kopf zu haben. Aber das änderte sich schnell. Tausende verloren auch noch ihren letzten Besitz, als der *zwölfte Luftangriff* seit Kriegsbeginn in der Nacht zum 25. April 1944 neues Elend über die Stadt brachte. 70 000 Menschen büßten in wenigen Stunden ihr Obdach ein.[170]

Bevor das britische »Bomber Command« zu diesem erneuten verheerenden Schlag gegen München ausholte, hatte es am Montag, dem 24. April, die deutsche Luftabwehr mit raffinierten Täuschungsmanövern hinters Licht geführt. Die RAF entsandte am Abend sechs *Lancasters*, die Frankreich überflogen, nach Italien, wo sie über Mailand Zielmarkierungsbomben und dicke Bündel von Stanniolstreifen abwarfen, um einen Angriff vorzutäuschen. Zur selben Zeit befanden sich 637 viermotorige Bomber und neun *Mosquitos* auf dem Flug nach Karlsruhe.[171] Irritiert durch den Scheinangriff auf Mailand, stellten sich die Nachtjäger der Luftwaffe verspätet auf das neue Angriffsziel der Briten ein und flogen nach Karlsruhe, wo bereits ein katastrophales Bombardement auf die Stadt niederging. In einer halben Stunde fielen über 2000 Tonnen Spreng- und Brandbomben.

Unterdessen hatte auch das Unheil, das sich über München entladen sollte, seinen Lauf genommen.[172] In breiter Front flog, kaum bemerkt, die 5. *Bombergruppe* der RAF mit 244 *Lancasters* und mit 16 *Mosquitos* nach Südostfrankreich ein und formierte sich über dem Annecysee im Departement Haute-Savoie, südlich von Genf, zum geschlossenen Bomberstrom. Dann setzten die Maschinen ihren Flug über die Schweiz und über Liechtenstein fort. Zu dieser Zeit standen die deutschen Nachtjäger im Abwehrkampf über Karlsruhe und ahnten nicht, daß nun auch München ein Angriff drohte. Mittlerweile näherte sich der Bomberstrom über Tirol im direkten Anflug der »Hauptstadt der Bewegung«. Für die Nachtjäger, die zunächst Karlsruhe zu Hilfe geeilt waren, wurde die Lage noch verzweifelter, als jetzt auch ihr Treibstoff zur Neige ging. Die ersten britischen Flugzeuge tauchten bereits über dem Starnberger See auf, da mußten sich die Nachtjäger mit leeren Tanks abmelden und zu ihren Stützpunkten zurückkehren.

Damit waren die Täuschungsmanöver des Bomberkommandos geglückt. Wie bei einer Übung konnte die 5. *Bombergruppe* nun zum Angriff auf München ansetzen. Als erste Formation erschienen zunächst die *Mosquitos* am Nachthimmel und drehten in 5000 Meter Höhe über der Stadt mehrere Runden. Dabei warfen die leichten Bomber, die sich als Pfadfinder bewährt hatten, ständig Stanniolstreifen ab, um die Funkmeßgeräte der deutschen Luftverteidigung am Boden auszuschalten.

Als die Window-Streifen auf München herabregneten, war

Mitternacht längst vorbei, und der neue Tag, der 25. April, hatte begonnen. Beklommen warteten die Münchner, die von den Luftschutzsirenen um 0.59 Uhr in die Keller und in die Bunker getrieben worden waren, auf die ersten Bombeneinschläge. Diesmal gelang es den Briten, das Angriffsziel gut zu markieren, womit die nachfolgende genaue Bombardierung ermöglicht wurde. Vergeblich versuchten Flak und Suchscheinwerfer, die niedrig fliegenden *Mosquitos* zu erfassen, die über dem Zentrum der Stadt ihre tödlichen Zeichen setzten. Um 1.44 Uhr fielen die ersten Bomben.[173] Sie eröffneten den Großangriff, der bis um 2.10 Uhr dauerte und der in seiner verheerenden Wirkung alle bisherigen Operationen über München bei weitem übertraf. Erstmals kamen sogenannte *Wohnblockknacker* zum Einsatz, die mit ihrem Gewicht von 2000 Kilogramm gewaltige Verwüstungen anrichteten.

Die Bomber, die 26 Minuten lang die Stadt immer wieder in Pulks von 50 bis 70 Maschinen konzentrisch angriffen, setzten zum erstenmal über München auch die neue Flammstrahlbombe von 13 Kilogramm Gewicht ein, die ihren benzinähnlichen Inhalt, wie bereits dargestellt, an einer Thermitsäule entzündeten und in drei bis fünf Meter langer Stichflamme verspritzten. Sie waren zu jeweils 14 Stück an einer Aufhängeschiene vereinigt und fielen, von dieser gelöst, einzeln mit einem Verzögerungsfallschirm nieder. Die Bomben schlugen sehr dicht nebeneinander ein, was ihre Wirkung erhöhte, und Hitze und Rauch erschwerten die Bekämpfung der Abwurfmunition sehr.

Als der Luftangriff mit der Entwarnung um 2.53 Uhr endete, waren auf München insgesamt sieben Sprengbomben mit einem Gewicht von 2000 Kilogramm, 24 Sprengbomben (je 500 Kilogramm), 54 Sprengbomben (54 Kilogramm), 844 Flüssigkeitsbrandbomben, 550 000 Stabbrandbomben, 14 160 Phosphorbrandbomben (14 Kilogramm), 10 245 Flammstrahlbomben (13 Kilogramm), 459 Blitzlichtbomben und 36 Zielmarkierungsbomben gefallen. Außerdem wurden rund 2500 Flugblätter abgeworfen.

»Bei diesem Angriff«, meldete der Polizeipräsident am 28. April dem Befehlshaber der Ordnungspolizei im Wehrkreis VII,[174] »traten größere Schadensgebiete durch massierten Abwurf von Brandmunition auf. Besonders im Stadtinneren und Osten der Stadt wurden Gebiete mit Großschadenstellen hervorgerufen.«

»*Der nahezu völlige Verlust der Münchner Residenz*«

Ausführlicher ging der Oberbürgermeister am 25. Mai in seinem Bericht auf das Ausmaß der Verwüstungen ein: »Der schwere Angriff britischer Luftstreitkräfte auf München in den ersten Morgenstunden des 25. April richtete sich auf die Stadtmitte und ausgedehnte Wohnviertel im Osten der Stadt (Haidhausen, Au, Giesing). Der Trefferplan zeigt, daß ein gezielter Abwurf auf militärische oder wichtige wehrwirtschaftliche Objekte nicht beabsichtigt war. Es handelt sich vielmehr um einen ausgesprochenen Terrorangriff, der durch einen massenhaften Abwurf von Brandmunition (Stabbrand- und Flüssigkeitsbrandbomben) charakterisiert wird. Die Sprengbomben traten demgegenüber zurück, wenn auch anscheinend große Kaliber mit stärkster Brisanz verwendet worden sind.

Die ausgebreiteten Brände erschwerten die Beobachtung während des Angriffes und die Übersicht unmittelbar nachher sehr beträchtlich (z. B. Mariahilfplatz, im Brauereigelände in der Au, am Ritter-von-Epp-Platz, Wittelsbacherplatz und Königinstraße usw.). Durch die Feuerstürme sind aber kaum Menschenleben zu beklagen. Wenn es auch gelang, das Zusammenwachsen zu einem großen Flächenbrand hintanzuhalten, so stellten doch die vielen Verkehrssperren durch Schlauchleitungen, die starke Rauchbelästigung und das sich tagelang wiederholende Aufflammen bereits als erledigt betrachteter Brände große Anforderungen an Führung und Einsatz bei der Schadensbekämpfung und schuf damit für München eine bisher noch nicht gekannte Situation.

Seiner Wirkung nach muß der Angriff als der schwerste bezeichnet werden, den die Stadt bisher zu verzeichnen hatte, auch weil ihm die hervorragendsten Kulturdenkmäler der Stadt zum Opfer gefallen sind. Durch die geringere Verwendung von Sprengbomben sind die Umfassungsmauern vieler bedeutender Bauten stehen geblieben, sodaß wenigstens noch Ansatzpunkte für die spätere Wiederherstellung vorhanden sind; doch wird die Innenausstattung in den meisten Fällen unwiederbringlich verloren sein. Am schmerzlichsten ist wohl der nahezu völlige Verlust der Münchener Residenz.«[175]

Wie aus der Schilderung des Oberbürgermeisters hervorgeht, hatte das Stadtbild Münchens schwersten Schaden genommen. Neben der Residenz zerstörten die Bomben total die Staatsbibliothek, das Alte Rathaus, die Bürgersaalkirche, die Alte Aka-

242

Nach dem Nachtangriff britischer Bomber am 25. April 1944: Blick durch die Feldherrnhalle mit Bronzetafel und dem Emblem des Dritten Reiches auf die zerstörte Residenz.

demie, die Herzog-Max-Burg, die Regierung von Oberbayern und das Wittelsbacher Palais, wo die Geheime Staatspolizei (Gestapo) ihren Sitz hatte, die Tonhalle, das Odeon, die Basilika St. Bonifaz, die Heiliggeistkirche, die Ausstellungshalle, das Servitinnenkloster, das Josefspital und die Jesuitenkapelle in der Michaelskirche.[176] Teilschäden erlitten das Neue Rathaus, das Innenministerium, die Alte Pinakothek, das Stadtmuseum, das Leuchtenbergpalais, die Asamkirche, die Akademie der Wissenschaften, die Staatliche Münzsammlung, die Akademie der Bildenden Künste, die Technische Hochschule und der Turm der Peterskirche (»Alter Peter«), der in seinem obersten Teil vollständig ausbrannte.

Dabei war die 16 Zentner schwere Zwölfuhrglocke, genannt die »Zwölferin«, die sich als letzte Glocke noch im Turm befunden hatte, herabgestürzt und in einem Zwischenstock, 45 Meter über dem Erdboden, liegengeblieben. Im Juni 1944 barg die Technische Nothilfe die Glocke aus dem 14. Jahrhundert, die zwar den Sturz ohne Schaden überstanden hatte, aber zwischen Eisenkonstruktionen und Balken eingeklemmt war.

Durch den Luftangriff war auch eine »Unmasse von Wohnraum«, wie der Polizeipräsident in seinem Bericht vom 28. April feststellte,[177] verlorengegangen. Insgesamt wurden 1781 Gebäude total zerstört und 1278 Häuser schwer, 18 mittel und 3551 leicht beschädigt. Von den Schäden wurden 92 Prozent durch Brandmunition und acht Prozent durch Sprengbomben verursacht.

Wie durch ein Wunder hatte der bisher schwerste Luftangriff weniger Opfer gefordert als das letzte Bombardement vom 18. März, bei dem 172 Tote zu beklagen waren. Im Bombenhagel des 25. April kamen dagegen 136 Personen um: acht Soldaten der Wehrmacht, ein SS-Angehöriger, sechs Männer der Feuerschutzpolizei, ein Mitglied der Luftschutzpolizei, sechs Ausländer und 114 einheimische Zivilisten, davon 75 Männer, 37 Frauen und zwei Kinder. Von 74 Verschütteten wurden zwölf lebend und 56 tot geborgen. Die Zahl der Verletzten belief sich auf 4185 Personen. Groß war auch der Anteil der Menschen, die Verletzungen an den Augen erlitten hatten. Ihre Zahl betrug 1400 Personen. (Bei Luftangriffen traten Augenverletzungen häufig auf. Um diesen vorzubeugen, gab es für die Bevölkerung eigens Schutzbrillen.) Sechs Menschen wurden als vermißt gemeldet.

Der Feuerregen, der über München niedergegangen war, hatte die ganze Innenstadt in ein einziges Flammenmeer verwandelt. Mit allen verfügbaren Kräften rückten die Feuerlöschmannschaften den Bränden zu Leibe. Allein 1470 Feuer bekämpften die Angehörigen des FE-Dienstes, 1128 die Löschgruppen der NSDAP, 500 die Soforthilfe, 260 die Wehrmacht sowie 250 die Reichsbahn und der Werkluftschutz. An 68 Einsatzstellen gingen außerdem die Schnellkommandos der Hitler-Jugend mit 3000 Jungen und mit 500 Mädchen gegen Brände vor. Noch Tage nach dem Angriff war die Luft in der Stadt durch Rauch, Staub und Phosphorgestank verpestet.

»Die Verheerungen in der Stadt sind ganz schrecklich ... Ein Bild des Grauens ...«

Erschüttert blickten die Münchner am Morgen des schwarzen Dienstag auf die Wunden ihrer leidgeprüften Stadt. Vergessen war das »herrliche Frühlingswetter«, das Friederike Kurz noch am Vortag in ihrem Kalender vermerkt hatte. Sie ahnte nicht, was München bevorstand, als sie am Montag außerdem begeistert in ihren Aufzeichnungen festhielt, bevor sie sich zur Ruhe begab: »Wunderbarer Abend am Balkon. Herrliche Nacht.«

Wenige Stunden danach hatte sich das Bild auf schreckliche Weise gewandelt. Am Dienstag, dem 25. April, trug die Chronistin niedergeschlagen in ihr Tagebuch ein: »Der schwerste Angriff auf München. Brände überall. Mama und Gretel (die Nichte, Anm. d. Verf.) gleich in der Frühe zum Löschen in die (Versicherungs-)Kammer. Hans versucht, in die Kaserne zu gehen, geht (aber) nicht.«

Durch die Straßen der Innenstadt war kein Durchkommen mehr. Überall lagen Trümmer herum, loderten Flammen aus den Häusern, die es den Passanten unmöglich machten, die Gehsteige zu benutzen, – und tobte der Feuersturm.

Friederike Kurz vermerkte auch dieses Phänomen der entfesselten Naturgewalten in ihren Aufzeichnungen. »Stadt in Rauch gehüllt«, schrieb sie, »dunkel, Feuersturm.« Sie registrierte damit den ersten Feuersturm, der in den Straßen Münchens wütete. Schließlich fügte sie hinzu, wie sehr die vielen Brände auch das Wetter verändert hatten: »Regen durch die starken Wolken. Mittags (um) 1 Uhr kommt die Sonne. In der Nacht noch mal Regen.«

Die Nichte widmete dem Großangriff in ihrem Tagebuch ebenfalls breiten Raum. »Wir selbst«, schrieb Margarete (»Gretel«) Konetzky, »merkten im Keller unten nicht viel davon, nur fürchteten wir uns sehr, da die Meldungen im Radio von vielen schweren Kampfverbänden s prachen. Als wir dann heraufkamen, sahen wir rings um uns lodernden Feuerschein. Der ganze Himmel, hauptsächlich über der Stadt, war rot. Hans und ich gingen bis zur Wiener Straße. Die ›Gisela‹ (eine Lebensversicherung, Anm. d. Verf.) brannte und viele, viele Häuser. Wir kamen erst um halb sechs Uhr für eine Viertelstunde ins Bett, dann wurden wir verständigt, in die VK (=Versicherungskammer) zu kommen.

Hans wollte in die Kaserne, Mama und ich gingen die Prinzregentenstraße hinunter und sahen überall die Obdachlosen mit ihrem letzten Hab und Gut. Wir gingen zu Fräulein D. hinein, und ich lieh mir die Gasmaske und ging bis zur Versicherungskammer. Sie brannte in der Thiersch- und Gewürzmühlstraße lichterloh, und vor lauter Rauch konnte man es überhaupt nicht mehr aushalten. Im ganzen Lehel brannte es. Wir gingen dann in mein Büro hinunter, das vom Luftdruck arge Schäden hatte, und brachten ... den schlimmsten Schutt und die Glassplitter weg.

Es war dann vormittags wieder Alarm und kein Licht im Luftschutzkeller. Hans war inzwischen wieder heimgekommen, da in der Stadt ein solch furchtbarer Feuersturm ging, daß er nicht bis zur Kaserne kam. Nachmittags lief ich über die Bogenhausener Brücke heim, abends nach dem Essen legten wir uns sofort hin und schliefen vor Müdigkeit. Gegen 11 Uhr nachts läutete Herr H. an allen Wohnungen und sagte, die Kammer brenne wieder fürchterlich und man solle zum Löschen kommen.«

Am Mittwoch, dem 26. April, vertraute die junge Frau weitere Beobachtungen ihren heimlich geführten Aufzeichnungen an: »Die Verheerungen in der Stadt sind ganz schrecklich. (...) Der Ostbahnhof ist zerstört(,) und die Weißenburger Straße und der Weißenburger Platz (sind) völlig ausgebrannt. Ein schrecklicher Anblick.«

Deprimiert über die vielen Wunden, die ihrer Heimatstadt geschlagen worden waren, vermerkte schließlich Margarete Konetzky noch am Montag, dem 1. Mai, in ihrem Notizbuch: »Hans und ich gingen in die Stadt, schauten uns die schrecklichen Verwüstungen in der Innenstadt an. Theatinerstraße, die Residenz, Färbergraben und Promenadeplatz sind vollständig zerstört. Ein Bild des Grauens. Schade um unsere schöne Münchner Stadt! Sehr schlimm zerstört ist auch die Au.«

»Es gibt zwischen dem Untergang und dem Fortbestand der Nation keine Wahl«

Wie Margarete Konetzky fühlten alle Münchner. Trauer und Entsetzen über die Unbarmherzigkeit der alliierten Gegner erfüllten die ganze Stadt. Fassungslos standen die Menschen vor den Ruinen der einst so stolzen Bauwerke, die das Bild Münchens geprägt hatten, und die NS-Presse verurteilte den Anschlag gegen München als ein Unternehmen, das bewußt gegen die Schönheiten der Stadt gerichtet war, um damit die Münchner mitten in ihr Herzen zu treffen. Unter der propagandistischen Schlagzeile »Münchens entschlossenes Dennoch«, die sich über alle fünf Textspalten der Zeitung erstreckte, berichteten die MNN am Mittwoch, dem 26. April, auf ihrer ersten Seite über den Angriff: »Wenn die Verbrechen des Feindes, dem wir in diesem unerbittlichen Kampf gegenüberstehen, noch eines Beweises bedurft hätten, so hat ihn die Nacht zum 25. April erbracht.

Selten war der Terror so kalt und wohlbedacht angelegt wie bei dem schweren Angriff, den britische Flugzeuge in diesen Nachtstunden gegen unser Gebiet, vor allem aber gegen die Stadt München selbst(,) geführt haben. Die große Anzahl von Bomben, vorwiegend Brandbomben, die abgeworfen wurden, waren für Wohnviertel, Kulturstätten und Sozialeinrichtungen bestimmt. Mit ihnen ist nicht nur das Besitztum ungezählter Volksgenossen, es sind auch Kunstwerte, die der ganzen zivilisierten Menschheit gehörten, in Schutt und Asche gesunken. Wieder haben wir Gefallene und Verwundete zu beklagen. Über den Trümmern aber steht in dieser Stadt, die uns und dem deutschen Volk wie kaum eine andere ans Herz gewachsen ist, härter und unbeugsamer denn je der Wille, unseren Daseinskampf bis zur letzten Stunde durchzufechten und die Waffen erst niederzulegen, wenn die an uns begangene Niedertracht gesühnt ist.«

In ihrem Kommentar gingen die *Münchner Neuesten Nachrichten* darauf ein, weshalb ihrer Meinung nach gerade die historischen Bauwerke das Ziel der britischen Bomben waren. »Zu dem üblichen und schon vielfach erprobten Rezept des Terrorkrieges«, so schrieb das Blatt, »kommt in unserem Fall noch ein besonderes: Der Münchner, sagt sich die feindliche Führung, hängt an den unersetzbaren Kulturdenkmälern seiner Stadt so sehr, daß ihm der Lebensatem fehlt, wenn sie zerstört sind. Daß es dem britischen Luftmarschall Harris kein Wimperzucken und keinen Gewissensbiß kostet, den Befehl zur Massenzerstörung des ganzen ›Ansichtskartenplunders‹ zu geben, also zur Vernichtung (um es in der Ausdrucksweise der kultivierten Menschheit zu sagen) der Kulturleistungen von Jahrhunderten, wissen wir. Er aber und mit ihm die maßgebenden Leute in London und Washington scheinen trotz der schlagenden Gegenbeweise noch immer nicht zu wissen, daß das deutsche Volk eher noch von allem läßt, was ihm durch Generationen lieb geworden ist, als von der Freiheit, ohne die es nicht leben kann. Wer bis zu diesem Augenblick noch wähnen mochte, daß es zwischen dem Entweder-Oder dieses Krieges noch so etwas wie eine ›dritte Lösung‹ geben könne, dem sind die letzten und leisesten Zweifel verscheucht. Es gibt zwischen dem Untergang und dem Fortbestand der Nation keine Wahl.«

Das waren deutliche Worte, die verrieten, daß es für die Nationalsozialisten den Ausweg der Kapitulation nicht gab: Entweder siegte das Volk, oder es ging zugrunde. Angesichts der drohenden Invasion, der Hitler mit größter Sorge entgegensah, sollten die Deutschen wissen, daß ihnen keine andere Wahl blieb.

Diese Konsequenz hatte auch der Kommentator vor Augen, als er fortfuhr: »Niemand soll uns nach dieser Nacht mit der oder jener ›Begründung‹ für eine solche in der Geschichte ohne Beispiel dastehende Kriegführung kommen _ und sei es selbst die, daß derartige Angriffe die Invasion vorbereiten könnten. Denn auch auf den Trümmern jener Mauern, die uns das Liebste solange (sic!) umschlossen und behütet haben, pflanzen wir noch den Stolz auf. München bleibt seinem Wesen in dieser Stunde, der schmerzlichsten seiner Geschichte, treu, und es tut dies mit einer Selbstverständlichkeit, mit der auch unsere Feinde zu rechnen haben. Sie mögen uns brennende, bittere Wunden schlagen: Nie aber können sie uns beugen, nie der Gewißheit berauben, daß auch unsere Stunde schlagen wird.«

Nach der Invasion in Frankreich: Die Amerikaner steigern ihre Tagesangriffe

Die Sorge der Nationalsozialisten vor der Invasion war nicht unbegründet. In der Tat warf diese ihre Schatten bereits voraus. Die Vorbereitungen für die Operation »Overlord«, wie der Deckname für die geplante Landung der Alliierten an der Küste der Normandie im Juni lautete, berührten auch die Bomber der RAF. Schon am 1. April 1944 war das britische Bomberkommando für die nächsten fünf Monate dem Obersten Hauptquartier der Alliierten Expeditionsstreitkräfte unterstellt worden. Harris hatte sich nun den Befehlen des Generals Dwight D. Eisenhower zu beugen, an den damit die Entscheidung über die Einsätze der Bomber gefallen war.

Vorrang hatten jetzt vor allem die Raids, die im Zusammenhang mit dem Unternehmen »Overlord« standen. Die Folge war, daß die RAF für die kommenden Wochen ihre nächtlichen Großangriffe auf das Reichsgebiet einstellte. Dafür steigerten die Amerikaner, wie die Münchner bald sehen sollten, ihre Tagesangriffe. Unvermindert führten die Briten lediglich mit ihren *Mosquitos* die Störflüge über das Reich fort. Somit blieb der Angriff vom 25. April vorerst für längere Zeit das letzte nächtliche Bombardement, mit dem das Bomberkommando München heimgesucht hatte.

Im Gegensatz zur bisherigen Gewohnheit hatte das Oberkommando der Wehrmacht den vergangenen Angriff auf die »Hauptstadt der Bewegung« diesmal in seinem Bericht etwas ausführlicher behandelt. Wer die Hintergründe kannte, konnte den Zeilen entnehmen, wie sehr die dramatischen Ereignisse in dieser Nacht der Luftwaffe zu schaffen gemacht hatten. Die Anspielung auf die »schwierigen Abwehrbedingungen« verriet das deutlich. So lautete der OKW-Bericht vom 25. April: »Britische Bomber führten in der vergangenen Nacht unter Verletzung schweizerischen Hoheitsgebiets einen schweren Terrorangriff auf München. Es entstanden Schäden in den Wohnvierteln und Verluste unter der Bevölkerung. Unersetzliche Kulturbauten fielen dem feindlichen Terror zum Opfer. Auch die Städte Karlsruhe und Mannheim waren das Ziel britischer Terrorangriffe. Bei schwierigen Abwehrbedingungen wurden 45 britische Bomber durch unsere Luftverteidigungskräfte abgeschossen.«

Aber die deutschen Jagdflieger, die sich den Briten entgegenwarfen, konnten den schrecklichen Feuerregen nicht verhindern, den München in der Nacht des britischen Angriffs erlebte und der die MNN am 29. April 1944 veranlaßte, in einem Kommentar von der »Brandnacht des 25. April« zu sprechen. Erschüttert berichtet Eugen Roth am selben Tag in einer Reportage der Zeitung, wie er die Stadt nach einer Reise wiedersah: »Ein Mann geht am Mittag des 25. April in die Stadt München hinein; er hat die Nacht nicht miterlebt, eine Dienstreise hat ihn südwärts geführt, am Morgen erst hat er verworrene Gerüchte über einen schweren Angriff gehört, im Zug hat eine Frau erzählt, vom Taubenberg aus sei die ganze Stadt wie ein einziges Flammenmeer anzuschauen gewesen.

Weit draußen, vor Sendling, hat der Zug die Fahrgäste ausgesetzt, nun gilt es, zu Fuß zu gehen, heim – wer weiß es? Ins Ungewisse, die Sorge im Herzen, wie man die Seinen und das Seine wiederfindet. So wandert der Mann die Theresienhöhe entlang und steht jetzt zu Füßen der Bavaria, die ihren Ruhmeskranz still emporhebt, der sonst so fröhlichen Häuserfront Münchens entgegen. Aber wo gestern noch, jenseits der Wiese, das vertraute Gewimmel der Türme und Dächer grüßte, da wallt jetzt Qualm auf, grau, fahlgelb und rosenfarben, aus einer schadenschweren Wolke, die sich über die Altstadt gelagert hat. Kaum, daß die Frauentürme gelegentlich durch den ziehenden Schleier scheinen, gespensterhaft und wie körperlose Schatten: München brennt. (...)

Vor rauchenden Trümmern trifft der Mann einen alten Freund, mit dem zusammen er einst so manches prunkende Fest der frohen Stadt vorbereiten geholfen hat. Über Nacht scheint der ein Greis geworden zu sein: München war ein Teil seines Herzens ... Erschüttert hört der Mann die ersten Einzelheiten: Petersturm, Altes Rathaus, Wilhelminum, Residenz, Odeon, Pinakothek, Regierung – jedes für sich allein eine Hiobspost, zu viel, zu viel, um es zu fassen: es ist, als wollte man in einen schon übergehenden Becher immer neue Fluten stürzen – er vermag sie nicht mehr zu halten.

Abgekämpfte Feuerwehren fahren vorbei, rußige, übernächtige Menschen, die seit zwölf Stunden ihr Äußerstes getan haben, stille Helden. Der Blick in ihren entschlossenen Gesichtern ist ein erster Trost: diese Menschen weichen nicht hoffnungslos dem Schicksal, sie haben bis zum Letzten mit ihm gerungen und werden weiter ringen. Unwirklich im trüben Licht der Brände ist diese schauerliche Wirklichkeit. Der Mann geht schweigend an Feuerschein und schwelender Dämmerung vorbei, im Schmutz, durch den Aschenregen, seine Augen bohren sich durch den Nebel der Straßenschluchten, und jeder spähende Blick macht ihn um eine Hoffnung ärmer. (...)

Der Mann hat seinen Weg durch die Stadt vollendet; er hat über der Trauer um den verlorenen Kunstbesitz das Unglück und die Tapferkeit der Volksgenossen nicht übersehen. Er weiß, daß die kümmerlichste Habe, die da im Feuerschatten der Häuser steht oder auf Wägelchen fortgefahren wird, eine Welt von Sorgen und Glück bedeutet. Er nähert sich seiner Wohnung, er steigt die Treppen empor. Schutt versperrt die Tür, der Himmel schaut durchs zerfetzte Dach. Aber er wird wohl, bei näherem Zusehen, noch hausen können hier in den eigenen vier Wänden. Und nach allem Schicksal, das er gesehen hat, ist er mit dem seinen zufrieden und dankt den Nachbarn, die mutig und unermüdlich gelöscht haben, bis weit in den Tag hinein und nur um eines Händedruckes willen. Aber mit Freuden würde er all sein Hab und Gut dran setzen, wenn er damit nur ein Bauwerk, ja nur ein Bild retten könnte, um das nicht nur ein einzelner trauert, sondern die Welt.«

Sonderzuteilungen, um die »Volksgenossen« bei Laune zu halten

Unbeschreibliches Elend herrschte in der Stadt. Tausende von Menschen, die ihr Heim verloren hatten, irrten obdachlos durch die Straßen. Viele, deren Haus einen Totalschaden erlitten hatte, besaßen nur noch das, was sie am Leibe trugen. Aber manchen fehlte sogar das. Aus diesem Grunde hielten es die MNN am 26. April für angebracht, die Leser zu größerer Vorsicht zu ermahnen: »Es kommt immer wieder vor, daß Volksgenossen bei Fliegeralarm die Luftschutzräume nur notdürftig bekleidet aufsuchen. Im Falle eines Totalschadens sind sie dann nicht einmal mit den nötigsten Kleidungsstücken versehen. Wer so leichtfertig handelt, gefährdet nicht nur seinen Ersatzanspruch, sondern versündigt sich auch im Hinblick auf die Spinnstofflage an der Allgemeinheit. Die Bevölkerung wird daher wiederholt eindringlich angewiesen, bei Fliegeralarm die Luftschutzräume nur vollkommen angekleidet aufzusuchen. Klug handelt, wer die nicht unbedingt benötigten Kleidungsstücke zu Bekannten oder Verwandten nach auswärts verbringt, damit bei Eintritt eines Totalschadens noch eigene Kleidungsstücke zur Verfügung stehen.«

Die Kunde von der Katastrophe, die über München hereingebrochen war, drang sogar ins Konzentrationslager Dachau. Dort schrieb der Schutzhäftling Karl Adolf Gross am 27. April in sein heimlich geführtes Tagebuch, was er alles hinter dem Stacheldraht über die Verwüstungen in der Stadt erfahren hatte. »München«, berichtet er,[178] »soll trostlos aussehen: die Altstadt fast vollständig in Trümmern, der Frauendom zerstört (hier war Gross falsch unterrichtet, Anm. d. Verf.), der ›VB‹ (='Völkischer Beobachter‹) eine Ruine (was uns am wenigsten zu Herzen geht); die Pinakothek ein Scherbenhaufen. Eine großzügige Verpflegungsaktion setzte ein. Auch das Lager sandte seinen Beitrag: einige Dutzend Kübel mit Nudelsuppe, auf der das Fett propagandistisch fingerdick schwamm. Sie brachten aber fast die ganze Ladung wieder zurück. Die fromme Legende berichtet, daß sich die Münchner weigerten, von den Nudeln der Häftlinge etwas zu essen. Die hätten selber nichts, sollen sie unwillig erklärt haben. Ob's stimmt, weiß ich nicht.

Wir fühlen uns alle sehr müde, wie abgeschlagen. Sind es die Wellen, die aus dem Meer herzzerreißenden Jammers von München her an unser Inneres branden? – Manche gibt es freilich, die sind nicht geneigt, Barmherzigkeit zu üben. Die eigene Not hat sie nicht weich, sondern hart gemacht. ›Die sind selbst schuld an ihrem Elend‹, heißt es, ›warum haben sie ...‹, und so dispensiert man sich vom Gebot der Liebe und vom Glauben.«

Nach der erneuten Bombardierung Münchens fürchteten die Nationalsozialisten, daß sich die Stimmung im Volk gegen sie wenden könnte, weil es ihnen nicht gelang, die Bevölkerung vor diesen Schlägen zu bewahren. Um die »Volksgenossen« bei Laune zu halten und die Moral zu festigen, waren sie bemüht, wenigstens Trostpflaster auf die frischen Wunden zu legen, indem sie zusätzlich Lebens- und Genußmittel verteilen ließen. Die Sonderzuteilungen, die auf Veranlassung des Gauleiters ausgegeben wurden, bestanden aus 150 Gramm Fleisch, 90 Gramm Butter, 950 Gramm Brot, 50 Gramm Bohnenkaffee sowie aus einer halben Flasche Spirituosen und aus einer Dose Kondensmilch. Die »Versorgungsberechtigten« unter 18 Jahren erhielten statt Bohnenkaffee und Alkohol 250 Gramm Süßwaren. Außerdem empfingen die Münchner eine »einmalige Sonderzuteilung von Tabakwaren«, und zwar die Männer zehn und die Frauen fünf Zigaretten. Allerdings gab es auch eine Einschränkung: »Juden und Ausländer«, hieß es in der Bekanntmachung vom 27. April, »sind von sämtlichen Zuteilungen ausgeschlossen.«

Nur langsam kam das öffentliche Leben in München wieder in Gang. Die Straßenbahnlinien verkehrten in verminderter Zahl auf umgeleiteten Strecken, die im einzelnen unter der Überschrift »Wie fährt die Straßenbahn?« der Tagespresse zu entnehmen waren. Allmählich verschwanden auch die Glasscherben wieder von den Straßen, die noch tagelang von der verheerenden Bombennacht gezeugt hatten. »Es ist Sache der Hausgemeinschaft«, ermahnten die MNN am 26. April ihre Leser, »die Glassplitter von den Bürgersteigen und der Fahrbahn in ihrem Wohnbereich zu entfernen. Volksgenossen, wartet nicht, bis die Städtische Straßenreinigung die Glassplitter wegkehrt. Die Straßen müssen frei sein!«

Aber auch vor den Gefahren, die den Menschen in der zerstörten Stadt drohten, warnte die Presse. Sie wies vor allem auf Blindgänger und auf beschädigte Gebäude hin, die nur mit größter Vorsicht passiert werden sollten. Den Leuten wurde geraten, dabei immer ein waches Auge auf herabhängende Gesimse und auf gelockerte Mauerteile zu haben. Auf die verschiedenen Gefahrenherde in der Stadt gingen die MNN am 26. April in einem eigenen Beitrag ausführlich ein: »Häuser und Wohnungen, deren Räumung angeordnet ist oder die durch Räumungs-

und Sperrplakate gekennzeichnet sind, dürfen unter keinen Umständen betreten oder gar bewohnt werden. Wer gegen diese polizeilichen Vorschriften verstößt, gefährdet sein Leben. Das Beseitigen oder Abreißen von Räumungs- und Sperrplakaten ist verboten.

Die Bevölkerung wird darauf aufmerksam gemacht, beim Durchschreiten einzelner Straßenzüge unbedingt auf herunterhängende Gesimse, gefährdete Giebeln (sic!), Mauerteile usw. wegen der damit verbundenen Lebensgefahr zu achten.

Blindgänger, d. h. nicht zur Explosion gelangte Bomben und andere Sprengkörper, dürfen unter keinen Umständen berührt werden und sind nur durch die zuständigen Sprengkommandos zu vernichten. Volksgenossen, die Blindgänger feststellen, müssen sie dem nächsten Polizeirevier melden. Die Eltern werden darauf aufmerksam gemacht, die Kinder streng zu belehren, Bomben und Sprengkörper nicht anzufassen.«

Gebührenfreier Eilnachrichtendienst: »Haus verschont.
Alles gesund. Gruß Mutti«

In derselben Ausgabe informierte die Zeitung die Münchner über eine neue Einrichtung, die es ihnen in Zukunft ermöglichen sollte, nach einem Luftangriff schnell mit Familienangehörigen in Verbindung zu treten, die außerhalb der Stadt lebten. Dieser sogenannte *Eilnachrichtendienst* sollte erste Lebenszeichen vermitteln. Den »Volksgenossen« stellte die Deutsche Reichspost dafür vorgedruckte Karten zur Verfügung, die auf beiden Seiten breite, rote Umrandungen trugen. Auf der Vorderseite, die mit dem Aufdruck »Eilnachricht« und ebenso wie die Rückseite mit der Aufforderung »Deutlich schreiben!« versehen war, befand sich der Platz für die Anschrift des Empfängers. Die Rückseite mit dem Aufdruck »Lebenszeichen von« bot Raum für die Adresse des Absenders, für das Datum der Nachricht und für den Text der Mitteilung, die auf drei liniierten Zeilen unterzubringen war.

Über die Bestimmungen, die für die Beförderung der Eilnachrichtenkarten galten, wurden die Münchner genau unterrichtet. »Um den Volksgenossen«, meldeten die MNN am 26. April, »Gelegenheit zu geben, nach einem schweren Luftangriff ihren auswärtigen Angehörigen usw. in den ersten vier Tagen kurze Lebenszeichen zu übermitteln, hat die Deutsche Reichspost ei-

Eine der gebührenfreien Eilnachrichtenkarten: »Wohnung in Ordnung. Viertel schwer getroffen. Brief folgt!«

nen Eilnachrichtendienst eingerichtet. Die Karten hierzu werden nach dem Angriff vier Tage lang bei den Postämtern kostenlos abgegeben, und zwar: mit rotem Aufdruck für Empfänger mit gewöhnlicher Anschrift, mit grünem Aufdruck für Empfänger mit Feldpostnummer.

Bei der Abfassung der Eilnachrichtenkarte ist folgendes zu beachten: Deutliche Schrift; Angabe der Fernsprechnummer des Empfängers oder der Rufnummer, unter der ihn die Eilnachricht unter Umständen zugesprochen werden kann; der Tag der Absendung ist auf der Karte anzugeben; zugelassen sind höchstens zehn Worte in offener Sprache, daher möglichst kurz fassen; Abgabe der ausgefüllten Karte nur bei den Postämtern, bei den Briefzustellern oder bei besonders eingerichteten Auffang- oder Verpflegungslagern. Einlegen der Karte in den Briefkasten ist unzulässig; Eilnachrichtenkarten nicht freimachen, da sie gebührenfrei befördert werden.«

Die Münchner griffen die Einrichtung dankbar auf. So lauteten die Mitteilungen, die sie in der Folgezeit nach den überstandenen Schrecken neuer Angriffe dem Eilnachrichtendienst übergaben: »Wohnung in Ordnung. Viertel schwer getroffen. Brief folgt! Tante.« Oder: »Haus verschont. Alles gesund. Innigen Gruß! Mutti.« Oder: »Alles in Ordnung. Herzlichst Deine Eltern u. Großeltern.« Oder: »Haben Angriffe 17. u. 18. gut überstanden. Alle wohlauf.« Oder: »Bei dem schrecklichen Angriff dem Tode entronnen.« (All diese Beispiele sind wortgetreue Zitate, die Originaldokumenten entnommen wurden.)

Schließlich ließ Gauleiter und Reichsverteidigungskommissar Paul Giesler auch noch einen *Zentralnachweis für Luftkriegsbetroffene aus München* einrichten, der es den Menschen erleichtern sollte, ihre ausgebombten Angehörigen in der Stadt wiederzufinden. Die neue Dienststelle hatte die Aufgabe, wie die MNN am 28. April berichteten, »auf Anfragen über den Verbleib von Angehörigen und Personen Auskunft zu erteilen, deren neue Unterkunft aus dringenden Gründen ermittelt werden soll«. Allerdings hob die Zeitung auch eine Einschränkung hervor: »Der Zentralnachweis soll erst dann beansprucht werden, wenn binnen fünf Tagen nach einem Angriff weder eine Eilnachricht durch die Reichspost eingetroffen ist noch eine Eilanfrage durch Vermittlung der Reichspost Erfolg hatte.« Schließlich hieß es: »Die Einrichtung des Zentralnachweises soll dazu beitragen, Sorgen um das Wohl der Angehörigen und besonders nahestehender Volksgenossen zu erleichtern und unnötige Beunruhigung zu vermeiden.«

Nach dem letzten Angriff hatten die Münchner geglaubt, daß es für das, was hinter ihnen lag, keine Steigerung mehr geben könnte. Aber sie täuschten sich. Es kam noch schrecklicher, als sie es sich in ihrer Phantasie auszumalen vermochten. Von Angriff zu Angriff nahm der Bombenkrieg weiter an Härte zu. Verzweifelt mobilisierten die Nationalsozialisten immer mehr Kräfte, um der Gewalt und der Vernichtung entgegenzutreten. Längst standen Luftschutz- und Feuerschutzpolizei nicht mehr allein in der Abwehr der Brände. Mit ihnen kämpften neben dem Werkluftschutz und den Kräften des Selbstschutzes Freiwillige Feuerwehren aus der näheren und weiteren Umgebung der Stadt, Parteilöschgruppen der NSDAP, Schnellkommandos der HJ, LS-Abteilungen (mot.) der Luftwaffe und Hilfskommandos des Heeres gegen die alles verzehrenden Flammen. Aber sie alle konnten die Zerstörung der Stadt nicht verhindern, die nun unaufhaltsam auf München zukam.

IX
VERNICHTUNG NACH PLAN

Die Tagesangriffe im Juni 1944

Nach dem schweren Luftangriff vom 25. April 1944 brannte München noch tagelang. Ruß und Rauch erfüllten die Luft, und nur langsam legte sich der Feuersturm. Hier und dort loderten immer wieder Brände auf, die erloschen schienen. Aber das war ja für die Münchner Feuerlöschkräfte nichts Ungewöhnliches mehr. Sie hatten auch in der Vergangenheit oft erlebt, daß selbst in Ruinen Brände wieder aufflammten und sie zu erneutem Einsatz zwangen. »Solche Nachlöscharbeiten« mußten die Einheiten des FE-Dienstes, wie Oberst Thürauf am 19. Februar 1945 gegenüber dem Polizeipräsidenten feststellte, noch »Tage und selbst oft Wochen nach Angriffen« ausführen, »denn gerade bei den immer wieder auflodernden Bränden ist die Bevölkerung in Auswirkung der Luftangriffserregung sehr ängstlich«.

»Es regnet Asche wie in Sodom und Gomorrha«

Nicht selten hatten die »Volksgenossen« auch selbst zu den Löscheimern zu greifen, wenn das Feuer an einer Brandstelle unverhofft wieder neue Nahrung bekam und die Feuerlöschkräfte bereits abgerückt waren. Einen solchen Fall erlebte die Mutter von Margarete Konetzky, die ebenfalls wie die Tochter Margarete hieß, nach dem Angriff vom 25. April 1944 in der Bayerischen Versicherungskammer, abgekürzt »VK«. In ihren Erinnerungen, die sie unter dem Titel »Die VK und ich« verfaßte und nur in wenigen Exemplaren vervielfältigte, berichtet sie, wie ihr der Tag nach dem Bombardement im Gedächtnis geblieben war. Margarete Konetzky beginnt ihre Schilderung mit einem Rückblick auf die Nacht des »besonders schweren« Angriffs: »Bis in den verschlossenen Luftschutzraum drang der Brandgeruch. Nach der Entwarnung sahen wir eine wilde Verwüstung, überall lagen Trümmer und steckten Brandstäbe wie Spargel im Boden. Auch das Amtsgebäude (der Versicherungskammer, Anm. d. Verf.) wurde getroffen: In den Flügel, in dem die Hagelabteilung untergebracht war, sauste ein Phosphorkanister. Und wie Phosphor brennt! Doch konnte nach den eifrigsten Bemühungen unserer Luftschutzwache und einer auswärtigen Feuerwehr der Brand bis zum Abend gelöscht werden. Wir freuten uns aber zu früh. In der kommenden Nacht vom 25. auf den 26. April 1944 wurden die Brände in der Stadt immer noch schlimmer(,) und hauptsächlich die Altstadt und das Lehel brannten lichterloh. Der Feuersturm trieb schon von der Altstadt ganze Ruß- und Rauchschwaden heran. Es regnete Asche wie in Sodom und Gomorrha. Aus dem Amtsgebäude kam in der Nacht zu uns in den Wohnhäusern ein telefonischer SOS-Ruf der Luftschutzwache (nach) Männer(n) zum Löschen. Phosphor hat, wie gesagt, so seine Tücken; wenn man meint, der Brand sei gelöscht, flammt er nach einiger Zeit immer wieder auf. Am vorhergehenden Abend war die auswärtige Feuerwehr wieder abgefahren, als es dunkel wurde, um der unheimlichen Stadt zu entfliehen. So stand die Luftschutzwache im Amtsgebäude ganz allein zum Löschen da. Es war natürlich nicht angenehm, daß wir in unseren Häusern der letzten Männer beraubt wurden, wo jede Minute wieder einen neuen Angriff bringen konnte. Aber wir Frauen waren ja schon allerhand gewöhnt. Sowie der Morgen graute (dieser Ausdruck paßt wirklich zu diesem Morgen), lief ich mit meiner Tochter ins Amtsgebäude, hatte aber meine Gasmaske vergessen. Vom Friedensengel an kamen wir nur mehr schwer vorwärts, da uns der Qualm den Atem nahm. Auf der Treppe des Geschäftshauses Hanfstaengl in der Widenmayerstraße, die nach Osten zu offen ist und also den Feuersturm von Westen abhielt, saßen bis zur obersten Stufe Ausgebombte mit ihrer letzten Habe auf dem Schoß; manche schliefen vor Ermattung. Die meisten zeigten sich ganz ruhig und apathisch. (...) Ich wollte versuchen, bis zur VK zu kommen; es war aber wegen des Feuersturms unmöglich. Brennende Rußflocken wirbelten uns am Kopf vorbei, es heulte, krachte und tobte. Was ist mit den Menschen in dieser Hölle?

Wir waren also bis an die Ecke der Gewürzmühlstraße vorgedrungen und sahen gerade, wie aus dem dritten Stock unseres Amtsgebäudes in der Gewürzmühlstraße die Flammen gegen das Dach schlugen. ›Nun ade, schöne VK!‹ dachte ich mir(,) und ich meinte nicht, daß von ihr noch etwas übrigbleiben würde. Ich mußte umkehren; doch meiner Tochter gelang es, mit dem Taschentuch vor dem Gesicht in das Haus zu gelangen und zu helfen. Im Haus tat man sich leichter, an den Brand heranzukommen; da war man dem Feuersturm nicht so sehr ausgesetzt. Ich weiß nicht mehr, wie lange gelöscht wurde. Später half noch eine Feuerwehr dazu; jedoch ist es unglaublich, daß bei den schwachen Kräften unserer Leute und dem Fehlen mehrerer Löschzüge der Trakt des Amtsgebäudes an der Sternstraße und die Hälfte an der Gewürzmühlstraße gerettet werden konnten.«

Erbarmungslos ging der Krieg weiter, und bald trafen München noch härtere Schläge. Als am 6. Juni 1944 an der Küste der Normandie die Invasion begann, verstärkten die Alliierten auch den Druck auf die »Heimatfront«. Ihre Operationen richteten sich vor allem gegen das Verkehrsnetz und gegen die Bodeneinrichtungen der Luftwaffe in Deutschland. Im Rahmen dieser Luftoffensive gehörte zu den bevorzugten Angriffszielen der Bomber im Reich auch München, das in den folgenden Wochen eine ganze Serie von Tagesangriffen über sich ergehen lassen mußte. In immer kürzeren Zeitabständen suchten die amerikanischen Luftstreitkräfte die Stadt heim: am 9. Juni, am 13. Juni, am 11. Juli, am 12. Juli, am 13. Juli, am 16. Juli, am 19. Juli, am 21. Juli und am 31. Juli 1944. Bevor die Offensive im Juli ihren Höhepunkt erreichte und die Bomben an mehreren Tagen hintereinander auf die Stadt niederprasselten, griffen auch noch die Briten in der Nacht zum 14. Juni mit einem Bombardement in das Kriegsgeschehen ein.

Juni 1944: Die dunkelsten Tage in der Geschichte der Stadt

Die dunkelsten Tage in der Geschichte der Stadt begannen am 9. Juni mit dem zweiten Tagesangriff auf München. Das Wetter war diesig, wolkig und sehr windig, als an diesem Freitag amerikanische Bomber in Italien Kurs auf die »Hauptstadt der Bewegung« nahmen. Wie der Polizeipräsident den Anflug am 14. Juni in seinem Bericht an den Höheren SS- und Polizeiführer Süd in den Gauen München-Oberbayern, Schwaben und im Wehrkreis VII beschrieb,[179] überflogen die Maschinen zunächst die Adria und näherten sich dann auf geradem Weg über Istrien, Bad Gastein, Salzburg und dem Chiemsee der Stadt, wo um 9.22 Uhr Fliegeralarm gegeben wurde. Bevor die Bomber, deren Stärke das Luftgaukommando VII mit »ca. 4-500 Maschinen« meldete, zum Angriff ansetzten, änderten sie jedoch ihren Kurs und umgingen ostwärts die Stadt. Sie drangen über Mühldorf und Wasserburg nach Niederbayern bis zur Donau vor und berührten Plattling, Dingolfing und Regensburg. Dort schwenkte der Verband »nach Westen bis Kelheim und Ingolstadt ab und griff in allgemeiner Richtung aus Nord München an«.

Absicht dieses Manövers war es, die deutsche Luftabwehr zu täuschen und die Verteidiger über das Angriffsziel zunächst im unklaren zu lassen. Denn noch immer fürchteten die alliierten Bomberbesatzungen die deutschen Tag- und Nachtjäger, die es in ihrer Verteidigungsbereitschaft nicht an Draufgängertum fehlen ließen. Auch an diesem Freitag waren die US-Bomber nicht unbehelligt aus Italien nach Bayern vorgestoßen. Noch bevor sie die Grenze erreichten, hatten sich bereits jenseits der Alpen deutsche und italienische Jagdgruppen auf die Angreifer gestürzt.

Über die Luftkämpfe erfuhren die Münchner drei Tage später aus den MNN: »An der Abwehr des nordamerikanischen Terrorangriffs auf die Stadt München am 9. Juni waren auch in Oberitalien stationierte deutsche Jagdverbände beteiligt. In wiederholten Einsätzen warfen sich deutsche und italienische Jagdgruppen den über Norditalien anfliegenden feindlichen Formationen entgegen und stellten sie im Raum Udine-Venedig-Triest zum Kampf. Dabei erzielte Eichenlaubträger Oberstleutnant Steinhoff, Kommodore eines Jagdgeschwaders, seinen 166. Abschuß. Die Luftkämpfe spielten sich in Höhen zwischen 10000 Metern und Bodennähe ab.

Über dem italienischen Raum schossen die deutschen und italienischen Jäger neun viermotorige Bomber ab. Zwei weitere Bomber wurden schwer beschädigt und scherten brennend und mit starker Rauchfahne aus ihrem Verbande heraus. Sie dürften ihren Einsatzhafen nicht mehr erreicht haben, obwohl ihr Absturz in der weiteren Umgebung des Luftraumes, in dem die Kämpfe stattfanden, nicht festgestellt werden konnte. Die Flakartillerie in Oberitalien meldet ebenfalls den Abschuß von mindestens vier Bombern und einem Jäger.«

Doch der Einsatz dieser Jagdverbände über Oberitalien konnte den *dreizehnten Angriff* auf München seit Kriegsbeginn nicht verhindern. Mit unverminderter Wucht führten die Bomber der *15. US-Luftflotte* den geplanten Schlag gegen die Stadt, die in zahlreichen Wellen von 30 bis 80 Flugzeugen attackiert wurde. Dabei konzentrierten sich die einzelnen Pulks auf jeweils kleinere Gebiete. Die ersten Bomben fielen um 10.09 Uhr. Dann setzte ein Bombardement ein, bei dem in Einzelwürfen, Reihenwürfen und Bombenteppichen 1192 Sprengbomben (250 und 500 Kilogramm), 325 Splitterbomben (neun Kilogramm) und 247 Flüssigkeitsbrandbomben niedergingen. »Mindestens die gleiche Anzahl von Bomben«, berichtete der Polizeipräsident, »wurde auf die nächste Umgebung Münchens (Landkreise) abgeworfen.«

Ziel des Angriffs, der mit der Entwarnung um 11.02 Uhr endete, waren die »Verkehrsanlagen am Stadtrand«, also die Gleisanlagen und Bahnhöfe der Deutschen Reichsbahn, um die Nachschubwege für die Wehrmacht zu unterbrechen, die nun nach der Invasion in erbitterte Kämpfe auf französischem Boden verwickelt war. Das erklärt auch, daß die Hauptschadensgebiete bei diesem Angriff in Freimann, Oberföhring, Bogenhausen und Berg am Laim lagen. Die meisten Zerstörungen wurden durch Sprengbomben verursacht, die 113 Gebäude völlig vernichteten und 137 Häuser schwer beschädigten.[180] Den Brandbomben fiel nur ein Gebäude zum Opfer; zwei Häuser trugen schweren Schaden davon. Durch die Verwüstungen wurden 5000 Menschen obdachlos.[181]

Von den 131 Personen, die an 25 Schadenstellen verschüttet worden waren, konnten 33 lebend und 98 tot geborgen werden. Insgesamt kostete der Angriff 147 Menschen das Leben: 22 Soldaten der Wehrmacht, zwei SS-Angehörigen, zwei KL-Häftlingen, 23 Ausländern (16 Männern, zwei Frauen und fünf Kindern) und 98 einheimischen Zivilisten, davon 23 Männern, 53 Frauen und 22 Kindern. Verletzungen erlitten 107 Personen, unter ihnen sieben Kinder.

Wie bereits beim Bombardement vom 18. März 1944 untersuchte auch diesmal wieder der Chefarzt des *Pathologischen Instituts* im Schwabinger Krankenhaus, Professor Dr. Ludwig Singer, die Ursachen, die bei 107 Menschen zum Tode geführt hatten.[182] Dabei stellte er fest: »in 27 Fällen totale Zertrümmerung und Zerreißung des Körpers, in 42 Fällen Schädelzertrümmerung und Schädelbrüche, in 18 Fällen Tod durch Erstickung (Tod durch Verschüttung), in 9 Fällen innere Verletzungen, Körperquetschung durch Verschüttung, in 4 Fällen Tod durch Verbrennung und Verkohlung, (in) 1 Fall durch Kohlenoxydvergiftung, (in) 1 Fall durch Bombensplitterverletzung«.

Margarete Konetzky vermerkte auch diesen Angriff in ihren privaten Aufzeichnungen. »Heute früh um halb zehn Uhr«, schrieb sie am Freitag, dem 9. Juni, in ihr Tagebuch, »hatten wir Fliegeralarm bis 11 Uhr. Es krachte richtig. Ich war im Keller Widenmayerstraße 38 (...), der viel besser ist als der unsere. Aber es wackelte richtig (Bemerkung: wie bei einem Erdbeben). Eine große Sprengbombe ging bei der Prinzregentenbrücke nieder und viele bei uns draußen. Ich bin dann gleich heimgelaufen, bei uns fehlte aber nichts. Beim Krankenhaus drüben hat es fünf Tote gegeben und nebenan in den Häusern 15 Tote.« Mit dem Hospital, das getroffen worden war, meinte die Chronistin das Max-Joseph-Stift.

Bestürzt über die vielen Schäden, die wieder in der Heimatstadt entstanden waren, begann Margarete Konetzky zusammen mit ihrem Mann Hans die zerstörten Gebäude auf einem Stadtplan einzuzeichnen. Die beiden verbrachten zwei Abende damit.

Neue Schläge des Feindes ließen nicht lange auf sich warten. Bereits am Dienstag, dem 13. Juni, war München erneut das Angriffsziel amerikanischer Bomber. Es herrschte am Morgen schönes Wetter, der Himmel war wolkenlos, und ein leichter Ostwind wehte, als um 9.17 Uhr Fliegeralarm gegeben wurde.[183] Der Stadt stand der dritte Tagesangriff und damit der *vierzehnte* Luftangriff seit Beginn des Krieges bevor. Unterdessen näherte sich wieder die *15. US-Luftflotte* mit »5-600 Maschinen« vom Typ »Fortress II, Liberator, Lightning, Mustang«, wie die Flak meldete, ihrem Ziel. Welchen Kurs der Angreifer nahm, beschrieb der Polizeipräsident am 20. Juni 1944 in seinem Bericht an den Höheren SS- und Polizeiführer Süd in Stichworten: »Von Triest und Venedig über die Alpen in den Chiemseeraum, in breiter Front, Salzburg–Chiemsee–Rosenheim nordwärts auf Tittmoning–Mühldorf–Ebersberg, mit Schwenkungspunkt Freising und Erding bis Ingolstadt und Augsburg.«

Nachdem sich die Kampfflugzeuge zum Angriff formiert hatten, fielen um 10.09 Uhr die ersten Bomben. Die Bomber, die sich dem Ziel in kleineren Pulks näherten, flogen München in 20 bis 25 Wellen an. Der konzentrische Angriff, der ein schweres Ausmaß annahm, galt vor allem Industrie- und Rüstungsbetrieben im Norden der Stadt, der unter einer künstlichen Nebeldecke lag.

Ein »Bombenteppich« mit hunderten von Sprengbomben amerikanischer Bomber im Juli 1944 auf das Gebiet zwischen Isartor und Isar im Süden der Stadt.

Wieder hatte der Großangriff verheerende Folgen. »Trotz künstlichen Nebelschutzes«, berichtete der Polizeipräsident, »werden die Bayerischen Motoren-Werke schwer getroffen. Leichtere Treffer erhalten die in München-Allach liegenden BMW-Werke und der große Rüstungsbetrieb Krauss-Maffei. Eine Serie von Sprengbomben setzt die Dornier-Werke in Neuaubing zu 60 Prozent vorübergehend außer Betrieb.« Von den Zerstörungen waren außerdem die Wohngebiete in Schwabing und in Berg am Laim »aufs schwerste« betroffen. Erhebliche Schäden wiesen auch Milbertshofen und das Westend auf. Bei dem Bombardement waren 3021 Sprengbomben (250 und 500 Kilogramm) – rund dreimal so viele wie beim letzten Angriff – sowie 258 Splitterbomben (neun Kilogramm) und 1009 Flüssigkeitsbrandbomben *100 LB* auf die Stadt niedergegangen. Zudem wurden, wie der Polizeipräsident in seinem Bericht vom 20. Juni 1944 vermerkte, 1000 Sprengbomben »auf die Umgebung abgeworfen«.

Als München mit der Entwarnung um 11.02 Uhr wieder zum Leben erwachte, zeigte sich das ganze Ausmaß der Verwüstungen: 195 Gebäude waren total zerstört, davon 159 (darunter 128 Wohnhäuser) durch Sprengbomben und 36 (darunter 25 Wohnhäuser) durch Brandmunition. Außerdem wurden 179 Wohngebäude durch Sprengmunition und sieben durch Brandbomben schwer beschädigt. Am Ende des Angriffs waren 15 000 Menschen obdachlos.

Die Zahl der Toten überstieg die Verluste des letzten Bombardements weit um das Doppelte. In seinem Bericht vom 1. Juli 1944 registrierte der Polizeipräsident 302 Personen, die dem Angriff am 13. Juni zum Opfer gefallen waren: 14 Soldaten der Wehrmacht, elf Angehörige des *Nationalsozialistischen Kraftfahrkorps (NSKK)* und des *Nationalsozialistischen Fliegerkorps (NSFK)*, ein Beamter der Schutzpolizei, ein Amtsträger des RLB, vier Kriegsgefangene, 26 Ausländer (22 Männer, drei Frauen und ein Kind) und 237 einheimische Zivilisten, davon 71 Männer, 141 Frauen und 25 Kinder. Acht Tote konnten nicht identifiziert werden. Unter den 184 Menschen, die Verletzungen davontrugen, befanden sich zwölf Kinder.[184]

Von den 302 Toten waren allein 226 Personen in den Luftschutzkellern umgekommen. »Die hohe Zahl der in Schutzräumen Gefallenen«, stellte der Polizeipräsident am 20. Juni in seinem Bericht an den Höheren SS- und Polizeiführer Süd fest, »ist auf die schwere Wirkung von Volltreffern zurückzuführen.« Das erklärt auch, weshalb bei diesem Angriff so viele Menschen unter den Trümmern von Häusern eingeschlossen wurden. Von den 400 Personen, die an 31 Schadenstellen verschüttet worden waren, konnten 154 lebend und 246 tot geborgen werden.

Auch nach diesem Bombardement untersuchte Professor Singer wieder bei 178 Bombenopfern die Todesursache.[185] Dabei stellte er fest: »in 19 Fällen totale Zertrümmerung und Zerstückelung des Körpers, in 87 Fällen Schädelzertrümmerung und Schädelbrüche, in 18 Fällen Tod durch Erstickung (Verschüttung), in 33 Fällen Tod durch Verschüttung mit inneren Verletzungen, in 8 Fällen schwere Körperverletzungen – Zerquetschung und innere Verblutung, in 4 Fällen Bruch der Wirbelsäule, in 1 Fall Verletzung der Halsschlagader, in 1 Fall Tod durch Herzschlag (Coronarsklerose), in 1 Fall Darmzerreißung durch Bombensplitterverletzung, Peritonitis, in 1 Fall Zertrümmerungsbruch der Fußgelenke, Kontusionsverletzungen der Hoden, in 1 Fall Oberschenkelbruch, Tod durch Lungenembolie, in 4 Fällen Tod durch Verbrennung (Kohlenoxydvergiftung), (in) 1 Fall Tod im Status asthmaticus (Einwirkung durch Staub)«.

*»Es war schrecklich im Keller unten, bis dreiviertel elf Uhr hörten
wir die Bomben krachen ...«*

Auch dieser Angriff fand seinen Niederschlag in den Notizen
von Margarete Konetzky. »Heute vormittag um 9 Uhr 20«,
schrieb die junge Frau, die das Bombardement im Büro erlebt
hatte, »war schon wieder Fliegeralarm. Hans war mit dem Mi-
litär in einer Siedlung hinter den BMW(,) und ich sorgte mich
sehr um ihn, da es wieder furchtbar krachte. Es war schrecklich
im Keller unten, bis dreiviertel elf Uhr hörten wir die Bomben
krachen. Wir liefen dann eiligst heim. Zu unserem großen
Schrecken sahen wir, daß die Gabrielskirche von einer Sprengbombe getroffen war. Die Sakristei ist weggerissen(,) und die
Apsis hat ein großes Loch. Das tut uns sehr leid. Hans kam um
zwölf einviertel Uhr heim, Gott sei Dank! Er hat viel durchge-
macht, weil heute der Angriff gegen die BMW auf Schwabing
gerichtet war. Große Schäden in der Sankt-Privat- und der
Prinzregentenstraße und am Böhmerwaldplatz. Sprengbombentrichter auf den Wiesen. Wir sind alle ganz erledigt.«

Der 13. Juni war noch nicht vergangen, als die Sirenen die
Münchner mit dem Fliegeralarm um 23.48 Uhr schon wieder in
die Luftschutzkeller riefen.[186] Diesmal näherten sich wieder die
britischen Bomber der RAF aus Italien der Stadt, die damit
ihrem *fünfzehnten* Luftangriff seit Kriegsbeginn entgegensah.
Über den Weg, den die Briten in der Dunkelheit nahmen, berichtete der Polizeipräsident am 16. Juni dem Höheren SS- und Polizeiführer Süd in Stichworten: »Adria – Venedig - Ferrara – Innsbruck, in Front Weilheim – Bad Tölz – Holzkirchen – Rosenheim
nordwärts, z. T. über München hinaus bis Moosburg und Landshut.« Die »Stärke des Feindes« gab er »nach Meldung der Flak«
mit »30-40 Maschinen« und die Typen der Kampfflugzeuge mit
»Fortress II, Liberator, Wellington« an.

Als die Bomber über der Stadt eintrafen, war der Himmel bewölkt, und es wehte ein leichter Ostwind. Um 0.17 Uhr registrierten die Verteidiger außerhalb von München im Süden den
ersten Leuchtbombenabwurf, womit die Ausleuchtung und die
Markierung der Angriffsziele begann. »Es wurden neben
weißen Kaskaden«, hob der Polizeipräsident hervor, »neuartige
grüne Leuchtzeichen abgeworfen, die rote Kugeln abstießen,
Brenndauer etwa 1 Minute. Besonders starker Leuchtbombenabwurf auf die Nordringbahn, die Bahnanlagen der Einfahrts-
strecken zum Hauptbahnhof, BMW Lerchenauerstraße und

264

Flughafengebiet von München-Riem. Blitzlichtbomben wurden über der Nordringbahn, den BMW und über dem Flugplatz Schleißheim abgeworfen.«

Diese Vorgehensweise zeigte, daß es die Angreifer wieder auf die Randgebiete der Stadt sowie auf Bahn- und Industrieziele im Norden abgesehen hatten. Mit den ersten Bombenabwürfen um 0.45 Uhr eröffneten sie den konzentrischen Angriff auf München aus Süd, West, Südwest und Nordost. Auch auf die Dornier-Werke in Oberpfaffenhofen fielen Bomben. Insgesamt warfen die Briten 79 Sprengbomben (500 Kilogramm), 119 Flüssigkeits-brandbomben *100 LB*, 48 Leuchtbomben, 23 Kaskaden und vier Blitzlichtbomben. Als der Angriff mit der Entwarnung um 1.13 Uhr endete, waren durch Sprengschäden zehn Wohngebäude total zerstört und acht schwer in Mitleidenschaft gezogen. Die Zahl der Menschen, die in der Nacht zum 14. Juni obdachlos geworden waren, belief sich auf rund 600.

Während die Zivilbevölkerung diesmal keine Opfer zu beklagen hatte, meldete das Luftgaukommando VII den Tod von elf Soldaten der Wehrmacht. »Die Verluste«, berichtete der Polizei-präsident, »entstanden durch Volltreffer auf den Geschützstand einer Heimatflakbatterie an der Daxenzipfelstraße (München(-)Trudering).« Acht Männer erlitten Verwundungen. Aber auch die Angreifer blieben nicht ungeschoren. Die Flak erzielte zwei Abschüsse: Eine Maschine ging bei Lenggries und eine zweite in der Nähe von Benediktbeuern verloren. In München fiel zudem der Polizei ein britischer Flieger in die Hände, der am Angriff auf München beteiligt war. »Am 14. 6. 44 morgens 6.30 Uhr«, meldete der Polizeipräsident zwei Tage darauf dem Höheren SS- und Polizeiführer Süd, »wurde im 32. Pol.Revier bei München-Untermenzing ein Feindflieger (Engländer) gefangen genommen. Er war mit Fallschirm aus seiner westwärts fliegenden 2motorigen Maschine abgesprungen, über deren Absturz- oder Notlandestelle er nichts auszusagen wußte.«

Ein Dachauer KL-Häftling: »Noch nie sahen wir so viele Flieger am Himmel, silberne, glänzende Dinger ...

Der turbulente 13. Juni, der die Münchner gleich zweimal zwang, die Luftschutzräume aufzusuchen, war auch im benachbarten Dachau nicht ohne vernichtende Schläge abgelaufen. Dort belegten amerikanische Kampfflugzeuge am Vormittag das SS-Lager mit Bomben. Das angrenzende *Schutzhaftlager*, wie das Häftlingslager bei der SS offiziell hieß, verschonten sie jedoch. Bis zum Kriegsende hielten sich die Alliierten daran, das Lager mit Rücksicht auf die Gefangenen von allen Luftangriffen auszunehmen und unbehelligt zu lassen. Um jedem Irrtum vorzubeugen, markierten die vorausfliegenden Pfadfinder sicherheitshalber vor den Angriffen auf München regelmäßig das Gelände des Lagers mit Orientierungszeichen aus der Luft. »Das Lager selbst«, erinnert sich der Dachauer Häftling Hans Ballmann, »wurde von den Fliegern (...) immer genau abgesteckt, bei Tag durch Rauchfahnen, bei Nacht durch Leuchtraketen, so daß ins Lager selbst nie eine Bombe fiel. Getroffen wurde lediglich die Kleiderkammer (richtig: die Effektenkammer, Anm. d. Verf.), die ziemlich außerhalb (der BaraÉken) stand. Dabei verbrannten sämtliche Zivilkleider der Häftlinge.«

Wenn die Gefangenen auch von den Bomben verschont blieben, so wurden sie doch Zeugen der schweren Bombardierungen, die der »Hauptstadt der Bewegung« galten. München lag ja in Sichtweite vor ihren Augen. Außerdem kamen Häftlinge immer wieder in die Stadt. Sie gehörten *Sprengkommandos*, die Blindgänger und Langzeitzünder beseitigten, oder sogenannten *Aufräumungskommandos* an, die zu Bergungsarbeiten nach München entsandt wurden und die nach ihrer Rückkehr ins Lager am Abend den Kameraden über das Geschehen in der Stadt berichteten. Schließlich gab es im Bereich der Großstadt auch Außenlager des KL Dachau, die mit dem Hauptlager in Verbindung standen.

Der politische Häftling Edgar Kupfer-Koberwitz, der während seiner Dachauer Haft unter Lebensgefahr ein Tagebuch führte, beschreibt in seinen Aufzeichnungen auch die letzten beiden Angriffe auf München, wie er sie beobachtet hat. »Wir«, vermerkte er am 13. Juni 1944,[187] »hatten Fliegerangriff schon um zehn Uhr morgens, etwa eine oder ein und eine halbe Stunde lang. Noch nie sahen wir so viele Flieger am Himmel, silberne, glänzende Dinger, klein und schön wie Spielzeug. Ganz ruhig flogen sie dahin. Das Abwehrfeuer war sehr schwach. Anscheinend sind sämtliche Geschütze an die Front geschafft worden. Einen einzigen deutschen Jäger sahen wir am Himmel. Wir zählten dreihundertachtzig Flugzeuge, aber es können ebenso gut fünfhundert oder tausend gewesen sein, denn die Sonne blendete. Oft sah man vier oder sechs Maschinen, und plötzlich ... erkannte man, daß es sechzehn oder zwanzig waren.

Allach, München, Augsburg und auch Regensburg scheinen betroffen zu sein. Gegen das Ende des Bombardements heulte es in der Luft, es kamen gewaltige Einschläge, und man sah hohe Wolken von Schutt und Rauch. Alles bebte und zitterte, der Luftdruck war spürbar.

Später kam die Nachricht, daß das Lager bombardiert wurde, jedoch nicht das Häftlingslager, sondern das äußere, in dem die SS haust. Getroffen soll sein: die ›Besoldungsstelle‹, eine Administration, von der aus alle (angeblich eineinhalb Millionen) SS-Leute bezahlt werden und die auch SS-Renten verrechnet. Ferner die Kaserne der SS sowie die SS-Lehrküche, eine Baracke, von der nur noch die Kochkessel stehen sollen.

Zuerst dachten wir, es mag ein Notwurf gewesen sein, aber dafür war es zu genau gezielt.

Nach dem Abwurf ging der Flieger im Tiefflug herunter und beschoß die Fenster der SS-Kaserne.

In der Besoldungsstelle arbeiten für gewöhnlich über hundert Häftlinge; aber das konnten die Flieger nicht wissen. Die Zerstörungen sind vom ›Präzifix‹ (Kupfers Arbeitskommando, Anm. d. Verf.) etwa fünfhundert oder sechshundert Meter Luftlinie entfernt. Vor allem sieht man, daß die SS jetzt nicht mehr in unserem Schutze sicher sein wird, es sei denn, sie zöge direkt zu uns ins innere Barackenlager.

Aus Allach sollen zur Zeit dauernd verwundete Kameraden kommen. Anscheinend werden die Häftlinge dort während der Angriffe in eine große Halle gesperrt, die Zivilisten jedoch dürfen das freie Feld aufsuchen.

Jetzt hört man, daß fünfundzwanzig Häftlinge bei dem Angriff auf das äußere Lager umgekommen sind, achtzehn Mann hat man überhaupt nicht mehr gefunden, und es soll auch viele Verwundete geben. Die SS soll mehr Opfer haben.

Draußen in der SS-Siedlung ist anscheinend ein Haus einfach weg. Die ›Besoldungsstelle‹ muß trostlos aussehen, die ›SS-Kaserne‹ scheint Treffer gehabt zu haben, die sie teilweise wie aushöhlten, und die Dächer müssen aussehen, als habe ein Hurrican gehaust. Die Wände ganz verkratzt von Bombensplittern, die Scheiben zerbrochen und die Fenster und Türen zum Teil aus den Angeln.

Heute nacht war wieder ein und eine halbe Stunde lang Angriff. Ich drehte mich auf dem Strohsack herum und schlief weiter. Warum die Zeit vergeuden? Trifft es, so trifft es eben.«

Juli 1944 – der Monat der Schreckens

Obwohl die Angriffe im Juni 1944 schon verheerende Auswirkungen erreicht hatten, so waren sie doch erst ein Vorgeschmack von dem, was München im Juli noch erleben sollte. In immer schnellerer Folge suchten die amerikanischen Luftstreitkräfte nun die Stadt heim. Am 11. Juli startete die 8. US-Luftflotte in England zum sechzehnten Angriff, der München seit Beginn des Krieges galt. Dieser Einsatz war nach längerer Pause der zweite, der die 8. USAAF wieder an die Isar führte.

Die Sicht reichte an diesem Dienstag nur wenige Kilometer weit, es war dunstig und schwül, und der Wind kam aus Südwest bis West, als in München um 11.39 Uhr Fliegeralarm gegeben wurde.[188] In einem Fernschreiben informierte der Polizeipräsident noch am selben Tag den Reichsführer-SS höchstpersönlich in Berlin über das Herannahen der Angreifer, die sich zum Großangriff formierten: »600 Jäger(,) 1000 4motorige Kampfflugzeuge durch Warnkommando gemeldet. Anflug der Jagdspitzen: Baden-Baden – Tübingen – Donaueschingen – Ulm – Ravensburg – Kempten – Kaufbeuern (sic!) – Landsberg, Ammersee. Anflug der Bomber: Pirmasens – Kaiserslautern – Heilbronn – Stuttgart – Crailsheim – Treuchtlingen – Ingolstadt – Schrobenhausen – Dachau.

Anflüge in mehreren Wellen – Bombenabwürfe auf Nürnberg und Augsburg.

Terrorangriff über das ganze Stadtgebiet. Anflughöhe 8000 Meter. Personenverluste sind zu erwarten.

Abwurf von Spreng- und Brandbomben. Schäden in Wohnvierteln, Industrie- und Bahnanlagen. (...)

Eisenbahnstrecken Rosenheim, Ingolstadt, Augsburg mit Gleis(-) und Leitungsschäden unterbrochen.«

Die Bomber, die um 12.26 Uhr mit dem Bombardement begannen, warfen, wie der Polizeipräsident am 13. Juli der Gauleitung München-Oberbayern der NSDAP mitteilte,[189] »vorwiegend Sprengbomben in den Abschnitten Nord, West und Ost« ab. Doch beruhigend konnte der örtliche Luftschutzleiter hinzufügen: »Der Angriff wurde mit örtlichen Kräften des Luftschutzes restlos beherrscht. Bis auf einige kleinere Brände waren bis zum Abend sämtliche Brandstellen gelöscht.«

268

»Während des Angriffs Gewitter, Sturm und Regenschauer«

In 50 Minuten hatten die Amerikaner insgesamt 1510 Sprengbomben (je 500 Kilogramm), 1800 Sprengbomben (250 Kilogramm), rund 3000 Sprengbomben (125 Kilogramm), etwa 4800
Flüssigkeitsbrandbomben, zirka 18 000 Phosphorbrandbomben
und rund 320 000 Stabbrandbomben auf die Stadt abgeladen.[190]
Als der Fliegeralarm mit der Entwarnung um 13.30 Uhr endete,
hatten 224 Menschen den Tod gefunden.[191] »Während des Angriffs«, schrieb Friederike Kurz am 11. Juli in ihren Kalender,
»Gewitter, Sturm und Regenschauer.« Dem fügte sie später
noch hinzu: »Kein Gas.«

Die Nichte, die den Angriff mit der Mutter wieder an ihrem
Arbeitsplatz in der Bayerischen Versicherungskammer erlebt
hatte, vermerkte auch dieses Bombardement im Tagebuch. »Es
krachte wieder stark«, berichtet Margarete Konetzky, »und
mehrere schreckliche Schläge erschütterten den Keller. Wir
fürchteten uns sehr, es ging aber alles gut ab. (...) Wir liefen
dann(,) so schnell es ging(,) heim. Es regnete stark, und eine riesige Staubwolke stand über der Stadt. Es brannte scheinbar überall. In der Prinzregentenstraße hatten viele Sprengbomben eingeschlagen. Wir aßen mittags zu Hause und gingen dann um 3
Uhr wieder ins Büro, aber wir konnten nicht mehr arbeiten vor
Aufregung.«

Vierundzwanzig Stunden nach dem letzten Angriff war
München schon wieder das Ziel der 8. US-Luftflotte, die in England zum siebzehnten Luftangriff auf die Stadt seit Kriegsbeginn aufstieg. Am Mittwoch, dem 12. Juli, herrschte noch immer
sehr schlechtes Wetter, es war regnerisch, der Wind wehte aus
West bis Nordwest, und der Himmel war stark bewölkt, als der
Fliegeralarm um 12.22 Uhr die Bevölkerung an der Isar erneut
aufschreckte.[192] Um 12.59 Uhr fielen dann die ersten Bomben.

»Angriff von etwa 1 500 Maschinen«, berichtete der Polizeipräsident am 13. Juli der Gauleitung München-Oberbayern der
NSDAP in knappen Worten.[193] »Schwerpunkt Schwabing mit
BMW, ostwärts der Isar, Gebiet um das Deutsche Museum, Bogenhausen, Au und das Viertel Goetheplatz, Sendlingertorplatz
und Bavariaring. Etwa 1/3 der abgeworfenen Bomben waren
Brandbomben. Es entwickelten sich einige größere Brände, die
aber trotz allmählich auftretenden Wassermangel, teilweise bedingt durch Feindeinwirkung, bis Mitte der Nacht eingedämmt
und bis zum Morgen stark eingeengt werden konnten. Es war

teilweise Heranführung von Wasser über größere Entfernung erforderlich.«

Bei dem Großangriff, der mit der Entwarnung um 14.28 Uhr endete, warfen die Amerikaner in 89 Minuten insgesamt 2010 Sprengbomben (500 Kilogramm), 2400 Sprengbomben (250 Kilogramm), rund 5000 Sprengbomben (125 Kilogramm), etwa 6400 Flüssigkeitsbrandbomben, zirka 25 000 Phosphorbrandbomben und rund 400 000 Stabbrandbomben auf die Stadt.[194] In diesem Bombenregen kamen 631 Menschen um,[195] und auch die Folgen der Verwüstungen waren verheerend. »Kein Gas, Licht, Wasser«, vermerkte Friederike Kurz in ihrem Kalender. »Furchtbare Schäden. Feuersturm, Regen. Furchtbare Brände, Rauchwolken über der Stadt.« Der Angriff war ihrer Meinung nach »der bisher schwerste«.

Bestürzt über die neuen Zerstörungen, die München weiter in ein Trümmerfeld verwandelt hatten, schrieb Margarete Konetzky an diesem Mittwoch in ihr Taschenbuch: »Am Vormittag im Büro. Ich mußte in der Registratur arbeiten, weil wegen der (letzten) Bombenschäden fast niemand da war. Als ich mittags heimgehen wollte, hörte ich, daß Alarm sei, und ich rannte schnell heim. (...) Es war wieder ein schlimmer Angriff, und wir hörten die Einschläge. Als wir um halb drei Uhr glücklich (aus dem Keller, Ergänzung durch d. Verf.) herauskamen, standen wieder dicke(,) rote Rauchwolken über der Stadt. Ich lief schnell ins Büro und schaute nach. In die Rosenbuschstraße ist eine Sprengbombe hineingefallen. Das Büro war aber unbeschädigt. Lief gleich wieder heim, es rauchte schrecklich. Wir haben kein Gas, kein Licht, kein Wasser. Wir mußten im Dunklen ins Bett gehen und hatten sehr Angst vor der Nacht.«

Auch im Häftlingslager der Schraubenfabrik »Präzifix« in Dachau war vor dem Bombenangriff Alarm ausgelöst worden. Wie Kupfer-Koberwitz dort den Luftüberfall erlebte, vertraute er wie immer unmittelbar nach dem Bombardement heimlich seinem Tagebuch an: »Eben, um einhalb zwölf Uhr vormittags, war Fliegeralarm. Wir gingen in das Wäldchen. Bis einhalb zwei Uhr war Angriff, eine große Menge von feindlichen Fliegern. Man hörte sehr viele Bombenwürfe, und die Abwehrgeschütze bellten dazwischen. Zeitweilig war die Luft erfüllt wie mit Sphärenmusik, alles sang in verschiedenen Tönen, die Ursache davon (waren) kleine fliegende Splitter von den geplatzten Geschossen. Einmal pfiff es und kam direkt auf uns herunter. Bocian und ich saßen unter Bäumen und machten eine französische

Stunde, trotz des Spektakels. Aber dieses Stück pfiff schlimm, ich schaute auf, sah es kommen und legte mich hin. Bocian tat das gleiche. Nachher konnten wir es nicht finden, es muß irgendwo an einem Ast abgeprallt sein und eine andere Richtung genommen haben; aber auch der nadelbedeckte Waldboden hat fast die Farbe von Granatsplittern.

Es scheint ein Großangriff gewesen zu sein; München sieht sicherlich böse aus. Hier im ›Präzifix‹ fielen viele Splitter und zerschlagene Ziegel. Der Zünder einer Granate fiel einem von unserer ›Häftlingsfeuerwehr‹ gerade vor die Füße. Na, ich danke! Der Zünder machte ein kleines Loch in die Erde.«[196]

Angst und Verzweiflung: »Kein Gas, kein Licht, kein Radio und keine Sirenen«

Der dritte Angriff der 8. US-Luftflotte, die wieder aus England herankam, ließ diesmal keine 24 Stunden auf sich warten. Am 13. Juli gab es bereits um 9.08 Uhr Fliegeralarm.[197] An diesem Donnerstag, der München den achtzehnten Luftangriff seit Beginn des Krieges brachte, war das Wetter heiter, niedrige Wolkenfelder zogen über den Himmel, und der Wind wehte aus West bis Nordwest. Die Witterungsverhältnisse erleichterten den Amerikanern den Angriff, der um 9.26 Uhr mit dem Abwurf der ersten Bomben begann. In 44 Minuten gingen auf die Stadt insgesamt 890 Sprengbomben (500 Kilogramm), 1200 Sprengbomben (250 Kilogramm), rund 3000 Flüssigkeitsbrandbomben, etwa 14 000 Phosphorbrandbomben und zirka 250 000 Stabbrandbomben nieder. Der Großangriff, der mit der Entwarnung um 10.22 Uhr sein Ende fand, kostete 425 Menschen das Leben.[198]

Das Bombardement bewertete der Polizeipräsident als das bislang schwerste. Am 18. Juli schrieb er in seinem Bericht an den Höheren SS- und Polizeiführer Süd: »Der Angriff am 13. 7. 44 hatte infolge der nur teilweisen Bedeckung des Himmels, die einen engen Aufschluß der anfliegenden Wellen zuließ, die stärkste Wirkung.«[199] In seiner Mitteilung an die Gauleitung München-Oberbayern der NSDAP vom 13. Juli ging der örtliche Luftschutzleiter ausführlicher auf das Ausmaß der Verwüstungen in der Stadt ein: »Angriff von etwa 1500 Flugzeugen, stark vorwiegend Brandangriff(,) durch den ein Teil der eingesetzten Einheiten (der Feuerlöschkräfte, Anm. d. Verf.) starke Ausfälle an Material erlitt. Sehr starke Ausbreitung der Brände, Heranziehung sämtlicher erreichbaren Löscheinheiten des Befehlsbereiches des Wehrkreises VII. Schwerpunkte des Angriffes: Wesentliche Ausdehnung des beim 2. Angriff stark betroffenen Nordteils der Stadt (Schwabing bis Stadtmitte), Hauptbahnhof mit Starnbergerbahnhof mit gesamter Umgebung Flächenbrand, südwestlich des Sendlingertorplatzes einschließlich Krankenhausviertel, das Gebiet um den Stiglm(a)ierplatz um den Löwenbräukeller, ostwärts der Isar weit verstreut sehr viele Einzel- und Reihenbrände.

Am Abend des 3. Angriffstages macht sich starker Wassermangel bemerkbar infolge Ausfalls von 3 der 5 Hauptwasserrohre der Sammelwasserversorgung der Stadt. Vorübergehend Drosselung eines Teils der Stadtbäche infolge Überschwemmungsgefahr des Rüstungsbetriebes Hurth sowie von 100derten von Luftschutzkellern durch Verschüttung des Bachbettes an mehreren Stellen.

Ausfall von Schlauchmaterial und Fahrzeugen sowie von Schnellkupplungsrohren und einiger wesentlicher Wasserstützpunkte der unabhängigen Löschwasserversorgung durch Bombentreffer.

Trotzdem konnten bis zum heutigen Abend sämtliche Flächenbrände eingedämmt werden, Feuerstürme sind nicht entstanden.

Lage nach dem 3. Angriff: Weitere Einsatzkräfte im Befehlsbereich nicht vorhanden, erhebliche Ausfälle an Material, starke Erschöpfung der bis zu 48 Stunden und länger eingesetzten Einheiten. (...)

Bei allen 3 Angriffen erschwerten laufende Detonationen der zahlreich abgeworfenen Langzeitzünder die Bergungs- und Löscharbeiten erheblich.«[200]

Nach dem Angriff herrschten Angst und Verzweiflung in der Stadt. Entmutigt registrierte Friederike Kurz in ihrem Kalender: »Kein Gas, kein Licht, kein Radio und keine Sirenen.« Die gesamte Stromversorgung war in München zusammengebrochen. »Es ist ein furchtbarer Tag«, fügte die Chronistin niedergeschlagen hinzu. Aus Sorge vor weiteren vernichtenden Schlägen der Alliierten gegen die Stadt schleppte die ehemalige Lehrerin den ganzen Tag über mit ihren Angehörigen alles aus dem Haushalt, was ihr wertvoll und brauchbar erschien, in den Keller. Als es dann Nacht wurde, wagte sich die Familie aus Angst vor einem neuen Angriff nicht mehr in die Betten. »Wir«, vermerkte Frie-

Kalendernotiz von Friederike Kurz vom Juli 1944.

derike Kurz in ihren Aufzeichnungen, »sind bis 12 Uhr nachts auf, da keine Sirenen« funktionierten.

Auch die Nichte berichtete in ihrem Tagebuch beunruhigt über den Ausfall der Sirenen in München. Sie schwiegen bereits, als sich die Amerikaner der Stadt zum dritten Angriff näherten. So konnte der Fliegeralarm nur mündlich weitergegeben werden. »Es gingen keine Sirenen«, notierte sich Margarete Konetzky, »weil keine Elektrizität in der ganzen Stadt war.« Über den Angriff selbst schrieb sie: »Es war wieder schrecklich. (...) Und um viertel nach zehn Uhr wurde herumgesagt, daß Entwarnung sei. Es brannte wieder sehr über der Stadt, und in der Wiener Straße waren Bomben gefallen. Es war überall eine schreckliche Aufregung, und wir hörten, daß Schwabing schrecklich zerstört sei; kein Licht.«

Zum Glück konnte die Stromversorgung am folgenden Tag in einzelnen Stadtteilen wiederhergestellt werden. Aufatmend schalteten die Menschen dort nach längerer Pause wieder die Radiogeräte ein, um die Luftlagemeldungen zu empfangen, die sie beizeiten vor einem neuen Angriff warnten. Nicht umsonst galt Rundfunkhören damals im wahrsten Sinne des Wortes als lebenswichtig. So war es auch verständlich, daß Margarete Konetzky am Freitag, dem 14. Juli, eigens in ihren Taschenkalender schrieb: »Heute nachmittag (...) hatten wir wieder Licht, und auch das Radio ging wieder. Darüber sind wir sehr froh, denn man kam sich so abgeschnitten vor von aller Welt. Über der Stadt hängen noch dicke Rauchwolken.« Die Tante vermerkte am selben Freitag: »Sehr schöner Tag, aber ganz dunkel vor lauter Rauch und Ruß und Bränden. In der (vergangenen) Nacht (war, Einfügungen durch d. Verf.) der Himmel ganz rot. Ab 15 Uhr Strom. Aber keine Zeitung, kein Gas. Ab 13 Uhr wieder Luftlagemeldungen.«

Die Kunde von den Schrecken, die München erneut heimgesucht hatten, drang auch wieder zu den Häftlingen ins KL Dachau. So schrieb Kupfer-Koberwitz am 13. Juli über das Bombardement in sein Tagebuch: »Heute wieder Fliegerangriff, morgens nach neun Uhr, er dauerte ein und eine halbe Stunde lang. Es krachte tüchtig. Ein Flieger mußte notlanden. Deutsche Jagdflieger sah man nicht. Die Flugabwehr ist sehr schwach. Sehr unangenehm ist es in unserem Wäldchen, dauernd fallen Splitter der zerspringenden Granaten, große und kleine. Es ist ein sehr unangenehmes Gefühl, da man nie weiß, was auf einen fällt und von wo es kommt.

Eben hören wir schlimme Berichte aus München. Eisenbahnschienen verbogen und wie Bindfaden aufgerollt. Angeblich wurden auch riesige Bomben geworfen, die zuerst durch ihr Gewicht ein Loch in das Haus reißen, dann explodieren, wobei ihr

Inhalt oben einen Kreis wie eine Fontäne bildet, der auf dreißig Meter Umkreis Phosphor regnet, so daß alles zu brennen beginnt. In einem Hause allein sollen so im Keller dreiundachtzig Personen verbrannt sein, da der Phosphor bis zu ihnen hinunter lief. Welch ein Greuel ist doch der Krieg.«[201]

»Die Straßen voll fliehender Menschen, die ihr letztes Hab und Gut tragen ...«

Die Münchner hatten noch mit den Schlägen des letzten Angriffs fertig zu werden, da näherten sich am Sonntag, dem 16. Juli, schon wieder die Kampfflugzeuge der 8. US-Luftflotte der Stadt. Die Amerikaner flogen in diesem Monat nun bereits ihren vierten Einsatz gegen München, das mit dem Fliegeralarm um 9.12 Uhr vor seinem neunzehnten Luftangriff seit Kriegsbeginn stand.[202] Den Anflug der Angreifer meldete der Polizeipräsident noch am selben Tag in einem Fernschreiben dem Reichsführer-SS in Berlin: »Eingeflogen ca. 800 viermotorige Bomber und ca. 300 Jäger. Davon über München ca. 400-500 viermotorige Bomber mit Jagdschutz. Angriff in 5 Wellen, eigene Flak und Jagdabwehr. Schwerer Terrorangriff.

Hauptangriffsziel Altstadt, Schwabing und Westen. Erkannte Flugzeugtypen Fortress und Liberator.«[203]

Die Amerikaner, die den Angriff auf die Stadt bei dunstigem und regnerischem Wetter und bei leichtem Westwind um 9.39 Uhr eröffneten, warfen in 57 Minuten insgesamt 430 Sprengbomben (500 Kilogramm), 1080 Sprengbomben (250 Kilogramm), 2250 Sprengbomben (125 Kilogramm), rund 2550 Flüssigkeitsbrandbomben, etwa 8700 Flammstrahlbomben und zirka 125 000 Stabbrandbomben ab.[204] Als die Bomber dann wieder von München abdrehten und die Bevölkerung mit der Entwarnung um 10.49 Uhr endlich die Luftschutzräume verlassen konnte, zeigte sich, daß auch dieser Angriff seine Opfer gefordert hatte: Im Bombenhagel fanden 55 Menschen den Tod.[205]

Margarete Konetzky hatte sich mit ihrer Mutter in der alten Haidhauser Kirche befunden, als sich die 8. USAAF der Stadt näherte. Die Frauen mußten einen so weiten Weg zum Gottesdienst gehen, weil ihre Pfarrkirche St. Gabriel, wie berichtet, am 13. Juni 1944 von einer Sprengbombe getroffen worden war. »Als wir (aus der Kirche, Einfügung durch d. Verf.) herauskamen«, trug die junge Chronistin noch am selben Sonntag in ihren Taschenkalender ein, »hörten wir schon wieder, daß Kampfflugzeuge einfliegen(,) und sind sehr erschrocken und liefen heim. (...) Anstatt der Sirenen wurde geschossen.« Die Frau deutete damit an, daß die Luftschutzsirenen in München noch immer nicht funktionierten. Auch die Tante hob diese Tatsache in ihren Aufzeichnungen hervor. »Es wird geschossen«, schrieb sie, »weil die Sirenen nicht gehen.«

Die Schüsse wurden von der Flakartillerie abgegeben, wie die MNN am Tag darauf den »Volksgenossen« noch einmal in Erinnerung brachten, um Mißverständnissen zu begegnen und verunsicherte Menschen zu beruhigen. »Die Bevölkerung«, hieß es, »wird erneut darauf hingewiesen, daß bei einem Ausfall der Alarmsirenen die Alarmierung in jedem Falle durch Feuerstöße der leichten und mittleren Flak erfolgt. Diese Alarmierung durch die Flak findet genau so rechtzeitig statt wie die Warnung durch Sirenen. Die Entwarnung wird in diesem Falle von Mund zu Mund durchgegeben.«

Als sich die amerikanischen Maschinen im Anflug auf München befanden, war in Dachau der Häftling Edgar Kupfer-Koberwitz mit Kameraden gerade auf dem Weg von seinem Arbeitskommando »Präzifix« zum Hauptlager. Dort erlebte er dann auch den Großangriff, über den er noch am 16. Juli in seinem Tagebuch berichtete: »Heute gingen wir ins Lager. Es war ›Luftgefahr‹. Vor dem Lagertor mußten wir umkehren, bis auf die, welche ins Revier gingen. Ich ging ins Revier.

Bald darauf heulten die Sirenen. Zwei Stunden lang dauerte der Alarm, zwei Stunden lang war ich im Revier. Dem Motorengeräusch nach müssen es starke Verbände gewesen sein. Die Abwehr war dünn. Viele Splitter fielen. Das prominente Revierpersonal flüchtete sich zum großen Teil in die Splittergräben, die ja nur für ganz wenig Mann ausreichen. Die Kranken blieben natürlich in den BaraÉken und lagen ganz ruhig da. Splitter fielen zwischen die Baracken und auf die Dächer.

Ich besuchte verbotenerweise einige Kranke von unserem Kommando. Die Pfleger, die mich nicht kannten, waren mürrisch, aber da ich fest auftrat, trauten sie sich nicht, etwas zu sagen. Ich besuchte auch Willi Opel. Er ist noch immer im Revier, ist dort jetzt Nachtportier. Er gab mir Schnupftabak, denn ich hatte keinen mehr. Er erzählte mir vom Tod verschiedener Kameraden.

Beim vorletzten Angriff wurden jene unsere Kameraden, die immer freiwillig als ›Bombensucher‹ nach München und anderen Orten gehen, noch während des Angriffs herausgerufen. Drei von ihnen flogen bald darauf in München beim Ausgraben eines Blindgängers in die Luft.«[206]

Kupfer-Koberwitz berichtete auch von Mitgefangenen, die aus freiem Entschluß nach München fuhren, um mitzuhelfen, Möbel aus dem bombenzerstörten Haus ihres zivilen Vorgesetzten zu bergen und auf einen Lastwagen zu laden. »Das Auto kam«, schrieb er,[207] »mehrere von unseren Kameraden stiegen auf, opferten also freiwillig ihren Sonntag und fuhren ab.

Als am Abend die Kameraden aus München zurückkamen, war ihr erstes Wort: ›Kinder, seid froh, daß ihr hier seid!‹ Sie sahen alle ziemlich verrußt aus.

Die Spanienkämpfer unter ihnen sagten, so etwas hätten sie selbst in Spanien nicht gesehen. Überall in der Stadt brennt es. Überall ist die Feuerwehr am Werk, aber es fehlt an Wasser. Riesige Bombentrichter, zerstörte Häuser, Ruinen, Trümmer, Rauch und Qualm. Und erschütternde Bilder: Die Straßen voll fliehender Menschen, die ihr letztes Hab und Gut tragen oder auf kleinen Handwagen fahren. Auf solch einem Wägelchen liegen Betten und Töpfe, Wäsche und irgendein Bild, eine Frau sitzt noch obenauf mit einem Kind, der Mann und ein größeres Kind ziehen den Wagen. So verlassen ganze Kolonnen die Stadt.

Zwischen den Trümmern irren verstörte Menschen umher. Ein altes Mütterchen sitzt vor einem großen Tuch, in das sie ihre Habseligkeiten gelegt hat und aus dem die seltsamsten Dinge herausschauen. In der einen Hand hält sie eine Kaffeekanne, in der anderen einen Topf. Sie zittert am ganzen Leibe und sagt zu einem von unseren Leuten, zu Hofer: ›Bitteschön, helfen Sie mir doch.‹ Er zuckt die Achseln, weist auf sein gestreiftes Kleid: ›Da schaun Sie doch her, was für einen Anzug ich trage. Ich bin ja bloß ein Gefangener, ich muß dorthin und arbeiten.‹

Und sie laden Möbel auf. Stimmen aus dem Volk: ›Da kann man es wieder sehen, die Bonzen, die Geldleute, die Beziehungen haben, für die kommt gleich ein Auto zu Hilfe. Aber wer hilft uns?‹ (...)

Man sagt, daß heute in Deutschland zehn Städte von siebentausend Flugzeugen bombardiert wurden.«

Die Bevölkerung wird aus fahrbaren Wasserbehältern mit Trinkwasser versorgt

Über die hohe Zahl der Menschen, die bei den letzten vier Luftangriffen der 8. US-Luftflotte in München umgekommen waren, schwieg die Presse. Nur intern registrierte die Luftschutzbehörde in geheimen Aufstellungen das ganze Ausmaß des Elends. So meldete der Polizeipräsident am 24. August 1944 dem Befehlshaber der Ordnungspolizei im Wehrkreis VII den Verlust von 1335 Menschen, die in den Schreckenstagen vom 11. bis zum 16. Juli den Bomben zum Opfer gefallen waren.[208] Bei 849 von ihnen untersuchte Professor Singer wieder die genaue Todesursache.[209] Dabei stellte er fest: »in 211 Fällen totale Zertrümmerung, Zerstückelung und Zerreißung des Körpers, in 345 Fällen Schädelzertrümmerung und Schädelbrüche, in 137 Fällen äußere und innere Verletzungen durch Verschüttungen, in 63 Fällen Tod durch Erstickung (größtenteils durch Verschüttung), in 35 Fällen Tod durch schwere Körperverletzung (darunter 3 Fälle mit Verletzung der Halsschlagader, 3 Fälle mit Verletzung der Beinschlagader, 4 Fälle mit Quetschung des Brustkorbes, 3 Fälle mit Bruch der Wirbelsäule), in 26 Fällen Tod durch Verbrennung, z. T. Verkohlung, in 7 Fällen Tod durch Schlaganfall, Herzlähmung (alte Leute), in 2 Fällen Tod durch Herzschlag (Coronarsklerosen/alte Leute)«.

Rückblickend auf die letzten vier Luftangriffe der Amerikaner auf München, zog der Polizeipräsident am 8. August 1944 in seinem Bericht an den Höheren SS- und Polizeiführer Bilanz über die vernichtenden Schläge der 8. USAAF: »Schwere planmäßige Terrorangriffe auf das ganze Stadtgebiet, besonders auf Stadtteile, die bisher weniger gelitten hatten.«[210] Bei allen vier Angriffen sei der Anflug auf derselben Route erfolgt: »Belgien – Brüssel – Metz – Trier – Mannheim – Baden-Baden – Heilbronn – Stuttgart – Treuchtlingen – Ulm – Augsburg – Aichach – Dachau – Fürstenfeldbruck.« An den Operationen seien Kampfflugzeuge folgender Typen beteiligt gewesen: »Fortress II, Liberator, Lightning, Mustang, Moskito (sic!)«.

Die Schäden, die durch die vier Angriffe in München verursacht wurden, bezeichnete der Polizeipräsident »in allen Stadtteilen« als erheblich. »Sehr stark war (...) die Auswirkung der zahlreichen Brände in den dichtbebauten Wohnvierteln.« Zu den großen Schadensgebieten, die am meisten in Mitleidenschaft gezogen wurden, zählten der Hauptbahnhof, der Karls-

platz, der Karolinenplatz, der Maximiliansplatz, die Ludwigs-
straße, der Ostbahnhof, der Sendlinger-Tor-Platz, die Sonnenstraße, der Goetheplatz, der Bavariaring, der Gärtnerplatz und
Riem. Den Angriffen fielen insgesamt 3774 Gebäude zum Opfer,
die total zerstört wurden. 2801 Häuser nahmen schweren und
2862 mittleren Schaden.[211] Von den Kulturbauten wurden das
Siegestor, die Propyläen, das Maximilianeum, die Alte und die
Neue Pinakothek, das Künstlerhaus, die Staatsgalerie, das Nationalmuseum, das Armeemuseum, die Technische Hochschule,
die Universität, die Akademie für angewandte Kunst, die Akademie der Bildenden Künste sowie die Schack- und die Lenbachgalerie ein Opfer der Bomben. Zu den acht Kirchen, die zerstört wurden, gehörten die Theatinerkirche, die Andreaskirche,
die Korbinianskirche und die Margarethenkirche.[212]
Auch der Tierpark Hellabrunn trug durch Sprengbomben
und ausgedehnte Brände an seinen Gebäuden, Stallungen und
Anlagen schwere Schäden davon. Viele Tiere, darunter Antilo-
pen, Bären, Büffel, Kamele, Hirsche, Rentiere, Zebras und allein
1 200 Meerschweinchen, kamen um, und eine große Anzahl erlitt schwere Verletzungen.
Erheblich in Mitleidenschaft gezogen wurden außerdem die
städtischen Versorgungseinrichtungen. »Die äußerst zahlreichen Kabel- und Freileitungsstörungen«, berichtete der Polizeipräsident,[213] »legten die gesamte Stromversorgung Münchens
still.« Es gelang jedoch, einen großen Teil der Stadt bis zum 15.
Juli wieder an das Stromnetz anzuschließen. Probleme gab es
auch mit dem Gas, wie Friederike Kurz bereits in ihren persönlichen Aufzeichnungen vermerkt hatte. »Infolge ungezählter
Rohrbrüche«, meldete der Polizeipräsident, »war die Gasversorgung der ganzen Stadt lahmgelegt. Durch Legen einer Umge-
hungsleitung konnte die Gasversorgung teilweise wieder aufgenommen und Teile der Rüstungsindustrie (BMW) gasversorgt
werden.« Ferner verwies der Polizeipräsident in seinem Bericht
an den Höheren SS- und Polizeiführer Süd auf die vielen Wasserrohrbrüche im gesamten Stadtgebiet. »Die Trinkwasserversorgung ist in einigen Stadtteilen auf die Entnahme von Hydranten beschränkt, im übrigen wird die Bevölkerung mittels
fahrbarer Wasserbehälter versorgt.«
Schließlich ging der Berichterstatter auch auf die Luftschutzsirenen ein, deren Versagen die Münchner, wie bereits erwähnt,
erheblich beunruhigt hatte. Über die Gründe schrieb er: »Die
Großalarmanlagen waren teils durch direkte Zerstörung, teils

durch Ausfall der Starkstrom- und Steuerleitungen außer Betrieb. Die Bevölkerung wurde durch Sirenenfahrzeuge, Handsirenen und Feuerstöße der Flak alarmiert. Die Entwarnung erfolgte nach Schneeballsystem durch Durchsage seitens aller benachrichtigten Dienststellen und Ortsgruppen.«

Nur unter großen Schwierigkeiten gelang es noch, das öffentliche Leben in München aufrechtzuerhalten. Nun bedeutete es schon eine Kostbarkeit, wenn Menschen über genügend Trinkwasser verfügten. Viele besaßen nicht einmal mehr das. Die Besitzer privater Brunnen mußten vom Polizeipräsidenten aufgefordert werden, »Wasser an die Bevölkerung abzugeben«. In dem Aufruf hieß es weiter: »Die Abgabestellen sind durch entsprechende Hinweisschilder deutlich zu kennzeichnen. Auf die Notwendigkeit, das Trinkwasser vor dem Genuß abzukochen, ist ausdrücklich hinzuweisen.« Wo der Druck in den Wasserleitungen nicht mehr bis in die obersten Stockwerke reichte, wurde empfohlen, das Wasser im Keller dem Entleerungshahn hinter dem Wasserzähler zu entnehmen.

Auch die Versorgung der Bevölkerung mit Brot bereitete Schwierigkeiten. Auswärtige Betriebe mußten einspringen, um den Münchner Bäckern unter die Arme zu greifen. Zur Linderung der Not ordnete die Partei an: »Die Münchner Bäckereien haben, soweit sie ihren Backbetrieb wieder aufgenommen haben, dafür zu sorgen, daß ein Tagesvorrat in den Backbetrieben wieder zur Verfügung steht. Um dies zu ermöglichen, wurde Brot von auswärts herbeigeführt. Es ist beim Ernährungsamt, Abt. A, im Rathaus, Zimmer 204, anzufordern.«

Eine ähnliche Anordnung erging auch an die Metzger und an die Gastwirte, die selbst keine Wurst mehr anbieten konnten: »Jene Metzgereibetriebe, Gaststätten und Lebensmittelgeschäfte, die durch die Luftangriffe nicht mehr in der Lage sind, ihre bisherige Wurstbedarfsdeckung vorzunehmen, haben von sofort an die Möglichkeit, Wurst bei der Verkaufsabteilung der Metzger-Innung, München, Kapuzinerplatz 6, zu beziehen. Auch Lebensmittelgeschäfte, die bisher keine Wurst geführt haben, können vorübergehend, wenn es die Versorgungslage eines Wohnbezirks erfordert, Wurst beziehen. Bezogen soll grundsätzlich nur so viel werden, als schätzungsweise an einem Tag verkauft werden kann, außer es sind Kühlmöglichkeiten gewährleistet. Die bezogenen Wurstwaren sind mit Marken nach dem Verkauf beim Ernährungsamt, Abt. B, Schlacht- und Viehhof (Markenrücklauf für Fleisch und Schlachtfett) abzudecken.«

Die Frau an der »Heimatfront«

Mehr noch als bisher umwarb die Partei nun die Frauen, die zunehmend zur Stütze der »Heimatfront« wurden. Sie lobte den Mut der Münchnerinnen und verwies auf den OKW-Bericht, der am 17. Juli die »vorbildliche Haltung der Münchner« hervorgehoben hatte. »Die Auszeichnung einer so betonten Heraushebung«, berichteten die MNN am 18. Juli, »ist einmalig und beweist, wie entscheidungsvoll Münchens Widerstand im gesamten Kriegsgeschehen wiegt und welchen Eindruck der vorbildliche Geist seiner Bewohner im ganzen Reich hervorgerufen hat.«

Die Passage im Bericht des Oberkommandos der Wehrmacht, auf die sich die Zeitung bezog, hatte folgenden Wortlaut: »Nordamerikanische Bomberverbände griffen mehrere Orte in Süd- und Südwestdeutschland an, u. a. Saarbrücken, Augsburg und mit stärkeren Kräften München. Besonders in München, gegen das der Feind innerhalb von fünf Tagen bei für die eigene Abwehr ungünstiger Wetterlage vier Großangriffe führte, entstanden zum Teil empfindliche Schäden und Verluste. Die Haltung der Bevölkerung war vorbildlich.«

Die »Tapferkeit der deutschen Frau«: »Die Macht, das Chaos zu bekämpfen, ist in ihre Hände gelegt«

Um so mehr beschwor die Partei jetzt die »Tapferkeit der deutschen Frau«. Die *Münchner Neuesten Nachrichten* trugen diesem Appell am 18. Juli mit einem Leitartikel Rechnung, der eigens den Frauen in der »Hauptstadt der Bewegung« gewidmet war. Der Verfasser, der für seinen Beitrag die Überschrift »Die Münchnerin« gewählt hatte, schrieb: »›Es ist unmöglich, daß ich das bin!‹, so würde vor wenigen Jahren noch manche Frau gesagt haben, wenn sie vorausschauend ihr eigenes Bild hätte sehen können. Das rußgeschwärzte Wesen in Trainingshosen und Stahlhelm vor der grausigen Kulisse des brennenden Hauses hätte sich nicht einordnen lassen in die Vorstellung, die sie sich bisher von sich gemacht hatte. Nun ist dieses Bild vieltausendfache Wirklichkeit geworden. Ohne Übergang hat das erbarmungslose Kriegsgeschehen die Frau in seinen Strudel gezogen.

Mit einem Mut, der ihr oft selbst fremd vorkommen mag, stand sie in der Eimerkette auf dem brennenden Dachboden oder schleppt ihren Hausrat aus Schutt und Qualm, jede Stunde neuer Schrecken gewärtig. Nur sie allein weiß, wieviel innere Kraft es fordert, die lähmende Angst vor der eigenen Hilflosigkeit zu überwinden.

Der Krieg in der Heimat ist zu einem Krieg der Frauen geworden. Brand und Zerstörung sind auf ihr Herz gezielt. Ihr heiligster Besitz, das Herdfeuer, wird in alle Winde auseinandergefegt, damit die Wurzeln der Lebenskraft keine Nahrung mehr finden. Das Ziel, ein ganzes Volk heimatlos zu machen, könnte erreicht werden, wenn in dieser grausamen Rechnung nicht eines vergessen worden wäre: die Tapferkeit der deutschen Frau. In zahllosen Tagen und Nächten hat sie sich im Bersten der Bomben immer aufs neue gezeigt. Es gibt wohl keinen mehr, der dazu nicht ein Beispiel eigener Erfahrung anführen kann. Würde man diese Frauen fragen, woher sie plötzlich den Mut genommen haben, sich auf das Dach zu schwingen und Wasser in die Glut zu schütten, so wüßten sie wohl keine Antwort zu geben. Die Gefahr des Augenblicks lehrte sie, das Richtige zu tun. (...)

Das Leben geht weiter. Daß sich dieser Satz nach jedem Angriff von neuem sagen läßt, ist nicht zuletzt das Verdienst unserer Frauen. Zitternd noch vor Angst und Sorge(,) nehmen sie den Kampf wieder auf gegen die Schwierigkeiten des Kriegsalltags. Die zusammengeschmolzene Habe wird gesichtet, das neue Quartier gesucht. Eine ordnende Hand greift in das Chaos der Vernichtung. Schon der sorgfältig aufgeladene Handwagen, der die geretteten Habseligkeiten einem neuen Bestimmungsort zuführt, ist ein Beispiel des zurückkehrenden Lebenswillens. Solange eine Frau noch einen Gegenstand von dem besitzt, das sie einst ihren Haushalt nannte, wird sie versuchen, daraus einen schwachen Schimmer jenes Glanzes zu holen, den ihr Heim für sie und die Ihren bedeutete.

In die Reihe der Tapferen gehören aber auch jene Frauen, die – zum wievielten Male wohl – Schutt und Steine aus der beschädigten Wohnung tragen, die rissige Mauern wieder verstopfen und auch im Bombenregen nicht vergessen, rechtzeitig für eine Suppe zu sorgen. Man möchte fast von einer kleinen und einer großen Tapferkeit der Frauen sprechen und weiß nicht, welche auf der Waage des Schicksals schwerer wiegt. Es ist die Bestimmung der Frauen geworden, von der tragischen Größe des Krie-

Frauen an der »Heimatfront«: Am Morgen nach einem Nachtangriff im Sommer 1944.

ges zu der winzigen Welt der Alltäglichkeiten eine Brücke zu schlagen. Damit ist die Macht, das Chaos zu bekämpfen, in ihre Hände gelegt.«

Aber wie es in den Herzen der Frauen aussah, das verschwieg der Artikel. Viele, die allein in der Stadt zurückgeblieben waren, sorgten sich um den Mann, der irgendwo an der Front stand, und bangten um die Kinder, die sie in ein KLV-Lager gegeben hatten, um sie vor den Bomben in Sicherheit zu bringen. Eine von den Münchnerinnen, die unter der Trennung von ihren Kindern litten, war die Mutter der Schülerin Elisabeth Billner. Am Sonntag, dem 16. Juli 1944, schrieb sie ihrer Tochter ins KLV-Lager nach Bad Reichenhall: »Mein liebes Liserl! Die vier Angriffe haben wir gut überstanden. Seit Donnerstag geht kein Telefon, da das Telegrafenamt auch kaputt ist und ich zu meinem großen Kummer Dich nicht verständigen konnte. (...) Seit Mittwoch gibt es in der Stadt kein Wasser, kein Licht, kein Gas. Die Sirenen sind auch kaputt. In Pasing dagegen haben wir alles. (...) Ich habe mitgearbeitet, auf Nr. 67 ein Schuhlager zu räumen, dafür soll es ein Paar Schuhe geben. Das wäre fein. Kind, soviel gibt's zu berichten, aber lauter traurige Sachen.«

Es ist unmöglich, »von einem Tag, ich möchte fast sagen, von einer Stunde zur anderen etwas Sicheres zu bestimmen«

Dem Schreiben der Mutter lag auch ein Brief des Vaters bei, der noch ausführlicher auf die letzten Luftangriffe einging. »Meine liebe Lisl!« begann er. »Du wirst schon sehnsüchtig auf Post von uns warten, und ich weiß nicht, wann Dich dieser Brief erreicht. Durch die fortgesetzten Luftangriffe sind nun Verhältnisse in München eingetreten, die keinen Überblick mehr gestatten und die es auch nicht mehr ermöglichen, von einem Tag, ich möchte fast sagen, von einer Stunde zur anderen etwas Sicheres zu bestimmen.

Ob Ihr überhaupt vom Lager wegdürft? Wenn ja, dann darfst Du von uns (aus) auch schon fahren. Das Weitere wird sich dann schon finden. Es kommt halt darauf an, wie lange diese Hunde noch so zumachen.

Deine Mutti hat sich, besonders am dritten Tage, als es in der Bayerstraße brenzlig wurde, sehr tapfer gehalten und fest beim Bergen mitgeholfen. Das Haus 71 erhielt 17 Brandbomben, die aber rechtzeitig unschädlich gemacht werden konnten. Von Paul-Heyse-Straße bis Stachus ist kein Haus heil. Große Sprengtrichter in der Straße, überall Trümmer und Staub, verkohlte Balken, ein Bild des Jammers. Mit Einzelheiten kann man gar nicht anfangen ...

Das Nebenhaus von Tante Rose erhielt Sprengvolltreffer und ist eingestürzt. Dadurch ist auch ihre Wohnung in Mitleidenschaft gezogen, und es ist noch nicht sicher, ob sie nicht geräumt werden muß. Das Haus von Onkel Willi ist vollkommen ausgebrannt. Frau Oberamtsrichter und Anni haben jetzt vorläufig ein Zimmer am St.-Pauls-Platz bei B.

Unser Rathaus hat es bis jetzt nicht mehr getroffen. Aber wir werden kaum verschont bleiben.

Den heutigen Angriff erlebten die Großeltern in Pasing! Es war ein Glück, daß sie so früh gefahren sind, sonst wären sie vielleicht gerade unterwegs gewesen. Ich bin anschließend per Rad in die Stadt, Deine Mutti bekam wenigstens für ein Wegstück ein Lastauto! In der Bayerstraße war aber nichts passiert. Die Flak war in Pasing sehr lebhaft. Warten wir halt ab, was in acht Tagen ist, und hoffen wir das Beste. Jedenfalls würde ich mich sehr auf ein Wiedersehen freuen. Bis dahin grüßt und küßt Dich herzlich Dein Vati.«

Die Tatsache, daß es den Amerikanern gelungen war, München viermal kurz hintereinander anzugreifen, war für die Nationalsozialisten ein schockierender Beweis für ihre Hilflosigkeit, mit der sie der alliierten Luftüberlegenheit gegenüberstanden. Die Propaganda hob deshalb um so mehr die schlechte Wetterlage hervor, die in den letzten Tagen die Operationen der USAAF begünstigt hatte. Um den Münchnern wenigstens noch das Gefühl zu geben, daß sie den gegnerischen Bomberverbänden nicht völlig wehrlos ausgeliefert seien, veröffentlichten die MNN am Mittwoch, dem 26. Juli 1944, einen Artikel, der die Überschrift trug: »Die Münchner Flak hat sich bewährt.« In diesem Bericht erfuhren die Leser neben propagandistischen Phrasen aber auch Näheres über das unterschiedliche taktische Vorgehen der US-Luftstreitkräfte bei den einzelnen Angriffen.

»Die Tage des 11. bis 16. Juli 1944«, meinte die Zeitung, »werden nicht nur in die Geschichte Münchens als Bringer überaus schmerzlicher Wunden im Antlitz der kunststrahlenden Stadt eingehen, auch für den Feind werden die brutalen Methoden seiner Angriffe, die den unverkennbaren Stempel blindwütiger, reiner Terrorabsichten gegen die zivile Bevölkerung trugen, wohl die beschämendsten Blätter im Buch seiner Luftkriegführung bleiben. Mit bösartigster Rücksichtslosigkeit hat er die Wohn- und Kulturstätten Münchens, der Stadt der Deutschen Kunst, als militärisches Großziel ausgesucht, unter Verhältnissen, die ihm das geringste Risiko zu bieten schienen. Durch rasche Aufeinanderfolge der vier Angriffe, durch Ausnützung der für den Jagdeinsatz schlechten Wetterlage, durch Verstecken über den Wolken und Bombenabwurf durch die Wolken versuchte er(,) die Wirkung der Flak, die so alleinige Trägerin der Abwehr wurde, herabzumindern. Aber trotz Ausfalls der Augenbeobachtung war die Flakabwehr durchaus erfolgreich. Es gelang ihr, den Gegner am ersten Tage weitgehend zu zersplittern und seinen Bombenabwurf damit vom Zentrum der Stadt abzulenken. Auf Grund dieser Erfahrungen hat der Gegner beim zweiten Angriff die Flakabwehr dadurch zu schwächen versucht, daß er aus allen Richtungen angriff und den Bombenabwurf über eine außergewöhnlich lange Zeit verteilte. Trotzdem erzielte die Flak an diesem Tage die größte Abschußzahl unter den vier Angriffen.

Der dritte und vierte Angriff kam schlagartig aus einem Sektor unter Massierung aller Verbände auf kürzeste Zeit. Gleichzeitig wurden größte Höhen aufgesucht, um der Reichweite der Masse der Flak zu entgehen. Aber die Haltung aller eingesetzten Verbände blieb unerschüttert. Die jungen Flakhelfer, die Männer aus dem RAD. (=Reichsarbeitsdienst, Anm. d. Verf.) und die alten Wehrmänner wetteiferten mit den aktiven Flaksoldaten trotz größter körperlicher Beanspruchung. Im übrigen wurden auch an den niemals ermüdenden Munitionsnachschub und an das Nachrichtenpersonal in der Wiederherstellung unterbrochener Verbindungen höchste Anforderungen gestellt. So konnten die Batterien jeden Tag mehrere zehntausend Schuß auf die Angreifer abfeuern. Jeder einzelne gab im stolzen Gefühl, München mitschützen zu dürfen, seine letzte Kraft her. Wie auf dem Übungsplatz war die Zusammenarbeit exerziermäßig lückenlos, auch wenn Bomben in Batteriestellungen fielen und Ausfälle verursachten. Nach jedem Angriff waren die Batterien in Kürze wieder voll einsatzbereit. (...)

Die Abwehrschlacht um München vom 11. bis 16. Juli gegen einen am hellen Tage unsichtbaren Gegner stellte die Flakartillerie vor eine außergewöhnlich schwere Aufgabe. Jeder Soldat zieht den Kampf gegen einen offenen Feind vor. Deshalb geht der Wunsch jedes Flaksoldaten, der zum Schutze unserer Stadt eingesetzt ist, dahin, die feindlichen Bomber – wenn sie wieder kommen sollten – bei einer für die Abwehr günstigen Wetterlage vor die Rohre zu bekommen, um ihnen mit noch größerem Erfolg heimzahlen zu können, was sie in so heimtückischer Weise der Bevölkerung Münchens angetan haben.«

»*Etwa 800 Feindflugzeuge auf Einflug von Westen*«

Als dieser Bericht erschien, hatten die Amerikaner längst zu neuen Angriffen auf die »Hauptstadt der Bewegung« angesetzt. Am Dienstag, dem 18. Juli, näherten sich US-Bomber wieder München, scheiterten diesmal jedoch bei schönem Wetter an der erbitterten Abwehr der deutschen Jäger, die sie über dem Starnberger See in »schwere Luftschlachten« verwickelten, wie Friederike Kurz am selben Tag in ihren Kalender eintrug. Zwei Tage später gaben die MNN Einzelheiten über die Luftkämpfe bekannt: »Aus dem Wehrmachtbericht kann man entnehmen, daß am Dienstag die nordamerikanischen Luftflotten zum ersten

Male den großangelegten Versuch machten, durch einen gleichzeitig durchgeführten Doppelangriff von England und Italien aus die deutsche Luftverteidigung aufzusplittern und vor allem den Jägern den geschlossenen Kampf gegen die Bomberverbände zu erschweren, sie auszufliegen. Der Versuch, der am Dienstag noch räumlich weit getrennt war und Bayern und Nordwestdeutschland umfaßte, kann sich auch auf ein einziges Gebiet erstrecken, wie die Angriffstaktik der nordamerikanischen Flieger am Mittwoch hat erkennen lassen. Zweifellos beansprucht ein solcher Doppelangriff die Reichsverteidigung sehr erheblich, aber ihre Aktionen am Dienstag haben bewiesen, daß trotz der gleichzeitigen Beanspruchung sie den feindlichen Angriffen mit größter Schlagkraft entgegengetreten ist. Besonders die in Italien gestarteten Bomberverbände der 15. USA.-Luftflotte des Generalleutnants Twining wurden durch die heftigen Angriffe deutscher Jagdstaffeln hart bedrängt. Die Liberator-Bomber wurden bereits beim Anflug über die Alpen von den ersten deutschen Jagdformationen gestellt und in schwere Kämpfe verwickelt. Die Luftkämpfe setzten sich fort, als die Feindverbände Kurs auf den Bodensee nahmen und einige Orte im bayerischen Raum angriffen. Immer wieder durchstießen die deutschen Jäger die Barrieren der feindlichen Fernjäger und holten sich ihre Opfer unter den Viermotorigen.«

Doch die Niederlage vom 18. Juli konnte die US-Luftstreitkräfte nicht davon abhalten, den Druck auf München weiter zu verstärken. Bereits am nächsten Tag starteten erneut Bomber zum Angriff auf die Stadt. Bevor die Maschinen ihr Ziel erreichten, hatten die Münchner am Morgen dieses Mittwoch den folgenden Aufruf der Partei zur Kenntnis genommen: »Männer und Frauen Münchens! In unermüdlicher und vorbildlicher Weise habt Ihr während und nach den Terrorangriffen auf unsere Stadt Tag und Nacht im Einsatz gestanden, habt Euere Wohnungen, Euere Betriebe, das Hab und Gut Euerer Nachbarn und Mitbürger und wertvollstes Betriebsgut geschützt und sichergestellt.

Nun ruft wieder die Arbeit für Deutschland! Geht unverzüglich wieder an die Arbeit! Schafft weiter in Eueren Betrieben! Jetzt erst recht!«

Aber die Münchner kamen am 19. Juli erst gar nicht dazu, sich ihren Beschäftigungen wieder zuzuwenden. Bereits um 9.10 Uhr zwang sie ein Fliegeralarm erneut, die Arbeitsplätze zu verlassen und in den Kellern Schutz zu suchen.[214] Wie schon am 18. Juli näherten sich wieder Kampfflugzeuge der *8.* und der *15. US-Luftflotte* der Stadt, die nunmehr vor ihrem *zwanzigsten Luftangriff* seit Kriegsbeginn stand. Als die Angreifer am Himmel über München erschienen, lag Dunst über der Stadt, und es wehte ein leichter Wind aus Südost. Über die Stärke der herannahenden Armada, die aus zwei Richtungen auf die Isar zuflog, berichtete der Polizeipräsident am 24. Juli dem Höheren SS- und Polizeiführer Süd: »Etwa 800 Feindflugzeuge einschl. Jagdschutz auf Einflug v(on) Westen.« Diese Angaben galten der *8. USAAF,* während sich die nachstehende Meldung auf die *15. US-Luftflotte* bezog: »Etwa 700 Feindflugzeuge einschl. Jagdschutz auf Einflug von Süden.« Die Typen der Maschinen wurden laut Berichterstatter als »Liberator, Fortress, Mustang, Lightning« erkannt.

Der Anflug der *15. USAAF,* die den Angriff dann auf München allein durchführte, erfolgte auf folgendem Kurs: »Triest, Udine, Heiligenblut, Schwaz, Kitzbühel, Rosenheim, Ebersberg, Freising, im allgemeinen Anflug aus Richtung nordostwärts auf die Stadt«. Die zweite Luftflotte ließ München unbehelligt. »Durch den Westeinflug«, stellte der Polizeipräsident fest, »wurde das Stadtgebiet nicht berührt. Bei Südeinflug etwa 350 Maschinen im Angriff auf Stadt und Stadtrand.« Mit dem Abwurf der ersten Bombe um 11.14 Uhr setzten die Maschinen zum mittelschweren Sektorenangriff auf »Industrie, Verkehrsanlagen, Verlagerungen, Fliegerhorste, Ausweichlager und Wohnhäuser« an. Insgesamt warfen die Angreifer 2500 Sprengbomben (250 Kilogramm) und rund 157 000 Stabbrandbomben, die beträchtlichen Schaden verursachten. 124 Gebäude wurden völlig zerstört und 115 schwer beschädigt. Die meisten Bombentreffer erzielten die Amerikaner in den Randgebieten der Stadt, in Pasing, Allach, Kleinhadern und Berg am Laim. Bei dem Bombardement fanden 177 Menschen den Tod.[215]

»Der Alarm dauerte dreieinhalb Stunden. Etwa drei Stunden lang
wurde bombardiert«

Über den Angriff, der mit der Entwarnung um 12.44 Uhr endete, vermerkte Margarete Konetzky noch am selben Tag in ihren Aufzeichnungen: »Zuerst kamen Kampfverbände von Norden, um 11 Uhr welche von Süden, so daß wir meinten, wir kämen überhaupt nicht mehr aus dem Keller heraus. Als wir wieder froh heraufkamen, brannte es sehr stark im Nordwesten.«

In Dachau schrieb der Häftling Kupfer-Koberwitz heimlich in sein Tagebuch: »Großer Fliegerangriff, sehr starke Verbände. Ganz große Mengen von Bombenabwürfen, sogenannte ›Teppich-Abwürfe‹. Am Horizont viel Rauch. Einige Flieger stürzten brennend ab. Granatsplitter summten um uns, dann pfeifendes Sausen einiger Bomben. Wir waren im Wäldchen. Plötzlich lagen wir alle auf dem Boden, ich auch, in einem Knäuel von Armen, Beinen und Rümpfen, von denen man nicht sagen konnte, zu wem sie gehörten.

Es scheint, man hat eine der Flakbatterien getroffen und zerstört, die in unserer Nähe aufgestellt sind. Sie schwieg später. Es ist gerade die, von der die meisten Granatsplitter auf uns fallen.

Der Alarm dauerte dreieinhalb Stunden. Etwa drei Stunden lang wurde bombardiert.«

Am Donnerstag, dem 20. Juli 1944, als in Berlin der verzweifelte Versuch der Offiziere um Oberst Claus Graf Schenk von Stauffenberg scheiterte, das nationalsozialistische Unrechtsregime zu stürzen, notierte sich Kupfer-Koberwitz in Dachau: »Im Lager nahm man den Häftlingen einige tausend Decken weg und gab ihnen Papiersäcke, darin zu schlafen. Die Decken werden für die Obdachlosen in München gebraucht.«

Die Münchner hatten sich vom letzten Bombardement noch nicht erholt, da stiegen am 21. Juli in England schon wieder Maschinen der *8. US-Luftflotte* auf, um gegen München den *einundzwanzigsten Luftangriff* seit Beginn des Krieges zu fliegen. Von den »1000 (...) Kampfflugzeugen mit Jagdschutz«, die an diesem Tag in den deutschen Luftraum eingedrungen waren, erschienen nach dem Bericht des Polizeipräsidenten vom 9. August »etwa 350 Flugzeuge« über München.[216] Die Angreifer hatten für ihren Flug an die Isar folgende Route gewählt: »Belgien, Nordfrankreich, Aachen, Idar-Oberstein, Saarbrücken, Heidelberg, Heilbronn, Reutlingen, Günzburg, Augsburg, Dachau, Fürstenfeldbruck, München-West«.

Schon im Anflug begannen die Bomber mit ihrem großräumigen Angriff auf süddeutsches und südwestdeutsches Gebiet, der nicht nur Schweinfurt, Stuttgart und Saarbrücken galt, sondern der auch »Bombenabwürfe auf Gemeinden der Landkreise München, Dachau, Fürstenfeldbruck, Starnberg, Ebersberg, Nördlingen, Illertissen, Kempten« mit einschloß. Als die Maschinen, die als »Fortress II, Liberator, Lightning, Mustang, Thunderbolt« erkannt wurden, München erreichten, war der Himmel über der Stadt stark dunstig, und es herrschte Windstil-

le. Die Bevölkerung, die der Fliegeralarm um 10.09 Uhr aufgeschreckt hatte, war wieder auf das Schlimmste gefaßt.

Diesmal drohte München ein mittelschwerer Angriff, der sich
gegen die östliche Innenstadt in Isarnähe, gegen Neuhausen
und gegen Nymphenburg sowie gegen den Westrand des Stadtgebietes richtete. Die Amerikaner, die um 10.40 Uhr mit den ersten Bombenabwürfen begannen, luden über ihrem Ziel insgesamt 546 Sprengbomben (500 Kilogramm), 354 Sprengbomben
(250 Kilogramm), etwa 800 Flüssigkeitsbrandbomben und rund
35 000 Stabbrandbomben ab. Das Bombardement dauerte mit 59
Minuten fast eine Stunde lang.

*»Der Eisenbahnverkehr wurde auf den Strecken München-Herr-
sching und München-Gauting wieder unterbrochen«*

Über die Verwüstungen, die nach der Entwarnung um 11.55
Uhr in der Stadt erneut zu beklagen waren, berichtete der Polizeipräsident am 24. Juli dem Höheren SS- und Polizeiführer
Süd: »Es traten neue, in Anbetracht der bereits bestehenden
großen Zerstörungen schwer ins Gewicht fallende Schäden an
Wohnhäusern und öffentlichen Gebäuden ein. Unter den Wirt-
schaftsgebäuden ist die Beschädigung weiterer Hotels von Bedeutung. Die in der Wiederinstandsetzung begriffene Elektrizi-
täts- und Gasversorgung erlitt neue Störungen. Der Eisenbahnverkehr wurde auf den Strecken Mü(nchen) – Herrsching und
Mü(nchen) – Gauting wieder unterbrochen.«[217] Zudem sei die
Feststellung von Häuserschäden dadurch erschwert, daß »zahlreiche Gebäude bei mehreren Angriffen beschädigt wurden und
die Schäden oft kaum nach ihrem Entstehungsdatum auseinan-
dergehalten werden können«. Die Gebiete mit den schwersten
Zerstörungen befanden sich im östlichen Stadtkern, an der Lud-
wigsbrücke, in Neuhausen und in Neuaubing, wo Bahn- und Industrieanlagen verwüstet wurden.[218] Bei dem Angriff entstand
an 40 Gebäuden Totalschaden, und 110 Häuser wurden schwer
beschädigt.[219] Der Kongreßsaal im Deutschen Museum brannte
aus, und die Maxburg sowie die Kirche St. Bonifaz trugen einen
erheblichen Sprengschaden davon.[220] Achtzig Menschen überlebten das Bombardement nicht.[221]

Auch über diesen Tag machte sich Margarete Konetzky ihre
Notizen. »Schon um 9 Uhr«, schrieb sie, »wurden wieder
Kampfverbände im Anflug gemeldet, und ich räumte unsere

Matratzen, Taschen, Decken usw. gleich in den Keller hinunter, und wir hatten dann wirklich um zehn einviertel Uhr Alarm. Hans kam rechtzeitig heimgeradelt, das freute mich sehr. Ein paar Mal krachte es, es war aber heute nicht so schlimm. Um 12 Uhr war es wieder zu Ende. Hans erzählte, daß es im Viertel der Türkenkaserne kein Licht, kein Wasser, kein Gas, kein Radio und keine Sirenen gibt.«

In Dachau notierte sich Kupfer-Koberwitz am selben Tag: »Wieder Alarm, wieder waren wir im Wäldchen. Dort arbeiteten die meisten wie die Wilden daran, sich einen Unterschlupf zu bauen. Sie gruben schmale Gräben, legten Äste und Erde darüber und vergaßen dabei ihre Nervosität. In so einem Unterschlupf haben sie das Gefühl, beschützt zu sein; wenn das auch nicht den Tatsachen entspricht, so ist es doch ein moralischer Halt, denn fast alle haben Furcht vor dem Tode.

Hitler hat gestern nacht gesprochen. Er ernannte Himmler, den Chef der Gestapo und SS, zum Oberbefehlshaber über das Heimatheer. Göring hat für die Luftwaffe und Admiral Dönitz für die Seewaffe eine Rede mit Treueversprechen gehalten. Für das Landheer sprach keiner. Hitler sagte, eine gewissenlose Gruppe von Offizieren habe das Attentat verübt, einige von ihnen haben sich bereits umgebracht, andere seien erschossen worden, und die restlichen sollen noch gerichtet werden.

Man spricht davon, daß es gestern in Deutschland an verschiedenen Stellen Zusammenstöße zwischen SS und Wehrmachtsoldaten gab. Unser Kommandoführer war die ganze Nacht über auf und lief mit umgeschnalltem Revolver herum.«[222]

Zum Unglück für die 3000 Obdachlosen, die bei dem letzten Angriff ihr Heim verloren hatten,[223] verschlechterte sich das Wetter nach dem Bombardement. Es kühlte sich ab, und anhaltende Regenfälle setzten ein. So trug Friederike Kurz am Samstag, dem 22. Juli, in ihren Kalender ein: »Entsetzliches Wetter. Sturm und starker Regen.« Und am Sonntag fügte sie hinzu: »Alle Münchner haben Glühwein bekommen.«

München bot ein trostloses Bild. Überall erstreckten sich Schuttmassen und Trümmerberge, erhoben sich Ruinen anklagend zum Himmel. Die Stadt war so verwüstet, daß sich die Einheimischen oftmals selbst an bislang vertrauten Plätzen kaum noch zurechtfanden. Und wer nach längerer Abwesenheit an die Isar zurückkehrte, erkannte die Stadt nicht wieder.

Eine Mutter an ihre Tochter im KLV-Lager: »Ich wäre vor Angst
umgekommen, wenn Du bei mir gewesen wärst«

In diesen Tagen erhielt die Schülerin Elisabeth Billner im KLV-
Lager in Bad Reichenhall einen zweiten Brief von der Mutter, in
dem die Frau eindringlich schilderte, was aus München geworden war: »Heute traf ich die Poldi. Sie sind wieder obdachlos.
Unter zehn Leuten sind es acht, die man trifft. Mein Liebes, Du
wirst entsetzt sein, wenn Du unser München siehst. Ich ging
heute am Bahnhof entlang und wußte wirklich nicht, wo der
Eingang zur Goethestraße war. Außerdem war ich heute in der
Theresienstraße und wollte mich um unsere Verwandten umse-
hen. Alles kaputt. Schwabing ist ein toter Stadtbezirk, ebenso
Neuhausen. Beschreiben kann man es nicht. Der ganze Verkehr
spielt sich jetzt am Pasinger Bahnhof ab. Zugehen tut es ... Alles
will fort. Am Samstag ging Frau D. mit den Kindern. Da bin ich
wirklich froh. Trambahn wird unter vier Wochen kaum verkeh-
ren. Nun bin ich schon so dankbar, daß ein Zug geht, denn alle
Tage laufen wird ein bisserl viel. Ich hatte zwar dreimal Glück(,)
von einem Auto mitgenommen zu werden. Einmal saßen Vati
und ich auf einem kleinen Anhänger hinten droben. Du, das
muß ein Bild gewesen sein. Und dann landeten wir am Harras in
Sendling anstatt am Bahnhof.

Wenn wir nur endlich in der Bayerstraße ein Wasser hätten.
Bis in der Pschorrbrauerei am Berg müssen wir es holen. Seit
heute brennt das Licht wenigstens. Ist das eine Wohltat. Von Tag
zu Tag wird es schon besser werden, wenn nicht wieder ein Angriff dazwischenkommt. Gell, gar nicht Schönes kann ich Dir berichten. Aber dieses Mal war ich wirklich froh, daß Du nicht daheim warst. Ich wäre vor Angst umgekommen, wenn Du bei mir
gewesen wärst.

Alles andere mündlich.

Von Herzen grüßt und küßt Dich Dein Muttel mit Opa, Oma
und Vati.«

Wie groß die Nöte in München waren, ging auch aus einem
Schreiben hervor, das der Oberst und Kommandeur der Schutzpolizei, SS-Standartenführer Adolf Friedrichs, am 24. Juli 1944
an Oberst Thürauf richtete: »In der Dienststelle der NSV. (=NS-
Volkswohlfahrt, Anm. d. Verf.) in der Ludwigstr. 22 befindet
sich ein eiserner Schrank, der die gesamten Lohnlisten und
Buchhaltungsunterlagen enthält. Angeblich soll es möglich sein,
mit Hilfe einer Drehleiter an diesen Schrank heranzukommen,

um das wertvolle Material zu retten. Ich bitte, im Einvernehmen mit dem Instandsetzungsdienst sofort die entsprechenden Maßnahmen durchzuführen.«[224]

Der Schrank wurde zwar noch am selben Tag geborgen. Doch war die Mühe vergebens. Um 16.30 Uhr meldete der Meister der Feuerschutzpolizei Heigel seinen Vorgesetzten, daß »der Kassenschrank nicht geöffnet werden konnte, da die Türen verzogen und ausgeglüht waren«.

Aber es gab noch weitaus größere Probleme. Münchner hasteten durch die Stadt und suchten verzweifelt Angehörige, die nach den Angriffen spurlos verschwunden waren. In den Tagen zwischen dem 11. und dem 21. Juli wurden der Vermißtenstelle bei der Kriminalpolizeileitstelle München allein 45 Personen als unauffindbar gemeldet. Über das Schicksal der Menschen war nichts bekannt. »Wo«, fragten die MNN in ihrer Wochenendausgabe vom 12./13. August 1944, »gehen seit diesen Luftangriffen Personen ab, die ihren Angehörigen noch keine Nachricht gegeben haben? Sind Anhaltspunkte vorhanden, daß sie umgekommen sind oder daß sie bei Verwandten oder Bekannten, in Krankenhäusern oder sonstwo Aufnahme fanden? Festgestellt wurde, daß durch den Luftkrieg eine Reihe vermißt gemeldeter Personen abwanderte oder umquartiert wurde, es aber unterließ, sich polizeilich anzumelden. Durch diese Unterlassung wurden die Angehörigen in Unruhe versetzt und der Behörde ein reiches Maß unnötiger Arbeit aufgebürdet. Deshalb werden die Volksgenossen auf eine Verordnung vom 21. Juli hingewiesen, nach der jeder Umquartierte oder Abgewanderte verpflichtet ist, sich binnen drei Tagen polizeilich anzumelden. Das gilt auch beim Beziehen einer anderen Wohnung in der gleichen Gemeinde. Durch die Rückmeldungen des Zuzugortes an die Meldebehörden des Abzugortes wird die Polizei in die Lage versetzt, den Angehörigen die gewünschte Auskunft geben zu können. Ganz abgesehen davon soll jeder Volksgenosse, der umquartiert wird oder abwandert, von sich aus bald seine Angehörigen über seinen neuen Aufenthaltsort verständigen. Personen, die Vermißtenanzeigen erstatteten, werden gebeten, soweit es noch nicht geschehen ist, alsbald an die Vermißtenstelle bei der Kriminalpolizeileitstelle München, Ettstraße 2, schriftlich oder mündlich Nachricht zu geben, falls der Aufenthalt einer vermißt gemeldeten Person oder Sonstiges bekannt wird.«

Die Münchner hatten die Schläge, die ihrer Stadt mit dem letzten Angriff erneut zugefügt worden waren, noch nicht verwunden, als am Montag, dem 31. Juli 1944, um 12.35 Uhr schon wieder Fliegeralarm gegeben wurde.[225] Abermals näherte sich die *8. US-Luftflotte* mit ihren Bombern der Stadt, die in England zum *zweiundzwanzigsten Luftangriff* auf München seit Kriegsbeginn aufgestiegen waren. Für den Anflug wählten sie diesmal, wie der Polizeipräsident am 4. August dem Höheren SS- und Polizeiführer Süd meldete, folgende Route: »Scheldemündung, Antwerpen, Charleroi, Aachen, Malmedy, Saarbrücken – Koblenz – Heidelberg – Karlsruhe – Stuttgart – Dillingen – Augsburg – Dachau – Starnberger (See) – Chiem(see) – Ammersee – Fürstenfeldbruck, im Anflug aus Nordwest – Norden – Nordost auf die Stadt.« Der »Gesamt-Westeinflug« umfaßte »etwa 1 200 Maschinen«, von denen »700-800 einschl. Jagdschutz über der Stadt« auftauchten.

Bis zum 23. August 1944: 98 088 Obdachlose registriert

In München erwartete die Angreifer schlechtes Wetter. Der Himmel war dicht bewölkt, und von West wehte ein starker Wind. Während des Angriffs, den die Amerikaner um 12.57 Uhr mit den ersten Bombenabwürfen eröffneten, entlud sich ein gewaltiger Gewitterregen. Der Großangriff konzentrierte sich auf Randgebiete der Stadt, vor allem auf Industrie- und Verkehrsanlagen, die in elf Wellen mit jeweils sechs bis sieben Teilverbänden angeflogen wurden. Bei dem Bombardement fielen insgesamt 2650 Sprengbomben (je 250 Kilogramm), 540 Flüssigkeitsbrandbomben (*100 LB*) und etwa 180 000 Stabbrandbomben. Außerdem gingen Flugblätter mit einem Gesamtgewicht von 380 Kilogramm auf München nieder.

Zum Glück für die angegriffene Stadt stürzte eine »unverhältnismäßig hohe Zahl von Sprengbomben«, wie der Polizeipräsident in seinem Bericht an den Höheren SS- und Polizeiführer Süd hervorhob, »ins freie Gelände«, ohne Schaden anzurichten. Dennoch waren die Verwüstungen im bebauten Gebiet noch beträchtlich. Die schwersten Schäden trugen im Norden Milbertshofen, Freimann und die Umgebung vom Oberwiesenfeld, im Osten Stadelheim, Perlach, Trudering, Ramersdorf sowie die Siedlung Berg am Laim und im Süden das Umfeld des Südbahnhofs davon. Völlig zerstört wurden 134 Gebäude, und 155 Häuser wiesen nach dem Angriff, der mit der Entwarnung um 14.09 Uhr endete, schwere Beschädigungen auf.[226]

Tagesangriff im Juli 1944: Blick über das ausgebrannte Nationaltheater auf das in Rauchwolken gehüllte Wohnviertel Lehel.

Mit den 108 Personen, die an diesem Tag umkamen, erhöhte sich die Zahl der Menschen, die bei den sieben Angriffen im Juli den Tod fanden, auf insgesamt 2038 Opfer. Davon waren 261 Soldaten der Wehrmacht, zwölf Angehörige der SS, drei Beamte der Schutzpolizei, 61 Kriegsgefangene und 1476 einheimische Zivilisten, darunter 611 Männer, 749 Frauen und 116 Kinder. 89 Personen konnten nicht identifiziert werden, 27 kamen um, ohne eine Spur zu hinterlassen, und 41 galten nach wie vor als vermißt. 3625 Menschen erlitten Verletzungen. An 301 Schadenstellen wurden 2329 Personen verschüttet, von denen 886 lebend und 1395 tot geborgen wurden. 48 Tote blieben unter den Trümmern unauffindbar.

Erschreckend war auch die Bilanz der zerstörten Häuser. Bei den Angriffen im Juli wurden insgesamt 4072 Gebäude total zerstört und 3181 schwer, 3318 mittel und 3978 leicht beschädigt. Die Summe der Teilschäden betrug also 10477. Die Zahl der endgültig verlorenen Wohnungen belief sich auf annähernd 36000. Die Stadtverwaltung registrierte bis einschließlich 23. August 1944 eine Gesamtzahl von 97088 Obdachlosen.[227]

Auf das Ausmaß der Verwüstungen ging auch der Oberbürgermeister in seinem Erfahrungsbericht ein, den er im September 1944 abschloß: »Sieben Terrorangriffe innerhalb eines Monats auf München stellten die Stadtverwaltung (...) auf eine harte Leistungsprobe. (...) Kennzeichnend für die Angriffsart waren Bombenteppiche auf Wohnviertel und gezielte Reihenwürfe auf Verkehrsstraßen mit Straßenbahn und Hauptleitungen der städtischen Versorgungsnetze für Wasser, Gas, Strom und der Abwasserbeseitigung. (...)

Die städtische Möbelbergungsstelle verlor von 64 fast gefüllten Lagern 19. Deshalb wurden Trockenstädel von Ziegeleien für die Einlagerung von 750 Haushaltungen benützt. Für die Bevölkerung müssen solche Lager leicht erreichbar sein, um ohne großen Zeitverlust Dinge für den täglichen Bedarf wieder an sich nehmen zu können.«

»Die Stadt verkarstete ... Sie hatte ihr Gesicht und ihren Geruch verloren«

Eine Hilfe für Transportaufgaben in dem von Zerstörungen stark in Mitleidenschaft gezogenen Norden der Stadt versprach sich der Oberbürgermeister von einer »mit Dampf betriebenen Schmalspurbahn«, deren Bau der Gauleiter angeordnet hatte. »Sie besitzt Anschluß an einen Münchener Güterbahnhof und wird (...) nicht nur für die Schuttabfuhr, sondern vor allem auch für die Heranführung von Baustoffen und Lebensmitteln benutzt werden können. Im übrigen Stadtgebiet werden nach wie vor Lastzüge der Straßenbahn in ähnlichem Sinn eingesetzt, soweit die laufende Wiederinstandsetzung der Gleisanlagen dies zuläßt.«

Nach dem Angriff vom 31. Juli schrieb Kupfer-Koberwitz in Dachau noch am selben Tag in sein Tagebuch: »Wieder Fliegerangriff, ein und eine halbe Stunde lang. Viele Bombenwürfe, auch einer ins Lagerbereich (der SS, Anm. d. Verf.), angeblich in die Schneidereibaracke. Auch in Dachau brennt es in einem Viertel.

Heute kann man wirklich von einem Bomben-Regen sprechen. Ich sah manch einen, der große Angst hatte und zitterte. Das ist nur menschlich. In der Hauptsache sind es die Nerven. Aber seltsam, meist sind es gerade die Menschen, die wie Helden tun. Neben mir stand ein Kamerad von kleinem Wuchs. Er spricht immer mit ganz sanfter Stimme. Der lehnte an einem Baum und las seelenruhig seine Zeitung.«[228]

Mit dem Bombardement vom 31. Juli 1944 endeten vorerst für

die nächsten Wochen die schweren Luftangriffe auf München. Doch die Stadt war längst tödlich getroffen. München, das einst als Stadt der Kunst so hell geleuchtet hatte, erlosch und welkte dahin. »Die Stadt verkarstete«, erinnert sich der Münchner Journalist Karl Ude. »Sie hatte nicht nur ihr Gesicht verloren, sondern auch, was mir noch schlimmer scheinen wollte, ihren Geruch. Der Westwind brachte keinen Duft von Heu mehr wie früher so oft an Sommerabenden. (...) Im Herbststurm witterte man nicht mehr den kommenden Schnee und im Föhn nicht den nahen Frühling. Es roch, wo immer man ging, nach schwelenden Balken, nach stickigem Schutt, nach feuchten Kellern, in die immer neues Regenwasser durch die Trümmer nachsickerte und die Fäulnis weitertrieb, nach nassem Kalk, vermoderndem Papier und verrostendem Metall. Der beißende Brandgeruch, ekelerregend widerlich, war aus den Kleidern nicht mehr herauszubringen, man schleppte ihn unablässig mit sich herum.«

X
DIE STADT IN AGONIE

Der »Rasende Gauleiter«: die »Bockerlbahn«

München hatte im Bombenkrieg nicht nur sein Gesicht und seinen Geruch verloren. Auch die Lebensadern der Stadt waren getroffen: Die Versorgung mit Licht, Gas und Wasser bereitete mehr und mehr Schwierigkeiten. Der Mangel an Wasser stellte vor allem den Feuerlöschdienst vor immer größere Probleme. Bereits nach dem Luftangriff vom 25. April 1944 hatten die Feuerlöschkräfte auf die Brauereibrunnen zurückgreifen müssen, um der Wasserknappheit begegnen zu können. Nach einer Übersicht, die Oberst Thürauf am 27. April zusammenstellte, wurden die Tiefspiegelbrunnen folgender Brauhäuser in Anspruch genommen: Hofbräuhaus (zehn Stunden lang), Spatenbräu (mehrere Stunden), Löwenbräu (fünf Stunden), Wagnerbräu (zehn Stunden), Unionsbräu (fünf Stunden), Bürgerbräu (drei Stunden), Hackerbräu (halbe Stunde) und Pschorrbräu (halbe Stunde). Der Aufstellung fügte Thürauf zur Erläuterung noch die Bemerkung hinzu: »Die kurze Verwendungsdauer der Brunnen in der Hacker- und der Pschorrbrauerei ergibt sich daraus, daß dort die zum Antrieb der Pumpenmotoren erforderliche Stromversorgung sehr bald ausgefallen ist.«

Die Münchner lernten jedoch nicht nur, mit Wasser sparsam umzugehen. Sie entwickelten sich auch zu einem Heer von Fußgängern, die nun notgedrungen selbst solche Strecken auf ihren Schuhsohlen ablaufen mußten, die sie früher nur mit der Trambahn zurückgelegt hätten. Aber es blieb ihnen nichts anderes übrig, nachdem der öffentliche Verkehr weitgehend eingeschränkt war. »Meist«, erinnert sich Margarete Konetzky, »konnte man nicht mehr mit der Straßenbahn fahren, weil Züge und Gleise zerstört waren. Auch war es sicherer, zu Fuß zu gehen, weil die Straßenbahnen, wenn sie fuhren, völlig überfüllt waren.« Zudem mußten sie häufig Umleitungen folgen. Wer es also eilig hatte, zog den Fußweg vor, »weil die Gehzeit genau zu berechnen war«.

Eine Dampfkleinbahn als »Hilfsbahn« zur Trümmerbeseitigung

Oft aber gelangten die Münchner selbst zu Fuß nur schwer an ihr Ziel. Die verschütteten Straßen zwangen sie zu Umwegen und nicht selten auch zur Umkehr. Nach schweren Luftangriffen dauerte es zumeist Tage, bis sich der Verkehr auf den Straßen wieder einigermaßen normalisierte. So bot München auch nach den Juli-Angriffen im Jahre 1944 ein Bild des Chaos. »Die schweren Angriffe auf München«, konstatierten die MNN am 18. August, »haben, neben all ihrem Leid und Unheil, auch viel Verwirrung und Unordnung gebracht. Verkehrsmittel sind ausgefallen, Diensträume verlegt worden; und auf den zum Teil verschütteten und gesperrten Straßen behalf sich jedermann, wie es gerade gehen mochte: Kraftwagen fuhren auf Fußwegen, Radler auf Bürgersteigen. Menschen liefen quer durch fremde Grundstücke und öffentliche Anlagen.« Die Zeitung appellierte an ihre Leser, nun »wieder brav zur Ordnung zurückzukehren« und die Verkehrsregeln zu beachten. In diesem Zusammenhang kritisierte sie die vielen Mitbürger, welche die Einbahnstraßen »munter nach beiden Richtungen durchfahren«. »Wer sich«, klagte das Blatt, »an der Ecke Ludwig- und Schönfeldstraße ein Viertelstündchen hinstellt – Schutzleute in Uniform natürlich ausgenommen! –, der traut seinen Augen nicht, wer da alles verbotenerweise wider den Strom fährt. Und am Färbergraben nicht anders; und da und dorten! Verboten ist es aber auch, weil es gefährlich ist. Ein Beinbruch oder ein zerbeultes Radl wird nicht erträglicher, wenn man einwandfrei selber daran schuldig ist!«

Für die Stadtverwaltung bestand nach den verheerenden Juli-Angriffen die vorrangige Aufgabe, die Straßen wieder freizubekommen, die der Schutt der zusammengestürzten Häuser unpassierbar gemacht hatte. Die Verantwortlichen mußten deshalb Mittel und Wege finden, die es ermöglichten, die Trümmermassen schnellstens von den Straßen zu beseitigen und abzutransportieren. Der Mangel an Treibstoff, der sich überall lähmend auswirkte, zwang auch hier zu ungewöhnlichen Maßnahmen. Gauleiter und Reichsverteidigungskommissar Paul Giesler ordnete, wie bereits erwähnt, an, Eisenbahnschienen in die Stadt zu legen und eine Dampfkleinbahn durch die Straßen fahren zu lassen.

Am Donnerstag, dem 17. August 1944, berichteten die MNN erstmals über die neue Bockerlbahn, die »seit ein paar Tagen durch einige Straßenzüge« rollte: »Sechs Dampflokomotiven mit einer Reihe von Anhängern sind bereits in Betrieb. Über 2500 Meter Gleisanlagen sind gelegt, zwei Bagger arbeiten an den Hauptschadenstellen. Die Kleinbahn erfüllt vorerst den Zweck, Schutt zu beseitigen und ihn an Ablagestellen zu befördern. Weiter schleppt sie Metallstücke, Bleche und Rohrteile ab, die dem Verschrottungsprozeß zugeführt werden. Von der Hauptlinie aus sollen besondere Stichgleise abzweigen, um ein entsprechendes Herbringernetz auszubauen. Immer mehr soll sich – selbstverständlich unter Berücksichtigung der gegebenen Verkehrsnotwendigkeiten – die Kleinbahn von einem Stadtgebiet aus über weitere Teile unserer Stadt dehnen.

Durch die Einrichtung der Kleinbahn werden Kraftfahrzeuge, Treibstoff und Reifen gespart. Die Kleinbahn ist neben der Schuttabfertigung auch für die Verladung von Gütern und später für die Beförderung von Personen vorgesehen. Dabei wird der Grundsatz beachtet, daß es sich nicht allein um ein starr festgelegtes Netz handeln kann. Die Fahrwege sollen sich vielmehr den jeweiligen Bedürfnissen und Situationen anpassen. Sie sollen vor allem lebenswichtige Einrichtungen berühren und der möglichst schnellen Herbeiführung wichtiger Güter dienen.«

Die Kleinbahn, die den »Verkehrsbehelfsbetrieben München« unterstellt wurde, erhielt später die amtliche Bezeichnung »Hilfsbahn«. Die Erweiterung der Gleisanlagen, die an die Bahnhöfe, an die Großmarkthalle sowie an die Schlacht- und Viehhöfe angeschlossen wurden, schritt rasch voran. In drei Monaten hatte die Gesamtstrecke der Bahn bereits eine Länge von mehr als 40 Kilometern erreicht.

So konnte der zuständige Gauamtsleiter A. Klessing im Dezember 1944 mit einiger Befriedigung einen Überblick über das bisher Geleistete geben: »Die Hilfsbahn, von manchen vielleicht in ihren Anfangsstadien belächelt, erfüllt heute wesentliche Funktionen. Neben ihrer ursprünglichen Aufgabe, der Schuttabfuhr (mit Unterstützung von Baggern befördert sie jetzt schon täglich bis zu 500 Tonnen Schutt auf eigene Abladeplätze)(,) dient sie dem Güter- und auch mit guten Erfolgen dem Personenverkehr. Sie bringt in die einzelnen Stadtteile Gemüse, Milch, Fleisch, Kohlen, Baumaterialien und ist darüber hinaus der Paketpost angeschlossen. In vielen Fällen, das kann heute gesagt werden, wäre die Lebensmittelversorgung in manchen Vierteln unserer Stadt nicht so reibungslos durchzuführen gewesen, hätten wir nicht über unsere kleine Hilfsbahn verfügt.

Wenn besonders durch die schweren Luftangriffe ein Lebens-
nerv verletzt wurde, so konnte durch die Hilfsbahn Ersatz geschaffen werden. Sie hat sich wirklich als vorzügliches Verteidi-
gungsmittel in der Abwehr des feindlichen Terrors erwiesen.
Für den Personenverkehr selbst wird die Kleinbahn erst dann
verwendet, wenn der Gauleiter und Reichsverteidigungskommissar auf Grund der jeweiligen Zerstörungen der öffentlichen
Verkehrsmittel den Notstand erklärt. Um dann sogleich die
Hilfsbahn auf den Personenverkehr umzustellen, sind Kippwagen in Behelfspersonenwagen umgebaut worden. Durch Herausnahme der Längssitze können sie in Zeiten, wo sie als Perso-
nenwagen nicht Verwendung finden, weiterhin dem Gütertransport überlassen bleiben. Der erste Versuch mit derartigen
Kippwagen wurde bereits vorgenommen. Auf einer verkehrs-
reichen Linie sind im Oktober dieses Jahres täglich bis zu 12 000
Menschen mit wenigen Zügen an ihr Ziel gebracht worden.
Manche Erinnerungen an frühere Zeiten werden wachgerufen(,)
und trotz aller Unbequemlichkeiten wurde die Hilfsbahn eine
begehrte Einrichtung, um lange Strecken nicht zu Fuß gehen zu
müssen. Es ist zur gelegentlichen Entlastung der Straßenbahn
geplant, den Personenverkehr auf bestimmten Strecken durch
die Kleinbahn abzuwickeln. Die Behelfswagen erhalten ein Ver-
deck. Es muß dann besonders an die jüngeren Männer und
Frauen appelliert werden, die Hilfsbahn zu benutzen, um den
Älteren die Straßenbahn zu überlassen. Die Hilfsbahn darf
natürlich nicht mit dem Maßstab der Straßenbahn gemessen
werden, die alle fünf oder zehn Minuten anrollt. Sie ist viel eher
dem Bahnverkehr gleichzusetzen, der auf einen bestimmten Mi-
nutenfahrplan mit größeren Abständen festgelegt ist. Der Volksgenosse muß sich den Zeitpunkt der Abfahrt der Hilfsbahn auf
seiner Strecke einprägen.«

Gütertransport-Einrichtungen: vom »Straßenbahngüterdienst«
bis zur »Lade- und Transportgemeinschaft«

Die Münchner amüsierten sich ein wenig über die Bahn und hatten deshalb auch bald einen Spottnamen für sie parat, der nicht
gerade von besonderer Hochachtung vor dem Gauleiter zeugte.
»Die ›Bockerlbahn‹, die als Ersatztrambahn durch München
brauste«, berichtet die Mutter von Margarete Konetzky in ihren
Erinnerungen, »nannte man den ›Rasenden Gauleiter‹(,) und

Der »Rasende Gauleiter« oder die »Bockerlbahn« unterwegs durch die Trümmerlandschaft der Stadt.

man sieht daraus, daß der Humor in München noch nicht ganz ausgestorben war. Der Münchner fuhr bei jedem Wetter im offenen Wagerl, wenn's regnete mit aufgespanntem Regenschirm, die Rauchfahne der Dampflokomotive direkt im Gesicht, ratternd durch die Stadt. Als Kaminkehrer erreichte er, falls nichts passierte und er nicht herunterfiel, sein Ziel.«

Neben der Hilfsbahn verfügten die Verkehrsbehelfsbetriebe noch über weitere Einrichtungen, die dem Gütertransport in der Stadt dienten, und zwar über den »Straßenbahngüterdienst«, den »Straßenbahnschleppdienst«, die »Gespannabteilung«, die »Lastkraftwagenabteilung« sowie die »Lade- und Transportgemeinschaft«. All diese Abteilungen waren aus der Notwendigkeit entstanden, Treibstoff zu sparen. Über die Aufgaben der einzelnen Dienste schrieb Klessing in seinem Bericht: »Der *Straßenbahngüterdienst* ist dort eingesetzt, wo die Hilfsbahn kein Geleise hat. Er besteht aus Triebwagen und Güterwagen, die auf Straßenbahnschienen laufen(,) und hat Anschluß an Schlacht- und Viehhöfe, an die Großmarkthalle, an die Bahnhöfe. Der Vorteil ist, daß die Händler mit ihren Waren selbst fahren können. Die Ladungen, die sich täglich auf über 400 Tonnen erstrecken, umfassen selbstverständlich auch Güter anderer Art, so Kohlen, Produktionsgüter für Firmen usw.

Der *Straßenbahnschleppdienst* arbeitet dort, wo Empfänger oder Absender zu weit von der Schiene – gleichgültig ob Hilfsbahnschiene oder Straßenbahnschiene – entfernt ist. Hinter dem Triebwagen der Straßenbahn läuft ein Lastkraftwagen mit ein oder zwei Anhängern. Auch dadurch kann Treibstoff erspart werden, weil die längere Strecke mit der Straßenbahn zurückgelegt wird. Dort(,) wo die Schiene abschließt, macht sich der Lastkraftwagen mit Anhänger selbständig und bringt die Güter an den bestimmten Ort. Diese Einrichtung bewältigt täglich über 500 Tonnen. Straßenbahngüterdienst und Straßenbahnschleppdienst wurden ebenfalls (wie die Hilfsbahn, Anm. d. Verf.) zum Vorbild für viele Städte. Jeder kann sich dieser Einrichtung bedienen, der berechtigt ist, Güter zu versenden. Die Stützpunkte der beiden Dienste befinden sich an den Bahnhöfen und an den in München errichteten 20 Güterumschlagstellen.

Die *Gespannabteilung* arbeitet mit Pferdefuhrwerken, die von dem ›Verkehrsbehelfsbetrieb München‹ (sic!) unterhalten und für Wagenladungen eingesetzt werden, also nicht für Stückgut(,) und zwar auf Strecken, wo jeglicher Schienentransport ausfällt oder der Einsatz von Lastkraftwagen infolge der Kürze des Weges ungerechtfertigt wäre.

Die *Lastkraftwagenabteilung* tritt dann in Funktion, wenn alle bisher genannten Einrichtungen nicht ausreichen oder wegen zu großer Streckenführung nicht zweckmäßig sind. Ihr Einsatz kann auch dann notwendig werden, wenn es die Art des Gegenstandes oder die Schnelligkeit der Zustellung bedingen. Selbstverständlich handelt es sich nur mehr um Holzgaser. Die Lastkraftwagenabteilung darf erst dann herangezogen werden, wenn alle anderen Arten der Übermittlung von Gütern erschöpft sind. Der Einsatz erfolgt ebenfalls an den schon genannten Stützpunkten oder durch den Fahrbereitschaftsleiter bzw. dessen Außenstellen in den einzelnen Teilen der Stadt.

Mit fliegenden Kolonnen kann die *Lade- und Transportgemeinschaft* verglichen werden. Sie gliedert sich in Entlade- und Beladekräfte, arbeitet im wesentlichen an den Bahnhöfen oder an anderen entsprechenden Punkten, sobald die normalen Kräfte nicht mehr in der Lage sind, die Anforderungen zu erfüllen. Der Lade- und Transportgemeinschaft stehen die zwanzig Güterumschlagstellen, die in der Stadt errichtet wurden, mit Laderampe und Anschluß an die Hilfsbahn und Straßenbahn zur Verfügung.

An die Güterumschlagstellen werden die Stückgüter mit Handwagen herangeführt, bei Wagenladungen mit Hilfe des Schleppdienstes. Versandgüter können ebenfalls an die nächste Güterumschlagstelle abgegeben werden. Sie übernimmt damit den Spitzenausgleich bei Ballungen im Verkehr, weiter die Befrachtung innerhalb des Großraumes der Stadt. Ihr Vorteil liegt in einer wesentlichen Abkürzung des Weges, in der Ersparung von Treibstoff, Reifen, ferner Einsparung von Personal und in der gerade im Luftkrieg notwendigen Dezentralisierung der Güter.«

Tödlicher Unfall an Bombenschadenstelle

Mit jedem Bombenangriff sank die Lebensqualität – wenn man überhaupt noch davon reden konnte – in der Stadt immer mehr. Die Menschen lebten und schliefen in Wohnungen ohne Glas in den Fenstern, durch die der Wind zog, und arbeiteten frierend in ungeheizten Büros und Werkstätten. Nach Dienstschluß hasteten sie durch verdunkelte Straßen nach Hause – gejagt von der Angst vor einem neuen Angriff, der sie unterwegs überraschen könnte. Daheim erwartete die meisten nicht nur eine ausgekühlte Wohnung, sondern so mancher fand auch ein Haus vor, durch dessen Dach und ZimmerdeÉken das Regenwasser floß. Zudem lag über allem Schmutz und Staub, der die Augen reizte. Bei vielen führte er sogar zu Augenentzündungen, die nur schwer zu kurieren waren.

Noch Tage nach einem Angriff erfüllten Rauch und Ruß die Luft. So schrieb zum Beispiel Friederike Kurz 24 Stunden nach einem der Juli-Angriffe am 14. Juli 1944 in ihren Kalender: »Sehr schöner Tag, aber ganz dunkel vor lauter Rauch und Ruß und Bränden. In der Nacht der Himmel ganz rot.« Und 48 Stunden nach dem Bombardement vermerkte sie am 15. Juli: »In der Frühe sehr schön, aber immer noch Rauch und Ruß über der Stadt.«

Auch die Gefahrenherde, die durch die Zerstörung der Gebäude entstanden, nahmen zu, je länger der Krieg dauerte. Beschädigte Häuserwände und Mauerreste, die plötzlich zusammenstürzten, bedrohten die Passanten. Deshalb ermahnten die MNN ihre Leser immer wieder zur Vorsicht auf den Straßen. Am 6. Oktober 1944 warnte die Zeitung zum Beispiel: »Die durch Brand- und Sprengwirkung beschädigten Häuser bergen für den Straßenverkehr vielerlei ernste Gefahren. Die Bevölkerung kann nicht eindringlich genug ermahnt werden, mit offenen Augen die Straßenzüge zu durchschreiten und Gefahrenstellen, insbesondere verschobene Gesimse, gefährdete Giebel, Mauerteile usw.(,) zu umgehen. Auch bei äußerlich nicht einsturzbedroht erscheinenden Schadenstellen ist größte Vorsicht am Platze.«

Selbst aufgerissene Straßendecken stellten eine Gefahr dar. Fußgänger fanden plötzlich in der Dunkelheit keinen Halt mehr und stürzten in einen Abgrund. Eine Frau verlor auf diese Weise ihr Leben, wie Oberst Thürauf am 9. Oktober 1944 dem Stadtbauamt mitteilte: »Ein Unfall, der den Tod einer etwa 53jährigen Frau durch Ertrinken zur Folge hatte, ereignete sich am Samstag, dem 7. 10. 1944, an der Bombenschadenstelle Buttermelcherstraße.

An der genannten Bombenschadenstelle – Heiliggeistmühlbach – fiel an einer ungesicherten Stelle des nördlichen Bürgersteiges infolge der Dunkelheit ein älteres Ehepaar durch die offene Straßendecke in den Heiliggeistmühlbach. Während der Mann mit einer Kopfverletzung von Passanten geborgen werden konnte, wurde die Frau von der Strömung mitgerissen. Die an die Unfallstelle gerufene Feuerschutzpolizei suchte mit dem Gummiboot den Bach unter den Häusern ab und fand die Frau etwa in Höhe der Aventinstraße an einem Unrathaufen hängend. Die Verunglückte war bereits ertrunken.

Dieser Unfall gibt Veranlassung(,) auf die nicht nur bei dieser, sondern auch bei anderen gleichgearteten Schadenstellen festgestellten teilweise ungenügenden Sicherungen hinzuweisen.«[229]

Vorsicht war auf Ruinengeländen auch bei Blindgängern, deren Zünder beim Aufprall zunächst versagt hatten, und bei Langzeitzündern geboten, die mit Verzögerung oft erst nach Stunden detonierten. Sie kosteten so manchem das Leben, der sich arglos in der Nähe der heimtückischen Bomben aufgehalten hatte. Immer wieder erlebten es die Münchner, daß plötzlich ein ohrenbetäubender Knall die Stille des Alltags durchdrang. Dann war wieder einmal irgendwo in der Stadt eine Bombe hochgegangen. Deshalb wurde die Bevölkerung wiederholt zu erhöhter Vorsicht aufgerufen. Am 17. Juli 1944 hieß es zum Beispiel in den MNN: »Es muß immer wieder beobachtet werden, daß Volksgenossen trotz der Warntafeln(,) Absperrungen und Wachtposten Straßen und Stellen, an denen Blindgänger liegen, ohne zwingende Notwendigkeit betreten, nur weil sie etwa einen kleinen Umweg scheuen. Der Blindgänger kann jeden Augenblick hochgehen! Wer die Tafeln und Absperrungen nicht beachtet oder den Warnungen des Postens keinen Glauben schenkt, spielt mit dem Leben.«

Hilfe für die »Ausgebombten«

Jeder Bombenangriff brachte den Verantwortlichen der Stadt neue Probleme. Vor allem unmittelbar nach einem Bombardement, wenn alles in einem Chaos zu versinken drohte, erreichten die Nöte Dimensionen, die den einzelnen überforderten. Tausende von »ausgebombten« Mitbürgern standen obdachlos auf den Straßen – ohne Notquartier, ohne Verpflegung und viele oftmals auch ohne Kleidung. Diesen Menschen mußte schnellstens geholfen werden. Anfangs versuchten die Münchner Behörden dies aus eigener Kraft. Doch spätestens die Juli-Angriffe des Jahres 1944 zeigten ihnen, daß sie dem Elend allein nicht mehr gewachsen waren. Zumindest zur Linderung der ersten Not brauchten sie Hilfe von außen.

So rückten nach den ersten Angriffen im Juli drei speziell ausgerüstete Hilfszüge von auswärts an, die zunächst die Notleidenden mit dem Allernötigsten versorgten. Über die Arbeit dieser Züge informierten die MNN am 17. Juli 1944 ausführlich in einer Reportage: »Noch stand die Münchner Bevölkerung unter dem bannenden Eindruck der Großangriffe auf ihre Wohnstätten, noch klang in den Ohren das Gedröhn der Detonationen, – da boten sich auf einigen Plätzen der Stadt neuartige Bilder dar. Auto-Lastzüge rückten an. Groß war an den Flanken der Wagen die Namen ›Hermann Göring‹ und ›Dr. Goebbels‹ angemalt. Sie hielten(,) und in fast Minutenkürze standen lange Holztische da, wuchsen schwarze Zelte aus dem Boden. Die es anging, Totalgeschädigte, wußten Bescheid und fanden sich ein. Es sind die sogenannten *Hilfszüge*, deren musterhafte Organisation in Händen des Ministeriums für Luftfahrt liegt und die im Reich jeweils an besonderen Schadenstellen eingesetzt werden. Die Gauleitung hatte sie auch für München angefordert, die NSV. sie alarmiert. Sie kamen, schnell und prompt.

»Hilfszüge« des Luftfahrtministeriums und »Großküchen« der NS-Volkswohlfahrt

Sie arbeiteten auch prompt. Nicht etwa, daß das Essen erst nach Ankunft der Autozüge fertiggestellt werden mußte! Nein, es war schon während der Fahrt soweit (sic!) vorbereitet, daß mit der Ausgabe unverzüglich begonnen werden konnte. Und was es gab, war schon wert, gegessen zu werden: Erbsen, Teigwaren, Reis, Büchsenfleisch, – alles gut und schmackhaft zubereitet. Musterstücke für sich sind in diesen Zügen die mitgeführten Küchen. Bis zu 30 000 Warmessenportionen können pro Tag von einem einzigen dieser Züge verabfolgt werden. Es gab, wie gesagt, gute Sachen, auch zum Trinken. Sehr rasch sprach es sich herum, daß Glühwein ausgegeben wurde. Mit allerlei gewöhnlichen und ungewöhnlichen Behältern eilten Männer und Frauen herbei, sich den kräftigen Trunk zu holen. An einer anderen Stelle war es Tee mit Rum, – auch ein heute nicht häufiger Genuß!

Die bedeutende andere Seite dieser Hilfszüge: sie führen alles mit sich, was zur Bekleidung Totalgeschädigter, Männer, Frauen, Jugendlichen und Kinder bis hinab zum Säugling, gehört. Ein Gang durch diese Bekleidungswagen läßt erstaunen. Das sind ja Warenlager auf Rädern! Da gibt es Anzüge für jede Größe und Figur, Wäsche aller Art, SchlafdeÉken. Da fehlen aber auch nicht die kleinen Dinge, die einen Anzug vervollständigen, wie Kragen, Tücher, Socken, Taschentücher usw. Und was für reizende Kleidchen für Mädchen und Kinder da hingen! Denn das muß vor allem gesagt werden: alle diese Waren sind von erstklassiger Qualität.

Wie aber stand es denn mit dem oft gefürchteten Bürokratismus von einst –? Gar nicht! Wer seine Totalschädigung nachweist (was ja jeder ohne weiteres kann), bekommt die Waren. Es ist nur ein einziges Formular auszufüllen. Das aber ist so praktisch eingerichtet, daß mit Hilfe der Durchschreibetechnik beim Ausfüllen gleich vier Texte vorhanden sind. Dann hinein in die Fülle und ausgesucht! Nun muß man sich diese Gaben freilich nicht als Geschenk denken. Nein, sie werden um der Gerechtigkeit willen den Empfangenden schon richtig angerechnet und vermerkt. Alles geht in Ordnung. – Selbst an die Kleinsten und die Erfordernisse ihrer Mütter hat man gedacht. Nicht nur, daß alles für das Baby vorhanden ist, angefangen vom Hemdchen, Kleidchen und Mäntelchen – bis zur Flasche mit Gummisauger –(,) auch Spielzeug für die Kinder ist in dem Hilfszug vorhanden.

Das Personal dieser Züge arbeitet unermüdlich. Gauleiter Giesler, der dieser Tage zwei der drei nach München gekommenen Hilfszüge besichtigte, sprach seine volle Anerkennung aus. Schon unterwegs reißt die Arbeit nicht ab. Und wenn sie an Ort und Stelle sind, dann geht es erst recht los. Aber sicher hat dann das ganze Begleitpersonal, wenn alles zufrieden und erfreut ist, auch seine Freude daran, geholfen und Not gelindert zu haben. Ein weiterer, sehr wesentlicher Faktor ist: diese Hilfszüge führen auch große Mengen Verbandzeug mit sich, so daß sie auch auf dem Gebiete der sanitären Hilfe entsprechend wirken können.«

Neben den drei Hilfszügen des Ministeriums für Luftfahrt arbeiteten in München aber auch eigene Notküchen für die »Ausgebombten«. Bei diesen handelte es sich um Großküchen der *NS-Volkswohlfahrt (NSV)*, die noch vom Hilfszug »Bayern« des Reichsschatzmeisters verstärkt wurden. Über die Organisation und über die Arbeit der Küchen schrieb der *Völkische Beobachter (VB)* am 19. Juli 1944: »Wir haben in unserem Bericht über den Einsatz der Hilfszüge ›Hermann Göring‹ und ›Dr. Goebbels‹ (VB. vom 17. Juli) die Frage nach dem Geheimnis dieses Werkes sofortiger staatlicher Hilfeleistung zum Teil schon beantwortet. Neben diesen genannten, die dort, wo man ihrer bedarf, im ganzen Reichsgebiet eingesetzt werden und immerzu auf Abruf bereit stehen, verfügt München als eine Art von stationärer Einrichtung über den Hilfszug ›Bayern‹ des Reichsschatzmeisters, der zur Unterstützung der NSV.-Arbeit im Bedarfsfall sofort einsatzbereit ist. Dieser Hilfszug ›Bayern‹ stellt eine Großküchenanlage modernster Art dar, die über sechs Ölfeuerkessel mit einem Fassungsvermögen von je eintausend Litern und über eine technisch vollendete Spülanlage verfügt. Die Abfüllung des Essens aus den Kesseln in die Kübel geschieht durch eine automatische Anlage: eine Rollbahn führt die leeren Gefäße den Kesseln zu, eine andere befördert sie in gefülltem Zustand wieder weg bis in die Hände der Essensträger, die sie laufend in Empfang nehmen und auf die bereitstehenden Lastzüge laden. Die Großküchenanlage des Hilfszuges ›Bayern‹ ist durch das Ernährungsamt so bevorratet, daß sie bei einem Luftangriff auf München sofort nach der Entwarnung in Betrieb gesetzt werden kann. Der Ablauf dieses ›Betriebes‹, d. h. die Herstellung und der Transport der Massenverpflegung(,) ist so genau durchorganisiert, daß er geradezu automatisch vor sich geht. Ohne noch einen besonderen Befehl abzuwarten, wird sofort mit dem Kochen begonnen, kann das erste warme Essen schon nach vier Stunden an der Verpflegungsstelle jeder beliebigen Ortsgruppe sein. Der Weg dorthin führt über eine Zentralverteilungsstelle, von wo aus die einzelnen Verpflegstellen mit Kleinfahrzeugen beliefert werden. Die Menge der gelieferten Portionen richtet sich nach dem Kochauftrage der Zentralverteilungsstelle, die über das zahlenmäßige An- und Abschwellen der zu versorgenden Massen stets auf dem Laufenden ist.

Es ist meist nicht notwendig, eine Großküche(,) wie sie der Hilfszug ›Bayern‹ darstellt, bis zur Grenze ihrer Höchstleistungsfähigkeit auszunützen. Denn außer diesem Hilfszug stehen für die Verpflegung der Münchener Bevölkerung noch mehrere fest eingerichtete NSV.-Küchen zur Verfügung, von denen jede über fünfzig große Kessel verfügt, in denen mit einem Sud 30 000 Portionen warmen Essens hergestellt werden können, deren Tagesleistung also 180 000 bis 210 000 Portionen beträgt. Jede dieser Großküchen hat eine eigene Metzgerei, in der geschlachtet, geräuchert und gebraten werden kann. (...) Automatische Kühlwagen der Gauküche des Traditionsgaues, von denen einer notfalls das Fleisch von 16 Stieren und 68 Schweinen zu fassen vermag, sorgen dafür, daß die Fleischvorräte der Großküchen stets frisch bleiben.

Da die NSV.-Küchen so untergebracht sind, daß ihre Zerstörung durch Feindeinwirkung, vor allem ihre gleichzeitige Zerstörung(,) überhaupt nicht denkbar ist, stellen sie eine höchst wichtige Sicherung des unbeugsamen Lebens- und Leistungswillens unserer Stadt dar. (...)

Jede der geschilderten Großküchen beschäftigt 70 bis 100 Frauen. Von diesen sind nur 18 als eingearbeitetes Stammpersonal zu bezeichnen, und nur vier Köchinnen sind in der Großküche ›hauptamtlich‹ beschäftigt, also bezahlt. Alle übrigen Frauen werden auf Anforderung der NSV. durch die NS.-Frauenschaft zum ehrenamtlichen Dienst während der Einsatztage aufgerufen und folgen diesem Ruf aus Pflichttreue gegenüber ihrem Volk. Dabei handelt es sich nicht etwa um Frauen Münchens, denen im Hinblick auf ihr Erleben während der Terrorangriffe und auf die Mühen und Sorgen, die diese zur Folge haben, eine so schwere zusätzliche Belastung nicht zugemutet wird. Es sind vielmehr die Frauen der benachbarten Kreise(,) die es auf sich nehmen, für uns Münchener zu kochen. Was für einen Aufwand an Kraft, Gesundheit, an Aufopferung schlechthin die dazu notwendige Leistung verlangt, ahnt man erst, wenn man diese Mütter und Frauen, von denen jede selbst zu Hause ihren Pflichtenkreis hat, in der brütenden Hitze einer dieser Großküchen am dampfenden Kessel stehen sieht, wenn man sieht, wie sie mit der übermächtigen Stange unermüdlich die

Suppe rühren, Gesicht, Brust und Arme glänzend von Schweiß. In dieser glühenden Atmosphäre schaffen und plagen sich die guten Frauen den ganzen Tag, und wenn der Abend kommt und alle Fenster und Türen aus Gründen der Verdunkelung geschlossen werden müssen, wird die Hitze, die von den fünfzig Kesseln ausstrahlt, noch drückender, die Müdigkeit, die das Herz umfangen möchte, noch lastender. Und dennoch halten sie aus auf ihrem Platz und arbeiten mindestens fünfzehn Stunden am Tag, die meisten länger.«

Zubereitet wurden von den Großküchen nur Eintopfessen, wie zum Beispiel gewürzte Erbsensuppe mit Fleischeinlage, Nudeln mit Fleisch und Gemüsen oder Reis mit Tomaten und Räucherfleisch. Wie die MNN am 20. Juli 1944 hervorhoben, brachte es eine einzige Küche fertig, »in einer Stunde fünfzehn Minuten 36 000 Menschen zu sättigen«. »Die Kochanweisung«, berichtete die Zeitung, »geschieht hier von einer Befehlsstelle aus durch Lautsprecher und wird in allen Abteilungen gleichzeitig gehört, so daß jede Kraft jederzeit weiß, welcher Handgriff eben nötig ist.« Den Großküchen der Partei standen als Einsatzleiter erfahrene Männer vor, wie beispielsweise ein alter SA-Oberführer, der, wie der *Völkische Beobachter* betonte, »sein Handwerk, Massenverpflegung zu organisieren(,) von den Nürnberger Parteitagen her wie kein anderer versteht«.

»Die Arbeit der Stadtverwaltung setzt unmittelbar nach einem Angriff ein ...«

Neben den Einrichtungen, die für die Soforthilfe zur Verfügung standen, wurden unmittelbar nach einem Luftangriff auch städtische Dienststellen aktiv, die den Fliegergeschädigten über den Tag hinaus weiter betreuten. Über die Aufgaben dieser Stellen unterrichtete die Presse die Münchner wiederholt eingehend. Außerdem gab das Luftschutzdezernat der Stadt ein eigenes Merkblatt heraus, das den Titel »Wegweiser für Fliegergeschädigte« trug. An die »Volksgenossen« erging der Rat, die Informationen, die in den Zeitungen erschienen, auszuschneiden und für den Ernstfall im Luftschutzkoffer aufzubewahren.

Über die Tätigkeit der verschiedenen Dienststellen gab Reinhard Hoffmann am 7. April 1945 in den MNN einen umfassenden Überblick: »Die Arbeit der Stadtverwaltung setzt unmittelbar nach einem Angriff ein. Noch während der Lösch- und Rettungsarbeiten der Feuerschutzpolizei bemühen sich die städtischen Notdienststellen bereits um die Unterbringung der Obdachlosen, stellen die Betreuungskarten aus und zahlen die ersten Beihilfen an die Betroffenen. In den städtischen Krankenhäusern und ihren Neben- und Ausweichstellen wird den Verletzten die erste Hilfe und Pflege zuteil. Das Bestattungsamt bereitet den Gefallenen ein würdiges Begräbnis. Das städtische Ernährungsamt hilft den Geschädigten wie auch den mittelbar Betroffenen auf den verschiedensten Gebieten. Die ersten Notunterkünfte werden von städtischen Quartierämtern (bisher Außenstellen des Wohnungsamtes) ausfindig gemacht. Die Möbelbergungsstelle sichert den geretteten Hausrat. Aufgabe der Lokalbaukommission ist es, den Grad der Schäden an den Häusern festzustellen und zu entscheiden, ob und wie weit ein Haus noch bewohnt werden kann. Nun muß das Baumaterial beschafft, müssen Arbeitskräfte, Handwerker, Zivilarbeiter oder Kriegsgefangene bereitgestellt werden; für die auswärtigen Arbeitskräfte müssen bereits Quartier und Verpflegung vorbereitet sein. Ebenso erfordert die Bereitstellung von Baumaterial umfangreiche Vorarbeiten, ob es sich dabei um Kanalrohre, Fensterglas oder um Dachziegel handelt.

Unmittelbar nach einem Angriff nehmen auch die technischen Betriebe der Stadtverwaltung ihre Notstandsarbeiten auf. Sie sorgen für die rasche Freimachung der Straßen von Schutt und Trümmern, ohne die ja eine wirksame Hilfeleistung für die Bevölkerung nicht möglich ist. Vor allem aber geht es um eine möglichst rasche Wiederaufnahme des Verkehrs der Straßenbahn, wenn auch zunächst nur behelfsmäßig. Auch die Energieversorgung muß wieder in Gang gebracht werden. Zunächst müssen diese Arbeiten unter schwierigen Umständen von städtischen Beamten, Angestellten oder Arbeitern übernommen werden, die vielleicht selbst aus einem zerstörten Heim kommen. Oder es muß in halb zerstörten Amtsräumen, in dunklen und kalten Notunterkünften gearbeitet werden. So sind beispielsweise die Diensträume der städtischen Möbelbergungsstelle dreimal vollständig ausgebombt worden, und doch durfte ihre Arbeit keine Stunde ruhen.«

Welche Schritte hatte nun der einzelne zu unternehmen, der nach einem Bombenangriff Hilfe beanspruchte? »Obdachlose«, lautete der behördliche Rat, »begeben sich nach der Entwarnung mit ihrem Luftschutzgepäck (möglichst bestehend aus: Mantel, Kleidern, Wäsche, Hausrat(s)liste, Geld, Lebensmittelmarken,

Personenausweis, Besteck und Eßgeschirr) sofort in die Obdach-
losen-Sammelstelle, die durch Anschlag im Hausgang bekannt
bzw. durch Richtungsschilder gekennzeichnet ist. Dort erhalten
sie die erste Hilfe durch Einsatzkräfte der Partei und Stadtverwaltung in Form von Sammelverpflegung, Notbekleidung,
Geldvorschüssen, Ersatzquartieren und Betreuungskarten.
Nach Schließung der Obdachlosen-Sammelstellen übernimmt
die weitere Betreuung die Notdienststelle. Sie erteilt den Fliegergeschädigten Rat und Auskunft und leistet ihnen Hilfe bei der
Abfassung von Anträgen.«

Die neuen Quartiere wurden den Ausgebombten auf roten
Zetteln zugewiesen, die sie in der Sammelstelle für Obdachlose
erhielten. »Langes Aussuchen«, stellten die MNN am 28. April
1944 fest, »gibt's da freilich nicht mehr, aber es wäre unrecht, zu
behaupten, daß das neue Quartier nur Einschränkungen mit
sich bringe. Wie's halt trifft!

Auf einem Leiterwagerl hat jetzt oft der ganze gerettete Besitz
Platz, mit dem die Betroffenen in ihr neues Quartier kommen.
Manchem baumelt gar nur ein Koffer am Arm(,) und der ist so
leicht, daß man's von außen erkennen kann. Und wieder andere
haben nur noch die Tasche, die kleine Handtasche, und etliche
gar wissen auf einmal nicht mehr, wo sie nur mit ihren zwei
Händen hinsollen, denn es ist nichts da, was sie tragen und halten könnten.«

»Sammelstellen« zur Verpflegung und Hilfestellung
für »Fliegergeschädigte«

Die Sammelstellen wiesen jedoch, wie bereits angedeutet, nicht
nur Ersatzquartiere zu, wenn sich die Obdachlosen selbst keine
Notunterkunft bei Verwandten oder bei Bekannten beschaffen
konnten. Sie rüsteten die »Ausgebombten« auch mit dem Allernötigsten zum Leben aus. So hieß es unter anderem im
»Merkblatt für Fliegergeschädigte«, das der Oberbürgermeister
zusammen mit Kreisleiter Lederer schon im September 1941
herausgegeben hatte: »Während des Aufenthaltes in der Sammelstelle wird dort für Verpflegung gesorgt. Nachher ist dies
wieder Sache des Einzelnen. Wer in der zugewiesenen Ersatzun-
terkunft die Verpflegung nicht selbst zubereiten kann, erhält auf
Antrag die hiedurch verursachten Mehraufwendungen durch
die Feststellungsbehörde (Rathaus) angemessen ersetzt.

Anschlag an einer der neuen »Sammelstellen für Obdachlose«.

Wer seine Lebensmittelkarten nachweisbar eingebüßt hat, erhält von dem Beauftragten der Stadt in der Sammelstelle ein
Notlebensmittelheft für die erste Übergangszeit ausgehändigt.
Ersatzlebensmittelkarten für die folgende Zeit teilen bei Nach-
weis des Verlustes die zuständigen Verteilungsstellen zu.

Sind die für den dringlichsten Bedarf nötigen Bekleidungsstücke unbrauchbar geworden oder im Augenblick nicht greifbar, so wird in der Sammelstelle für das Nötigste gesorgt (Abgabe von Bekleidungsstücken – eventuell leihweise –(,) Ausgabe
von Notbezugsscheinen, soweit die eigene Kleiderkarte hiefür
nicht ausreicht). (...)

Wer wegen des entstandenen Fliegerschadens im Augenblick
ohne Barmittel ist, erhält vom Beauftragten der Stadt in der Sammelstelle einen angemessenen Vorschuß zur Deckung der
dringlichsten persönlichen Anschaffungen und der Kosten der
Lebenshaltung für die nächsten Tage gegen Quittung angewiesen.«[230]

Mit der Verschärfung des Bombenkrieges gewannen die Sammelstellen immer mehr an Bedeutung. Sie stellten für viele, die
alle ihre Angehörigen verloren hatten, oftmals die einzige Hilfe
dar. Damit die so lebenswichtigen Sammelstellen auch unter erschwerten Bedingungen jederzeit gefunden werden konnten,

wurden die Wege, die zu ihnen führten, im Dezember 1943 in München mit großen Richtungspfeilen markiert. Über die neue Maßnahme unterrichteten die MNN ihre Leser am 14. Dezember: »Im Stadtbild München(s) sind an den verschiedenen Straßenecken mit Abzweigungen seit kurzem an den Häusern und anderen geeigneten Stellen etwa 3 Meter lange und 50 cm breite Richtungspfeile angebracht, die auf weißem Untergrund auf einen in der Nähe befindlichen Platz hinweisen. Bei Luftangriffen kann es vorkommen, daß die Bewohner besonders schwer angegriffener und durch Brandeinwirkung betroffener Straßenzüge, besonders in eng gebauten Wohnvierteln, bei der durch Qualm und Rauch beschränkten Sicht schwer den Weg zum nächsten Sammelplatz finden. Hier sollen die weißen, bei Nacht leuchtenden Richtungspfeile den nächsten Weg zum Sammelplatz weisen. In gut lesbarer schwarzer Schrift auf weißem Grund ist auf diesen Richtungspfeilen der Name des nächstgelegenen Sammelplatzes angegeben.«

Wer nach einem Bombenangriff wenigstens noch seine Möbel aus der getroffenen Wohnung retten konnte, hatte ebenfalls Anspruch auf die Hilfe der Stadt. »Den Abtransport des Hausrates«, so war dem Artikel »Rat und Hilfe für Fliegergeschädigte« am 8. September 1943 in den MNN zu entnehmen, »vermittelt die Möbelbergungsstelle, Burgstraße 16/II. Örtliche Bergungsleiter der Partei und der Stadtverwaltung sind an allen größeren Schadensstellen tätig. An den Schadensstellen ist durch eine Standarte ein Treffpunkt kenntlich gemacht, von wo aus man durch Melder zu den zuständigen Persönlichkeiten geführt wird. – Der Fliegergeschädigte kann sein verschüttetes Eigentum im Einvernehmen mit dem Baubefehlsleiter der Schadensstelle selbst bergen, bedarf jedoch hierzu als Ausweis der Betreuungskarte.«

Allerdings galt hier eine Einschränkung. »Möbel«, hieß es in dem Beitrag »Wo erhalte ich Hilfe nach einem Luftangriff?«, den die MNN am 25. November 1944 veröffentlichten, »dürfen erst dann geborgen werden, wenn die Brandbekämpfung ohne Erfolg ist oder wenn nach Ansicht der Luftschutzpolizei oder der Lokalbaukommission sofortige Einsturzgefahr besteht. Die Räumung von beschädigten Wohnungen ordnet in den dringendsten Fällen die Luftschutzpolizei, sonst die Lokalbaukommission durch Sonderplakate an. Geräumte Wohnungen dürfen unter keinen Umständen mehr betreten oder gar bewohnt werden! Über die Räumung der durch Wetterschäden unbenutzbaren Wohnungen entscheidet der Bezirkstreuhänder.«

Waren die Menschen gezwungen, ihre Heimstätten zu verlassen, so wurde ihnen geraten, an den geräumten Häusern ihre neue Anschrift zu hinterlassen, um den Angehörigen und den Bekannten die Suche nach ihnen zu erleichtern. Aber auch die Post war auf diese Informationen angewiesen, was jedoch viele nicht bedachten. So wandten sich die MNN am 6. Oktober 1944 mit folgender Kritik an die Leser: »Es erweist sich als ein ganz großer Mangel, daß zahlreiche Fliegergeschädigte (Obdachlose und Umquartierte) ihrem zuständigen Postamt ihre neue Anschrift nicht mitteilen. Hierdurch erleidet der Nachrichtenverkehr eine erhebliche Störung. Zahlreiche Post- und Paketsendungen können nicht mehr zugestellt werden. Es wird dringend empfohlen, bei den Schadenstellen an Tafeln die neue Anschrift zu vermerken.«

Mobilisierung aller Kräfte

Tausende hatten nun schon im Bombenkrieg ihre Wohnungen verloren, und die Münchner mußten in den noch unzerstörten Häusern immer enger zusammenrücken. Daraus ergaben sich viele Probleme, die von den Notdienststellen gelöst werden mußten. Welche Schwierigkeiten ihnen dabei oft im Wege standen, schilderten die *Münchner Neuesten Nachrichten* eindringlich in ihrer Wochenendausgabe vom 16./17. September 1944. Darin verhehlte die Zeitung nicht, daß mit den Juli-Angriffen in München der Unterkunftsnotstand eingetreten war.

Das »Dach überm Kopf« – »erste Bedingung für die Fortführung des nackten Lebens«

»Die Sirenen heulen«, begann der Verfasser dramatisch, »der Vernichtungssturm braust heran – und nach bangen, schrecklichen Stunden und Minuten blutet die Stadt aus tausend Wunden, stehen zahlreiche Volksgenossen ohne Heim und Habe auf der Straße. Das Dach überm Kopf ist – wie vielfältig auch die späteren Sorgen sein mögen – die erste Bedingung für die Fortführung des nackten Lebens. Partei und Stadtverwaltung haben seit Kriegsbeginn daran gearbeitet, daß uns die furchtbare Not der Obdachlosigkeit nicht unvorbereitet trifft. Freilich, nicht alle Münchner können aufs flache Land verschickt werden, die Mehrzahl ist durch Pflichten an die Stadt gebunden. Je häufiger und heftiger die Angriffe werden, um so mehr verknappt sich der Wohnraum, um so genauer muß er erfaßt, um so strenger belegt werden. Und doch gilt es auch hier noch, Härten zu vermeiden und beiden Teilen gerecht zu werden. Daß das für den Leiter der von der Stadt eingesetzten Notdienststellen keine leichte Arbeit ist, wird jeder Vernünftige einsehen. Falsche Meinungen, Mogeleien aller Art, aber auch unverschämte Ansprüche müssen gleichermaßen bekämpft, Reibungen beseitigt werden.
Es ist menschlich begreiflich, daß jedermann seine noch unversehrte oder nur teilweise beschädigte Stadtwohnung behalten will; aber noch begreiflicher ist, daß eine Familie, die ihr

Heim verloren hat, wenig Verständnis für unbewohnte Räume aufbringt. Ursprünglich war auf alles mögliche Rücksicht genommen worden; doch mußte seit den Juli-Angriffen manche Schonung fallen, da mit dem Eintritt des Unterkunftsnotstandes andere Maßstäbe anzulegen waren. Wohl kam ein großer Teil der Obdachlosen bei Verwandten und Freunden unter; viele Tapfere blieben auch lieber in den Ruinen unter schwierigsten Bedingungen wohnen, als daß sie in fremden Häusern Unterschlupf suchten. Gerade die einfachsten Menschen wußten sich in erstaunlicher Weise zu helfen und einzurichten – ob allerdings ihre Nothausungen auch winterfest sein werden, ist noch die Frage. Natürlich fehlt es andererseits nicht an solchen, die schon bei geringen Schäden ausziehen möchten – maßgebend ist die Feststellung der Baubehörde.

Ursprünglich war darauf Bedacht genommen, den Wohnungsinhaber nicht zu sehr einzuschränken und nur die unterbelegten Wohnungen zu erfassen. Vor allem waren die Zimmer der zur Zeit Abwesenden geschont worden. Nehmen wir als Beispiel eine Vierzimmerwohnung, die ein Ehepaar, eine Tochter mit Kind und einen Sohn beherbergte: sie galt als beschlagnahmefrei, auch wenn der Vater in auswärtigem Arbeitseinsatz, der Sohn im Felde, die Tochter mit dem Kind bei den Schwiegereltern war. So üppig kann jetzt die Behörde nicht mehr sein. Auch in der Zubilligung von getrennten Schlafräumen für Ehegatten, von Sonderzimmern für die einzelnen Kinder, von zusätzlichen Arbeitszimmern für Leute, die zu Hause noch einen Teil ihrer Arbeit erledigen wollen, ist die bisherige lockere Handhabung nicht mehr tragbar.«

Die »wertvolles Volksgut erhaltende Arbeit der Möbelbergungsstelle«

Auch die Unterbringung der Möbel, die aus einem zerstörten Haus gerettet werden konnten, stellte die Obdachlosen oft vor ein Problem. Hier leistete die Möbelbergungsstelle gute Dienste, die im Jahre 1942 vom Oberbürgermeister als Leiter der Sofortmaßnahmen eingerichtet worden war. Über die Arbeit der städtischen Dienststelle berichteten die MNN am 28. Juli 1944: »In Erkenntnis der Gefahren für Hab und Gut hat die Möbelbergungsstelle des Oberbürgermeisters schon von langer Hand ihre Planung durchorganisiert und alles, was möglich war, vorbereitet. Als am 3. September 1942 der erste Großangriff seine Bomben über die Stadt der Deutschen Kunst herabschüttete, waren die Vorbereitungen zur Bergung von Möbeln längst getroffen und die Unterstellräume für den zu rettenden Hausrat geschaffen. Sie waren damals auch in genügender Menge vorhanden(,) und aus den ersten Angriffen konnte so ziemlich alles gerettet werden. Die Lage hat sich unterdessen wesentlich verschärft und angespannt. Immerhin hat die städtische Möbelbergungsstelle durch rastlose Tag- und Nachtarbeit alles getan, um der Lage Herr zu werden.

Die nach dem Sturm eines jeden Angriffes zunächst nur notdürftig aus brennenden oder geborstenen Häusern geretteten Möbeleinrichtungen wurden laufend abtransportiert und mit viel Sorgfalt zweckmäßig und praktisch gelagert. Die Stücke stehen jetzt unter der Aufsicht von Lagerverwaltern in Auffanglagern wohlgeordnet; sind mit Siegelmarken verklebt und für die Eigentümer innerhalb der Lagerzeit jederzeit zugänglich, so daß eine Kontrolle des Inhaltes der Schränke, ihre bessere Ordnung, Reinigung usw. möglich ist. Die Lagerverwalter stellen eigene Lagerscheine in doppelter Ausfertigung aus, auf denen die Herausnahme der einzelnen Stücke vom Besitzer jeweils bestätigt werden muß.

Wichtig für die wertvolles Volksgut erhaltende Arbeit der Möbelbergungsstelle ist es, daß die Stücke gekennzeichnet sind, sei es mit Etiketten, Stempeln oder im Notfalle mit Kreide. Da die Münchner Bevölkerung den Aufforderungen hierzu im allgemeinen gut nachgekommen ist, kann festgestellt werden, daß nur bei einem sehr geringen Teil die Eigentümerschaft zweifelhaft ist. Ein weiterer zu beachtender Punkt ist, daß bei der Bergungsaktion selbst ruhige und besonnene Art unbedingt vonnöten ist wie überall im Leben. Zunächst sollen nicht zu viel, sondern nur die wichtigsten und gefährde(t)sten Stücke geborgen werden. Man kann auch in angeschlagenen Häusern und Wohnungen noch viele Stücke in eine(m) sicheren Raum oder einer geschützten Ecke zusammenstellen und sie dort solange (sic!) belassen, bis die beste und fachgerechteste Verladung vor sich gehen kann. Dieses besonnene Abwarten kommt den einzelnen zu bergenden Stücken zugute, die, ohne Hast transportiert, natürlich weit weniger leiden als im gegenteiligen Fall. Müssen Möbel vorübergehend ungeschützt stehen bleiben, so sind sie mit wasserdichtem Papier, das jede Ortsgruppe bereithält, abzudecken und so gegen Witterungseinflüsse zu schützen. Durch eine rühmenswerte nachbarliche Mithilfe und kameradschaftliche Zusammenarbeit der beteiligten Stellen, insbesondere der Ortsgruppen und des NS.(-)Kraftfahrkorps(,) ist auch diesmal alles, was geborgen werden konnte, bis auf weniges sichergestellt worden.

Oft wäre Volksgenossen damit geholfen, daß sie ihre Möbel an Ausweichorten – sie hierbei zur Verfügung stellend – in Sicherheit bringen. Die Möbel, die zum Beispiel außerhalb Münchens in einem bewohnten und bisher raummäßig nur schlecht genützten Zimmer unter(ge)stellt werden können, werden, wenn sie der Benützer pflegt, besser geschont, als wenn sie unbenützt im Lager stehen.«

Je länger der Krieg dauerte, desto größer wurde der Preis, den er forderte. Verzweifelt bemühten sich die Nationalsozialisten, die Niederlage, die ihnen drohte, noch abzuwenden. Dabei schreckten sie vor keinem Opfer zurück, das sie dem Volk abverlangten. So ordnete Reichsminister Dr. Joseph Goebbels als *Reichsbevollmächtigter für den totalen Kriegseinsatz* am 24. August 1944 an, die Arbeitszeit in den öffentlichen Verwaltungen und in den Büros der Wirtschaft auf mindestens 60 Stunden in der Woche festzusetzen. »Der durch eine solche Erhöhung der Arbeitszeit eingesparte Teil der Gefolgschaft«, verfügte er, »ist sofort für Wehrmacht und Rüstung freizustellen.« Weiter verhängte er eine »allgemeine vorläufige Urlaubssperre«, von der lediglich Frauen mit 50 und Männer mit 65 Jahren und darüber ausgenommen waren. »Kein Tag«, begründete Goebbels die einschneidende Anordnung, »darf in dieser für den Endsieg so entscheidenden Zeit unseren gemeinsamen Kriegsanstrengungen verlorengehen. Der deutsche Soldat muß schon seit längerer Zeit auf seinen Urlaub verzichten.«

Opfer für den »totalen Kriegseinsatz«: Urlaubssperre, Schließung von Theatern, nur Druck von Rüstungs- und Schulbüchern ...

Ferner ließ der Reichsminister sämtliche Theater, Varietés, Kabaretts und Schauspielschulen bis zum 1. September schließen. »Die freiwerdenden Kräfte«, befahl er, »werden, soweit sie kriegsverwendungsfähig sind, der kämpfenden Truppe zugeführt. Alle anderen finden in Rüstung und Kriegsproduktion Verwendung.« Das gleiche galt für sämtliche Orchester, Musikschulen und Konservatorien. Geschlossen wurden auch die

Die Schützenstraße in Richtung Hauptbahnhof im Herbst 1944.

Haushaltungsschulen, die Handelsschulen und die Berufsschulen, die »nicht unmittelbar kriegswichtigen Zwecken« dienten. »Viele Zehntausende von Jungen und Mädchen, deren gleichaltrige Kameraden und Kameradinnen längst im Kriegseinsatz stehen, und mehrere tausend Lehrkräfte«, erklärte Goebbels,

»werden dadurch frei.« Durch weitere Einschränkungen an den Hochschulen wollte er im »Bereich des Reichserziehungsministeriums« insgesamt »mehrere hunderttausend Arbeitskräfte« erfassen.

Außerdem wurden der Druck von schöngeistigen Büchern und die Verbreitung von Unterhaltungsliteratur eingestellt. Ausgenommen davon waren naturwissenschaftliche und technische Werke, Rüstungs- und Schulbücher sowie »gewisse politische Standardwerke«. Auch die Tagespresse wurde weiter eingeschränkt. »Mit Ausnahme weniger wichtiger Blätter«, legte Goebbels fest, »wird der Umfang der Tageszeitungen auf vier Seiten, die Erscheinungsweise auf sechsmal wöchentlich beschränkt.« Die illustrierten Zeitschriften wurden bis auf den *Illustrierten Beobachter* und auf die *Berliner Illustrierte Zeitung* ganz eingestellt. »Insgesamt«, erklärte Goebbels, »werden durch Stillegungen und Einschränkungen auf diesen Gebieten viele Zehntausende von zum Teil hochwertigen Fachkräften für kriegswichtige Arbeiten bzw. für die Front frei.«

Darüber hinaus gab es in diesen Augusttagen noch eine weitere einschneidende Änderung: Der Reichsluftschutzbund wurde der NSDAP unterstellt. Die Münchner erfuhren davon am Donnerstag, dem 31. August, aus der Presse: »Auf Grund eines Erlasses des Führers über den Selbstschutz im Luftkrieg übernimmt die Partei nunmehr die Führung des Selbstschutzes, die Mobilisierung aller einsatzfähigen Kräfte, den organisatorischen Ausbau der Selbstschutzeinheiten und den praktischen Einsatz im Schadensfall. Das Arbeitsgebiet des Reichsluftschutzbundes, der als betreuter Verband der Partei unterstellt wird, liegt in der Ausbildung und fachlichen Beratung der Bevölkerung. Im Zuge dieser Zusammenfassung aller Selbstschutzkräfte bildet jedes Haus eine Luftschutzgemeinschaft, jeder Block einen Selbstschutztrupp, jede Zelle einen Selbstschutzzug und jede Ortsgruppe eine Selbstschutzbereitschaft. Die bekannten und bewährten ›Einsatzbereitschaften der NSDAP.‹ werden den überörtlichen Einsatz von Ortsgruppe zu Ortsgruppe und von Kreis zu Kreis übernehmen.

In diesen Einsatzbereitschaften sind die bewährtesten Männer einer Ortsgruppe zusammengefaßt. Viele dieser Männer wurden verwundet oder fanden den Heldentod. Aber Tausende von Volksgenossen verdanken ihnen ihr Leben und die Rettung ihres Hauses. Auf ihrem Einsatz baut der Erlaß des Führers auf.«

XI

NEUE SCHLÄGE GEGEN MÜNCHEN

Die »Rückkehr« der Amerikaner

Nach der Ruhepause, die den Münchnern im August 1944 gelassen worden war, griffen die amerikanischen Luftstreitkräfte nun wieder die Stadt an. Die Operationen eröffnete am 10. September ein kleiner Verband, der Riem und Feldkirchen im Landkreis München anflog. Die Angreifen warfen jedoch keine Bomben, sondern feuerten nur aus ihren Bordwaffen. »Um 12.00 Uhr«, meldete der Abschnitt Ost in München,[231] »überflogen 8-10 Feindmaschinen Marke Mustang aus Südosten kommend in ungefähr 20 Meter Höhe den Flughafen München-Riem, beschossen mit Bordwaffen die innerhalb des Flughafengeländes abgestellten Maschinen und flogen hierauf in südlicher Richtung wieder ab. Durch den Bordwaffenbeschuß wurden 4 Maschinen (2 Ju88, 1 Me111 total, 1 Maschine Ju180 20 %) beschädigt.« Zur selben Zeit erfolgte der Angriff auf Feldkirchen, das von Riem nicht weit entfernt ist. »Um 12.00 Uhr«, hieß es in der Meldung des Abschnitts Ost weiter, »beschossen 4 feindl. Jäger im Bahnhof Feldkirchen einen Güterzug mit Bordwaffen. Gefallen sind: der Lokomotivführer, der Heizer und 1 Unteroffizier d(er) Luftwaffe. Verwundet wurden 1 tschechischer Reichsbahnangestellter und 1 Feldwebel d. Luftwaffe.«

In München selbst waren keine Todesopfer zu beklagen. Eine Frau erlitt lediglich einen Nervenzusammenbruch und wurde ins Krankenhaus Perlach eingeliefert. Auch die Schäden an den Häusern waren unbedeutend. Durch den Beschuß wurden nur zwei Gebäude leicht beschädigt und ein Dach geringfügig in Mitleidenschaft gezogen. Die Angreifer verschwanden so schnell, wie sie gekommen waren. Bereits nach zwei Minuten konnte die Flak, die um 12 Uhr die heranfliegenden Maschinen unter Beschuß genommen hatte, das Feuer wieder einstellen, da mit einer weiteren Bedrohung nicht mehr zu rechnen war. Wie sich noch zeigen sollte, galt der Einsatz der Mustangs allein der Erkundung des Flughafens Riem und dessen Umgebung.

Erfolglose »Vernebelung«

Doch die amerikanischen Luftstreitkräfte ließen es nicht bei leichten Schlägen bewenden. Schon am 12. September setzten sie zu einem neuen Angriff auf München an. Während im Juli 1944 fast ausschließlich die 8. US-Luftflotte von England aus die Einsätze gegen die Stadt geflogen hatte, war es jetzt die 15. USAAF, die in den nächsten Monaten die Münchner nicht mehr zur Ruhe kommen ließ. Sie setzte die deutsche Luftabwehr von Italien aus unter Druck.

Die lange Serie ihrer Bombardements begann die 15. US-Luftflotte zunächst mit einem leichten Sektorenangriff. Am 12. September, der München den dreiundzwanzigsten Luftangriff seit Kriegsbeginn brachte, war das Wetter schön, der Wind kam aus Ost, und der Himmel war wolkenlos.[232] Die Sicht reichte acht bis zehn Kilometer weit. Um den Angreifern das Auffinden ihrer Ziele zu erschweren, ließ die Luftverteidigung in München beizeiten künstlichen Nebel aufsteigen, der vor allem die Industriebetriebe schützend einhüllen und der Sicht der Bomber entziehen sollte. Die Nebeldecke reichte an diesem Dienstag von Pasing bis Freimann und hatte in erster Linie die Dornierwerke und BMW aus der Luft abzuschirmen.

Aber die Vernebelung, die auch schon bei den letzten Tagesangriffen zur Sicherung der Bahn- und Industrieanlagen im Norden der Stadt angewandt worden war, hatte diesmal nicht die gewünschte Wirkung. Über den Mißerfolg berichtete der Polizeipräsident am 16. September 1944 dem Befehlshaber der Ordnungspolizei im Wehrkreis VII: »Der künstliche Nebel wurde durch NO.-Winde stark abgetrieben. Nur wo Nebelfässer in unmittelbarer Nähe von Objekten aufgestellt waren, sind diese der Sicht entzogen gewesen. Nach Angabe des Betr(iebs)-LS.-Leiters der BMW-Allach entströmte einigen Verneblungsgeräten schwarzer Nebel, was zu irriger Brandschadensmeldung führte.«

Die Maschinen der 15. US-Luftflotte, die sich am 12. September um 11.52 Uhr bereits in bedrohlicher Nähe der Stadt befanden, hatten nach dem Bericht des Polizeipräsidenten folgende Anflugsroute gewählt:»Belluno, Zell a(m) S(ee), Kitzbühel, Salzburg, Wasserburg, Ebersberg, Landshut, Pfaffenhofen a(n) d(er) Ilm.« Aus nördlicher Richtung setzten sie dann zum Angriff auf die Stadt an. Von den »400-500 (...) Kampfflugzeugen mit Jagdschutz«, die nach Deutschland eingeflogen waren, meldete der Polizeipräsident »über München etwa 150 Flugzeuge«. Bei den Maschinen handelte es sich um folgende Typen:»Mustang, Lightning, Fortress II, Liberator.«

Um 12.45 Uhr hörten die Münchner, die mit dem Fliegeralarm um 11.57 Uhr die Keller aufgesucht hatten, am Einsetzen des Flakfeuers, daß ihrer Stadt wieder Schlimmes bevorstand. Gleichzeitig fielen die ersten Bomben. Die Amerikaner hatten es diesmal auf die Industrie im Westen und im Nordwesten Münchens abgesehen. Der Angriff erfolgte in zwei Wellen mit etwa 40 bis 80 Maschinen. Dabei flogen die Kampfflugzeuge in Schwärmen, die aus drei bis acht Maschinen bestanden, ihre Ziele an. Sie warfen insgesamt 138 Sprengbomben (je 1000 LB) ab, wovon elf Blindgänger waren.

Bei dem Bombardement entstanden die meisten Schäden in Aubing und in Allach. An 13 Gebäuden, von denen sechs Wohnhäuser waren, trat Totalschaden ein. Zehn Gebäude wurden schwer, 23 mittel und 72 leicht beschädigt. Durch den Angriff verloren 30 Personen ihr Obdach. An einer Schadenstelle wurden 47 Personen verschüttet. Von diesen konnten lediglich 16 Menschen lebend, unter ihnen drei unverletzt, geborgen werden. Für die anderen 31 Menschen kam jede Hilfe zu spät. Sie konnten nur noch tot aus den Trümmern befreit werden. Insgesamt fanden bei dem Angriff 37 Personen den Tod: drei Soldaten der Wehrmacht, zwei einheimische Männer, ein KL-Häftling und 31 italienische Kriegsgefangene. Unter den 22 Menschen, die Verletzungen davontrugen, befand sich eine Frau, aber kein Kind.

Schwerpunkte der Angriffe im September: Hauptbahnhof, Ostbahnhof, Riem

Nach dem Bombardement vom 12. September blieben die Münchner zunächst zehn Tage lang von einem neuen Angriff verschont. Erst am Freitag, dem 22. September, erschienen wieder Kampfflugzeuge der 15. US-Luftflotte über der Stadt. Ausgezeichnete Witterungsverhältnisse begünstigten den vierundzwanzigsten Luftangriff auf München seit Kriegsbeginn. »Sehr schönes Wetter«, vermerkte Friederike Kurz am Morgen in ihrem Kalender. »Sehr starker Frühnebel. Gegen Mittag wieder diesig, aber nicht kalt.« Es herrschte Windstille, und der Himmel war wolkenlos.

Viele Münchner saßen gerade bei Tisch, als um 12.34 Uhr Fliegeralarm gegeben wurde.[233] Die Amerikaner näherten sich in zwei Verbänden der Stadt. Der erste Verband flog von Venedig über Trient, Lienz/Matrei, Kitzbühel/Wörgl und Traunstein/Kufstein und teilte sich dann. Die einen Maschinen setzten ihren Anflug über Tittmoning/Mühldorf/Wasserburg und Landshut/Freising und die anderen über Rosenheim, Bad Aibling/Bruckmühl und Neubiberg nach München fort. Danach kam der nachfolgende Verband über Bad Reichenhall/Traunstein, Mühldorf/Wasserburg, Vilsbiburg/Landshut, Moosburg/Schrobenhausen und Freising/Dachau heran. An seinem Ziel angelangt, setzte er zum Angriff auf München aus nördlicher Richtung an.

Über den Verlauf des Bombardements berichtete der Polizeipräsident am 26. September dem Befehlshaber der Ordnungspolizei im Wehrkreis VII: »Die erste, zum Teil aus Nord, zum anderen Teil aus Südost anfliegende Feindgruppe beschränkte sich auf Abwürfe in den Stadtrandgebieten Oberföhring-Bogenhausen und Riem. Erst der nachfolgende Verband führte den eigentlichen schweren Angriff durch.« Der Einsatz galt Verkehrsanlagen sowie benachbarten Industriebetrieben und Wohnbezirken. Die »Stärke des Feindes« gab der Polizeipräsident mit »ca. 450 Kampfflugzeugen, ca. 150 Jagdmaschinen« und die »festgestellten Flugzeugtypen« mit »Liberator, Fortress II, Mustang, Lightning« an.

Mit den ersten Bombenabwürfen in Riem eröffneten die Amerikaner um 13.07 Uhr den Angriff, dessen Schwerpunkte über dem Hauptbahnhof, dem Reichsbahnausbesserungswerk Freimann, dem Ostbahnhof und dem Polizeipräsidium lagen. Allein auf die Bahnanlagen in Freimann warfen sie einen Bombenteppich mit etwa 800 Sprengbomben (500 LB) ab. Insgesamt entluden die Maschinen über ihrem Ziel 36 Sprengbomben (1000 LB), 1236 Sprengbomben (500 LB), 864 Sprengbomben (250 LB), 520 Sprengbomben (100 LB) und rund 950 Splitterbomben.

Als die Bomber endlich von der Stadt abließen und der Fliegeralarm mit der Entwarnung um 14.46 Uhr endete, waren die

Der getroffene Holzkirchner Bahnhof nach dem Tagesangriff amerikanischer Bomber am 22. September 1944.

Verwüstungen, die der Angreifer zurückließ, wieder verheerend. Am meisten hatte in der Innenstadt der Hauptbahnhof gelitten. Die Einfahrtshalle war schwer beschädigt und auf einer Länge von 20 Metern eingestürzt. Erhebliche Schäden hatten auch der Holzkirchner Flügelbahnhof mit Halle und Wirtschaftsbau sowie der Starnberger Flügelbahnhof davongetragen. Durch Bombeneinschläge waren außerdem die Ein- und Ausfahrten des Hauptbahnhofs unbefahrbar. Im gesamten Bahnhofsbereich entstanden Gleis- und Fahrleitungsschäden. Ferner wurde die Maxburg total zerstört. Dagegen waren die Beschädigungen an der Frauenkirche zum Glück nur leichter Art. Die nördliche Turmkuppel wurde aufgerissen, und am Portal und an der Westfront verursachten die Bomben Schäden. Schlimmer wurde das Polizeipräsidium in Mitleidenschaft gezogen. Es erlitt schwere Schäden am Nordbau in der Löwengrube und am Ostbau (Frauenplatz). »Das Polizeipräsidium«, meldete der Polizeipräsident dem Befehlshaber der Ordnungspolizei, »wurde von 3 Sprengbomben (1 Blindgänger) getroffen, in unmittelbarer Nähe gingen 7(,) in naher Entfernung 6 weitere Sprengbomben nieder. Wenn es sich dabei auch um Fehlwürfe vom Angriff auf die Hauptbahnhofsanlagen handeln kann, so ist die Absicht von Zielwürfen auf das Polizeipräsidium nicht von der Hand zu weisen.«

Durch das Bombardement, bei dem auch das Rollfeld auf dem Flugplatz Riem zerstört wurde, verloren rund 1500 Personen ihr Obdach. 94 Gebäude, davon 59 Wohnhäuser, waren total zerstört, und 160 Gebäude, unter ihnen 111 Wohnhäuser, trugen schwere Sprengschäden davon. An 16 Schadenstellen wurden 107 Menschen verschüttet, von denen 16 lebend und 83 tot geborgen werden konnten. Acht Personen lagen am 26. September, als der Polizeipräsident seinen Bericht an den Befehlshaber der Ordnungspolizei verfaßte, noch unter den Trümmern. Insgesamt kamen bei dem Angriff 172 Personen um: 57 Soldaten der Wehrmacht, ein Schutzpolizist, 21 Ausländer und 93 einheimische Zivilisten, davon 52 Männer, 36 Frauen und fünf Kinder.[234]

Tiefflieger-Opfer und Tote durch »Flakaufschläger«

Professor Singer untersuchte wieder bei 139 Opfern die genaue Todesursache.[235] Dabei stellte er fest: »in 47 Fällen Tod durch Schädel- und Gehirnzertrümmerung (sowie) durch Schädelbrüche, in 28 Fällen Tod durch schwere äußere und innere Verletzungen nach Verschüttung, in 12 Fällen Tod durch Erstickung infolge Verschüttung, in 26 Fällen totale Zertrümmerung, Zerstückelungen und Zerreißungen des Körpers, in 15 Fällen Tod durch schwere Körperverletzungen, in 1 Falle Tod durch Verbrennung, in 10 Fällen Tod durch Kopfschußverletzungen (kleine Splitterbomben, Bahnhof Daglfing, Tiefangriff)«.

Die Gefallenen in Daglfing waren in einen Tieffliegerangriff geraten, der einem Nahpersonenzug im Bahnhof gegolten hatte. Unter den Toten des letzten Angriffs befanden sich auch vier Menschen, die das Opfer der eigenen Flak geworden waren. Über das Unglück berichtete der Polizeipräsident: »Nach der Vorentwarnung, während einige über der Stadt kreisende Feindmaschinen noch beschossen wurden, sind vor dem Hause Thalkirchnerstraße 55 durch Flakaufschläger 3 Personen getötet worden. Ein Schwerverletzter verschied auf dem Transport zum Krankenhaus. 2 Personen wurden leicht verletzt.«[236] Die Gesamtzahl der Verwundeten, die beim Bombardement zu Schaden kamen, betrug 249 Menschen.

Nach dem Angriff schrieb Friederike Kurz noch am selben

Tag in ihren Kalender: »Es gibt keine Straßenbahn. Hauptbahnhof wieder schwer beschädigt.« Und die Nichte trug in ihr Tagebuch ein: »Als ich heute mittag vom Büro heimkam, war zuerst lange Voralarm, und ich aß noch schnell zu Mittag. Aber dann heulten schon die Sirenen, und wir mußten in den Keller. Es krachte wieder furchtbar, und wir waren ganz erlöst, als das vorbei war und wir wieder gut heraufkamen. (...) Nachmittags war ich im Büro und ging aber schon um 5 Uhr zu Fuß zum Bahnhof. Das Bahnhofsviertel (–) Elisenstraße/Prielmayerstraße, Starnberger Bahnhof usw. (–) ist alles schrecklich von einem wahren Bombenteppich zerstört. Auf vielen Umwegen und über viel Dreck gelangte ich endlich zum Bahnhof. Eine Stunde später fuhr dann endlich der Zug ab, und es ging nach Murnau.« Dorthin war mittlerweile ihr Mann Hans als Soldat versetzt worden, und Margarete Konetzky besuchte ihn, sooft sie es ermöglichen konnte.

Der nächste Angriff der 15. US-Luftflotte ließ nicht lange auf sich warten. Am Mittwoch, dem 4. Oktober, näherte sich erneut ein Verband, der nach dem Bericht des Polizeipräsidenten aus »450 Kampfflugzeugen (Liberator, Fortress II)« und aus »100 Jagdmaschinen (Lightning, Mustang, Thunderbolt)« bestand, der Stadt.[237] In breiter Front, die von Zell am See bis Innsbruck reichte, überflog er bei klarem Wetter die Alpen und setzte in 14 Wellen zum fünfundzwanzigsten Luftangriff auf München seit Kriegsbeginn an. Dort war die Bevölkerung um 11.40 Uhr durch die Luftschutzsirenen von dem bevorstehenden Bombardement alarmiert worden, das die Stadt im wahrsten Sinne des Wortes aus heiterem Himmel traf. »Der Angriff«, notierte sich Friederike Kurz, »kam unerwartet. Feindliche Kampfverbände sind überraschend gegen unsere Stadt ›vorgestoßen‹.«

Der Alarmierung der Münchner um 11.40 Uhr war bereits um 10.25 Uhr ein erster Fliegeralarm vorausgegangen, der jedoch um 11.16 Uhr wieder zurückgenommen wurde, als es schien, daß die Bomber, die sich nach Bombenwürfen auf Bozen bis Garmisch-Partenkirchen und Tegernsee genähert hatten, wieder abdrehten. Aber das war ein Irrtum. Nach 24 Minuten mußten die Münchner zum zweitenmal an diesem Tag die Keller aufsuchen, und um 11.56 Uhr eröffneten die Amerikaner mit den ersten Bombenabwürfen den Großangriff auf die Stadt. Die Schwerpunkte lagen wieder über dem Hauptbahnhof und über dessen Vorgelände mit den nördlich und südlich angrenzenden Stadtteilen.

Über das Bombardements berichtete später der Oberbürgermeister: »Beim Luftangriff in den Mittagsstunden des 4. Oktober 1944 handelte es sich um einen Südeinflug (...). Der Angriff richtete sich vornehmlich auf die Verkehrsanlagen der Reichsbahn unter Einbezug der anliegenden Hauptverkehrsstraßen und Knotenpunkte der Stadt. Dazu kamen verstreute Angriffe meist in Teppichwurf auf Wohnviertel der Abschnitte West, Nord und Süd sowie Bombenabwürfe in der Umgebung Münchens.

In Anbetracht der vorwiegend schweren Sprengmunition sind die Verluste unter der Bevölkerung erheblich. (...) Ebenso hatten auch die Bombeneinschläge an Gebäuden, im Rohrnetz der Versorgungsbetriebe usw. umfangreiche Zerstörungen zur Folge. Als Schadensschwerpunkte, die mit Bombenteppichen belegt wurden, müssen das Hauptbahnhofviertel, der Münchner Westen, die Strecke Laim–Pasing und im Norden das Gebiet Königin-Leopoldstraße angesprochen werden.«[238]

4. Oktober 1944: 323 Tote, rund 10 000 Obdachlose

Bei dem Angriff, der seinen Abschluß mit der Entwarnung um 13.15 Uhr fand, fielen insgesamt 360 Sprengbomben (1000 LB) und 1 940 Sprengbomben (500 LB) auf die Stadt.[239] Außerdem warfen die Amerikaner rund 6000 Flugblätter mit dem Titel »Luftpost, Ausgabe Süd, Nr. 42 v. 26. 9. 44« ab. Bei dem Bombardement wurde der Hauptbahnhof erneut schwer getroffen und zudem der gesamte Bahnbereich zwischen Hauptbahnhof und Donnersbergerbrücke durch die Einschläge von Sprengbomben stark in Mitleidenschaft gezogen. Erhebliche Zerstörungen trugen auch der Justizpalast an der Prielmayerstraße, das Gebäude der Reichsbahndirektion im ehemaligen Verkehrsministerium, die Lenbachgalerie, für die an der Seite zur Richard-Wagner-Straße sogar Einsturzgefahr bestand, und das Jagdmuseum am Nymphenburger Schloßrondell davon.[240] Zu den sieben Kirchen, die beträchtlichen Schaden nahmen, zählten die Bennokirche, die Paulskirche und die St. Benediktinerkirche. Erheblich war außerdem der Verlust an Wohnraum, der rund 10 000 Obdachlose nach sich zog.[241] Durch Sprengschäden gingen insgesamt 304 Gebäude, davon 237 Wohnhäuser, verloren.[242] Elf Gebäude wurden durch Brände völlig vernichtet. Sprengbomben beschädigten außerdem 248 Wohnhäuser schwer; 18 erlitten durch Feuereinwirkung erhebliche Schäden.

Der Luftangriff kostete 323 Menschen das Leben: 32 Soldaten der Wehrmacht, zwei Schutzpolizisten, 43 Ausländern und 246 einheimischen Zivilisten, davon 119 Männern, 106 Frauen und 21 Kindern. Unter den 375 Personen, die Verletzungen davontrugen, befanden sich zehn Kinder. Bei 224 Bombenopfern untersuchte Professor Singer wieder die genaue Todesursache.[243] Er stellte fest: »in 102 Fällen Schädelzertrümmerung und Schädelbrüche, in 34 Fällen Tod durch totale Zerstrümmerung, Zerreißung und Zerquetschung des Körpers, in 42 Fällen Tod durch äußere und innere Verletzung nach Verschüttung, in 11 Fällen Tod durch Erstickung infolge Verschüttung, in 3 Fällen Tod infolge schwerer Körperverletzung, in 1 Fall Tod durch Rauchgasvergiftung, CO«.

Nach dem schweren Bombardement schrieb Friederike Kurz in ihren Kalender: »Am Nachmittag wieder alles saubergemacht. Gleich nach dem Angriff mußte Gretel zur Nachtwache ins Büro. Eine Rauchwolke über der westlichen Stadt. Große Schäden.« Auch die Nichte vermerkte den Großangriff wieder in ihrem Tagebuch. »Heute«, notierte sie sich am 4. Oktober, »hatten wir schon um einhalb elf Uhr Fliegeralarm und schon um 11 Uhr wieder Entwarnung. Ich lief schnell heim, weil ich heute Nachtwache habe. Aber kaum war ich zu Hause, war wieder Fliegeralarm (...), und wir waren wieder im Keller. Der Alarm kam ganz überraschend, und es war wieder ein schrecklicher Angriff. Wir hörten es laut im Keller krachen. Als wir heraufkamen, stand wieder eine dicke Staub- und Brandwolke über der Stadt; hauptsächlich den Bahnhof und die Gleisanlagen hat es getroffen. Hoffentlich kann ich noch nach Murnau fahren! Ich habe mit Fräulein L. und mit einem Fräulein Soundso Nachtwache.«

Nach dem Angriff erstatteten die FE-Abteilungen der einzelnen Luftschutz-Abschnittskommandos dem Führer des FE-Dienstes, Oberst Thürauf, Bericht über ihre Einsätze. Wie den sogenannten Lageberichten zu entnehmen war, bereiteten im Abschnitt Süd, wo unter anderem auch das Institut der Englischen Fräulein in Pasing schwere Schäden erlitten hatte, die Löscharbeiten an der brennenden Eilguthalle in der Landsberger Straße erhebliche Schwierigkeiten. So meldete die FE-Abteilung Süd am 5. Oktober dem Chef der Feuerschutzpolizei: »Infolge des geringen Hydrantendruckes, verursacht durch Wasserrohrbrüche, mußte das Löschwasser aus größerer Entfernung zur Brandstelle Landsberger Straße 24 (Eilguthalle) befördert werden, was die schlagartige Niederkämpfung des Brandes erschwerte.«[244] Zur allgemeinen Lage im Abschnitt hieß es: »Sämtliche Brandstellen sind, im großen gesehen, abgelöscht; Nachlöscharbeiten werden jedoch noch 2-3 Tage in Anspruch nehmen.«

Wie sich an den Schadenstellen zunehmend zeigte, wirkte sich der Mangel an Feuerlöschfahrzeugen immer katastrophaler aus. Vor allem die Löschgruppen im Abschnitt Nord wurden dadurch in ihrer Einsatzbereitschaft behindert. »Nicht einsatzfähig«, meldete der Führer der FE-Abteilung Nord,[245] »sind 5 Gruppen, deren Fahrzeuge z. T. in Reparatur sind bzw. über keine Kraftspritze verfügen. 2 Drehleitern befinden sich in Reparatur.« Im Abschnitt Süd konnten zwei Löschgruppen nicht eingesetzt werden, weil da ebenfalls zwei Zugmaschinen, wie Thürauf mitgeteilt wurde, »z. Zt. in Reparatur« waren.

Erneut zerstörte Löschwasserstellen und getroffene Gasleitungen

Mit großer Genauigkeit registrierten die FE-Abteilungen in ihren Lageberichten auch die Schäden, die beim letzten Luftangriff an den Löschwasserstellen entstanden waren. So meldete der Abschnitt Süd den Löschwasserteich an der Pettenkofer-/Schillerstraße als »total beschädigt«. Außerdem hatten die Teiche auf der Theresienwiese Schaden genommen. »Wegen Beschädigung« war dort der Wasserstand im Löschwasserteich am Nordende der Wies'n um einen halben Meter, im Teich an der Ecke Beethovenstraße um anderthalb Meter und im Teich am Südende (Bavariastraße) um einen Meter abgesunken. Der Wasserspiegel im Löschwasserteich am Margaretenplatz ging ebenfalls um einen halben Meter zurück, und der Löschwasserteich am Eichendorffplatz war »ganz leer«. Ferner meldete der Abschnitt West die Löschwasserstelle in der Klarastraße als »totalbeschädigt« sowie die Stellen am Maßmannplatz und in der Leonrodstraße als beschädigt.[246] Im Abschnitt Nord wurde der Brunnen im Vorgarten der Reichsbahn-Baudirektion am Bahnhofplatz »mit Erdreich und Betonbrocken« verschüttet. Herabgeschleuderte Mauersteine stürzten auch in den Wasserbehälter bei der Technischen Hochschule. Zum Glück war jedoch die »Verschüttung«, wie der Führer der FE-Abteilung Nord hervorhob, »nicht sehr umfangreich«. Schwierigkeiten gab es außerdem mit dem Behälter am Elisabethplatz. Dort sank der Wasserspiegel um 75 Zentimeter. »Es ist anzunehmen«, bemerkte Hauptmann Loße dazu, »daß alte ausgefugte Sprünge wieder aufgegangen sind.«

Aber nicht allein die Versorgung mit Löschwasser bereitete Probleme. Auch die Gasrohre in der Stadt hatten beim letzten Bombenangriff Schaden genommen. Durch das entweichende Gas bestand in den Häusern akute Explosionsgefahr. Aus diesem Grunde wurden die Münchner dringend vor dem Gebrauch von Gas gewarnt. »Infolge hoher Gasverluste«, hieß es im Bericht des Oberbürgermeisters,[247] »muß die Gasabgabe voraussichtlich längere Zeit eingestellt werden. Es wird jedoch versucht, die Bayerischen Motorenwerke an der Lerchenauerstraße (sic!) weiter zu versorgen. Um einerseits weitere Schäden durch Explosionen zu vermeiden und andererseits die Suchaktion nach defekten Stellen zu erleichtern, wurde die Bevölkerung Münchens durch aufklärende Presseartikel auf die unerläßliche Notwendigkeit des Schließens der Hauptgashähne aufmerksam gemacht.«

Am Tag nach dem Luftangriff kam es zu einem aufsehenerregenden Zwischenfall, als am Donnerstag, dem 5. Oktober, um 23.45 Uhr auf einmal die Kuppel der Pfarrkirche St. Gabriel, die bereits am 13. Juni 1944 von einer Bombe getroffen worden war, überraschend einstürzte. »Ich«, erinnert sich Margarete Konetzky an diesen kalten und trüben Tag, »lag schon im Bett und schlief fest, meine Mutter und Tante waren noch auf. Plötzlich erschütterte ein ungeheurer Knall die Luft wie bei einer Explosion. Ich dachte im ersten Schrecken an einen Bombenabwurf oder an einen explodierenden Blindgänger. Ich sprang völlig benommen aus dem Bett und rutschte mit dem Bettvorleger über den glatten Parkettboden und schlug mit dem Kopf auf. Ich empfand dies wie einen zweiten Bombenschlag. Ich kam kaum zu mir vor Benommenheit. Meine Mutter war ins Schlafzimmer herübergelaufen und hob mich auf, und es dauerte eine Zeitlang, bis wir alle begriffen, was tatsächlich geschehen war und was wir schon lange befürchtet hatten. Die Kuppel der Gabrielskirche war eingestürzt.«

Noch am nächsten Tag waren die Spuren des nächtlichen Unglücks in der Umgebung der Kirche zu sehen. »Alles«, vermerkte Friederike Kurz am Freitag, dem 6. Oktober, in ihren Aufzeichnungen, »ist weiß vor Staub auf Straßen und Dächern und im Garten.«

Aufruf des letzten Aufgebots

Nach den überstandenen Schrecken der Bombenangriffe, die München in letzter Zeit verstärkt heimgesucht hatten, ging es dem Gauleiter jetzt wieder darum, die Stimmung in der Bevölkerung zu heben. So ordnete er erneut Sonderzuteilungen an. Jeder »Volksgenosse« erhielt als Entschädigung für die schweren Tage, die hinter ihm lagen, 50 Gramm Bohnenkaffee und eine halbe Flasche Spirituosen. Doch die Partei verschenkte nichts aus Mitleid. Mit allen Sonderzuteilungen verfolgte sie nur die Absicht, den Unmut zu dämpfen, der sich mehr und mehr auf der Straße gegen das bestehende Unrechtsregime breitmachte.

Wenige Tage, nachdem Giesler seine neuen Gaben in der Presse ankündigen ließ, folgte am Mittwoch, dem 18. Oktober 1944, die bittere Pille. Die Nationalsozialisten proklamierten den »Volkskrieg zur Verteidigung deutschen Bodens«. Das bedeutete mit anderen Worten: Adolf Hitler rief den »Volkssturm« auf. Nun mußten auch Schulbuben und Großväter zu den Waffen greifen. Niemand im Alter zwischen 16 und 60 Jahren, der männlichen Geschlechts war, konnte sich jetzt mehr dem Wehrdienst entziehen. Als tauglich galt jeder Arbeitsfähige.

Im Alter zwischen 16 und 60 Jahren: »alle waffenfähigen deutschen Männer zum Kampfeinsatz«

Am Donnerstag, dem 19. Oktober, unterrichteten die MNN ihre Leser über die Mobilisierung des letzten Aufgebots in großer Aufmachung auf der ersten Seite. Im vollen Wortlaut brachte die Zeitung den »Erlaß des Führers zur Bildung eines Deutschen Volkssturms«: »Nach fünfjährigem, schwerstem Kampf steht infolge des Versagens aller unserer europäischen Verbündeten der Feind an einigen Fronten in der Nähe oder an den deutschen Grenzen. Er strengt seine Kräfte an, um unser Reich zu zerschlagen, das deutsche Volk und seine soziale Ordnung zu vernichten. Sein letztes Ziel ist die Ausrottung des deutschen Menschen. Wie im Herbst 1939 stehen wir nun wieder ganz allein der Front unserer Feinde gegenüber. In wenigen Jahren war es uns damals gelungen, durch den ersten Großeinsatz unserer deutschen Volkskraft die wichtigsten militärischen Probleme zu lösen, den Bestand des Reiches und damit Europas für Jahre zu sichern.

Während nun der Gegner glaubt, zum letzten Schlag ausholen zu können, sind wir entschlossen, den zweiten Großeinsatz unseres Volkes zu vollziehen. Es muß und wird uns gelingen, wie in den Jahren 1939-41 ausschließlich auf unsere eigene Kraft bauend, nicht nur den Vernichtungswillen der Feinde zu brechen, sondern sie wieder zurückzuwerfen und so lange vom Reich abzuhalten, bis ein die Zukunft Deutschlands, seiner Verbündeten und damit Europas sichernder Friede gewährleistet ist. Dem uns bekannten totalen Vernichtungswillen unserer jüdisch-internationalen Feinde setzen wir den totalen Einsatz aller deutschen Menschen entgegen. Zur Verstärkung der aktiven Kräfte unserer Wehrmacht und insbesondere zur Führung eines unerbittlichen Kampfes überall dort, wo der Feind den deutschen Boden betreten will, rufe ich daher alle waffenfähigen deutschen Männer zum Kampfeinsatz auf.«

Im einzelnen befahl Hitler: »1. Es ist in den Gauen des Großdeutschen Reiches aus allen waffenfähigen Männern im Alter von 16 bis 60 Jahren der Deutsche Volkssturm zu bilden. Er wird den Heimatboden mit allen Waffen und Mitteln verteidigen, soweit sie dafür geeignet erscheinen.

2. Die Aufstellung und Führung des Deutschen Volkssturms übernehmen in ihren Gauen die Gauleiter. Sie bedienen sich dabei vor allem der fähigsten Organisatoren und Führer der bewährten Einrichtungen der Partei, SA., SS, NSKK. und HJ.

3. Ich ernenne den Stabschef der SA. Schepmann zum Inspekteur für die Schießausbildung und den Korpsführer NSKK. Kraus zum Inspekteur für die motortechnische Ausbildung des Volkssturmes.

4. Die Angehörigen des Deutschen Volkssturmes sind während ihres Einsatzes Soldaten im Sinne des Wehrgesetzes.

5. Die Zugehörigkeit der Angehörigen des Volkssturmes zu außerberuflichen Organisationen bleibt unberührt. Der Dienst im Deutschen Volkssturm geht aber jedem Dienst in anderen Organisationen vor.

6. Der Reichsführer SS ist als Befehlshaber des Ersatzheeres verantwortlich für die militärische Organisation, die Ausbilder, Bewaffnung und Ausrüstung des Deutschen Volkssturmes.

7. Der Kampfeinsatz des Deutschen Volkssturmes erfolgt nach meinen Weisungen durch den Reichsführer SS als Befehlshaber des Ersatzheeres.

8. Die militärischen Ausführungsbestimmungen erläßt Reichsführer SS Himmler, die politischen und organisatorischen in meinem Auftrage Reichsleiter Bormann.

9. Die Nationalsozialistische Partei erfüllt vor dem deutschen Volk ihre höchste Ehrenpflicht, indem sie in erster Linie ihre Organisationen als Hauptträger dieses Kampfes einsetzt.«

Bereits am Freitag, dem 20. Oktober, erfuhren die Münchner aus der Presse weitere Einzelheiten über die Aufstellung des Volkssturms: »Die Erfassung der aufgerufenen Jahrgänge erfolgt mit Hilfe der bereits bestehenden Unterlagen und Einrichtungen durch die Ortsgruppen der NSDAP., bei den Sechzehn- bis Achtzehnjährigen unter Mitwirkung der HJ. Eine UK.-Stellung gegenüber dem Volkssturm gibt es grundsätzlich nicht; jedoch werden bei der Ausbildung und im Kampfeinsatz die kriegsentscheidenden Aufgaben der Rüstung und der Volksernährung, des Transport- und Nachrichtenwesens und der allgemeinen Führung berücksichtigt. Zum Volkssturm tauglich ist grundsätzlich jeder Arbeitsfähige, eine Abstufung nach körperlicher Leistungsfähigkeit ist gewährleistet; in Zweifelsfällen entscheidet ein vom Kreisleiter zu bestimmender Arzt. Mit der Aushändigung des Soldbuches gehört der Aufgerufene zum Volkssturm, durch das Tragen einer Armbinde mit der Aufschrift ›Deutscher Volkssturm Wehrmacht‹ sind die Volkssturmsoldaten als Angehörige der kriegführenden Truppe im Sinne der Haager Landkriegsordnung gekennzeichnet.«

Eine eigene Uniform erhielten die Männer des Volkssturms jedoch nicht. Für ihre Kleidung hatten die Aufgerufenen selbst zu sorgen. Auch dies zeigte, daß die Nationalsozialisten längst am Ende waren. Sie brachten es nun nicht einmal mehr fertig, ihr letztes Aufgebot einzukleiden. Unmißverständlich hieß es: »Bekleidung und Ausrüstung wird von den Volkssturmsoldaten, soweit möglich, selbst gestellt; hierbei sollen die in der Bevölkerung noch vorhandenen Uniform- und Ausrüstungsgegenstände aller Art, gegebenenfalls auf dem Wege der Nachbarschaftshilfe, herangezogen und nach besonderen Bestimmungen feldverwendungsfähig umgefärbt werden. Mit der Einberufung zur Wehrmacht erlischt sofort und in jedem Fall die Zugehörigkeit zum Volkssturm. Der Volkssturm wird ohne Rücksicht auf die Zugehörigkeit der Volkssturmsoldaten zu Gliederungen der NSDAP. oder anderen Organisationen zusammengestellt. Eine geschlossene Übernahme solcher Einheiten erfolgt grundsätzlich nicht; jedoch werden Berufs- und Spezialkenntnisse bei der Einteilung, wo es zweckmäßig ist, beachtet; Spezialeinheiten können zu Sonderaufgaben innerhalb des Volkssturms herangezogen werden. Freiwillige unterhalb und oberhalb der Altersgrenze der Einberufung sind zugelassen.« Das hieß mit anderen Worten, daß sich auch Hitlerjungen, die noch nicht einmal 16 Jahre alt waren, zum Volkssturm melden konnten.

Über den Einsatz der Kinder und der Veteranen bestanden von Anfang an klare Vorstellungen. »Die Ausbildung«, so verlautete, »erfolgt vorwiegend im Infanteriekampf unter besonderer Berücksichtigung der Panzernahbekämpfung. Nach einem Erfassungsappell werden die Volkssturmsoldaten, zumeist an Sonntagen, zur Ausbildung herangezogen; auf kriegswichtige Berufstätigkeit wird bei Festsetzung des Dienstes im Rahmen des Möglichen Rücksicht genommen. Formales Exerzieren wird auf ein Mindestmaß beschränkt, größere Märsche werden während der Ausbildung vermieden. Die menschliche und soldatische Führung, Disziplinarordnung und Gerichtsbarkeit werden den Gegebenheiten einer Kampfgemeinschaft angepaßt, die im Sinne des Wehrgesetzes zwar zur Wehrmacht gehört, ihrer inneren Struktur nach aber ein politisch aktives, alle Klassen- und Standesunterschiede ablehnendes, zum letzten Einsatz entschlossenes und vom Willen zum Siege erfülltes Aufgebot darstellt.«

Gauleiter Giesler: »die Sturmkolonnen der deutschen Freiheit«

Die Partei in München beeilte sich, dem Erlaß des »Führers« nachzukommen. Schon am Samstag, dem 21. Oktober, meldete sie die Aufstellung der ersten Volkssturm-Formation. Die Vereidigung der Männer verband sie mit einer großen Demonstration, die das Volk davon überzeugen sollte, daß es Deutschland noch gelingen werde, die Wende zu erzwingen und den Endsieg davonzutragen. Unter der Überschrift »Volkssturm in München angetreten« berichteten die MNN am Montag, dem 23. Oktober, ausführlich über die Kundgebung im Circus Krone: »Die erste Formation des Deutschen Volkssturms in der Hauptstadt der Bewegung ist am Samstag abend im Zirkusgebäude am Marsfeld zu einem Appell aufmarschiert, bei dem in Anwesenheit des Reichsstatthalters General Ritter v. Epp, Reichsschatzmeister Schwarz, Gauleiter Paul Giesler und der Befehlshaber im Wehrkreis VII, General der Infanterie Kriebel, sprachen. ›Die Sturmkolonnen der deutschen Freiheit‹, wie sie Gauleiter Giesler nannte, waren angetreten, um durch den Mund ihres militärischen Führers, des Gehilfen des Führers des Deutschen Volkssturms im Traditionsgau München-Oberbayern, SA.-Gruppenführer Hofmann, das Treuegelöbnis abzulegen.

Im Scheinwerferlicht, unter den Klängen der Militärmärsche des Gaumusikzuges des RAD. wie eines Musikzuges der Waffen-SS, bot die dicht gefüllte Arena der durch zahllose politische Kundgebungen historisch gewordenen Stätte, von der aus der Führer vor mehr als zwanzig Jahren das deutsche Volk in der Zeit seiner tiefsten Erniedrigung aufgerüttelt hat, das Bild einer Gemeinschaft der gesamten Bevölkerung: Wehrmachtangehörige, Verwundete, schaffende Männer und Frauen aus allen Berufsständen, Hitlerjugend, Flakwaffen- und Nachrichtenhelferinnen waren erschienen. Um die ältesten Standarten der nationalsozialistischen Bewegung geschart, marschierten die Volkssturmabordnungen, nachdem die Ehrengäste ihre Plätze auf der Tribüne eingenommen hatten, in den Sand der Manege ein, von Beifall überschüttet: Jünglinge, Männer und Greise in allen Uniformen und Trachten, Zivilisten, Eisenbahner, Straßenbahner, Politische Leiter, Werkscharleute, Soldaten des ersten Weltkrieges, bewaffnet mit Gewehren, Karabinern oder Maschinenpistolen. Ritterkreuzträger SA.-Gruppenführer Hofmann meldete dem Gauleiter die Bildung des Deutschen Volkssturms, ›der gewillt ist, das Letzte einzusetzen für die Freiheit des Volkes und für die Freiheit des Reiches‹. Unter den Klängen des Liedes ›O Deutschland hoch in Ehren‹ marschierte der Fahnenblock auf die Tribüne.

Nach dem Reichsschatzmeister und General Kriebel wandte sich Gauleiter Paul Giesler an die ersten Bataillon(e) des Deutschen Volkssturms und an die Tausende, die den Raum des Zirkusgebäudes bis zum letzten Platz füllten, mit einer Rede. (')Mit den ältesten Standarten und Feldzeichen des nationalsozialistischen Kampfes und Sieges(‹), so sagte der Gauleiter, (')ist soeben die erste Formation des Deutschen Volkssturms in der Hauptstadt der Bewegung, dem Herzen des nationalsozialistischen Deutschlands, dem Traditionsgau Adolf Hitlers, einmarschiert. Von diesen Räumen aus ist die Wortgewalt und Persönlichkeitsmacht Adolf Hitlers in alle deutschen Gaue gedrungen. Viele Parteigenossen haben auf eine Stunde wie heute sehnlich gewartet. Sie wollten, daß ein deutliches und wahres Wort gesprochen würde. Wenn uns in den letzten Wochen auch die Gelegenheit zum Austausch unserer Gedanken fehlte, so haben wir doch um so fleißiger gearbeitet und nichts versäumt, um mit Schwierigkeiten des Krieges, in dessen Front wir längst eingerückt sind, fertig zu werden. Niemand kann sagen, daß wir es nicht vermocht hätten, den Begriff echter menschennaher, nationalsozialistischer Volksführung und damit den treuen Geist unseres Volkes in München zu verwirklichen. Das ganze Großdeutsche Reich kann das bezeugen. München ist wie andere Städte des Reiches zum Begriff tapferer, unbeugsamer Bewährung deutscher Menschen geworden. Das stellen wir fest und neigen uns zugleich vor den Opfern seiner deutschen Volkstreue.‹

Mit einem Hinweis auf die Opfer des letzten Luftangriffs sagte Paul Giesler: ›Diese Gräber sind wie ein Wall vor dem Heiligsten(,) was wir besitzen, vor Deutschland. So bitter alle Opfer sind, die wir bringen müssen: Jetzt geht es um Deutschland. Seine Zukunft, sein Bestand stehen über jeglichem Einzelschicksal. Schweigen wir von den kleinen Auffassungen, von den eigenen Wünschen und Hoffnungen des privaten Lebens, denn was bedeuten heute unsere oft viel zu wichtig genommenen Angelegenheiten, Befürchtungen, Vorstellungen und Urteile? Wir müssen Abschied nehmen von der selbstsüchtigen Führung unseres Lebens, müssen die dummen Scheinbedürfnisse von uns abwerfen. Die Anständigen, die Guten, die Tapferen, die Schaffenden, sie allein haben in Deutschland das Wort, sie sind es auch, die ihrem Deutschland die Treue halten. Auf sie kann sich der Führer verlassen. In dieser Zeit erweist sich der wahre Kern eines jeden. Nunmehr erkennen wir, wer echt ist und echt bleibt. Auf schwache Bundesgenossen kann die Partei verzichten, denn ihr bester Kraftquell ist der Glaube. Und dieser Glaube wird triumphieren wie in der Kampfzeit.

Wir wollen nun dem Feind zeigen, wie fest unserer innerer Zusammenhalt ist und daß uns die Ereignisse der letzten Monate trotz allem, was geschah, nicht umzuwerfen vermögen. Gerade die Bedrängnis ist unsere Lehrmeisterin geworden. Wenn die Feinde glaubten, es würde genügen, daß sie mit ihren Panzern an der deutschen Grenze erschienen und wir Deutsche würden vor Schrecken in die Knie gehen, so haben sie sich gewaltig

getäuscht. Jetzt sollen sie das Adolf-Hitler-Deutschland kennenlernen. Das Ringen um die innere Kraft des Volkes entscheidet
Deutschland, denn es besitzt eine Seelenstärke wie keine Nation
der Erde. Wir wissen, welches Schicksal uns die Gegner zugedacht haben und welches Los uns erwartet, wenn wir schwach
würden. Wenn wir unsere Arme sinken ließen, wären wir verloren. Unser Untergang wäre schlimmer und weit furchtbarer, als
es sich jemand auszudenken vermag. Sollen wir das bittere Brot
der Knechtschaft und der Schande essen? Sollen die Gegner
über uns gebieten, sollen sie uns antreiben zur Arbeit in den si-
birischen Fabriken? Soll all das zugrundegehen, was wir lieben,
unsere Art, das Leben zu führen in deutscher Sitte? Sollen unsere Frauen und Mädchen der Gier und Grausamkeit des übelsten
Gesindels der Welt ausgeliefert sein? Niemals!
Es gibt für uns keinen anderen Weg als den, tapfer vorwärts
zu gehen. Uns Nationalsozialisten ist der glückliche Ausgang
dieses Weltanschauungskrieges, der für uns ein heiliger Volkskrieg ist, gewiß. Unser Schicksal betrügt uns nicht. Es hat uns
nicht betrogen, als wir um unser Reich kämpften. Die Männer
des Volkssturms, geführt in nationalsozialistischem Geist, werden den Führer nicht enttäuschen. Er soll auch in unserem
Volkssturm eine Welt von Treue finden. Dafür bürgt ihm die nationalsozialistische Führung. Es gibt nichts, was wir nicht mit
der uns eigenen Entschlossenheit und mit leidenschaftlichem
Willen bewältigen können. Im Deutschen Volkssturm formiert
sich der unvergängliche, tapfere, ehrenhafte Geist der deutschen
Nation. Damit ist um die Behauptung unseres Lebens der heili-
ge Volkskrieg entbrannt, und die Gegner sollen es zur Kenntnis
nehmen, daß dieser Kampf von uns mit aller Verbissenheit und
Glaubenskraft geführt wird. Es tritt dem Feind kein kraftloses
Bürgertum entgegen, sondern das unter den Händen Adolf Hitlers gewachsene, lebensstarke, fanatisierte deutsche Volk. Die
Millionen und aber Millionen, alle die Einzelnen, die unser stol-
zes Volk darstellen, werden ihr Bestes hergeben für die Überwindung aller Schwierigkeiten, sie werden alle Kraft zusam-
menraffen und in der großen Stunde, die kommen wird, die
Gegner zusammenschlagen.‹«

»Wer nicht mit uns geht, der geht mit dem Feind ...«

Bevor Giesler sprach, hatte bereits Reichsschatzmeister Franz Xaver Schwarz in seiner Rede Bilder des Schreckens beschworen und behauptet, daß der Sieger bei einer Niederlage der Nationalsozialisten für das gesamte deutsche Volk kein Erbarmen kennen werde. »Es glaube niemand«, erklärte er, »daß er seinem Schicksal entgehen kann, wenn der Feind die Oberhand gewinnen würde. Man soll mir nicht sagen, daß nur die Nationalsozialisten aufgehängt werden oder daß man den deutschen Arbeiter schonen würde. Der deutsche Arbeiter gerade, der ist das begehrte Objekt des Feindes. Keine Schicht des deutschen Volkes ist ausgenommen. Siegte der Feind, dann wäre alles verloren, was uns lieb und wert ist. Die nicht mehr abreißende Zeit eines dauernden Elends wäre da. Die Ruinen der deutschen Städte wären dann Dauerzustand. Ich denke, wir nehmen lieber eine vorübergehende äußerste Kraftanspannung in Kauf als ein Sklavendasein für unser ganzes Leben.«

Männern, die noch immer nicht zum Kampf bereit sein sollten, hielt Schwarz in bedrohlicher Weise entgegen: »Wer nicht kämpft, fällt jedoch der Vernichtung anheim. Es glaube niemand, daß er sich vor der Notwendigkeit dieses Kampfes verkriechen kann! Sein Schicksal ereilt ihn auf jeden Fall. Die Zeit des Ausweichens ist in zweierlei Hinsicht vorbei. Wir haben den Raum nicht mehr. Wir können nur noch in ein deutsches Dorf oder in eine deutsche Stadt ausweichen. Außerdem ist auch das erbärmliche seelische Ausweichen und das Absetzen vom Feinde ohne Befehl vorbei. Wir haben nicht mehr zu diskutieren, wie alles gekommen ist. Wir haben die harten Tatsachen in Rechnung zu stellen und danach zu handeln.« Im weiteren wurde Schwarz noch deutlicher. »Wir kennen nicht den Zwang und den Kadavergehorsam, sondern den freien fanatischen Willen, das Höchste zu leisten. Wer nicht will oder die Volkserhebung sabotiert, den trifft die härteste Strafe der Volksgemeinschaft. Hier gilt der Grundsatz: Wer nicht mit uns ist, der geht mit dem Feind. Der ist also ein Verräter. Und Verräter verdienen den Strick.«

Der Befehlshaber im Wehrkreis VII, General Kriebel, nannte den 18. Oktober 1944 einen »Tag von besonderer geschichtlicher Bedeutung«. »Mit dem Aufruf des Volkssturms erst«, meinte er, »ist der totale Krieg auch als totaler Kampf eröffnet. Jeder Arm, der ein Gewehr führen kann, kämpft. Jede deutsche Stadt, jedes deutsche Dorf, jedes Haus, jeder Hof, jedes Waldstück, jeder Hügel, jeder Quadratmeter des heiligen deutschen Bodens, den ein Feind betritt, wird bis zum letzten Blutstropfen verteidigt. Erst jetzt sind wir ein Volk in Waffen!«

Kein Ende des Elends in Sicht

Zehn Tage nach dem Aufruf des letzten Aufgebots griffen am Samstag, dem 28. Oktober 1944, erneut amerikanische Kampfflugzeuge München an. Wieder kamen die Maschinen der 15. US-Luftflotte aus dem Süden, überflogen die Hohen Tauern und näherten sich der Stadt auf einer Route, die über Mayerhofen/Wörgl, Kitzbühel/Kufstein, Lenggries, Schaftlach, Freising und Erding hinwegführte.[248] Bei den Angreifern handelte es sich um »7 schnelle Kampfflugzeuge«, wie der Polizeipräsident am 31. Oktober dem Befehlshaber der Ordnungspolizei meldete. Lange bevor an diesem Abend um 20.45 Fliegeralarm gegeben wurde, eröffnete die Flak um 20.15 Uhr ihr Abwehrfeuer. Dennoch gelang es den amerikanischen Fliegern, bei behinderter Sicht an München heranzukommen und um 20.21 Uhr die erste Bombe zu werfen.

Eindeutig hatte es die deutsche Luftabwehr hier mit einem Störangriff zu tun, der dem Nord- und dem Westrand des Stadtgebietes galt. Bevor die US-Maschinen wieder abdrehten, warfen sie insgesamt 34 Sprengbomben (500 LB) ab, die zwei Wohngebäude völlig zerstörten und zwei schwer beschädigten. Durch diese Schäden wurden in München weitere rund 100 Personen obdachlos. Der Luftüberfall, der mit der Entwarnung um 21.18 Uhr endete, forderte auch ein Todesopfer. Außerdem trug eine Person Verletzungen davon.

Der Polizeipräsident hatte seinen Bericht über den Störangriff für den Befehlshaber der Ordnungspolizei im Wehrkreis VII noch nicht verfaßt, da tauchten am Sonntag, dem 29. Oktober, schon wieder Maschinen der 15. US-Luftflotte aus Italien über der Stadt auf. Diesmal hatten die Angreifer für ihren Südeinflug den Weg über Udine, Spital, Hofgastein, Zell am See, Reit im Winkl und Lenggries/Ebersberg gewählt.[249] Ihre Stärke gab der Polizeipräsident am 31. Oktober in seinem Rückblick auf den Angriff mit »120-150 Kampfflugzeugen (Liberator, Fortress II)« und mit »ca. 50 Jagdflugzeugen (Lightning)« an, die in vier Wellen herankamen. Der Sektorenangriff war der sechsundzwanzigste Luftangriff, der München seit Beginn des Krieges traf. Bei dunstigem Wetter und Wind aus Nordost näherten sich die

Völlig erschöpfte Helfer nach Bergungsarbeiten vor der Staatsbibliothek in der Ludwigstraße im Herbst 1944.

Amerikaner aus nördlicher und aus südlicher Richtung der Stadt.

29. Oktober 1944: etwa 150 »Liberator« und »Fliegende Festungen« mit 50 »Lightning«-Jägern

Damit war die kurze Ruhe, die der Münchner Bevölkerung nach dem letzten Störangriff geblieben war, schon wieder unterbrochen. Als um 11.30 Uhr Fliegeralarm gegeben wurde, mußten sich die Menschen, die bereits in der vergangenen Nacht bis 21.18 Uhr in den Kellern ausgeharrt hatten, nach wenigen Stunden erneut in die Schutzräume zu begeben. Nach dem Einsetzen des Flakfeuers um 11.50 Uhr fielen dann drei Minuten später die ersten Bomben. Die Angreifer hatten es diesmal auf Freimann und auf die Innenstadt abgesehen, wo die meiste Abwurfmunition auf den Lenbachplatz, auf die Dachauer Straße und auf die Häuser an der Ecke Schelling-/Amalienstraße niederging. Insgesamt fielen 1400 Sprengbomben (je 500 LB) und 2000 Stabbrandbomben, die wieder beträchtlichen Schaden anrichteten.

21 Gebäude, davon elf Wohnhäuser, wurden durch Sprengschäden und vier durch Brandbomben, darunter jedoch kein Wohngebäude, total zerstört. Acht Häuser, davon drei Wohngebäude, trugen erhebliche Beschädigungen davon. Durch die Verwüstung des Wohnraums wurden abermals rund 300 Personen obdachlos.

Aber schwerer noch wogen die menschlichen Verluste. Als der Angriff mit der Entwarnung um 13.00 Uhr endlich wieder überstanden war, hatten 33 Personen ihr Leben verloren: ein Soldat der Wehrmacht, ein Ausländer und 31 einheimische Zivilisten, davon neun Männer, 21 Frauen und ein Kind. An fünf Schadenstellen waren 59 Menschen verschüttet, von denen 30 lebend und 29 nur noch tot geborgen werden konnten. Unter den 31 Personen, die bei dem Bombenangriff Verletzungen erlitten, befand sich ein Kind.

Zum Glück bereitete die Bekämpfung der Feuer, die, wie Hauptmann Loße seinem Vorgesetzten, Oberst Thürauf, am 30. Oktober aus dem Abschnitt Nord meldete,[250] »in der Mehrzahl durch Abwurf von Stabbrandbomben« verursacht worden waren, den Löschkräften keine Schwierigkeiten. »Sämtliche Brände«, hatte der Führer der FE-Abteilung Nord bereits am 29. Oktober um 20 Uhr festgestellt, »befanden sich seit 15.00 Uhr in der Gewalt.« Bei den Löscharbeiten hatten auch wieder Hitlerjungen ihren Mann gestanden. So berichtete Loße:»Bei den Schadensstellen Buerstraße (Brand einer Wohn- und Sanitätsbaracke in einem Ausländerlager, Anm. d. Verf.) und Amalienstraße (wo nach einem Sprengschaden das teilweise zerstörte Wohnhaus Nr. 71 in Flammen stand, Anm. d. Verf.) waren je 1 Löschgruppe der Partei und bei der Schadensstelle Elektrotechn(ische) Versuchsanstalt (des Reichsbahn-Zentralamtes München in der Völckerstraße) 1 Löschgruppe der HJ tätig.«

Ungeachtet des erneuten Luftangriffs, liefen die Vorbereitungen zur Einberufung der Volkssturmmänner am 29. Oktober in München unvermindert weiter. Die MNN meldeten, daß an diesem Sonntag in den Ortsgruppen »bereits die ersten Kriegsappelle abgehalten« wurden. Aus diesem Anlaß veröffentlichte die Zeitung am Montag ein Gespräch mit dem Führer des Volkssturms im »Traditionsgau München-Oberbayern«, SA-Gruppenführer Hofmann. Dabei ging es um die Frage, »welche Formen der Ausbildung an der Waffe wie im Gelände für die neu aufzustellenden Einheiten vorgesehen« seien. Hofmann gab dem Blatt folgende Informationen:»Die bereits vorhandenen

Richtlinien für die Ausbildung des Deutschen Volkssturms sind weitgehend von dem Geist der Front bestimmt. Der Exerzierdrill wird im allgemeinen wegfallen, ähnlich wie es mit Erfolg schon in kurzfristigen Lehrgängen der Wehrmacht erprobt worden ist. Natürlich wird auf Kommando und militärische Formen nicht verzichtet, man wird sie jedoch niemals zum Hauptzweck einer Ausbildungsstunde erheben. Die notwendigsten Grundbegriffe einer jeden gemeinsamen Kampfeinheit müssen natürlich geübt werden. Das Ziel aber ist vor allem, eine Einheit des Volkssturms im Marsch zum Übungsplatz führen zu können. Die Ausbildung, für die vorerst jeweils der halbe Sonntag und weitere zwei Stunden an einem Abend der Woche vorgesehen sind, soll bei Regen und Kälte nicht um jeden Preis im Freien durchgeführt werden: Es gibt viele Möglichkeiten zum Unterricht an der Waffe auch im geschlossenen Raum. Die innere Bereitschaft zur Leistung, die bei jedem Volkssturmmann vorausgesetzt wird, soll durch den Drill nicht erdrückt werden.«

Das Ziel sei, so betonte Hofmann, nicht die geschlossene Gefechtsübung, sondern »der mit der Waffe vertraute, umsichtige und zum Letzten entschlossene Kämpfer«. »Drill wird lediglich im Umgang mit der Waffe geübt werden, in der Absicht, dem Volkssturmmann alle Einzelheiten etwa des Ladens und Sicherns beim Karabiner und des Lauf- oder Schloßwechsels beim Maschinengewehr so vertraut zu machen, daß er sie auch in Minuten äußerster Anspannung und Nervenbelastung beherrscht. Langwierige Erklärungen sollen in jedem Fall vermieden und durch die praktische Übung an der Waffe ersetzt werden. Bei der Ausbildung für den Panzerkampf wird vor allem auf den Umgang mit der ›Panzerfaust‹ Wert gelegt, die mühelos von einem einzelnen Mann mit wenigen Handgriffen bedient werden kann. Als Waffen für die Ausbildung des Volkssturms sind außer den genannten noch Handgranaten, leichte Granatwerfer, Hafthohlladungen, Pistolen und Maschinenpistolen vorgesehen. Dabei wird man zu Beginn der Ausbildung mit geringen Mengen von Waffen auszukommen haben.«

Allein im November 1944 greift die 15. US-Luftflotte sechsmal an

Während die Nationalsozialisten ihre letzten Bataillone zusammenzogen und mit untauglichen Mitteln auf den Endkampf vorbereiteten, verstärkten die Amerikaner weiter den Druck auf die

Stadt. Allein im kommenden Monat November sollte die 15. US-Luftflotte München sechsmal angreifen: am 3. November, am 4. November, am 16. November, am 22. November, am 25. November und am 30. November. Am 27. November griffen auch die Briten, nachdem sie lange Zeit nicht mehr über München erschienen waren, wieder in den Luftkrieg gegen die »Hauptstadt der Bewegung« ein.

Als sich die US-Bomber am Freitag, dem 3. November, erstmals in diesem Monat der Isar näherten, herrschte dort herbstliches Wetter. Ein leichter Wind wehte aus West bis Nordwest, und der Norden und der Nordwesten der Stadt lagen unter einer künstlichen Nebeldecke.[251] Wieder kamen die Angreifer aus dem Süden. Der Anflug führte die »Fliegende Festungen« über Lienz, Mayerhofen/Kitzbühel, Penzberg und weiter über das Chiemseegebiet und Wasserburg nach München, wo der Angriff die Bevölkerung überraschend traf. »Alarm ohne Voralarm«, schrieb Friederike Kurz in ihren Kalender. »Schwere Kampfflugzeuge über München von Süden.« Um 11.00 Uhr begaben sich die Menschen auf dem schnellsten Weg in die Keller. Bald darauf waren in der Innenstadt die ersten Bombenabwürfe aus der Richtung München–Pasing zu hören. Der Polizeipräsident bewertete den Einflug in seinem Bericht, den er am 4. November für den Befehlshaber der Ordnungspolizei im Wehrkreis VII verfaßte, als einen »Störangriff«, der »in Gruppen von jeweils nur wenigen Flugzeugen und durch einzeln fliegende Maschinen« erfolgte. »Bombenabwürfe ohne Erdsicht«, fügte er hinzu. Insgesamt fielen 98 Sprengbomben (250 LB), die zehn Personen töteten: drei ausländische Frauen und sieben einheimische Zivilisten, davon drei Männer und vier Frauen. An drei Schadenstellen wurden 14 Menschen verschüttet, von denen acht lebend (und zwar eine Person schwer und zwei leicht verletzt, fünf ohne Verletzungen) und sechs tot geborgen wurden. Die Gesamtzahl der Verletzten betrug zehn Menschen (darunter kein Kind). Bei dem Angriff, der mit der Entwarnung um 12.05 Uhr endete, entstand an einem Wohnhaus Totalschaden; zwei Häuser wurden schwer beschädigt.

Noch am selben Tag schrieb der Oberbürgermeister den folgenden Bericht, der zeigt, wie wahllos der Tod im Bombenkrieg nach seinen Opfern griff: »Bei dem Luftangriff in den Vormittagsstunden des 3. November 44 handelte es sich um einen Südeinflug von etwa 20 schnellen Kampfflugzeugen. Der Angriff kann als ein Störangriff bezeichnet werden. Schäden waren hauptsächlich in den westlichen und nordwestlichen Stadtteilen eingetreten.

Am stärksten in Mitleidenschaft gezogen wurde das Krankenhaus des III. Ordens an der Menzinger Str. in Nymphenburg, dessen Dachflächen deutlich mit dem Roten Kreuz gekennzeichnet sind. Das Areal des Krankenhauses wurde von 6 schweren Sprengbomben getroffen, 2 weitere fielen auf die Straße. Eine der Bomben fiel unmittelbar nach dem Ertönen des Alarmsignals und traf den östlichen Teil des Neubaues an der äußeren Ecke gegen die Maria-Ward-Straße, wo sie das Dach und die Räume bis zum zweiten Stock herab zerstörte. Von den im zweiten Stock untergebrachten Schwestern der vorausgegangenen Nachtwache wurden dabei zwei getötet, ferner eine männliche und eine weibliche Hilfskraft. Von den Verschütteten wurden um 13 Uhr vermutlich noch zwei vermißt. Außerdem wurden zwei Schwer- und zehn Leichtverletzte geborgen. Es handelt sich durchwegs um Personal. Krankenhausinsassen kamen nicht zu Schaden. (...)

Die übrigen auf die westlichen bis nördlichen Stadtgebiete verteilten Einzelbombenabwürfe verursachten leichte bis mittlere Schäden.«[252] Außerdem wurden »Bombenabwürfe bei Riem und bei Sauerlach außerhalb des Stadtgebietes« beobachtet.

Fast genau 24 Stunden nach dem Störangriff suchte die 15. US-Luftflotte am Samstag, dem 4. November, München schon wieder heim. Diesmal drohte der Stadt ein neuer Großangriff. Von Venedig/Udine kommend, überquerte eine mächtige Armada, die der Polizeipräsident nach Informationen der Luftabwehr auf »800-1000« Maschinen bezifferte, die Hohen Tauern.[253] Danach teilte sich die Flotte, und ein Verband mit »ca. 400 Maschinen einschließlich Jagdschutz« flog in breiter Front über Lienz, Innsbruck/Schwaz/Kitzbühel und Lenggries/Kufstein/ Chiemsee nach München weiter, wo die Bevölkerung dem siebenundzwanzigsten Luftangriff seit Kriegsbeginn entgegenging. Der Himmel war zu neunzig Prozent bedeckt, der Wind kam aus West, und der Norden und der Nordwesten der Stadt verbargen sich wieder unter einer künstlichen Nebeldecke, als um 11.26 Uhr Fliegeralarm gegeben wurde. Um 11.45 Uhr fielen die ersten Bomben, nachdem die Flak bereits um 11.40 Uhr das Feuer südostwärts der Stadt eröffnet hatte. Die Bomber vom Typ Liberator und die Jäger P-38 Lightning, die sich ihrem Ziel in schnellem Flug näherten, griffen München aus Süd und Südost an. In 47 Minuten warfen sie insgesamt 2000 Sprengbomben (500

LB) und rund 10 000 Stabbrandbomben, zum Teil gebündelt, ab. Neunzig Sprengbomben waren Langzeitzünder.

Der Sektorenangriff, der ohne Umgehung der Stadt direkt aus der Anflugsposition erfolgte, galt den nördlichen, den südlichen und den südwestlichen Gebieten der Stadt. Nach der Entwarnung um 12.40 Uhr zeigte sich, daß den Bomben diesmal 65 Menschen zum Opfer gefallen waren: fünf Soldaten der Wehrmacht, zwei Kriegsgefangene und 58 einheimische Zivilisten, davon 16 Männer, 39 Frauen und drei Kinder. An neun Schadenstellen wurden 107 Personen verschüttet. Von diesen konnten 46 Menschen lebend und 61 nur noch tot geborgen werden. Die Gesamtzahl der Verletzten belief sich auf 93 Personen; davon waren drei Kinder. Durch Sprengbomben gingen 48 Wohnhäuser und durch Brandmunition vier völlig verloren. An 58 Wohngebäuden entstand schwerer Schaden. Nach diesem Hochangriff registrierte die Stadtverwaltung 2816 Obdachlose aus 126 Häusern. Die Gesamtzahl der zerstörten Gebäude betrug 77; dazu kamen noch 83 Häuser, die schwere Spreng- und Brandschäden aufwiesen.

Am Pasinger Bahnhof: »Wenn eine Bombe in der Nähe der Eingänge niederginge, könnte es uns die Lungen zerreißen ...«

Nach dem Bombardement notierte sich Friederike Kurz am 4. November in ihrem Kalender: »Wetter trüb, es brennt sehr stark.« In Flammen standen am Südbahnhof auch 37 Güterwaggons, deren Fracht jedoch zum Teil gerettet werden konnte. Ein verheerendes Ausmaß hätte die Bombardierung des Bahngeländes mit Sicherheit angenommen, wenn der Munitionszug, der dort abgestellt war, voll beladen gewesen wäre. So aber entging die Bahnanlage noch einmal der völligen Verwüstung.

Dagegen war der Hauptbahnhof längst vernichtend getroffen. Nur im begrenzten Maße konnte er seine Funktion noch erfüllen. Erschwerend kam hinzu, daß seine Gleisverbindung mit den Außenbezirken durch Bombentreffer immer wieder unterbrochen wurde. Wer also zum Beispiel München nach dem Luftangriff vom 4. Oktober mit der Reichsbahn verlassen wollte, mußte sich zum Pasinger Bahnhof begeben. Das beabsichtigte am Donnerstag, dem 5. Oktober, auch Margarete Konetzky, die von Pasing aus weiter zu ihrem Mann nach Murnau fahren wollte. Doch sie gab das Unterfangen wieder auf, wie sie ihrem

Notizbuch anvertraute: »Wollte nach Murnau fahren, aber Mama und Tante sehr dagegen, weil so viele Schwierigkeiten damit verbunden sind. Ich fuhr mit Tante zwar zum Lenbachplatz, weil man nun mit dem Omnibus nach Pasing fahren muß wegen der zerstörten Gleise. Aber wir kehrten wegen der großen Menschenmenge wieder zurück.«

Zwei Tage später hatte die junge Frau bei ihrem Versuch, München zu verlassen, mehr Glück. »Vom Lenbachplatz aus«, schrieb sie am Samstag, dem 7. Oktober, »fuhr ich mit einem Omnibus nach Pasing. (...) Von zwei bis vier Uhr stand ich dann in Pasing, und es war herrliches Wetter, aber eine ungeheure Menschenmenge wartete ebenfalls auf den Zug.«

Mit den langen Wartezeiten, die sie immer wieder auf dem Pasinger Bahnhof zubringen mußte, war für Margarete Konetzky einmal auch ein erschreckendes Erlebnis verbunden. »Als ich in diesen Tagen«, berichtet sie, »wieder (...) in Pasing auf den Zug wartete, war Alarm. Da es (dort) keinen Luftschutzkeller gab, raste die Menschenmenge in die Unterführung unter den Gleisen. Ich befand mich ungefähr in der Mitte der Unterführung, direkt an der Betonwand, und ich dachte, ich würde erdrückt. Immer mehr Menschen drängten in völliger Panik die Treppen herunter und preßten die Menschen, die schon in der Unterführung standen, immer enger zusammen. Ich stemmte mich mit allen Kräften, mit meinen Armen und Knien gegen die Wand, um Spielraum zu gewinnen. Mit jedem Knall drängten sich die Menschen enger aneinander. Ich wußte, daß, wenn eine Bombe in der Nähe der Eingänge niederging, es uns die Lungen zerreißen könnte, wie es oft geschah.«

XII

LEBEN IN RUINEN

Angst vor dem Winter

Mit jedem Luftangriff zeigte sich immer deutlicher, daß Deutschland längst am Ende war. Nur mit Notbehelfen hielt sich das Volk noch aufrecht und leistete weiter Widerstand. Die Städte waren verwüstet, ganze Jahrgänge junger Menschen ausgeblutet, die letzten Kraftreserven erschöpft. Mangel herrschte an allem – und doch führten die Nationalsozialisten den verbrecherischen Krieg fort, verlangten sie neue Opfer, trieben sie die Menschen weiter in den Tod, nur damit sie ihr eigenes Leben verlängern konnten, dessen Stunden bereits gezählt waren.

Auch die Münchner Feuerlöschkräfte bekamen den Mangel an technischem Gerät immer bedrohlicher zu spüren. So klagte der Führer der FE-Abteilung Nord, Hauptmann Loße, am 5. November 1944 in seinem Lagebericht an Oberst Thürauf: »Von den der FE.-Abteilung zur Verfügung stehenden Krädern befinden sich 7 Kräder schon seit mindestens 3 bis zu 6 Monaten in Reparatur. Da lt. Erfahrungstatsache bei schweren Angriffen die Fernsprechverbindungen größtenteils ausfallen, so daß die Einsatzbefehle durch Kradmelder übermittelt werden müssen, würde das Fehlen dieser Kräder den Einsatz der FE.-Abteilung Nord stark beeinträchtigen. Eine Erhöhung der Dringlichkeitsstufe würde die vordringliche Durchführung der Reparaturen herbeiführen und somit den schnellen Einsatz der Kräfte gewährleisten.«[254]

Die Kraftfahrstaffel, der beim Kommando der Feuerschutzpolizei die Fahrzeuge unterstanden, reagierte auf die Beschwerde hilflos. Ihre Antwort machte die ganze Misere der Versorgungslage deutlich. »Mir ist der Mißstand mit den Krädern«, gab der zuständige Offizier zu, »weitgehenst bekannt. Die Verhältnisse sind so, daß leider eine große Anzahl fast ausgedienter Kräder der Luftschutzpolizei zur Verfügung stehen, z. T. auch bei den Reparatur-Fa. (= Firmen, Anm. d. Verf.) die Ersatzteilbeschaffung eine außerordentlich schwierie ist. Eine höhere Dringlichkeitsstufe wird grundsätzlich nur für Feuerlöschfahrzeuge und Lkw. erteilt. Es wäre zu versuchen, die ältesten Kräder auszuscheiden und evtl. bessere dafür zu beschlagnahmen.«

»Nachts sehr viel Schnee und Sturm ...«

Angesichts der allgemeinen Not, die sich auch auf die Versorgung mit Kohlen auswirkte, blickten die Münchner im November mit Sorge dem Winter entgegen. Zur Angst vor den Bomben kam nun noch die Furcht vor der Kälte. Die Menschen wußten, daß das Leben in eisigen Wohnungen und in kaum geheizten Notunterkünften, durch die der Wind pfiff, unerträglich werden konnte. Zudem drohten Erkältungskrankheiten, gegen die es in diesen Zeiten keine schnelle medikamentöse Hilfe gab.

Zu allem Übel ließ der Winter diesmal nicht lange auf sich warten. Bereits in der Nacht zum Mittwoch, dem 8. November, fiel der erste Schnee. »Alles weiß«, vermerkte Friederike Kurz am darauffolgenden Tag in ihren Notizen. Am Nachmittag verschlechterte sich das Wetter zunehmend, und es kam Regen auf. Bald jedoch zogen die Temperaturen wieder an, und am Nachmittag des 9. November tobten durch München heftige Schneestürme. Das stürmische Wetter hielt auch in der Nacht an, und weiter fiel, wie Friederike Kurz berichtete, »starker Schnee«. Am Freitag, dem 10. November, nahm dann das schlechte Wetter nach kurzem Aufklaren am Nachmittag noch zu. »Heulender Schneesturm«, notierte sich die Chronistin. »Nachts sehr viel Schnee und Sturm.« Am Samstag, dem 11. November, fügte sie schließlich hinzu: »Stärkere Schneefälle halten an.«

Die Münchner wurden am selben Tag in der Presse aufgefordert, Frostschäden in den Wohnhäusern durch vorbeugende Maßnahmen zu begegnen. »Bei Kälte«, hieß es in dem Aufruf, »sind die Fenster zu schließen. Bei starkem Frost sind Wasserhähne schwach laufen zu lassen. Empfindliche Wasserleitungsteile und -behälter sind vorsorglich mit Stroh, Lappen und dergleichen zu umwickeln. Abortdruckspüler und -spülkästen sind auf geringen Durchlauf einzustellen. Eingefrorene Feuertonklosette und -waschbecken dürfen nur mit lauwarmem Wasser aufgetaut werden. Außer Betrieb befindliche Wasserleitungen und nicht benützte Wasserverschlüsse (Siphons) sind zu entleeren.«

Zugleich wurden Ratschläge erteilt, wie sich die Bevölkerung nach einem Bombenangriff im Winter zu verhalten hatte. »Nach einem Luftangriff«, lautete die Empfehlung, »sind bei Fenster- und Mauerschäden sofort Abort, Küche, Badezimmer, Waschhaus und alle sonstigen, von einer Kalt- oder Warmwasserleitung durchzogenen Räume kältedicht abzuschließen. Ist dies nicht möglich, dann ist der einschlägige Absperrhahn für Wasser zu schließen und die Kalt- und Warmwasserleitung einschließlich der Spülkästen und Siphons der Wasserklosette, ferner Badeöfen, Boiler und dergleichen in den betreffenden Gebäudeteilen oder nötigenfalls im ganzen Haus zu entleeren. (Wasserhaupthahn im Keller.) Was ferner zu beachten ist: In den Badewannen ist regelmäßig eine Wasserreserve zu belassen. Gegen Einfrieren bei mäßiger Kälte hilft das Einstreuen von Salz in die Wasserbehälter.«

Am Sonntag, dem 12. November, besserte sich das Wetter. »Strahlend blauer Himmel, kalt«, registrierte Friederike Kurz. In der Mittagszeit fügte sie hinzu: »Wetter sehr schön, aber stürmisch.« Der Sturm legte sich auch in der Nacht nicht. »Aber kein Schnee mehr«, hob die Chronistin hervor. Erst in der Nacht zum Mittwoch, dem 15. November, fiel wieder Schnee, der liegenblieb, jedoch »sehr naß« war. Nach einer herrlichen Sternennacht folgte dann am Donnerstag, dem 16. November, ein schöner Morgen, der zwar kalt war, aber keine neuen Schneefälle brachte.

16. November 1944: vier Wellen von US-Bombern zwischen 12.02 und 13.06 Uhr

Die Witterung erschien den US-Luftstreitkräften für einen neuen Luftangriff auf München geeignet, und so tauchten ihre Bomber in der Mittagszeit wieder über der Stadt auf. Erneut handelte es sich um Kampfflugzeuge der 15. US-Luftflotte, die von Süden aus auf der Route über Krimml/Mayerhofen/Matrei, Innsbruck, Garmisch-Partenkirchen und über den Starnberger See nach München vorgestoßen waren.[255] Ihre Stärke betrug nach dem Bericht des Polizeipräsidenten vom 19. November »ca. 400 Kampfmaschinen (Liberator, Fortress II)« und »100 Jäger (Mustang, Lightning)«. Als sie ihr Ziel erreichten, war das Wetter dort diesig, und der Wind wehte aus Südwest.

Um 11.30 Uhr rief der Fliegeralarm die Bevölkerung in die

Schutzräume, wo die Menschen an diesem 16. November 1944 den achtundzwanzigsten Luftangriff auf München seit Kriegsbeginn auszustehen hatten. Das Flakfeuer, das um 11.44 Uhr südlich der Stadt zuerst zu hören war, ließ darauf schließen, daß sich die Angreifer von Süden näherten. Um 12.01 Uhr eröffnete auch die Flak im Stadtgebiet das Feuer auf die Bomber, die unmittelbar aus ihrer Anflugsposition zum Angriff übergingen. In vier Wellen warfen die Amerikaner ihre Bomben auf München und entluden damit über der Stadt wieder eines der schwersten Bombardements.

Über die Angriffsziele der einzelnen Wellen berichtete der Polizeipräsident am 19. November dem Befehlshaber der Ordnungspolizei:

»1. Welle

12.02 Uhr mit Bombenwürfen auf Westend, Süd, Bahnanlagen Hauptbahnhof/Südbahnhof/Mü-Laim, Schwabing.

2. Welle

12.19 Uhr mit Bombenwürfen auf Bahnanlagen Mü-Laim bis Donnersbergerbrücke, Schwabing (Königl. Platz bis Josefskirche und Luitpoldpark), Trudering, Prinzregentenplatz, Neuhausen.

3. Welle

12.40 Uhr mit Bombenwürfen auf Süd (Isartalbahnhof bis Corneliusbrücke), Innenstadt, Bahngelände Pasing – Neuaubing – Menzing, südl. Außenviertel – Obergiesing – Harlaching – Berg am Laim – Johanneskirchen.

4. Welle

13.00 Uhr mit Bombenwürfen auf Harlaching, Obergiesing, Perlach/Ramersdorf.«

Der Hochangriff, der mit den letzten Bombenwürfen um 13.06 Uhr endete, dauerte eine Stunde und vier Minuten lang. In dieser Zeit fielen insgesamt 2650 Sprengbomben (je 500 LB). Außerdem warfen die Amerikaner rund 3000 Flugblätter ab, die den Titel trugen: »Luftpost, Ausgabe Süd, Nr. 51, Nachrichtenblatt für Mittelmeer, Österreich und Deutschland vom 31. Okt. 1944«.

Als die Bevölkerung mit der Entwarnung um 13.46 Uhr die Schutzräume verlassen konnte, zeigte sich, daß auch dieser Angriff, wie bei der Schwere des Bombardements zu befürchten war, wieder seine Opfer gefordert hatte. Insgesamt waren in den Bomben 144 Menschen umgekommen: 14 Soldaten der Wehrmacht, 37 Kriegsgefangene, 26 Ausländer (25 Männer und ein Kind) und 67 einheimische Zivilisten, davon 24 Männer, 34

Frauen und neun Kinder. An 26 Schadenstellen wurden 237 Personen verschüttet, von denen 98 lebend und 139 tot geborgen wurden. Unter den 103 Verletzten, die der Angriff gefordert hatte, befanden sich drei Kinder.

Auch die Schäden, die in der Stadt entstanden, waren wieder beträchtlich. Durch die schweren Sprengbomben wurden 176 Gebäude, davon 162 Wohnhäuser, total zerstört und 165 (148 Wohnhäuser) schwer beschädigt. Brände vernichteten sieben Häuser (sechs Wohngebäude) völlig und fügten drei Gebäuden (darunter einem Wohnhaus) erheblichen Schaden zu. Durch die erneute Verwüstung von Wohnraum wurden 10 000 Menschen obdachlos.

Außerdem verfügte der Stadtteil Giesing nach dem Angriff über kein Wasser mehr, und in den östlichen Stadtteilen und auch in einzelnen Schwabinger Wohnvierteln war das Wassernetz durch Druckminderung geschwächt, so daß die Bevölkerung aus Tankwagen mit Trinkwasser versorgt werden mußte. Der Polizeipräsident äußerte am 19. November in seinem Bericht an den Befehlshaber der Ordnungspolizei im Wehrkreis VII die Vermutung, daß bei den amerikanischen Luftstreitkräften schon seit längerem die Absicht bestehe, die Wasserversorgung der Großstadt durch gezielte Bombenwürfe auf die Hauptrohre für immer lahmzulegen. So meldete er seinem Vorgesetzten: »Auf die außerhalb der Stadt gelegenen Hochzonenbehälter und (auf) die im Walde liegenden Hauptzuleitungen der städt. Wasserversorgung wurden erneut Bomben geworfen. Diese Abwürfe erfolgen seit Juni 1944 planmäßig.«

»Die Menschen fuhren hin und her, die einen aus der Stadt, um zu flüchten, die anderen in die Stadt hinein, um überlebende Angehörige zu suchen ...«

Gewaltige Schäden hatte auch wieder die Reichsbahn zu verzeichnen. »Durch zahlreiche schwere Treffer in Gleise und Leitungen«, vermerkte der Polizeipräsident in seinem Bericht, der wie immer geheim war, »wurden die Strecken nach Garmisch, Herrsching, Lindau, Augsburg, Ingolstadt, Regensburg, Mühldorf, Kreuzstraße, Holzkirchen, der Nordring und die Rangieranlagen Mü-Laim und Berg am Laim unterbrochen. Abfertigung des Personenverkehrs ab Kopfbahnhöfen Planegg, Neuaubing, Aubing, Lochhausen, Allach, Moosach, Ostbahnhof und

Obersendling. Schienenersatzverkehr durch Omnibusse zu den Kopfbahnhöfen. Pendelverkehr zwischen Mü-Laim und Mü-Pasing.«

Bei dem Bombardement wurde diesmal auch die Wohnung von Friederike Kurz in der Braystraße 11 schwer in Mitleidenschaft gezogen. Noch am 16. November schrieb die Chronistin über den Angriff: »Für uns der schwerste. Nach dem Angriff Wetter verschlechtert. Wind. Kein Strom. Keine Scheiben mehr.« Am Freitag, dem 17. November, berichtete sie: »Erst spät aufgestanden, da kein Licht. Schönes Wetter, kalt. Mama holt Kerzen und Pappendeckel (für die Fenster, Anm. d. Verf.). Am Abend werden wir mit dem größten Schmutz fertig. Wir schlafen wieder in der Küche.«

Bald darauf traf in der Braystraße ein Brief ein, den die Schwiegermutter von Margarete Konetzky am 16. November im rund 120 Kilometer entfernten Tettenweis geschrieben hatte. Selbst dort war das schwere Bombardement auf München noch gehört worden. »Heute«, so begann die besorgte Frau, »müßt Ihr doch einen schrecklichen Angriff gehabt haben. Eineinhalb Stunden klirrten bei uns in Tettenweis die Fenster. Alles stand auf den Straßen. Es war ein Donnern und Rollen, wir hatten sehr Angst um Euch alle. Die Großmutter gab Euch den Segen und betete. Bis wir jetzt wieder was von Euch hören, kann man mit bangen Sorgen warten. Freilich ist es für Euch noch viel schlimmer, aber solche Sorgen sind auch nicht leicht.«

Zwei Tage nach dem Luftangriff brach Margarete Konetzky wieder zu ihrem Mann Hans nach Murnau auf. Über die beschwerliche Fahrt, die sie am Samstag, dem 18. November, antrat, berichtete sie noch am selben Tag in ihrem Notizbuch: »Heute bin ich sehr früh aufgestanden und mit Mama schon um halb sechs Uhr zum Hauptbahnhof gefahren. Haben dort mein Billett gekauft und dann lange auf den Pendelzug nach Pasing gewartet. Endlich kam ich nach Pasing und mußte dort in einer ungeheuren Menschenmenge auf meinen Zug nach Murnau warten. Um halb acht Uhr kam ein Pendelzug von Gauting, und ich schaute vorsichtshalber, ob Hans nicht mit herauskommt(,) und wirklich kam Hans daher. Ich freute mich schrecklich, daß wir uns nicht verfehlt hatten, denn Hans ist heute nach München gefahren und hatte drei Tage Bombenurlaub. Wir fuhren gleich wieder zurück und heim.«

Diese Zeilen sind ein Beweis für das unbeschreibliche Durcheinander, das bereits in München herrschte. »Man konnte sich wegen der allgemeinen Zerstörungen kaum mehr gegenseitig benachrichtigen«, erinnert sich Margarete Konetzky. »Die Menschen fuhren hin und her, die einen aus der Stadt, um zu flüchten, die anderen in die Stadt hinein, um überlebende Angehörige zu suchen oder um nach ihrer verlassenen Wohnung zu sehen oder um vielleicht noch einige Habseligkeiten retten zu können.«

Zum Glück für die Münchner hielt das schöne Wetter nach dem Luftangriff weiter an. Die Menschen waren bescheiden geworden und freuten sich schon über ein paar geruhsame Stunden, die sie einmal ausnahmsweise nicht im Bunker oder im Luftschutzkeller verbringen mußten. So vermerkte zum Beispiel Friederike Kurz am Samstag, dem 18. November, in ihrem Kalender: »Ein sehr schöner Abend bei Kerzenlicht. Sternennacht.« Am Sonntag schrieb sie: »Herrliches Wetter. Föhn. Wir haben noch keinen Strom.« Und am Abend fügte sie hinzu: »Wir sitzen lange im Dunkeln. (Um) 1/2 10 Uhr ins Bett. Sehr schöne Nacht.«

Auch am Montag, dem 20. November, herrschte zunächst noch wunderbares Wetter. »Schön, Föhn, mild«, notierte sich die Chronistin. Dann endlich gab es wieder Strom. Um 16.50 Uhr, berichtete Friederike Kurz, »kommt das elektrische Licht. Man darf nur eine Brennstelle brennen.« Doch kaum war die Stromversorgung wiederhergestellt, da ließ der Föhn nach, und das Wetter schlug um. »Ca. 7 Uhr«, hielt Friederike Kurz in ihren Aufzeichnungen fest, »Wettersturz: Sturm, Regen.« Später fügte sie noch hinzu: »Entsetzliche Sturmnacht. Durch die Pappendeckel (an den Fenstern, Anm. d. Verf.) bläst es schrecklich.«

Der folgende Tag brachte keine Besserung. »Furchtbares Wetter«, schrieb Friederike Kurz am Dienstag, dem 21. November, in den Kalender. »Regen und Sturm. Es bläst sehr durch unsere Wohnung.« Erst am Abend trat eine Wetterbesserung ein, und am Mittwoch, dem 22. November, hatte sich der Sturm gelegt. »Sehr schönes Wetter, kalt«, vermerkte die Chronistin.

»500 eingeflogene Maschinen« – über die Hohen Tauern und Salzburg

Doch auf die Beruhigung des Wetters hatten nicht nur die Münchner gewartet. Auch die Amerikaner nahmen sie zur Kenntnis. Mit der Wetterbesserung war für die 15. US-Luftflotte am 22.

November der Tag gekommen, wieder einen neuen schweren Schlag gegen die Stadt zu führen. Es war der neunundzwanzigste Luftangriff, der München seit Beginn des Krieges bevorstand, als der Südeinflug der Luftabwehr gemeldet wurde. Die Angreifer, die der Polizeipräsident mit »500 eingeflogenen Maschinen« angab, kamen über die Hohen Tauern und flogen über Salzburg nach Niederbayern.[256] Dort kreisten sie im Raum Eggenfelden/Landau/Dingolfing, bis die nachfolgenden Kräfte aufgeschlossen hatten. Von Regensburg aus näherten sie sich dann München auf zwei Wegen: Der eine Verband flog die Stadt über Ingolstadt/Pfaffenhofen an der Ilm an, und der andere erreichte sein Ziel über Landshut und Freising.

Als die Kampfflugzeuge eintrafen, lag über München herbstlicher Dunst, und es ging ein leichter Südostwind. Beklommen lauschten die Menschen, die der Fliegeralarm um 11.32 Uhr aufgeschreckt hatte, in den Kellern auf die Bomben. Um 12.41 Uhr war zuerst Flakfeuer im Osten der Stadt zu hören. Danach dauerte es nur noch eine Minute, bis der erste Bombenabwurf aus der Gegend von Riem zu vernehmen war. Bei dem Sektorenhochangriff nahmen die Amerikaner München mit zwei Abwurfwellen in die Zange. Die erste richtete sich um 12.42 Uhr gegen Riem, Berg am Laim, Perlach und Trudering, und die zweite erfaßte um 13.02 Uhr Pasing, Forstenried, Solln, Ramersdorf, die Innenstadt, das Klinikviertel, Untergiesing, Harlaching und das Oberwiesenfeld. Die Schwerpunkte des Angriffs, an dem 300 Liberator-Bomber beteiligt waren, lagen über der Altstadt, Ramersdorf und Untergiesing. Von 12.42 bis 13.21 Uhr, also in 39 Minuten, fielen 1 760 Sprengbomben (500 LB), die dem Bild der Stadt wieder schweren Schaden zufügten. Außerdem warfen die Angreifer erneut 300 Flugblätter ab, die im Kopf die Bezeichnung trugen:»Luftpost, Ausgabe Süd, Nachrichtenblatt für Deutsche Soldaten, Wochenausgabe Nr. 3 vom 11. November 1944«.

Wie sich nach dem Angriff bei der Entwarnung um 13.32 Uhr herausstellte, hatte auch dieses Bombardement wieder 28 Menschen das Leben gekostet: einem Soldaten der Wehrmacht, einem Schutzpolizisten und 26 einheimischen Zivilisten, davon zehn Männern, 14 Frauen und zwei Kindern. An fünf Schadenstellen wurden 36 Personen verschüttet, von denen zehn lebend und 26 tot geborgen wurden. Zwölf Menschen, aber kein Kind, erlitten bei dem Angriff Verletzungen.

In seinem Bericht, den er am 23. November für den Befehlshaber der Ordnungspolizei im Wehrkreis VII verfaßte, beklagte der Polizeipräsident den Verlust zahlreicher Baudenkmäler von hohem Rang, die wesentlich das Bild der Altstadt bestimmt hatten: »Besonders der über die Innenstadt gelegte Bombenteppich hat das Aussehen Münchens erneut schwer beeinträchtigt. Bauten geschichtlichen und kulturellen Wertes, die Münchens alten Ruf als Stadt der Kunst begründeten, sind dem Terror zum Opfer gefallen. Das Wahrzeichen Münchens, die Frauenkirche, erhielt einen Volltreffer ins Kirchenschiff und auf den Hochaltar, Deutschlands hervorragendste Renaissancekirche(,) die Michaelskirche(,) sowie die Damenstiftskirche wurde(n) in ihrem Inneren vollkommen verwüstet. Zahlreiche profane Bauten von hohem kunsthistorische(m) Wert, wie das Preysing-Palais, die Bayr. Staatskanzlei, Bürgerhäuser an der Kaufingerstraße und am Ritter von Epp-Platz(,) sind schwer getroffen oder zerstört worden.«

Auch die Versorgungsleitungen der Stadt wurden wieder erheblich in Mitleidenschaft gezogen. Allein die Gasversorgung erlitt 50 schwere Rohrleitungsschäden. »Hierdurch«, meldete der Polizeipräsident, »und durch den Einbruch von Wasser in die Rohrleitungen sind Innenstadt, Ramersdorf, Großhadern und in weniger starkem Maße (...) andere Gebiete von der Gaszufuhr abgeschnitten.« Probleme bereitete auch die Stromversorgung, nachdem die 25 000-Volt-Leitung vom Kraftwerk Höllriegelskreuth nach Pasing in Solln unterbrochen war. Außerdem wurden zwölf 5000-Volt-Leitungen zerstört, wodurch etliche Stadtgebiete ohne Strom auskommen mußten. Die vielen Kabelschäden, die nach dem Angriff aufgetreten waren, erschwerten noch die angespannte Lage. Schließlich wurde das Wasserversorgungsnetz, wie der Polizeipräsident weiter berichtete, erneut geschädigt: »Hauptzuleitungsstrang 4 (1000 mm Durchmesser) der städt. Wasserversorgung zerstört. Da schon beim Angriff am 16. 11. 44 zwei Stränge 700 mm Durchmesser unterbrochen wurden, ist nun die ostwärts der Isar gelegene Stadthälfte ohne Wasser. (...) Wassernachschub durch Tankwagen. In den Nachtstunden kann in Kellern druckloses Wasser den Leitungen entnommen werden.« Nachdem das Wassernetz abermals massiv im Visier der Angreifer gelegen hatte, schloß der Berichterstatter: »Die Absicht der planmäßigen Störung der Wasserversorgung Münchens wurde durch Abwürfe (von Bomben, Ergänzung durch d. Verf.) im Südosten der Stadt, welche (zur) Unterbrechung eines weiteren Hauptrohrstranges führten, erneut bestätigt.«

Der Fliegerhorst Riem, der von den Bombern der ersten Welle angegriffen worden war, trug ebenfalls erhebliche Beschädigungen davon, als 60 Sprengbomben sein Rollfeld trafen. Neben den Kulturbauten im Zentrum ging auch in den Wohnvierteln der Stadt wieder Wohnraum in beträchtlichem Umfang verloren, wodurch sich das Heer der Obdachlosen in München um weitere 3000 Personen erhöhte. Die Bilanz der Verluste ergab 48 Gebäude (davon 34 Wohnhäuser), die total zerstört worden waren, und 63 Häuser (darunter 45 Wohngebäude), die schwere Zerstörungen aufwiesen.

Nach dem Bombenangriff vermerkte Friederike Kurz am 22. November in ihrem Kalender: »Beim Verlassen des Kellers Wetter trüb und dunkel, der Himmel voll (von) grauem Dunst. Kein Wasser.« Das Dach des Wohnhauses in der Braystraße 11 hatte bei der Bombardierung Schaden genommen, was die Mieter bald auf unangenehme Weise zu spüren bekamen. Schon in der Nacht verschlechterte sich das Wetter sehr. Regen zog auf, der auch am Donnerstag, dem 23. November, nicht nachließ. »Furchtbares Wetter am Tag«, notierte sich Friederike Kurz. »Das Wasser dringt durch den Speicherboden in die Wohnungen. Von früh bis abends Wasser geschöpft. In der Nacht hört das Regnen auf, fängt aber um 1/2 5 Uhr früh wieder an.«

Am nächsten Morgen erhielt Friederike Kurz tatkräftige Unterstützung. Zwei Franzosen übernahmen es, das Dach zu decken. »Sehr nette Menschen«, schrieb die Chronistin am Freitag, dem 24. November, erfreut über die Hilfsbereitschaft in ihren Kalender. »Es geht schnell vom Fleck. Wir machen die Zimmer und den Speicher sauber.« Die Hilfe der Franzosen kam gerade noch im rechten Augenblick; denn am Nachmittag setzte wieder starker Regen ein, der auch am Abend anhielt. Erleichtert vermerkte die Chronistin deshalb: »Wir sind sehr froh, daß das Dach gedeckt ist. Stürmische Nacht, meist Regen.«

Mit großer Betroffenheit reagierten die Münchner auf den Volltreffer, der in die Frauenkirche eingeschlagen hatte. Damit war der Liebfrauendom, der bereits am 9. März 1943 durch eine 30-Zentner-Bombe Schaden genommen hatte, zum zweitenmal getroffen worden. Monsignore Josef Hillreiner, der damals Domzeremoniar war, sah das Unglück am 22. November 1944 mit Entsetzen kommen. »Ich«, berichtete er nach dem Krieg der *Abendzeitung* in München,[257] »stand auf der Treppe des Domturms. Da seh' ich 21 Flugzeuge – ich hab' sie noch gezählt – direkt auf uns zufliegen. ›Jetzt erwischt es uns‹, sag' ich zu dem kriegsgefangenen Engländer, der bei uns auch Bombenschäden reparierte. Ich hörte, wie er sagt, ›nein – nix Kirche!‹ – da kracht es schon. Am hellichten Tag wurde es plötzlich stockdunkel um mich. Jemand schrie: ›Der Turm ist weg!‹ Die Menschen unten im Keller, 20 Leute, glaubten, ich sei tot.«

Auch die Sakristeischwester Simeona erinnert sich mit Schrecken an die Verwüstung der Frauenkirche, die in der Folgezeit noch dreimal von Bomben getroffen werden sollte: am 17. Dezember 1944 sowie am 7. Januar und am 25. Februar 1945. »Wir«, sagt sie,[258] »lagen auf dem Boden, weinten, beteten.« Unvergeßlich blieben der Nonne »die im Kirchenschiff schaurig hallenden Einschläge, der Luftdruck, der die Menschen zu Boden warf, die herunterstürzende Orgel, die Feuerstürme draußen am Frauenplatz, die eigene Ohnmacht«.

Der »Kampf ums Wasser«

Mit jedem Luftangriff, der über München hinwegfegte, wurde die Stadt ärmer und das Elend der Bewohner größer. Über den Niedergang, den die »Hauptstadt der Bewegung« genommen hatte, konnte auch die Partei nicht mehr mit propagandistischen Phrasen hinwegtäuschen. Zu groß waren die Nöte geworden, die das Leben der Bevölkerung erschwerten. Der Partei blieb nur noch, die Solidarität der »Volksgenossen« zu beschwören, die »Schicksalsgemeinschaft« zum gegenseitigen Beistand aufzurufen und an den Kameradschaftsgeist des einzelnen zu appellieren.

»München von heute«: »Der Wille, die Nöte zu meistern, schafft nie Dagewesenes«

Keinem anderen Ziel galt der Leitartikel, den die *Münchner Neuesten Nachrichten* am Freitag, dem 24. November 1944, veröffentlichten. Unter der Überschrift »München von heute« fand der Verfasser erstaunlich offene Worte für das Leid, das der Krieg über die Stadt gebracht hatte. Er machte erst gar nicht den Versuch, etwas zu beschönigen. In aller Deutlichkeit schrieb er: »Wer sich in stockschwarzer Nacht durch die lichterlose Stadt an sein Ziel tastet, an Schutthaufen vorbei, über Bretter, Balken, Gleise und Löcher, denkt manchmal daran, daß früher eine einzige dieser Hürden schon genügt hätte, Proteststürme zu entflammen. Der Herbstwind heult, Regen und Schnee peitschen durch die Straßen(,) und die Füße stehen plötzlich im Wasser, in einem dieser tausend kleinen Löcher, wie sie nach Brand und Bomben tückisch in Asphalt und Pflaster und neben geflickten Straßenbahnschienen lauern.

Und doch deckt die Nacht noch manches gütig zu. Denn wer München etwa vor einem Jahr zum letztenmal gesehen hat, erkennt es kaum wieder. Und wo er noch Altvertrautes zu finden scheint, stockt dennoch oft sein Herzschlag: da, hinter diesem Trümmerhaufen, schwang sich da nicht einst zauberhaft ein Brunnenhofkonzert in die Nacht hinauf? Dort, dirigierte dort nicht Kabasta die ›Missa solemnis‹? Wirbelte dort nicht einst eine ›Fledermaus‹ neu und seltsam über die Bühne? Und hinter diesen blinden Scheiben, glänzte da nicht die letzte ›Meistersinger‹-Inszenierung? Hinter der liebgewordenen Fassade wohnt der graue Novemberhimmel genau so wie über einem Haus in Schwabing, das einst glücklichste Stunden geschenkt hat. Ruinen ringsum. Manchmal fallen in diese ausgebrannten oder zerschlagenen Umfassungsmauern noch Bomben. Dann stürzen auch sie ein(,) und Steinberge bleiben übrig. Sie sperren den Gehsteig, da und dort wohl auch die ganze Straße.

Bald marschieren Gefangene auf. Sie müssen halbwegs Ordnung schaffen. Dann legen eines Tages Männer auf kurze Holzschwellen ein schmales Gleis. Neben einer fauchenden und pfeifenden Lokomotive rollt, schwer wie ein Panzer und auf Kettenrädern wie er, ein wuchtiger Bagger. Sein riesiges Maul greift mit halbmeterlangen Zähnen in den Haufen aus Stein- und Stahlgewirr. Auf den Kipprollwagen hinter der Lokomotive verschwindet mancher meterhohe Berg aus Ruinenresten. Wenn man ihn mit den ungezählten anderen vorher sah, fragte man bange: wann? Wie viele Jahre später wird es möglich sein, sie wegzuschaffen? Niemand weiß auch heute, wann der letzte Zeuge dieser feindlichen Tollwut verschwunden sein wird. Jeder weiß nur, daß München in diesem Jahre schon ein gutes dutzendmal im Wehrmachtbericht als Ziel der Terrorbomber erwähnt war, jeden Tag wieder erwähnt werden kann, daß man vielleicht einst von der schweren Prüfung Münchens im Jahre 1944 sprechen wird – – aber daß auch im Inferno der vielen Juli-Angriffe Abwehrkraft und Lebenswille so wenig erlahmt sind wie jetzt und je. Und so, wie Kleinbahn und Riesenbagger neuartige Verkehrs- und Aufräummittel in Münchens Straßen bedeuten, genau so wird auch mit neuartigen Mitteln zielbewußt allem, auch den Bergen von Schwierigkeiten und Hindernissen des Lebens(,) zu Leibe gegangen, mögen sie beim bloßen Betrachten noch so unüberwindbar erscheinen. (...)

Wenn Feuerstürme durch die Straßen toben, wenn Verschüttete unter Ruinen liegen, wenn Strom, Gas, Wasser, Straßenbahnen, Eisenbahnen ausfallen, dann scheinen sich der feindlichen Zerstörungskraft plötzlich neu ausgelöste eigene Willensströme entgegenzuwerfen, dann kämpfen alle mit Leidenschaft und inniger Liebe zu ihrer Heimat, die Frauen wie die Männer, einzeln oder in Verbänden: wir bewundern in diesen Stunden die Leistungen der Partei wie die der Organe des Staates und der Stadt oder der Reichsbahn; wir danken den Männern der Wehrmacht und der Polizei und den bewährten Feuerwehren und Fachkräften von auswärts.

Der Wille, die Nöte zu meistern, schafft nie Dagewesenes, richtunggebend gelenkt, geleitet und angespornt von einer zentralen Stelle: von dem Gauleiter und Reichsverteidigungskommissar. Nach Beratung mit fähigsten und erprobten Männern und nach festem Entschluß werden die Anordnungen hinausgegeben. Der Gauleiter weiß, daß der Hände und Hirne nicht genug sein können, zuzugreifen, zu helfen, zu raten. Die Menschen, die sich Tag für Tag mit den Unzulänglichkeiten des Kriegslebens herumschlagen müssen, sind ein Stück heutiges Deutschland. Sie spiegeln das hartgewordene Antlitz der Nation, die doch nicht die hilfsbereite, freundliche Menschlichkeit verloren hat, so wie sie etwa neulich nachts einige Tage nach einem Angriff auf einem Bahnsteig aus dem Lautsprecher klang: ›Achtung, Reisende, die heute keine Anschlußmöglichkeit mehr besitzen, können in dem Zug auf Gleis sieben Platz nehmen und nächtigen. Der Zug wird geheizt.‹ Das ist ein manche Nöte ausgleichendes Mitempfinden, Menschlichkeit, die Freude macht.

Die Mienen der Bewohner unserer Stadt tragen nicht so sehr die Zeichen des ›Gewöhnens‹: Sie sind Spiegelbilder der Kameradschaft, des Zusammenstehens, der Liebe zur Heimat und des Glaubens, daß bleibt, was gut und gerecht ist, Spiegelbilder aber auch des Wissens: es gibt keinen anderen Weg, als in Frontkameradschaft und Beharrlichkeit füreinander einzutreten und ›sich bis zum Siege durchzuschlagen‹.«

Störangriffe »schneller Flugzeuge«

Doch wer glaubte denn noch an den Sieg? Die Münchner jedenfalls, die nicht mehr hinter Hitler standen, sahen die Niederlage kommen. Viele sehnten sie sogar herbei, damit das Sterben endlich ein Ende hatte. Denn solange sich Deutschland der Kapitulation widersetzte, hörten die Bombenangriffe nicht auf.

Mit welcher Entschlossenheit die Alliierten in der Tat den Bombenkrieg fortführten, zeigte sich am Samstag, dem 25. November, als München in den frühen Morgenstunden schon wieder einen Luftüberfall erlebte. Abermals waren es Flugzeuge der 15. US-Luftflotte, die einen nächtlichen Störangriff auf die Stadt flogen. Die Angreifer, die der Polizeipräsident mit »30 viermot.

Kampfflugzeugen (Flugzeugtyp nicht erkannt)« angab,[259] näherten sich ihrem Ziel von Venedig aus über Triest, Brixen, Innsbruck und Starnberg. Als die Maschinen München erreichten, war die Bevölkerung, die mit dem Fliegeralarm um 3.51 Uhr die Keller aufgesucht hatte, bereits auf den Angriff vorbereitet. Um 3.54 Uhr eröffneten die Amerikaner, die in einer Anflughöhe von 5000 bis 7000 Metern herankamen, bei bedecktem Himmel und bei leichtem Regen ihre Kampfhandlungen. Die erste Bombe warfen sie im Raum über dem Waldfriedhof ab. »Der Verband«, meldete der Polizeipräsident am 2. Dezember dem Befehlshaber der Ordnungspolizei, »ist stark aufgelockert angeflogen und hat das Stadtgebiet zu je 1-3 Maschinen überflogen.« Der Störangriff war sowohl gegen das Stadtzentrum als auch gegen die Randbezirke Münchens gerichtet. Die US-Flugzeuge blieben bis 5.02 Uhr, also eine Stunde und acht Minuten lang, über der Stadt und ließen im Einzelabwurf insgesamt 120 Sprengbomben (500 LB) auf ihr Angriffsziel niedergehen.

Dem feindlichen Einsatz fielen neun Menschen zum Opfer: drei KL-Häftlinge und sechs einheimische Zivilisten, und zwar drei Männer und drei Frauen. Von den 17 Verschütteten, die an sechs Schadenstellen eingeschlossen worden waren, konnten elf lebend und sechs tot aus den Trümmern befreit werden. Die Gesamtzahl der Verwundeten betrug 16 Personen; unter diesen befand sich jedoch kein Kind. Durch den Verlust von zwei Wohnhäusern, die total zerstört wurden, und durch die schwere Beschädigung von weiteren sieben Wohngebäuden verloren rund 70 Menschen ihr Obdach.

Auch diesen Luftüberfall vermerkte Friederike Kurz noch am selben Tag in ihren Aufzeichnungen: »Angriff schneller Flugzeuge auf München.« Als nach der Entwarnung um 4.55 Uhr das charakteristische Tack-Geräusch im Rundfunk, das gewöhnlich zu hören war, solange ein Angriff andauerte, noch nicht schwieg, erregte diese Tatsache die Aufmerksamkeit der Chronistin. »Es tackt aber«, notierte sie sich, »weiter bis 5.30 Uhr.« Friederike Kurz wußte nicht, daß auch nach der Entwarnung die amerikanischen Kampfmaschinen noch nicht den Luftraum über München verlassen und erst um 5.02 Uhr ihre letzte Bombe abgeworfen hatten.

Die Nichte erlebte den Störangriff im Nymphenburger Krankenhaus, in das sie vom Arzt wegen ihrer Herzbeschwerden eingeliefert worden war. Zunächst hatte das Hospital die junge Frau am 7. November abgewiesen, weil es mit Bombenverletz-

ten überfüllt war. Am 21. November wurde Margarete Konetzky dann aber doch aufgenommen und in einem Zimmer mit drei
Betten untergebracht. »Es liegen (hier)«, schrieb sie am selben
Tag in ihr Notizbuch, »noch eine alte Frau und ein junges Mädel,
die vom letzten Bombenangriff verletzt sind.« Bereits am Tag
darauf konnte sich Margarete Konetzky zum erstenmal ein Bild
von den Luftschutzmaßnahmen im Krankenhaus machen, als
sie der Luftangriff vom 22. November zwang, das Krankenzim-
mer zu verlassen, um Schutz vor den Bomben zu suchen. Was
sie sah, enttäuschte sie. »Das Krankenhaus«, vertraute sie ihrem
Tagebuch an, »hat keine vorschriftsmäßigen Luftschutzkeller.
Da muß man einfach in einen sehr hochliegenden Keller ohne
Schutzvorrichtungen, wo die Schwerkranken liegen. Um 1 Uhr
krachte es ganz fürchterlich, und wir fürchteten uns schrecklich.
Doch ging alles gut vorüber. Am Nachmittag bekam ich die
Nachricht, daß daheim nichts passiert ist. Wenn Voralarm ist,
müssen wir uns anziehen, das ist dann ›Krankenvorwarnung‹,
und wenn man in den Keller gehen muß, ›Krankensicherung‹.«
    Auch am Samstag, dem 25. November, mußte Margarete Ko-
netzky beim bevorstehenden Störangriff wieder den Keller im
Krankenhaus aufsuchen. »In der Früh um einviertel vor vier
Uhr«, trug sie in ihr Notizbuch ein, »hatten wir wieder Fliegeralarm. Es war wieder schrecklich im Keller. Ganz in der Nähe
fiel eine Menge Bomben, und es krachte fürchterlich, und wir
fürchteten uns alle sehr. Nur das eine war gut, daß ein Soldat,
ein Geistlicher, ständig laut vorbetete; das war sehr beruhigend.« Noch nach Jahren hatte Margarete Konetzky das Bild vor
Augen: »Alle beteten laut mit, die Krankenschwestern und die
Patienten. Wer konnte, auf dem Boden kniend. Ich kann mich
noch gut erinnern, wie zwei gläserne Flügeltüren ständig hin-
und hergerissen wurden, wie das Glas klirrte und zersplitterte
und die Kranken vor Angst stöhnten.«

27. November 1944: Angriff der RAF mit »Tallboys«

Der letzte Störangriff beschäftigte noch die Münchner, da gab es
am Montag, dem 27. November, um 4.32 Uhr erneut Fliegeralarm. Diesmal war es das »Bomber Command« der RAF, das
München nach längerer Abwesenheit wieder anflog. In einer
sternenklaren Nacht näherten sich 270 Lancasters und acht Mosquitos zum 30. Luftangriff auf die Stadt seit Kriegsbeginn.[260]

Erstmals führten die Briten 6-Tonnen-Bomben mit sich, die bisher noch nie auf eine deutsche Stadt abgeworfen worden waren. Die neue Sprengbombe trug den Namen »Tallboy«, was »großer Bursche« bedeutet.[261] Sie war etwa 6,5 Meter lang, hochexplosiv und erreichte im freien Fall Überschallgeschwindigkeit. Ihr Schöpfer war Dr. Barnes N. Wallis, der auch den Bomber Vickers Wellington konstruiert hatte. Außerdem entwickelte er die »Dambuster«-Bomben, die über der Möhne- und über der Edertalsperre abgeworfen wurden. Bevor die Tallboys auf München niedergingen, hatten sie bereits bei einem anderen Einsatz auf schreckliche Weise Aufsehen erregt: Am Sonntag, dem 12. November 1944, brachten Lancaster-Bomber der RAF mit diesen Bomben das deutsche Schlachtschiff »Tirpitz« in Tromsö zum Kentern.[262] Das Kriegsschiff, das von zwei Tallboys getroffen worden war, riß 28 Offiziere und 874 Mann der Besatzung in den Tod. 880 Seeleute überlebten die Katastrophe. Zwei Monate vor dem Untergang der »Tirpitz« war von den Briten schon einmal der Versuch unternommen worden, das Schlachtschiff im Alta-Fjord mit Tallboys zu versenken. Doch das Schiff widerstand am 15. September dem Angriff. Zwar schlug eine der Bomben in das Vorschiff ein, aber die »Tirpitz« blieb dennoch weiter manövrierfähig.

Nun also sollte München mit den schweren Sprengbomben Bekanntschaft machen.[263] Die Briten näherten sich der Stadt mit der tödlichen Last aus südlicher Richtung.[264] In Gruppen und Wellen flogen die Bomber über Markt Oberdorf/Lechbruck, Weilheim sowie über den Ammersee und über den Starnberger See auf ihr Ziel zu. Sie folgten einzelnen schnellen Kampfflugzeugen, die aus Süd und West herankamen. Um 4.40 Uhr eröffnete die Flak das Feuer auf die Angreifer, nachdem die ersten Leuchtbomben über der Stadt sichtbar geworden waren. Zehn Minuten später begann der Abwurf der Bomben.

Schnell zeigte sich, daß München wieder ein Großangriff bevorstand. »Mit Sprengbomben, Flammstrahl- und gebündelten Stabbrandbomben«, berichtete der Polizeipräsident am 1. Dezember dem Befehlshaber der Ordnungspolizei, »wurde die Stadtmitte als Schwerpunkt angegriffen. Weitere schwere Schäden entstanden auch in den Außenbezirken.« Bei dem Bombardement, das um 5.37 Uhr endete, fielen in 47 Minuten insgesamt 250 Sprengbomben (je 1000 LB), 1440 Sprengbomben (500 LB), 14 000 Flammstrahlbomben, 90 000 bis 95 000 Stabbrandbomben, etwa 90 Zielmarkierungsbomben und rund 450 Leuchtbomben. Das Gesamtgewicht der abgeworfenen Bomben betrug etwa 784 Tonnen.[265]

Der Angriff, der mit der Entwarnung um 6.18 Uhr endete, brachte der Bevölkerung wieder hohe Verluste.[266] Unter den 162 Opfern, die zunächst identifiziert werden konnten, befanden sich vier Soldaten der Wehrmacht, ein Jude, wie der Polizeipräsident in seinem Bericht eigens hervorhob, vier Ausländer und 153 einheimische Zivilisten, davon 61 Männer, 82 Frauen und zehn Kinder. Die Zahl der Toten erhöhte sich später noch auf 180 Personen. Bei 174 der Getöteten untersuchte Professor Singer wieder die genaue Todesursache.[267] Er stellte dabei fest: »in 64 Fällen Tod durch Schädelzertrümmerung, Schädelzerquetschung und Schädelbruch, in 5 Fällen Tod durch totale Zertrümmerung und Zerquetschung des Körpers, in 74 Fällen Tod durch Erstickung infolge Verschüttung, dabei mehrfach innere Verletzungen, in 7 Fällen Tod durch schwere Körperverletzung, Abriß von Armen und Beinen, in 20 Fällen Tod durch Verbrennung, Verkohlung, dabei weitgehende Zertrümmerung des Körpers, in 3 Fällen Tod infolge Herzschlag (ältere Personen), in 1 Fall Tod durch CO-Vergiftung (Rauchgas)«.

An 24 Schadenstellen wurden 291 Personen als verschüttet gemeldet, von denen 130 lebend und 151 tot geborgen werden konnten.[268] Zehn Menschen lagen an sechs Plätzen noch unter den Trümmern, als der Polizeipräsident am 1. Dezember seinen Bericht für den Befehlshaber der Ordnungspolizei im Wehrkreis VII abschloß. Die Gesamtzahl der Verletzten, unter denen auch vier Kinder waren, betrug 193 Personen. Durch die Verwüstung weiteren Wohnraums wurden wieder 20 000 Menschen obdachlos. Die hochbrisanten Bomben vernichteten 264 Gebäude, darunter 224 Wohnhäuser, völlig und beschädigten 311 Häuser, davon 257 Wohngebäude, schwer.

Margarete Konetzky hatte auch diesen Angriff im Nymphenburger Krankenhaus erlebt. Als sie wieder aus dem Keller kam, sah sie, wie sie in ihr Notizbuch schrieb, »die Stadt furchtbar brennen«. Am Abend dieses düsteren 27. November wurde sie dann aus der Behandlung entlassen. In Begleitung ihres Mannes kehrte sie heim. Die beiden mußten den Weg von Nymphenburg nach Bogenhausen zu Fuß zurücklegen, da keine Straßenbahn verkehrte. »Es war eine sehr helle Mondnacht«, berichtet die junge Frau in ihrem Tagebuch. »Wir gingen durch die rauchende(,) menschenleere Stadt heim und waren erst um 9 Uhr abends zu Hause.« Sie brauchten für den Weg zwei Stunden.

Daheim in der Braystraße 11 erwartete die Tante die Eheleute mit neuen Sorgen. Es gab kein Wasser und kein Brot. Und auch die Verdunkelung in der Wohnung war wieder abgerissen. Ein Wasserwagen, der zur Versorgung der Bevölkerung eingesetzt war, half über die erste Not hinweg. Dies alles verzeichnete Friederike Kurz wieder säuberlich in ihrem Kalender. Über den letzten Angriff selbst berichtete sie, daß die Bomben »sehr schnell« gefallen seien und daß danach in der Stadt »große Brände« wüteten.

»Den ganzen Tag der Kampf ums Wasser«

Auch am nächsten Tag blieb die Wasserversorgung unterbrochen. Jeder mußte zusehen, wie er selbst an einen Eimer Wasser herankam. Auch Friederike Kurz und ihre Angehörigen hatten diese Sorge. »Den ganzen Tag der Kampf ums Wasser«, notierte sich die Chronistin am Dienstag, dem 28. November. »Erst um 2 Uhr (am) Nachmittag treiben wir eines auf.« Am Abend gab es dann auch im Luftschutzkeller wieder Wasser, was die Hausbewohner erleichtert zur Kenntnis nahmen. »Alle«, berichtete Friederike Kurz, »haben sich noch Wasser geholt.«

Das Wasser lief jedoch nur bis 9 Uhr am nächsten Morgen. Danach mußten es sich die Frauen am Hydranten holen. Erst gegen Mittag funktionierte die Versorgung auch wieder in den Wohnungen. Zum Leidwesen von Friederike Kurz hatte aber eine Mieterin, die über der Chronistin wohnte, nicht damit gerechnet. Sie war zum Friseur gegangen und hatte vergessen, den Wasserhahn zu schließen. Die Folge des Versäumnisses war, wie sich Friederike Kurz ausdrückte, eine »Hochwasserkatastrophe« in ihrer Wohnung.

Die Briten verschwiegen den Abwurf der Tallboys auf München nicht. Bereits am 28. November 1944 gab das Luftfahrtministerium in London folgende Mitteilung heraus: »Zu dem Luftangriff auf München wird gemeldet, daß 270 Lancasters die Stadt bei klarem Wetter und hellem Mondschein morgens um 5 Uhr anflogen. Der konzentrierte Angriff dauerte etwa 15 Minuten, und es wurden zum erstenmal 6-Tonnen-Bomben auf eine deutsche Stadt abgeworfen. Bisher hat man diese Bomben größten Kalibers nur bei Operationen auf Industrieanlagen oder militärische Objekte eingesetzt.«[269]

Von den schweren Bomben war aber in der Verlautbarung

der Gaupropagandaleitung in München keine Rede. Wie immer bediente sich die Partei einer Sprache, die nur auf Wirkung bedacht war und wenig aussagte. So unterschied sich auch die Meldung, die am 28. November in den MNN erschien, kaum von den früheren Mitteilungen: »In den frühen Morgenstunden des 27. November griffen feindliche Kampfverbände aus südlicher Richtung kommend abermals die Stadt München an. Eine große Zahl von Spreng- und Brandbomben wurde wahllos abgeworfen. Schwere Zerstörungen entstanden vorwiegend in Wohnvierteln, beschädigt wurden Kliniken, Krankenhäuser, Schulen, Kirchen und Kulturbauten. Die Bevölkerung hatte Verluste. Alle für den Luftkrieg bestimmten Organisationen und Einrichtungen setzten noch während und unmittelbar nach dem Angriff mit den erforderlichen Hilfsarbeiten ein.

Der Angriff verfolgte wiederum den ausschließlichen Zweck der weiteren Terrorisierung der Bevölkerung, die eine vorbildliche Haltung bewies.«

Aber wie es wirklich mit den Hilfs- und Rettungsdiensten in München stand, verschwieg die Propaganda. Da schlug der Führer der FE-Abteilung Süd, Hauptmann Dr. Purr, in seinem Erfahrungsbericht, den er »über den Luftangriff am 27. 11. 1944« verfaßte, schon deutlichere Töne an. Ungeschminkt beschrieb er, wie schwer mittlerweile die Lage für die Feuerlöschkräfte in München geworden war. Es fehlte ihnen bald an allem: Weder das Gerät noch das Personal war ausreichend. Von den jüngeren Jahrgängen wurden immer mehr Männer zu den Polizeibataillonen eingezogen, und die Kräfte der auswärtigen Landfeuerwehren boten meist nur eine schwache Hilfe.

All seine Sorgen faßte der Hauptmann in dem Bericht zusammen, den er am 4. Dezember an das Luftschutz-Abschnittskommando Süd (»L.Ak. Süd«) richtete.[270] »Für die Vielzahl der beim letzten Luftangriff am 27. 11. 1944 im Bereich des L.Ak. Süd entstandenen Brände«, klagte er, »reichten die abschnittseigenen Kräfte bei weitem nicht aus, so daß Abteilungen (mot) und die auswärtige Löschhilfe aus den Löschhilfezonen zu(r) Hilfe herangezogen werden mußten. Der Ersteinsatz der abschnittseigenen Kräfte erfolgte nach dem Gesichtspunkt der Dringlichkeit und Gefährlichkeit der zu schützenden Objekte, sodaß von vornherein der Kräfteeinsatz an einen zugs- bezw. gruppenweisen Einsatz gebunden war. Der Einsatz der Abteilungen (mot), Feuerwehrbereitschaften und Reserve-Feuerwehrbereitschaften aus den Löschhilfezonen erfolgte durchwegs in geschlossenem

Verband unter Zuweisung von begrenzten Schwerpunktsgebieten (Brandabschnitte). Bei den auswärtigen Löschkräften aus den Löschhilfezonen zeigten sich während des Einsatzes die gleichen Unzulänglichkeiten hinsichtlich Ausrüstung und Ausbildung und hinsichtlich der Kenntnisse der Führungsgrundsätze im Luftschutz(,) wie man sie bei früheren Angriffen hat beobachten können und auf die des öfteren in Erfahrungsberichten in ausführlicher Weise hingewiesen wurde. Zu diesen Unzulänglichkeiten kam als Neuerscheinung eine verlängerte Anfahrtszeit aller auswärtigen Kräfte hinzu, was den Einsatzerfolg stark beeinträchtigte.«

Dr. Purr beklagte auch den Mangel an Kradmeldern, der sich auf die Befehlsübermittlung nachteilig ausgewirkt hatte. »Durch den Ausfall der Fernsprecher«, schrieb er, »und den Umstand, daß nahezu 75 % der der FE-Abteilung planmäßig zur Verfügung stehenden Kradfahrer eingezogen wurden, war die Durchgabe der Einsatzbefehle sehr erschwert und verzögerte den Einsatz sehr stark. Auch die Erkundungsergebnisse liefen aus gleichem Grund nicht so schlagartig im Gefechtsstand des L.Ak. ein(,) wie es sonst der Fall war. Sehr nachteilig hat sich hierbei auch das Fehlen von Kleinkrafträdern bemerkbar gemacht, weil die im Besitz der FE-Abteilung befindlichen veralteten(,) ungelenkigen Kräder, von denen ein erheblicher Teil ausfiel, ungeeignet sind. Die Zuweisung von mindestens einem Kleinkraftrad für den FE-Abteilungs-Stab und je FE-Bereitschaft wird dringend erforderlich gehalten. Sehr störend hat sich wiederum das Fehlen einer fernmündlichen Verbindung zur 7. FE-Bereitschaft, die schon seit den Juliangriffen unterbrochen ist, erwiesen.«

Katastrophale Versorgungslage: »Auf die Dauer ist dieser Zustand unhaltbar«

Die folgende Kritik des Hauptmanns warf ein bezeichnendes Licht auf die katastrophale Versorgungslage, die mehr und mehr die Tätigkeit des Feuerlöschdienstes erschwerte. »Durch die behelfsmäßige Ausrüstung der 9. FE-Bereitschaft (Ukrainer) mit Löschfahrzeugen war es notwendig(,) die Entgiftungsgerätewagen als Zugmaschine zu verwenden, die aber alle wegen Überalterung ausgefallen sind. Die noch in Reparatur befindlichen Wagen können z. Zt. nicht fertiggestellt werden, weil die notwendigen Ersatzteile fehlen, da es sich großenteils um ausländische Markenfabrikate handelt. So kommt es, daß die 9. FE-Bereitschaft wohl mit einer ausreichenden Anzahl von TS 8 (gemeint sind Tragkraftspritzen, Anm. d. Verf.) ausgerüstet ist, daß aber die erforderlichen Zugmaschinen fehlen; auf die Dauer ist dieser Zustand unhaltbar, es wird daher vorgeschlagen, Zugmaschinen von anderen Fachdiensten oder von der Fahrbereitschaft des L.Ak.(,) ggf. der örtlichen Leitung(,) für die FE-Abteilung freizumachen. Zur Erhöhung des Einsatzwertes der 9. FE-Bereitschaft ist die Zuweisung eines Schlauchkraftwagens unbedingt notwendig. Es wird daher vorgeschlagen, die 9. FE-Bereitschaft bei der Verteilung der Schlauchkraftwagen, die in nächster Zeit für den Luftschutzort München angeliefert werden sollen, zu berücksichtigen.«

Schließlich wies Dr. Purr noch auf ein Problem besonderer Art hin:»Erschwerend für den Löscherfolg haben sich die in der Nähe von Brandstellen liegenden Langzeitzünder bezw. Blindgänger ausgewirkt. Da den einzelnen Führern und Unterführern nicht bekannt ist, ob die Löscharbeiten ohne Rücksicht auf Mannschaftsverluste bei Vorliegen einer solchen Lage durchgeführt werden müssen, vor allem dann, wenn die Gefahr einer Brandausweitung gegeben ist oder die Bergung von verschütteten Menschen hintangehalten wird, wäre es im Interesse der Verantwortungsfreudigkeit aller Führer und Unterführer unbedingt erforderlich, klare Richtlinien für die zu treffenden Maßnahmen bekanntzugeben.«

Auch nach dem schweren Angriff vom 27. November gönnten die Alliierten München keine Ruhe. Nun waren es wieder die Amerikaner, die mit einem Störangriff am Donnerstag, dem 30. November, die Stadt ins Visier nahmen.[271] Um 4.37 Uhr alarmierte der Anflug von Kampfflugzeugen, die über Belluno, Lienz und Brixen gesichtet worden waren, die deutsche Luftabwehr. Diese stand in dieser Nacht längst in erhöhter Alarmbereitschaft, nachdem ihr bereits zuvor ein anderer Südeinflug, der über die Hohen Tauern und dann weiter nach Salzburg, Passau und Linz erfolgte, gemeldet worden war. Darauf wurde um 4.14 Uhr in München vorsorglich Fliegeralarm gegeben.

Aber der Verband, der zuerst erkannt worden war, wurde der Stadt nicht gefährlich. Gefahr drohte erst durch den zweiten Verband, der aus Südtirol anflog. Nachdem die Kampfflugzeuge der 15. US-Luftflotte Innsbruck passiert hatten, setzten sie den Anflug nach München über Seefeld, Reutte, Füssen, Schon-

Posten der Feldgendarmerie kontrollieren am Ausgang des Hauptbahn-
hofsgeländes im Winter 1944/45 die Papiere von Soldaten.

gau, Weilheim und Gauting fort. Über der Stadt lag dichter Nebel, und die Sicht reichte nur hundert Meter weit, als die Amerikaner, deren Stärke der Polizeipräsident auf »20-25 Maschinen«
bezifferte, an ihrem Ziel eintrafen. Das Flakfeuer, das um 5.01
Uhr einsetzte, verriet den Menschen in den Kellern die Ankunft
der Bomber. Zwei Minuten darauf waren im Westen der Stadt
die ersten Sprengbombeneinschläge zu hören.

Der Nachtangriff richtete sich gegen das Gaswerk in Moosach, gegen den Südbahnhof und gegen die Großmarkthalle, die
mit Zielwürfen attackiert wurden. Treffer erzielten die Angreifer auch in der Nähe des Ostfriedhofs. In fünf Minuten fielen 18
Sprengbomben (500 LB) und zwei Langzeitzünder desselben
Kalibers. Die Bomben zerstörten zwei Wohnhäuser total und beschädigten fünf schwer. Um 5.08 Uhr war mit dem Abwurf der

letzten Bombe der Überfall überstanden, und die Münchner konnten mit der Entwarnung um 5.25 Uhr die Keller wieder verlassen. Bei dem Störangriff war ein Mann in seiner Wohnung umgekommen. Weitere zwei Opfer, bei denen es sich um einen Feuerwerker der Wehrmacht und um einen KL-Häftling handelte, gab es am Nachmittag des 30. November, als am Gaswerk Moosach einer der beiden abgeworfenen Langzeitzünder detonierte und die Männer zerfetzte, die damit beschäftigt waren, die Sprengbombe (500 LB) zu entschärfen. (Auf das Unglück wird im Kapitel »Häftlinge in ›Himmelfahrtskommandos‹« noch näher eingegangen.)

Mit weiteren Störangriffen suchten die amerikanischen Luftstreitkräfte auch in der folgenden Zeit, die Bevölkerung in München zu demoralisieren. So folgte der nächste Anflug schon am Sonntag, dem 3. Dezember. Erneut mußten die Münchner von 10.11 bis 11.22 Uhr die Luftschutzräume aufsuchen. Und 24 Stunden später, am 4. Dezember, waren die Menschen in der Stadt gezwungen, sich an einem Tag gleich zweimal in die Keller zu begeben: zuerst von 12.41 bis 13.34 Uhr und dann von 19.29 bis 20.03 Uhr. Mit den letzten Störangriffen der Amerikaner erhöhte sich die Zahl der Personen, die seit dem Angriff vom 25. November umgekommen waren, auf 192 Todesopfer.[272]

Nach dem Großangriff vom 27. November sah sich Gauleiter Paul Giesler erneut veranlaßt, die »Volksgenossen« für die überstandenen Schrecken mit einer Sonderzuteilung zu entschädigen. Die Ankündigung konnten die Münchner der Presse entnehmen: »Auf Veranlassung des Gauleiters und Reichsverteidigungskommissars hat der Reichsminister für Ernährung und Landwirtschaft für die in München ansässige und durch das Ernährungsamt München-Stadt markenmäßig versorgte Bevölkerung sowie für die Bevölkerung der Randsiedlungen Gräfelfing, Grünwald, Haar, Karlsfeld, Krailling, Planegg, Pullach, Unterbiberg und Unterföhring anläßlich des Terrorangriffes auf München vom 27. November 1944 folgende Sonderzuteilung genehmigt: Erwachsene je 50 g Bohnenkaffee und eine halbe Flasche Spirituosen; Jugendliche 1 Dose Kondensmilch.«

Der 31. Luftangriff am 17. Dezember 1944:
die Stadt in Flammen

Das Geschenk der Partei war längst vergessen, als am Sonntag, dem 17. Dezember 1944, ein weiterer Großangriff des britischen »Bomber Command« die Stadt in ein noch tieferes Elend stürzte. Es war der schwerste Angriff, den München bisher erlebt hatte. Doch das bevorstehende Unheil warf seine Schatten noch nicht voraus, als der Sonntag mit herrlichem Wetter begann. Auch Friederike Kurz registrierte den wunderbaren Tag. »Wetter sehr schön«, notierte sie sich, »klar, sehr kalt und trocken.«

»Heit moane wern's no kemma«

Der Journalist Joseph Ströbl erinnerte sich noch nach Jahren an den strahlenden Tag, der so verhängnisvoll enden sollte. »Es war ein Sonntag mit einem Wetter, das nicht hätte schöner sein können«, berichtet er.[273] »Viele Münchner nutzten ihn zu einem Spaziergang in den Wäldern der Umgebung. Unser Ziel war am Nachmittag dieses Tages der noch schneefreie Kreuzlinger Forst.« Im »ramponierten Vorortszug« kehrte Ströbl vom Ausflug in die Stadt zurück. Unvergeßlich blieb ihm die Äußerung eines gegenübersitzenden Eisenbahners, der »nach einem prüfenden Blick durchs Fenster zum Himmel im reinen Vorstadt-Münchnerisch« gemeint hatte: »Heit moane wern's no kemma.«

Der Mann sollte mit seiner düsteren Prognose recht behalten. In der Tat rüsteten sich zur selben Zeit Hunderte von Lancasters auf britischen Luftstützpunkten zum Einsatz gegen München, dem an diesem Abend noch der einunddreißigste Luftangriff seit Kriegsbeginn bevorstand. Und während die Münchner nichtsahnend zu Abend aßen, näherte sich die tödliche Armada mit 280 Lancasters und mit acht Mosquitos der Stadt.[274] Doch bald jagte ein Alarm den anderen. Zunächst erfolgte um 19.25 Uhr Voralarm, dem sich um 19.30 Uhr Fliegeralarm anschloß. Der Alarmzustand wurde aber nach einer halben Stunde wieder aufgehoben. Die Münchner atmeten jedoch zu früh auf; denn nach kurzer Zeit gab es zum zweitenmal Voralarm, und mit dem Ertönen der Sirenen um 21.26 Uhr stürzten die Menschen erneut in die Keller.

Nur eine Minute zuvor war der Luftabwehr, wie der Polizeipräsident später in seinem Bericht an den Befehlshaber der Ordnungspolizei vermerkte,[275] der »Einflug eines schwachen Verbandes schneller Kampfflugzeuge bei Imst« gemeldet worden, der »Kurs Nord-Ost« flog. »Der Einflug erfolgte in drei Spitzen über Landeck, Füssen und Kempten, Kurs Nord und Nord-Ost(,) und drehte kurz vor Erreichen von Augsburg nach München ab. Die nachfolgenden Verbände flogen München über Füssen, Ammer- und Starnbergerseengebiet an.« Nun war mit Sicherheit abzusehen, daß der Anflug der britischen Bomber in dieser wolkenlosen und sternenklaren Nacht der bayerischen Landeshauptstadt galt. Mit dem bevorstehenden Angriff zielte die RAF auf das innere Stadtgebiet ab.

Wie das Inferno über München hereinbrach, hielt die örtliche Luftschutzleitung in ihren Aufzeichnungen minuziös fest:

21.49 Uhr – Feindspitze am Stadtrand westlich von München.

21.51 Uhr – erster Reihenbombenabwurf vom Hauptbahnhof zum Sendlinger-Tor-Platz.

21.52 Uhr – Leuchtbomben über der Stadtmitte, Bombenabwürfe im Norden der Stadt.

21.55 Uhr – Brandbomben auf dem Viktualienmarkt.

21.58 Uhr – ganze Stadt durch Leuchtbomben hell erleuchtet.

21.59 Uhr – Jakobsplatz Spreng- und Brandbomben, Sendlinger-/Hackenstraße Bombeneinschlag, Hochhaus Blumenstraße übersät mit Stabbrandbomben.

22.07 Uhr – starke Einschläge im Zentrum, Hunderte, wenn nicht Tausende von Brandbomben.

22.10 Uhr – nach voraussichtlicher Schätzung Südeinflug von zirka 300 Maschinen in lauter kleineren Verbänden.

22.24 Uhr – der letzte anfliegende schwere Bomberverband vom Starnberger See in Richtung München.

22.25 Uhr – schwere Spreng- und Brandbombeneinschläge im Deutschen Museum, das lichterloh brennt, Stadtmitte bis Goetheplatz und Hauptbahnhof zahlreiche Brände.

22.45 Uhr – es brennt die ganze Rosenstraße.

23.00 Uhr – in der Prannerstraße zwei Großbrände.

23.01 Uhr – im Innenministerium großer Brand.

23.13 Uhr – Entwarnung.[276]

»Die ganze Innenstadt brennt«

Auch die Angreifer führten Buch über die Schrecken, die sie mit ihren Bomben verbreiteten. Um 22.01 Uhr notierte sich Flying Officer S. Laws in seiner Maschine über München: »Kein Brand zur Zeit des Bombenfalls.« Um 22.03 Uhr vermerkte Pilot R. W. Ayrton aus Australien in seinen Aufzeichnungen: »Kleine Brandherde erkannt.« Um 22.05 Uhr berichtete Pilot W. W. Danyluk: »München brennt wild.« Und um 22.11 Uhr zog Pilot Read die Bilanz: »Das Feuer hat sich fächerartig ausgebreitet. Bedeckt das Ziel mit Rauch.«[277]

Die Bomber hatten von München längst wieder abgelassen und befanden sich auf dem Heimflug, als Friederike Kurz den Vermerk in ihrem Kalender machte: »Die ganze Innenstadt brennt.« Am Montag führte sie ihre Eintragungen fort. »Schreckliche Nacht«, bemerkte sie rückblickend. Gegen Abend ergänzte sie: »Sehr starker Nebel und Rauch. Überall riecht es nach Brand. Man sieht die Hand nicht vor den Augen in der Nacht vor Dunkelheit, Rauch und Nebel.« Und am Dienstag, dem 19. Dezember, stellte sie fest: »Kein Strom. Nachmittags starker Nebel, sehr dunkel. Stufen mit Leuchtfarbe bemalt.«

In Dachau waren dem Häftling Edgar Kupfer-Koberwitz die beiden Fliegeralarme am 17. Dezember nicht entgangen. Über den ersten Anflug, der noch nicht München, sonderen einem anderen Ziel gegolten hatte, berichtete er wie immer heimlich in seinen Aufzeichnungen: »Am Abend, etwa sieben Uhr dreißig, sehr schweres fernes Bombardement. Alles zitterte. Hunderte von Bomben müssen gefallen sein.«[278] Über den Angriff auf München selbst schrieb er dann: »Etwa eine Stunde später ein ebenso starkes Bombardement, aber nahe, wahrscheinlich München und Umgebung. Alles bebte. Es hörte sich an, als sei die Hölle los, und es dauerte eine halbe Stunde. Sehr viele Maschinen, die, dem Geräusch nach, sehr niedrig flogen.«

Die Menge der Bomben, die auf München fiel, war in der Tat wieder gewaltig. Insgesamt warfen die Briten etwa 75 Minenbomben (je 4000 LB), 200 Sprengbomben (1000 LB), 3000 Flammstrahlbomben, 75 000 Stabbrandbomben 204 Zielmarkierungsbomben und 288 Leuchtbomben auf die Stadt ab.[279] Die ganze Bombenlast betrug 957 Tonnen. Dementsprechend hoch waren die Verluste unter der Bevölkerung. 452 Menschen fanden den Tod: zehn Soldaten der Wehrmacht, drei Schutzpolizisten, ein Angehöriger der Luftschutzpolizei, ein Bahnpolizist, ein Mann des Reichsarbeitsdienstes, ein Kriegsgefangener, 94 Ausländer (61 Männer und 33 Frauen) und 331 einheimische Zivilisten, davon 123 Männer, 175 Frauen und 33 Kinder. Zehn Leichen konnten nicht identifiziert werden. Unter den 909 Personen, die bei dem Angriff Verletzungen erlitten, befanden sich neun Kinder. Enorm hoch war auch die Zahl der Menschen, die unter den Trümmern der eingestürzten Häuser eingeschlossen wurden. In seinem Bericht an den Befehlshaber der Ordnungspolizei im Wehrkreis VII meldete der Polizeipräsident am 28. Dezember 1944 insgesamt 693 Verschüttete an 50 Schadenstellen. Von diesen konnten bis zum Berichtstag 229 Menschen lebend und 429 tot geborgen werden. »Etwa 35 Personen« lagen noch unter den Ruinen begraben. Zudem wurden an einer Schadenstelle »weitere Verschüttete (Zahl unbekannt) vermutet«.

Erschreckend in ihrem Ausmaß waren zudem die Verwüstungen, die das verheerende Bombardement in der Stadt angerichtet hatte: 997 Gebäude wurden durch Sprengschäden und 709 durch Brandschäden völlig zerstört. Davon waren allein 763 Wohnhäuser, die aufgegeben werden mußten. Schwere Schäden trugen 1091 Gebäude, darunter 481 Wohnhäuser, davon. Für 49 000 Personen brachte der Angriff den Verlust ihres Heims. Bestürzt über die Gewalt, die über München hereingebrochen war, schrieb der Oberbürgermeister am 23. Dezember in seinem Schadensbericht über die vernichtenden Schläge der Briten: »Bei dem Nachtangriff vom 17. Dezember 1944 handelte es sich um einen Westeinflug von rund 300 viermotorigen Bombern, die stark aufgelockert in vielen kleinen Pulks anflogen. Der Angriff richtete sich vorwiegend auf die Stadtgebiete Mitte, Ost, West bis Nordwest. (...)

Die meisten Verschütteten gab es in der Schule am Simon-Knoll-Platz. In den dortigen Schutzräumen suchten außer Straßenpassanten und Ukrainern auch Besucher eines nahe gelegenen Kinos Schutz.«[280]

»Einschließlich aller vorhergehenden Luftangriffe dieses Krieges wurden bisher mehr als 12 616 Gebäude total und schwer beschädigt«

Der Oberbürgermeister stellte fest, daß der Angriff »auf Grund der Toten- und Verschüttetenzahlen als einer der größten auf unsere Stadt angesehen werden muß«. Als Schadensschwer-

*Nach der Entwarnung: Während der Brandbekämpfung bringen sich Zivi-
listen in Sicherheit.*

punkte in der Stadtmitte nannte er: »Altes und Neues Rathaus
mit Umgebung, Viktualienmarkt mit unterem Teil der Reichen-
bachstraße, Bahnhof, insbesondere Gebiet um den Starnbergerbahnhof«. Auffallend sei die »überaus große Zahl von Totalschäden«. »Einschließlich aller vorhergehenden Luftangriffe
dieses Krieges«, zog das Stadtoberhaupt Bilanz, »wurden bisher
mehr als 12 616 Gebäude total und schwer beschädigt (davon 11
499 Wohn- und 1117 öffentl. Gebäude).«

In seinem Bericht ging der Oberbürgermeister auch auf die
Kulturbauten ein, die beim letzten Angriff Schaden genommen
hatten. Nachdem er den alten Rathausturm als Totalschaden bezeichnet hatte, fuhr er in der Auflistung der schwerwiegenden
Verluste fort: »Bedeutende Schäden an öffentlichen Gebäuden
entstanden am Braunen Haus, am Führerbau, in der Reichs-
führung SS, an der Reichszeugmeisterei, am Innenministerium
und am Reichspropagandaamt, (in der) Theatinerstraße (schwere Brandschäden), (...) am Justizpalast und am Justizgebäude, an
der Alten und an der Neuen Pinakothek, an der Glyptothek.

Neuerdings schwer getroffen wurde(n) die Technische Hochschule, die Reichsbahndirektion an der Arnulfstraße (Verkehrsministerium) (...) und die Staatsoper. (...)

Die Ruhmeshalle hinter der Bavaria wurde von Spreng- und Brandbomben getroffen. Das Deutsche Museum hat einen Brandschaden in der Kraftfahrzeughalle, ferner wurde das Armeemuseum getroffen. Der Rundbau des Cirkus Krone wurde zerstört.«

Unter den Toten dieser Bombennacht befand sich auch der Hauptschriftleiter der *Münchner Neuesten Nachrichten*, Franz Geisler, der mit vier Kollegen ums Leben kam, als das Redaktionsgebäude in der Sendlinger Straße von einer Sprengbombe getroffen wurde. Verschüttet lag er mit dem politischen Redakteur Dr. Alfred Haußner, der Urlaub von der Front hatte und der nun in München den Tod fand, mit dem Sportredakteur Walter Baumann, mit dem Pressestenographen Ignaz Zierl und mit der Telefonistin Betty Cisar im Luftschutzkeller.»Die meisten«, erinnerte sich eine Kollegin der Bombenopfer, die Journalistin Effi Horn, noch nach Jahren mit Schaudern,[281] »schienen sofort getötet worden zu sein. Telefonistin Betty Cisar lebte noch Minuten oder Viertelstunden. Sie hat noch lange geschrien: ›So helft mir doch!‹ Aber man konnte sie nicht aus den Trümmern befreien. Es war entsetzlich!«

Der Angriff vom 17. Dezember hatte erneut die Grenzen des Feuerlöschdienstes in München deutlich gemacht. Seine Schlagkraft war durch die personellen Auszehrungen und durch den Mangel an technischem Gerät empfindlich geschwächt. Zudem stellte sich heraus, daß die Hilfskräfte, die Oberst Thürauf und seine Männer unterstützen sollten, den Aufgaben nicht gewachsen waren. Viele versagten, und nicht zuletzt war in manchen Fällen auch Feigheit mit im Spiel. So übte zum Beispiel der Führer der FE-Abteilung West in seinem Erfahrungsbericht, den er am 19. Dezember dem Luftschutz-Abschnittskommando West übersandte, massive Kritik an den Löschgruppen der Partei. »Die Führungsfrage bei den Löschgruppen der NSDAP. bedarf einer grundsätzlichen Klärung«, forderte Hauptmann Jenuwein.[282] »Diese Einheiten arbeiten zu selbständig und lassen sich nur in ganz seltenen Fällen Befehle erteilen. Auch wurde wiederholt wahrgenommen, daß einzelne dieser Gruppen von Schadenstellen abrückten, obwohl das brennende Anwesen hätte gerettet werden können. Meist gaben sie den Kampf mit dem Feuer als aussichtslos vorzeitig auf.«

380

Aber auch anderen Hilfskräften galt die Kritik des Hauptmanns. »Bei den Löschgruppen der auswärtigen Feuerwehrbereitschaften«, klagte er, »hat sich die Unsitte eingeschlichen, die Pumpen als nicht mehr betriebsfähig zu bezeichnen, weil sie wissen, daß sie auf Grund dieser Angabe nicht mehr zum Einsatz kommen. Es mag sein(,) daß diese Angaben den Tatsachen entsprechen, müssen aber, da fast von allen Einheiten vorgebracht(,) als mehr oder weniger geschickte Ausreden gewertet werden.«

Wie aus dem Bericht weiter hervorging, hatte die strenge Kälte, die am 18. Dezember in München herrschte, die Löscharbeiten sehr erschwert. »Die um 15.15 Uhr eingetroffene Meldung der örtl. Leitung, für die abgekämpften Gruppen der auswärtigen Feuerwehren geheizte Quartiere bereitzustellen«, schrieb der Hauptmann, »scheiterte am Mangel von geeigneten Räumlichkeiten und Heizmaterial. Die Löschgruppen mußten aus diesem Grunde in ihre Standorte entlassen werden.

Bei einer Kälte, wie sie am Angriffstage und den darauffolgenden Tagen herrschte, wäre die Ausgabe von heißen Getränken in kürzeren Abständen unbedingt erforderlich, zumal die Männer bis zu 24 Stunden mit durchnäßten Kleidern ununterbrochen Löscharbeiten verrichteten.

Der Umstand, daß für die große Anzahl von Schadenstellen verhältnismäßig wenig Kräfte zur Brandbekämpfung zur Verfügung standen, ließ eine Ablösung von abgekämpften Löschgruppen in kürzeren Abständen nicht zu.

Die Verpflegung war im allgemeinen gut. Lediglich in der Zubringung zeigten sich, wohl auf Grund des Mangels an Fahrzeugen, verschiedentliche Mängel.

Der Mangel an Schutzbrillen, hauptsächlich bei den Männern der auswärtigen Löschhilfe, verursachte zahlreiche Augenkrankheiten.«

Die Kälte belastete auch den Einsatz der Löschwasserrohre. »Zum Trocknen der gefrorenen Schläuche«, berichtete der Offizier, »mußten noch während der Brandbekämpfungsarbeiten Möglichkeiten zum Auftauen erwogen und Räumlichkeiten erkundet werden.«

Der Führer der FE-Abteilung West äußerte sich auch über die verheerende Wirkung der Brandbomben. »Dieser Luftangriff«, stellte er fest, »hat wiederum gezeigt, daß die größten Zerstörungen durch Brandbomben erzielt werden. Während die Sprengbomben punktweise Zerstörungen verursachen, hat die

Brandbombe infolge ihrer sekundären Auswirkungen eine flächenweise Vernichtung von ganzen Häuserblocks verursacht. Hiezu kam, daß durch den gleichzeitigen Einsatz von Sprengbomben und Brandbomben die Bekämpfung der Brände erheblich behindert wurde.«

Aus der Stadt der Lebensfreude war ein Ort des Todes geworden

Die Zahl der Brände, die Oberst Thürauf von den FE-Abteilungen gemeldet wurde, war in der Tat gewaltig. Sie belief sich, wie der Führer des FE-Dienstes am 29. Dezember dem Polizeipräsidenten berichtete, auf 875 Feuer.[283] Thürauf unterschied in seiner Aufstellung 398 Großbrände, 303 mittlere und 174 kleine Brände. Davon entfielen auf den Abschnitt Nord 48 Großbrände, 83 mittlere und 48 kleine Brände, auf den Abschnitt Ost 25 Großbrände, 22 mittlere und 27 kleine Brände, auf den Abschnitt Süd 272 Großbrände, 162 mittlere und 24 kleine Brände sowie auf den Abschnitt West 53 Großbrände, 36 mittlere und 75 kleine Brände.

Wie Thürauf betonte, waren die Angaben allerdings noch keineswegs als endgültige Bilanz zu werten. »Diese Zahlen«, schrieb er, »können jedoch nach den Erfahrungen früherer Luftangriffe nicht als erschöpfend angesehen werden; vermutlich fehlt eine Reihe kleiner Brände, die den LAK's. (=Luftschutz-Abschnittskommandos, Anm. d. Verf.) nicht bekannt geworden sind, da sie vom Selbstschutz oder von anderen als den eigenen Feuerlöschkräften bekämpft worden sind.« Thürauf behielt recht. Tatsächlich betrug die genaue Zahl der Brände, wie sich später herausstellte, das Doppelte – nämlich 1658.

Doch nicht nur der Führer der FE-Abteilung West fand Anlaß zur berechtigten Kritik. Auch Thürauf, der sich den Beanstandungen seines Untergebenen anschloß, hatte allen Grund zur Klage. In seinem Erfahrungsbericht an den Polizeipräsidenten, den er, wie er eingangs hervorhob, »wegen Luftangriffsschäden in meiner Dienststelle« nicht nach dem »vorgeschriebenen Muster« anfertigen konnte, machte er denn auch am 27. Dezember seiner Verärgerung Luft.[284] Zunächst beklagte der Führer des FE-Dienstes den Mangel an qualifizierten Männern, der sich immer drückender bemerkbar machte. Beim letzten Luftangriff hatte sich gezeigt, wie geschwächt der Feuerlöschdienst bereits durch den Abzug der jüngeren Angehörigen der Luftschutz- und der

Feuerschutzpolizei zu den Polizeibataillonen war. Thürauf hielt diese Maßnahme für einen Fehler und sprach seine Meinung auch offen aus. »Sehr fühlbar«, schrieb er dem Polizeipräsidenten, »war die Herauslösung zahlreicher voll einsatzfähiger Unterführer und Männer der jüngeren Jahrgänge zu Polizeibataillonen nicht nur des FE-Dienstes der LSPol., sondern auch der Feuerschutzpolizei. Gerade bei den Unterführern und Männern der Feuerschutzpolizei handelt es sich um rund 6 Stoßtrupps des Feuerlöschdienstes, die als aktive Truppe immer so schnell und tatkräftig zum Einsatz kamen, wie es bei anderen Einheiten des Feuerlöschdienstes nicht möglich ist. Trotz des besten Willens aller eingesetzten Unterführer und Männer des FE-Dienstes ist es unvermeidlich, daß das nunmehr höhere Durchschnittsalter eine Beeinträchtigung des Einsatzwertes des FE-Dienstes, besonders bei den derzeitigen Witterungsverhältnissen, bewirkt. Dazu kommen noch die Fehlstellen beim FE-Dienst, über die ich in letzter Zeit wiederholt berichtet habe.«

München hatte nun aufgehört, ein Hort der Kunst zu sein. Seine Museen waren verwaist, die Galerien verödet, die Kunstschätze ausgelagert oder vernichtet. Verstummt war auch die Stadt der Musik, erstarrt der Ort der schönen Künste, einst berühmt für seine Maler in aller Welt. Unter dem gräßlichen Pfeifen der herabfallenden Bomben, das den Menschen unvergeßlich blieb, hatte München sein Gesicht verloren. Und aus der Stadt der Lebensfreude war ein Ort des Todes geworden. Noch nie hatte München so viele Sterbende gesehen wie in diesen Tagen. Ärzte, Krankenschwestern und Sanitäter führten einen tausendfachen Kampf um das Leben der Verwundeten. Und Soldaten und KL-Häftlinge suchten verzweifelt unter den Trümmern nach Verschütteten. Dennoch kamen sie alle immer wieder für viele zu spät.

XIII

IM KAMPF GEGEN DEN TOD

Der Einsatz der Techniker

Der Tod hatte im Bombenkrieg oft ein grausames Gesicht, und nicht immer erlöste er die Verstümmelten, die Verbrannten und die Verschütteten schnell von ihren Qualen. So erinnert sich Margarete Konetzky mit Entsetzen an das Schicksal einer Münchnerin. Die Frau, der nicht mehr zu helfen war, lag verschüttet unter einem rotglühenden Balken, und unaufhaltsam näherte sich die Glut ihrem Körper. Bei vollem Bewußtsein sah sie den Tod auf sich zukommen. Erst als das Feuer sie erreichte, hatte das Leiden für sie ein Ende.

Der Tod durch Phosphor

Entsetzlich war auch der Tod der Menschen, auf die Phosphor fiel. Sie verbrannten bei lebendigem Leibe, und ihre Körper schrumpften in sich zusammen. Aber auch wer nur mit Phosphor in Berührung kam, erlitt schreckliche Verletzungen. Noch nach Jahren erinnerte sich Rolf Bletschacher, der 1944 im Alter von 17 Jahren als Sanitäter in München im Einsatz war, mit Schaudern an die Leiden dieser Menschen. »Da«, so berichtete er der Abendzeitung,[285] »waren Verletzte dabei, denen hatte der Phosphor ganze Hautpartien weggefressen – bis auf die Knochen – die lagen frei. Man mußte Silberfolie auftragen – auf das blutige Fleisch –, sonst kam Sauerstoff an die Wunde, und sie breitete sich immer weiter aus.«

Das apokalyptische Bild, das ihm vor Augen stand, prägte sich ihm für immer ein. Unvergeßlich blieben ihm die »leidenden Menschen, der beißende Phosphorgeruch«, der seine Übelkeit erregte. »Dann kam ein besonders schlimmer Fall«, erinnert sich Bletschacher. »Dreißig Meter Tamponade schob ich am Ellbogen in den Knochen rein, sonst wäre der Mann verloren gewesen.«

Häufig kam jedoch jede Hilfe zu spät, und die Menschen starben, ohne daß jemand erfuhr, wer sie waren und wie sie hießen. Um die Identifizierung der Toten zu ermöglichen, wurden die Münchner aufgerufen, im eigenen Interesse für den Ernstfall Vorsorge zu treffen. Die Empfehlung lautete:»Neben den Personalpapieren, Dokumenten usw., die zum eisernen Bestand des Luftschutzraumgepäcks gehören, sollten Männer und Frauen stets in ihrer Kleidung einen Ausweis mit Namen, Anschrift usw. tragen. Sie erleichtern dadurch, wenn ihnen etwas zustoßen sollte, die Feststellung ihrer Persönlichkeit.«

Wenn sich die Angehörigen eines Bombenopfers nicht meldeten oder selbst beim Luftangriff den Tod gefunden hatten, übernahm das Bestattungsamt der Stadt München in der Augustenstraße 20 die Beisetzung in eigener Regie. Sonst war es den Verwandten oder Freunden überlassen, sich allein um das Begräbnis zu kümmern. In jedem Fall aber hatten sich die Angehörigen eines Toten beim Bestattungsamt persönlich einzufinden.»Hinterbliebene, die dort binnen einer Frist von zweimal 24 Stunden nach einem Luftangriff vorgesprochen haben«, hieß es in einer amtlichen Verlautbarung,»können bestimmen, in welcher Weise und wo bestattet werden soll. Nach Ablauf dieser Frist, die beim Vorliegen besonderer Umstände verkürzt werden kann, werden die Gefallenen aus gesundheitlichen Gründen durch das Bestattungsamt im Ehrenhain des Nordfriedhofes bzw. im Ehrenhain des Friedhofes am Perlacher Forst beigesetzt. Die öffentliche Gedächtnisfeier für diese Gefallenen findet dann an einem der folgenden Samstage oder Sonntage statt. – Es wird noch ausdrücklich darauf hingewiesen, daß eine nachträgliche Umbettung von Gefallenen gemäß Erlaß des Reichsministeriums des Innern vom 29. Dezember 1941 vorläufig nicht möglich ist.«

Um die Zahl der Todesopfer zu senken, waren die Verantwortlichen im Luftschutz bemüht, mit größtem Aufwand an Personal und Gerät Verschüttete und Verwundete aus den Trümmern der zusammengestürzten Häuser zu bergen. Dabei griffen sie auf Anordnung des Gauleiters auch auf Bautechniker zurück, die sachkundig die Bergungsarbeiten leiten und überwachen konnten. Zur Koordinierung der Einsätze war bereits im Oktober 1942 mit Entschließung des Polizeipräsidenten von München für jeden der vier Luftschutz-Abschnitte in der »Hauptstadt der Bewegung« ein Bauoberbefehlsleiter notdienstverpflichtet worden, dem mehrere Baubefehlsleiter für die einzelnen Schadenstellen unterstanden.

Einsatz von Baufachleuten zur Bergung von Verschütteten und Verletzten

Die Mobilisierung der Techniker für den Rettungsdienst, angeführt vom Mobilmachungsbeauftragten für die Bauindustrie im Wehrkreis VII und vom Leiter der Fachgruppe Bauwesen im NS-Bund Deutscher Technik (NSBDT), erfolgte auf Grund der Notdienst-Verordnung vom 15. Oktober 1938. (Der Befehl dazu trat mit dem 22. Oktober 1942, 7 Uhr, in Kraft.) Bei Kriegsbeginn waren die Einsätze zur Bergung und Rettung der Bombenopfer zunächst noch von der Luftschutzpolizei, die den Feuerlösch-, den Instandsetzungs- und den Sanitätsdienst unter ihrer Führung vereinte, allein getragen worden. Erst als sie mit der Verschärfung des Bombenkrieges den erschwerten Aufgaben nicht mehr gewachsen war, traten andere Hilfskräfte hinzu.

Über den bevorstehenden Einsatz der Baufachleute »zur Bekämpfung von Luftangriffsschäden« unterrichtete der Kommandeur der Schutzpolizei, Oberst Mühe, in Vertretung des Polizeipräsidenten erstmals am 19. Oktober 1942 die LS-Abschnittskommandos Nord, Ost, Süd und West eingehend in einem Schreiben, das den Vermerk »Nur für den Dienstgebrauch!« trug.[286] Darin führte Mühe aus: »Zur Leitung der Bergungsarbeiten an größeren Schadenstellen, insbesondere wenn Menschenleben in Gefahr sind, werden künftig von Seiten der Wirtschaftsgruppe Bauindustrie in Zusammenarbeit mit der Fachgruppe Bauwesen i(m) NSBDT, Gauwaltung München-Oberbayern, Bauingenieure als Bauoberbefehlsleiter und Baubefehlsleiter zur Verfügung gestellt, die die technische Leitung an den Schadenstellen selbstverantwortlich zu übernehmen haben und dem örtl. LS.(-)Leiter unmittelbar unterstehen.«

Die Einsatzleitung der Techniker lag in den Händen des Fachgruppenleiters für das Bauwesen, Professor Dr. Ing. Lutz Pistor, und des Mobilmachungsbeauftragten für die Bauindustrie im Wehrkreis VII, Dr. jur. J. Richard Voit, die mit einem Bauoberbefehlsleiter der örtlichen LS-Leitung (Befehlsstelle: Ettstraße 2, Eingang Löwengrube) zur Verfügung standen. Sie wurden von weiteren Bauoberbefehlsleitern in den einzelnen LS-Abschnitten unterstützt.

Eine eigene Weisung (Abkürzung: »WOB«), die der Mitteilung des Schutzpolizei-Kommandeurs beilag,[287] informierte die Bauoberbefehlsleiter der LS-Abschnitte genau über ihre Pflichten während des Einsatzes bei Luftangriffen: »Die Aufgabe des Bauoberbefehlsleiters ist, die den einzelnen Abschnitten zugeteilten Baubefehlsleiter den jeweiligen Schadenstellen zuzuweisen und sie bei der Durchführung und Lösung ihrer Aufgabe bestmöglich zu unterstützen. (...)

Der Bauoberbefehlsleiter hat sich ungesäumt bei Fliegeralarm (gegebenenfalls nach vereinbarter Vorwarnung) bei seinem Abschnitt einzufinden und sich bei dem Abschnittskommandeur zu melden. Die Abschnittskommandeure sind angewiesen, dafür Sorge zu tragen, daß die Bauoberbefehlsleiter laufend Kenntnis über alle eingehenden Schadensmeldungen sowie über alle Vorgänge erhalten, die für die Vorbereitung und Durchführung des technischen Einsatzes von Bedeutung sind. (...)

Sobald die Luftlage es zuläßt, sind die dem Abschnitt zur Verfügung stehenden Baubefehlsleiter den einzelnen Schadenstellen zuzuweisen und dort als Baubefehlsleiter einzusetzen.«

Über die Tätigkeit der Baubefehlsleiter unterrichtete wiederum eine eigene Weisung (Abkürzung: »WB«),[288] die ebenfalls dem Schreiben des Kommandeurs der Schutzpolizei vom 19. Oktober 1942 beilag: »Die Aufgabe des Baubefehlsleiters ist, die Leitung des technischen Einsatzes an der Schadenstelle zu übernehmen, um mit allen verfügbaren Kräften der Luftschutzpolizei, der Wehrmacht und (...) weiteren Kräfte(n) und Geräte(n) der Bauindustrie die Bergung der Verschütteten schnellstens und so zweckmäßig(,) als (sic!) es die Umstände erlauben, zu ermöglichen. (...)

Der Baubefehlsleiter hat sich nach Fliegeralarm, sobald es die Luftlage zuläßt, auf dem schnellsten Wege an seinen Sammelplatz, d(as) i(st) die Befehlsstelle seines Abschnittes, zu begeben und sich bei dem für ihn zuständigen Bauoberbefehlsleiter beim Abschnitt zu melden; bei größeren Entfernungen zwischen Wohnung und Sammelplatz ist möglichst das Fahrrad zu benützen. Auf jeden Fall ist ein schnellstes Eintreffen am Sammelplatz erstes Erfordernis. (...)

An der Schadenstelle nimmt der Baubefehlsleiter sofort die Verbindung mit dem Befehlsleiter der Schadenstelle (Polizeioffizier) auf, dessen Befehlsstelle durch eine beleuchtete Tafel kenntlich gemacht ist. Des Weiteren nimmt der Baubefehlsleiter die Verbindung mit den bereits an der Schadenstelle eingetroffenen Kräften der Luftschutzpolizei, insbesondere d(es) I.-Dienstes (I.-D.) auf. Der Befehlsleiter–Schadenstelle, insbesondere der Führer des an der Schadenstelle eingetroffenen I.-D. (=Instandsetzungsdienst der Luftschutzpolizei, Anm. d. Verf.), sind angewiesen, dem Baubefehlsleiter alle erforderlichen Auskünfte über die beim Einsatz vorgefundene Lage zu geben und ihn bei seiner Tätigkeit in jeder Weise zu unterstützen; dies gilt insbesondere zur Erkundung der Schadenstellen, zur Feststellung der Lage der Verschütteten, der Keller etc. – Hierbei sind die Lagepläne der Reviergruppen des RLB. zu verwenden. (...)

In Bezug auf den technischen Einsatz und alle damit zusammenhängenden Anordnungen und Maßnahmen hat der Baubefehlsleiter die alleinige Befehlsgewalt. Die Kräfte der Polizei und der Luftschutzpolizei haben seinen auf die technische Durchführung der Schadenbekämpfung abgestellten Anordnungen Folge zu leisten.«

Armbinden-Aufschrift: »Baubefehlsleiter – Schadenstelle«

Die Baubefehlsleiter, ausgerüstet mit Stahlhelm, Gasmaske, Taschenlampe sowie Schreibmaterial und bekleidet mit einem Arbeitsanzug, waren an einer weißen Armbinde mit der Aufschrift »Baubefehlsleiter – Schadenstelle« zu erkennen. Außerdem führten sie besondere Ausweise der örtlichen Luftschutzleitung mit sich. Das gleiche galt für die Bauoberbefehlsleiter, die ebenfalls eine weiße Armbinde mit der Bezeichnung »Bauoberbefehlsleiter« trugen. »Sämtliche Angehörige der Schutzpolizei«, ordnete Oberst Mühe an,[289] »sind hierüber zu belehren und anzuweisen, die mit diesen Armbinden versehenen Personen überall ungehindert durchzulassen.«

Aufgabe des Baubefehlsleiters war es auch, festzustellen, ob die an der Schadenstelle eingesetzten Kräfte des Instandsetzungsdienstes der Luftschutzpolizei ausreichten. Traf dies nicht zu, so hatte er beim Bauoberbefehlsleiter des Abschnittes Verstärkung anzufordern. Hierfür standen als Soforthilfe sogenannte Wehrmachthilfskommandos und Bauarbeiter aus genau vorbestimmten Lagern, und zwar Ausländer, darunter auch »Ostarbeiter« aus den besetzten Gebieten im Osten, und Kriegsgefangene, in Bereitschaft. »In erster Linie«, hieß es in der Weisung für Bauoberbefehlsleiter dazu, »sind außer dem I.-D. Wehrmachthilfskommandos (mit Pionierformationen) einzusetzen. Sie werden von der Wehrmacht-Kommandantur zur Verfügung gestellt. Diese Anforderungen übergibt der Bauoberbefehlsleiter dem Abschnittskommandeur zur weiteren direkten Veranlassung.«

In seinem Begleitschreiben bemerkte Oberst Mühe ergänzend dazu: »Soweit Wehrmachthilfskommandos, z. B. Pioniereinheiten, zur Hilfeleistung benötigt werden, sind sie unter Angabe der benötigten Mannschaftszahl, Ausrüstung usw. beim zuständigen Abschnitt anzufordern, der die Anforderung der örtl. Leitung weiterzugeben hat.

Der Einsatz der eintreffenden Wehrmachthilfskommandos hat ebenfalls durch den Baubefehlsleiter zu erfolgen, wobei den Wehrmachthilfskommandos nach Möglichkeit begrenzte Aufgaben zu übertragen sind, die sie unter eigener Führung dann selbständig zu lösen haben.«

Was die Alarmierung der Arbeiter betraf, galt entsprechend der Weisung für Bauoberbefehlsleiter folgende Regelung: »Sofern Bauarbeiter zur Verstärkung oder zum Zwecke der Ablösung eingesetzt werden müssen, ist zunächst auf die lagermäßig untergebrachten Arbeitskräfte zurückzugreifen. (...) Der Bauoberbefehlsleiter fordert bei der Einsatzleitung beim örtlichen Luftschutzleiter die notwendige Verstärkung aus den Arbeiterlagern an. Eine unmittelbare Anforderung bei den Lagerführern ist untersagt, damit erforderlichenfalls ein Ausgleich über sämtliche Abschnitte erfolgen kann.«

Jedem Abschnitt waren für den Einsatz von Hilfskräften an den Schadenstellen eigene Lager zugeteilt. Die Liste, in der sie erfaßt waren, wies nach dem Stand vom 19. Oktober 1942 folgende »Lager der Bauarbeiter bezw. Kriegsgefangenen« aus: für den Abschnitt Nord das Lager der Firma »Hochtief« mit 50 Ausländern und das Lager der Firma »Dyckerhoff & Widmann« (70 Ausländer), beide an der Lerchenauer Straße, sowie das Lager der Firma »Heilmann & Littmann« (170 Ausländer) in Milbertshofen; für den Abschnitt Ost das Lager der Firma »Gottfried Hallinger« (90 Ausländer) an der Johanniskirchner Straße sowie die beiden Lager der Firma »Schatz und Baumgartner« in der Balanstraße 75 (Kolosseumskeller) mit 90 französischen Kriegsgefangenen und an der Ecke Balan-/Martinstraße mit 40 Ostarbeitern; für den Abschnitt Süd das Lager der Firma »Gottschall & Co.« (50 französische Kriegsgefangene) in der Forstenrieder Straße 230, das Lager der Firma »Josef Riepl« (70 französische

Kriegsgefangene) an der Ecke Forstenrieder Straße/Waldfried-
hof, das Lager der Firma »Heitzer & Schweitzer« (30 französische Kriegsgefangene) an der Ecke Friedenheimer-/Camerlo-
herstraße und das Lager der Firma »Leonhard Moll« (50 französische Kriegsgefangene) in der Hansastraße 41 sowie für den
Abschnitt West das Lager »Baustelle BMW« der Firma »Dyckerhoff & Widmann« mit 50 Ausländern.[290]

Kriegsgefangene als Hilfskräfte

»Außerdem«, hieß es in der Nachbemerkung zu dieser Aufstellung, »stehen im Katastrophenfall weitere Kriegsgefangenenla-
ger zur Verfügung, soweit sie nicht für Rüstungsbetriebe etc. als
Träger der Maßnahmen selbst zum Einsatz kommen müssen.«
Anderenfalls hatten sich die Arbeiter und Kriegsgefangenen
ohne Rücksicht auf Tages- oder Nachtzeit unverzüglich an den
Orten einzufinden, wo ihre Hilfe erforderlich war.

Zu den Aufgaben der Baubefehlsleiter, deren Einsatz so zu erfolgen hatte, daß »spätestens bei der Entwarnung« die Schadenstelle unter ihrer Leitung stand, erklärte Oberst Mühe weiter:
»Die Baubefehlsleiter haben mit den Leitern der Befehlsstellen
an den Schadenstellen Verbindung zu halten und ihnen die notwendigen Aufschlüsse zu erteilen (insbesondere auch darüber,
wo sie sich selbst aufhalten), um diese in die Lage zu versetzen,
die polizeilichen Maßnahmen der Lage entsprechend durch-
führen zu können. Hier kommen insbesondere infrage Maßnahmen zur Absperrung der Schadenstellen, Heranholung von Hilfe durch Polizei, andere Fachsparten der Luftschutzpolizei, Versorgung lebend geborgener Personen, Bergung der Gefallenen
usw.«[291]

Reichten die Geräte und die Werkzeuge des Instandsetzungsdienstes nicht aus, so waren Spezialtrupps der Bauindustrie mit
entsprechender Ausrüstung anzufordern. Jedem Abschnitt standen »mindestens 3 fliegende Spezialtrupps«, wie der Weisung
für Bauoberbefehlsleiter zu entnehmen war, zur Verfügung. Sie
konnten bei Bedarf per Telefon oder Melder über den Bauoberbefehlsleiter herbeigerufen werden. Der einzelne Trupp bestand
aus vier bis sechs Mann und besaß folgende Ausrüstung: einen
fahrbaren Kompressor (mit drei Hämmern und mit Schläuchen,
je 25 bis 30 Meter lang), ein autogenes Schweißgerät (mit je einer
Flasche Sauerstoff und Gas), ein Diesel-Lichtaggregat (mit zwei

oder drei Scheinwerfern), zwanzig Brechmeißel, zehn Handfäustel, fünf schwere Schlegel, fünf Hebeisen, fünf Handbeile, drei Leitern (drei bis sechs Meter lang), zwei Hanfseile (je 25 bis 30 Meter lang), zwei Drahtseile, eine Eisenschere, eine Handsäge, eine Bundsäge, eine Schrotsäge, drei stoßsichere Sturmlaternen, einen verstellbaren Schraubenschlüssel (»Franzosen«), dreißig bis vierzig Pickel, dreißig bis vierzig Schaufeln sowie hundert Bauklammern und etwa zwei Kubikmeter Bolzholz. Ferner standen für den Einsatz an den Schadenstellen auch Bagger und Lastwagen bereit. Die Bagger waren beim Bauoberbefehlsleiter des Abschnittes, die Lastwagen beim polizeilichen Befehlsleiter der Schadenstelle anzufordern, der die Meldung an den zuständigen Abschnitt weitergab.

Während der Bergungsarbeiten war es den leitenden Technikern untersagt, sich von der Einsatzstelle zu entfernen. So verfügte der Kommandeur der Schutzpolizei:»Die Bauoberbefehlsleiter der Abschnitte haben den zuständigen Abschnittskommandeur über die getroffenen Anordnungen und den Fortgang der Arbeiten stets auf dem Laufenden zu halten. Sie dürfen ihre Einsatzstelle nicht eher verlassen, als bis der Vertreter die Tätigkeit übernimmt, es sei denn, daß der Einsatz überhaupt beendet ist.«

Häftlinge in
»Himmelfahrtskommandos«

Eine erhebliche Bedrohung für die Bevölkerung stellten auch die Blindgänger und die Langzeitzünder dar, die bei den Luftangriffen auf die Stadt niedergingen. Wo sie entdeckt wurden, war an der Fundstelle und in dessen Umgebung höchste Vorsicht geboten, da stets mit der plötzlichen Detonation der Bomben gerechnet werden mußte. Es war ja schließlich die Absicht der Angreifer, mit den Langzeitzündern, die mit genau berechneter Verzögerung hochgingen, die Löscharbeiten zu behindern und Unruhe in die Reihen der Brandbekämpfer und der Bergungsmannschaften zu bringen. Deshalb war es geradezu lebenswichtig, die Bomben auf dem schnellsten Weg abzutransportieren oder, wenn es die Umstände erzwangen, unverzüglich an Ort und Stelle zu sprengen. Ausbausperren und Verlagerungszünder, die eine Entschärfung der Munition verhindern sollten, erschwerten häufig das Bemühen, einen Langzeitzünder unschädlich zu machen, und gestalteten die Arbeit zu einem riskanten Unternehmen.

Lebensgefährliche Beseitigung von Blindgängern und Langzeitzündern

Die oft lebensgefährliche Beseitigung von Blindgängern war in München die Aufgabe der Feuerwerker der Luftzeuggruppe VII, die ihren ersten schweren Einsatz nach dem Luftangriff vom 9./10. März 1943 hatten. Damals fielen, wie berichtet, 99 Sprengbomben mit einem Einzelgewicht von 250 und 500 Kilogramm auf die Stadt. »Die Sprengbomben«, berichtete der Polizeipräsident am 27. März 1943 dem Regierungspräsidenten von Oberbayern,[292] »wurden zusammen mit Langzeitzündern mit Ausbausperre und Verlagerungszünder abgeworfen. Aus diesem Grunde war es nicht möglich, die Blindgänger bzw. Langzeitzünder zur Sprengung von der Einschlagstelle zu entfernen. Durch das vorsichtige Arbeiten der Feuerwerker der Luftzeuggruppe VII sind bei den Sprengungsarbeiten der 25 Langzeitzünder keine Unfälle vorgekommen, obwohl einige dieser Bomben wegen ihrer Lage an besonders wichtigen Plätzen vorzeitig gesprengt werden mußten.« Selbst größere Schäden konnten bei den Sprengungen vermieden werden, obwohl die »Blindgänger bezw. Langzeitzünderbomben teilweise in Häusern lagen«.

Erstmals ist in diesem Bericht von Dachauer Häftlingen die Rede, die an der Beseitigung der Blindgänger beteiligt waren. »Zu den Arbeiten«, teilte der Polizeipräsident dem Regierungspräsidenten mit, »wurden einige Kommandos des Konzentrationslagers Dachau eingesetzt. Die Arbeiten wurden durch die Leiter der Sprengkommandos und durch den Kommandeur der Luftzeuggruppe VII, Generalmajor Sprunner von Merz(,) überwacht.«

Die ersten Dachauer Gefangenen, die den Feuerwerkern als Bombensucher zur Hand gehen und vor allem beim Freischaufeln der Blindgänger behilflich sein sollten, waren Freiwillige. Sie meldeten sich nach dem ersten schweren Luftangriff vom 20. September 1942 zu den »Himmelfahrtskommandos«, wie die Sprengkommandos schließlich wegen ihrer hohen Verluste im Lager genannt wurden. Nach Auskunft des ehemaligen Gefangenen Hans Hugl aus Wiesbaden waren es »etwa 40 Häftlinge«, die sich zu diesem Schritt entschlossen, weil ihnen die SS versprochen hatte: »Nach der zehnten Bombe werdet ihr entlassen.«[293] Aber die Lagerleitung hielt sich nicht an die Zusage. Die Männer schaufelten Hunderte von Bomben frei – doch entlassen wurde keiner.

Bald begnügte sich die Dachauer SS auch nicht mehr mit Freiwilligen. Nun bestimmte sie, wer den Sprengkommandos zugeteilt wurde, die der Meister der Schutzpolizei Martin Demmer von der Einsatzzentrale in der Münchner Stielerschule aus leitete und die dem Sprengkommandoführer im Luftgaukommando VII, Hauptmann Griessl, unterstanden. Einer der Gefangenen, die in der Zeit der schweren Angriffe im Juli 1944 mit anderen Kameraden zum Bombensuchen gepreßt wurden, war der Pole Franz Brückl.[294] Wie dies geschah, schildert er selbst: »In einer Nacht im Juli 1944 reißt uns Dachauer Häftlinge der Signalton aus dem Lautsprecher des Lagers – wir nennen ihn den ›Bären‹ – aus dem Schlaf. Die Intervalle sind etwas kürzer als beim Wecken am frühen Morgen. Eine Turmuhr irgendwo in der Stadt Dachau verkündet: zwei Uhr. Dann eine Stimme aus dem

KL-Häftlinge aus Dachau beim Entschärfen von Blindgängern und Lang-zeitzünder am 21. Juli 1944 auf dem Flugplatz Oberschleißheim bei Mün-chen. Auf der Bombe sitzt der im Text zitierte Franz Brückl, das Foto machte der zuständige SS-Kommandoführer.

Lautsprecher: ›Achtung, genau herhören! Die jetzt aufgerufenen Häftlingsnummern haben sofort aufzustehen, sich ohne jegliche Kleidung, also auch ohne Hemd und Schuhe, auf der Block-straße aufzustellen und auf das Kommando ›Abmarsch‹ mit dem jeweiligen Blockältesten in Viererreihen zum Appellplatz vorzumarschieren.‹

Es brennt kein Licht an den Baracken. Nur die Scheinwerfer von den Wachttürmen begleiten die nackten Gestalten der Auf-gerufenen auf den freien Platz vor dem Baderaum. So stehen wir – eine volle Hundertschaft – etwa eine halbe Stunde lang split-ternackt in ziemlich kühler Nacht. Endlich dürfen wir ins Bad. Der Bademeister bedient den Warm- und Kaltwasserzulauf eine halbe Stunde lang. Zum Abtrocknen erhält jeder ein neues Handtuch. Nun gibt es für alle nagelneue Kleidung, von den

Socken bis zur Mütze. Es fällt uns auf, daß sich keiner das Drei-
eck (gemeint ist der Winkel, der in verschiedenen Farben die
Häftlingskategorie der einzelnen Gefangenen kennzeichnet,
Anm. d. Verf.) oder seine Nummer selbst aufnähen muß. Dazu
wurden ›Schneider‹ bestellt. Die Häftlingsnummern für Hose
und Jacke liegen schon vorgedruckt bereit. Ja, sogar ein Taschentuch händigt man jedem von uns aus, denn auf seinen
Block darf niemand mehr zurück, um eine Verständigung mit
Nicht-Aufgerufenen zu verhindern. Für das Baden und Neuein-
kleiden hätten wir bis vier Uhr Zeit, so hatte man uns gesagt,
aber schon kurz nach drei Uhr sind wir fertig. Dann werden wir
vom Rapportführer anhand einer Liste einzeln aufgerufen und
in Fünferreihen aufgestellt, zum Abmarsch ins Freie vor das
Jourhaus.«[295]

Die Stielerschule: das Lager der »Dachauer Hundertschaft«

Die nächste Station der Männer war die Stielerschule in München, wohin die Häftlinge mit Lastwagen gebracht wurden. Das
Schulgebäude sollte das Kommando aus dem KL Dachau für die
kommenden Monate aufnehmen; denn es war nicht beabsichtigt, die Gefangenen nach ihrem täglichen Einsatz in München
jedesmal wieder ins Lager zurückzubefördern. So wurde die
Stielerschule für die Dachauer Hundertschaft zum neuen Lager.
Hier aßen die Männer, hier schliefen sie, und hier erlebten sie
ihre letzten Stunden. Mancher, der am Morgen das Haus verließ, kehrte am Abend nicht mehr zurück. Sein Lebensweg verlor sich in den Trümmern der Stadt, wo ihn eine Bombe in ir-
gendeiner Grube zerriß. Den Platz der Opfer nahmen neue Häftlinge ein, mit denen die Hundertschaft nach Verlusten jedesmal
wieder aufgefüllt wurde.
    Das Ende der Männer war schrecklich. Oftmals blieb von
ihren Körpern nichts mehr übrig, und die Kameraden suchten
vergeblich nach Resten ihrer zerrissenen Leidensgenossen. Zumeist fanden die Männer den Tod beim Entfernen des Zünders
eines Blindgängers oder bei der plötzlichen Detonation eines
Langzeitzünders, der allein – ohne Zutun eines Feuerwerkers –
nach Ablauf einer bestimmten Liegezeit unverhofft hochging. In
einem solchen Fall wurde zum Beispiel einmal ein Strafgefange-
ner aus dem Münchner Gefängnis Stadelheim, das ebenso wie
das KL Dachau Häftlinge für die Bombenbergung zu stellen hat-

te, völlig zerfetzt. Noch am Tag des Unglücks meldete Polizeimeister Demmer vom »Sprengkommandoeinsatz« den tödlichen Unfall dem Kommando der Schutzpolizei: »Am 30. 10. 1944 um 9.20 Uhr detonierte ein vor dem Anwesen Romanstr. 6 liegender Langzeitzünder nach 36 Stunden Liegezeit während der Beseitigungsarbeiten. An der Beseitigung waren 3 Strafgefangene von Stadelheim beschäftigt. Die Beseitigung führte Feuerwerker Blanck durch. Durch die Selbstdetonierung wurden die Strafgefangenen Hollfelder Johann u. Kröger Hans getötet, außerdem der Wm. d. Res. (= Wachtmeister der Reserve, Anm. d. Verf.) Wermeister Erich, 27. Pol.Revier(,) der als Bewachung abgestellt war(,) und der Strafgefangene Simmer Johann schwer verletzt. Die beiden erlitten Verletzungen im Gesicht und Augenverletzungen und wurden durch die San-Staffel West in die Karl(-)Theodor(-)Klinik verbracht. Einer der getöteten Strafgefangenen wurde vollkommen zerrissen, so daß nur mehr einige Fleischteile und Kleiderfetzen zu finden waren, während der andere Getötete eine Kopfzertrümmerung hat. Dieser liegt noch im Anwesen Romanstr. 8.«[296]

Ein ähnliches Schicksal hatte ein Häftling, der einem Dachauer Kommando angehörte. Über den Tod des Mannes berichtete der Polizeipräsident als örtlicher Luftschutzleiter am 7. August 1944 ausführlich der Kommandantur des KL Dachau: »Am 4. 8. 1944 war in den Vormittagsstunden ein aus 6 KZ-Häftlingen bestehendes Kommando auf dem Flugplatz Oberwiesenfeld (heute: Olympiapark, Anm. d. Verf.) etwa 150 m nordwestlich der Flugzeughalle des Flugzeuges ›Gigant‹ bei Freilegungsarbeiten eines Sprengbombenblindgängers eingesetzt. Kurz bevor der Feuerwerker den Blindgänger durch Herausschrauben des Zünders entschärfen wollte, befand sich der KZ-Häftling Nr. 1198 (Erich Emert) noch beim Blindgänger. Um 8.55 Uhr detonierte plötzlich der Blindgänger. Der genannte KZ-Häftling flog mit in die Luft(,) und es wurden nach der Detonation nur mehr der rechte Fuß, ein Teil des Gesichts sowie Kleiderfetzen aufgefunden. Außerdem wurden 2 Pol(izei-)Wachtmeister der Bewachungsmannschaft durch Steinschlag leicht verletzt.

Die aufgefundenen Leichenteile verbrachte am 4. 8. 44 der M(ei)ster d(er) Sch(utzpolizei) Demmer im Laufe des Nachmittags in das KZ Dachau.«[297]

»Franz, du hast ja Angst!«

Franz Brückl, der um die Gefahren beim Entschärfen einer Bombe wußte, hatte, wie er sich erinnert, sonderbarerweise nie daran gezweifelt, daß er auch dieses schwere Kapitel seines Lebens überstehen würde. »Ich empfand lange Zeit keine Angst«, sagt er.[298] Nachdem er unter Höllenqualen seinen ersten Zünder aus einer Bombe geschraubt hatte, beherrschte er das Handwerk, und damit wich die Furcht von ihm. Sie kehrte erst wieder, als er eines Tages vor einer Bombe fremden Typs stand, die ihm unheimlich war. Er weigerte sich, den Blindgänger anzurühren. »Franz, du hast ja Angst«, lachte der Feuerwerker und entschloß sich, selbst die Arbeit zu machen, die sonst in der Regel die Häftlinge verrichteten, obwohl diese eigentlich nur zum Freischaufeln der Bomben herangezogen werden sollten. Brückls bester Freund begleitete den Feuerwerker. Er war gewarnt worden, doch er wollte den Mann nicht allein gehen lassen. Brückl sah die beiden noch eine Weile am Grubenrand über der Bombe stehen. Dann verschwanden sie. Kurz darauf ertönte eine gewaltige Detonation. Die Ahnung hatte Brückl nicht getäuscht. Der Blindgänger war hochgegangen, und während sich noch die Grashalme unter dem Druck der Detonation bewegten, raste Brückl auf die Stelle zu, wo die Männer verschwunden waren. Er fand von ihnen nichts mehr.

Über die Katastrophe berichtete Demmer am 30. November 1944 dem Kommando der Schutzpolizei: »Am 30. 11. 1944 detonierte um 14.40 Uhr in der Berchtlstr. (Gaswerk Moosach) während des Entschärfens ein Blindgänger Demo 500 LB Langzeitzünder(,) wobei der entschärfende Feuerwerker Heinrich Herzog des Sprengkdo. München LG. VII und der KL-Häftling Nr. 13 283 Sigismund Machcwsky vollkommen zerrissen worden sind.

An der Explosionsstelle konnten nur mehr einige Kleiderfetzen und etwas Leichenteile des Oberfeuerwerkers Herzog sowie die beiden Brieftaschen der Getöteten gefunden werden.

Die Leichenteile des Herzog wurden gesammelt und in einer Kiste zur vorl(äufigen) Aufbewahrung zur Stielerschule gebracht, von wo sie durch die zuständige Dienststelle abgeholt werden. Die Brieftasche und Mantel des Feuerwerkers wurden dem Sprengkdo.-Führer (Amtm. Heiler) und die Brieftasche des Häftlings an SS-Hauptscharführer des KL Dachau (Name fehlt, Anm. d. Verf.) übergeben.

Die Bombe wurde am 30. 11. 44 gegen 5.09 Uhr bei dem Störangriff geworfen.«[299]

Seit diesem Unglück hatte Franz Brückl seine Sicherheit im Umgang mit Blindgängern verloren, und das Unbehagen wich nun nicht mehr von seiner Seite. Doch er überstand alle Gefahren unverletzt und kehrte schließlich nach Monaten in München nach Dachau zurück. Genau 246 Bomben hatte er im »Himmelfahrtskommando« entschärft.[300] »Das wirst du dir schon merken können«, sagte sein Blockältester, der es gut mit ihm meinte, zu ihm und vernichtete die Notizen, die Brückl trotz strengen Verbots heimlich von seinen Einsätzen in München gemacht hatte. Der Kamerad behielt recht. Brückl hat die Zahl nie vergessen.

Neben dem »Blindgängerbeseitigungskommando« in der »Unterkunft München, Stielerschule« (so die offizielle Bezeichnung), das dort stationär in ständiger Bereitschaft war, gab es außerdem noch mehrere sogenannte Sprengkommandos mit Dachauer Häftlingen, die nach Luftangriffen zusätzlich im Lager zur Bergung von Blindgängern angefordert wurden und die alle zusammen das »Sprengkommando Dachau« bildeten. Zur Unterscheidung trugen die einzelnen Kommandos Nummern mit römischen Zahlen, zum Beispiel »Sprengkommando I«, »Sprengkommando II«. So hieß es im Bericht über den »Sprengkommando-Einsatz am 27. 11. 44 (Angr(iff) 27. 11.)«: »Infolge des neuerlichen Angriffes kamen vom Kdo Dachau mit eigenem Fahrzeug SS 16155 3 Kdo. (IX, X u. XI)(,) wobei 20 Lt. Treibstoff abgegeben worden sind.«[301] Den Kommandos gehörten in der Regel sechs Gefangene an, die von einem SS-Unterführer beaufsichtigt wurden.

Die Arbeit der Sprengkommandos

Einen genauen Einblick in die Arbeit der Sprengkommandos, die eine Vielzahl von Bomben unschädlich machen mußten, gibt der folgende Bericht über die »Blindgängerbeseitigung«, den Martin Demmer am 18. September 1944 nach den vorausgegangenen schweren Luftangriffen auf München für das Kommando der Schutzpolizei verfaßte: »Von den Angriffen am 11., 12., 13., 16., 19. u. 21., 31. 7. 44 und 12. 9. 44 waren im Bereich des Luftschutzortes München 1146 Blindgänger(,) und von diesen waren etwa 35 % mit Langzeitzünder versehen.

224 Blindgänger sind nach Zündablaufzeit von selbst deto-

niert(,) und 905 Blindgänger wurden beseitigt, außerdem wurden 5 Blindgänger aufgegeben. Ein Blindgänger ist am 11. 8. 44 um 4.45 Uhr nach einem Monat Liegezeit am Isarkanal Oberföhring selbst detoniert.
Zur Beseitigung waren Häftlinge des K.L. Dachau und auch auswärtige Feuerwerker eingesetzt, außerdem Fahrzeuge der LS.-Polizei, Partei und Wehrmacht.
Bei diesen Beseitigungsarbeiten fanden ein Feuerwerker (Hayl) und 5 K.L.Häftlinge den Tod, 3 K.L.Häftlinge sind entwichen.
Bei den beseitigten Blindgängern handelt es sich überwiegend um Sprengbomben amerikanischen Ursprungs(,) und zwar im Gewicht von 100, 250, 500 und 1000 LB (LB ist Pfundbezeichnung).
Die Blindgänger wurden alle durch Entschärfen unschädlich gemacht und in das Sammellager Hochbrück (Alte Heide) verbracht. Dort sind auf ungeklärte Weise am 25. 7. 44 gegen 11.30 Uhr etwa 425 gelagerte und entschärfte Blindgänger aller Kaliber detoniert, ohne nennenswerten Schaden anzurichten.
Bomben mit Langzeitzünder wurden bei den Angriffen am 11., 13. und 31. 7. 44 und nur von der amerikanischen Luftwaffe in Kalibern 250 u. 500 LB geworfen.
Unter den Blindgängern befanden sich auch 2 Brandbomben 500 LB, die von den Sprengbomben gleichen Gewichts fast nicht zu unterscheiden sind.
Da ein Spezialfahrzeug insbes. zum Heben und Herausziehen der Blindgänger in München nicht zur Verfügung steht, wurde in einem Falle der Rüstwagen der Feuerschutzpolizei in Anspruch genommen, außerdem im Flughafenbereich Oberwiesenfeld ein Beutepanzer.
Am 16. 9. 44 wurden vom K.L. Dachau lt. telef. Anruf die für Blindgängerbeseitigung eingesetzten Häftlinge zurückgerufen.
Blindgänger werden beim Abernten der Felder vereinzelt immer noch gefunden.«[302]
Den Tod des in Demmers Bericht genannten Oberfeuerwerkers Walter Hayl, der im Juli 1944 beim Entschärfen eines Langzeitzünders umgekommen war, nahmen die MNN am 25. Juli zum Anlaß, einmal auf die gefährliche Tätigkeit der Sprengkommandos hinzuweisen und die Arbeit der Feuerwerker in München zu erläutern:»Im Kampf gegen den feindlichen Bombenterror stehen die Sprengkommandos der Luftwaffe in vorderster Linie. Ihre Tätigkeit erfordert neben großen Kenntnissen und Er-

fahrungen auf sprengtechnischem Gebiet vor allem Ruhe, Kaltblütigkeit und Todesverachtung. Während früher Blindgänger und Zeitzünder zumeist gesprengt wurden, müssen sie bei den jetzt vom Feind verübten Großangriffen, um unnötige weitere Zerstörungen zu vermeiden, regelmäßig entschärft werden. Die Sprengkommandos stehen unter Führung eines waffentechnisch ausgebildeten Offiziers oder Beamten und setzen sich aus Feuerwerkern als Fachkräften zusammen, die fortgesetzt diesen schweren Dienst ausüben. Die ihnen noch weiter zugeteilten Hilfskräfte haben nach Weisung des Feuerwerkers die Bombe in teils langwierigen Grabungen vorsichtig freizulegen und werden dann zurückgezogen. Nun beginnt der Feuerwerker in dem im weiten Umfang abgesperrten Raum allein seine gefahrvolle Arbeit, nämlich das Entschärfen der Bombe durch Entfernung der Zünder. Hiezu ist eine genaue Kenntnis der verschiedenartigsten feindlichen Zünder unbedingt erforderlich. Trotzdem kann die Gefahr einer Detonation auch vom erfahrensten Feuerwerker nie völlig ausgeschaltet werden, zumal er ja nicht wissen kann, ob nicht während seiner Arbeiten der Zeitpunkt des Zündens bei einem Langzeitzünder eintritt. So haben bereits eine große Zahl von Feuerwerkern ihren schweren Dienst für das Gemeinwohl mit dem Leben oder mit schwerer Verwundung bezahlen müssen. In Anerkennung ihrer Leistung sind erst kürzlich an Angehörige ihres Waffendienstes die höchsten Auszeichnungen verliehen worden.«

Auf die Gefahr, die vor allem von Langzeitzündern, abgekürzt »Lzz«, auch für die zivile Bevölkerung ausging, wies die Presse wiederholt hin. Die Münchner wurden eindringlich gewarnt, abgesperrte Bombenfundplätze zu betreten und Abwurfgeschosse zu berühren. So hieß es zum Beispiel am Mittwoch, dem 15. November 1944, in den MNN: »Wenn Langzeitzünder und Sprengbomben-Blindgänger gemeldet sind, werden bis zu ihrem Abtransport die anliegenden Häuser sofort geräumt und die nahen Straßen gesperrt. Nicht alle gesperrten Straßen können mit Posten besetzt werden, vielfach wird mit Sperrgerät, Stangen und Warntafeln der Zugang verwehrt. Diese Absperrungen werden in unverantwortlicher, ja selbstmörderischer Weise mißachtet. Wieder hat eine Frau ihr Leben eingebüßt, weil sie ihr polizeilich geräumtes Haus nochmals betrat, nur um eine Kleinigkeit zu holen. Durch die Detonation eines Langzeitzünders wurde sie unter den Trümmern des niederstürzenden Hauses begraben. Das möge zur eindringlichen Warnung dienen!

Man beachte also das Warnschild, auch wenn nicht eigens ein Posten aufgestellt ist.«

»Häufige Unfälle mit tödlichem Ausgang«

In derselben Ausgabe wies die Zeitung auf eine weitere Gefahr für die Bevölkerung hin:»Der Feind wirft Stabbrandbomben mit Sprengköpfen ab. Ihre Unterscheidung von denen ohne Sprengsatz ist dem Laien schwer, den meisten völlig unbekannt. Zwei Buben und ein Mann sind beim spielerischen Herumhantieren an Stabbrandbomben schwer verletzt worden. Eltern und Erzieher, HJ.-Führer, Lehrer und Lehrmeister werden aufgefordert, Kindern und Unverständigen das gefährliche Spielen und Experimentieren zu verwehren. Auch Stabbrandbomben-Blindgänger sind sofort den Polizeirevieren zu melden.«

Doch die Hinweise in der Presse beschränkten sich nicht nur auf Warnungen. Die Münchner wurden auch aufgerufen, dabei mitzuhelfen, die unheilvollen Langzeitzünder unschädlich zu machen, indem sie bei aller gebotenen Vorsicht selbst nach den Bomben in ihrem unmittelbaren Lebensbereich Ausschau hielten. In diesem Sinne appellierten die MNN am Freitag, dem 17. November 1944, an ihre Leser:»Im Interesse der Sicherheit der Volksgenossen ist es unbedingt erforderlich, daß der Luftschutzwart und jeder Hausbewohner sofort in Haus und Keller, Hof und Garten nach Langzeitzündern sucht. Diese sorgfältige Suche muß unter allen Umständen nach jedem Luftangriff vorgenommen werden. Festgestellte Langzeitzünder sind ebenso wie etwaige Blindgänger auf dem schnellsten Wege dem Polizeirevier zu melden.«

Als besondere Gefahr hatten sich auch die britischen Leucht- und Blitzlichtbomben erwiesen, die als Blindgänger angetroffen wurden. Nachdem sie in ihrer Gefährlichkeit wiederholt verkannt worden waren, sah sich der Reichsminister der Luftfahrt und Oberbefehlshaber der Luftwaffe am 24. April 1943 veranlaßt, in einem eigenen Erlaß vor den Bomben zu warnen. Den Wortlaut brachte das Luftgaukommando VII in München am 25. Mai 1943 dem Polizeipräsidenten zur Kenntnis.[303] »Häufige Unfälle mit tödlichem Ausgang«, hieß es im Erlaß, »geben Veranlassung, auf folgendes hinzuweisen:

Blindgegangene britische Leucht- und Blitzlichtbomben sind äußerlich nicht ohne weiteres zu unterscheiden, da die Farbkennzeichnung ›DANGER Flash‹ in vielen Fällen nicht mehr erhalten ist. Alle blindgegangenen Leucht- und Blitzlichtbomben englischer Herkunft sind daher (...) nur durch das zuständige Sprengkommando oder im Operationsgebiet durch einen Feuerwerker zu vernichten. Vernichten hat durch Sprengen in einer mindestens 1 m tiefen Grube durch Auflegen eines Sprengkörpers 28 in Höhe des Leuchtsatzes zu geschehen. Sicherheitsabstände dabei mindestens 100 m. Die Luftdruckwirkung (Zerstören von Fensterscheiben usw.) einer Blitzlichtbombe ist etwa die gleiche wie die einer 50(-)kg(-) Sprengbombe.

Da beim Herausziehen im Boden steckender Blitzlichtbomben häufig der Zünder zum Laufen gebracht worden ist und (dies) zu Unfällen geführt hat, sind die Bomben vorsichtig freizugraben oder mit einer Leine von einer Deckung aus herauszuziehen. Anschließende Wartezeit mindestens 1 Minute, bevor die Deckung verlassen werden kann.«

Der Kommandeur der Schutzpolizei nahm die Warnung sehr ernst. Energisch ordnete Oberst Mühe am 1. Juni 1943 in einem Schreiben an die Münchner LS-Abschnitte an: »Allen Angehörigen der Schutzpolizei und Luftschutzpolizei mache ich es zur Pflicht, bei Bekanntwerden von Leucht- und Blitzlichtbombenblindgängern diese sofort dem zuständigen Abschnitt zu melden. Aufgefundene Blindgänger dürfen auf keinen Fall bis zum Eintreffen eines Feuerwerkers in ihrer Lage verändert werden.

Ich werde jeden, der gegen diese Anordnung handelt, zur Verantwortung ziehen.

Diese Anordnung ist allen Angehörigen der Schutzpolizei und Luftschutzpolizei bekanntzugeben und alle 3 Monate zu wiederholen.«[304]

Unterirdische Rettungsstellen
für Verletzte

Zu den Kräften, die im Bombenkrieg bemüht waren, Katastrophen abzuwenden und Leben zu bewahren, gehörte auch der Luftschutz-Sanitätsdienst. Er hatte die Aufgabe, sich nach einem Bombenangriff der Verletzten anzunehmen. Seine Organisation unterschied zwei Gliederungen: den beweglichen und den ortsfesten LS-Sanitätsdienst. Über die verschiedenen Tätigkeiten der beiden Bereiche berichtete der Führer des LS-Sanitätsdienstes in München, der Oberstabsarzt der Polizei, Dr. Vilbig, der dem Polizeipräsidenten unterstand, am Anfang des Krieges in einem Vortrag. »Im beweglichen LS-Sanitätsdienst«, führte er aus,[305] »finden wir jene Formationen, die als Stoßtrupps in den Frontabschnitten eingesetzt werden. In LS-Sanitätsabteilungen sind sie zusammengefaßt, als LS-Sanitätsbereitschaften mit mehreren LS-Sanitätszügen untergliedert bis zur Aufteilung in die kleinste Einheit des LS-Sanitätsdienstes, nämlich der LS-Sanitätsgruppe.

»Kleinste Einheit« im Sanitätsdienst: die Laienhelferin des
Selbstschutzes »draußen auf vorgeschobenem Posten«

LS-Sanitätsabteilungen, Bereitschaften und Züge werden von Ärzten, die LS-Sanitätsgruppen von besonders gut geschulten und erfahrenen Sanitätsmännern geführt. Den LS-Sanitätsbereitschaften sind noch Krankentransportstaffeln zugeteilt. All diesen LS-Einheiten ist ein besonderes Aufgabengebiet im Einsatz zugedacht.«

Als »kleinste Einheit« im Sanitätsdienst bezeichnete Vilbig die Laienhelferin des Selbstschutzes, die schon vom Augenblick des Luftangriffes an »draußen auf vorgeschobenen Posten« stand und die erst einmal, »von der Außenwelt zunächst völlig abgeschlossen«, mit »ihrem LS-Sanitätsgerät, der LS-Hausapotheke, den Arzt und die LS-Sanitätseinheiten« entlastete. »Erlahmt ihre Kraft, so wird sie vorerst noch versuchen(,) mit vereinten Kräften der benachbarten Luftschutzgemeinschaften der

Lage Herr zu werden. Gelingt dies nicht oder besteht von vorneherein Aussichtslosigkeit auf Erfolg, wie es der Fall bei einer durch schwere Sprengbomben verursachten Katastrophe sein kann oder aber auch dann, wenn Menschenleben auf dem Spiele stehen, dann hat der sofortige Einsatz des LS-Sanitätsdienstes zu erfolgen, unbeschadet der Gefahren von Seiten der feindlichen Flieger oder der eigenen Abwehr.«

In diesem Sinne wurde auch die Öffentlichkeit informiert. »Wer sich während eines Luftangriffes«, so lautete der Rat am 20. August 1943 in den MNN, »Verletzungen, Verbrennungen usw. zugezogen hat, sollte in erster Linie einmal durch die in jeder Luftschutzgemeinschaft vorhandenen Laienhelfer oder Laienhelferinnen versorgt werden. Da es vorkommen kann, daß diese im Augenblick nicht anwesend sind, sollte jeder Volksgenosse sich zur Not selbst helfen können. Es wird jedem Volksgenossen daher dringend empfohlen, sich über die wichtigsten Maßnahmen der Ersten Hilfe zu unterrichten. Die Luftschutzraum-Apotheken haben ihre große Bedeutung im Ernstfall immer wieder bewiesen. Natürlich müssen sie stets in Ordnung gehalten und auf ihre Verwendbarkeit geprüft sein.«

Dort, wo die Selbsthilfe nicht mehr ausreichte, erfolgte der Einsatz des LS-Sanitätsdienstes in geschlossenen Einheiten – und zwar in der Stärke von LS-Sanitätsgruppen bis zu LS-Sanitätsabteilungen, »je nach Größe des gemeldeten Schadens«, wie Vilbig in seinem Vortrag hervorhob. Aufgabe der Sanitätseinheiten war es, die Verletzten zu bergen, erste Hilfe zu leisten und die Verwundeten abzutransportieren. Dabei stellte der Dienst an das Sanitätspersonal oft hohe Anforderungen. Vor allem der Einsatz, der zu eingestürzten Häusern führte oder der sich in dunklen Kellerräumen mit »steilen, engen, winkligen und abgerissenen Treppen« (Vilbig) vollzog, erforderte Mut, Geschick und Besonnenheit. Von größter Bedeutung war die richtige Art der Bergung, bei der die »Erhaltung des Lebens oder die Wiederherstellung der Gesundheit schon bei der ersten Hilfeleistung ausschlaggebend« im Vordergrund zu stehen hatte. »Dort, wo lebensbedrohende Zustände vorliegen oder schmerzhafte Verletzungen die Bergung oder den Abtransport unerträglich machen, wird außerdem ein Arzt zugegen sein und Linderung bringen. Bei schweren Katastrophen wird immer ein Arzt die Leitung übernehmen, Anweisungen erteilen und die Sichtung nach Leicht- und Schwerverletzten, nach Gehfähigen, liegend und sitzend zu Transportierenden vornehmen.

Die Gehfähigen und die Verletzten leichten bis mittleren Grades werden der nächstgelegenen LS-Rettungsstelle zugewiesen. Verletzte mit akut bedrohlicher Lebensgefahr werden unter Umgehung der LS-Rettungsstelle direkt in das nächstgelegene Krankenhaus eingeliefert.« In jedem anderen Fall, in dem keine Lebensgefahr bestand, war jedoch der Verwundete »grundsätzlich zunächst der zuständigen LS-Rettungsstelle zuzuführen«.

Die LS-Rettungsstelle – »Urzelle des ortsfesten Sanitätsdienstes«

Die Bevölkerung war aber auch aufgerufen, im Ernstfall, wenn Sanitäter nicht zur Stelle waren, allein zu handeln und selbst die nächste Rettungsstelle aufzusuchen. »Es ist daher notwendig«, rieten die MNN am 20. August 1943, »daß sich jeder Volksgenosse jetzt schon über die Lage der zuständigen Rettungsstelle im klaren ist (Anschlag in den Stiegenhäusern beachten). Während oder kurz nach einem Angriff sollen Verletzte und Erkrankte möglichst nicht unmittelbar in die Krankenhäuser eingeliefert werden, da sich diese mit ihren eigenen Kranken zu beschäftigen haben und da nur von den Rettungsstellen aus übersehen werden kann, in welchen Krankenhäusern Verwundete aufgenommen werden können. Daher bei ernsten Fällen zuerst zu den Rettungsstellen!«

Die Beförderung der Verletzten übernahmen die LS-Krankentransportstaffeln der LS-Sanitätsbereitschaften. Ihre Fahrer und Beifahrer waren alle in einem sogenannten Hilfskrankenträger-Kurs ausgebildet, damit auch sie im Notfall erste Hilfe leisten konnten. Für ihre Aufgabe standen ihnen neben Selbstschutzgerät für die eigene Sicherheit Transportmittel, Krankentragen, Decken und verschiedene Sätze von Verbandpäckchen zur Verfügung.

Mit der ersten Hilfeleistung und mit dem Abtransport der Verwundeten war die Tätigkeit des beweglichen LS-Sanitätsdienstes erfüllt. Alles weitere übernahm nun der ortsfeste LS-Sanitätsdienst mit den LS-Rettungsstellen, mit dem zentralen Bettennachweis, mit den Krankenhäusern und mit den Hilfskrankenhäusern sowie mit dem LS-Sanitäts-Mittellager.

Über die LS-Rettungsstellen, abgekürzt »LS-R.St.«, sagte Vilbig in seinem Vortrag: »Die Urzelle des ortsfesten LS-San.-Dienstes ist die LS-Rettungsstelle – ein unterirdisch gelegner Schutzraum für LS-Sanitätszwecke. In München verfügen wir zur Zeit über so viele ausgebaute LS-Rettungsstellen, daß wir für einen einmaligen Einsatz weit über 1000 Menschen im Sinne der ersten Hilfe unterbringen können. Ausstattung und Einrichtung erfüllen mit ihrer Splitter-(,) Gas- und Einsturzsicherheit voll und ganz den Bestimmungszweck: Schutzraum und Behandlungsraum für Hilfesuchende.

Leiter der LS-Rettungsstelle ist ein Arzt. Ihm ist genügend männliches und weibliches Hilfspersonal zur Verfügung gestellt. Mit der Außenwelt ist er durch Fernsprechanschluß oder(,) wenn dieser versagen sollte, durch Melder verbunden.«

Das Aufgabengebiet der Rettungsstellen, von denen zum Beispiel nach dem Luftangriff vom 7. September 1943 allein 22 Stationen insgesamt 714 Personen behandeln mußten, war genau umrissen. Sie dienten ausschließlich der ersten Hilfeleistung. »Niemals«, so betonte Vilbig, »darf die LS-R.St. als unterirdisches Krankenhaus angesehen werden. Sie hat keinen anderen Zweck als den einer Durchgangsstation zu erfüllen, (...) in der gründliche Körperentgiftung, ärztliche Zwischenbehandlung, klare und zielbewußte Inangriffnahme von akut bedrohlicher Lebensgefahr, eventuelle Beobachtung und nochmalige Sichtung nach Leicht- und Schwerverletzten gerade genug Sorge und Arbeit für sich in Anspruch nehmen. Die Schwerverletzten werden, sobald es die Luftlage zuläßt, umgehend der fachärztlichen Versorgung und der pflegerischen Betreuung der Krankenhäuser zugewiesen. Die Leichtverletzten werden nach der ersten ärztlichen Hilfeleistung ebenfalls umgehend zur ambulanten Behandlung nach Hause entlassen. Nur solche Maßnahmen sichern einerseits die ständige Einsatzbereitschaft durch rechtzeitige Evakuierung und gewährleisten andererseits erfolgversprechende Behandlung. Diese Planmäßigkeit ist umso wichtiger, als bei Luftangriffen jederzeit mit dem Überfallmäßigen gerechnet werden muß. Ein einsichtiger und vorsichtiger Arzt kann sich nur dadurch Luft machen, daß er den frühzeitigen Abtransport der komplizierten und an sich zeitraubenden Krankheitsfälle anordnet, um für die jeweilig notwendig werdenden Maßnahmen, die sich durch Kriegshandlungen ergeben können, einsatzbereit bleiben zu können.«

Die unterirdischen Bauten hatten die Techniker so geplant, daß die Rettungsstellen in der Versorgung mit dem Nötigsten zum Leben von der Außenwelt unabhängig waren. Sie verfügten über eine eigene Trinkwasserversorgung, über Beleuchtung, Notstrom und Notstromerzeuger sowie über hygienische Einrichtungen. Aber Vilbig war sich auch darüber im klaren, daß selbst die beste technische Ausstattung nichts half, wenn eine Rettungsstelle »direkt von einer schweren Sprengbombenwirkung betroffen« wurde. »Dann kann nur beste Organisation größtes Unheil fernhalten«, meinte er. »Solange noch die Möglichkeit einer beschleunigten Räumung besteht, werden keine besonderen Schwierigkeiten entstehen. Sind jedoch Haupteingang und Hauptausgang verschüttet, die Notausstiege außerdem verlegt und fehlt jegliche Verbindung mit der Außenwelt, dann kann nur ein Arzt mit einer besonderen Führernatur die Lage meistern. Vor allem muß er mit eiserner Ruhe und seelischem Zuspruch jegliche Panikstimmung seiner ihm anvertrauten Patienten unterdrücken, während sein Sanitätspersonal mit Pickel und Schaufel alles unternimmt, um sich möglichst rasch von innen nach außen zu befreien – ein Einsatz, der im Sinne des erweiterten Selbstschutzes zur Tätigkeit einer LS-R.St. gehört. Ich möchte nur wünschen, daß diese Situationen dem Leiter einer LS-R.St. erspart bleiben.«

Insgesamt gab es in München dreißig Rettungsstellen des Luftschutz-Sanitätsdienstes.[306] Davon lagen acht im LS-Abschnitt Nord, sieben im LS-Abschnitt Ost, neun im LS-Abschnitt Süd und sechs im LS-Abschnitt West. Jede Rettungsstelle trug eine Nummer. Die »Rettungsstelle 1« zum Beispiel befand sich in der Residenz.

Eine wichtige Funktion erfüllte im LS-Sanitätsdienst auch der zentrale Bettennachweis, der vom städtischen Gesundheitsamt geführt wurde und der täglich über die Zahl der freien Betten in den Münchner Krankenhäusern informierte, damit im Ernstfall eine gleichmäßige Verteilung der Verletzten auf die einzelnen Krankenanstalten erfolgen konnte. Eine besondere Bedeutung kam darüber hinaus dem LS-Sanitäts-Mittellager zu, das unter der Leitung eines Apothekers stand und das den beweglichen und den ortsfesten LS-Sanitätsdienst mit den erforderlichen Arznei- und Verbandmitteln versorgte.

Die »Rotkreuzhelferinnen«: »überall dort, wo es gerade nottut«

Die Sanitäter und die Krankenschwestern im LS-Sanitätsdienst unterstützte ein Heer von Schwesternhelferinnen des Deutschen Roten Kreuzes (DRK). Wie vielfältig ihre Tätigkeit war und wo die »Rotkreuzhelferinnen« überall im Einsatz standen, beschrieben die MNN am 11. August 1944 in einem Bericht, der diesen Frauen gewidmet war: »Helferinnen, die (nach einem Bombenangriff, Anm. d. Verf.) vom Luftschutzkeller ihrer Arbeitsstätte nach Hause eilen – dort vielleicht alles zerstört finden und zu allem noch von ihren Angehörigen keine Nachricht erhalten, sind Tag und Nacht in den zerstörten Stadtteilen tätig, helfen, trösten, verbinden, übernehmen Krankentransporte und können sich auf ihren Krankenwagen nur eine kurze Ruhestunde gönnen. Überall sieht man sie nach der Entwarnung mit ihren hellen Hauben tätig, wo es gerade nottut, und sei es, den Schutt abräumen oder löschen helfen. Die verwegensten Fahrten müssen sie an der Seite ihrer Rotkreuzkameraden oder gar allein in den zerstörten Stadtteilen unternehmen, um rechtzeitig Hilfe bringen zu können.«

Außerdem verfügte die Kreisstelle München-Stadt des Deutschen Roten Kreuzes über eine Sonderbereitschaft, die für den Soforteinsatz bereitstand. Ihr gehörten zwei Ärzte, drei Führer, eine Führerin sowie 25 DRK-Helfer und ebenso viele DRK-Helferinnen an. Die Sonderbereitschaft, die voll motorisiert war, besaß mehrere Wagen. Welche Funktionen die einzelnen Fahrzeuge hatten, berichteten die MNN am 22. März 1944 ihren Lesern: »Im Bereitschaftswagen können entweder 18 liegende oder 30 sitzende Kranke transportiert werden. Er ist mit einer vollkommenen Einrichtung für Notoperationen, reichlich Verbandsmittel und Medikamente versehen. Als Anhänger wird ein Operationswagen mitgeführt, der durch Ausbau der Seitenwände stark verbreitert werden kann und in dem alle Einrichtungen und Behelfsmittel für große Operationen vorhanden sind. Gute Beleuchtung, Beheizung und Sterilisation sind gewährleistet. Als weiteres Transportmittel ist ein Wagen für 16 Tragen vorhanden, der einen Anhänger für 9 Tragen besitzt, in dem auch eine Siemens-Röntgeneinrichtung mitgeführt wird. Als weiteres Fahrzeug kommt noch ein Wagen mit 9 Tragen hinzu, der einen Anhänger mitführt, in dem sechs liegende Kranke untergebracht werden können. Ein Lastwagen befördert ein Wasserfiltergerät und ein großes Zelt. Er führt ebenfalls einen Anhänger mit, in dem wieder sechs liegende Kranke transportiert werden können. In Kisten verpackt, aber sofort greifbar, werden (sic!) eine mobile Arztpraxis mit Medikamenten, Verbandstoff und kleinem chirurgischen Besteck mitgeführt. Für das Personal und für sitzende Kranke ist noch ein Großkraftwagen mit 28 Sitzplätzen vorhanden.

Die Wagen, die außerhalb der Stadt untergebracht sind, werden im Bedarfsfalle sofort zur Befehlsstelle geleitet. Die Mannschaft tritt sofort nach Entwarnung an, kann aber auch nach einem Alarmsystem zusammengerufen werden. In Augsburg konnte die Sonderbereitschaft bereits zwei Stunden nach Ausgabe des Alarms an ihre Einsatzstelle abrücken.«

Eine ihrer ersten schweren Prüfungen erlebten die Angehörigen des Deutschen Roten Kreuzes in München beim Luftangriff vom 2. Oktober 1943. Die MNN würdigten am Donnerstag, dem 7. Oktober, in einem Bericht die Opferbereitschaft der Männer und der Frauen, von denen einige sogar zwei Tage lang ohne Schlaf auf den Beinen waren: »Wie stets, wenn es gilt, für Leben und Gesundheit der Volksgenossen einzutreten, stand das Deutsche Rote Kreuz auch beim letzten Terrorangriff auf München in vollem Einsatz. In der Nacht und während des anschließenden Tages führten die Männer und Frauen des Deutschen Roten Kreuzes zahlreiche Transporte durch, davon einen großen Teil zur Evakuierung von gefährdeten Krankenhäusern. Bei den Einzeltransporten handelte es sich hauptsächlich um geburtshilfliche Fälle oder Verletzungen durch Sprengwirkung. Hierbei haben sich die Frauen und Mädchen des Deutschen Roten Kreuzes mit männlicher Tatkraft auch als Kraftfahrerinnen eingesetzt und standen so ihren Kameraden würdig zur Seite. Der Einsatz betrug durchschnittlich, auch bei den Frauen, 24 Stunden, viele Fahrer haben aber 36 und sogar 48 Stunden durchgehalten.

Neben den DRK.-Krankenkraftwagen, den DRK.-Bereitschaftswagen und einem Omnibus war auch der Augenbehandlungswagen eingesetzt. Er hat sich bei den durch Staub, Rauch oder Explosionen hervorgerufenen Augenverletzungen als außerordentlich wertvoll erwiesen. Zahlreiche Volksgenossen erhielten daneben auf den DRK.-Wachen die erste Hilfe.«

*Wenn »giftige Rauchgase aus der Umgebung in den
Luftschutzkeller eindringen«*

Doch das Sanitätspersonal blieb bekanntlich im Kampf gegen den Tod nach den Luftangriffen nicht überall erfolgreich. In vielen Fällen kamen die Retter, so sehr sie sich beeilten, auch zu spät, um noch Hilfe leisten zu können. Und das Bild, das sich ihnen bot, wiederholte sich immer wieder: Die Menschen lagen tot in den Kellern, obwohl ihre Körper nirgends eine Verletzung aufwiesen. Sie waren alle einen lautlosen, heimtückischen Tod gestorben. Während sie ahnungslos in ihren Luftschutzräumen gesessen und sich in Sicherheit geglaubt hatten, war mit dem Rauch einer nahen Brandstelle unbemerkt Kohlenoxyd (CO) in den Keller eingedrungen und hatte sie vergiftet.

Als sich diese Fälle in beängstigender Weise häuften, sah sich der Chef des Sanitätswesens beim Oberkommando der Luftwaffe, Generaloberstabsarzt Professor Dr. Oskar Schröder, in Saalow unweit von Berlin veranlaßt, eindringlich vor den Gefahren der Kohlenoxydvergiftungen zu warnen.[307] Es hatte sich nämlich herausgestellt, daß diese Gefährdung von Luftschutzwarten unterschätzt worden war. So stellte der Chef des Sanitätswesens am 28. Januar 1945 dazu fest: »Aus den Berichten der ärztlichen Untersuchungsgruppen zu(r) Erfassung neuartiger Personenschäden bei Luftangriffen geht eindeutig hervor, daß bei Bränden, insbesondere bei Flächenbränden, ein sehr hoher Prozentsatz der Todesfälle – 80 % und mehr – durch Kohlenoxyd verursacht worden sind.

Den Aussagen der Überlebenden muß entnommen werden, daß die Luftschutzwarte noch immer nicht in genügendem Maße über die akute Lebensgefahr beim Eindringen von Rauch und damit von Kohlenoxyd in die Luftschutzräume unterrichtet sind. Es wird wiederholt in den Meldungen der Untersuchungsgruppen angegeben, daß die Luftschutzwarte nicht nur versäumt haben, die Kellerinsassen rechtzeitig zum Verlassen der Luftschutzräume aufzufordern, daß sie vielmehr sogar Volksgenossen, die sich früh genug in Sicherheit bringen wollten, daran gehindert haben.«

Der Chef des Sanitätswesens erließ aus diesem Grund für den Luftschutz neue »Richtlinien über die Kohlenoxydgefahr in Luftschutzräumen und über die zweckmäßigen Gegenmaßnahmen«, die er »beschleunigt« bekanntgeben ließ, »damit die Personenverluste durch Kohlenoxydvergiftung bei Luftangriffen schnellstens eingeschränkt werden«. Darin hieß es, »daß das Eindringen von Rauch und Qualm in die Luftschutzräume drohende Lebensgefahr bedeutet« und daß sich die Insassen, »ohne daß genügend eindringlich Warnungszeichen (wie Kopfschmerzen, Ohrensausen, Schwindelgefühl) aufzutreten brauchen, durch Einatmen des im Rauch geruchlos vorhandenen Kohlenoxyds Vergiftungen zuziehen können, die in einem hohen Prozentsatz der Fälle unmittelbar zum Tode führen«.

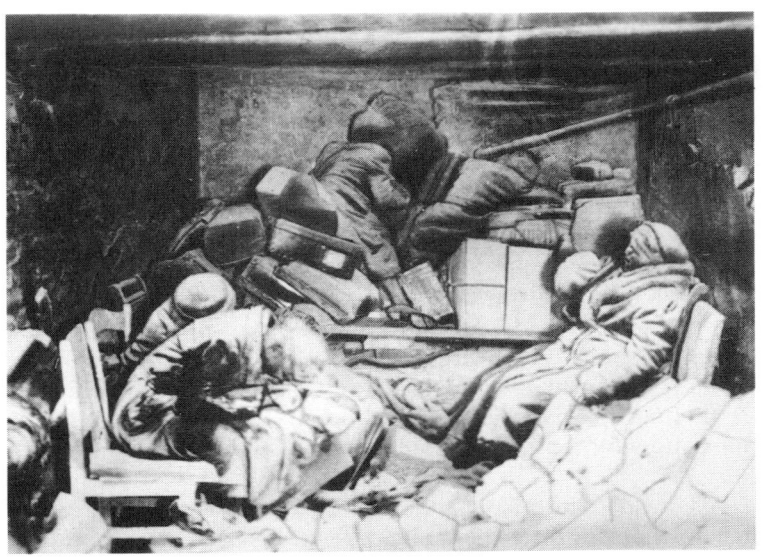

Der Gifttod im Luftschutzraum: Durch einströmendes Kohlenoxyd von einem Brandherd erstickte Münchner, freigeschaufelt nach einem Nachtangriff im März 1945.

Weiter seien die Luftschutzwarte und die Bevölkerung darüber aufzuklären, »daß trotz der oft erheblichen Gefahren, die die Flucht durch die brennenden Straßen mit sich bringen kann, (...) bei ausbrechenden Bränden die Luftschutzkeller rechtzeitig verlassen werden müssen(,) und zwar auf jeden Fall, wenn das Eindringen von frischem Rauch oder Qualm bemerkbar wird«. In »enger bebauten Ortsteilen« riet Professor Schröder zu noch höherer Wachsamkeit. Dort hätten die Menschen »spätestens dann« – (»also auch ohne daß Rauch oder Qualm auftritt«) – die Keller zu räumen, wenn »bei Einzelbränden in dem Haus, in dem sich der Luftschutzkeller befindet, Feuer ausgebrochen ist, das sich nicht auf geringe Ausmaße und auf Räume in einiger Entfernung (z. B. Dachstuhl) vom Luftschutzkeller beschränken läßt«. Das gleiche gelte, wenn »bei Block- und Flächenbränden die größere Ausdehnung des Brandes erkennbar wird und somit die Gefahr besteht, daß giftige Rauchgase aus der Umgebung in den Luftschutzkeller eindringen, auch ohne daß das Haus brennt, in dem sich der Luftschutzkeller befindet«.

Ausdrücklich warnte der oberste Sanitäter der Luftwaffe: »Jedes weitere Verbleiben im Luftschutzkeller kann eine beginnende Rauchgasvergiftung mit sich bringen und dazu führen, daß(,) selbst wenn die Flucht zunächst noch begonnen werden kann, der Betreffende doch schon soweit geschwächt ist, daß er die zum Entkommen aus dem Gefahrenbereich erforderliche körperliche Anstrengung nicht mehr leisten kann.« Ferner empfahl er, »daß in jedem Fall spätestens bei Vorentwarnung, besser aber schon, wenn die Beendigung des Angriffs erkennbar wird, alle Luftschutzräume, in deren Nachbarschaft sich Brände entwickelt haben oder im Entstehen begriffen sind, geräumt werden müssen; es sind Luftschutzräume aufzusuchen, die durch Rauchgase nicht gefährdet sind«. An die Rettungs- und Hilfskräfte erging schließlich die Warnung, »daß Luftschutzräume, in die Rauchgase eingedrungen sind, zu Bergungszwecken nur mit Sauerstoffgerät oder Kohlenoxydgasfilter betreten werden dürfen«.

Als diese Richtlinien aus dem Oberkommando der Luftwaffe in München eintrafen, nahmen sie dort Menschen zur Kenntnis, die erst vor kurzem selbst wieder die Schrecken des Bombenkrieges am eigenen Leibe erfahren hatten. Nur drei Wochen waren seit dem Tag vergangen, an dem ein Doppelangriff mit verheerender Gewalt über die »Hauptstadt der Bewegung« hinweggefegt war. Und viele, die den Tag erlebt und überlebt hatten, waren sich später in dem Urteil einig: Am 7. Januar 1945 war in München die Hölle los.

XIV

DIE ENDGÜLTIGE VERWÜSTUNG DER STADT

Der Doppelangriff vom 7. Januar 1945

Als am Sonntag, dem 7. Januar 1945, in München um 19.45 Uhr Fliegeralarm ausgelöst wurde, begann für die Stadt die schwerste Nacht des ganzen Krieges. Das »Bomber Command« war entschlossen, der »Hauptstadt der Bewegung«, die erst am 17. Dezember 1944 so schwer unter den Bomben der RAF gelitten hatte, nun den Rest zu geben. Zwei Großangriffe, die unmittelbar aufeinanderfolgten, sollten das Zerstörungswerk vollenden. Sie waren der zweiunddreißigste und der dreiunddreißigste Luftangriff auf München. Für den vernichtenden Schlag gegen die Stadt, die längst in eine Trümmerlandschaft verwandelt war, boten die Briten insgesamt 645 Lancasters und neun Mosquitos auf. »This was the last major raid on Munich«, stellten die Engländer Martin Middlebrook und Chris Everitt nach dem Krieg in dem von ihnen herausgegebenen Kriegstagebuch des Bomberkommandos (»The Bomber Command War Diaries«) fest.[308] Der Anflug der Angreifer galt vor allem wieder der Innenstadt.

»Bis 6 Uhr morgens waren von 33 Schadenstellen
574 Verschüttete gemeldet ...«

An dem ersten Großangriff, der um 20.28 Uhr mit dem Abwurf der Bomben begann, waren nach dem Bericht des Oberbürgermeisters »350 Maschinen« beteiligt.[309] Kaum war der Angriff beendet, da gab es um 21.45 Uhr den zweiten Fliegeralarm in dieser Nacht. Jetzt näherten sich nach Mitteilung des Oberbürgermeisters »etwa 150 4mot(orige) Bomber« der Stadt. Um 22.19 Uhr fielen ihre ersten Bomben, die das bereits schwer bedrängte München weiter verwüsteten. Der zweite Großangriff endete mit der Entwarnung erst um 23.10 Uhr. Nach den beiden Angriffen glich das Zentrum der Stadt einem Flammenmeer, das von 400 000 Stabbrandbomben entfacht worden war. Außerdem waren insgesamt 80 Minenbomben und 1040 Sprengbomben niedergegangen, die in kürzester Zeit ganze Straßenzüge in der Innenstadt verwüsteten. Die schlimmsten Zerstörungen wiesen der Marienplatz, das Tal, die Kaufinger- und die Neuhauser Straße, die Weinstraße, die Theatinerstraße, die Residenzstraße, die Sendlinger Straße, die Sonnenstraße und die Brienner Straße auf. Beträchtlich war auch die Zahl der Menschen, die unter den Trümmern der eingestürzten Häuser eingeschlossen wurden. »Bis 6 Uhr morgens«, berichtete das Dezernat 7 der Stadtverwaltung am 8. Januar um 9 Uhr in der Frühe, »waren von 33 Schadensstellen 574 Verschüttete gemeldet. Hiervon wurden bisher 202 lebend und 27 tot geborgen, noch verschüttet ca. 345 an 26 Schadensstellen.«

In dieser Bombennacht sank die Altstadt vollends in Schutt und Asche. Abermals waren bedeutende Baudenkmäler vernichtend getroffen worden. Unter den Gebäuden, die am meisten in Mitleidenschaft gezogen wurden, nannte das städtische Dezernat 7 am 8. Januar in seiner »vorläufigen Schadensübersicht«: das Neue Rathaus (schwerste Spreng- und Brandschäden), das Braune Haus (schwerer Brandschaden), den Justizpalast (mittlerer Brandschaden), das Armeemuseum mit Kriegerdenkmal und Hofgartenarkaden (Brand- und Sprengschäden), das Innenministerium (Brand- und Sprengschaden), die Feldherrnhalle (schwerer Sprengschaden), das Maximilianeum (Brand- und Sprengschaden), das Nationaltheater (erneuter Sprengschaden), das Staatliche Münzamt (schwerer Sprengschaden), das Alpine Museum (totaler Brandschaden), den Hauptbahnhof (neuerdings schwerer Spreng- und Brandschaden), den Starnberger Bahnhof (totaler Gebäudeschaden), den Südbahnhof (schwerer Brandschaden) sowie die Peterskirche (Dachstuhlbrand), die Theatinerkirche (schwerer Sprengschaden), die Michaelskirche (Brandschaden) und die Basilika St. Bonifaz (Brandschaden).

Nach dem Bericht des Polizeipräsidenten entstanden an 4001 Gebäuden totale bis leichte Schäden.[310] Durch Sprengbomben wurden 362 Häuser und durch Brandbomben 793 Gebäude völlig zerstört. Schwere Beschädigungen trugen 371 Häuser durch Sprengschäden und 460 Gebäude durch Brandeinwirkung davon. Die Zerstörungen bedingten, daß weitere 70 000 Menschen ihr Obdach in der Stadt verloren.

Bestürzend hoch war auch die Zahl der Todesopfer. Bei den beiden Angriffen kamen insgesamt 505 Personen um; 988 Menschen erlitten Verletzungen. Nach dieser Schreckensnacht untersuchte Professor Singer wieder die genaue Todesursache von 203 Bombenopfern.[311] Dabei stellte er fest: »in 192 Fällen Tod durch Schädelzertrümmerung, Schädelzerquetschung und schwere Schädelbrüche, in 14 Fällen Tod durch totale Zertrümmerung, Zerstückelung, Zerfetzung, teilweise mit ausgedehnten Verbrennungen, Verkohlungen bis zur Skelettierung, in 5 Fällen Tod durch schwere Körperverletzung (Abriß von Gliedmaßen, offene Brust- und Bauchverletzungen), in 76 Fällen Tod durch Erstickung infolge Verschüttung, zum größten Teil mit äußeren und inneren Verletzungen, in 5 Fällen Herzschlag (ältere Leute), in 1 Fall Tod durch Schlaganfall in LS-Raum, in 2 Fällen Tod nach Verbrennung mit membranöser Laryngitis und Pharyngitis, in 1 Fall massive Blutaspiration infolge ausgedehnter Blutungen in den Nasennebenhöhlen, im Nasen-Rachenraum, in den Mittelohren (wahrscheinlich Luftstoßwirkung), in 1 Fall Tod durch Collaps nach Bombensplitterverletzung mit Arterien- und Venenzerreißung, in 1 Fall Tod durch Unterkieferbruch mit Blutungen in das Mediastinum, in 1 Fall Tod durch stumpfes Bauchtrauma mit Abriß des Dünndarmmesenteriums, in 1 Fall Tod durch stumpfes Brustkorbtrauma, Kontusionsblutungen der Lungen, Kreislaufcollaps, in 1 Fall Gehirnhautentzündung nach Schädelbruch (Spätbeobachtung), in 2 Fällen Tod durch Kehlkopfödem bei membranöser Laryngitis und Pharyngitis infolge Rauchgasvergiftung und Staubeinwirkung«.

Auf dem Turm der Gabrielskirche: »allein zwischen Himmel und Erde zutiefst ergriffen von dem schauerlichen Brand ...«

Aber auch auf britischer Seite gab es Opfer, nachdem es der deutschen Luftabwehr wieder gelungen war, über München zwei Maschinen der Angreifer abzuschießen. »Im 9. Pol.Rev. Fröttmaninger Heide«, meldete der Polizeipräsident,[312] »1 Flugzeug abgestürzt und beim Aufschlag vollständig zertrümmert, 3 Besatzungsmitglieder tot. Im 28. Pol.Rev. 1 Flugzeug abgestürzt, vollständig zertrümmert. Neben der Aufschlagstelle einzelne Leichenteile.«

Auch das Viertel, in dem Friederike Kurz mit ihren Angehörigen lebte, war in der Nacht zum 8. Januar von Bomben getroffen

worden. Bestürzt schrieb die Chronistin nach den beiden Angriffen in ihren Kalender: »Es brennt der Turm der Gabrielskirche.« Die Nichte und ihr Mann Hans zögerten keinen Augenblick, dem Gotteshaus in der Nachbarschaft zu Hilfe zu eilen.
Über die dramatische Nacht berichtet Margarete Konetzky: »Als
Hans von unserem Dach herunterkam, das er zusammen mit Alfred M. gelöscht hatte, bemerkte ich, wie aus dem flachen Kirch-
turmdach der Gabrielskirche Flammen schlugen, die immer
wieder in sich zusammensanken, so daß ich mir zuerst gar nicht
sicher war, ob ich nicht einer Täuschung (er)legen sei. Mein
Mann und ich liefen hinüber zum Kloster der Franziskaner, einem Seitenflügel der Gabrielskirche, und läuteten Sturm. Endlich kamen Pater Ekkehart, ein junger, blonder Franziskaner, der
gerade auf Heimaturlaub da war, und ein dicker Klosterbruder,
die beide nichts von dem Brand auf ihrem Kirchturm bemerkt
hatten.

Mein Mann und Pater Ekkehart stiegen sofort den Turm hinauf, während der Klosterbruder und ich erst einmal je zwei Eimer mit Wasser füllten, die wir dann den 52 Meter hohen Turm
Stiege für Stiege hinauftrugen. Der dicke Klosterbruder hatte
sich einen Stahlhelm ohne Kinngurt aufgesetzt, und beim
Bücken und Niedersetzen der Eimer fiel ihm jedesmal mit lautem Gepolter der Stahlhelm zu Boden. Trotz der ernsten Umstände und der großen Mühe, die vollen Wassereimer in diese
Höhe zu schleppen, amüsierte ich mich sehr darüber.

Als wir endlich unter dem Glockenstuhl waren, sahen wir
hoch über uns meinen Mann und Pater Ekkehart oberhalb der
Glocken auf dem großen Querbalken sitzen. Mit langen Stangen
versuchten die beiden, die brennenden Dachschindeln nach
außen zu stoßen. Der Klosterbruder stieg mit den Eimern zu ihnen hinauf, und auch ich wollte nach oben. Da aber ständig
brennende Holzstücke herabfielen und ich nur ein Kopftuch auf
hatte, riefen mir die drei zu, ich solle nach unten gehen.

Als ich hinabging, bemerkte ich eine eiserne Tür, und es kam
mir der Gedanke, daß diese wohl auf den kleinen Steinbalkon
führe, der sich etwa im oberen Viertel des Turmes befand. Ich
versuchte, die Tür zu öffnen. Sie war nicht verschlossen, und mit
einem Schlag, völlig unerwartet, hatte ich einen so furchtbar
grandiosen Anblick, wie nie mehr in meinem Leben. Ich blickte
über die ganze brennende Stadt hinweg; sogar in nächster Nähe,
mir gegenüber, standen die Häuser in Flammen. Der Nachthimmel war glutrot erleuchtet. Man konnte die höheren Gebäude

und die Türme der Stadt einzeln erkennen, die gesamte Silhouette Münchens lag im Feuerschein. Hier, völlig allein zwischen Himmel und Erde, fühlte ich mich zutiefst ergriffen von dem schauerlichen Brand und von dem Untergang meiner geliebten Heimatstadt. Als ich zwanzig Jahre später in Rom auf dem Torre delle Milizie stand, von dem die Legende geht, Nero habe von dort oben auf das brennende Rom geblickt, erinnerte ich mich wieder meines schauerlichen Erlebnisses.«

»Man lebt so weiter, aber welche Verdumpfung, welche Aussichtslosigkeit«

Auch andere Münchner, die ihre Heimatstadt brennen sahen, wurden das Bild in ihrer Erinnerung nicht mehr los. Sieben Jahre nach dem Doppelangriff schrieb ein unbekannter Autor am 7. Januar 1952 im »Streiflicht« der *Süddeutschen Zeitung*: »Der 7. Januar war eine Zeitlang sprichwörtlich, und bei denen, die es damals getroffen hat, ist er es vielleicht noch heute. Zweimal in einer Nacht, und so massiv, daß noch in 40 Kilometern Entfernung die Türen schlugen und die Kreatur sich bäumte. Dabei war München schon eine tote Stadt. Wir lesen in einem Tagebuch von damals: ›Vom Bahnhof nach Schwabing gegangen. Bis zur Georgenstraße kaum ein heiles Haus. Mühselig sich dahinschleppende Menschen, wie in einer Stadt der Verdammten. Man lebt so weiter, aber welche Verdumpfung, welche Aussichtslosigkeit.‹ Es waren die Tage der sinnlos hin und her getragenen Rucksäcke, der Ermüdung, es waren die Tage der Gelübde: ›Wie dankbar wollen wir sein, wenn nur erst ...‹«

Auch in Dachau sahen die Häftlinge München brennen. »Schreckliches Bombardement heute nacht«, trug Edgar Kupfer-Koberwitz am 8. Januar in sein Tagebuch ein.[313] »Drei Stunden lang. Zuerst Phosphor und dann schwere Bomben. Es war München und Allach. Einige hundert Leuchtschirme erhellten die Nacht, dann tat es die brennende Stadt. Nun fielen die schweren Bomben auf das taghell erleuchtete München und die ganze Gegend. Es war fürchterlich. Ein Bomber wurde hier in der Nähe abgeschossen. Es hörte sich an, als würde er ins Lager stürzen, jedoch ging er weiter entfernt nieder.«

Sogar in Endorf am Chiemsee waren die Angriffe auf München noch deutlich wahrzunehmen. So schrieb eine dorthin evakuierte Geschäftsfrau aus München am 7. Januar in ihr Tagebuch: »Es war wieder Samstag, Sonntag(,) und unser Vati war auf Besuch da. Er hat das erstemal den Zug versäumt, doch es war sein großes Glück, denn um 1/2 8 Uhr abends erschollen dumpfe Detonationen, wie alle wußten, was los war. Als wir das Haus verließen(,) sahen wir in Richtung München den Himmel blutrot werden, dazwischen das Aufleuchten der Bombeneinschläge wie rote, feurige Blitze. Es muß ein furchtbar schwerer Angriff gewesen sein. Wird unser Haus und Geschäft noch stehen? Werden unsere Angehörigen noch leben? Wie viele Tausende werden wieder unter den Trümmern liegen? Nirgends findet man Ruhe, selbst bis zu uns, 74 Kilometer von München entfernt, dringt der Pulver- und Brandgeruch. Gott sei Dank kann ich hier die Kinder schlafen lassen.«

Am Mittwoch, dem 10. Januar, fügte die Mutter ihrer Eintragung hinzu: »Ich habe keine Ruhe, irgend etwas ist zu Hause nicht in Ordnung, die Leute erzählen, daß die Angriffe entsetzlich gewesen seien. Ich will in die Stadt, nachschauen.«

Die Frau machte ihr Vorhaben am folgenden Tag auch wahr, und als sie nach Endorf zurückkehrte, vermerkte sie in ihren Aufzeichnungen: »Heute bin ich nach München gefahren, die Ungewißheit konnte ich nicht länger ertragen. Ich mußte alles zu Fuß gehen (vom Ostbahnhof aus, Anm. d. Verf.). Mein Weg geht zum Hauptbahnhof. Alles leere Hausfassaden, Trümmer und einstürzendes Gemäuer. Teilweise ist die Straße nicht mehr erkennbar. Mein ganzer Weg von zwei Stunden bis zum Rotkreuzplatz verändert sein grauenhaftes Bild nicht.«

Wie sehr München verwüstet war, sah auch der ehemalige Flakhelfer Helmut Geys mit Betroffenheit.[314] Nach seiner freiwilligen Meldung zur schweren Artillerie hatte der junge Mann am 18. Dezember 1944 den Einberufungsbefehl zur Wehrmacht erhalten. Drei Wochen später fuhr er in Begleitung seiner Mutter zum Dienstantritt am Samstag, dem 6. Januar 1945, von Fürstenfeldbruck, wohin es die ausgebombten Eltern verschlagen hatte, nach München. Der Anblick, den die Bahnanlagen boten, als sich der Zug dem Hauptbahnhof näherte, erschütterte ihn. »Ich war monatelang nicht mehr in München gewesen«, erinnert er sich. »Nun sah ich die schweren Verwüstungen auf dem Bahngelände. Das war unbeschreiblich. Da waren ganze Gleiskörper zerrissen, und alles war übersät mit Bombentrichtern. Waggons lagen, völlig zerfetzt, quer und übereinander. Das alles konnte ich vom Zug aus, der ganz langsam in den Hauptbahnhof einfuhr, in Ruhe betrachten.«

Nach einem Nachtangriff im März 1945 in der Ludwigstraße.

Nach der Ankunft in München begab sich Geys in die Türkenkaserne, wo er sich als Rekrut zu melden hatte. Er empfing
dort seine Bekleidung und wurde in eine Stube eingewiesen, die
er mit mehreren Kameraden teilen mußte. Bereits am nächsten
Abend erlebte Geys den Doppelangriff auf München. »Da sind
wir in den Keller ›runter«, berichtet er. »Zunächst hat man gar
nichts vernommen. Es war völlig still. Man hat auch die Flak
nicht schießen hören. Wir meinten schon, das sei wieder einer
der vielen Fehlalarme gewesen, da gab es plötzlich ein paar
fürchterliche Schläge in unmittelbarer Nähe. Wir sind recht er-

schrocken, weil es so nah war. Es hat alles vibriert, und dann haben sie einen Soldaten hereingeführt – blutüberströmt.«

»Im Keller befanden sich nämlich noch Leute ...«

Als Geys mit seinen Kameraden nach dem zweiten Angriff den Keller verließ, sah er die Zerstörungen. »Es brannte überall ringsum«, erinnert er sich. »Auch der Kasernenkomplex war getroffen. Er stand an verschiedenen Stellen in Flammen.« Die Soldaten erhielten den Befehl, das Feuer im Kasernenbereich zu beobachten. »Etwas anderes konnten wir nicht tun«, berichtet Geys. »Zum Löschen hatten wir weder Wasser noch Gerät. Unsere ganze Tätigkeit bestand nur darin, an den Brandmauern Wache zu stehen und zu schauen, ob das Feuer übergreift oder nicht. Da standen wir also an einer Mauer, die Türen waren herausgerissen, und jenseits der Wand brannte es bis ins Parterre hinunter. Wenn die Flammen herübergekommen wären, hätten wir nichts anderes machen können, als unseren Platz zu räumen. Der Rauch hat ziemlich gebissen.«

Um 4 Uhr in der Frühe wurden die Soldaten abgelöst, und Geys konnte seine Stube aufsuchen. Diese lag in einem Trakt der Kaserne, der nicht von Bomben getroffen worden war. »Natürlich«, berichtet Geys weiter, »hatte der Luftdruck alle Fenster herausgerissen. Da ist ja bei den Bombenexplosionen kein Fenster ganz geblieben.« Dennoch legten sich die zehn Mann, die in der Stube untergebracht waren, zum Schlafen auf die Betten. Dabei hatten sie das Inferno der brennenden Stadt ständig vor Augen. »Die ganze gegenüberliegende Straßenfront – das war die Türkenstraße – stand in Flammen, und zwar vom Speicher bis zum Keller. Obwohl es eine so bitterkalte Nacht war, drang von den Häusern eine derartige Hitze über die Straße zu uns herüber, daß wir unsere Betten zum Aufwärmen so nahe wie möglich an die Fenster schoben. Dann legten wir uns ins Bett und schauten uns vom Kopfkissen aus die brennenden Gebäude an. Und ich kann mich noch heute erinnern, wie das Eckhaus an der Türken-/Theresienstraße, das ich von meinem Bett aus direkt im Blickfeld hatte, wie das ganze Haus, das hinunter bis zum Parterre brannte, plötzlich in sich zusammenfiel. Normalerweise sind ja die Häuser stehengeblieben. Sie brannten aus, und die Fassaden blieben stehen. Aber da ist auf einmal das ganze Eck in sich zusammengesunken.«

Die Brände loderten noch tagelang, und Geys und seine Kameraden wurden zu Bergungsarbeiten herangezogen. »Wir sind in der Nachbarschaft eingesetzt worden«, berichtet er. »Da hat ein Haus gebrannt bis zum Keller, und wir sollten versuchen, dort neben dem Hausmobiliar vor allem die Menschen herauszuholen. Im Keller befanden sich nämlich noch Leute. Aber dieser war nur mehr schwer zugänglich, weil das Treppenhaus schon brannte. Man mußte also immer abwarten, wie der Wind ging. Schlugen die Flammen höher, so konnte man es wagen, schnell unter dem Feuer hindurch in den Keller einzudringen.«

Und dort hatte Geys ein Erlebnis, das zeigte, was die Menschen in ihrer Not alles bergen wollten. »Unten im Keller«, erzählt er, »gab mir eine Frau einen Steinguttopf mit eingelegten Eiern. Sie drückte mir den großen Topf in die Hände und bat mich, ihn nach oben zu tragen.« Geys tat der Frau den Gefallen und versuchte, den Topf, der einiges Gewicht hatte, zu retten. Dabei geriet er in einen Hausgang, der völlig mit Rauch gefüllt war. Der Qualm nahm Geys die Sicht. Ohne noch etwas sehen zu können, irrte er herum und fand zunächst den Ausgang nicht. Dabei schluckte er Rauch. Geys wollte schon den Topf fallen lassen, aber dann überlegte er es sich noch einmal. »Die Eier waren ja damals ein unglaublicher Wertgegenstand«, sagt er. Und so behielt er das kostbare Gut in den Händen und fand doch noch mit viel Glück durch einen Zufall den Weg ins Freie. Dort setzte er den Topf ab und erbrach sich. »Wenn ich noch ein bißchen länger im Haus geblieben wäre, hätte ich eine Rauchvergiftung davongetragen.« Aber Geys bereute seinen Einsatz nicht. Im Gegenteil – »ich war nachher recht stolz, daß ich den Eiertopf gerettet hatte.«

Zwei Tage danach wurde Geys mit seinen Kameraden aus der Türkenkaserne nach Murnau verlegt, wo ja auch mittlerweile der Mann von Margarete Konetzky stationiert war. Dort erhielt der ehemalige Flakhelfer seine Ausbildung am Maschinengewehr, und im März 1945 kam er noch zum Einsatz an die Westfront – und zwar als Infanterist und nicht als Artillerist, wie er es sich gewünscht hatte.

Not und Ohnmacht der Brandbekämpfer

Nach der Bombennacht vom 7. Januar 1945 waren die Münchner um die Hoffnung ärmer, daß wenigstens noch ein kleiner Teil der Baudenkmäler, der bisher verschont geblieben war, der Vernichtung entgehen könnte. Nun stand von alldem, was früher den kunsthistorischen und städtebaulichen Reiz Münchens ausgemacht hatte, nichts mehr oder war nur in erbarmungswürdigen Resten erhalten. Vor dem Elend verschloß jetzt auch die NS-Presse nicht mehr die Augen. Mit Wehmut brachte der Völkische Beobachter am Mittwoch, dem 10. Januar, in einem Kommentar das einst leuchtende Bild der inzwischen untergegangenen Stadt in Erinnerung und beklagte die Wunden, die der Bombenkrieg abermals München gnadenlos geschlagen hatte. Auch Worte des Mitgefühls fand die Zeitung für die schwergeprüfte Bevölkerung. Aber im Grunde genommen verfolgten all diese Betrachtungen nur den einen Zweck, die »Volksgenossen« weiter zum Durchhalten anzufeuern, sie von der inneren Kapitulation abzuhalten und ihnen mit grausamer Kälte klarzumachen, daß die Opfer gebracht werden müßten – im »Kampf um die Freiheit von brutaler Bedrohung und Willkür«. In den Ohren der Menschen, die das NS-Unrechtsregime längst durchschaut hatten, mußten diese Worte wie Hohn klingen.

Der Kommentar verschwieg auch nicht die »Gefangenentrupps, die zum Arbeitseinsatz marschieren«. Die Aufräumungskommandos der Häftlinge aus dem KL Dachau waren den Münchnern mittlerweile in den zerstörten Straßen ein ebenso vertrauter Anblick wie die Kriegsgefangenen, die bekanntlich ebenfalls zur Beseitigung der Trümmer herangezogen wurden.

»Frontstadt München«: »Mit Handwagen und Schlitten schieben und ziehen sie ihre letzte Habe wieder durch die Stadt«

Der Verfasser begann seinen anschaulichen Meinungsartikel im *Völkischen Beobachter*, der die Überschrift »Frontstadt München« trug, mit dem Bild des Jammers, das die »Hauptstadt der Bewegung« nach dem Doppelangriff vom 7. Januar bot: »Mit Handwagen und Schlitten schieben und ziehen sie ihre letzte Habe wieder durch die Straßen. Die Armen, die Ausgebombten. Mit allem, was sie an Kleidung noch gerettet haben, sind sie behangen, alte Frauen, junge Mädchen. Alle suchen sie wieder ein Dach und Ordnung und Wärme. Denn in den Straßen zwischen den Trümmern umgibt sie nichts als staubbedeckter altgewordener Schnee und Frost. Da und dort schlagen die Flammen noch aus den rauchschwarzen Fensterhöhlen. Da und dort lodern die Wachfeuer der Mannschaften, die Motorspritzen und Schläuche zu bedienen haben, lodern an Stellen, wo früher einmal der Bürgersteig verlief. Sonst aber ist alles eisiger Dunst und Rauch – die Macht der Dämmerung ist vom Morgengrauen, bis der frühe Abend beginnt, nicht zu brechen. Diese unterweltliche Atmosphäre, die wir bereits nach den schweren Angriffen im Juli des vergangenen Jahres erlebt haben, ist jedoch wiederum von einem Lebenswillen durchpulst, der keine Verzagtheit aufkommen läßt. Zwischen den Möbeln auf den Straßen schaffen die Menschen. Polizei, Löschmannschaften und Einsatzkräfte der Partei sind am Werk. Den chaotischen Niederbruch der Materie überwindet von Stunde zu Stunde mehr ein planvoller zielbewußter Wille.

München ist ohne Idyll und Asyl mehr für bürgerliche Bequemlichkeit. München ist endgültig Frontstadt geworden. Auf den Arbeitsplätzen sind wir zusammengerückt und behelfen uns nach Kräften. Ein schnell aufgestelltes eisernes Öfchen sorgt für Wärme, wo sonst die breiten Wärmekörper der Dampfheizung die Arbeitsräume behaglich machten. Von jedem Arbeitsplatz aus aber geht der Blick auf durchgeblasene Häuser, auf Trümmerhaufen, auf wirre Haufen von Balken und Eisenträgern, auf Gefangenentrupps, die zum Arbeitseinsatz marschieren. Kein anderes Bild stellte uns eindringlicher in jedem Augenblick vor Augen, wofür wir in diesem, von immer erneuter Gefahr durchgellten Inferno leben und schaffen. Es geschieht zur Wendung dieser Not, ja es geschieht um des Notwendigen willen. Dieses eine Notwendige aber ist der Kampf um die Sicherung des deutschen Lebens, der Kampf um die Freiheit von brutaler Bedrohung und Willkür, der Kampf um eine Zukunft, in der wieder gesunde Lebensfreude und die uns eingeborene Liebe zum Schönen Raum hat.

Das alte, vertraute Gesicht Münchens ist zerstört. Außer der Theatinerkirche, deren lebendige majestätische Formen das Bild des Odeonsplatzes beherrschten, hat nun auch der Marienplatz schwer gelitten. Münchens ältester Brunnen, der reizvoll übermütige Fischerbrunnen, ist vernichtet, der seit alters Metzgersprung und Schäfflertanz sah, die Münchens bürgerlicher Lebenslust entsprangen. Auch der ›alte Peter‹ – Münchens älteste Kirche – wurde diesmal von schwerem Brandschaden heimgesucht. Doch steht der alte Peter noch!

Mit Münchens Kostbarkeiten sind zerstört im weiten Reich die Zeugen und Bürgen unserer kulturellen Überlieferung. Über den Trümmern aber – das spüren wir heute schon – wird Raum, erblüht Freiheit und Weite für das Neue, das den von unerhörtem Schicksal geprüften Herzen und Geistern entspringen wird.«

Noch jedoch bedrängten die Münchner andere Sorgen. Oberst Walther Thürauf zum Beispiel sah mit Bestürzung, wie die Abwehrkräfte des Feuerlöschdienstes mehr und mehr erlahmten. Es fehlte überall an Personal und Ausrüstung. Welches Ausmaß der Notstand mittlerweile angenommen hatte, zeigte sich in der letzten Bombennacht, als die Löschgruppen gegen unzählige Brände vorgehen mußten. Dabei waren die Einsatzleiter, wie der Führer der FE-Abteilung West, Hauptmann der Feuerschutzpolizei Jenuwein, hervorhob, »auf die kleinste Einheit angewiesen«.

Die Klagen der Feuerschutzpolizei nehmen zu

Nach dem Doppelangriff häuften sich die Klagen der FE-Abteilungen, die am 13. Januar bei Oberst Thürauf eingingen. Die FE-Abteilung Nord meldete beispielsweise: »Die Erkundung und die Überbringung von Meldungen war sehr erschwert durch das Fehlen von Krafträdern. Die beiden einzigen der FE.-Abt. zur Verfügung stehenden Krafträder fielen zeitweise durch Kupplungs-, Reifenschaden und Zündkerzenstörung aus. (...) Eilige Meldungen mußten zu Fuß überbracht werden. (...) Das hohe Alter vieler Angehöriger der Abteilung hat sich bei den gestellten großen Anforderungen (Besteigen von Leitergeräten, große Kälte und fast ununterbrochener Einsatz von 30 Std. und mehr) bemerkbar gemacht. Die Einsatzbereitschaft ist gefährdet.«[315] In diesem Zusammenhang nannte der Führer der FE-Abteilung Nord einen Personalmangel von insgesamt 86 Mann, bedingt durch zwölf Abkommandierungen, 40 Krankmeldungen und 34 Fehlstellen.

Ähnliches hatte die FE-Abteilung Süd zu berichten: »Für die vielen Brände im Abschnitt Süd reichten die eigenen Kräfte bei weitem nicht aus. (...) Durch den Ausfall der Fernsprecher und den Umstand, daß ein Teil der Kraftfahrer durch Einziehungen fehlte, verzögerte sich die Durchgabe der Einsatzbefehle stark. (...) Die Landfeuerwehren sind zum Teil nicht als vollwertige Kräfte anzusehen, da es oft an den notwendigsten Ausrüstungen, z. B. Schläuchen, fehlt. (...) Der Einsatz von Wehrmachtshilfskommandos zum Abräumen von Brandschutt war zu wenig, wodurch die Löschkräfte unnötig lange beansprucht werden.

Dringend notwendig wäre die Zuweisung eines zweiten Stiefelpaares, denn Schnürschuhe sind für den Branddienst ungeeignet; besonders bei strenger Kälte macht sich das Fehlen der Stiefel unliebsam bemerkbar.«[316]

Mängel teilte auch die FE-Abteilung Ost mit: »Die auswärtigen Einheiten trafen zum Teil ohne Standrohre und Hydrantenschlüssel ein. Hierdurch war ein Einsatz unmöglich. Weiter bringen die Mannschaften der auswärtigen Kräfte keine Eßgeschirre mit, wodurch sich die Verpflegung verzögert. (...) Die Einheiten verfügen nur über wenige Beleuchtungsgeräte, weil Batterien nicht nachgeliefert werden. (...) Der Einsatz von Krad-Meldern ist dadurch behindert, daß von der FE.-Abteilung 2 Krafträder seit langem in Reparatur stehen und weitere 6 Krafträder so schlechte Bereifung haben, daß sie nicht mehr verkehrssicher sind.«[317]

Die Berichte der FE-Abteilungen vermittelten ein ungeschminktes Bild von der bedrückend ernsten Lage des Feuerlöschdienstes in München. Zu den Problemen, die sich aus dem Mangel an Mannschaft und Gerät ergaben, kamen noch die widrigen Umstände, die den Einsatz in der zerstörten Stadt immer mehr erschwerten. Oftmals gab es für die Männer in den verschütteten Straßen kaum noch ein Durchkommen. So klagte die FE-Abteilung Nord am 13. Januar: »Die Räumung der Straßen von abgestürzten Gebäuderesten muß, bes(onders) in Hauptstraßen, rascher als geschehen, durchgeführt werden. Die herabhängenden, beschädigten Oberleitungsdrähte (Barer Str., Hohenzollernstr. usw.) erschwerten das Befahren dieser Straßen ungemein. Diese Schäden sind heute am 13. Jan. 45 noch nicht behoben. Zur besseren Orientierung bei späteren Einsätzen wäre die Wiederanbringung von Straßenschildern(,) be(onders) an Straßenkreuzungen(,) wünschenswert. Auffahrtsrampen über das G(e)leise der Kleinbahn (z. B. Schelling-Luisenstr.) sind für die wenig bodenfreien Löschfahrzeuge zu steil.«[318]

Oberst Thürauf gab die Beschwerde am 16. Januar an den Polizeipräsidenten weiter. »Durch Bombentreffer«, schrieb er,[319] »sind in allen Stadtteilen Münchens zahlreiche Häuser so zerstört worden, daß die Fahrbahnen einzelner Straßen vollkommen verschüttet sind. Zur Sicherstellung des Brandschutzes der noch nicht zerstörten Häuser ist es aber dringend notwendig, daß wenigstens ein Teil der verschütteten Straßen für die Durchfahrt von Feuerlöschfahrzeugen möglichst in ganzer Fahrbahnbreite geräumt wird oder doch zumindest eine freie Durchfahrtsbreite von 4 m erhält.«

»Bei empfindlicher Kälte trotz Durchnässung und gesundheitlicher und körperlicher Behinderungen ...«

Aber die Kritik des Kommandeurs der Feuerschutzpolizei richtete sich nicht allein gegen die schleppende Enttrümmerung der Straßen. Er beklagte auch den personellen Notstand im Feuerlöschdienst und stellte sich damit hinter seine FE-Abteilungsführer. In aller Offenheit wandte er sich mit der Beschwerde am 17. Januar in seinem Bericht über »die bei und nach den Luftangriffen am 7. Januar 1945 gemachten Erfahrungen« an den Polizeipräsidenten.[320] Thürauf begann das neun Seiten umfassende Schreiben mit der Feststellung, daß die eigenen Kräfte »bei der Vielzahl der Brände« erneut nicht ausgereicht hätten. Sie seien »viel zu wenig« gewesen. »Dabei«, fuhr er fort, »hat sich auch diesmal wieder beim Einsatz äußerst ungünstig zusätzlich ausgewirkt der erhebliche Fehlbestand des FE-Dienstes durch nicht besetzte Stellen, durch Besetzung von Stellen mit Unterführern und Männern, die zwar listenmäßig beim FE-Dienst geführt werden, ihm aber tatsächlich nicht zur Verfügung stehen, durch Kranke, besonders dauernd Einsatzunfähige, die Stellen beim FE-Dienst besetzt halten, und durch den Objektschutz, der einen erheblichen Teil des ohnehin zu schwachen FE-Dienstes dem Einsatz zu Gunsten der Stadt im allgemeinen so lange entzieht, bis feststeht, daß für die Schutzobjekte keinerlei Gefahr mehr besteht.

Die Angehörigen des FE-Dienstes haben bei der empfindlichen Kälte trotz Durchnässung und trotz ihres zum größten Teil vorgerückten Lebensalters und aller möglichen gesundheitlichen und körperlichen Behinderungen sowie trotz fehlender Ruhemöglichkeiten während mehrerer Tage sich in einer Weise eingesetzt, die die Leistungsgrenze überstiegen hat und höchste Anerkennung verdient. Es muß hierbei hervorgehoben werden, daß in der jetzigen Jahreszeit der Dienst beim FE-Dienst wohl als der schwerste anzusehen ist, wenn berücksichtigt wird, daß die Mannschaften stundenlang bei eisiger Kälte das Strahlrohr führen müssen, durch den Sprühregen des Wasserstrahles und durch in den Häusern von oben herablaufendes Wasser durchnäßt werden, selbst im Wasser stehen, ohne die Möglichkeit zu haben, nach Ablösung an Stelle der durchnäßten Stiefel ein zweites trockenes Stiefelpaar anziehen zu können, und dann während kurzer Ruhezeit oftmals nicht einmal die Möglichkeit haben, Stiefel und Bekleidung in der Unterkunft richtig trocknen zu können, weil die Unterkunft selbst Fliegerschaden erlitten hat. Es mehren sich wegen aller dieser Schwierigkeiten die Wünsche von Unterführern und Männern, zu anderen Fachdiensten versetzt zu werden, wobei nach Mitteilung sämtlicher 4 FE-Abteilungsführer auch noch maßgebend ist, daß seit November 1944 die Dienstzeit beim FE-Dienst länger als bei den anderen Fachdiensten, insbesondere auch den Kraftfahrern und dem sonstigen Personal der Stäbe(,) ist, außerdem mag das beim FE-Dienst durchgeführte exakte Exerzieren häufig der Grund zu Versetzungswünschen sein. Es müßte unbedingt die Dienstzeit bei der Luftschutzpolizei einheitlich durchgeführt werden, da ich andernfalls sonst den Langdienst für die Feuerschutzpolizei auch nicht halten kann, weil er nicht nur wesentlich über die Dienstzeit bei der Schutzpolizei, sondern auch über die bei einem Großteil der LS-Polizei hinausgeht.«

Massive Kritik übte Thürauf in seinem Bericht am Einsatz der LS-Abteilungen (mot) der Luftwaffe. Er warf den Soldaten der motorisierten Einheiten vor allem vor, daß sie sich geweigert hatten, Löschwasserbehälter wieder aufzufüllen. In diesem Zusammenhang verwies er auf eine Besprechung mit dem Kommandeur des LS-Regiments 7, Oberst Saalfrank, der am 10. Januar 1945 betont hatte, daß diese Arbeit »nicht Sache der LS-Abteilungen sei«. Unstimmigkeiten gab es auch wegen der Nachlöscharbeiten. Zum Ärger von Thürauf hatte der Kommandeur der LS-Abt. (mot) 35 den Standpunkt vertreten, »daß es überhaupt nicht Aufgabe der LS-Abteilungen (mot) sei, sogenannte Nachlöscharbeiten durchzuführen«.

Erzürnt bemerkte Thürauf in seinem Bericht an den Polizeipräsidenten dazu: »Da die LS-Abteilungen (mot), insbesondere die auswärtigen, meist erst dann eintreffen, wenn die Hauptgefahren gebannt sind, da sie ferner die Durchführung von Nachlöscharbeiten ablehnen und auch der Standpunkt vertreten wird, daß das Auffüllen der unabhängigen Löschwasserstellen nicht ihre Aufgabe sei, ist die Frage naheliegend, zu welchem Zweck diese Abteilungen dann überhaupt noch eingesetzt werden sollen.«

Der Ausfall vieler Hydranten verhindert Brandbekämpfung

Anerkennend dagegen äußerte sich Thürauf gegenüber dem Polizeipräsidenten über die auswärtigen Feuerwehrbereitschaften: »Die schon wiederholt eingesetzten Feuerwehrbereitschaften einiger Städte aus den Regierungsbezirken Oberbayern, Schwaben und Niederbayern waren auch diesmal wieder im Einsatz sehr gut.« Sorgen bereitete jedoch der schlechte Zustand des Schlauchmaterials, das die Freiwilligen Feuerwehren mit sich führten. »Die wiederholten Einsätze im Lauf der letzten Wochen und die teilweise auf dem Lande mangelhaften Möglichkeiten für die Schlauchpflege, besonders im Winter, sind wohl die Ursache, daß die Einheiten zum Teil mit sehr unzulänglichem Schlauchmaterial eintrafen. Durch zum Teil auch unzweckmäßiges Verhalten sind den Feuerwehren an den Schadenstellen vielfach die Schläuche vollkommen eingefroren.« Thürauf beklagte ferner, daß »eine größere Zahl von Feuerwehren«, wie ihm die FE-Abteilung Ost gemeldet hatte, »wieder ohne Standrohre und Hydrantenschlüssel« in München erschienen war. Daraus ergab sich, daß »die an den Lotsenstellen hinterlegten Geräte zur Ausrüstung dieser Einheiten nicht ausreichten«. Außerdem verwies Thürauf darauf, daß es einem Teil der Freiwilligen Feuerwehren »immer wieder« auch an Beleuchtungsgeräten fehle. Dadurch stoße das »Vorgehen im Innern von Häusern« auf Schwierigkeiten. Aber auch das »Auswechseln von Schläuchen bei Nacht« sei erschwert.

Ernste Probleme hatte den Brandbekämpfern außerdem wieder einmal die Löschwasserversorgung bereitet. Thürauf stellte dazu fest: »Durch den Ausfall vieler unabhängigen (sic!) Löschwasserstellen, zum großen Teil schon von früheren Angriffen her, ist bei gleichzeitigem Ausfall vieler Hydranten auch bei diesen Angriffen die Löschwasserversorgung ernstlich gefährdet (gewesen). Es müßte mit allen Mitteln versucht werden, die auch dem Sachbearbeiter des Polizeipräsidiums bekannten personellen und materiellen Schwierigkeiten zu beseitigen. Durch zahlreiche Bedienungsfehler an Hydranten sind diese in einem Umfange eingefroren, wie es früher selbst in kältesten Wintern in München nicht der Fall war.«

Thürauf teilte in seinem Bericht auch die Ansicht der FE-Abteilung West, die bezweifelte, daß sich die Splitterschutzgräben, die zur Sicherung der bombengefährdeten Feuerlöschfahrzeuge geplant waren, beim letzten Bombardement bewährt hätten. »Wegen der splittersicheren Aufstellung von Fahrzeugen«, schrieb er, »ist bemerkenswert, daß ein Teil der Plätze, der für die Anlage von Splitterschutzständen vorgesehen war, unter einem Teppich von Stabbrandbomben lag, so daß dort zweifellos Brandschäden an Fahrzeugen eingetreten wären, wenn die Splitterschutzstände schon fertiggestellt und die Fahrzeuge dort hinterstellt gewesen wären.«

Enttäuscht zeigte sich Thürauf außerdem von der Unterstützung durch die Wehrmacht. »Die Wehrmachtshilfskommandos«, meldete er dem Polizeipräsidenten, »wurden zum Schutträumen an Brandstellen leider auch diesmal häufig wieder nicht in der erforderlichen Stärke abgestellt. Teilweise kamen sie auch ohne Gerät.«

Zusammenbruch der Versorgung

Das NS-Regime stand vor dem Zusammenbruch. Die Kraftreserven waren erschöpft, und überall breitete sich das Chaos aus. Über die bevorstehende Niederlage, die sich immer klarer abzeichnete, konnte nun auch die schon obligatorische Sonderzuteilung nicht mehr hinwegtäuschen, die Gauleiter und Reichsverteidigungskommissar Giesler, wie die NS-Presse ankündigte, »anläßlich des Terrorangriffes vom 7. Januar 1945« an die Bevölkerung ausgeben ließ. Jeder »Volksgenosse« erhielt eine Dreitagekarte, die ihn zum Empfang von 150 Gramm Fleisch, 90 Gramm Butter und 950 Gramm Brot berechtigte. Außerdem wurde »für die Bevölkerung der Stadt München«, wie der *Völkische Beobachter* ferner bekanntgab, eine »weitere einmalige Sonderzuteilung von Tabakwaren gewährt«. Männer und Frauen bekamen »je 10 Zigaretten oder die entsprechende Menge anderer Tabakwaren«.

»Die Städtischen Gaswerke sind bis auf weiteres nicht in der Lage,
Gas abzugeben ...«

Doch bereits am Mittwoch, dem 17. Januar, folgte auf die Geschenke der Partei wieder der Wermutstropfen. »Die Städtischen Gaswerke in München«, teilten die MNN mit, »sind von heute ab bis auf weiteres nicht in der Lage, Gas abzugeben.« Um Unglücksfälle zu vermeiden, wurden die Hausbesitzer aufgerufen, »die Hauptgashähne unbedingt geschlossen zu halten«.

Dann löste eine Hiobsbotschaft die andere ab. Friederike Kurz führte auch darüber Buch. Am Samstag, dem 20. Januar, vermerkte sie: »Bekanntgabe, daß ab Montag keine (...) D-Züge mehr gehen.« Die Reichsbahn stellte in München den öffentlichen Schnell- und Eilzugverkehr ein. Am Dienstag, dem 23. Januar, notierte sich die Chronistin: »Neue Bestimmungen wegen der Post: keine Briefe mehr.«

Die Neuigkeit nahm im Konzentrationslager Dachau auch Kupfer-Koberwitz zur Kenntnis. »In der Zeitung«, schrieb er am Donnerstag, dem 25. Januar, in sein Tagebuch,[321] »steht eine neue

430

Verfügung: Es werden jetzt keine Pakete mehr angenommen und befördert, auch keine Briefe mehr, nur noch Postkarten. Mangel an Beförderungsmitteln. Es gibt jedoch Ausnahmen, die mit besonderer Erlaubnis gestattet sind: Ausnahmegut der Kriegsindustrie, Saatgut und Medikamente, auch Briefe an Behörden. Alles andere nur gegen behördliche Bescheinigung, und es muß persönlich am Schalter abgegeben werden.«

Und so ging es weiter. Am Samstag, dem 3. Februar, meldeten die MNN erstmals vorübergehende Stromsperren. »Die Stadtwerke – Elektrizitätswerke München –«, hieß es, »geben bekannt: Die durch die jahreszeitlichen Bedingungen verstärkten Schwierigkeiten in der Energieversorgung machen auf Anordnung des Reichslastverteilers nunmehr auch für München die bezirksweise Abschaltung der Stromnetze an den Werktagen von je eineinhalb Stunden Dauer in den Zeiten von 7 bis 11.30 Uhr und von 13.30 bis 18 Uhr notwendig. An den Sonntagen wird nicht abgeschaltet. Die Abschaltung beginnt erstmals am Montag, 5. Februar. Jeder einzelne Abnehmer wird also täglich eineinhalb Stunden abgeschaltet werden. (...)

Aus technischen Gründen ist es nicht möglich, die genaue Abgrenzung der einzelnen Abschaltbezirke anzugeben. Es wird jedoch am ersten Abschalttag jeder Abnehmer erkennen, welchem Abschaltbezirk er angehört, so daß er sich in der Einteilung seiner Arbeit entsprechend einrichten kann. Bei Luftgefahr wird zwecks Durchgabe der Warnsignale das Stromnetz rechtzeitig voll zugeschaltet und bis zur Klärung der Luftlage bzw. Entwarnung im Betrieb gehalten.

Die zeitweise Abschaltung des Stromes wird für alle Abnehmer Schwierigkeiten und Unannehmlichkeiten mit sich bringen. Es ist Sache jedes einzelnen Abnehmers, die hieraus entstehenden Gefährdungen mit eigenen Maßnahmen abzuwenden. Eine Verantwortung des Stromversorgungsunternehmens besteht in keiner Weise. Es ist notwendig, in der stromfreien Zeit alle Beleuchtungskörper, Geräte und Motoren abzuschalten, um bei der Wiederkehr des Stromes Schäden zu vermeiden. Anträge auf Ausnahmen können nicht berücksichtigt werden. Einsprüche sind zwecklos.«

Auch die Drosselung der Stromversorgung hielt Friederike Kurz in ihrem Kalender fest. Am Montag, dem 5. Februar, schrieb sie: »Von 1/2 9-10 Uhr erstmals kein Licht.« In dieser Zeit blieb der Strom in der Stadtmitte, im südlichen Schwabing, in Bogenhausen und in Oberföhring abgeschaltet.

Am Mittwoch, dem 14. Februar, erschien in den MNN eine weitere Meldung über eine Maßnahme, die das bevorstehende Ende erkennen ließ: »Der zwangsläufigen Entwicklung folgend, haben nun auch die letzten, bisher noch in München verbliebenen Schulen ihre Tore schließen müssen. Schüler höherer Schulen, welche (...) keinen Studienabschluß erhalten können, werden in den KLV.-Lagern des Gaues München-Oberbayern weiterunterrichtet. Damit ist nun der gesamte Unterricht der Münchner Schulen in KLV.-Lager verlegt.«

Notgepäck-Sicherung

Je mehr sich der Zusammenbruch abzeichnete, desto größer wurde die Sorge der Münchner um ihren letzten Besitz. Vorsichtige begannen deshalb schon ihr Notgepäck herzurichten. Sie wußten auch, wo sie ihre Habseligkeiten sicher unterstellen konnten, nachdem bereits im vergangenen Herbst eine entsprechende Einrichtung zur Lagerung der Güter ins Leben gerufen worden war. Die MNN berichteten am Montag, dem 30. Oktober 1944, darüber: »In München wird wegen der Kriegsverhältnisse auf Veranlassung des Gauleiters und Reichsverteidigungskommissars eine Notgepäcksicherung eingeführt. Es handelt sich darum, den Einwohnern die Möglichkeit zu schaffen, daß sie lebenswichtige Gegenstände (Kleidung, Wäsche u. dgl.) in einem Behältnis bestimmten Ausmaßes und Gewichts (Koffer, Korb oder Kiste) zur sicheren Aufbewahrung geben können. Es soll damit insbesondere gewährleistet werden, daß sie im Falle eines Fliegerschadens die notwendigsten Gegenstände sofort zur Verfügung haben. Mit dem Vollzug dieser Maßnahme ist die Kongreß- und Verkehrsstelle (Zentralzimmernachweis) vom Oberbürgermeister beauftragt worden.«

Nun, drei Monate danach, berichteten die MNN am Samstag, dem 20. Januar 1945, daß die ersten Münchner bereits ihr Notgepäck abgeliefert hatten. Der Journalist Reinhart Hoffmann unterstrich in einer Reportage noch einmal Sinn und Bedeutung der Notgepäcksicherung: »Durch sie wird jedem Münchner die Möglichkeit gegeben, zum Leben wichtige, aber im Augenblick entbehrliche Gegenstände(,) wie Kleider, Anzüge, Leib- und Bettwäsche, Schuhe, Kochtöpfe, Eßbesteck(,) an einem Ort außerhalb Münchens lagern zu lassen, der nach menschlichem Ermessen vor Fliegerangriffen sicher ist. Auf diese Weise steht ihm im Falle eines Fliegerschadens sofort das Nötigste zur Verfügung. Es sei vermerkt, daß Kunstgegenstände und Schmucksachen von der Notgepäcksicherung ebenso ausgeschlossen sind wie leicht zerbrechliche, verderbliche und vor allem feuergefährliche Gegenstände. Schließlich ist im Ernstfall ja auch ein Hemd, ein Bettbezug, eine Gabel wichtiger als ein noch so wertvolles Ölgemälde, eine Halskette oder ein Feuerzeug.

Will jemand eine Notgepäcksicherung abschließen, so stellt er bei der Kongreß- und Verkehrsstelle (Zentralzimmernachweis) am Hauptbahnhof mündlich den entsprechenden Antrag. Daraufhin wird der Auslagerungsvertrag abgeschlossen. Die Gebühr für die Auslagerung, die für sechs Monate im voraus zu entrichten ist, beträgt eine Mark je Monat. Sie schließt eine Versicherung des Gepäckstückes gegen Transportschäden, Einbruch, Feuer und Wasser bis zum Höchstbetrag von 1000 Mark ein.«

Doch nicht allein die Angst vor der Zukunft machte den Münchnern zu schaffen. Auch der überaus harte Winter setzte ihnen schwer zu. Am Montag, dem 22. Januar, versank die Stadt unter gewaltigen Schneemassen. Friederike Kurz vermerkte auch dieses Unwetter in ihren Aufzeichnungen: »Am Morgen sehr stürmisch, starke Schneefälle, kalt.« Später fügte sie hinzu: »Schneesturm, wie noch nie dagewesen.« Den Satz unterstrich sie sogar und fuhr dann fort: »Darum früh ins Bett gegangen. Nachts sehr starker Schnee.«

Der Schnee blieb liegen, und das Wetter besserte sich vorübergehend. So notierte sich Friederike Kurz am Dienstag: »Hoher Schnee, kalt, wunderbares Wetter.« Aber in den Abendstunden änderte sich die Wetterlage wieder. »Nachts«, verzeichnete die Chronistin, »starker Schneefall und stürmisch.«

»Das Wasser steigt wieder. Schöpfen ...«

Wenige Stunden später schlug das Wetter abermals um. Es erwärmte sich, und der Schnee ging in Regen über, der den ganzen Mittwoch über anhielt. In Strömen stürzte das Wasser herab. Für das Haus in der Braystraße 11 hatte die Sintflut schlimme Folgen: Im Keller und im Waschhaus begann das Grundwasser beängstigend zu steigen. Damit setzte für Friederike Kurz ein verzweifelter Kampf gegen die Fluten ein, der sie neun Tage lang in Atem halten sollte. Wie sehr sie sich abmühen mußte, beleuchten ihre Eintragungen:

Mittwoch, den 31. Januar: »Schöpfen bis 22 Uhr.«

Donnerstag, den 1. Februar: »Es regnet die ganze Nacht. (...) Ab 7 Uhr morgens Wasser geschöpft. Am Nachmittag stundenlang geschöpft, aber das Wasser steigt weiter. (...) Regen und Sturm, sehr warm.«

Freitag, den 2. Februar: »Wunderbares, warmes Wetter, wie Frühling. Wasser sinkt. Das Wasser steigt wieder. Am Abend wieder viel geschöpft.«

Samstag, den 3. Februar: »Am Morgen ist das Wasser wieder gesunken. Sehr mild, aber trüb. Sonne um die Mittagszeit, wunderbares Wetter. Dann beginnt es stark zu regnen. Wasser steigt; am Abend wird geschöpft. Nachts Regen.«

Sonntag, den 4. Februar: »Herrliches Wetter; direkter Frühling. Wasser wieder gestiegen. Schöpfen. Nachmittag(s) verschlechtert sich das Wetter. Sturm macht sich auf. Das Wasser ist heute besonders hoch. Ab 19 Uhr müssen wir wieder schöpfen. Unter dem Schöpfen steigt das Wasser sehr stark. In der Nacht starker Sturm; sehr mild.«

Montag, den 5. Februar: »Wunderbares Frühlingswetter. Stürmisch. Von 9-3/4 10 Uhr Wasser schöpfen. (...) Nachmittags 5 Uhr beginnt es zu regnen. Schöpfen. Nachts Regen und Sturm.«

Dienstag, den 6. Februar: »Starker Regen, Sturm, sehr dunkel. Ab ca. 10 Uhr strahlendes Wetter, Föhn. Wasser steht hoch.«

Mittwoch, den 7. Februar: »Regen, warm. Das Wasser steigt ständig. Stundenlanges Wassertragen. Wasser steigt enorm. Regen hört am Nachmittag auf.«

Erst am Donnerstag, dem 8. Februar, war die Schinderei überstanden. »Wasser geht zurück«, schrieb Friederike Kurz aufatmend in ihren Kalender. »Die Arbeiter haben durchgestoßen.«

Diese knappen, aber eindrucksvollen Notizen zeigen, wie schwer das Leben für die Frauen in der Stadt geworden war. Doch sie hatten es, notgedrungen, gelernt, sich auch ohne Männer zu behaupten. Sie deckten nach den Luftangriffen oft allein die beschädigten Dächer ihrer Häuser, schleppten immer wieder die zersplitterten Fenster zum Verglasen, erneuerten die Verdunkelung, machten die verwüsteten Zimmer bewohnbar und räumten den Schutt von den Straßen. Aber viele trugen nicht nur die Folgen der Zerstörungen mannhaft, sondern stemmten sich ebenso entschlossen gegen die Nöte des Alltags und gingen auch noch einem Beruf nach. Ohne sie wäre das öffentliche Leben in München längst zusammengebrochen. Ob

Trambahnschaffnerin oder Postbotin, ob Flakhelferin, Luft-schutzwart oder Rotkreuzfahrerin – überall standen die Frauen ihren Mann.

Die Plünderin »nahm das Urteil mit eiskalter Miene auf«

Bevor am Freitag, dem 2. März, wieder heftige Schneestürme einsetzten, die am 7. März ihren Höhepunkt erreichten (Friede-rike Kurz: »Schneestürme, wie ich sie noch nie gesehen habe«), herrschte im Februar zunächst weiter relativ mildes Wetter. Doch die Witterung brachte für die Menschen in der zerstörten Stadt auch Gefahren mit sich. Auf diese wiesen die MNN am Montag, dem 19. Februar, deutlich hin: »Durch plötzlich eintre-tendes Tauwetter wird die Gefahr an einsturzbedrohten Gebäu-deteilen erheblich vergrößert. Die Bevölkerung wird daher ein-dringlich zu besonderer Vorsicht auf den Straßen ermahnt. Ge-fahrenstellen, insbesondere verschobene Gesimse, gefährdete Giebel, Mauerteile usw.(,) sind zu umgehen. Auch bei äußerlich nicht einsturzbedroht erscheinenden Schadenstellen ist größte Vorsicht geboten, weil sich infolge des Tauwetters vielfach klei-nere Mauerteile lösen.«

In derselben Ausgabe veröffentlichte die Zeitung eine weitere Meldung, die ein bezeichnendes Licht auf die gnadenlose Justiz des NS-Staates warf. Um den »Volksgenossen« das sichere Ge-fühl zu geben, daß ihr Besitz auch während eines Luftangriffes von Dieben unantastbar blieb, hatte die Polizei ein waches Auge auf mögliche Plünderer, die sich den Fliegeralarm für ihre Beu-tezüge durch verlassene Wohnungen – sie durften wegen des Brandschutzes nicht verschlossen werden – zunutze machen könnten. Deshalb war der Aufenthalt auf den Straßen während eines Alarms nur Personen gestattet, die eine amtliche Erlaubnis dazu besaßen. Alle anderen hatten mit einer Strafe zu rechnen, wenn sie außerhalb der Luftschutzräume angetroffen wurden.

In dem Fall, den die MNN aufgriffen, hatte eine junge Frau in München ein ausgebombtes Ehepaar bestohlen. »Während eines Terrorangriffs«, berichtete die Zeitung, »war in der Schiller-straße ein Haus in Brand geraten. Die Bewohner, darunter ein Bäckermeister mit seiner Frau, verloren dabei fast ihr ganzes Ei-gentum. Den Rest der Habe stellten sie auf die Straße. Während hier Menschen sich um ihr letztes Eigentum sorgten, schlich sich die 26 Jahre alte, aus Ödenburg stammende Sofie Hollweg an das gerettete Gut heran und verschwand mit einem braunen Handkoffer, der Kleider und Wäsche der Bäckermeisterseheleute enthielt. Jedermann weiß, daß auf Plünderung Todesstrafe steht, und es war auch der vor dem Sondergericht München angeklagten Diebin bekannt, daß sie durch ihre skrupellose Tat das Leben verwirkt hat. Mit geradezu zynischer Offenheit bekannte sie sich des Verbrechens schuldig. Dem Antrag des Staatsanwaltes entsprechend(,) erkannte das Gericht auf Todesstrafe. Die Angeklagte nahm das Urteil mit eiskalter Miene und ohne die geringste äußere Erregung auf.«

XV

DAS ENDE IM CHAOS

Tiefflieger über der Stadt

Wie verzweifelt die Lage für die Münchner Bevölkerung geworden war, machten im letzten Kriegsjahr allein schon die vielen Fliegeralarme deutlich, die keinen in der Stadt mehr zur Ruhe kommen ließen. Von Monat zu Monat nahmen sie weiter zu und rissen rund um die Uhr an den Nerven der Menschen, die nun in ständiger Bedrohung durch feindliche Kampfflugzeuge lebten, nachdem der Luftraum über Deutschland fest in alliierter Hand war. Während die Münchner im Januar 1945 insgesamt 28 Alarme über sich ergehen lassen mußten, waren es im Februar, wie F. Fendt in seinem »Rückblick auf die Leidensgeschichte einer Stadt«, veröffentlicht am 1. Januar 1946 in der *Süddeutschen Zeitung*, schrieb, bereits »50 Alarme und Warnungen von oftmals mehrstündiger Dauer und bis zu fünfmal am Tage«. Und im März schreckten schließlich 47 Alarmierungen die Menschen auf. (Dagegen waren es im Dezember 1944 – die Luftangriffe nicht mitgerechnet – noch 22 Alarme und 21 Luftwarnungen und im November erst 15 Alarme und 14 Luftwarnungen gewesen.)

Tiefflieger-Angriffe gegen Personenzüge auf freier Strecke

So verging kaum ein Tag, an dem die Sirenen nicht heulten. Stunde um Stunde verbrachten die Münchner im Keller, und an manchen Tagen schien es, als nähmen die Alarme überhaupt kein Ende mehr. Zum Glück bedeutete jedoch nicht jeder Fliegeralarm einen Luftangriff. Viele Alarme wurden vorsorglich ausgelöst, weil im voraus nicht zu erkennen war, welchem Ziel der Anflug eines Bomberverbandes galt. Zeigte sich, daß es die Alliierten diesmal nicht auf München abgesehen hatten, so erfolgte die Entwarnung, und die Menschen konnten die Luftschutzräume wieder aufatmend verlassen. Nachts war aber danach an Schlaf meist nicht mehr zu denken, und die Münchner gingen am nächsten Morgen übermüdet an ihre Arbeitsplätze. Dadurch wurden allein schon die vielen Alarme für die Bevölkerung zur Pein.

Belastend kam weiter hinzu, daß jetzt auch Tiefflieger verstärkt in die Bodenkämpfe im süddeutschen Raum eingriffen. Am Donnerstag, dem 22. Februar 1945, jagten mehrere Kampfflugzeuge der 15. US-Luftflotte in der Mittagszeit über die Stadt hinweg, warfen fünf Sprengbomben ab und nahmen die Häuser mit ihren Bordwaffen unter Beschuß. Außerdem griffen sie einen Personenzug auf freier Strecke an, in dem acht Personen verletzt wurden. Nach dem Tieffliegerangriff, der von 13.15 bis 13.30 Uhr gedauert hatte, stellte die Gaupropagandaleitung in ihrer Verlautbarung über den Luftüberfall vor allem den Anschlag auf den Zug heraus, um die »Terrorisierung der Bevölkerung durch Bordwaffenbeschuß« (Völkischer Beobachter) vor aller Welt zu brandmarken. Die MNN veröffentlichten den Text am Freitag, dem 23. Februar, auf der ersten Seite: »In den Mittagsstunden des 22. Februar griffen feindliche Bomber- und Jagdverbände Kreisgebiete des Gaues München-Oberbayern an und terrorisierten durch Tieffliegerangriffe die Bevölkerung. Dabei wurde auch ein Flüchtlingszug mit Frauen und Kindern aus dem Osten schwer getroffen.«

Auf die ernste Gefahr, die von Tieffliegern ausging, hatte die Zeitung bereits einige Wochen zuvor die Bahnreisenden aufmerksam gemacht. »In zunehmendem Maße«, warnten die MNN am Dienstag, dem 16. Januar, »versuchen die Engländer und Amerikaner, die reisende deutsche Zivilbevölkerung durch Luftangriffe auf fahrende Züge zu terrorisieren. Für die Reisenden gelten im gebenen Falle folgende Richtlinien: Ruhe bewahren! Fensterscheiben herablassen, damit Verletzungen durch Glassplitter vermieden werden. Auf Verlassen des Zuges vorbereiten! Grellfarbene Kleidung behelfsmäßig tarnen! Gepäck im Abteil lassen! Nach Weisung der Zugbegleitmannschaft aussteigen. Männer notfalls durch die Fenster! Vorsicht beim Überschreiten der Gleise! Gebrechlichen und Verwundeten helfen! Deckung nehmen in vorbereiteten Deckungsgräben oder in etwa 300 Meter Entfernung im Gelände! Nicht unnötig hin und her laufen! Bei überraschendem Anflug auf die Erde werfen! Wiedereinsteigen in den Zug erst nach Pfeifsignal der Lokomotive! In jedem Fall Anordnungen der Reichsbahnbediensteten befolgen! – Im übrigen wird den Reisenden empfohlen, Verbandpäckchen bei sich zu führen, damit bei Verletzungen sofort die erste Hilfe geleistet werden kann.«

Auch die Landbevölkerung wurde eindringlich vor Tieffliegern gewarnt, die überall ihr Ziel suchten, selbst einsame Bauern auf den Feldern angriffen und sogar Jagd auf Frauen und Kinder machten. So galt es schon als gefährlich, Wäsche bei der Annäherung von Kampfflugzeugen hängen zu lassen. Deshalb ermahnten die MNN am Donnerstag, dem 12. April, auch hier zur Vorsicht: »Es ist häufig zu beobachten, daß in den Außenbezirken der Stadt und auf dem Lande noch bei Fliegeralarm Wäsche zum Trocknen aufgehängt oder auf dem Rasen ausgebreitet wird. Die Wenigsten denken daran, die Wäsche wieder hereinzuholen. Die leuchtend weiße Wäsche ist ein besonders lockendes Ziel für Fliegerangriffe und bedeutet eine erhöhte Gefahr nicht nur für die Besitzer, sondern auch für die Nachbarn. Eine frühere Warnung scheint längst wieder vergessen worden zu sein. Es wird deshalb erneut dringend empfohlen, die im Freien aufgehängte oder ausgebreitete Wäsche bei Alarm sofort hereinzuholen.«

25. Februar 1945: letzter schwerer Großangriff mit »etwa 1100 Bomber und Jäger«

Doch die Alliierten ließen es im Kampf gegen die Zivilbevölkerung nicht nur bei den Nadelstichen ihrer Tiefflieger bewenden. Auch mit massivsten Mitteln griffen sie München weiter an. So kam es am Sonntag, dem 25. Februar 1945, zum vierunddreißigsten Luftangriff auf die Stadt seit Kriegsbeginn. Diesmal war es nach längerer Pause wieder die 8. US-Luftflotte, die München anflog. Die Kampfflugzeuge näherten sich bei herrlichem Wetter ihrem Ziel.[322] Nachdem der Morgennebel gewichen war, herrschte in München Sonnenschein, der Himmel war wolkenlos, leichter Wind wehte aus Südwest, und die Sicht war unbehindert. Friederike Kurz vermerkte an diesem Tag in ihrem Kalender: »Sehr starker Hochnebel, kalt. Dann ein wunderbarer Frühlingstag.«

Während die Stadt noch in sonntäglicher Ruhe lag, kam der amerikanische Verband, dem nach dem Bericht des Polizeipräsidenten »ca. 1100 Bomber und Jäger, Baumuster Fortress II, Mustang, Lightning«, angehörten, über Metz, Straßburg/Trier, Sig-

Ein amerikanischer Liberator-Bomber B-24 verliert durch Flak-Treffer seine rechte Tragfläche und stürzt ab.

maringen/Freudenstadt/Reutlingen, Ulm/Heidenheim und Ammersee/Dachau/Freising heran. Neben diesem Westeinflug registrierte die deutsche Luftabwehr aber noch einen zweiten Verband, der gleichzeitig von Cortina d'Ampezzo über Matrei, Krimml, Wörgl, Kufstein, den Chiemsee, Rosenheim und Neubiberg auf München zuflog. Doch wie sich später zeigte, griffen die »ca. 450 Maschinen«, deren Stärke der Polizeipräsident in seinem Bericht am 2. März dem Befehlshaber der Ordnungspolizei im Wehrkreis VII meldete, die Stadt nicht an. »Der Angriff auf München«, stellte der Berichterstatter fest, »wurde durch die aus dem Westen eingeflogenen Maschinen in 4 Verbänden mit ca. 50 (Flugzeugen, Ergänzung durch d. Verf.) durchgeführt. Der Südeinflug berührte den Ostrand der Stadt ohne Bombenabwurf.«

Mit Bangen sahen die Münchner, die seit dem Fliegeralarm um 11.01 Uhr gewarnt waren, die neue Gefahr auf sich zukommen. Um 11.28 Uhr eröffnete die Flak im Norden der Stadt das Feuer auf die Angreifer, die zwei Minuten später mit dem Abwurf der Bomben begannen. Der Sektoren-Hochangriff galt vor allem den Bahnanlagen des Haupt- und des Ostbahnhofs, den angrenzenden Wohngebieten und der Innenstadt. In 64 Minuten gingen auf München insgesamt 5 000 bis 6000 Sprengbomben mit einem Gewicht von 1000 und 500 LB, 250 000 Stabbrandbomben, die zum Teil mit Sprengsätzen versehen waren, 300 Packungen mit Brandstiftungsmitteln, rund 125 Tages-Zielmarkierungsbomben und 101 Sprengbombenblindgänger nieder. Außerdem warfen die Amerikaner etwa 20 000 Flugblätter ab, die den Titel »Erst im Westen – jetzt im Osten« und »Nachrichten für die Truppe, Nr. 313 vom 21., 23. und 24. 2. 45« trugen.

Nach diesem letzten Großangriff, der mit der Entwarnung um 14.35 Uhr beendet war, schrieb Friederike Kurz in ihren Kalender: »Gegen Abend Wetterverschlechterung, schreckliche Brände. Garage brennt. Löschen. Stürmische Nacht.« Und Edgar Kupfer-Koberwitz hielt am Tag darauf im KL Dachau in seinen Aufzeichnungen fest: »Gestern schweres Bombardement auf München, bei Tag. Etwa siebenhundert bis tausend Flugzeuge.«[323]

Mehr als 20 000 Menschen verloren an diesem Sonntag ihre Wohnungen, nachdem 103 Wohnhäuser durch Sprengwirkung und 106 durch Brand völlig zerstört worden waren.[324] Außerdem wurden durch Sprengbomben 101 Wohngebäude schwer, 220 mittel und 162 leicht beschädigt. Durch Feuereinwirkung entstanden an 72 Häusern schwerer, an 133 mittlerer und an 134 leichter Schaden. Die Gesamtzahl aller Gebäude, die total vernichtet wurden, betrug 269.

Besonders schlimm war, wie sich Friederike Kurz notierte, das Ostbahnhofviertel von den Verwüstungen betroffen. Der Ostbahnhof wurde völlig zerstört. Gewaltige Schäden waren auch auf der Theresienhöhe und in der Gollierstraße eingetreten. Ferner schlugen Sprengbomben erneut ins Neue Rathaus, in den Alten Peter, ins Armeemuseum, ins Finanzamt Nord im Alten Hof und in die Frauenkirche ein. Damit war der Dom, der bereits bei den Angriffen am 9. März 1943, am 22. November 1944, am 17. Dezember 1944 und am 7. Januar 1945 gelitten hatte, zum fünftenmal getroffen worden. Nun bot die Kirche, die sich mehr und mehr in eine Ruine verwandelt hatte, ein Bild des Jammers. »Das Dach und das Gewölbe«, erinnert sich Dompfarrer Karl Abenthum, »waren restlos zerstört, im Innern waren sämtliche Altäre, Bet- und Beichtstühle, die Kanzel, die Orgel, die Sakristei etc. ein Opfer der Spreng- und Brandbomben geworden. (...) Freiwillige Helfer entfernten etwa 3000 cbm Schutt.« Statische Untersuchungen ergaben, daß das Bauwerk seine Standfestigkeit verloren hatte. »Durch Sprengbomben-

Volltreffer und durch Luftminen«, berichtet Dombaumeister Dr. Ing. Theodor Brannekämper, »wurden schwerbelastete Pfeiler und weitgespannte Joche des Domes zerstört. Die Gewölbe des Mittelschiffes und die Seitenschiffe wurden ihrer Widerlager beraubt und stürzten in sich zusammen. Durch den Sog und Druck der Luftminen wurden der Chorschluß aufgerissen und der Dachstuhl zerstört, der in einem labilen Balken-Gewirr gegen den Himmel starrte.«

»Die Residenz immer wieder von Bomben getroffen, vor allem am 25. Februar 1945«

Schwere Schäden erlitt am 25. Februar 1945 auch wieder die Residenz. Über ihre Zerstörung schrieb Toni Beil, der seit 1963 den Wiederaufbau dieses größten Raumkunstmuseums der Welt leitete, in einem Aufsatz, der im Dezember 1984 in der Zeitschrift *Bayerland* erschien: »Die ersten schweren Treffer mußte die Residenz am 18. März 1944 hinnehmen. Den tödlichen Stoß erhielt sie jedoch in der Nacht vom 24. auf den 25. April. Der Luftangriff dieser Nacht legte nicht nur die Residenz, sondern auch den Großteil der Münchener Innenstadt in Schutt und Asche. Von den immensen Dachflächen der Residenz – ca. 23 000 m^2 – war ein kläglicher Rest von nur etwa 50 m^2 übriggeblieben. Die Obergeschosse waren mit wenigen Ausnahmen ausgebrannt. Sprengbomben und Luftminen durchschlugen aber auch zum Teil die Gewölbe über den Erdgeschossen. So wurde das über 12,80 m gespannte Tonnengewölbe des ältesten Saales der Residenz, des Antiquariums, in 5 Gewölbejochen durchschlagen.

Die anschließende Grottenhalle, die seit längerem bereits durch Holzstützen und Stangennotdächer gesichert war, stürzte bei dem großen Angriff vom 16. Juli 1944 endgültig ein. Nachdem das Dach der Hofkapelle bereits abgebrannt war, durchschlug eine Sprengbombe das Chorgewölbe. Das Gewölbe des rechten Seitenschiffes stürzte einige Zeit später infolge Verwitterung ein. Der an der Residenzstraße gelegene Steinzimmertrakt wurde aufs schwerste in Mitleidenschaft gezogen. Nach einer Tagebuchnotiz stürzte am 26. April 1944 das Gewölbe des Theatinerganges ein und riß die Residenzfassade am Odeonsplatz bis zur Erdgeschoßdecke mit sich. Vom Kaiserhof aus war durch ein riesiges Mauerloch die Theatinerkirche zu sehen. Das Eingangsportal zum Kapellenhof konnte mit Mühe durch Sicherungsanker gehalten werden, nachdem die bis zum Königsbau reichende und freistehende Fassade aus Sicherheitsgründen im Frühjahr 1946 gesprengt werden mußte.

Stein- und Trierzimmer verloren ihre Decken, die Gewölbe der Kaisertreppe waren bis auf ein Joch eingestürzt. Vom Festsaalbau blieben mit Ausnahme des Schlachtensaalflügels nur die Umfassungsmauern der Portikus- und Erdgeschoßräume erhalten. Derselbe Zustand lag beim Königsbau vor. Die Höfe waren von Bombentrichtern, insbesondere im Apothekenhof und Brunnenhof, übersät.«[325]

Am 23. Juli 1944 hatte der Architekt Tino Walz, der damals die Sicherungsarbeiten in der Residenz gegen den weiteren Verfall der Ruinen leitete, in sein Tagebuch geschrieben: »Die letzten Brandherde verlöschen. Es regnet stark. Die Residenz schwimmt, da kein einziges Notdach erhalten geblieben ist. Wir beginnen von vorne. Es gibt immer weniger zu schützen: die Ahnengalerie, das restliche Antiquarium, das Schiff der Hofkapelle, Teile des Königsbaues, die Kaisertreppe. Stukkaturreste von Decken- und Wandfriesen werden abgenommen, registriert und in den Kellergewölben gelagert. Wird man sie jemals verwenden?«

Trotz der verzweifelten Bemühungen, wenigstens noch die Reste zu bewahren, war das Ende der gewaltigen Anlage nicht aufzuhalten. »Bis zur bedingungslosen Kapitulation am 7. Mai 1945«, berichtet Beil, »wurde die Residenz immer wieder von Bomben, insbesondere am 17./18. Dezember 1944 und vor allem am 25. Februar 1945, getroffen.«

Bei 259 Todesopfern »in 69 Fällen Zertrümmerung des Schädels, in 32 Fällen totale Zerfetzung der Körper ...«

Bei dem Angriff an diesem Sonntag verloren 243 Menschen ihr Leben, von denen 230 identifiziert werden konnten: 14 Soldaten der Wehrmacht, fünf Kriegsgefangene, 43 Ausländer (16 Männer, 25 Frauen und zwei Kinder) sowie 168 einheimische Zivilisten, davon 69 Männer, 87 Frauen und zwölf Kinder.[326] Hinzu kamen 13 »noch unbekannte Tote«, wie der Polizeipräsident dem Befehlshaber der Ordnungspolizei mitteilte. An 40 Schadenstellen wurden 316 Personen verschüttet, von denen 103 lebend und 209 tot geborgen werden konnten. Vier Menschen lagen noch an zwei Stellen unter Trümmern, als der örtliche Luftschutzleiter seinen Bericht am 2. März 1945 abschloß. Unter den 225 Personen, die bei dem Bombardement Verletzungen erlitten, befanden sich acht Kinder.

Die Zahl der Toten, die zunächst mit 243 angegeben worden waren, erhöhte sich später noch auf 259 Menschen. Bei 154 der Opfer untersuchte Professor Singer wieder die genaue Todesursache.[327] Dabei stellte er fest: »in 69 Fällen Zertrümmerung des Schädels, schwere Schädelbrüche und Schädelzerquetschungen, in 32 Fällen totale Zertrümmerung und bis zur Unkenntlichkeit erfolgte Zerstückelungen und Zerfetzung der Körper, in 7 Fällen schwere Körperzertrümmerung mit Abriß des Kopfes und Abriß der Beine, in 43 Fällen Tod durch Verschüttung mit Verletzungen, in 4 Fällen ausgedehnte und totale Verbrennungen, Verkohlungen, in 1 Fall akuter Herztod«.

Aber auch die Angreifer hatten über München nochmals Verluste erlitten. »Ein Motor eines viermotorigen Bombers«, meldete der amtliche Bericht, »liegt im Eisbach unter der Brücke Gunetsrainer Straße Ecke Mandlstraße (mit Tragflächenteilen).« Weiter hieß es: »Teile eines viermotorigen Flugzeugs liegen im Englischen Garten vor dem Rumfordhaus am Chinesischen Turm. Hier wird auch ein Toter geborgen. Ein Gefangener befindet sich im Ärztehaus. Ein zweiter Gefangener wird beim 4. Polizeirevier eingeliefert. Ein Flugzeugmotor liegt im Vorgarten des Hauses Schackstraße 4. Ein Flugzeugmotor liegt in der Wohnung Ohmstraße 3, mit Maschinengewehr und Munition.« Ein Flieger lag außerdem »tot in der Königinstraße 103«.

Wie schwer die Stadt bereits verwüstet war, geht aus folgendem Dokument hervor: »Acht- bis zehntausend Stabbrandbomben mit Sprengsatz und zahlreiche Sprengbomben«, berichtet die Partei, »trafen in der Kreisleitung München Nord nur noch Ruinen. Der westliche Teil des Kreisgebietes wurde mit zahlreichen Flugblättern belegt. Über Freimann wurden Stecknadeln abgeworfen, und zwar handelt es sich um kurze Stecknadeln mit kleinem Kopf. Kinder fanden bei einer Suchaktion ganze Packungen, die sich beim Abwurf nicht geöffnet hatten. Die Stecknadeln sollen Notschlachtungen von Großvieh erzwingen.«

Die Tragödie von Riem und die letzten Angriffe bis zum 29. April 1945

Das Bombardement vom 25. Februar 1945 blieb vielen Münchnern als letzter schwerer Luftangriff auf ihre Stadt in Erinnerung. Die Bombardierungen, die danach erfolgten, vergaßen oder verdrängten sie aus ihrem Gedächtnis. Dabei fielen in den beiden letzten Kriegsmonaten noch Hunderte von Menschen in München den Bomben der Alliierten zum Opfer. Bei den meisten Angriffen, welche die Stadt weiter heimsuchten, handelte es sich um Tieffliegerangriffe, die amerikanische Kampfflugzeuge flogen, und um Störangriffe, die alle bis auf einen das »Bomber Command« der RAF gegen München führte. Nach dem 25. Februar standen den Münchnern also noch bis zum Kriegsende insgesamt dreißig Angriffe bevor, von denen vier schwere Luftangriffe, vierzehn Tieffliegerangriffe und zwölf Störangriffe waren.

Noch dreißig Angriffe bis Kriegsende

Für die Störangriffe setzten die Briten Maschinen vom Typ Mosquito ein, die wegen ihrer Schlagkraft bei der deutschen Luftabwehr gefürchtet waren. Genaueres über die Fernjagdbomber, die nun bald auch zur Bedrohung ihrer Stadt werden sollten, hatten die Münchner zum erstenmal am 31. Juli 1944 aus einer Beschreibung des Kriegsberichters Wolfgang Kuchler erfahren: »Mit der ›Mosquito‹ hat der Feind ein sehr schnelles Mehrzweckflugzeug geschaffen, das vielseitig zu verwenden ist. Er benutzt die zweimotorige Maschine sowohl als Kampfflugzeug wie auch als Fernaufklärer, Fernnachtjäger und im Frontraum auch als Fernjagdbomber. Am häufigsten wird die ›Mosquito‹ in letzter Zeit von den Briten als Kampfflugzeug verwendet. Sie hat in diesem Falle eine Besatzung von zwei Mann, die aus dem Flugzeugführer und dem Bordfunker besteht, der gleichzeitig als Bombenschütze fungiert. Die Zuladung beträgt entweder vier Sprengbomben, von denen zwei Bomben von je 225 kg im

Rumpf und zwei Bomben von je 110 kg außen unter den Flächen aufgehängt werden(,) oder eine Minenbombe von 1,8 Tonnen.

Der Feind selbst bezeichnet diese zylindrisch geformten Bomben, die vor allem eine starke Druckwirkung nach den Seiten haben, als ›Block-Buster‹, als Wohnblockknacker. Er gibt damit selbst zu, daß es auch bei den ›Mosquito‹-Angriffen hauptsächlich um die Terrorisierung der Bevölkerung geht und daß er seine Minenbomben vornehmlich in die Wohngebiete von Städten zu werfen beabsichtigt. (...)

Die bombentragenden ›Mosquitos‹ setzt der Feind sowohl gegen Nah- wie gegen Fernziele ein. Bei den Angriffen gegen sogenannte Nahziele, wie beispielsweise im Rheinland und im Ruhrgebiet, werden die Störflugzeuge meist einzeln oder nur mit wenigen Maschinen angesetzt. Diese Flugzeuge sollen in der Hauptsache Einzelziele bekämpfen. Sie fliegen in sehr großer Höhe – meist zwischen 7000 und 10 000 Meter – und verfügen außerdem über eine große Geschwindigkeit, die etwa um 500 bis 540 Kilometer herum liegt. Für die Angriffe gegen Fernziele, wie etwa Berlin, haben die Briten in letzter Zeit ihre ›Mosquito‹-Störflugzeuge mehr und mehr zu kleinen Verbänden ausgebaut, die teilweise bis zu 50 Maschinen umfassen. Auch diese Störverbände fliegen in der Regel in sehr großen Höhen.«

In den letzten Kriegsmonaten blieb also den Münchnern nicht erspart, auch mit diesen Schnellbombern ihre leidvollen Erfahrungen zu machen. Mit ihren nächtlichen Störangriffen verfolgten die Briten das Ziel, ein ausgedehntes Gebiet ständig unter Alarm zu halten und die Bevölkerung dort nicht zur Ruhe kommen zu lassen. Den ersten Angriff dieser Art auf München im Jahre 1945 flog die RAF am Mittwoch, dem 28. Februar.[328] Die Stadt lag unter einem wolkenlosen Nachthimmel, als vier Mosquitos auf dem Weg über Biberach, Memmingen und den Starnberger See herankamen und um 20.15 Uhr drei Sprengbomben (je 500 LB) und eine Zielmarkierungsbombe abwarfen.[329] Zum Glück für die Münchner verlief der Luftüberfall glimpflich. Die Bomben trafen nur eine Mühle in der Lohstraße, wobei vier Personen, ein Mann und drei Frauen, verletzt wurden. Nach diesem Angriff ließen sich die Briten lange nicht mehr über München blicken. Erst im April verstärkten sie wieder ihre Angriffe auf die Stadt.

So kehrte nach dem Störangriff vom 28. Februar zunächst eine trügerische Ruhe ein, die mehr als drei Wochen anhielt und die den Menschen in der Stadt die Gelegenheit bot, ihr Leben in den

Ruinen mit dem Notdürftigsten einzurichten, was ihnen noch geblieben war. Doch am Freitag, dem 23. März, endete diese Zeit, als um 22.30 Uhr plötzlich ein Tiefflieger in sternenklarer Nacht am wolkenlosen Himmel über München erschien und das Reichsbahnausbesserungswerk Freimann und die Flakstellung Daglfing/Moosgrund mit seinen Bordwaffen unter Beschuß nahm.[330] Der Angreifer, der sich der Stadt im Anflug über Rosenheim, Mühldorf, Landshut und Freising genähert hatte, erreichte sein Ziel, bevor die Münchner durch die Luftschutzsirenen alarmiert worden waren, was der Polizeipräsident am 26. März in seinem Bericht an den Befehlshaber der Ordnungspolizei kritisch vermerkte. Der Luftüberfall beschränkte sich nur auf Bordwaffenbeschuß. Eine Bombe fiel nicht, und in der Bevölkerung kam auch niemand zu Schaden.

24. März 1945: Südeinflug bei wolkenlosem Himmel »in 12 Pulks zu 6 bis 15 Flugzeugen«

Um so verlustreicher war der nächste Luftangriff, der bereits am Tag darauf erfolgte. Am 24. März flog nach längerer Zeit wieder ein großer Verband auf München zu, der zur 15. US-Luftflotte gehörte. An dem fünfunddreißigsten Luftangriff seit Kriegsbeginn waren nach Meldung des Polizeipräsidenten »ca. 100 Maschinen« beteiligt, die als Südeinflug über Hofgastein, Zell am See, Traunstein, Mühldorf und Rosenheim herankamen.[331] Die Kampfflugzeuge vom Typ Liberator und Mustang griffen die Stadt an diesem Samstag bei Sonnenschein und wolkenlosem Himmel »in 12 Pulks zu 6/15 Flugzeugen« an. Der geschlossene Hochangriff, der um 12.13 Uhr mit dem Abwurf der ersten Bomben eröffnet wurde, richtete sich allein gegen Wehrmachtsanlagen auf dem Flughafen Riem. Bis um 12.34 Uhr gingen 300 bis 400 Sprengbomben (500 LB) und neun Blindgänger nieder. Außerdem feuerten die Amerikaner, deren Kampfhandlungen sich über 21 Minuten erstreckten, mit ihren Bordwaffen auf das Angriffsziel.

Dem Bombardement fielen 15 Personen zum Opfer: acht Angehörige der Wehrmacht (sechs Männer und zwei Frauen), sechs Zivilisten (vier Männer und zwei Frauen), deren Herkunft aber unklar blieb, und ein Unbekannter, der nicht identifiziert werden konnte. »Es besteht die Möglichkeit«, gab der Polizeipräsident in seinem Bericht vom 26. März zu bedenken, »daß es sich bei den 4 gefallenen Männern (Zivil) z. T. ebenfalls um Wehrmachtsangehörige handelt.« Unter den 15 Verletzten befand sich kein Kind.

Für die Luftwaffe, die in Riem noch einen wichtigen Stützpunkt für die Luftverteidigung besaß, bedeutete der Angriff eine Katastrophe. »Flughafen Mü-Riem zu 80-90 % zerstört«, meldete der Polizeipräsident dem Befehlshaber der Ordnungspolizei im Wehrkreis VII in aller Kürze. »Flughafengebäude und Außenhallen schwerste Spreng- und Brandschäden. 20 Baracken durch Brand total, 2 Baracken durch Sprengbomben schwer beschädigt. 15 Flugzeuge (1 Regierungsflugzeug) zerstört.« Ferner waren bei dem Angriff 23 Gebäude total verwüstet und sechs schwer beschädigt worden. Die Zahl der Obdachlosen belief sich auf 30 Personen.

Die Ruhe, die in München nach dem schweren Schlag gegen Riem einkehrte, dauerte nur wenige Tage. Bereits am Donnerstag, dem 5. April, donnerten wieder Tiefflieger der 15. US-Luftflotte über die Ruinenlandschaft an der Isar hinweg und belegten die Stadt mit Feuer aus ihren Bordwaffen. Erst um 11.34 Uhr konnten die Münchner, die um 10.55 Uhr in die Keller gegangen waren, die Schutzräume wieder verlassen.

Die Alliierten waren nun entschlossen, München keine Ruhe mehr zu geben. Schon am Montag, dem 9. April, folgten den Amerikanern die Briten, die mit acht Mosquitos einen weiteren Störangriff auf die Stadt flogen.[332] In einer sternenklaren und wolkenlosen Nacht näherten sie sich in den letzten Stunden des vergangenen Sonntag auf der Route über Ingolstadt und Pfaffenhofen an der Ilm ihrem Ziel, das sie um Mitternacht erreichten.[333] Um 0.02 Uhr eröffneten sie am soeben erst angebrochenen Montag den Angriff, der bis 0.10 Uhr dauerte. In den acht Minuten fielen 14 Sprengbomben (500 LB), vier Zielmarkierungsbomben und drei Blindgänger. Der Luftüberfall kostete einem Kind, das verschüttet wurde und nur noch tot geborgen werden konnte, das Leben. Nach dem Angriff, bei dem drei Gebäude durch Sprengwirkung schwer beschädigt worden waren, kritisierte der Polizeipräsident in seinem Bericht an den Befehlshaber der Ordnungspolizei: »Der Bombenabwurf begann, ehe Klein- und Fliegeralarm gegeben worden waren.« Der Hinweis zeigt, wie groß das Chaos in der Luftverteidigung schon war.

Nach dem Angriff waren gerade erst 15 Stunden vergangen, da war München am 9. April schon wieder das Ziel eines Anfluges alliierter Bomber. Diesmal handelte es sich um amerikanische Kampfflugzeuge, die München erneut ins Visier nahmen und die zum sechsunddreißigsten schweren Luftangriff auf die Stadt seit Kriegsbeginn ansetzten. Der Westeinflug, an dem nach Mitteilung des Polizeipräsidenten »ca. 1000 Bomber mit Jagdschutz« beteiligt waren, erfolgte bei Sonnenschein.[334] Aber nicht alle Flugzeuge waren für München bestimmt. Den Angriff auf die Stadt flogen »ca. 300 Maschinen (Fortress II, Liberator, Mustang)«, die sich ihrem Ziel auf dem Weg über Eichstätt, Donauwörth, Ingolstadt, Schrobenhausen und Pfaffenhofen an der Ilm näherten.

Der »Luftlagebericht vom 9. April 1945«

Was sich an diesem turbulenten Tag in der Luft über Oberbayern abspielte, gibt der »Luftlagebericht vom 9. April 1945« anschaulich wieder:

»16.05 Uhr Alarm Westeinflug. (...)

16.26 Uhr 50 Bomber auf Schrobenhausen auf Südos kurs(,) Anflug auf Dachau(,) 400 Bomber auf Pfaffenhofen leic .er Südostkurs.

16.32 Uhr 600 Bomber auf Freising im Anflug auf München, akute Luftgefahr.

16.34 Uhr Luftgefahr 1, 100 Bomber bei Neubiberg mit Kurs auf die Stadt.

16.37 Uhr Bombenabwurf über München-Stadt.

16.40 Uhr Spreng- und Brandbomben auf München.

16.44 Uhr Bombenabwurf auf München-Nord, Hauptbahnhof, anhaltend Abwürfe über München-Stadt und Dachau.

16.47 Uhr Weitere Abwürfe auf München, Abflüge nach Westen.

16.49 Uhr Abwürfe bei Allach.

16.53 Uhr 200 Bomber aus dem Raume Dorfen über München-Stadt, Abflüge bei Augsburg.

16.55 Uhr 2. Welle von Wörishofen hat München-Stadt erreicht. Anhaltende Abwürfe auf München.

17.00 Uhr Bombenteppich über Riem.

17.07 Uhr Neue Anflüge, 200 Bomber auf München, erneut Teppichabwürfe über Riem. Abwürfe über Fürstenfeldbruck.

17.20 Uhr Der 3. Anflug, 250 Bomber, hat München-Stadt erreicht.

17.49 Uhr 200 Bomber von Schrobenhausen im Abflug mit

Nordwestkurs. Im Raum München noch 100 Bomber.
17.54 Uhr Vorentwarnung.
18.00 Uhr Entwarnung.«[335]

Wie dem Luftlagebericht zu entnehmen ist, galt der Luftangriff vor allem wieder dem Flughafen Riem und den angrenzenden Gebieten. In 26 Minuten warfen die Amerikaner 160 Sprengbomben (500 LB), 5000 Splitterbomben, 15 000 Stabbrandbomben und 30 Zielmarkierungs-Rauchbomben sowie 14 Sprengbomben-Blindgänger (500 LB) und 85 Splitterbomben-Blindgänger ab.[336] Außerdem gingen rund 15 000 Flugblätter auf die Stadt nieder, die den Titel »Drei Tonnen Sprengstoff« und »Nachrichten für die Truppe, Nr. 355 und 356« trugen.

Erneut nahm der Flughafen Riem, der von den Angreifern zusätzlich im Tiefflug mit Bordwaffen beschossen worden war, beträchtlichen Schaden. So meldete der Polizeipräsident am 11. April dem Befehlshaber der Ordnungspolizei: »Bauteil I und II, Hauptgebäude und Halle 5 (bereits schwer beschädigt) und 4 Baracken total zerstört. Rollfeld stärkstens beschädigt. – Flugbetrieb dennoch bedingt möglich. In Hallen und auf dem Rollfeld mehrere Turbo-Jagdmaschinen beschädigt. Durch Splitterbombenwürfe auf die in Deckung eilenden Arbeitskräfte (KZ-Sträflinge und Kgf.) Verluste.«

Mit dem letzten Satz deutete der Berichterstatter die Tragödie an, die sich während des Angriffes in Riem ereignet hatte. Die Bomben töteten zwei Kriegsgefangene (»Kgf.«) und 24 Häftlinge aus dem Konzentrationslager Dachau, die auf dem Fliegerhorst einem Arbeitskommando angehörten. Wie es zu dieser Katastrophe, die SS-Posten verschuldet hatten, kam, beschreibt Kupfer-Koberwitz am Dienstag, dem 10. April, in seinem Tagebuch: »In Riem (...) waren die dort beschäftigten Häftlinge beim Alarm auf dem Flugfeld angetreten. Der Capo gab den Befehl zum sofortigen Abmarsch. Die Posten, neueingetroffene, weigerten sich. Als der Capo trotzdem marschieren ließ, schossen sie. Da begann auch schon das Bombardement des Flugplatzes. Die Bomben fielen in die Menschen. Alle Posten fanden den Tod, aber auch (...) Häftlinge. (...) Es gibt eine große Anzahl von Schwerverwundeten. (...)

Ab zwölf Uhr nachts wurde hier (im Lager, Anm. d. Verf.) operiert, und am späten Nachmittag war noch kein Ende. Aufopfernde Arbeit unserer Kameraden, der Ärzte.«[337]

Bei dem Angriff hatten insgesamt 50 Menschen, unter ihnen drei Luftwaffenhelferinnen sowie 14 Angehörige der SS und der

Wehrmacht, den Tod gefunden.[338] Unter den Opfern befanden sich auch sieben Zivilisten, davon vier Männer, zwei Frauen und ein Kind. Die Zahl der Verletzten betrug 64 Personen.

Empörende Vorfälle während des Luftangriffs in Riem

Während im Konzentrationslager Dachau die Häftlingsärzte um das Leben ihrer verwundeten Mitgefangenen kämpften, setzte Oberst Thürauf am Montag, dem 16. April, den Polizeipräsidenten über einen empörenden Vorfall in Kenntnis, der ihm nach dem Angriff auf Riem zu Ohren gekommen war.[339] Soldaten, die Augenzeugen der Katastrophe geworden waren, hatten keine Anstalten gemacht, den schwerverletzten Bombenopfern zu helfen. Wütend berichtete Thürauf: »Beim Einsatz auf dem Flugplatz Riem nach dem Luftangriff am 9. April 1945 meldete mir der Zugführer d. LSPol. Kuttendreier von der 6. FE-Bereitschaft, daß 1 Gruppe seines Zuges zum Sammeln der auf dem Rollfeld umherliegenden Verwundeten eingesetzt worden sei. Da andererseits zahlreiche Soldaten des Fliegerhorstes und Flugplatzpersonal untätig umherstanden, habe ich veranlaßt, daß über diesen Vorgang Bericht erstattet wird, den ich abschriftlich beifüge.«

Im angekündigten Bericht ging der Zugführer vom II. Zug der 6. FE-Bereitschaft (FE-Abteilung Ost) ausführlich auf den Vorfall ein. »Bei dem Luftangriff vom 9. 4. 45«, schrieb Kuttendreier,[340] »wurde der II. Zug um 18.00 Uhr (...) zur Brandbekämpfung nach dem Flugplatz Riem beordert. An der südöstlichen Einfahrt (Gronsdorf) fuhr ein Hauptmann der Luftwaffe mit einem Krad der Einheit 6/II entgegen und bat mich, die zahlreichen Verletzten, welche auf dem Rollfeld lagen, bergen zu helfen. Ich machte den Hauptmann darauf aufmerksam, daß die Einheit zur Brandbekämpfung befohlen sei und ich mich erst bei meinem Gefechtsstand zu melden habe; der Hauptmann gab mir zur Antwort, die Bergung der Verletzten sei doch wichtiger, da ohnedies mit Bränden nicht viel los sei. Ich erwiderte darauf, ich müsse mich vor allen Dingen bei meinem Vorgesetzten melden, dort werde ich auch sofort wegen der Bergung der Verletzten Meldung erstatten. Ich selbst lief ein Stück ins Rollfeld und mußte eine größere Anzahl von Verletzten feststellen, die mich baten, doch zu helfen. Ich fuhr mit meinen beiden (Löschfahrzeugen) LF 25 zu den Brandstellen, meldete mich bei Herrn Bereitschaftsführer Eckstein und erstattete wegen der Verletzten Bericht. Im gleichen Augenblick erschien wiederum der Hauptmann der Luftwaffe und bat, etwas zum Abtransport der Verletzten zu veranlassen. Auf Befehl des Herrn Bereitschaftsführer wurde die 2. Gruppe zur Brandbekämpfung eingesetzt, die 1. Gruppe übernahm die Bergung der Verletzten, die schon längere Zeit ohne jede Hilfe im Gelände lagen.«

Aber auch die Angreifer hatten wieder Verluste erlitten. Die Flak meldete insgesamt zwölf Abschüsse im Münchner Großraum. Der Polizeipräsident registrierte »vier Absturzstellen im Stadtgebiet« sowie »7 Fallschirmabspringer«, die in Gefangenschaft gerieten, und »6 gefallene Besatzungsmitglieder«, die geborgen wurden.[341]

Ungeachtet ihrer Verluste, setzten die US-Luftstreitkräfte ihre Angriffe auf München und auf das Umland fort. Bereits am Mittwoch, dem 11. April, starteten sie wieder einen Störangriff, der die deutsche Luftabwehr zwang, um 11.54 Uhr in der Stadt Fliegeralarm auszulösen. Über die Annäherung der Angreifer war dem Luftlagebericht zu entnehmen: »Bomberspitze 100 Flugzeuge im Starnbergerseegebiet Nordostkurs. Spitzen bei Schaftlach mit Ostkurs. Weitere Verbände folgen. 12.50 Uhr(:) Aus dem Raume Freising (und) Dachau 200 Flugzeuge im Anflug auf München. Bomberverbände westlich München. 12.51 Uhr(:) Anflug auf den Südrand München. 12.56 Uhr(:) Laufender Bombenabwurf westlich München und nördlich Dachau. 12.59 Uhr(:) Weiterer Abwurf westlich, südwestlich, südlich und im Osten von München. 13.03 Uhr(:) Anflug auf München von Südwesten aus dem Raume Gauting (und) Fürstenfeldbruck. 13.09 Uhr(:) Weiterer Anflug über Dachau auf München. (...) 13.16 Uhr(:) 26 4motorige im Anflug auf München von Gauting. Weitere 46 vom Starnbergersee (sic!) im Anflug auf München. (...) 13.20 Uhr(:) Im Norden und (am) Nordwestrand Tieffliegerangriff. (...) 13.37 Uhr(:) Vorentwarnung.«[342] Der Bericht zeigt deutlich, wie schutzlos München nun den alliierten Angreifern, die im Luftraum über Deutschland auf keinen nennenswerten Widerstand mehr stießen, ausgesetzt war. Bei dem Störangriff fielen im Stadtgebiet neun Sprengbomben.

Der Tag war noch nicht vergangen, da griffen jetzt wieder die Briten ein und flogen in der Nacht des 11. April mit acht Mosquitos einen zweiten Störangriff, der München innerhalb von 24 Stunden galt.[343] Erneut geschah es, daß die erste Bomben um 23.45 Uhr noch vor dem Fliegeralarm in der Stadt einschlugen.[344]

Insgesamt warfen die Angreifer fünf Sprengbomben, eine Zielmarkierungsbombe und einen Sprengbomben-Blindgänger ab. Dem Luftüberfall fielen drei Frauen zum Opfer, die als Verschüttete tot geborgen wurden. Die RAF ließ München auch in der folgenden Nacht keine Ruhe. Am Donnerstag, dem 12. April, waren es zehn Mosquitos,[345] deren Anflug in der Stadt um 23.19 Uhr Fliegeralarm auslöste.[346] Um 23.25 Uhr warfen sie ihre ersten Bomben, die auf den Abschnitt Süd niedergingen und die drei Menschen das Leben kosteten. Der Störangriff, bei dem zehn Sprengbomben fielen, endete um 0.01 Uhr.

Und so ging es weiter. Tieffliegerangriffe wechselten mit Störangriffen ab. Am Sonntag, dem 15. April, jagten Tiefflieger gleich zweimal über die Trümmerlandschaft der verwüsteten Stadt hinweg und belegten sie mit Feuer aus ihren Bordwaffen. Der erste Fliegeralarm dauerte von 10.36 bis 10.59 Uhr und der zweite von 22.00 bis 22.30 Uhr. Den beiden Tieffliegerangriffen schloß sich am Dienstag, dem 17. April, wieder ein Störangriff an, der von 23 britischen Mosquitos ausgeführt wurde.[347] Die Maschinen, die aus dem Raum Aalen-Donauwörth kamen, warfen um 4.00 Uhr die erste Bombe.[348] Bei dem Angriff, der mit der Entwarnung um 4.30 Uhr endete, kamen drei Menschen um.[349] Die Stadt trafen zehn Sprengbomben, eine Zielmarkierungsbombe und zwei Sprengbomben-Blindgänger.

Bereits am Donnerstag, dem 19. April, folgte der nächste Störangriff des »Bomber Command«, der aber diesmal nicht München, sondern dem Militärflughafen Schleißheim in der Nähe der Stadt galt. An dem Einsatz waren 36 Mosquitos beteiligt.[350] Obwohl die Münchner von dem Angriff nicht unmittelbar betroffen waren, mußten sie sich dennoch mit dem nächtlichen Fliegeralarm um 3.30 Uhr in die Keller begeben, die sie erst nach der Entwarnung um 4.25 Uhr verlassen konnten.[351] Übermüdet gingen sie einem neuen Tag entgegen, der ihnen wieder ein schweres Bombardement brachte. Den siebenunddreißigsten Luftangriff auf München seit Kriegsbeginn flogen die Briten ausnahmsweise am Tage, nachdem sie bisher nur im Schutz der Nacht gekommen waren. Als um 11.14 Uhr Fliegeralarm gegeben wurde, näherten sich 49 Lancasters der Stadt, die den Auftrag hatten, die Bahnanlagen in Pasing zu bombardieren.[352] Dem Angriff, der um 12.00 Uhr begann und der nur bis 12.06 Uhr dauerte, fielen 48 Menschen zum Opfer. Wie verheerend das Bombardement war, bei dem 1000 Sprengbomben auf die westlichen Stadtrandgebiete niedergingen, belegt der amtliche Bericht, den der Luftgauarzt VII am 20. April erhielt: »An 11 Schadenstellen wurden 60 Personen verschüttet. Bisher wurden 37 Personen lebend, 17 tot geborgen. Die übrigen sind zur Zeit noch verschüttet.«[353]

26. April 1945: die letzten sechs Sprengbomben auf München

Die Münchner waren nach dem letzten Angriff noch nicht zur Ruhe gekommen, da fielen am folgenden Tag, Freitag, dem 20. April, schon wieder Bomben auf die Stadt. Gleich viermal war München an diesem Tag das Ziel alliierter Kampfflugzeuge. Zwei Tieffliegerangriffe erfolgten allein am Vormittag, und zwar in der Alarmzeit von 7.33 bis 8.36 Uhr und von 12.53 bis 13.09 Uhr. Beim ersten Luftüberfall fielen acht und beim zweiten 28 Sprengbomben. Der dritte Angriff, bei dem drei Sprengbomben abgeworfen wurden, fand am Nachmittag in der Zeit zwischen 18.54 und 19.15 Uhr statt.

In der Nacht erschienen dann zum viertenmal Kampfflugzeuge über der Stadt. Das Ziel von 36 britischen Mosquitos war wieder der Flugplatz Schleißheim.[354] Die Maschinen, die sich von Schrobenhausen aus mit Südkurs München näherten, warfen um 23.09 Uhr im Norden der Stadt Leuchtkaskaden ab, bevor sie Schleißheim mit Bomben belegten.[355] Um 23.15 Uhr überflogen sie München. Der erste Anflug der Briten war kaum beendet, als um 0.23 Uhr erneut Fliegeralarm gegeben wurde. Wieder waren es Mosquitos, die am Samstag, dem 21. April, um 0.31 Uhr München erreichten. Insgesamt warfen die Angreifer in dieser Nacht vier Sprengbomben auf die Stadt.

Wenige Stunden nach dem Störangriff der RAF stand den Münchnern an diesem 21. April der achtunddreißigste schwere Luftangriff seit Kriegsbeginn bevor, als um 10.16 Fliegeralarm ertönte. Nun befanden sich Maschinen der 8. US-Luftflotte im Anflug auf München, das zum letztenmal in diesem Krieg ein mörderisches Bombardement erlebte. Der Angriff galt diesmal wieder der gesamten Stadt. Um 10.30 Uhr fielen die ersten Bomben, denen sich Reihenwürfe und Bombenteppiche anschlossen. Insgesamt warfen die Amerikaner 1400 Sprengbomben und 15 000 Stabbrandbomben ab, die in der Stadtmitte, am Hauptbahnhof, in Schwabing, im Ostbahnhofviertel, am Südbahnhof, in Neuhausen, in Pasing, in Obermenzing und in Allach schwere Schäden anrichteten. Allein aus dem Abschnitt Ost wurden 328

Sprengbomben und 2000 Stabbrandbomben gemeldet, denen 14 Menschen zum Opfer fielen.[356] In der ganzen Stadt kamen 106 Personen um; 59 Gebäude wurden völlig zerstört, und die Zahl der Obdachlosen belief sich auf 1150 Menschen.

Doch mit dem Angriff endete für München die Bedrohung aus der Luft noch nicht. Im Gegenteil, die Alliierten flogen nun verstärkt Tieffflieger- und Störangriffe gegen die Stadt. In immer kürzeren Zeitabständen erschienen Kampfflugzeuge über München, warfen weiter Sprengbomben und nahmen die Stadt mit Bordwaffen unter Beschuß. Am Montag, dem 23. April, flogen acht britische Mosquitos erneut einen Störangriff gegen den Flughafen Schleißheim.[357] Die Attacke begann mit dem Fliegeralarm um 23.48 Uhr und endete um 0.16 Uhr. Bei dem Angriff fiel eine Sprengbombe.

Am Dienstag, dem 24. April, wurde München zweimal in der Alarmzeit von 10.24 bis 12.05 Uhr und von 12.37 bis 12.58 Uhr das Ziel von Tieffliegern, die jedoch nur aus ihren Bordwaffen feuerten und keine Bomben abwarfen. Immer öfter kamen jetzt die Angreifer heran. Am Mittwoch, dem 25. April, suchten sie die Stadt gleich dreimal heim. Den Anfang machte nach Mitternacht wieder die RAF, die 40 Mosquitos erneut zum Flughafen Schleißheim und 38 Mosquitos nach Pasing entsandte, wo die Maschinen einen Behelfsflugplatz bombardierten.[358] Bei dem Störangriff warfen die Briten, die München in der Zeit von 1.04 bis 1.34 Uhr unter Alarm hielten, insgesamt 100 Sprengbomben. Dabei fanden 22 Menschen den Tod. Auf dem Rückflug stürzte eine Mosquito, die am Bombardement auf Schleißheim beteiligt war, über Belgien ab.

Dem Störangriff folgte am selben Tag in der Alarmzeit von 8.13 bis 8.25 Uhr ein Tieffliegerangriff, bei dem aber nur Bordwaffen zum Einsatz kamen. Am späten Abend näherten sich dann wieder 82 Mosquitos der Stadt, die abermals den Pasinger Behelfsflugplatz angriffen und 60 Sprengbomben und 300 Stabbrandbomben abwarfen. In dieser Nacht operierten britische Kampfflugzeuge zum letztenmal über München.[359] Ihre Anwesenheit zwang die Münchner, in der Zeit von 22.48 bis 23.31 Uhr die Keller aufzusuchen. Der Angriff kostete 23 Menschen das Leben.

Am Donnerstag, dem 26. April, fielen dann bei zwei Tieffliegerangriffen amerikanischer Maschinen die letzten Bomben auf München. Die ersten Angreifer, die in der Alarmzeit von 7.48 bis 12.42 Uhr im Tiefflug über die Stadt hinwegjagten, warfen vier

Der Münchner Hauptbahnhof bei Kriegsende im April 1945.

Sprengbomben und schossen aus ihren Bordwaffen. Ihnen folgte in der Alarmzeit von 14.31 bis 16.43 Uhr der zweite Angriff, bei dem sechs Sprengbomben fielen und erneut Bordwaffen eingesetzt wurden.

Zum letztenmal fegten amerikanische Tiefflieger am Sonntag, dem 29. April, über München hinweg. Sie kamen am frühen Morgen und nahmen die Stadt wieder mit ihren Bordwaffen unter Beschuß. Der Angriff, der zum Glück keine Todesopfer mehr forderte, erfolgte in der Alarmzeit zwischen 7.10 und 9.00 Uhr. Mit ihm endete für München der Bombenkrieg.

Die Ankunft der Amerikaner

Die US-Truppen standen am 29. April 1945 nur noch wenige Kilometer von München entfernt. Damit rückte die Stadt, die bisher allein den alliierten Angriffen aus der Luft ausgesetzt war, nun auch in die vorderste Frontlinie der Bodentruppen. Die Münchner waren bereits auf alles gefaßt. Seit drei Wochen achteten sie schon mit höchster Aufmerksamkeit auf ein neues akustisches Warnsignal, das erforderlich geworden war, nachdem die immer schneller herankommende Hauptkampflinie keinen Spielraum mehr für zeitlich aufwendige Alarmierungen gelassen hatte. Das Zeichen, das am Freitag, dem 6. April, eingeführt wurde, trug die Bezeichnung »Akute Luftgefahr« und bedeutete, daß ein Luftangriff unmittelbar bevorstand. Über das Signal, das zunächst nur im Gau Tirol-Vorarlberg und im Südteil des Gaues Schwaben galt, hatten die *Münchner Neuesten Nachrichten* ihre Leser zum erstenmal am Dienstag, dem 3. April 1945, informiert: »Das Signal ›Akute Luftgefahr‹ wird in frontnahen Gauen des Reiches bereits ausgelöst. Im Gau München-Oberbayern ist dieses Signal noch nicht eingeführt.«

April 1945: das sechste Signal »Akute Luftgefahr« in »frontnahen Gauen des Reiches«

Doch das änderte sich so schnell, wie die Front näherrückte. Schon drei Tage später mußten die MNN bekanntgeben: »Das Signal ›Akute Luftgefahr‹ ist mit sofortiger Wirkung auch im Gau München-Oberbayern eingeführt worden. Es besteht aus zwei Heultonschwingungen von insgesamt acht Sekunden Dauer. Es gleicht also dem ›Fliegeralarm‹, nur daß es statt 15 lediglich zwei Heultonschwingungen umfaßt. In der Regel geht ›Fliegeralarm‹ dem Signal ›Akute Luftgefahr‹ voraus. Allerdings kann bei Überraschungseinflügen sofort ›Akute Luftgefahr‹ als einziges Signal gegeben werden.

Es besteht trotz der Einführung des Signals ›Akute Luftgefahr‹ Veranlassung, darauf hinzuweisen, daß die Bevölkerung bei dem Signal ›Fliegeralarm‹ auch in Zukunft äußerste Vorsicht walten läßt und sich luftschutzmäßig verhält. Luftschutzmäßige Vorbereitungen können bei der Auslösung des Signals ›Akute Luftgefahr‹ nicht mehr getroffen werden.«

Mit dem neuen Warnzeichen gab es nun sechs Signale, die sich die Münchner zu merken hatten: »Akute Luftgefahr«, »Fliegeralarm«, »Vorentwarnung«, »Entwarnung« sowie »Kleinalarm«, der am 28. Februar 1945 die »Öffentliche Luftwarnung« ersetzte, und »Feindalarm«, ursprünglich »Luftlandealarm« genannt, der am 3. April 1945 in München publik gemacht wurde und der vor feindlichen Luftlandetruppen oder vor dem Herannahen alliierter Panzer warnen sollte.

In diesem Durcheinander der Signale spiegelte sich die chaotische Lage wider, in der sich das Land im April 1945 befand. »Vom 12. April an«, berichtete später der Journalist Kurt Preis im *Münchner Merkur*, »jagten die Sirenen die Münchner Bevölkerung fast pausenlos in die Bunker und Luftschutzkeller. (...) An Arbeit war nicht mehr zu denken.« Und Fendt erinnert sich: »Die Alarmierungen und Luftangriffe überstiegen alles Dagewesene. Tag für Tag, vom frühen Morgen bis in den Abend hinein, an manchen Tagen sechs- bis achtmal(,) floh München in die Keller; am 9. und 25. April dauerte der Alarmzustand von 8 Uhr früh bis 6 Uhr abends.«

Über den 25. April fand sich nach dem Krieg folgende Notiz in den Unterlagen eines Münchner Feuerwehrmannes: »An diesem Tag schien die Hölle los zu sein. Fliegeralarm, Akute Luftgefahr und Vorentwarnung lösten einander ab. Acht Fliegeralarme waren an diesem Tag zu verzeichnen, dazu ein Nachtalarm.« Diese Angaben belegt auch die »Chronik der Stadt München 1945-1948«, die über den 25. April berichtet: »Zwischen 8.30 und 0.30 Uhr anderntags wird insgesamt 9mal Alarm gegeben.«

Ein Dachau-Häftling: »Im Rücken hält der Nazi-Feind München, von Augsburg her kommen unsere Befreier«

Im Konzentrationslager Dachau führte Kupfer-Koberwitz über die Entwicklung in den letzten Kriegstagen weiter heimlich Buch. Am 17. April notierte er sich: »Gestern einige hundert Flugzeuge bei Tag über uns. Die Front rückt näher. Man sagt immer wieder, daß man draußen das Schießen der Artillerie hört.«[360]

Am 18. April trug der Häftling in sein Tagebuch ein: »Man

merkt jetzt die Frontnähe. Dauernd, Tag und Nacht, Alarm. Oft viele hundert Flieger.«

Am 20. April berichtete er: »Man sagt, daß Nürnberg gestern gefallen ist. Jetzt geht es in Richtung München, von Nürnberg wie von Stuttgart aus.

In der Umgebung von Dachau baut man angeblich bereits überall Betonpostamente für die schweren Geschütze. (...)

Heute nacht nur einmal Alarm. Bei Tag Angriff von Tieffliegern, die mit Maschinengewehren die SS-Baracken beschossen. Es ist das erste Mal, daß so etwas geschieht.

Man hört im Freien scheinbar des öfteren Geschützdonner. (...)

Heute ist Hitlers Geburtstag.

Himmler soll in München sein (was nicht stimmte, Anm. d. Verf.), die Verteidigung der Stadt bis zum letzten zu leiten. Sehr viele Soldaten, auch Tanks und Kanonen, scheinen in Dachau zu sein. Ich selbst sah eine Menge Soldaten, die hier ins Revier zur Untersuchung kommen, in den verschiedensten Uniformen. Ein österreichischer Feldwebel sagte: ›Alles Scheiße!‹

Am Nachmittag wieder Tiefflieger.

Es heißt, daß die Bevölkerung von Dachau die Stadt bis morgen um Mitternacht verlassen (das Gerücht bewahrheitete sich nicht, Anm. d. Verf.) und sich hundertdreißig Kilometer weiter südlich begeben soll. (...)

Es ist ein seltsames Gefühl für uns, untätig verharren zu müssen. Wir liegen ja nun mitten zwischen zwei kriegführenden Parteien ohne allen Schutz. Im Rücken hält der Nazi-Feind München, und von Augsburg her kommen unsere Befreier, die Amerikaner.«[361]

Am 21. April schrieb Kupfer-Koberwitz in sein Tagebuch: »Dauernd Alarm, dauernd Flieger, ein Alarm hört auf, ein anderer beginnt. Die Moral bei uns ist seltsamerweise nicht schlecht. Alle sind ganz zuversichtlich.

Heute um Mitternacht muß also die Bevölkerung Dachaus die Stadt verlassen, jedoch nur wer will. Es scheint dort eine große Panik zu herrschen. Ein Kamerad war mit irgend einem Kommando in der Stadt und erzählte es.

Heute wurde ein Eisenbahnzug von Tieffliegern mit Maschinengewehren und Bomben angegriffen. Zwei Häftlinge trugen schwere Verwundungen davon. Einer, mit einem bösen Beinschuß, kam fast verblutet ins Revier. Boers, der junge Holländer, spendete ihm zweihundertfünfzig Kubikzentimeter Blut, obwohl er selbst sehr schwach ist. Er sollte ihm später nochmals soviel geben, aber der andere starb trotz der Spende. Boers ist ein feiner Kerl.«[362]

Am 25. April notierte sich Kupfer-Koberwitz: »An der Front sollen sich die Truppen zurückziehen, wobei die SS auf die Fliehenden schießt.

Die neuesten Nachrichten, angeblich offiziell: Augsburg genommen. Das heißt also, daß man vierzig Kilometer von hier entfernt kämpft. Man hört auch hier in der Baracke bei offenem Fenster ab und zu die Kanonen der Front. Das Artillerie-Geräusch wird immer stärker.«[363]

Und am 27. April berichtete Kupfer-Koberwitz: »Man hört Kanonendonner. Wahrscheinlich große Vorbereitungen für die Einschließung Münchens. (...)

Spät in der Nacht: Viel Lärm. Die SS rafft zusammen, was irgendwie von Wert ist. (...) Sie können bei ihrer Flucht nicht ohne leere Taschen abziehen.

Überall brannte und brennt hell das Licht, keine Verdunklung, obwohl viele Flieger der Alliierten über uns sind. Die SS weiß ja genau, daß wir nicht bombardiert werden.«[364]

Auch in München herrschte seit Tagen fieberhafte Unruhe. Die Bevölkerung fürchtete nach den letzten Nachrichten, die bekannt geworden waren, das Schlimmste. Jeder kannte den Gauleiter und wußte, daß Giesler zum Äußersten entschlossen war, wenn es darum ging, die Stadt zu halten. Eine Kapitulation kam für ihn nicht in Betracht. Martin Bormann hatte ihn aus Berlin telegraphisch angewiesen, den Gau München-Oberbayern »mit Rücksichtslosigkeit und Schärfe« zu verteidigen.

Gauleiter Gieslers »Standgericht« in München

Giesler zögerte keinen Augenblick, diesem Befehl nachzukommen. Er schreckte auch nicht davor zurück, jeden zur Rechenschaft zu ziehen, der versuchte, sich ihm dabei in den Weg zu stellen. Um seiner Entschlossenheit Nachdruck zu verleihen, errichtete er in München ein Standgericht, zu dem ihn eine Verordnung des Reichsministers der Justiz vom 15. Februar 1945 ermächtigt hatte. Darin hieß es: »Die Härte des Ringens um den Bestand des Reiches erfordert von jedem Deutschen Kampfentschlossenheit und Hingabe bis zum Äußersten. Wer versucht, sich seinen Pflichten gegenüber der Allgemeinheit zu entziehen, insbesondere wer dies aus Feigheit oder Eigennutz tut, muß sofort mit der notwendigen Härte zur Rechenschaft gezogen werden, damit nicht aus dem Versagen eines einzelnen dem Reich Schaden erwächst.«

Die Errichtung eines Standgerichts »mit dem Sitz in München« wurde der Bevölkerung in der Presse mitgeteilt. Zugleich ließ der Gauleiter die Münchner nicht im unklaren, was sie dort erwartete. »Vor dem Standgericht«, berichteten die MNN am Mittwoch, dem 11. April, »kann wegen jeder Straftat Anklage erhoben werden, durch die die deutsche Kampfkraft oder Kampfentschlossenheit gefährdet wird. Das Verfahren richtet sich nach den geltenden gesetzlichen Bestimmungen. Die Urteile des Standgerichtes lauten auf Todesstrafe, Freisprechung oder Verweisung an die ordentliche Gerichtsbarkeit. Sie bedürfen der Bestätigung durch den Gauleiter und Reichsverteidigungskommissar.«

Die Drohungen zeigten den Münchnern, daß die Nationalsozialisten gewillt waren, notfalls mit Todesurteilen und mit Terror, der sich gegen das eigene Volk richtete, die »Hauptstadt der Bewegung« zu halten. Zwischen geborstenen Häusern und ausgebrannten Ruinen wollten sie ihren verbrecherischen Kampf um das ausgebombte München fortführen. Ihren Entschluß bekräftigten sie am Freitag, dem 13. April, noch einmal mit der Bekanntgabe eines Befehls, den der Reichsführer-SS Heinrich Himmler am Tag zuvor in Berlin erlassen hatte. Unter der Überschrift »Jede Stadt wird verteidigt« gaben die MNN den Erlaß auf der ersten Seite im Wortlaut wieder: »Der Feind versucht(,) durch Irreführung deutsche Orte zur Übergabe zu veranlassen. Durch vorgeprellte Panzerspähwagen unternimmt er es, die Bevölkerung mit der Drohung einzuschüchtern, daß im Falle der Nichtübergabe der Ort durch angeblich aufgefahrene Panzer oder Artillerie zusammengeschossen würde. Auch diese Kriegslist des Feindes verfehlt ihr Ziel. Keine deutsche Stadt wird zur offenen Stadt erklärt. Jedes Dorf und jede Stadt werden mit allen Mitteln verteidigt und gehalten. Jeder für die Verteidigung eines Ortes verantwortliche Mann, der gegen diese selbstverständliche nationale Pflicht verstößt, verliert Ehre und Leben.«

Mit diesen einschüchternden Worten sollte in München von vornherein jeglicher Versuch oder auch nur der Gedanke im Keim erstickt werden, die Verteidigung der Stadt aufzugeben und die Waffen niederzulegen. Doch die Münchner sahen sich nicht nur durch die Nationalsozialisten bedroht. Auch die Alliierten setzten sie unter Druck. Auf Flugblättern, die ihre Flugzeuge über der Münchner Trümmerlandschaft abwarfen, forderten sie die Menschen zur Kapitulation auf. Anderenfalls hätten sie mit der Vernichtung ihrer Stadt zu rechnen.

Warnend hieß es auf einem Flugblatt: »Männer und Frauen von München! Im Zuge der Besetzung Süddeutschlands durch alliierte Streitkräfte sind mächtige Verbände im Anmarsch auf München. (...) Denkt an Nürnberg und Heilbronn. In diesen Städten haben die Parteifanatiker und verantwortungslose Befehlshaber der Wehrmacht sinnlosen Widerstand geleistet. (...) Vernunft oder Wahnsinn werden auch über das Schicksal eurer Stadt entscheiden. (...) Deshalb: Windet den Fanatikern das Heft aus der Hand! Mut gefaßt und gehandelt!«

Die Verdienste der »Freiheitsaktion Bayern« des Hauptmanns Gerngross

Zum Glück für die Münchner fand sich solch ein Mann, der in der schwersten Stunde der Stadt diesen Mut aufbrachte und der den Nationalsozialisten entgegentrat: Hauptmann Dr. Rupprecht Gerngross. Seine Freiheitsaktion Bayern (FAB), die aus der Dolmetscherkompanie im Wehrkreiskommando VII hervorgegangen war und der sich auch andere Widerstandskämpfer angeschlossen hatten, vereitelte die Verteidigungspläne des Gauleiters und bewahrte damit München vor dem vernichtenden Endkampf. Der Aufruf der FAB zum Sturz der NS-Funktionäre, im Volksmund »Goldfasane« genannt, der am Samstag, dem 28. April, in aller Frühe aus den Rundfunkempfängern tönte und der die Menschen in Bayern elektrisierte, ging in die Geschichte ein: »Achtung, Achtung! Sie hören den Sender der Freiheitsaktion Bayern! Sie hören unsere Sendungen auch auf dem Wellenbereich des Senders Laibach. Achtung, Achtung! Hier spricht die Freiheitsaktion Bayern. Das Stichwort ›Fasanenjagd‹ ist durchgegeben. Arbeiter schützt eure Betriebe gegen Sabotage durch die Nazis! Sichert Arbeit und Brot für die Zukunft.«

Die FAB hatte sich zunächst um 3.40 Uhr über den Sender Freimann gemeldet, bevor Hauptmann Gerngross selbst um 5 Uhr im Großsender Erding ans Mikrophon trat. Leider mußten die Aufständischen noch am selben Tag der SS weichen. Zur erhofften Erhebung des Volkes gegen die Parteifunktionäre kam es nicht. Doch das schmälerte keineswegs die Verdienste der

Freiheitsaktion Bayern. So urteilt Hildebrand Troll, der die Vorgänge genau untersucht hat, über den Erfolg des Aufstandes: »Wenn die FAB auch nur wenige Stunden im Besitz der Sender Freimann und Erding war, so hat der von ihr ausgestrahlte Aufruf doch eine beachtliche Wirkung erzielt und in München und im gesamten noch nicht besetzten Bayern die Bereitschaft gestärkt, den sinnlos gewordenen Widerstand gegen die Alliierten einzustellen und Verteidigungsvorbereitungen zu sabotieren. Die FAB besaß zweifellos die Sympathien eines Großteils der bayerischen Bevölkerung. Ein beschleunigtes Kriegsende lag ja ganz im Interesse der kriegsmüden und verängstigten Menschen. Trotzdem ist es entgegen den Erwartungen zu keiner allgemeinen Erhebung gegen die Parteifunktionäre und ihre Befehlsvollstrecker gekommen. Die Erklärung für diese Zurückhaltung dürfte vorwiegend in dem Bestreben zu suchen sein, seine Existenz nicht in letzter Minute noch aufs Spiel zu setzen.«[365]

Der Aufruf der Freiheitsaktion Bayern war in München auch in die Keller gedrungen, wo die Menschen in ihrer Angst vor den kommenden Ereignissen Zuflucht gesucht hatten. Viele, die sich nicht mehr auf die Straßen wagten, verbrachten nun Tag und Nacht in den Luftschutzräumen, die sie sich einigermaßen häuslich eingerichtet hatten. Auch Friederike Kurz, die bereits am 19. April den ersten Rucksack gepackt hatte, um im Ernstfall für die Flucht gerüstet zu sein, erfüllten die letzten Kriegstage mit Unruhe und Nervosität. Dennoch führte sie weiter diszipliniert über das Geschehen genau Buch. Ihre Notizen spiegeln eindrucksvoll die erregte Atmosphäre wider, in der sich das Ende des Krieges in München vollzog.

Sonntag, den 22. April: »Die Spannung wächst. Die Russen sind in Berlin; die Amerikaner haben die Donau überquert.

Vorbereitungen zur Belagerung.

Abends Messe. Sehr schlecht geschlafen. Ganz stürmische Regennacht. Der Mond scheint durch die Wolken.

Die Front flutet zurück.«

Montag, den 23. April: »Schlechtes Wetter, sehr kalt.

Vorräte gekauft.

Den zweiten Rucksack gepackt für die Flucht.«

Dienstag, den 24. April: »Mama hat für drei Monate das Gehalt bekommen für sich und Gretel. (...)

Die ganze Nacht die zurückfahrenden Wägen durch die Prinzregenten- und Wiener Straße.«

Mittwoch, den 25. April: »Alarm über Alarm.
Tisch in den Keller gestellt.
Fräulein M. bringt das Gerücht, daß München verteidigt wird.
Einer von der SS kommt zu Frau B. und bringt ihr Büchsenfleisch.
Am Morgen war ein Tieffliegerangriff.«
Donnerstag, den 26. April: »Die Gemüter auf Siedehitze. V. und M. kommen am Abend, und wir sind im Keller sehr vergnügt. Gerücht, daß München nicht verteidigt wird.«
Freitag, den 27. April: »Wieder das Gerücht, daß München nicht verteidigt wird. Es gehen die wildesten Gerüchte. Die Lebensmittel werden verteilt.
Das Wetter wird herrlich und sehr warm.
Wir haben alles in den Keller gebracht.
Ruhe in der Luft. Ununterbrochen rattern die Wagen und Panzer.«
Samstag, den 28. April: »Aufstand in München. Das brauche ich nicht auf(zu)schreiben; denn das wird in unserem Gedächtnis unauslöschlich sein.
Volkssturm wird geholt.«
Am Sonntag, dem 29. April, registrierte Friederike Kurz um 7.10 Uhr den letzten Alarm. Wörtlich schrieb sie: »Die letzte Sirene.« Auf den Kleinalarm folgte jedoch, wie die Chronistin weiter vermerkte, »keine Entwarnung« mehr. Die Sirenen schwiegen nun, nachdem sie in diesem Krieg insgesamt 1622mal geheult hatten. Statt dessen eilte jetzt der Ruf durch die Straßen: »D' Amerikana kemma!« Wie sich Fendt in der *Süddeutschen Zeitung* erinnert, war an diesem Tag »die Stadt wie ausgestorben, der Herzschlag Münchens stockte, der Rundfunk schwieg ab 4 Uhr (genauer: seit 4.16 Uhr, Anm. d. Verf.), von der Ferne knallte Geschützfeuer, man wachte die Nacht über in den Kleidern«.

*Nach dem Einmarsch der Amerikaner: »Ich bin froh, daß damit die
Fliegerangriffe aufhören«*

Auch Friederike Kurz sah den nächsten Stunden mit Spannung entgegen. »Herrliches Wetter, zauberhaft schön«, schrieb sie am 29. April in ihren Kalender. »In Erwartung der kommenden Ereignisse.

Um 17.50 Uhr kommt B. mit der Nachricht, in einer halben Stunde ist Feindalarm. Er findet nicht statt.

Wir ziehen in den Keller. Wir sind die ganze Nacht im Keller.«

Der Montag, der 30. April, brachte dann die Entscheidung. »Die Stadt liegt unter Artilleriefeuer«, notierte sich Friederike Kurz. »Wetter kalt, sehr windig.

All das läßt sich nicht aufschreiben; aber vergessen werden wir nicht das geringste. Halten uns größtenteils im Keller auf. Schweres Feuer. Brände. Abends stehen die Panzer (der Amerikaner, Anm. d. Verf.) am Max-Weber-Platz.«

Nach der Befreiung des Konzentrationslagers Dachau am 29. April waren die amerikanischen Truppen am Tag darauf in die Stadt vorgerückt, die ihnen keinen nennenswerten Widerstand entgegensetzte. »In München«, schrieb nach dem Krieg der Journalist Dieter Wagner in seinem Buch »München ›45 zwischen Ende und Anfang«, »geschah in diesen Stunden das, was die FAB als Ziel ihrer Aktion angesehen hatte: Die Stadt wurde nahezu kampflos von amerikanischen Truppen besetzt. Die 3., 42. und 45. Division der VII. Armee näherten sich auf den Autobahnen aus Richtung Ingolstadt und Augsburg. Zwanzig Kilometer vor der Stadtgrenze hielten sie an. In Feldmoching hatte sich nämlich eine kleine SS-Gruppe im Friedhof verschanzt. US-Panzer machten dem Spuk ein Ende. Ähnlich war es in Pasing. Dorthin hatte man in Omnibussen Volkssturm- und SS-Leute gebracht. Auch hier kam es nur zu einem kleinen Geplänkel. Schon um 8.15 Uhr standen die ersten US-Panzer vor dem Pasinger Rathaus.

Stärker war der Widerstand in Freimann. Die dortige SS-Kaserne war für die Verteidigung hergerichtet worden, und Panzersperren lagen über den Straßen. Die Amerikaner nahmen daraufhin alle Freimanner Kasernen unter Artilleriebeschuß; dabei wurden auch einige Wohnhäuser getroffen. Die Zivilisten waren zumeist in die Luftschutzräume des Schulhauses am Hart geflüchtet, die Straßen menschenleer. Nach einer Stunde hatten sich die Amerikaner den Weg freigeschossen. Infanterie rückte gedeckt von Panzern vor und nahm blockweise die Kasernen; die Besatzungen wurden gefangengenommen. SS-Leute hatten zum Teil versucht, durch Nebenausgänge zu fliehen. In Zivilkleidern, die sie sich – nicht immer widerstandslos – aus den Häusern besorgten, suchten sie das Weite. Gegen 11 Uhr war Freimann völlig in amerikanischer Hand.«[366]

*»Ich bin froh, daß damit die Fliegerangriffe aufhören«, sagte bei der Über-
gabe der Stadt an die Amerikaner der deutsche Vertreter auf die Frage, was
er über den Einmarsch der Amerikaner denke. Im Bild die mit Trümmern
und Schutt zugedeckte Straße am »Petersbergl« in der Innenstadt.*

Am Nachmittag konnten die Menschen dann überall in der
Stadt aufatmen. Mit der Übergabe der »Hauptstadt der Bewegung« an einen amerikanischen General durch Oberrechtsrat
Dr. Michael Meister im Haus in der Exeterstraße 16, wo der Stab
der VII. US-Armee in Laim seine vorgeschobene Befehlsstelle
eingerichtet hatte, endete gegen 17 Uhr für München der Krieg.
Auf die Frage des Offiziers, was er über den Einmarsch der
Amerikaner denke, antwortete Meister: »Ich bin froh, daß damit
die Fliegerangriffe aufhören.«[367]

Wie Meister dachten alle Münchner. Zum erstenmal nach Jahren konnten sie wieder unbesorgt zum Himmel emporblicken,
der nun für sie keine Gefahr mehr barg. Das Pfeifen der Bomben
war verstummt, und Ruhe, eine fast unglaubliche Stille lag über
der zerstörten Stadt. Es war wie ein Wunder, daß die Menschen,
wie Fendt schreibt, »darob den Atem anhielten«. Das Kellerda-
sein hatte ein Ende, und das Leben wandte sich wieder dem
Licht zu.

Damit endete das dunkelste Kapitel in der Geschichte der

Stadt. Die »Hauptstadt der Bewegung« war versunken in einem Meer von Trümmern. Doch aus ihm erstand, was so mancher nicht mehr für möglich gehalten hätte, wieder ein neues München. Den Anfang dazu machten Trümmerkolonnen – und der Oberbürgermeister Thomas Wimmer, der im Jahre 1949 den Wiederaufbau der Stadt mit dem berühmten Aufruf an seine Mitbürger einleitete: »Rama dama!«

EPILOG

Die Bilanz der Vernichtung

Im Bombenhagel des Zweiten Weltkrieges fanden in München 6632 Menschen den Tod, darunter 2966 Frauen und 435 Kinder. Verletzungen erlitten insgesamt 15 801 Personen. Die Alliierten flogen gegen die Stadt insgesamt 38 Luftangriffe[368] und außerdem mehr als 30 Stör- und Tieffliegerangriffe.

Die gesamte Bombenlast, die im Krieg auf München niederging, bestand aus 453 Minen, 60 766 Sprengbomben, 142 514 Phosphor- und Flüssigkeitsbrandbomben sowie 3 315 300 Stabbrandbomben. Die Abwurfmunition der alliierten Luftstreitkräfte vernichtete 50 Prozent der gesamten baulichen Substanz. Die Altstadt war zu 90 Prozent, das Gebiet nördlich des Hauptbahnhofes zu 74 Prozent und Schwabing zu 70 Prozent zerstört. Neun Stadtbezirke wurden zu mehr als die Hälfte verwüstet. Durch Totalschaden waren 12 507 Häuser in der Stadt betroffen. 10 610 Gebäude wurden schwer, 13 240 mittelschwer und 40 589 leicht beschädigt. Nur 1270 Häuser – also lediglich 2,5 Prozent aller Gebäude in München – blieben von den Bomben verschont.

Von den Kulturbauten der Stadt wurden 92 vernichtet und 182 schwer beschädigt. Verheerend waren auch die Verluste unter den sakralen Bauten: Von 206 Kirchen und Kapellen wurden 108 zerstört oder schwer in Mitleidenschaft gezogen. Das verwüstete Straßennetz in München wies etwa 3500 Bombeneinschläge auf.

Während des Krieges verloren 265 000 Münchner ihr Obdach. Das bedeutete, daß dieses Los jeden dritten Münchner traf. Als Evakuierte lebten außerhalb der Stadt 14 900 Männer, 100 800 Frauen und 97 700 Kinder. Im Sommer 1951 blieben weiter etwa 10 000 Münchner evakuiert. Bei Kriegsende zählte München, dessen Bevölkerung im Jahre 1939 aus 824 000 Menschen bestand, nur noch 501 145 Einwohner. (Die Angaben stützen sich auf Aufzeichnungen des ehemaligen Münchner Stadtrats Helmut Fischer, der am 1. Juli 1946 zum Wiederaufbaureferenten der Stadt München ernannt wurde, und auf Unterlagen des Stadtarchivs München.)

Nach dem Zweiten Weltkrieg fiel der Münchner Berufsfeuerwehr eine neue Aufgabe zu, die nicht weniger gefährlich war als die Brandbekämpfung während der Luftangriffe. Nun hatte sie auf Anordnung der amerikanischen Besatzungsmacht Bomben und Munition zu beseitigen, die auf Münchner Boden gefunden wurden. Über die Arbeit ihres Sprengkommandos berichtet die Branddirektion selbst in der Rückschau »Der Münchener Feuerschutz im Wiederaufbau 1945-1951«: »Weil München ursprünglich verteidigt werden sollte, waren an verschiedenen Stellen (Kasernen, Parteibunkern, Behördengebäuden usw.) größere Munitionsstapel, insbesondere Nahkampfmittel, bereitgestellt. Aber auch die durch München ziehenden Truppenteile, deutsche ebenso wie US-Verbände, haben sich ihrer mitgeführten Munitionsbestände (Panzerabwehrmunition, Handgranaten, Minen usw.), die größtenteils gebrauchsfertig und scharf waren, durch Wegwerfen oder Verstecken in Ruinen, Kellern, Garagen usw. entledigt.

Alle diese Munitionsbestände mußten durch das Sprengkommando der Berufsfeuerwehr beseitigt werden. In der Zeit vom Mai 1945 bis (zum) 31. 3. 1951 wurden aus dem Stadtgebiet München durch den Sprengdienst der Berufsfeuerwehr 159 Sprengbombenblindgänger (5-20 Ztr.) freigelegt, entschärft und beseitigt (42 davon mit Zeitzündern), 300 Bomben (teilweise mit Zündern versehen) in der Fröttmaninger Heide beseitigt und 150 Bomben, welche kurz vor Kriegsende auf der Theresienwiese gesammelt waren, ebenfalls entfernt.« Ferner wurden 1150 Kleinsplitterbomben, etwa 6000 Brandbomben (verschiedener Art), rund 250 Signalbomben (Leucht- und Blitzlichtbomben), 402 gefährliche Sprengkörper, vier Kisten mit Giftgasampullen und vier Stahlzylinder mit Blausäure »unschädlich gemacht«.

Weiter räumte das Sprengkommando in den Jahren von 1945 bis 1951 unter seinem Leiter Martin Demmer, der ja schon im Krieg für die Beseitigung von Blindgängern zuständig war und der als »Sprengmeister von München« große Popularität erlangte, 789 Tonnen Munition (Granaten, Brandmunition, Panzerfäuste, Handgranaten und Infanterie-Munition) sowie zwei Minenfelder am nordwestlichen Stadtrand, befreite drei Münchner Isarbrücken und zwei Brücken auf der Autobahn München-Salz-

burg von Sprengladungen, führte 562 Sprengungen an »Gebäuden zur Beseitigung von gefahrdrohenden Zuständen oder Behebung von Notständen« durch und sprengte 365 Löschwasserteiche, die stark verschmutzt waren, – »zur Beseitigung von Seu-
chenherden«.

Anmerkungen

[1] Zitiert nach *Luftschutz-Fibel*, herausgegeben vom Reichsluftschutzbund, Berlin, o. J., S. 12, 14.

[2] *Luftschutz-Fibel*, S. 14 (siehe Anm. 1).

[3] Bericht über die Sitzung der Deutschen Luftschutzliga, Landesabteilung Bayern, am 26. Februar 1932, Archiv der Branddirektion München, Ordner: F 8 g.

[4] Hans Rumpf, *Der Hochrote Hahn*. Darmstadt 1952, S. 15.

[5] Rumpf, S. 16 (siehe Anm. 4).

[6] Zitiert nach *Münchner Neueste Nachrichten* (MNN) vom 1. Mai 1933 (Nr. 119).

[7] *Luftschutz-Fibel*, S. 53 (siehe Anm. 1).

[8] Bericht über die Sitzung der Deutschen Luftschutzliga (siehe Anm. 3).

[9] Rumpf, S. 142 (siehe Anm. 4).

[10] Zitiert nach MNN vom 1. Mai 1933 (Nr. 119).

[11] *Luftschutz-Fibel*, S. 52 (siehe Anm. 1).

[12] a. a. O. S. 53.

[13] a. a. O. S. 54 f.

[14] a. a. O. S. 68.

[15] Ebd.

[16] Mitteilung des Stadtrats der Landeshauptstadt München an sämtliche Referate und Dienststellen sowie an alle Schulen vom 21. Dezember 1933, Archiv der Branddirektion München.

[17] Schreiben des Staatsministerium des Innern über die polizeiliche Unterstützung von Luftschutzmaßnahmen an die Regierungen, Kammern des Innern und die Polizeidirektion München vom 1. September 1934, Archiv der Branddirektion München (LS 1 a 1929–40).

[18] Abhandlung der Branddirektion über Brandgefahren im allgemeinen in München vom 11. Januar 1937, Archiv der Branddirektion München (LS 1 a 1929–40).

[19] *Luftschutz-Fibel*, S. 61 f. (siehe Anm. 1).

[20] a. a. O. S. 62.

[21] Melita Maschmann, *Fazit. Mein Weg in der Hitler-Jugend.* München 1979, S. 63.

[22] Wladyslaw Bartoszewski, *Erfolg ist kein Kriterium*, in: *Süddeutsche Zeitung* vom 7./8. Juni 1986 (Nr. 128).

[23] *Luftschutz-Fibel*, S. 37 (siehe Anm. 1).

[24] a. a. O. S. 41.

[25] Len Deighton, *Unternehmen Adler. Die Luftschlacht um England.* München 1982, S. 84.

[26] Zitiert nach Deighton, S. 84 (siehe Anm. 25).

[27] Janusz Piekalkiewicz, *Luftkrieg 1939–1945.* München 1982, S. 148.

[28] Piekalkiewicz, S. 143 f. (siehe Anm. 27).

[29] Mitteilung des Bundesarchivs/Militärarchivs in Freiburg/Br. an den Verfasser vom 25. Juni 1991.

[30] Ebd.

[31] Die Zählung berücksichtigt nur die Bombenangriffe auf München und keine Stör- und Tieffliegerangriffe. (Siehe auch die Anm. 368.)

[32] Die *Münchner Neuesten Nachrichten* wurden im Dezember 1935 von den Nationalsozialisten durch den Verkauf des Verlages Knorr & Hirth an den Eher-Verlag endgültig gleichgeschaltet, nachdem Leo Friedrich Hausleiter als

NS-Treuhänder bereits 1933 die Zeitung auf linientreuen Kurs gebracht hatte. (Vgl. Kurt Koszyk, *Deutsche Presse 1914–1945. Geschichte der deutschen Presse. Teil III*, Berlin 1972, S. 398. Siehe dazu auch: Erwein von Aretin, *Krone und Ketten. Erinnerungen eines bayerischen Edelmannes*. München 1955.)

[33] Der französische Angriff auf München wurde dem Verfasser auf Anfrage vom »Service Historique« der »Armée de l'Air« in Vincennes-Cedex mit Schreiben vom 28. Oktober 1991 bestätigt.

[34] Ruth Andreas-Friedrich, *Der Schattenmann. Tagebuchaufzeichnungen 1938–1945*. Frankfurt/Main 1984, S. 74.

[35] Mitteilung des städtischen Dezernats VII über den Abwurf von Zelluloidplättchen mit phosphorgetränktem Leinenstreifen an das Kommando der Feuerschutzpolizei vom 2. September 1940, Archiv der Branddirektion München (LS 1 a 1929–40).

[36] Bericht des städtischen Dezernats VII über den Luftangriff am 6. September 1940 an das Stadtarchiv vom 9. September 1940, Stadtarchiv München.

[37] Offizieller Bericht über den Luftangriff in der Nacht zum 9. November 1940, Stadtarchiv München.

[38] Rudi Hartmann (Hrsg.), *Flüsterwitze aus dem Tausendjährigen Reich*. Gesammelt von Friedrich Goetz, München 1983, S. 60.

[39] a. a. O. S. 99.

[40] a. a. O. S. 98.

[41] Piekalkiewicz, S. 238 (siehe Anm. 27).

[42] Schreiben von Oberst Mühe über die Bekämpfung von englischen Stabbrandbomben an die Luftschutz-Abschnittskommandos vom 11. Juli 1942, Archiv der Branddirektion München (LS 5 1942–44).

[43] Piekalkiewicz, S. 398 f. (siehe Anm. 27).

[44] Zitiert nach Piekalkiewicz, S. 400.

[45] Erfahrungsbericht des Führers des FE-Dienstes über den Luftangriff am 29. August 1942 an den Polizeipräsidenten vom 7. September 1942, Archiv der Branddirektion München (LS 5 42–44).

[46] Ebd.

[47] Tagesbefehl des Reichsführers-SS und Chefs der Deutschen Polizei im Reichsministerium des Innern, Heinrich Himmler, an die Angehörigen der Luftschutzpolizei vom 1. Juni 1942, Archiv der Branddirektion München (LS 2 a 1936–45).

[48] Vgl. Einsatzplan der Partei für die Bekämpfung schwerer Notstände bei Fliegerangriffen im Gau München-Oberbayern vom 7. September 1942, Abschnitt A, Archiv der Branddirektion München (LS 2 f–1 41–45).

[49] Einladung zur Sitzung an Oberst Thürauf durch den Stabsleiter des Führungsstabes München-Oberbayern vom 30. Juli 1942, Archiv der Branddirektion München (LS 33–43).

[50] Bericht von Oberst Thürauf über die Sitzung des Einsatzstabes München-Oberbayern vom 5. August 1942, Archiv der Branddirektion München (LS 33–43).

[51] Manuskript der Tonbildschau über den Luftkrieg im Feuerwehrmuseum der Branddirektion München, S. 2.

[52] Mitteilung des Führers des FE-Dienstes über Peilstellen in München an die FE-Abteilungsführer vom 3. September 1941, Archiv der Branddirektion München (LS 2 f–1 41–45).

[53] Ebd.

[54] Manuskript der Tonbildschau, S. 2 f. (siehe Anm. 51).

[55] Aktennotiz von Oberst Thürauf über Rettungsgerät für Turmbeobachter des SHD vom 9. März 1942, Archiv der Branddirektion München (LS 1 b 41–43).

[56] Bericht von Oberst Thürauf über Rettungsgerät für Turmbeobachter vom

5. Mai 1942, Archiv der Branddirektion München (LS 1 b 41–43).

[57] Mitteilung des Kommandos der Feuerschutzpolizei über Rettungsgerät für Turmbeobachter der FSchP vom 8. Mai 1942, Archiv der Branddirektion München (LS 1 b 41–43).

[58] Schreiben von Oberst Thürauf über Rettungsgerät für Turmbeobachter vom 26. Mai 1942, Archiv der Branddirektion München (LS 1 b 41–43).

[59] Anlage zum Schreiben des Führers des FE-Dienstes vom 26. Mai 1942, Archiv der Branddirektion München (LS 1 b 41–43).

[60] Anweisung des Führers des FE-Dienstes für die Turmbeobachter im Selbstretten mit dem Hakengurt vom 17. Juni 1942, Archiv der Branddirektion München (LS 4 33–43).

[61] Befragung von Josef Krempl am 26. Juni 1984 in München durch den Verfasser.

[62] Sonderbefehl des Polizeipräsidenten über Luftgefahr und Fliegeralarm vom 13. Mai 1942, Archiv der Branddirektion München (LS 2 f–l 41–45).

[63] Befragung von Josef Krempl (siehe Anm. 61).

[64] Aktennotiz des Kommandos der Feuerschutzpolizei (»betr. Turmbeobachter Hochhaus«) vom 22. Juni 1944, Archiv der Branddirektion München (LS 1 c 1944–45).

[65] Befragung von Josef Krempl (siehe Anm. 61).

[66] Illustrierte »Quick« vom 8. März 1953 (Nr. 10), S. 5 ff.

[67] Martin Middlebrook/Chris Everitt, *The Bomber Command war diaries. An operational reference book, 1939–1945.* Harmondsworth (England)/New York 1985, S. 310.

[68] Abschlußbericht des Polizeipräsidenten über den Luftangriff am 20. September 1942 an den Inspekteur der Ordnungspolizei im Wehrkreis VII vom 30. September 1942, Stadtarchiv München.

[69] Schlußbericht des städtischen Dezernats VII über den Luftangriff am 20. September 1942, herausgegeben am 11. Januar 1943, Stadtarchiv München.

[70] Erfahrungsbericht des Führers des FE-Dienstes über den Luftangriff am 20. September 1942 an den Polizeipräsidenten vom 23. September 1942, Archiv der Branddirektion München (LS 5 42–44).

[71] Mitteilung des kommissarischen Ortsgruppenleiters Liebenstein an den Gauleiter des Gaues München-Oberbayern vom 20. September 1942, Archiv der Branddirektion München (LS 5 42–44).

[72] Antwort von Oberst Thürauf auf die Kritik des kommissarischen Ortsgruppenleiters Liebenstein an den Polizeipräsidenten vom 14. Oktober 1942, Archiv der Branddirektion München (LS 5 42–44).

[73] Schreiben von Oberst Mühe an den Regierungspräsidenten von Oberbayern in München vom 12. November 1942, Archiv der Branddirektion München (LS 5 42–44).

[74] Anordnung des Polizeipräsidenten über die Führung von Kriegstagebüchern und über den Aufbau eines Luftkriegsarchivs vom 4. September 1944, Archiv der Branddirektion München (LS 5 A 44–45).

[75] Anordnung von Oberst Mühe zur Unterweisung der Angehörigen der Schutzpolizei und der Luftschutzpolizei über ihr Verhalten bei Tieffliegerangriffen vom 28. September 1942, Archiv der Branddirektion München (LS 5 42–44).

[76] Mitteilung des Luftgaukommandos VII vom 29. Oktober 1942 mit der Abschrift des Fernschreibens über die neue englische Phosphorbrandbombe 1200 kg, Archiv der Branddirektion München (LS 5 42–44).

[77] Brief im Archiv der Branddirektion München.

[78] Schreiben im Archiv der Branddirektion München.

[79] Middlebrook/Everitt, S. 339 (siehe Anm. 67).

[80] Abschlußbericht des Polizeipräsidenten über den Luftangriff am 21. Dezember 1942 an den Inspekteur der Ordnungspolizei im Wehrkreis VII vom 24. Dezember 1942, Stadtarchiv München.

[81] Middlebrook/Everitt, S. 339 (siehe Anm. 67).

[82] Erfahrungsbericht des Führers des FE-Dienstes über den Luftangriff am 21. Dezember 1942 an den Polizeipräsidenten vom 23. Dezember 1942, Archiv der Branddirektion München (LS 5 42–44).

[83] Rumpf, S. 80 (siehe Anm. 4).

[84] Middlebrook/Everitt, S. 708 (siehe Anm. 67).

[85] Karlheinz Kens, *Luftfahrtfibel. Die deutsche Luftwaffe 1939–45*. München 1961, S. 24.

[86] Middlebrook/Everitt, S. 711 (siehe Anm. 67).

[87] Piekalkiewicz, S. 634 f. (siehe Anm. 27).

[88] a. a. O. S. 446.

[89] Middlebrook/Everitt, S. 367 (siehe Anm. 67).

[90] Erfahrungsbericht des Polizeipräsidenten über den Luftangriff am 9./10. März 1943 an den Regierungspräsidenten von Oberbayern in München vom 27. März 1943, Stadtarchiv München.

[91] Erfahrungsbericht des Führers des FE-Dienstes über den Luftangriff am 9./10. März 1943 an den Polizeipräsidenten vom 18. März 1943, Archiv der Branddirektion München (LS 5 42–44).

[92] Bericht des Oberbürgermeisters über den Luftangriff am 9./10. März 1943 (»nur für den Dienstgebrauch«) vom 22. März 1943, Stadtarchiv München.

[93] Abschlußbericht des Polizeipräsidenten über den Luftangriff am 9./10. März 1943 an den Inspekteur der Ordnungspolizei im Wehrkreis VII vom 14. März 1943, Stadtarchiv München.

[94] Erfahrungsbericht des Polizeipräsidenten (siehe Anm. 90).

[95] Abschlußbericht des Polizeipräsidenten (siehe Anm. 93).

[96] Edgar Kupfer-Koberwitz, *Die Mächtigen und die Hilflosen. Als Häftling in Dachau*. Band II, Stuttgart 1960, S. 129 f.

[97] a. a. O. S. 130.

[98] Erfahrungsbericht des Bezirksführers der Freiwilligen Feuerwehren des Regierungsbezirks Oberbayern, Anton Andeßner, über den Einsatz der Freiwilligen Feuerwehren beim Luftangriff am 9./10. März 1943, abgeschlossen am 12. März 1943, Archiv der Branddirektion München (LS 5 42–44).

[99] Zitiert nach Pielkalkiewicz, S. 488 (siehe Anm. 27).

[100] Befragung von Helmut Geys am 11. November 1983 in München durch den Verfasser.

[101] Maschmann, S. 169 (siehe Anm. 21).

[102] Abschluß- und Erfahrungsbericht des Polizeipräsidenten über den Luftangriff am 17. April 1943 an den Inspekteur der Ordnungspolizei im Wehrkreis VII vom 24. April 1943, Stadtarchiv München.

[103] Abschlußbericht des Polizeipräsidenten über den Luftangriff am 17. Juli 1943 an den Inspekteur der Ordnungspolizei im Wehrkreis VII vom selben Tag, Stadtarchiv München.

[104] Middlebrook/Everitt, S. 430 (siehe Anm. 67).

[105] Befragung von Helmut Geys (siehe Anm. 100).

[106] Nachtrag zum Abschlußbericht des Polizeipräsidenten über den Luftangriff am 7. September 1943 an den Inspekteur der Ordnungspolizei im Wehrkreis VII vom 25. September 1943, Stadtarchiv München.

[107] Middlebrook/Everitt, S. 430 (siehe Anm. 67).

[108] Bericht des Oberbürgermeisters über den Luftangriff am 7. September 1943 nach dem Stand vom 15. September 1943, 14 Uhr, Stadtarchiv München.

[109] Nachtrag zum Abschlußbericht des Polizeipräsidenten (siehe Anm. 106).

[110] Bericht des Oberbürgermeisters (siehe Anm. 108).

[111] Mitteilung des städtischen Dezernats VII über das Ablöschen von Leuchtstäben der britischen Zielmarkierungsbombe 250 LB an das Kommando der Feuerschutzpolizei vom 28. Juli 1943, Archiv der Branddirektion München (LS 5 42–44).

[112] Middlebrook/Everitt, S. 435 (siehe Anm. 67).

[113] Bericht des Oberbürgermeisters über den Luftangriff am 2./3. Oktober 1943 nach dem Stand vom 20. Oktober 1943, 9 Uhr, Stadtarchiv München.

[114] Nachtrag zum Abschlußbericht des Polizeipräsidenten über den Luftangriff am 2./3. Oktober 1943 an den Inspekteur der Ordnungspolizei im Wehrkreis VII vom 27. Oktober 1943, Stadtarchiv München.

[115] Polizeibericht in den MNN.

[116] Kurzbericht über den Luftangriff am 2./3. Oktober 1943, Stadtarchiv München.

[117] Nachtrag zum Abschlußbericht des Polizeipräsidenten (siehe Anm. 114).

[118] Bericht des Oberbürgermeisters (siehe Anm. 113).

[119] Nachtrag zum Abschlußbericht des Polizeipräsidenten (siehe Anm. 114).

[120] Bericht des Oberbürgermeisters (siehe Anm. 113).

[121] Mitteilung der Kriminalpolizeileitstelle München über »abgeschossene Feindflugzeuge« an den Polizeipräsidenten vom 3. Oktober 1943, Stadtarchiv München.

[122] Fernschreiben der Kriminalpolizeileitstelle München zur »Fahndung nach Besatzungen abgeschossener Feindflugzeuge« an die Sonderfahndungsdienststelle bei der Kripoleitstelle Frankfurt/Main vom 6. Oktober 1943, Stadtarchiv München.

[123] MNN vom 9./10. Oktober 1943 (Nr. 281/282).

[124] Befragung von Helmut Geys (siehe Anm. 100).

[125] Zitiert nach Michael Wortmann, *Baldur von Schirach. Hitlers Jugendführer*. Köln 1982, S. 181.

[126] a. a. O. S. 181 f.

[127] Befragung von Elisabeth Mache geb. Billner im Jahre 1984 in München durch den Verfasser.

[128] Hartmann, S. 99 (siehe Anm. 38).

[129] a. a. O. S. 62.

[130] a. a. O. S. 113 f.

[131] David Irving, *Die geheimen Tagebücher des Dr. Morell, Leibarzt Adolf Hitlers*. München 1983, S. 158 f.

[132] a. a. O. S. 159.

[133] Ebd.

[134] Zitiert nach Piekalkiewicz, S. 590 (siehe Anm. 27).

[135] Zitiert nach Piekalkiewicz, S. 489.

[136] Zitiert nach Piekalkiewicz, S. 643 f.

[137] *Süddeutsche Zeitung* vom 26. Juli 1951 (Nr. 170).

[138] Eilige Mitteilung des Führungsstabs der Gauleitung München-Oberbayern vom 1. März 1944, Archiv der Branddirektion München (LS 2 f–1 41–45).

[139] Vertrauliche Mitteilung des städtischen Dezernats VII über die Verlegung der Luftschutzleit- und Warnstelle in die neue Befehlsstelle Salvatorkeller vom 30. September 1943, Archiv der Branddirektion München (LS 2 f-l 41–45).

[140] Luftlagebericht über den Luftangriff am 8. Oktober 1943, Stadtarchiv München.

[141] Middlebrook/Everitt, S. 437 (siehe Anm. 67).

[142] Irmtraud Permoser, *Giesing zur Zeit der Bombenangriffe im Zweiten Weltkrieg*. In: Giesing. Vom Dorf zum Stadtteil, München 1990, S. 204 f.

[143] Piekalkiewicz, S. 604, 606 (siehe Anm. 27).
[144] Andreas-Friedrich, S. 203 (siehe Anm. 34).
[145] Mitteilung des Luftgaukommandos VII vom 28. Mai 1943 mit der Abschrift des Fernschreibens über die neue amerikanische Brandbombe, Archiv der Branddirektion München (LS 5 42–44).
[146] Mitteilung des Luftgaukommandos VII über die neue britische Flammstrahlbombe 13 kg vom 11. Mai 1944, Archiv der Branddirektion München (LS 1 c 1944–1945, auch LS 5 42–44).
[147] Nachtrag zum Abschlußbericht des Polizeipräsidenten über den Luftangriff am 18. März 1944 an den Befehlshaber der Ordnungspolizei im Wehrkreis VII vom 3. Mai 1944, Stadtarchiv München.
[148] Abschlußbericht des Polizeipräsidenten über den Luftangriff am 18. März 1944 an den Befehlshaber der Ordnungspolizei im Wehrkreis VII vom 21. März 1944, Stadtarchiv München.
[149] Nachtrag zum Abschlußbericht des Polizeipräsidenten (siehe Anm. 147).
[150] Erster Bericht des Oberbürgermeisters über den Luftangriff am 18. März 1944 nach dem Stand vom 25. März 1944, Stadtarchiv München.
[151] Zusammenstellung der Berichte über die Untersuchung der Todesfälle nach Fliegerangriffen auf München nach den Aufzeichnungen von Universitätsprofessor Dr. Ludwig Singer, Chefarzt des Pathologischen Institutes des Städtischen Krankenhauses München-Schwabing, vom 2. Juni 1945, Photokopie im Archiv des Verfassers.
[152] Abschlußbericht des Polizeipräsidenten (siehe Anm. 148).
[153] Erster Bericht des Oberbürgermeisters (siehe Anm. 150).
[154] Abschlußbericht des Polizeipräsidenten (siehe Anm. 148).
[155] Rumpf, S. 108 (siehe Anm. 4).
[156] Schnellbrief (LK-Mitteilung Nr. 112) des Reichsministers für Volksaufklärung und Propaganda vom 31. März 1944, Archiv der Branddirektion München (LS 1 c 1944–1945).
[157] Schnellbrief des Reichsministers der Luftfahrt und Oberbefehlshabers der Luftwaffe bezüglich des Herstellens einer Wassergasse durch Feuerlöschkräfte an alle Luftgaukommandos des Heimatkriegsgebietes vom 10. Februar 1944, Archiv der Branddirektion München (LS 4 1944–45).
[158] Rumpf, S. 107 f. (siehe Anm. 4).
[159] 75 Jahre Berufsfeuerwehr der Landeshauptstadt München 1879–1954, S. 23.
[160] Lied der Abteilung Hirsch (September 1941), Archiv der Branddirektion München (LS 1 b 41–43).
[161] 75 Jahre Berufsfeuerwehr, S. 21 f. (siehe Anm. 159).
[162] a. a. O. S. 22.
[163] a. a. O. S. 28.
[164] a. a. O. S. 22.
[165] a. a. O. S. 26.
[166] a. a. O. S. 28.
[167] a. a. O. S. 26.
[168] Middlebrook/Everitt, S. 483 (siehe Anm. 67).
[169] Andreas-Friedrich, S. 122 f. (siehe Anm. 34).
[170] Abschlußbericht und Nachtrag zum Bericht des Polizeipräsidenten vom 28. April 1944 über den Luftangriff am 25. April 1944 an den Höheren SS- und Polizeiführer Süd in den Gauen München-Oberbayern, Schwaben und im Wehrkreis VII und an den Befehlshaber der Ordnungspolizei vom 25. Mai 1944, Stadtarchiv München.
[171] Middlebrook/Everitt, S. 498 f. (siehe Anm. 67).
[172] a. a. O. S. 499.
[173] Abschlußbericht und Nachtrag zum Bericht des Polizeipräsidenten vom

28. April 1944 (siehe Anm. 170).

[174] Abschlußbericht des Polizeipräsidenten über den Luftangriff am 25. April 1944 an den Befehlshaber der Ordnungspolizei im Wehrkreis VII vom 28. April 1944, Stadtarchiv München.

[175] Bericht des Oberbürgermeisters über den Fliegerangriff am 25. April 1944 nach dem Stand vom 25. Mai 1944, Stadtarchiv München.

[176] Abschlußbericht des Polizeipräsidenten (siehe Anm. 174).

[177] Abschlußbericht und Nachtrag zum Bericht des Polizeipräsidenten (siehe Anm. 170).

[178] Karl Adolf Gross, *Zweitausend Tage Dachau. Erlebnisse eines Christenmenschen unter Herrenmenschen und Herdenmenschen.* München 1946, S. 208.

[179] Abschlußbericht des Polizeipräsidenten über den Luftangriff am 9. Juni 1944 an den Höheren SS- und Polizeiführer Süd in den Gauen München-Oberbayern, Schwaben und im Wehrkreis VII und an den Befehlshaber der Ordnungspolizei vom 14. Juni 1944, Stadtarchiv München.

[180] Nachtrag zum Abschlußbericht des Polizeipräsidenten über den Luftangriff am 9. Juni 1944 an den Höheren SS- und Polizeiführer Süd in den Gauen München-Oberbayern, Schwaben und im Wehrkreis VII und an den Befehlshaber der Ordnungspolizei vom 26. Juni 1944, Stadtarchiv München.

[181] Abschlußbericht des Polizeipräsidenten (siehe Anm. 179).

[182] Bericht von Professor Dr. Ludwig Singer (siehe Anm. 151).

[183] Abschlußbericht des Polizeipräsidenten über den Luftangriff am 13. Juni 1944 an den Höheren SS- und Polizeiführer Süd in den Gauen München-Oberbayern, Schwaben und im Wehrkreis VII und an den Befehlshaber der Ordnungspolizei vom 20. Juni 1944, Stadtarchiv München.

[184] Nachtrag zum Abschlußbericht des Polizeipräsidenten über den Luftangriff am 13. Juni 1944 an den Höheren SS- und Polizeiführer Süd in den Gauen München-Oberbayern, Schwaben und im Wehrkreis VII und an den Befehlshaber der Ordnungspolizei vom 1. Juli 1944, Stadtarchiv München.

[185] Bericht von Professor Dr. Ludwig Singer (siehe Anm. 151).

[186] Abschlußbericht des Polizeipräsidenten über den Luftangriff in der Nacht vom 13./14. Juni 1944 an den Höheren SS- und Polizeiführer Süd in den Gauen München-Oberbayern, Schwaben und im Wehrkreis VII vom 16. Juni 1944, Stadtarchiv München.

[187] Kupfer-Koberwitz, S. 190 ff. (siehe Anm. 96).

[188] Fernschreiben des Polizeipräsidenten über den Luftangriff am 11. Juli 1944 an den Reichsführer-SS – Hauptamt Ordnungspolizei Berlin, an den Höheren SS- und Polizeiführer Süd München und an den Befehlshaber der Ordnungspolizei München vom 11. Juli 1944, Stadtarchiv München.

[189] Bericht des Polizeipräsidenten über den »Gesamtverlauf der 3 Angriffe am 11.–13. 7. 44« an die Gauleitung München-Oberbayern der NSDAP vom 13. Juli 1944, Stadtarchiv München.

[190] Abschlußbericht des Polizeipräsidenten über die Luftangriffe am 11., 12., 13. und 16. Juli 1944 an den Höheren SS- und Polizeiführer Süd in den Gauen München-Oberbayern, Schwaben und im Wehrkreis VII vom 8. August 1944, Stadtarchiv München.

[191] Nachtrag zu den Abschlußberichten des Polizeipräsidenten über die Luftangriffe am 11., 12., 13., 16., 19., 21. und 31. Juli 1944 an den Befehlshaber der Ordnungspolizei vom 24. August 1944, Stadtarchiv München.

[192] Abschlußbericht des Polizeipräsidenten (siehe Anm. 190).

[193] Bericht des Polizeipräsidenten (siehe Anm. 189).

[194] Abschlußbericht des Polizeipräsidenten (siehe Anm. 190).

[195] Nachtrag zu den Abschlußberichten des Polizeipräsidenten (siehe Anm. 191).

[196] Kupfer-Koberwitz, S. 196 f. (siehe Anm. 96).

[197] Abschlußbericht des Polizeipräsidenten (siehe Anm. 190).

[198] Nachtrag zu den Abschlußberichten des Polizeipräsidenten (siehe Anm. 191).

[199] Vorläufiger Abschlußbericht des Polizeipräsidenten über die Luftangriffe am 11., 12., 13. und 16. Juli 1944 an den Höheren SS- und Polizeiführer Süd in den Gauen München-Oberbayern, Schwaben und im Wehrkreis VII vom 18. Juli 1944, Stadtarchiv München.

[200] Bericht des Polizeipräsidenten (siehe Anm. 189).

[201] Kupfer-Koberwitz, S. 197 (siehe Anm. 96).

[202] Abschlußbericht des Polizeipräsidenten (siehe Anm. 190).

[203] Fernschreiben des Polizeipräsidenten über den Luftangriff am 16. Juli 1944 an den Reichsführer-SS – Hauptamt Ordnungspolizei Berlin, an den Höheren SS- und Polizeiführer Süd München und an den Befehlshaber der Ordnungspolizei München vom selben Tag (Stand: 19 Uhr), Stadtarchiv München.

[204] Abschlußbericht des Polizeipräsidenten (siehe Anm. 190).

[205] Nachtrag zu den Abschlußberichten des Polizeipräsidenten (siehe Anm. 191).

[206] Kupfer-Koberwitz, S. 197 f. (siehe Anm. 96).

[207] a. a. O. S. 198 f.

[208] Nachtrag zu den Abschlußberichten des Polizeipräsidenten (siehe Anm. 191).

[209] Bericht von Professor Dr. Ludwig Singer (siehe Anm. 151).

[210] Abschlußbericht des Polizeipräsidenten (siehe Anm. 190).

[211] Nachtrag zu den Abschlußberichten des Polizeipräsidenten (siehe Anm. 191).

[212] Abschlußbericht des Polizeipräsidenten (siehe Anm. 190).

[213] Ebd.

[214] Abschlußbericht des Polizeipräsidenten über den Luftangriff am 19. Juli 1944 an den Höheren SS- und Polizeiführer Süd in den Gauen München-Oberbayern, Schwaben und im Wehrkreis VII vom 24. Juli 1944, Stadtarchiv München.

[215] Nachtrag zu den Abschlußberichten des Polizeipräsidenten (siehe Anm. 191).

[216] Abschlußbericht des Polizeipräsidenten über den Luftangriff am 21. Juli 1944 an den Höheren SS- und Polizeiführer Süd in den Gauen München-Oberbayern, Schwaben und im Wehrkreis VII vom 9. August 1944, Stadtarchiv München.

[217] Vorläufiger Abschlußbericht des Polizeipräsidenten über den Luftangriff am 21. Juli 1944 an den Höheren SS- und Polizeiführer Süd in den Gauen München-Oberbayern, Schwaben und im Wehrkreis VII vom 24. Juli 1944, Stadtarchiv München.

[218] Abschlußbericht des Polizeipräsidenten (siehe Anm. 216).

[219] Nachtrag zu den Abschlußberichten des Polizeipräsidenten (siehe Anm. 191).

[220] Abschlußbericht des Polizeipräsidenten (siehe Anm. 216).

[221] Nachtrag zu den Abschlußberichten des Polizeipräsidenten (siehe Anm. 191).

[222] Kupfer-Koberwitz, S. 200 f. (siehe Anm. 96).

[223] Abschlußbericht des Polizeipräsidenten (siehe Anm. 216).

[224] Schreiben des Kommandanten der Schutzpolizei an Oberst Thürauf vom 24. Juli 1944, Archiv der Branddirektion München (LS 5 42–44).

[225] Abschlußbericht des Polizeipräsidenten über den Luftangriff am 31. Juli 1944 an den Höheren SS- und Polizeiführer Süd in den Gauen München-Oberbayern, Schwaben und im Wehrkreis VII vom 4. August 1944, Stadtarchiv München.

[226] Nachtrag zu den Abschlußberichten des Polizeipräsidenten (siehe Anm. 191).

[227] Erfahrungsbericht und Schadensübersicht der Stadtverwaltung nach den Luftangriffen am 11., 12., 13., 16., 19., 21. und 31. Juli 1944, abgeschlossen im September 1944, Stadtarchiv München.

[228] Kupfer-Koberwitz, S. 202 (siehe Anm. 96).

[229] Bericht des Kommandos der Feuerschutzpolizei über den Unfall am 7. Oktober 1944 in der Buttermelcherstraße an das Stadtbauamt – Tiefbau vom 9. Oktober 1944, Archiv der Branddirektion München (LS 5 a 44–45).

[230] Merkblatt für Fliegergeschädigte, herausgegeben im September 1941, Archiv der Branddirektion München (LS 1 b 41–43).

[231] Abschlußmeldung des LS-Abschnitts Ost über den Luftangriff am 10. September 1944 vom selben Tag, Stadtarchiv München.

[232] Abschlußbericht des Polizeipräsidenten über den Luftangriff am 12. September 1944 an den Befehlshaber der Ordnungspolizei im Wehrkreis VII vom 16. September 1944, Stadtarchiv München.

[233] Abschlußbericht des Polizeipräsidenten über den Luftangriff am 22. September 1944 an den Befehlshaber der Ordnungspolizei im Wehrkreis VII vom 26. September 1944, Stadtarchiv München.

[234] Nachtrag zum Abschlußbericht des Polizeipräsidenten über den Luftangriff am 22. September 1944 an den Befehlshaber der Ordnungspolizei im Wehrkreis VII vom 10. Oktober 1944, Stadtarchiv München.

[235] Bericht von Professor Dr. Ludwig Singer (siehe Anm. 151).

[236] Abschlußbericht des Polizeipräsidenten (siehe Anm. 233).

[237] Abschlußbericht des Polizeipräsidenten über den Luftangriff am 4. Oktober 1944 an den Befehlshaber der Ordnungspolizei im Wehrkreis VII vom 6. Oktober 1944, Stadtarchiv München.

[238] Bericht des Oberbürgermeisters über den Luftangriff am 4. Oktober 1944 (ohne Datum), Stadtarchiv München.

[239] Abschlußbericht des Polizeipräsidenten (siehe Anm. 237).

[240] Bericht des Oberbürgermeisters (siehe Anm. 238).

[241] Abschlußbericht des Polizeipräsidenten (siehe Anm. 237).

[242] Bericht des Polizeipräsidenten über den Luftangriff am 4. Oktober 1944 an den Befehlshaber der Ordnungspolizei im Wehrkreis VII vom 13. Oktober 1944, Stadtarchiv München.

[243] Bericht von Professor Dr. Ludwig Singer (siehe Anm. 151).

[244] Lagebericht der FE-Abteilung Süd über den Luftangriff am 4. Oktober 1944 an den Führer des FE-Dienstes vom 5. Oktober 1944, Archiv der Branddirektion München (LS 5 a 44–45).

[245] Lagebericht der FE-Abteilung Nord »zu dem Terrorangriff« am 4. Oktober 1944 an den Führer des FE-Dienstes vom 5. Oktober 1944, Archiv der Branddirektion München (LS 5 a 44–45).

[246] Lagebericht der FE-Abteilung West nach dem Luftangriff am 4. Oktober 1944 an den Führer des FE-Dienstes vom 6. Oktober 1944, Archiv der Branddirektion München (LS 5 a 44–45).

[247] Bericht des Oberbürgermeisters (siehe Anm. 238).

[248] Abschlußbericht des Polizeipräsidenten über die Luftangriffe am 28. und 29. Oktober 1944 an den Befehlshaber der Ordnungspolizei im Wehrkreis VII vom 31. Oktober 1944, Stadtarchiv München.

[249] Ebd.

[250] Lagebericht der FE-Abteilung Nord zum Luftangriff am 29. Oktober 1944 an den Führer des FE-Dienstes vom 30. Oktober 1944, Archiv der Branddirektion München (LS 5 a 44–45).

[251] Abschlußbericht des Polizeipräsidenten über den Luftangriff am 3. November 1944 an den Befehlshaber der Ordnungspolizei im Wehrkreis VII vom 4. November 1944, Stadtarchiv München.

[252] Bericht des Oberbürgermeisters über den Luftangriff am 3. November 1944 vom selben Tag, Stadtarchiv München.

[253] Abschlußbericht des Polizeipräsidenten über den Luftangriff am 4. November 1944 an den Befehlshaber der Ordnungspolizei im Wehrkreis VII vom

6. November 1944, Stadtarchiv München.

[254] Lagebericht der FE-Abteilung Nord zum Luftangriff am 4. November 1944 an den Führer des FE-Dienstes vom 5. November 1944, Archiv der Branddirektion München (LS 5 a 44–45).

[255] Abschlußbericht des Polizeipräsidenten über den Luftangriff am 16. November 1944 an den Befehlshaber der Ordnungspolizei im Wehrkreis VII vom 19. November 1944, Stadtarchiv München.

[256] Abschlußbericht des Polizeipräsidenten über den Luftangriff am 22. November 1944 an den Befehlshaber der Ordnungspolizei im Wehrkreis VII vom 23. November 1944, Stadtarchiv München.

[257] *Abendzeitung*, München, vom 24./25. November 1984.

[258] Ebd.

[259] Abschlußbericht des Polizeipräsidenten über den Luftangriff am 25. November 1944 an den Befehlshaber der Ordnungspolizei im Wehrkreis VII vom 2. Dezember 1944, Stadtarchiv München.

[260] Middlebrook/Everitt, S. 622 f. (siehe Anm. 67).

[261] Piekalkiewicz, S. 770 (siehe Anm. 27).

[262] a. a. O. S. 808 f.

[263] a. a. O. S. 811.

[264] Abschlußbericht des Polizeipräsidenten über den Luftangriff am 27. November 1944 an den Befehlshaber der Ordnungspolizei im Wehrkreis VII vom 1. Dezember 1944, Stadtarchiv München.

[265] Piekalkiewicz, S. 811 (siehe Anm. 27).

[266] Abschlußbericht des Polizeipräsidenten (siehe Anm. 264).

[267] Bericht von Professor Dr. Ludwig Singer (siehe Anm. 151).

[268] Abschlußbericht des Polizeipräsidenten (siehe Anm. 264).

[269] Zitiert nach Piekalkiewicz, S. 767 f. (siehe Anm. 27).

[270] Erfahrungsbericht der FE-Abteilung Süd über den Luftangriff am 27. November 1944 an das Luftschutz-Abschnittskommando Süd vom 4. Dezember 1944, Archiv der Branddirektion München (LS 5 a 44–45).

[271] Abschlußbericht des Polizeipräsidenten über den Luftangriff am 30. November 1944 an den Befehlshaber der Ordnungspolizei im Wehrkreis VII (Datum unbekannt), Stadtarchiv München.

[272] Vgl. Traueranzeige in den MNN vom 9. Dezember 1944 (Nr. 331).

[273] *Süddeutsche Zeitung* vom 17. Dezember 1984 (Nr. 291).

[274] Middlebrook/Everitt, S. 634 (siehe Anm. 67).

[275] Abschlußbericht des Polizeipräsidenten über den Luftangriff am 17. Dezember 1944 an den Befehlshaber der Ordnungspolizei im Wehrkreis VII vom 28. Dezember 1944, Stadtarchiv München.

[276] Zitiert nach *Süddeutsche Zeitung* vom 17. Dezember 1984 (Nr. 291).

[277] Zitiert nach *Abendzeitung*, München, vom 29. November 1984.

[278] Kupfer-Koberwitz, S. 227 (siehe Anm. 96).

[279] Abschlußbericht des Polizeipräsidenten (siehe Anm. 275).

[280] Schadensbericht des Oberbürgermeisters über den Luftangriff am 17. Dezember 1944, abgeschlossen am 23. Dezember 1944, Stadtarchiv München.

[281] *Abendzeitung*, München, vom 29. November 1984.

[282] Erfahrungsbericht der FE-Abteilung West über den Luftangriff am 17. Dezember 1944 an das Luftschutz-Abschnittskommando West vom 19. Dezember 1944, Archiv der Branddirektion München (LS 5 a 44–45).

[283] Bericht des Führers des FE-Dienstes über die Gesamtzahl der Brände nach dem Luftangriff am 17. Dezember 1944 an den Polizeipräsidenten vom 29. Dezember 1944, Archiv der Branddirektion München (LS 5 a 44–45).

[284] Bericht des Führers des FE-Dienstes über den Luftangriff am 17. Dezember

1944 an den Polizeipräsidenten vom 27. Dezember 1944, Archiv der Branddirektion München (LS 5 a 44–45).

[285] *Abendzeitung*, München, vom 27. November 1984.

[286] Mitteilung des Polizeipräsidenten über den Einsatz der Fachgruppe Bauwesen im NSBDT und der Wirtschaftsgruppe Bauindustrie zur Bekämpfung von Luftangriffsschäden an die Luftschutz-Abschnittskommandos Nord, Ost, Süd und West vom 19. Oktober 1942, Archiv der Branddirektion München (LS 2 f – l 41–45).

[287] Weisung für den Einsatz als Bauoberbefehlsleiter bei Luftangriffen (WOB) vom 19. Oktober 1942, Archiv der Branddirektion München (LS 2 f – l 41–45).

[288] Weisung für den Einsatz als Baubefehlsleiter bei Luftangriffen (WB) vom 19. Oktober 1942, Archiv der Branddirektion München (LS 2 f – l 41–45).

[289] Mitteilung des Polizeipräsidenten (siehe Anm. 286).

[290] Anlage 3 zur Weisung für den Einsatz als Bauoberbefehlsleiter bei Luftangriffen (WOB) vom 19. Oktober 1942: Lager der Bauarbeiter bzw. Kriegsgefangenen, Archiv der Branddirektion München (LS 2 f – l 41–45).

[291] Mitteilung des Polizeipräsidenten (siehe Anm. 286).

[292] Erfahrungsbericht des Polizeipräsidenten über den Luftangriff am 9./10. März 1943 (siehe Anm. 90).

[293] Leserbrief von Hans Hugl aus Wiesbaden in der *Süddeutschen Zeitung* vom 14. Dezember 1967 (Nr. 298).

[294] Hans-Günter Richardi, *Leben auf Abruf. Das Blindgängerbeseitigungs-Kommando aus dem KL Dachau in München 1944/45*. Dachauer Dokumente, Band 1, herausgegeben vom Verein »Zum.Beispiel Dachau – Arbeitsgemeinschaft zur Erforschung der Dachauer Zeitgeschichte«, Dachau 1989, S. 23–26.

[295] Bericht von Franz Brückl, in: Richardi, a. a. O. S. 27f.

[296] Bericht des Sprengkommandoeinsatzes über den tödlichen Unfall bei der Blindgängerbeseitigung an das Kommando der Schutzpolizei vom 30. Oktober 1944 (Bundesarchiv/Militärarchiv in Freiburg/Br.), als Faksimile veröffentlicht in: Richardi, S. 43 (siehe Anm. 294).

[297] Mitteilung des Polizeipräsidenten über den tödlichen Unfall eines KL-Häftlings an die Kommandantur des Konzentrationslagers Dachau vom 7. August 1944 (Bundesarchiv/Militärarchiv in Freiburg/Br.), als Faksimile veröffentlicht in: Richardi, S. 37 f.

[298] Richardi, S. 26 (siehe Anm. 294).

[299] Bericht des Sprengkommandoeinsatzes über den tödlichen Unfall bei der Blindgängerbeseitigung an das Kommando der Schutzpolizei vom 30. November 1944 (Bundesarchiv/Militärarchiv in Freiburg/Br.), als Faksimile veröffentlicht in: Richardi, S. 46.

[300] Richardi, S. 26 (siehe Anm. 294).

[301] Übersicht über den Einsatz der Sprengkommandos am 27. November 1944 vom selben Tag (Bundesarchiv/Militärarchiv in Freiburg/Br.), als Faksimile veröffentlicht in: Richardi, S. 45.

[302] Bericht von Martin Demmer über die Blindgängerbeseitigung in der Zeit vom Juli bis zum September 1944 an das Kommando der Schutzpolizei vom 18. September 1944 (Bundesarchiv/Militärarchiv in Freiburg/Br.), als Faksimile veröffentlicht in: Richardi, S. 41.

[303] Schreiben des Luftgaukommandos VII vom 25. Mai 1943 mit dem Erlaß bezüglich der häufigen Unfälle beim Beseitigen englischer Leucht- und Blitzlichtbomben vom 24. April 1943, Archiv der Branddirektion München (LS 5 42–44).

[304] Mitteilung des Kommandeurs der Schutzpolizei an alle Angehörigen der Schutz- und der Luftschutzpolizei vom 1. Juni 1943, Archiv der Branddirektion München (LS 5 42 – 44).

[305] Manuskript des Führers des LS-Sanitätsdienstes in München, Oberstabsarzt der Polizei Dr. Vilbig, über den Luftschutzsanitätsdienst (ohne Datum), Archiv der Branddirektion München (LS 2 f – l 41–45).

[306] Verzeichnis der Rettungsstellen des Luftschutzsanitätsdienstes in München (ohne Datum), Archiv der Branddirektion München (LS 2 f – l 41–45).

[307] Richtlinien des Chefs des Sanitätswesens beim Oberkommando der Luftwaffe über die Kohlenoxydgefahr in Luftschutzräumen und über die zweckmäßigen Gegenmaßnahmen vom 28. Janur 1945, Archiv der Branddirektion München.

[308] Middlebrook/Everitt, S. 649 (siehe Anm. 67).

[309] Vorläufige Schadensübersicht des Oberbürgermeisters (zusammengestellt vom städtischen Dezernat VII) nach den Luftangriffen am 7. Januar 1945, abgeschlossen am 8. Januar 1945 (9 Uhr), Stadtarchiv München.

[310] Bericht des Polizeipräsidenten über die Luftangriffe am 7. Januar 1945 (ohne Datum), Stadtarchiv München.

[311] Bericht von Professor Dr. Ludwig Singer (siehe Anm. 151).

[312] Bericht des Polizeipräsidenten (siehe Anm. 310).

[313] Kupfer-Koberwitz, S. 229 (siehe Anm. 96).

[314] Befragung von Helmut Geys (siehe Anm. 100).

[315] Kurzbericht der FE-Abteilung Nord über die Luftangriffen am 7. Januar 1945 an den Führer des FE-Dienstes vom 13. Januar 1945, Archiv der Branddirektion München.

[316] Erfahrungsbericht der FE-Abteilung Süd nach den Luftangriffen am 7. Januar 1945 an den Führer des FE-Dienstes vom 13. Januar 1945, Archiv der Branddirektion München.

[317] Bericht der FE-Abteilung Ost über besondere Erfahrungen bei und nach den Luftangriffen am 7. Januar 1945 an das Kommando der Feuerschutzpolizei vom 13. Januar 1945, Archiv der Branddirektion München.

[318] Kurzbericht der FE-Abteilung Nord (siehe Anm. 315).

[319] Schreiben des Führers des FE-Dienstes über verschüttete Straßen an den Polizeipräsidenten vom 16. Januar 1945, Archiv der Branddirektion München (LS 1 c 1944 – 45).

[320] Bericht des Führers des FE-Dienstes über die bei und nach den Luftangriffen am 7. Januar 1945 gemachten Erfahrungen an den Polizeipräsidenten vom 17. Januar 1945, Archiv der Branddirektion München.

[321] Kupfer-Koberwitz, S. 231 (siehe Anm. 96).

[322] Abschlußbericht des Polizeipräsidenten über den Luftangriff am 25. Februar 1945 an den Befehlshaber der Ordnungspolizei im Wehrkreis VII vom 2. März 1945, Stadtarchiv München.

[323] Kupfer-Koberwitz, S. 237 (siehe Anm. 96).

[324] Abschlußbericht des Polizeipräsidenten (siehe Anm. 322).

[325] Toni Beil, Ein Triumph des Wiederaufbaus. Die Geschichte der Münchener Residenz hat wieder neu begonnen. In: Bayerland, Dezember 1984 (Nr. 4).

[326] Abschlußbericht des Polizeipräsidenten (siehe Anm. 322).

[327] Bericht von Professor Dr. Ludwig Singer (siehe Anm. 151).

[328] Middlebrook/Everitt, S. 672 (siehe Anm. 67).

[329] Abschlußbericht des Polizeipräsidenten über den Luftangriff am 28. Februar 1945 an den Befehlshaber der Ordnungspolizei im Wehrkreis VII vom 2. März 1945, Stadtarchiv München.

[330] Abschlußbericht des Polizeipräsidenten über die Luftangriffe am 23. und 24. März 1945 an den Befehlshaber der Ordnungspolizei im Wehrkreis VII vom 26. März 1945, Stadtarchiv München.

[331] Ebd.

[332] Middlebrook/Everitt, S. 692 (siehe Anm. 67).

[333] Abschlußbericht des Polizeipräsidenten über den Luftangriff am 9. April 1945 an den Befehlshaber der Ordnungspolizei im Wehrkreis VII vom selben Tag, Stadtarchiv München.

[334] Abschlußbericht des Polizeipräsidenten über den zweiten Luftangriff am 9. April 1945 an den Befehlshaber der Ordnungspolizei im Wehrkreis VII vom 11. April 1945, Stadtarchiv München.

[335] Luftlagebericht vom 9. April 1945, Stadtarchiv München.

[336] Abschlußbericht des Polizeipräsidenten (siehe Anm. 334).

[337] Kupfer-Koberwitz, S. 242 (siehe Anm. 96).

[338] Abschlußbericht des Polizeipräsidenten (siehe Anm. 334).

[339] Mitteilung des Führers des FE-Dienstes an den Polizeipräsidenten vom 16. April 1945, Archiv der Branddirektion München (LS 5 a 44–45).

[340] Bericht des Zugführers Kuttendreier über die Bergung von Verletzten in Riem nach dem Luftangriff am 9. April 1945 an die 6. FE-Bereitschaft der FE-Abteilung Ost vom 12. April 1945, Archiv der Branddirektion München (LS 5 a 44 – 45).

[341] Abschlußbericht des Polizeipräsidenten (siehe Anm. 334).

[342] Luftlagebericht vom 11. April 1945, Stadtarchiv München.

[343] Middlebrook/Everitt, S. 694 (siehe Anm. 67).

[344] Erste Meldung (zugleich Abschlußmeldung) des Luftschutz-Abschnittskommandos Süd (Polizeirevier 23) über den Luftangriff am 11. April 1945, herausgegeben am 12. April 1945, Stadtarchiv München.

[345] Middlebrook/Everitt, S. 695 (siehe Anm. 67).

[346] Tätigkeits- und Erfahrungsbericht im LS-Sanitätsdienst über den Luftangriff am 12. April 1945 an den Luftgauarzt VII vom 14. April 1945, Stadtarchiv München.

[347] Middlebrook/Everitt, S. 696 (siehe Anm. 67).

[348] Luftlagebericht vom 17. April 1945 und Abschlußmeldung des Luftschutz-Abschnittskommandos Ost über den Luftangriff am 17. April 1945 vom selben Tag, Stadtarchiv München.

[349] Tätigkeits- und Erfahrungsbericht im LS-Sanitätsdienst über den Luftangriff am 17. April 1945 an den Luftgauarzt VII vom selben Tag, Stadtarchiv München.

[350] Middlebrook/Everitt, S. 697 (siehe Anm. 67).

[351] Luftlagebericht vom 19. April 1945, Stadtarchiv München.

[352] Middlebrook/Everitt, S. 697 (siehe Anm. 67).

[353] Tätigskeits- und Erfahrungsbericht im LS-Sanitätsdienst über den Luftangriff am 19. April 1945 an den Luftgauarzt VII vom 20. April 1945, Stadtarchiv München.

[354] Middlebrook/Everitt, S. 698 (siehe Anm. 67).

[355] Luftlagebericht vom 20. April 1945, Stadtarchiv München.

[356] Abschlußmeldung des Luftschutz-Abschnittskommandos Ost über den Luftangriff am 21. April 1945 vom darauffolgenden Tag, Stadtarchiv München.

[357] Middlebrook/Everitt, S. 699 (siehe Anm. 67).

[358] a. a. O. S. 700.

[359] a. a. O. S. 701.

[360] Kupfer-Koberwitz, S. 244 (siehe Anm. 96).

[361] a. a. O. S. 244 f.

[362] a. a. O. S. 245 f.

[363] a. a. O. S. 249.

[364] a. a. O. S. 251.

[365] Hildebrand Troll, *Aktionen zur Kriegsbeendigung im Frühjahr 1945.* In: Bayern in der NS-Zeit, Band IV, München 1981, S. 669.

[366] Dieter Wagner, *München '45 – zwischen Ende und Anfang.* München 1970, S. 128, 130.

[367] a. a. O. S. 141.

[368] In der Zahl sind nur Luftangriffe (ohne Stör- und Tiefliegerangriffe) enthalten, die mit amtlichen Unterlagen aus dem Zweiten Weltkrieg einwandfrei belegt sind. Da berechtigte Zweifel bestehen, daß alle Stör- und Tieffliegerangriffe in den heute noch zugänglichen Dokumenten erfaßt sind, sah es der Verfasser als problematisch an, sich auf eine Gesamtzahl aller Luftangriffe auf München (einschließlich Stör- und Tiefliegerangriffe) festzulegen. Diese Vorsicht ist schon im Hinblick auf die schwankenden Angaben in den verschiedenen Quellen geboten. So gibt zum Beispiel das Stadtarchiv München die Gesamtzahl mit 74 Angriffen in der Zeit zwischen 4. Juni 1940 und 26. April 1945 an (siehe *Chronik der Stadt München 1945–1948,* herausgegeben vom Stadtarchiv, München 1980, S. 43), und die Branddirektion München führt insgesamt 71 Luftangriffe an (vgl. *75 Jahre Berufsfeuerwehr der Landeshauptstadt München 1879–1954,* S. 26).

484

Abkürzungsverzeichnis

BDM	Bund Deutscher Mädel
DAF	Deutsche Arbeitsfront
FE-Dienst	Feuerlösch- und Entgiftungsdienst
FSchP	Feuerschutzpolizei
Gestapo	Geheime Staatspolizei
HJ	Hitlerjugend
ID	Instandsetzungsdienst der Luftschutzpolizei
KL	Konzentrationslager
KLV	Kinderlandverschickung
LAK	Luftschutz-Abschnittskommando
LS	Luftschutz
LSPol	Luftschutzpolizei
MNN	*Münchner Neueste Nachrichten*
NS	Nationalsozialistisch
NSBDT	Nationalsozialistischer Bund Deutscher Technik
NSDAP	Nationalsozialistische Deutsche Arbeiterpartei
NSFK	Nationalsozialistisches Fliegerkorps
NSKK	Nationalsozialistisches Kraftfahrkorps
NSV	Nationalsozialistische Volkswohlfahrt
OKW	Oberkommando der Wehrmacht
RAD	Reichsarbeitsdienst
RAF	Royal Air Force
RLB	Reichsluftschutzbund
SA	Sturmabteilung der NSDAP
SD	Sicherheitsdienst
SHD	Sicherheits- und Hilfsdienst
SS	Schutzstaffel der NSDAP
TB	Turmbeobachter
VB	*Völkischer Beobachter*

Verzeichnis der benutzten Literatur

Abenthum, Karl/Hillreiner, Hans: *Der Münchner Liebfrauendom nach seiner Wiederherstellung.* München o.J.

Andreas-Friedrich, Ruth: *Der Schattenmann. Tagebuchaufzeichnungen 1938–1945.* Frankfurt am Main 1984 (3. Auflage).

Bailey, Ronald H.: *Der Luftkrieg in Europa.* Erschienen in der Reihe: Der Zweite Weltkrieg, Time-Life Books, B.V., 1981.

Ballmann, Hans: *Im Konzentrationslager. Ein Tatsachenbericht.* Calw 1945.

Barker, Ralph: *Die R.A.F. im Krieg.* Erschienen in der Reihe: Die Geschichte der Luftfahrt, Time-Life Books, B.V., 1982.

Bauer, Richard: *Ruinen-Jahre. Bilder aus dem zerstörten München 1945–1949.* München 1983.

Berthold, Eva/Matern, Norbert: *München im Bombenkrieg.* Düsseldorf 1983.

Bowyer, Chaz: *Royal Air Force Handbook 1939–1945.* Shepperton (Surrey) 1984.

Clostermann, Pierre: *Die große Arena. Das Erinnerungsbuch des berühmten Jagdfliegers.* München 1960.

Deighton, Len: *Unternehmen Adler. Die Luftschlacht um England.* München 1982.

Groehler, Olaf: *Berlin im Bombervisier. Von London aus gesehen 1940–1945.* Band 7 der Miniaturen zur Geschichte, Kultur und Denkmalpflege Berlins. Berlin (Ost) 1982.

Gross, Karl Adolf: *Zweitausend Tage Dachau. Erlebnisse eines Christenmenschen unter Herrenmenschen und Herdenmenschen.* Berichte und Tagebücher des Häftlings Nr. 16921. München 1946.

Hartmann, Rudi (Hrsg.): *Flüsterwitze aus dem Tausendjährigen Reich.* Gesammelt von Friedrich Goetz. München 1983.

Irving, David (Hrsg.): *Die geheimen Tagebücher des Dr. Morell, Leibarzt Adolf Hitlers.* München 1983.

Kens, Karlheinz: *Luftfahrtfibel. Die deutsche Luftwaffe 1939–1945.* München 1961.

Kochendörfer, Sonja/Schmid, Toni: *Freising unter dem Hakenkreuz.* Freising 1983.

Kupfer-Koberwitz, Edgar: *Die Mächtigen und die Hilflosen. Als Häftling in Dachau.* Band 2. Stuttgart 1960.

Luftschutz-Fibel, herausgegeben vom Reichsluftschutzbund. Berlin o.J.

Maschmann, Melita: *Fazit. Mein Weg in der Hitler-Jugend.* München 1979.

Middlebrook, Martin/Everitt, Chris: *The Bomber Command war diaries. An operational reference book, 1939–1945.* Harmondsworth (England)/New York 1985.

Piekalkiewicz, Janusz: *Luftkrieg 1939–1945.* München 1982.

Price, Alfred: *Luftschlacht über Deutschland.* Stuttgart 1983 (4. Auflage).

Prinz, Friedrich (Hrsg.): *Trümmerzeit in München.* Kultur und Gesellschaft einer deutschen Großstadt im Aufbruch 1945–1949. München 1984.

Pröbst, Hermann/Ude, Karl: *Denk ich an München…* München 1964.

Rauschert, Manfred: *Sprengkommandos. Geschichte der Blindgängerbeseitigung.* Stuttgart, 1980.

Richardi, Hans-Günter: *Leben auf Abruf. Das Blindgängerbeseitigungs-Kommando aus dem KL Dachau in München 1944/45.* Band 1 der Schriftenreihe »Dachauer Dokumente«, herausgegeben vom Verein »Zum Beispiel Dachau – Arbeitsgemeinschaft zur Erforschung der Dachauer Zeitgeschichte«. Dachau 1989.

Richardi, Hans-Günter: *München – neu entdeckt.* München 1972.

Rumpf, Hans: *Der Hochrote Hahn.* Darmstadt 1952.

Schattenhofer, Michael (Hrsg.): *Chronik der Stadt München 1945–1948.* München 1980.

Schramm, Georg Wolfgang: *Der zivile Luftschutz in Nürnberg 1933–1945.* Schriftenreihe des Stadtarchivs Nürnberg, Band 35 (zwei Teile), Nürnberger Werkstücke zur Stadt- und Landesgeschichte. Nürnberg 1983.

Schramm, Percy Ernst (Hrsg.): *Die Niederlage 1945. Aus dem Kriegstagebuch des Oberkommandos der Wehrmacht.* München 1985 (2. Auflage).

Wagner, Dieter: *München '45 – zwischen Ende und Anfang.* München 1970.

Wortmann, Michael: *Baldur von Schirach. Hitlers Jugendführer.* Köln 1982.

Register

Die kursiv gedruckten Seitenzahlen verweisen auf Bilder

489

492

493

Quellennachweis der Bilder

Archiv Dollinger: S. 74, 440. – Bergmann, Klemens/Archiv Rauchwetter: Umschlagtitelbild, 200, 262, 295. – Bilderdienst Süddeutscher Verlag: 18, 32, 39, 47, 50, 57, 68, 98, 114, 128, 131, 144, 153, 164, 190, 207, 210, 219, 232, 283, 314, 321, 327, 344, 373, 411, 419, 465, 466. – Krempl, Josef: 95. – Krempl, Josef/Archiv Rauchwetter: 243. – Pallauf, Marielle/Archiv Rauchwetter: 302. – Privat: 4, 24, 254, 273, 394. – Walz, Tino/Archiv Rauchwetter: 181.